中经税务宝典系列丛书

征管评估

专业知识与技能学习宝典

杨美莲◎主编

中国经济出版社
CHINA ECONOMIC PUBLISHING HOUSE
·北京·

图书在版编目（CIP）数据

征管评估专业知识与技能学习宝典／杨美莲主编
. --北京：中国经济出版社，2021. 7
（中经税务宝典系列/钟税仁主编）
ISBN 978 - 7 - 5136 - 6521 - 6

Ⅰ. ①征… Ⅱ. ①杨… Ⅲ. ①税收管理 - 中国 - 干部培训 - 自学参考资料 Ⅳ. ①F812. 423

中国版本图书馆 CIP 数据核字（2021）第 130821 号

策划编辑　陈利军
责任编辑　孙东健　闫　丽　侯娅南
责任印制　马小宾
封面设计　高鹏博

出版发行　中国经济出版社
印 刷 者　北京富泰印刷有限责任公司
经 销 者　各地新华书店
开　　本　787mm × 1092mm　1/16
印　　张　41
字　　数　795 千字
版　　次　2021 年 7 月第 1 版
印　　次　2021 年 7 月第 1 次
定　　价　118. 00 元
广告经营许可证　京西工商广字第 8179 号

中国经济出版社　**网址** www. economyph. com **社址** 北京市东城区安定门外大街 58 号 **邮编** 100011
本版图书如存在印装质量问题，请与本社销售中心联系调换（联系电话：010 - 57512564）

>> 写在前面

为满足全国税务系统征管评估岗位税务人员岗位培训学习需要，帮助税务干部全面掌握征管评估岗位相关知识，我们编写了这本《征管评估专业知识与技能学习宝典》。

征管评估岗位税务人员必须全面、准确掌握税收政策和征管知识。本书紧扣最新税（费）政策和征管实务，为征管评估岗位税务人员提供全面、系统的税收政策和征管评估专业知识，同时结合税收征管与风险管理等内容提供了适量练习题，以帮助大家加深对税收征管、风险管理的理解与运用，掌握实务，提升业务能力。

本书具有三个突出特点：一是新，根据最新政策精心编写而成（政策依据截至2021年6月30日前的有效文件）。二是全，系统地梳理、归纳、总结了税（费）政策与征管评估专业知识。三是实，贴近税收工作实际，具有一定的岗位实践指导性。

本书由杨美莲副教授主编，周宇博士、刘慧平副教授、徐晓华老师、曾娟红博士参加编写。其中：杨美莲副教授负责第一章、第二章、第三章、第五章、第六章（第七节、第十一节）的编写；周宇博士负责第四章、第六章（第一节至第六节，第八节至第十节）的编写；刘慧平副教授负责第六章（第十二节）、第七章、第八章、第九章的编写；徐晓华老师负责第十章、第十一章的编写；刘慧平副教授、徐晓华老师负责第十二章的编写；曾娟红博士负责第六章（第十三节）的编写。

由于时间仓促，疏漏之处在所难免，恳请读者批评指正。

编　者

2021年6月

>> CONTENTS 目录

第一编 税收政策与管理

第二编　税收征管操作实务

第三编　考点训练及分析

第一编

税收政策与管理

第一章　增值税政策与管理

第一节　纳税人与扣缴义务人

一、纳税人和扣缴义务人基本规定

（一）纳税人

在中华人民共和国境内销售货物或者提供加工、修理修配劳务（以下简称应税劳务）、销售服务、无形资产或者不动产（以下简称应税行为），以及进口货物的单位和个人，为增值税的纳税人。单位，是指企业、行政单位、事业单位、军事单位、社会团体及其他单位。个人，是指个体工商户和其他个人。

特殊规定：

1. 承包、承租、挂靠经营方式下的纳税人的界定

单位以承包、承租、挂靠方式经营的，承包人、承租人、挂靠人（以下统称承包人）以发包人、出租人、被挂靠人（以下统称发包人）名义对外经营并由发包人承担相关法律责任的，以该发包人为纳税人。否则，以承包人为纳税人。

所以，单位以承包、承租、挂靠方式经营的，以发包人为纳税人必须同时满足以下两个条件：①以发包人名义对外经营；②由发包人承担相关法律责任。

如果不同时满足上述两个条件，以承包人为纳税人。

2. 报关进口的货物

对报关进口的货物，以进口货物的收货人或办理报关手续的单位和个人为进口货物的纳税人。

3. 资管产品运营纳税人的界定

资管产品运营过程中发生的增值税应税行为，以资管产品管理人为增值税纳税人。

资管产品管理人，包括银行、信托公司、公募基金管理公司及其子公司、证券公司及其子公司、期货公司及其子公司、私募基金管理人、保险资产管理公司、专业保险资产管理机构、养老保险公司。

资管产品，包括银行理财产品、资金信托（包括集合资金信托、单一资金信托）、财产权信托、公开募集证券投资基金、特定客户资产管理计划、集合资产管理计划、定向资产管理计划、私募投资基金、债权投资计划、股权投资计划、股债结合型投资计划、资产支持计划、组合类保险资产管理产品、养老保障管理产品。

【政策依据】《财政部 国家税务总局关于明确金融 房地产开发 教育辅助服务等增值税政策的通知》（财税〔2016〕140号）、《财政部 税务总局关于资管产品增值税有关问题的通知》（财税〔2017〕56号）。

4. 建筑企业集团内部业务分包纳税人的界定

建筑企业与发包方签订建筑合同后，以内部授权或者三方协议等方式，授权集团内其他纳税人（以下简称第三方）为发包方提供建筑服务，并由第三方直接与发包方结算工程款的，由第三方缴纳增值税并向发包方开具增值税发票，与发包方签订建筑合同的建筑企业不缴纳增值税。

【政策依据】《国家税务总局关于进一步明确营改增有关征管问题的公告》（国家税务总局公告2017年第11号）。

（二）扣缴义务人

中华人民共和国境外的单位或者个人，在境内未设立经营机构的，在境内提供应税劳务，存在扣缴义务人的问题。扣缴义务人的顺序选择如下：

在境内有代理人的，以其境内代理人为扣缴义务人；在境内没有代理人的，以购买者为扣缴义务人。扣缴义务人如果不履行扣缴义务，则应根据税收法律法规的相关规定承担相应法律责任。

二、纳税人分类

根据纳税人的经营规模的大小以及会计核算健全程度的不同，可将增值税纳税人分为一般纳税人和小规模纳税人。

（一）小规模纳税人

根据《财政部 税务总局关于统一增值税小规模纳税人标准的通知》（财税〔2018〕33号），增值税小规模纳税人标准为年应征增值税销售额500万元及以下①。

① 个体经营者以外的其他个人为小规模纳税人，非企业性单位和不经常发生增值税应税行为的企业可以选择为小规模纳税人。

（二）一般纳税人

一般纳税人是指年应征增值税销售额（以下简称年应税销售额，包括一个公历年度内的全部应税销售额）超过财政部、国家税务总局规定的小规模纳税人标准的企业和企业性单位。

下列纳税人不属于一般纳税人：①年应税销售额未超过小规模纳税人标准的企业；②除个体经营者以外的其他个人；③非企业性单位；④不经常发生增值税应税行为的企业。

三、一般纳税人登记管理

（一）基本规定

根据《增值税一般纳税人登记管理办法》（国家税务总局令第43号），增值税纳税人（以下简称纳税人），年应税销售额超过财政部、国家税务总局规定的小规模纳税人标准（以下简称规定标准）的，除本办法第四条规定外，应当向主管税务机关办理一般纳税人登记。

年应税销售额未超过规定标准的纳税人，会计核算健全①，能够提供准确税务资料的，可以向主管税务机关办理一般纳税人登记。

下列纳税人不办理一般纳税人登记：①按照政策规定，选择按照小规模纳税人纳税的；②年应税销售额超过规定标准的其他个人。

纳税人兼有应税货物及劳务和应税行为的（以下简称应税货物及劳务）和销售服务、无形资产、不动产（以下简称应税行为），应税货物及劳务销售额与应税行为销售额分别计算，分别适用增值税一般纳税人规定标准，其中有一项销售额超过规定标准，就应当按照规定办理增值税一般纳税人登记相关手续。

（二）年销售额的确认

年应税销售额，是指纳税人在连续不超过12个月或4个季度的经营期内累计应征增值税销售额，包括纳税申报销售额、稽查查补销售额、纳税评估调整销售额。

应税行为有扣除项目的纳税人，其应税行为年应税销售额按未扣除之前的销售额计算。纳税人偶然发生的销售无形资产、转让不动产的销售额，不计入应税行为年应税销售额。

依据《国家税务总局关于增值税一般纳税人登记管理若干事项的公告》（国家税务总局公告2018年第6号）规定：

---

① 会计核算健全，是指能够按照国家统一的会计制度规定设置账簿，根据合法、有效凭证进行核算。

（1）“经营期”是指在纳税人存续期内的连续经营期间，含未取得销售收入的月份或季度。

（2）“纳税申报销售额”是指纳税人自行申报的全部应征增值税销售额，其中包括免税销售额和税务机关代开发票销售额。

“稽查查补销售额”和“纳税评估调整销售额”计入查补税款申报当月（或当季）的销售额，不计入税款所属期销售额。

（三）办理登记时限与地点

1. 办理登记时限

（1）在年应税销售额超过规定标准的月份（或季度）的所属申报期结束后15日内按照规定向主管税务机关办理一般纳税人登记手续。

（2）未按照规定时限办理的，主管税务机关在规定期限结束后5日内制作《税务事项通知书》。

主管税务机关制作的《税务事项通知书》中，须告知纳税人的内容应当包括：纳税人年应税销售额已超过规定标准，应在收到《税务事项通知书》后5日内向主管税务机关办理增值税一般纳税人登记手续或者选择按照小规模纳税人纳税的手续；逾期未办理的，自通知时限期满的次月起按销售额依照增值税税率计算应纳税额，不得抵扣进项税额，直至纳税人办理相关手续为止。

“规定期限”的最后一日是法定休假日的，以休假日期满的次日为期限的最后一日；在期限内有连续3日以上（含3日）法定休假日的，按休假日天数顺延。

2. 办理登记地点

纳税人应当向其机构所在地主管税务机关办理一般纳税人登记手续。

（四）一般纳税人生效时限

纳税人自一般纳税人生效之日起，按照增值税一般计税方法计算应纳税额，并可以按照规定领用增值税专用发票，财政部、国家税务总局另有规定的除外。

上述生效之日，是指纳税人办理登记的当月1日或者次月1日，由纳税人在办理登记手续时自行选择。

四、一般纳税人转登记为小规模纳税人规定

（一）转登条件

除国家税务总局另有规定外，纳税人一经登记为一般纳税人以后，不得转登记小规

模纳税人。

根据《国家税务总局关于明确二手车经销等若干增值税征管问题的公告》（国家税务总局公告2020年第9号）等：

一般纳税人符合以下条件的，在2020年12月31日前，可选择转登记为小规模纳税人：转登记日前连续12个月（以1个月为1个纳税期）或者连续4个季度（以1个季度为1个纳税期）累计销售额未超过500万元。

转登记日前经营期不满12个月或者4个季度的，按照月或者季度平均应税销售额估算上款规定的累计应税销售额。

注意：转登记政策不限制纳税人所属行业，符合条件的一般纳税人均可以办理转登记，但明确规定必须登记为一般纳税人的情形除外。例如，根据《成品油零售加油站增值税征收管理办法》（国家税务总局令第2号），成品油零售加油站一律按规定认定为增值税一般纳税人，因此，成品油零售加油站不能转登记为小规模纳税人。

（二）生效时间

一般纳税人转登记为小规模纳税人（以下简称转登记纳税人）后，自转登记日的下期起，按照简易计税方法计算缴纳增值税；转登记日当期仍按照一般纳税人的有关规定计算缴纳增值税。

（三）转登办理

符合转登条件的纳税人，向主管税务机关填报《一般纳税人转为小规模纳税人登记表》，并提供税务登记证件；已实行实名办税的纳税人，无须提供税务登记证件。主管税务机关根据卜列情况分别做出处理：

（1）纳税人填报内容与税务登记、纳税申报信息一致的，主管税务机关当场办理。

（2）纳税人填报内容与税务登记、纳税申报信息不一致，或者不符合填列要求的，主管税务机关应当场告知纳税人需要补正的内容。

转登记纳税人的其他事宜，根据《国家税务总局关于统一小规模纳税人标准等若干增值税问题的公告》（国家税务总局公告2018年第18号）、《国家税务总局关于统一小规模纳税人标准有关出口退（免）税问题的公告》（国家税务总局公告2018年第20号）的相关规定执行。

（四）发票开具

首先，转登记纳税人自转登记日的下期起，发生增值税应税销售行为，应当按照小规模纳税人的征收率开具增值税发票。其次，转登记纳税人在一般纳税人期间发生的增值税应税销售行为，需要开具红字发票、换开发票、补开发票的，一律按照一般纳税人期间适用的税率或者征收率开具。具体规定为：

（1）转登记纳税人可以继续使用现有税控设备开具增值税发票，不需要缴销税控设备和增值税发票。

转登记纳税人自转登记日的下期起，发生增值税应税销售行为，应当按照征收率开具增值税发票；转登记日前已作增值税专用发票票种核定的，继续通过增值税发票管理系统自行开具增值税专用发票；销售其取得的不动产，需要开具增值税专用发票的，应当按照有关规定向税务机关申请代开。

（2）转登记纳税人在一般纳税人期间发生的增值税应税销售行为，未开具增值税发票需要补开的，应当按照原适用税率或者征收率补开增值税发票；发生销售折让、中止或者退回等情形，需要开具红字发票的，按照原蓝字发票记载的内容开具红字发票；开票有误需要重新开具的，先按照原蓝字发票记载的内容开具红字发票后，再重新开具正确的蓝字发票。

转登记纳税人发生上述行为，需要按照原适用税率开具增值税发票的，应当在互联网连接状态下开具。按照有关规定不使用网络办税的特定纳税人，可以通过离线方式开具增值税发票。

（3）一般纳税人在增值税税率调整前已按原适用税率开具的增值税发票，发生销售折让、中止或者退回等情形需要开具红字发票的，按照原适用税率开具红字发票；开票有误需要重新开具的，先按照原适用税率开具红字发票后，再重新开具正确的蓝字发票。

一般纳税人在增值税税率调整前未开具增值税发票的增值税应税销售行为，需要补开增值税发票的，应当按照原适用税率补开。

增值税发票税控开票软件税率栏次默认显示调整后税率，一般纳税人发生上述行为可以手工选择原适用税率开具增值税发票。

第二节　征税范围

一、基本规定

增值税征税范围包括在中华人民共和国境内有偿销售货物，提供加工、修理修配劳务，进口货物，销售服务，销售无形资产，销售不动产。

有偿是指取得货币、货物或者其他经济利益。

（一）货物

货物是指有形动产，包括电力、热力、气体在内。

（二）加工

加工是指受托加工货物，即委托方提供原料及主要材料，受托方按照委托方的要求，制造货物并收取加工费的业务。

（三）修理修配

修理修配是指受托对损伤和丧失功能的货物进行修复，使其恢复原状和功能的业务。

（四）销售服务

销售服务具体内容见表1－1。

表1－1 销售服务具体内容

行业	应税服务	具体内容
1. 交通运输服务	（1）陆路运输服务	包括铁路、公路、缆车、索道、地铁、城市轻轨、出租车等运输服务
	（2）水路运输服务	水路运输的程租、期租业务，属于水路运输服务
	（3）航空运输服务	航空运输的湿租业务、航天运输服务，属于航空运输服务
	（4）管道运输服务	通过管道设施输送气体、液体、固体物质的运输服务
	【提示1】无运输工具承运业务，按照“交通运输服务”缴纳增值税 【提示2】纳税人已售票但客户逾期未消费取得的运输逾期票证收入，按照“交通运输服务”缴纳增值税	
2. 邮政服务	（1）邮政普遍服务	函件、包裹等邮件寄递，以及邮票发行、报刊发行和邮政汇兑等业务活动（免税）
	（2）邮政特殊服务	义务兵平常信函、机要通信、盲人读物和革命烈士遗物的寄递等业务活动（免税）
	（3）其他邮政服务	邮册等邮品销售、邮政代理等业务活动
3. 电信服务	（1）基础电信服务	利用固网、移动网、卫星、互联网，提供语音通话服务的业务活动，以及出租或者出售带宽、波长等网络元素的业务活动
	（2）增值电信服务	利用固网、移动网、卫星、互联网、有线电视网络，提供短信和彩信服务、电子数据和信息的传输及应用服务、互联网接入服务等业务活动 【提示】卫星电视信号落地转接服务，按照“增值电信服务”缴纳增值税
4. 建筑服务	（1）工程服务	新建、改建各种建筑物、构筑物的工程作业
	（2）安装服务	包括固定电话、有线电视、宽带、水、电、燃气、暖气等经营者向用户收取的安装费、初装费、开户费、扩容费以及类似收费
	（3）修缮服务	对建筑物、构筑物进行修补、加固、养护、改善
	（4）装饰服务	对建筑物、构筑物进行修饰装修，使之美观或具有特定用途的工程
	（5）其他建筑服务	如钻井（打井）、拆除建筑物或者构筑物、平整土地、园林绿化等
	【提示1】物业服务企业为业主提供的装修服务，按照“建筑服务”缴纳增值税 【提示2】纳税人将建筑施工设备出租给他人使用并配备操作人员的，按照“建筑服务”缴纳增值税	

续表

行业	应税服务	具体内容
5. 金融服务	（1）贷款服务	各种占用、拆借资金取得的收入，以及融资性售后回租、押汇、罚息、票据贴现、转贷等业务取得的利息及利息性质的收入 【提示1】以货币资金投资收取的固定利润或者保底利润（利息角度） 【提示2】金融商品持有期间取得的非保本收益，不征收增值税（投资收益角度）
	（2）直接收费金融服务	包括提供信用卡、基金管理、金融交易场所（平台）管理、资金结算、资金清算等
	（3）保险服务	包括人身保险服务和财产保险服务
	（4）金融商品转让	包括转让外汇、有价证券、非货物期货和其他金融商品所有权的业务活动 【提示】购入基金信托理财等资产管理产品持有至到期，不属于“金融商品转让”
6. 现代服务	（1）研发和技术服务	包括研发服务、合同能源管理服务、工程勘察勘探服务、专业技术服务（如气象服务、地震服务、海洋服务、测绘服务、城市规划、环境与生态监测服务等专项技术服务）
	（2）信息技术服务	包括软件服务、电路设计及测试服务、信息系统服务、业务流程管理服务和信息系统增值服务
	（3）文化创意服务	包括设计服务、知识产权服务、广告服务和会议展览服务 【提示】宾馆、旅馆、旅社、度假村和其他经营性住宿场所提供会议场地及配套服务的活动，按照“会议展览服务”缴纳增值税
	（4）物流辅助服务（强调场地和设施）	包括航空服务、港口码头服务、货运客运场站服务、打捞救助服务、装卸搬运服务、仓储服务、收派服务（同城集散中心）
	（5）租赁服务	形式包括融资租赁和经营性租赁；范围包括动产16%、不动产10%（2019年4月1日以后分别为13%、9%）
		经营性租赁：①水路运输的光租业务、航空运输的干租业务；②将不动产或飞机、车辆等动产的广告位出租给其他单位或个人用于发布广告（建筑物的广告位出租—不动产租赁，车辆的广告位出租—动产租赁）③车辆停放服务、道路通行服务（包括过路费、过桥费、过闸费等）—不动产经营租赁服务
	（6）鉴证咨询服务	包括认证服务、鉴证服务（如会计税务法律鉴证、工程监理、资产评估、环境评估、房地产土地评估、建筑图纸审核、医疗事故鉴定等）和咨询服务 【提示】翻译服务和市场调查服务按照“咨询服务”缴纳增值税
	（7）广播影视服务	包括广播影视节目（作品）的制作服务、发行服务、播映（含放映）服务
	（8）商务辅助服务	包括企业管理服务、经纪代理服务（如金融代理、知识产权代理、货物运输代理、代理报关、法律代理、房地产中介、婚姻中介、代理记账、拍卖等）、人力资源服务、安全保护服务 【提示1】拍卖行受托拍卖取得的手续费或佣金收入，按照“经纪代理服务”缴纳增值税 【提示2】纳税人提供武装守护押运服务，按照“安全保护服务”缴纳增值税
	（9）其他现代服务	【提示1】对安装运行后的电梯提供的维护保养服务，按“其他现代服务”计税 【提示2】为客户办理退票而向客户收取的退票费、手续费等收入，按“其他现代服务”计税

续表

行业	应税服务	具体内容
7. 生活服务	（1）文化体育服务	包括文化服务（文艺表演、文化比赛，档案馆的档案管理，文物及非物质遗产保护，提供游览场所等）和体育服务 【提示】纳税人在游览场所经营索道、摆渡车、电瓶车、游船等取得的收入，按照“文化体育服务”缴纳增值税
	（2）教育医疗服务	教育服务和医疗服务
	（3）旅游娱乐服务	旅游服务和娱乐服务
	（4）餐饮住宿服务	餐饮服务和住宿服务 【提示】长（短）租形式出租酒店式公寓并提供配套服务，按“住宿服务”计税
	（5）居民日常服务	包括市容市政管理、家政、婚庆、养老、殡葬、照料和护理、美容美发、按摩、桑拿、沐浴、洗染、摄影扩印等服务
	（6）其他生活服务	【提示】提供植物养护服务，属“其他生活服务”

【政策依据】《营业税改征增值税试点实施办法》（财税〔2016〕36 号附件 1）附件《销售服务、无形资产、不动产注释》等文件。

有形动产修理属于加工、修理修配劳务；建筑物、构筑物的修补、加固、养护、改善属于建筑服务中的修缮服务。

提供餐饮服务的纳税人销售外卖按“餐饮服务”计税。

（五）销售无形资产

（1）含义：转让无形资产所有权或者使用权的业务活动。

（2）范围：包括技术、商标、著作权、商誉、自然资源使用权和其他权益性无形资产。其他权益性无形资产，包括基础设施资产经营权、公共事业特许权、配额、经营权（包括特许经营权、连锁经营权、其他经营权）、经销权、分销权、代理权、会员权、席位权、网络游戏虚拟道具、域名、名称权、肖像权、冠名权、转会费等。

纳税人通过省级土地行政主管部门设立的交易平台转让补充耕地指标，按照销售无形资产缴纳增值税。补充耕地指标是指根据《中华人民共和国土地管理法》及国务院土地行政主管部门《耕地占补平衡考核办法》的有关要求，经省级土地行政主管部门确认，用于耕地占补平衡的指标。

【政策依据】《国家税务总局关于明确中外合作办学等若干增值税征管问题的公告》（国家税务总局公告 2018 年第 42 号）。

（六）销售不动产

（1）含义：转让不动产所有权的业务活动。

（2）转让建筑物有限产权或者永久使用权的，转让在建的建筑物或者构筑物所有权的，以及在转让建筑物或者构筑物时一并转让其所占土地的使用权的，按照销售不动产缴纳增值税。

不动产包括建筑物、构筑物等。构筑物包括道路、桥梁、隧道、水坝等建造物。

（七）进口货物

进口货物是指申报进入我国海关境内的货物。

二、非经营性活动

现实中，非经营性活动尽管有偿提供，但不属于增值税征税范围。

（1）行政单位收取的同时满足以下条件的政府性基金或者行政事业性收费：

①由国务院或者财政部批准设立的政府性基金，由国务院或者省级人民政府及其财政、价格主管部门批准设立的行政事业性收费。

②收取时开具省级以上（含省级）财政部门监（印）制的财政票据。

③所收款项全额上缴财政。

（2）单位或者个体工商户聘用的员工为本单位或者雇主提供取得工资的服务。

（3）单位或者个体工商户为聘用的员工提供服务。

（4）单位或者个体工商户聘用的员工为本单位或者雇主提供的加工、修理修配劳务。

（5）各党派、共青团、工会、妇联、中科协、青联、台联、侨联收取党费、团费、会费，以及政府间国际组织收取会费，属于非经营活动，不征收增值税。

（6）基本建设单位和从事建筑安装业务的企业附设工厂、车间在建筑现场制造的预制构件，凡直接用于本单位或本企业建筑工程的。

（7）财政部和国家税务总局规定的其他情形。

三、不征增值税项目

纳税人发生以下活动属于不征增值税项目，不属于增值税征税范围：

（1）根据国家指令无偿提供的铁路运输服务、航空运输服务，属于《营业税改征增值税试点实施办法》第十四条规定的用于公益事业的服务。

（2）存款利息。

（3）被保险人获得的保险赔付。

（4）房地产主管部门或者其指定机构、公积金管理中心、开发企业以及物业管理单位代收的住宅专项维修资金。

（5）在资产重组过程中，通过合并、分立、出售、置换等方式，将全部或者部分实物资产以及与其相关联的债权、负债和劳动力一并转让给其他单位和个人，其中涉及的不动产、土地使用权转让行为。

（6）纳税人取得中央财政补贴。

①纳税人取得的中央财政补贴，不属于增值税应税收入。

②燃油电厂从政府财政专户取得的发电补贴不属于增值税规定的价外费用，不计入应税销售额。

自 2020 年 1 月 1 日起，纳税人取得的财政补贴收入，与其销售货物、劳务、服务、无形资产、不动产的收入或者数量直接挂钩的，应按规定计算缴纳增值税。纳税人取得的其他情形的财政补贴收入，不属于增值税应税收入，不征收增值税。

【政策依据】《国家税务总局关于取消增值税扣税凭证认证确认期限等增值税征管问题的公告》（国家税务总局公告 2019 年第 45 号）。

四、视同销售

（一）视同销售货物行为

单位或个体工商户提供下列行为，视同销售货物，属于增值税征税范围：

（1）将货物交付他人代销。

（2）销售代销货物。

（3）设有两个以上机构并实行统一核算的纳税人，将货物从一个机构移送到其他机构用于销售，但相关机构设在同一县（市）的除外。

“用于销售”是指收货机构发生以下情形之一的经营行为：一是向购货方开具发票，二是向购货方收取货款。收货机构的货物移送行为有前述两项情形之一的，应当向所在地税务机关缴纳增值税；未发生上述两项情形的，则应由总机构统一缴纳增值税。

（4）将自产、委托加工的货物用于非增值税应税项目（“营改增”后，该条在实务中几乎不存在了）。

（5）将自产、委托加工的货物用于集体福利或个人消费。

（6）将自产、委托加工或购买的货物作为投资，提供给其他单位或个体经营者。

（7）将自产、委托加工或购买的货物分配给股东或投资者。

（8）将自产、委托加工或购买的货物无偿赠送给其他单位或个人。

（二）视同销售应税服务

下列情形视同销售服务、无形资产或者不动产，征收增值税：

（1）单位或者个体工商户向其他单位或者个人无偿提供服务，但用于公益事业或者以社会公众为对象的除外。

（2）单位或者个人向其他单位或者个人无偿转让无形资产或者不动产，但用于公益事业或者以社会公众为对象的除外。

（3）财政部和国家税务总局规定的其他情形。

注意：纳税人出租不动产，租赁合同中约定免租期的，不属于视同销售服务。

【政策依据】《国家税务总局关于土地价款扣除时间等增值税征管问题的公告》（国家税务总局公告2016年第86号）。

五、预付卡的增值税征税问题

（一）单用途商业预付卡（以下简称单用途卡）业务

单用途卡，是指发卡企业按照国家有关规定发行的，仅限于在本企业、本企业所属集团或者同一品牌特许经营体系内兑付货物或者服务的预付凭证。

（1）单用途卡发卡企业或者售卡企业（以下简称售卡方）销售单用途卡，或者接受单用途卡持卡人充值取得的预收资金，不缴纳增值税。售卡方可按照本公告第九条的规定，向购卡人、充值人开具增值税普通发票，不得开具增值税专用发票。

发卡企业，是指按照国家有关规定发行单用途卡的企业。售卡企业，是指集团发卡企业或者品牌发卡企业指定的，承担单用途卡销售、充值、挂失、换卡、退卡等相关业务的本集团或同一品牌特许经营体系内的企业。

（2）售卡方因发行或者销售单用途卡并办理相关资金收付结算业务取得的手续费、结算费、服务费、管理费等收入，应按照现行规定缴纳增值税。

（3）持卡人使用单用途卡购买货物或服务时，货物或者服务的销售方应按照现行规定缴纳增值税，且不得向持卡人开具增值税发票。

（4）销售方与售卡方不是同一个纳税人的，销售方在收到售卡方结算的销售款时，应向售卡方开具增值税普通发票，并在备注栏注明“收到预付卡结算款”，不得开具增值税专用发票。

售卡方从销售方取得的增值税普通发票，作为其销售单用途卡或接受单用途卡充值取得预收资金不缴纳增值税的凭证，留存备查。

（二）支付机构预付卡（以下简称多用途卡）业务

多用途卡，是指发卡机构以特定载体和形式发行的，可在发卡机构之外购买货物或服务的预付价值。

（1）支付机构销售多用途卡取得的等值人民币资金，或者接受多用途卡持卡人充值取得的充值资金，不缴纳增值税。支付机构可按照相关规定，向购卡人、充值人开具增值税普通发票，不得开具增值税专用发票。

支付机构，是指取得中国人民银行核发的《支付业务许可证》，获准办理“预付卡发行与受理”业务的发卡机构和获准办理“预付卡受理”业务的受理机构。

（2）支付机构因发行或者受理多用途卡并办理相关资金收付结算业务取得的手续费、结算费、服务费、管理费等收入，应按照现行规定缴纳增值税。

（3）持卡人使用多用途卡，向与支付机构签署合作协议的特约商户购买货物或服务，特约商户应按照现行规定缴纳增值税，且不得向持卡人开具增值税发票。

（4）特约商户收到支付机构结算的销售款时，应向支付机构开具增值税普通发票，并在备注栏注明“收到预付卡结算款”，不得开具增值税专用发票。

支付机构从特约商户取得的增值税普通发票，作为其销售多用途卡或接受多用途卡充值取得预收资金不缴纳增值税的凭证，留存备查。

【政策依据】《国家税务总局关于营改增试点若干征管问题的公告》（国家税务总局公告2016年第53号）等。

知识链接

单用途卡和多用途卡，不包括《成品油零售加油站增值税征收管理办法》（国家税务总局令第2号）规定的加油卡。

加油卡的增值税规定：售卡时，应按预收账款方法做相关账务处理，不征收增值税。加油站无论以何种结算方式（如现金、加油卡等）收取售油款，均应征收增值税。

六、混合销售、兼营的征税规定

（一）混合销售业务

1. 含义

一项销售行为如果既涉及货物又涉及服务，为混合销售。

2. 税务处理

（1）一般规定。

从事货物的生产、批发或者零售的单位和个体工商户的混合销售行为，按照销售货物缴纳增值税；其他单位和个体工商户的混合销售行为，按照销售服务缴纳增值税。

（2）特殊规定。

自2017年5月1日起，依据《国家税务总局关于进一步明确营改增有关征管问题的公告》（国家税务总局公告2017年第11号，以下简称国家税务总局公告2017年第11号）第一条规定，纳税人销售活动板房、机器设备、钢结构件等自产货物的同时，提供建筑、安装服务，不属于混合销售，应分别核算销售货物和建筑服务的销售额，分别适用不同的税率和征收率。

该公告第四条规定，一般纳税人销售电梯的同时提供安装服务，其安装服务可以按照甲供工程选择适用简易计税方法计税。

2018年7月25日起，依据《国家税务总局关于明确中外合作办学等若干增值税征管问题的公告》（国家税务总局公告2018年第42号，以下简称国家税务总局公告2018年第42号）第六条明确了混合销售的相关处理：

一般纳税人销售自产机器设备的同时提供安装服务，应分别核算机器设备和安装服务的销售额，安装服务可以按照甲供工程选择适用简易计税方法计税。

一般纳税人销售外购机器设备的同时提供安装服务，如果已经按照兼营的有关规定，分别核算机器设备和安装服务的销售额，安装服务可以按照甲供工程选择适用简易计税方法计税。

纳税人对安装运行后的机器设备提供的维护保养服务，按照“其他现代服务”缴纳增值税。

对国家税务总局公告2017年第11号和国家税务总局公告2018年第42号关于混合销售特殊性规定的理解：

2018年7月25日，国家税务总局发布2018年第42号公告，其中第六条明确了混合销售的相关处理，同时将国家税务总局公告2017年第11号文第四条废止。依据国家税务总局公告2018年第42号，机器设备的相关操作规定统一，不再区分电梯还是非电梯。自2018年7月25日起（包括之前已经发生但尚未处理的业务），混合销售业务的增值税处理如下：

第一，一般纳税人销售自产机器设备的同时提供安装服务，应分别核算机器设备和安装服务的销售额，安装服务可以按照甲供工程选择适用简易计税方法计税（即不限于电梯，其他“自产机器设备＋安装”，也可以选择一般计税方法适用9%的税率或者简易计税方法适用3%的征收率）。

第二，一般纳税人销售外购机器设备的同时提供安装服务，如果已经按照兼营的有关规定，分别核算机器设备和安装服务的销售额，安装服务可以按照甲供工程选择适用简易计税方法计税（即不限于电梯，能够分开核算的“外购货物+安装”，安装部分可以选择简易计税，如果不能分开核算，就应该按主业确定是全部按13%缴纳增值税还是按9%缴纳增值税）。

第三，纳税人对安装运行后的机器设备提供的维护保养服务，按照“其他现代服务”缴纳增值税。

（二）兼营行为

1. 含义

所谓兼营，是指纳税人的经营范围既包括销售货物和加工修理修配劳务，又包括销售服务、无形资产或者不动产。但是销售货物、加工修理修配劳务、服务、无形资产或者不动产不同时发在同一项销售行为中。

2. 税务处理

纳税人销售货物、加工修理修配劳务、服务、无形资产或者不动产适用不同税率或者征收率的，应当分别核算适用不同税率或者征收率的销售额；未分别核算销售额的，从高适用税率或征收率征税。

纳税人兼营免税、减税项目：应当分别核算免税、减税项目的销售额；未分别核算销售额的，不得免税、减税。

七、中国境内的界定

（一）一般规定

1. 销售货物

货物的起运地或者所在地在中国境内。

2. 提供加工、修理修配劳务

提供的应税劳务发生地在中国境内。

3. 进口货物

经报关进入中国境内。

4. 在境内销售服务、无形资产或者不动产

（1）服务（租赁不动产除外）或者无形资产（自然资源使用权除外）的销售方或者购买方有一方中国在境内。（2）所销售或者租赁的不动产在境内。（3）所销售自然资源使用权在中国境内。（4）财政部和国家税务总局规定的其他情形。

（二）特殊规定

购买方在中国境内但属于完全在中国境外发生（使用）的，不属于在中国境内的销售服务或者无形资产。

（1）下列情形不属于在中国境内销售服务或者无形资产：①境外单位或者个人向境内单位或者个人销售完全在境外发生的服务；②境外单位或者个人向境内单位或者个人销售完全在境外使用的无形资产；③境外单位或者个人向境内单位或者个人出租完全在境外使用的有形动产；④财政部和国家税务总局规定的其他情形。

（2）境外单位或者个人发生的下列行为不属于在境内销售服务或者无形资产：①为出境的函件、包裹在境外提供的邮政服务、收派服务；②向境内单位或者个人提供的工程施工地点在境外的建筑服务、工程监理服务；③向境内单位或者个人提供的工程、矿产资源在境外的工程勘察勘探服务；④向境内单位或者个人提供的会议展览地点在境外的会议展览服务。

【政策依据】《国家税务总局关于营改增试点若干征管问题的公告》（国家税务总局公告2016年第53号）。

第三节　税率与征收率

一、增值税税率

（一）基本税率

纳税人销售货物（适用低税率除外）、劳务、有形动产租赁服务或者进口货物（适用低税率除外），税率为13%（表1－2）。

表1－2　基本税率主要内容

时间	基本税率	适用范围
2017年7月之前	17%	销售或进口货物（适用低税率除外）；加工、修理、修配劳务；提供有形动产租赁服务
2017年7月1日—2018年4月30日	17%	销售或进口货物（适用低税率除外）；加工、修理、修配劳务；提供有形动产租赁服务
2018年6月1日—2019年3月31日	16%	销售或进口货物（适用低税率除外）；加工、修理、修配劳务；提供有形动产租赁服务
2019年4月1日至今	13%	销售或进口货物（适用低税率除外）；加工、修理、修配劳务；提供有形动产租赁服务

（二）低税率

（1）纳税人销售交通运输、邮政、基础电信、建筑、不动产租赁服务，销售不动产，转让土地使用权，销售或者进口下列货物，税率为9%（表1－3）。

①粮食等农产品、食用植物油、食用盐。

②自来水、暖气、冷气、热水、煤气、石油液化气、天然气、二甲醚、沼气、居民用煤炭制品。

③图书、报纸、杂志、音像制品、电子出版物。

④饲料、化肥、农药、农机、农膜。

⑤国务院规定的其他货物。

（2）除表1－2、表1－3所涵盖的内容外，纳税人销售服务、无形资产，即：提供现代服务（租赁除外）、增值电信服务、金融服务、生活服务、销售无形资产（转让土地使用权除外），税率为6%。

表1－3 低税率主要内容

时间	低税率	适用范围
2017年7月之前	13%	销售或进口税法列举的货物： ①粮食等农产品、食用植物油、食用盐；②自来水、暖气、冷气、热水、煤气、石油液化气、天然气、二甲醚、沼气、居民用煤炭制品；③图书、报纸、杂志、音像制品、电子出版物；④饲料、化肥、农药、农机、农膜；⑤国务院规定的其他货物
	11%	提供交通运输服务、邮政服务、基础电信服务、建筑服务、不动产租赁服务，销售不动产，转让土地使用权
2017年7月—2018年4月30日	11%	销售或进口税法列举的货物： ①粮食等农产品、食用植物油、食用盐；②自来水、暖气、冷气、热水、煤气、石油液化气、天然气、二甲醚、沼气、居民用煤炭制品；③图书、报纸、杂志、音像制品、电子出版物；④饲料、化肥、农药、农机、农膜；⑤国务院规定的其他货物
	11%	提供交通运输服务、邮政服务、基础电信服务、建筑服务、不动产租赁服务，销售不动产，转让土地使用权
2018年5月—2019年3月	10%	销售或进口税法列举的货物： ①粮食等农产品、食用植物油、食用盐；②自来水、暖气、冷气、热水、煤气、石油液化气、天然气、二甲醚、沼气、居民用煤炭制品；③图书、报纸、杂志、音像制品、电子出版物；④饲料、化肥、农药、农机、农膜；⑤国务院规定的其他货物
	10%	提供交通运输服务、邮政服务、基础电信服务、建筑服务、不动产租赁服务，销售不动产，转让土地使用权

续表

时间	低税率	适用范围
2019 年 4 月至今	9%	销售或进口税法列举的货物： ①粮食等农产品、食用植物油、食用盐；②自来水、暖气、冷气、热水、煤气、石油液化气、天然气、二甲醚、沼气、居民用煤炭制品；③图书、报纸、杂志、音像制品、电子出版物；④饲料、化肥、农药、农机、农膜；⑤国务院规定的其他货物
	9%	提供交通运输服务、邮政服务、基础电信服务、建筑服务、不动产租赁服务，销售不动产，转让土地使用权

纳税人提供适用不同税率或者征收率的货物、应税劳务和应税行为，应当分别核算适用不同税率或者征收率的销售额；未分别核算的，从高适用税率或征收率征税。

（三）零税率

出口货物、劳务或者境内单位和个人发生的特定跨境应税行为适用零税率，但是，国务院另有规定的除外。零税率的适用范围为：

（1）国际运输服务：①在境内载运旅客或者货物出境。②在境外载运旅客或者货物入境。③在境外载运旅客或者货物。

（2）航天运输服务。

（3）向境外单位提供的完全在境外消费的下列服务：①研发服务；②合同能源管理服务；③设计服务；④广播影视节目（作品）的制作和发行服务；⑤软件服务；⑥电路设计及测试服务；⑦信息系统服务；⑧业务流程管理服务；⑨离岸服务外包业务；⑩转让技术。

离岸服务外包业务，包括信息技术外包服务（ITO）、技术性业务流程外包服务（BPO）、技术性知识流程外包服务（KPO），其所涉及的具体业务活动，按照《销售服务、无形资产、不动产注释》相对应的业务活动执行。

（4）财政部和国家税务总局规定的其他服务。

知识链接

（1）完全在境外消费是指：

①服务的实际接受方在境外，且与境内的货物和不动产无关。

②无形资产完全在境外使用，且与境内的货物和不动产无关。

③财政部和国家税务总局规定的其他情形。

（2）放弃零税率的规定。境内的单位和个人销售适用增值税零税率的服务或无形资产的，可以放弃适用增值税零税率，选择免税或按规定缴纳增值税。放弃适用增值税零税率后，36 个月内不得再申请适用增值税零税率。

二、征收率

（一）一般规定

增值税征收率为3%，财政部和国家税务总局另有规定的除外。

（二）增值税征收率为5%

增值税征收率为5%，主要包括销售不动产，不动产租赁，转让土地使用权，提供劳务派遣服务、安全保护服务选择差额纳税的。

（1）小规模纳税人销售其取得（不含自建）的不动产（不含个体工商户销售购买的住房和其他个人销售不动产），应以取得的全部价款和价外费用减去该项不动产购置原价或者取得不动产时的作价后的余额为销售额，按照5%的征收率计算应纳税额。纳税人应按照上述计税方法在不动产所在地预缴税款后，向机构所在地主管税务机关进行纳税申报。

【政策依据】《财政部 国家税务总局关于全面推开营业税改征增值税试点的通知》（财税〔2016〕36号）附件2第一条第（八）项第5点。

（2）小规模纳税人销售其自建的不动产，应以取得的全部价款和价外费用为销售额，按照5%的征收率计算应纳税额。纳税人应按照上述计税方法在不动产所在地预缴税款后，向机构所在地主管税务机关进行纳税申报。

【政策依据】《财政部 国家税务总局关于全面推开营业税改征增值税试点的通知》（财税〔2016〕36号）附件2第一条第（八）项第6点。

（3）小规模纳税人出租其取得的不动产（不含个人出租住房），应按照5%的征收率计算应纳税额。纳税人出租与机构所在地不在同一县（市）的不动产，应按照上述计税方法在不动产所在地预缴税款后，向机构所在地主管税务机关进行纳税申报。

【政策依据】《财政部 国家税务总局关于全面推开营业税改征增值税试点的通知》（财税〔2016〕36号）附件2第一条第（九）项第4点。

（4）房地产开发企业中的小规模纳税人，销售自行开发的房地产项目，按照5%的征收率计税。

【政策依据】《财政部 国家税务总局关于全面推开营业税改征增值税试点的通知》（财税〔2016〕36号）附件2第一条第（八）项第8点。

（5）小规模纳税人提供劳务派遣服务，选择差额纳税的，以取得的全部价款和价外费用，扣除代用工单位支付给劳务派遣员工的工资、福利和为其办理社会保险及住房公积金后的余额为销售额，按照简易计税方法依5%的征收率计算缴纳增值税。

【政策依据】《财政部 国家税务总局关于进一步明确全面推开营改增试点有关劳务派遣服务、收费公路通行费抵扣等政策的通知》（财税〔2016〕47号）第一条第二款。

（6）纳税人提供安全保护服务，比照劳务派遣服务政策执行。

【政策依据】《财政部 国家税务总局关于进一步明确全面推开营改增试点有关再保险 不动产租赁和非学历教育等政策的通知》（财税〔2016〕68号）第四条。

（三）减征规定

1. 减按1.5%征收

个体工商户和其他个人出租住房，按照5%的征收率减按1.5%计算应纳税额。

2. 减按2%征收

（1）小规模纳税人销售自己使用过的固定资产（不包括不动产）。

小规模纳税人（除其他个人外，下同）销售自己使用过的固定资产（不包括不动产），减按2%征收率征收增值税。

小规模纳税人销售自己使用过的除固定资产以外的物品，应按3%的征收率征收增值税。

（2）一般纳税人销售自己使用过的固定资产（不包括不动产）。

一般纳税人销售自己使用过的固定资产（不包括不动产）适用于简易计税方式，适用3%的征收率但减按2%征收增值税。公式为

销售额＝含税销售额÷（1＋3%）

应纳税额＝销售额×2%

一般纳税人销售自己使用过的固定资产（不包括不动产），适用简易办法依照3%征收率减按2%征收增值税政策的，可以放弃减税，按照简易办法依照3%征收率缴纳增值税，并可以开具增值税专用发票。

一般纳税人销售自己使用过的除固定资产以外的物品，应当按照适用税率征收增值税。

（3）3%征收率减按2%征收的主要情形与依据。

——2008年12月31日以前未纳入扩大增值税抵扣范围试点的纳税人，销售自己使用过的2008年12月31日以前购进或者自制的固定资产。（财税〔2008〕170号、财税〔2014〕57号）

——2008年12月31日以前已纳入扩大增值税抵扣范围试点的纳税人，销售自己使

用过的在本地区扩大增值税抵扣范围试点以前购进或者自制的固定资产。(财税〔2008〕170号、财税〔2014〕57号)

——一般纳税人销售自己使用过的属于《中华人民共和国增值税暂行条例》第十条规定不得抵扣且未抵扣进项税额的固定资产。(财税〔2009〕9号、财税〔2014〕57号)

——纳税人销售旧货。所称旧货,是指进入二次流通的具有部分使用价值的货物(含旧汽车、旧摩托车和旧游艇),但不包括自己使用过的物品。(财税〔2009〕9号、财税〔2014〕57号)

——纳税人购进或者自制固定资产时为小规模纳税人,认定为一般纳税人后销售该固定资产。(国家税务总局公告2012年第1号、国家税务总局公告2014年第36号)

——一般纳税人发生按照简易办法征收增值税应税行为,销售其按照规定不得抵扣进项税额的固定资产。(国家税务总局公告2012年第1号、国家税务总局公告2014年第36号)

——一般纳税人销售自己使用过的、纳入营改增试点之日前取得的固定资产,按照现行旧货相关增值税政策执行。(财税〔2016〕36号附件2)

注意:纳税人(包括一般纳税人和小规模纳税人)销售不动产适用简易计税方式,征收率为5%,不得享受减按征收率的规定。

3. 减按1%征收

自2020年3月1日至12月31日,对湖北省以外其他省、自治区、直辖市的增值税小规模纳税人,适用3%征收率的应税销售收入,减按1%征收率征收增值税。即:纳税义务发生时间在2020年3月1日至5月31日,适用减按1%征收率征收增值税的,按照1%征收率开具增值税发票,销售额=含税销售额÷(1+1%)。

【政策依据】《财政部 税务总局关于支持疫情防控保供等税费政策实施期限的公告》(财政部 税务总局公告2020年第28号)。

依据《财政部 税务总局关于延续实施应对疫情部分税费优惠政策的公告》(财政部 税务总局公告2021年第7号),《财政部 税务总局关于支持个体工商户复工复业增值税政策的公告》(财政部 税务总局公告2020年第13号)规定的税收优惠政策,执行期限延长至2021年12月31日。其中,自2021年4月1日至2021年12月31日,湖北省增值税小规模纳税人适用3%征收率的应税销售收入,减按1%征收率征收增值税;适用3%预征率的预缴增值税项目,减按1%预征率预缴增值税。

注意:自2021年4月1日至2021年12月31日不区分湖北省和非湖北省的增值税

小规模纳税人，全国政策统一；自2021年1月1日至2021年3月31日，湖北省增值税小规模纳税人适用3%征收率的应税销售收入，仍免征增值税；适用3%预征率的预缴增值税项目，不需预缴增值税。

【政策要点】第一，无论是企业还是个体工商户，只要属于小规模纳税人，均可以享受支持复工复业增值税优惠政策。

第二，增值税小规模纳税人取得应税销售收入，纳税义务发生时间在2020年2月底以前，适用3%征收率征收增值税的，按照3%征收率开具增值税发票；纳税义务发生时间在2020年3月1日至2021年12月31日，适用减按1%征收率征收增值税的，按照1%征收率开具增值税发票。

第三，增值税小规模纳税人销售不动产和出租不动产适用5%的征收率，不适用减按1%征收率征收增值税的政策。

4. 减按0.5%征收

自2020年5月1日至2023年12月31日，从事二手车经销的纳税人销售其收购的二手车，由原按照简易办法依3%征收率减按2%征收增值税，改为减按0.5%征收增值税。具体规定如下：

纳税人减按0.5%征收率征收增值税，并按下列公式计算销售额：

销售额＝含税销售额÷（1＋0.5%）

纳税人应当开具二手车销售统一发票。购买方索取增值税专用发票的，应当再开具征收率为0.5%的增值税专用发票。

一般纳税人在办理增值税纳税申报时，减按0.5%征收率征收增值税的销售额，应当填写在《增值税纳税申报表附列资料（一）》（本期销售情况明细）“二、简易计税方法计税”中“3%征收率的货物及加工修理修配劳务”相应栏次；对应减征的增值税应纳税额，按销售额的2.5%计算填写在《增值税纳税申报表（一般纳税人适用）》“应纳税额减征额”及《增值税减免税申报明细表》减税项目相应栏次。

小规模纳税人在办理增值税纳税申报时，减按0.5%征收率征收增值税的销售额，应当填写在《增值税纳税申报表（小规模纳税人适用）》“应征增值税不含税销售额（3%征收率）”相应栏次；对应减征的增值税应纳税额，按销售额的2.5%计算填写在《增值税纳税申报表（小规模纳税人适用）》“本期应纳税额减征额”及《增值税减免税申报明细表》减税项目相应栏次。

二手车，是指从办理完注册登记手续至达到国家强制报废标准之前进行交易并转移所有权的车辆，具体范围按照国务院商务主管部门出台的二手车流通管理办法执行。

【政策依据】《国家税务总局关于明确二手车经销等若干增值税征管问题的公告》（国家税务总局公告2020年第9号）、《财政部 税务总局关于二手车经销有关增值税政策的公告》（财政部 税务总局公告2020年第17号）。

5. 应当适用（非可选择）简易计税

（1）提供物业管理服务的纳税人，向服务接受方收取的自来水水费，以扣除其对外支付的自来水水费后的余额为销售额，按照简易计税方法依3%的征收率计算缴纳增值税。（国家税务总局公告2016年第54号）

（2）建筑工程总承包单位为房屋建筑的地基与基础、主体结构提供工程服务，建设单位自行采购全部或部分钢材、混凝土、砌体材料、预制构件的，适用简易计税方法计税。（财税〔2017〕58号）

（3）资管产品管理人运营资管产品过程中发生的增值税应税行为，暂适用简易计税方法，按照3%的征收率缴纳增值税。（财税〔2017〕56号）

（4）中外合作油（气）田开采的原油、天然气按实物缴纳增值税，征收率为5%。（国税发〔1994〕114号）

（5）纳税人销售旧货，按照简易办法依照4%征收率减半征收增值税。（财税〔2009〕9号）

（6）一般纳税人销售货物属于下列情形之一的，暂按简易办法依照4%征收率计算缴纳增值税：①寄售商店代销寄售物品（包括居民个人寄售的物品在内）；②典当业销售死当物品。（财税〔2009〕9号）

三、预征率

（一）基本规定

依据现行相关政策规定，预征率共有4档，即1%、2%、3%和5%（表1-4）。

表1-4 预征率

税目	预征率	
	一般计税	简易计税
1. 销售建筑服务	2%	3%
2. 销售自行开发的房地产	3%	3%
3. 不动产经营租赁（其中个体工商户和其他个人出租住房按照5%征收率减按1.5%计算）	3%	5%

续表

税目	预征率	
	一般计税	简易计税
4. 销售不动产	5%	5%
5. 自2020年3月1日至2021年3月31日，对湖北省外的小规模纳税人，适用3%预征率的预缴增值税项目，减按1%预征率预缴增值税。自2021年4月1日至2021年12月31日，不区分湖北内外	—	1%

简易计税预征率与征收率基本一致（除了销售自行开发的房地产外是按预收款计算按3%）。销售不动产与销售自行开发的房地产简易计税与一般计税的预征率相同。

（二）政策要点

1. 一般情况

应预缴税款＝（含税销售额－可扣除金额）÷（1＋税率÷征收率）×预征率

2. 例外情况

（1）销售不动产不论一般计税还是简易计税，均按5%征收率进行换算，即预缴时都是：

应预缴税款＝（含税销售额－可扣除金额）÷（1＋5%）×5%

（2）房地产销售的应预缴税款＝预收款÷（1＋适用税率÷征收率）×3%。

（3）个人出租住房，按照5%的征收率减按1.5%计算应纳税额：

应预缴税款＝（含税销售额－可扣除金额）÷（1＋5%）×1.5%

（4）除其他个人外，应向不动产所在地、建筑服务发生地税务机关预缴税款，向机构所在地税务机关申报纳税。

（5）纳税人提供道路通行服务，在机构所在地直接申报纳税即可，不需要预缴税款。

（6）自2020年3月1日至12月31日，对湖北省外的小规模纳税人，适用3%预征率的预缴增值税项目，减按1%预征率预缴增值税。

销售额＝含税销售额÷（1＋1%）

应预缴增值税款＝销售额×1%

3. 预缴时可从含税销售额中扣除的情况

（1）转让不动产。不动产（不含自建）转让，可扣除不动产购置原价或取得不动产时的作价后的余额为销售额，只要不是自建，一般计税和简易计税在预缴时都可扣除。

（2）个人转让住房。北京市、上海市、广州市和深圳市地区销售购买 2 年以上（含 2 年）的非普通住房可扣除购买住房价款，其他地区免征增值税。

（3）跨区（地级市）建筑可扣除支付的分包款。一般计税和简易计税在预缴时都可扣除。

四、农产品扣除率

纳税人购进农产品，计算进项税额适用扣除率的情形：

（1）从按照简易计税方法依照 3% 征收率计算缴纳增值税的小规模纳税人取得增值税专用发票的，以增值税专用发票上注明的金额和 9% 的扣除率计算进项税额。

（2）取得（开具）农产品销售发票或收购发票的，以农产品销售发票或收购发票上注明的农产品买价和 9% 的扣除率计算进项税额。

（3）纳税人购进用于生产销售或委托受托加工 13% 税率货物的农产品，在领用时加计扣除 1%，即按 10% 的扣除率计算进项税率。

（4）纳税人购进农产品既用于生产销售或委托受托加工 13% 税率货物又用于生产销售其他货物服务的，应当分别核算用于生产销售或委托受托加工 13% 税率货物和其他货物服务的农产品进项税额。未分别核算的，统一以增值税专用发票或海关进口增值税专用缴款书上注明的增值税额为进项税额，或以农产品收购发票或销售发票上注明的农产品买价和 9% 的扣除率计算进项税额。

（5）农产品核定扣除时：①以农产品为原料生产货物，扣除率为销售货物的适用税率。②购进农产品用于生产经营且不构成货物实体的（包装物、辅助材料、燃料、低值易耗品）：最终货物税率为 9% 时，扣除率为 9%；最终货物税率为 13% 时，扣除率为 10%。③购进农产品直接销售时，扣除率为 9%。

知识链接

以下增值税税率为 13% 的货物易与最终货物税率为 9% 的农产品等货物相混淆：

（1）以粮食为原料加工的速冻食品、方便面、副食品和各种熟食品，玉米浆、玉米皮、玉米纤维（又称喷浆玉米皮）和玉米蛋白粉。

（2）各种蔬菜罐头。

（3）专业复烤厂烤制的复烤烟叶。

（4）农业生产者用自产的茶青再经筛分、风选、拣剔、碎块、干燥、匀堆等工序精制而成的精制茶，边销茶及掺兑各种药物的茶和茶饮料。

（5）各种水果罐头、果脯、蜜饯、炒制的果仁、坚果、碾磨后的园艺植物（如胡椒粉、花椒粉等）。

（6）中成药。

（7）锯材、竹笋罐头。

（8）熟制的水产品和各类水产品的罐头。

（9）各种肉类罐头、肉类熟制品。

（10）各种蛋类的罐头。

（11）酸奶、奶酪、奶油，调制乳。

（12）洗净毛、洗净绒。

（13）饲料添加剂。

（14）用于人类日常生活的各种类型包装的日用卫生用药（如卫生杀虫剂、驱虫剂、驱蚊剂、蚊香等）。

（15）以农副产品为原料加工工业产品的机械、农用汽车、三轮运货车、机动车、渔船、森林砍伐机械、集材机械、农机零部件。

第四节　应纳税额

一、计算方法

增值税的计税方法，包括简易计税方法和一般计税方法。

（一）简易计税方法

1. 适用主体

小规模纳税人发生应税行为适用简易计税方法计税。

一般纳税人发生财政部和国家税务总局规定的特定应税行为，可以选择适用简易计税方法，需要备案。一经选择简易计税方法后，36 个月内不得变更。

2. 政策要点

简易计税方法的应纳税额，是指按照销售额和增值税征收率计算的增值税额，不得抵扣进项税额。应纳税额计算公式：

应纳税额 = 销售额 × 征收率

简易计税方法的销售额不包括其应纳税额，纳税人采用销售额和应纳税额合并定价方法的，按照下列公式计算销售额：

销售额 = 含税销售额 ÷（1 + 征收率）

纳税人适用简易计税方法计税的，因销售折让、中止或者退回而退还给购买方的销售额，应当从当期销售额中扣减。扣减当期销售额后仍有余额造成多缴的税款，可以从以后的应纳税额中扣减。

知识链接

一般纳税人可选择适用简易计税方法有关规定：

1. 5%征收率

（1）中外合作油（气）田开采的原油、天然气按实物缴纳增值税，征收率为5%。（国税发〔1994〕114 号）

（2）销售、出租 2016 年 4 月 30 日前取得的不动产。（财税〔2016〕36 号附件 2）

（3）房地产开发企业出租、销售自行开发的房地产老项目。房地产老项目，是指《建筑工程施工许可证》注明的合同开工日期在 2016 年 4 月 30 日前的房地产项目。包括但不限于：①房地产开发企业中的一般纳税人购入未完工的房地产老项目继续开发后，以自己名义立项销售的不动产，属于房地产老项目。②房地产开发企业中的一般纳税人以围填海方式取得土地并开发的房地产项目，围填海工程《建筑工程施工许可证》或建筑工程承包合同注明的围填海开工日期在 2016 年 4 月 30 日前的，属于房地产老项目。（国家税务总局公告 2019 年第 31 号、财税〔2016〕68 号、财税〔2016〕36 号附件 2、国家税务总局公告 2020 年第 2 号）

（4）2016 年 4 月 30 日前签订的不动产融资租赁合同。（财税〔2016〕47 号）

（5）以 2016 年 4 月 30 日前取得的不动产提供的融资租赁服务。（财税〔2016〕47 号）

（6）转让 2016 年 4 月 30 日前取得的土地使用权。（财税〔2016〕47 号）

（7）提供劳务派遣服务、安全保护服务（含提供武装守护押运服务）选择差额纳税的。（财税〔2016〕47 号、财税〔2016〕68 号）

（8）收取试点前开工的一级公路、二级公路、桥、闸通行费。（财税〔2016〕47 号）

（9）提供人力资源外包服务。（财税〔2016〕47号）

2. 3%征收率

（1）销售自产的用微生物、微生物代谢产物、动物毒素、人或动物的血液或组织制成的生物制品。（财税〔2009〕9号、财税〔2014〕57号）

（2）寄售商店代销寄售物品（包括居民个人寄售的物品在内）。（财税〔2009〕9号、财税〔2014〕57号）

（3）典当业销售死当物品。（财税〔2009〕9号、财税〔2014〕57号）

（4）销售自产的县级及县级以下小型水力发电单位生产的电力。（财税〔2009〕9号、财税〔2014〕57号）

（5）销售自产的自来水。（财税〔2009〕9号、财税〔2014〕57号）

（6）销售自产的建筑用和生产建筑材料所用的砂、土、石料。（财税〔2009〕9号、财税〔2014〕57号）

（7）销售自产的以自己采掘的砂、土、石料或其他矿物连续生产的砖、瓦、石灰（不含黏土实心砖、瓦）。（财税〔2009〕9号、财税〔2014〕57号）

（8）销售自产的商品混凝土（仅限于以水泥为原料生产的水泥混凝土）。（财税〔2009〕9号、财税〔2014〕57号）

（9）单采血浆站销售非临床用人体血液。（国税函〔2009〕456号、国家税务总局公告2014年第36号）

（10）药品经营企业销售生物制品。（国家税务总局公告2012年第20号）

（11）光伏发电项目发电户销售电力产品。（国家税务总局公告2014年第32号）

（12）兽用药品经营企业销售兽用生物制品。（国家税务总局公告2016年第8号）

（13）销售自己使用过的固定资产，适用简易办法依照3%征收率减按2%征收增值税政策的，可以放弃减税，按照简易办法依照3%征收率缴纳增值税，并可以开具增值税专用发票。（国家税务总局公告2015年第90号）

（14）公共交通运输服务，包括轮客渡、公交客运、地铁、城市轻轨、出租车、长途客运、班车。（财税〔2016〕36号附件2）

（15）经认定的动漫企业为开发动漫产品提供的服务，以及在境内转让动漫版权。（财税〔2016〕36号附件2）

（16）电影放映服务、仓储服务、装卸搬运服务、收派服务和文化体育服务（含纳税人在游览场所经营索道、摆渡车、电瓶车、游船等取得的收入）。（财税〔2016〕36 号附件 2、财税〔2016〕140 号）

（17）以纳入营改增试点之日前取得的有形动产为标的物提供的经营租赁服务。（财税〔2016〕36 号附件 2）

（18）纳入营改增试点之日前签订的尚未执行完毕的有形动产租赁合同。（财税〔2016〕36 号附件 2）

（19）公路经营企业收取试点前开工的高速公路的车辆通行费。（财税〔2016〕36 号附件 2）

（20）中国农业发展银行总行及其各分支机构提供涉农贷款取得的利息收入。（财税〔2016〕39 号）

（21）农村信用社、村镇银行、农村资金互助社、由银行业机构全资发起设立的贷款公司、法人机构在县（县级市、区、旗）及县以下地区的农村合作银行和农村商业银行提供金融服务收入。（财税〔2016〕46 号）

（22）对中国农业银行纳入“三农金融事业部”改革试点的各省、自治区、直辖市、计划单列市分行下辖的县域支行和新疆生产建设兵团分行下辖的县域支行（也称县事业部），提供农户贷款、农村企业和农村各类组织贷款取得的利息收入。（财税〔2016〕46 号）

（23）提供非学历教育服务。（财税〔2016〕68 号）

（24）提供教育辅助服务。（财税〔2016〕140 号）

（25）非企业性单位中的一般纳税人提供的研发和技术服务、信息技术服务、鉴证咨询服务，以及销售技术、著作权等无形资产。（财税〔2016〕140 号）

（26）非企业性单位中的一般纳税人提供技术转让、技术开发和与之相关的技术咨询、技术服务。（财税〔2016〕140 号）

（27）提供物业管理服务的纳税人，向服务接受方收取的自来水水费，以扣除其对外支付的自来水水费后的余额为销售额，按照简易计税方法依 3% 的征收率计算缴纳增值税。（国家税务总局公告 2016 年第 54 号）

（28）以清包工方式提供、为甲供工程提供的、为建筑工程老项目提供的建筑服务。建筑工程老项目，是指：①《建筑工程施工许可证》注明的合同开工日期在2016年4月30日前的建筑工程项目；②未取得《建筑工程施工许可证》的，建筑工程承包合同注明的开工日期在2016年4月30日前的建筑工程项目；③《建筑工程施工许可证》未注明合同开工日期，但建筑工程承包合同注明的开工日期在2016年4月30日前的建筑工程项目。（财税〔2016〕36号附件2）

（29）纳税人销售活动板房、机器设备、钢结构件等自产货物的同时提供建筑、安装服务，应分别核算货物和建筑服务的销售额，分别适用不同的税率或者征收率。（国家税务总局公告2017年第11号）

（30）建筑工程总承包单位为房屋建筑的地基与基础、主体结构提供工程服务，建设单位自行采购全部或部分钢材、混凝土、砌体材料、预制构件的，适用简易计税方法计税。（财税〔2017〕58号）

（31）销售自产、外购机器设备的同时提供安装服务，已分别核算机器设备和安装服务的销售额，安装服务可以按照甲供工程选择适用简易计税方法计税。（国家税务总局公告2018年第42号）

（32）资管产品管理人运营资管产品过程中发生的增值税应税行为，暂适用简易计税方法，按照3%的征收率缴纳增值税。（财税〔2017〕56号）

（33）自2018年5月1日起，增值税一般纳税人生产销售和批发、零售抗癌药品，可选择按照简易办法依照3%征收率计算缴纳增值税。（财税〔2018〕47号）

（34）自2018年7月1日至2020年12月31日，对中国邮政储蓄银行纳入“三农金融事业部”改革的各省、自治区、直辖市、计划单列市分行下辖的县域支行，提供农户贷款、农村企业和农村各类组织贷款（具体贷款业务清单见附件）取得的利息收入，可以选择适用简易计税方法按照3%的征收率计算缴纳增值税。（财税〔2018〕97号）

（35）一般纳税人提供的城市电影放映服务，可以按现行政策规定，选择按照简易计税方法计算缴纳增值税。（财税〔2019〕17号）

（36）自2019年3月1日起，增值税一般纳税人生产销售和批发、零售罕见病药品，可选择按照简易办法依照3%征收率计算缴纳增值税。上述纳税人选择简易办法计算缴纳增值税后，36个月内不得变更。（财税〔2019〕24号）

（二）一般计税方法

适用一般纳税人。一般计税方法的应纳税额，是指当期销项税额抵扣当期进项税额后的余额。应纳税额计算公式：

应纳税额＝当期销项税额－当期进项税额

当期销项税额小于当期进项税额不足抵扣时，其不足部分可以结转下期继续抵扣，符合条件的可以留抵退税。

（三）扣缴税额

境外单位或者个人在境内发生应税行为，在境内未设有经营机构的，扣缴义务人统一按照下列公式计算应扣缴税额：

应扣缴税额＝购买方支付的价款÷（1＋税率）×税率

二、销项税额

（一）销项税额的确认

销项税额，是指纳税人发生应税行为按照销售额和增值税税率计算并收取的增值税额。销项税额计算公式：

销项税额＝销售额×税率

（二）销售额的确定

1. 一般规定

销售额是指纳税人发生应税行为取得的全部价款和价外费用，财政部和国家税务总局另有规定的除外。

（1）销售额包含的项目：

①包括向购买方收取的全部价款。

②向购买方收取的价外费用。

价外费用，包括销售方在价外向购买方收取的手续费、补贴、基金、集资费、返还利润、奖励费、违约金、滞纳金、延期付款利息、赔偿金、代收款项、代垫款项、包装费、包装物租金、储备费、优质费、运输装卸费以及其他各种性质的价外收费。

③消费税等。

（2）销售额中不包含的项目：

①向购买方收取的销项税。

②特殊的往来款：

——受托加工应征消费税的消费品所代收代缴的消费税（代缴）。

——符合条件的代垫运输费用。承运部门的运费发票开具给购买方，并且由纳税人将该项发票转交给购买方。

——符合条件代为收取的政府性基金和行政事业收费（依法批准设立；收取时开具省级以上财政部门印制的财政票据；所收款项全额上缴财政）。

——销货同时代办保险收取的保险费、代购买方缴纳的车辆购置税、车辆牌照费。

2. 含税销售额的换算

不含税销售额 = 含税销售额 ÷（1 + 税率）

3. 特殊销售

（1）三种折扣：

①折扣销售（商业折扣）。目的是促销。价格折扣：如果销售额和折扣额在同一张发票金额栏上分别注明的，可按折扣后的余额作为销售额征收增值税；如果将折扣额另开发票，不得从销售额中减除折扣额（仅在发票“备注”栏注明折扣额，折扣额不得扣除）。

②销售折扣（现金折扣）。目的是融资。不得从销售额中减除现金折扣额。会计计入“财务费用”。

③销售折让。目的是保证商业信誉。可以从销售额中减除折让额。财务处理为：依据退回的增值税专用发票或按规定开具红字增值税专用发票，按退货或折让金额冲减原销售额，注意用红字贷记销项税额。

（2）以旧换新销售货物：

①一般货物（金银首饰以旧换新除外）：按新货物同期销售价格确定销售额，不得扣减旧货物的收购价格。

②金银首饰：可按销售方实际收取的不含增值税的全部价款征收增值税。

（3）还本销售。

不得从销售额中减除还本支出。

（4）以物易物。

双方都应作购销处理。在以物易物活动中，应分别开具合法的票据，如收到的货物不能取得合法扣税凭证的，不能抵扣进项税额。

（5）直销企业增值税销售额确定。

《国家税务总局关于直销企业增值税销售额确定有关问题的公告》（国家税务总局公

告2013年第5号）规定：第一种情况，直销企业先将货物销售给直销员，直销员再将货物销售给消费者的，直销企业的销售额为其向直销员收取的全部价款和价外费用。直销员将货物销售给消费者时，应按照现行规定缴纳增值税。第二种情况，直销企业通过直销员向消费者销售货物，直接向消费者收取货款，直销企业的销售额为其向消费者收取的全部价款和价外费用。

（6）包装物押金计税问题。

包装物押金计税问题分三种情况：

①一般货物。如单独记账核算，时间在1年内，又未逾期的，不并入销售额征税；因逾期（以1年为限）未收回包装物不再退还的押金，并入销售额征税。

应纳增值税 = 逾期押金 ÷ （1 + 税率） × 税率（包装货物适用税率）

②除啤酒、黄酒外的其他酒类产品，无论是否返还以及会计上如何核算，均应并入当期销售额征税。

③啤酒、黄酒：取得时不并入当期销售额，逾期时并入当期销售额征税。

4. 主管税务机关核定销售额

（1）视同销售中无市场参考价的。

（2）价格明显偏低且无正当理由、无销售额、不具有合理商业目的。

销售额确定顺序及方法如下：

①按纳税人最近时期销售同类货物、同类服务、无形资产或者不动产的平均价格确定。

②按其他纳税人最近时期销售同类货物、同类服务、无形资产或者不动产的平均价格确定。

③用以上两种方法均不能确定其销售额的情况下，可按组成计税价格确定销售额（表1－5）。

表1－5　组成计税价格的具体情形

<table>
<tr><th colspan="2">情形</th><th>组成计税价格</th><th>成本利润率</th></tr>
<tr><td>1. 只征增值税的货物</td><td></td><td>成本 ×（1 + 成本利润率）</td><td>10%</td></tr>
<tr><td rowspan="3">2. 既征增值税，又征消费税的货物</td><td>（1）从量定额征收消费税的</td><td>成本 ×（1 + 成本利润率）+ 消费税</td><td>10%</td></tr>
<tr><td>（2）从价定率征收消费税的</td><td>（成本 + 利润）÷（1 － 消费税比例税率）</td><td rowspan="2">消费税中规定的成本利润率</td></tr>
<tr><td>（3）复合计税办法征收消费税的</td><td>（成本 + 利润 + 视同销售数量 × 定额税率）÷（1 － 消费税比例税率）</td></tr>
</table>

5. 销售额以人民币计算

纳税人按照人民币以外的货币结算销售额的，应当折合成人民币计算，折合率可以选择销售额发生的当天或者当月 1 日的人民币汇率中间价。纳税人应当在事先确定采用何种折合率，确定后 12 个月内不得变更。

6. 差额销售额的规定

目前增值税差额确认销售额的项目主要有：

（1）提供物业管理服务的纳税人（一般纳税人、小规模纳税人），向服务接收方收取的自来水水费，以扣除其对外支付的自来水水费后的余额为销售额，按照简易计税方法依 3% 的征收率计算缴纳增值税。

【政策依据】《国家税务总局关于物业管理服务中收取的自来水水费增值税问题的公告》（国家税务总局公告 2016 年第 54 号）。

（2）劳务派遣公司为了满足用工单位对于各类灵活用工的需求，将员工派遣至用工单位，接受用工单位管理并为其工作的服务为劳务派遣服务。

一般纳税人提供劳务派遣服务，可以选择差额纳税，以取得的全部价款和价外费用，扣除代用工单位支付给劳务派遣员工的工资、福利和为其办理社会保险及住房公积金后的余额为销售额，按照简易计税方法依 5% 的征收率计算缴纳增值税。

小规模纳税人提供劳务派遣服务，可以选择差额纳税，以取得的全部价款和价外费用，扣除代用工单位支付给劳务派遣员工的工资、福利和为其办理社会保险及住房公积金后的余额为销售额，按照简易计税方法依 5% 的征收率计算缴纳增值税。

【政策依据】《财政部 国家税务总局关于进一步明确全面推开营改增试点有关劳务派遣服务、收费公路通行费抵扣等政策的通知》（财税〔2016〕47 号）。

（3）安全保护服务，是指提供保护人身安全和财产安全，维护社会治安等的业务活动。包括场所住宅保安、特种保安、安全系统监控、提供武装守护押运服务以及其他安保服务。

一般纳税人提供安全保护服务，可以选择差额纳税，以取得的全部价款和价外费用，扣除代用工单位支付给外派员工的工资、福利和为其办理社会保险及住房公积金后的余额为销售额，按照简易计税方法依 5% 的征收率计算缴纳增值税。

小规模纳税人提供安全保护服务，也可以选择差额纳税，以取得的全部价款和价外费用，扣除代用工单位支付给外派员工的工资、福利和为其办理社会保险及住房公积金后的余额为销售额，按照简易计税方法依 5% 的征收率计算缴纳增值税。

【政策依据】《财政部 国家税务总局关于进一步明确全面推开营改增试点有关再保险、不动产租赁和非学历教育等政策的通知》（财税〔2016〕68 号）、《财政部 国家税务总局关于进一步明确全面推开营改增试点有关劳务派遣服务、收费公路通行费抵扣等政策的通知》（财税〔2016〕47 号）、《财政部 国家税务总局关于明确金融、房地产开发、教育辅助服务等增值税政策的通知》（财税〔2016〕140 号）。

（4）纳税人（一般纳税人、小规模纳税人）提供人力资源外包服务，按照经纪代理服务缴纳增值税，其销售额不包括受客户单位委托代为向客户单位员工发放的工资和代理缴纳的社会保险、住房公积金。

【政策依据】《财政部 国家税务总局关于进一步明确全面推开营改增试点有关劳务派遣服务、收费公路通行费抵扣等政策的通知》（财税〔2016〕47 号）。

（5）一般纳税人提供建筑服务，适用一般计税方法计税的，按现行规定需要预缴增值税时，纳税人应以取得的预收款（全部价款和价外费用）扣除支付的分包款后的余额，适用 2% 的预征率计算预缴税款，向建筑服务发生地或机构所在地的税务机关预缴税款。

【政策依据】《营业税改征增值税试点有关事项的规定》（财税〔2016〕36 号附件 2）、《纳税人跨县（市、区）提供建筑服务增值税征收管理暂行办法》（国家税务总局公告 2016 年第 17 号）、《财政部 国家税务总局关于建筑服务等营改增试点政策的通知》（财税〔2017〕58 号）。

（6）纳税人（一般纳税人、小规模纳税人）提供建筑服务，按规定适用或选择适用简易计税方法计税的，按现行规定需要预缴增值税时，以取得的预收款（全部价款和价外费用）扣除支付的分包款后的余额，按照 3% 的预征率（征收率）计算预缴税款，向建筑服务发生地或机构所在地的税务机关预缴税款。

小规模纳税人提供建筑服务适用简易计税方法计税。

一般纳税人为建筑工程老项目提供的建筑服务，可以选择适用简易计税方法计税。建筑工程老项目，是指：

①《建筑工程施工许可证》注明的合同开工日期在 2016 年 4 月 30 日前的建筑工程项目。

②《建筑工程施工许可证》未注明合同开工日期，但建筑工程承包合同注明的开工日期在 2016 年 4 月 30 日前的建筑工程项目。

③未取得《建筑工程施工许可证》的，建筑工程承包合同注明的开工日期在 2016 年 4 月 30 日前的建筑工程项目。

建筑工程总承包单位为房屋建筑的地基与基础、主体结构提供工程服务，建设单位自行采购全部或部分钢材、混凝土、砌体材料、预制构件的，适用简易计税方法计税。

在纳税义务发生时，纳税人应以取得的全部价款和价外费用扣除支付的分包款后的余额为销售额，适用3%的征收率计算增值税应纳税额向机构所在地主管税务机关进行纳税申报。

【政策依据】《营业税改征增值税试点有关事项的规定》（财税〔2016〕36号附件2）、《纳税人跨县（市、区）提供建筑服务增值税征收管理暂行办法》（国家税务总局公告2016年第17号）、《财政部 国家税务总局关于建筑服务等营改增试点政策的通知》（财税〔2017〕58号）。

（7）房地产开发企业中的一般纳税人销售自行开发的房地产项目（选择简易计税方法的房地产老项目除外），适用一般计税方法计税，按照取得的全部价款和价外费用，扣除当期销售房地产项目对应的土地价款后的余额计算销售额。销售额的计算公式如下：

销售额＝（全部价款和价外费用－当期允许扣除的土地价款）÷（1＋11%）

当期允许扣除的土地价款按照以下公式计算：

当期允许扣除的土地价款＝（当期销售房地产项目建筑面积÷房地产项目可供销售建筑面积）×支付的土地价款

当期销售房地产项目建筑面积，是指当期进行纳税申报的增值税销售额对应的建筑面积。

房地产项目可供销售建筑面积，是指房地产项目可以出售的总建筑面积，不包括销售房地产项目时未单独作价结算的配套公共设施的建筑面积。

支付的土地价款，是指向政府、土地管理部门或受政府委托收取土地价款的单位直接支付的土地价款。

在计算销售额时从全部价款和价外费用中扣除土地价款，应当取得省级以上（含省级）财政部门监（印）制的财政票据。一般纳税人应建立台账登记土地价款的扣除情况，扣除的土地价款不得超过纳税人实际支付的土地价款。

注意：“向政府部门支付的土地价款”，包括土地受让人向政府部门支付的征地和拆迁补偿费用、土地前期开发费用和土地出让收益等。在取得土地时向其他单位或个人支付的拆迁补偿费用也允许在计算销售额时扣除。纳税人按上述规定扣除拆迁补偿费用时，应提供拆迁协议、拆迁双方支付和取得拆迁补偿费用凭证等能够证明拆迁补偿费用真实性的材料。

【政策依据】《营业税改征增值税试点有关事项的规定》（财税〔2016〕36号附件2）、《房地产开发企业销售自行开发的房地产项目增值税征收管理暂行办法》（国家税务总局公告2016年第18号）、《财政部 国家税务总局关于明确金融 房地产开发 教育辅助服务等增值税政策的通知》（财税〔2016〕140号）、《国家税务总局关于土地价款扣除时间等增值税征管问题的公告》（国家税务总局公告2016年第86号）。

（8）一般纳税人销售其2016年4月30日前取得的不动产（不含自建），适用一般计税方法计税的，以取得的全部价款和价外费用为销售额计算应纳税额。上述纳税人应以取得的全部价款和价外费用减去该项不动产购置原价或者取得不动产时的作价后的余额，按照5%的预征率向不动产所在地的主管税务机关预缴税款后，向机构所在地的主管税务机关进行纳税申报。

【政策依据】《营业税改征增值税试点有关事项的规定》（财税〔2016〕36号附件2）。

（9）一般纳税人转让其2016年4月30日前取得（不含自建）的不动产，可以选择适用简易计税方法计税，以全部收入减去该项不动产购置原价或者取得不动产时的作价后的余额为销售额，按照5%的预征率向不动产所在地的主管税务机关预缴税款，向机构所在地的主管税务机关进行纳税申报。

【政策依据】《纳税人转让不动产增值税征收管理暂行办法》（国家税务总局公告2016年第14号）。

（10）一般纳税人销售其2016年5月1日后取得（不含自建）的不动产，应适用一般计税方法，以取得的全部价款和价外费用为销售额计算应纳税额。纳税人应以取得的全部价款和价外费用减去该项不动产购置原价或者取得不动产时的作价后的余额，按照5%的预征率向不动产所在地的主管税务机关预缴税款后，向机构所在地的主管税务机关进行纳税申报。

【政策依据】《营业税改征增值税试点有关事项的规定》（财税〔2016〕36号附件2）。

（11）小规模纳税人转让其取得（不含自建）的不动产（不含个体工商户转让购买的住房和其他个人转让不动产），应以取得的全部价款和价外费用减去该项不动产购置原价或者取得不动产时的作价后的余额为销售额，按照5%的征收率计算应纳税额。

【政策依据】《纳税人转让不动产增值税征收管理暂行办法》（国家税务总局公告2016年第14号）。

（12）其他个人转让其取得（不含自建）的不动产（不含其购买的住房），应以取得的全部价款和价外费用减去该项不动产购置原价或者取得不动产时的作价后的余额为销售额，按照5%的征收率向不动产所在地的主管税务机关申报缴纳增值税。

【政策依据】《纳税人转让不动产增值税征收管理暂行办法》（国家税务总局公告2016年第14号）。

（13）北京市、上海市、广州市和深圳市的个体工商户和个人销售购买的住房，将购买不足2年的住房对外销售的，按照5%的征收率全额缴纳增值税；将购买2年以上（含2年）的非普通住房对外销售的，以销售收入减去购买住房价款后的差额按照5%的征收率缴纳增值税；个人将购买2年以上（含2年）的普通住房对外销售的，免征增值税。

【政策依据】《营业税改征增值税试点过渡政策的规定》（财税〔2016〕36号附件3）。

（14）金融商品转让，按照卖出价扣除买入价后的余额为销售额。

【政策依据】《营业税改征增值税试点有关事项的规定》（财税〔2016〕36号附件2）。

（15）中国证券登记结算公司的销售额，不包括以下资金项目：按规定提取的证券结算风险基金；代收代付的证券公司资金交收违约垫付资金利息；结算过程中代收代付的资金交收违约罚息。

【政策依据】《财政部 国家税务总局关于营业税改征增值税试点若干政策的通知》（财税〔2016〕39号）。

（16）经纪代理服务，以取得的全部价款和价外费用，扣除向委托方收取并代为支付的政府性基金或者行政事业性收费后的余额为销售额。

【政策依据】《营业税改征增值税试点有关事项的规定》（财税〔2016〕36号附件2）。

（17）试点纳税人（一般纳税人、小规模纳税人）提供旅游服务，以取得的全部价款和价外费用，扣除向旅游服务购买方收取并支付给其他单位或者个人的住宿费、餐饮费、交通费、签证费、门票费和支付给其他接团旅游企业的旅游费用后的余额为销售额。

【政策依据】《营业税改征增值税试点有关事项的规定》（财税〔2016〕36号附件2）。

（18）融资租赁和融资性售后回租业务：

①经批准从事融资租赁业务的试点纳税人，提供融资租赁服务，以收取的全部价款和价外费用，扣除支付的借款利息、发行债券利息和车辆购置税后的余额为销售额。

②经批准从事融资租赁业务的试点纳税人，提供融资性售后回租服务，以取得的全部价款和价外费用（不含本金），扣除对外支付的借款利息、发行债券利息后的余额作为销售额。

③试点纳税人根据2016年4月30日前签订的有形动产融资性售后回租合同，在合同到期前提供的有形动产融资性售后回租服务，可继续按照有形动产融资租赁服务缴纳增值税。继续按照有形动产融资租赁服务缴纳增值税的试点纳税人，经批准从事融资租赁业务的，根据2016年4月30日前签订的有形动产融资性售后回租合同，在合同到期前提供的有形动产融资性售后回租服务，可以选择以下方法之一计算销售额：

以向承租方收取的全部价款和价外费用，扣除向承租方收取的价款本金，以及对外支付的借款利息（包括外汇借款和人民币借款利息）、发行债券利息后的余额为销售额。

以向承租方收取的全部价款和价外费用，扣除支付的借款利息（包括外汇借款和人民币借款利息）、发行债券利息后的余额为销售额。

以上①至③所称“经批准”，系指经人民银行、银监会或者商务部批准，包括经上述部门备案从事融资租赁业务的试点纳税人。

④经商务部授权的省级商务主管部门和国家经济技术开发区批准（包括经该部门备案）的从事融资租赁业务的试点纳税人，2016年5月1日后实收资本达到1.7亿元的，从达到标准的当月起按照上述第①、②、③点规定执行；2016年5月1日后实收资本未达到1.7亿元但注册资本达到1.7亿元的，在2016年7月31日前仍可按照上述第①、②、③点规定执行，2016年8月1日后开展的融资租赁业务和融资性售后回租业务不得按照上述第①、②、③点规定执行。

【政策依据】《营业税改征增值税试点有关事项的规定》（财税〔2016〕36号附件2）。

（19）航空运输企业的销售额，不包括代收的机场建设费和代售其他航空运输企业客票而代收转付的价款。

【政策依据】《营业税改征增值税试点有关事项的规定》（财税〔2016〕36号附件2）。

（20）一般纳税人提供客运场站服务，以其取得的全部价款和价外费用，扣除支付给承运方运费后的余额为销售额。

【政策依据】《营业税改征增值税试点有关事项的规定》（财税〔2016〕36号附件2）。

（21）中国移动通信集团公司、中国联合网络通信集团有限公司、中国电信集团公司及其成员单位通过手机短信公益特服号为公益性机构接受捐款，以其取得的全部价款和价外费用，扣除支付给公益性机构捐款后的余额为销售额。其接受的捐款，不得开具增值税专用发票。

【政策依据】《财政部 国家税务总局关于营业税改征增值税试点若干政策的通知》

（财税〔2016〕39号）。

（22）纳税人（一般纳税人、小规模纳税人）转让2016年4月30日前取得的土地使用权，可以选择适用简易计税方法，以取得的全部价款和价外费用减去取得该土地使用权的原价后的余额为销售额，按照5%的征收率计算缴纳增值税。

【政策依据】《财政部 国家税务总局关于进一步明确全面推开营改增试点有关劳务派遣服务、收费公路通行费抵扣等政策的通知》（财税〔2016〕47号）。

（23）境外单位通过教育部考试中心及其直属单位在境内开展考试，教育部考试中心及其直属单位提供的教育辅助服务，以取得的考试费收入扣除支付给境外单位考试费后的余额为销售额，按提供“教育辅助服务”缴纳增值税；就代为收取并支付给境外单位的考试费统一扣缴增值税。

【政策依据】《国家税务总局关于在境外提供建筑服务等有关问题的公告》（国家税务总局公告2016年第69号）。

（24）纳税人提供签证代理服务，以取得的全部价款和价外费用，扣除向服务接受方收取并代为支付给外交部和外国驻华使（领）馆的签证费、认证费后的余额为销售额。

【政策依据】《国家税务总局关于在境外提供建筑服务等有关问题的公告》（国家税务总局公告2016年第69号）。

（25）纳税人代理进口按规定免征进口增值税的货物，销售额不包括向委托方收取并代为支付的货款。

【政策依据】《国家税务总局关于在境外提供建筑服务等有关问题的公告》（国家税务总局公告2016年第69号）。

（26）自2018年1月1日起，航空运输销售代理企业提供境外航段机票代理服务，以取得的全部价款和价外费用，扣除向客户收取并支付给其他单位或者个人的境外航段机票结算款和相关费用后的余额为销售额。其中，支付给境内单位或者个人的款项，以发票或行程单为合法有效凭证；支付给境外单位或者个人的款项，以签收单据为合法有效凭证，税务机关对签收单据有疑义的，可以要求其提供境外公证机构的确认证明。

【政策依据】《财政部 税务总局关于租入固定资产进项税额抵扣等增值税政策的通知》（财税〔2017〕90号）。

（27）自2018年7月25日起，航空运输销售代理企业提供境内机票代理服务，以取得的全部价款和价外费用，扣除向客户收取并支付给航空运输企业或其他航空运输销售代理企业的境内机票净结算款和相关费用后的余额为销售额。其中，支付给航空运输企业的款项，以国际航空运输协会（IATA）开账与结算计划（BSP）对账单或航空运输企业的签收单据为合法有效凭证；支付给其他航空运输销售代理企业的款项，以代理企业间的签收单据为合法有效凭证。

【政策依据】《国家税务总局关于明确中外合作办学等若干增值税征管问题的公告》（国家税务总局公告2018年第42号）。

三、进项税额

进项税额，是指纳税人购进货物、加工修理修配劳务、服务、无形资产或者不动产，支付或者负担的增值税额。

（一）准予抵扣进项税额基本政策

下列进项税额准予从销项税额中抵扣：

（1）从销售方取得的增值税专用发票上注明的增值税额。

（2）从海关取得的海关进口增值税专用缴款书上注明的增值税额。

（3）购进农产品，除取得增值税专用发票或者海关进口增值税专用缴款书外，按照农产品收购发票或者销售发票上注明的农产品买价和9%的扣除率计算的进项税额，国务院另有规定的除外。

进项税额计算公式：进项税额＝买价×扣除率

（4）自境外单位或者个人购进劳务、服务、无形资产或者境内的不动产，从税务机关或者扣缴义务人取得的代扣代缴税款的完税凭证上注明的增值税额。

纳税人凭完税凭证抵扣进项税额的，应当具备书面合同、付款证明和境外单位的对账单或者发票。资料不全的，其进项税额不得从销项税额中抵扣。

准予抵扣的项目和扣除率的调整，由国务院决定。

（二）纳税人购进农产品的进项税额抵扣

纳税人购进农产品的进项税额，存在四种抵扣方式。

1. 确认抵扣制

收到一般纳税人开具的增值税专用发票或海关专用缴款书，按发票上的税额抵扣。

【政策依据】自2017年7月1日起，根据《财政部 税务总局关于简并增值税税率有关政策的通知》（财税〔2017〕37号），纳税人购进农产品，按下列规定抵扣进项税额：

除本条第（二）项规定外，纳税人购进农产品，取得一般纳税人开具的增值税专用发票或海关进口增值税专用缴款书的，以增值税专用发票或海关进口增值税专用缴款书上注明的增值税额为进项税额。

2. 计算抵扣制

从小规模纳税人购进农产品，取得3%征收率的增值税专用发票，按票面金额和9%的扣除率计算抵扣进项税。

注意：企业取得的是3%专票却可以按9%计算抵扣，这一点比较特殊。

【政策依据】《财政部 税务总局关于简并增值税税率有关政策的通知》（财税〔2017〕37号），《财政部 税务总局关于调整增值税税率的通知》（财税〔2018〕32号），《财政部 税务总局 海关总署关于深化增值税改革有关政策的公告》（财政部 税务总局 海关总署公告2019年第39号）。

3. 核定扣除制

自2012年7月1日起，以购进农产品为原料生产销售液体乳及乳制品、酒及酒精、植物油的增值税一般纳税人，纳入农产品增值税进项税额核定扣除试点范围，其购进农产品无论是否用于生产上述产品，增值税进项税额均按照《财政部 国家税务总局关于在部分行业试行农产品增值税进项税额核定扣除办法的通知》（财税〔2012〕38号）中附件1《农产品增值税进项税额核定扣除试点实施办法》的规定抵扣。

（1）试点纳税人以购进农产品为原料生产货物的，农产品增值税进项税额可按照以下方法核定：

①投入产出法：参照国家标准、行业标准（包括行业公认标准和行业平均耗用值）确定销售单位数量货物耗用外购农产品的数量（以下称农产品单耗数量）。

当期允许抵扣农产品增值税进项税额依据农产品单耗数量、当期销售货物数量、农产品平均购买单价（含税，下同）和农产品增值税进项税额扣除率（以下简称扣除率）计算。公式为：

当期允许抵扣农产品增值税进项税额 = 当期农产品耗用数量 × 农产品平均购买单价 × 扣除率 ÷（1 + 扣除率）

当期农产品耗用数量 = 当期销售货物数量（不含采购除农产品以外的半成品生产的货物数量）× 农产品单耗数量

对以单一农产品原料生产多种货物或者多种农产品原料生产多种货物的，在核算当期农产品耗用数量和平均购买单价时，应依据合理的方法归集和分配。

平均购买单价是指购买农产品期末平均买价，不包括买价之外单独支付的运费和入库前的整理费用。期末平均买价计算公式：

期末平均买价 =（期初库存农产品数量 × 期初平均买价 + 当期购进农产品数量 × 当期买价）÷（期初库存农产品数量 + 当期购进农产品数量）

②成本法：依据试点纳税人年度会计核算资料，计算确定耗用农产品的外购金额占生产成本的比例（以下称农产品耗用率）。当期允许抵扣农产品增值税进项税额依据当期主营业务成本、农产品耗用率以及扣除率计算。公式为：

当期允许抵扣农产品增值税进项税额 = 当期主营业务成本 × 农产品耗用率 × 扣除率 ÷（1 + 扣除率）

农产品耗用率 = 上年投入生产的农产品外购金额 ÷ 上年生产成本

农产品外购金额（含税）不包括不构成货物实体的农产品（包括包装物、辅助材料、燃料、低值易耗品等）和在购进农产品之外单独支付的运费、入库前的整理费用。

对以单一农产品原料生产多种货物或者多种农产品原料生产多种货物的，在核算当期主营业务成本以及核定农产品耗用率时，试点纳税人应依据合理的方法进行归集和分配。

农产品耗用率由试点纳税人向主管税务机关申请核定。

年度末，主管税务机关应根据试点纳税人本年度实际对当年已抵扣的农产品增值税进项税额进行纳税调整，重新核定当年的农产品耗用率，并作为下一年度的农产品耗用率。

③参照法：新办的试点纳税人或者试点纳税人新增产品的，试点纳税人可参照所属行业或者生产结构相近的其他试点纳税人确定农产品单耗数量或者农产品耗用率。次年，试点纳税人向主管税务机关申请核定当期的农产品单耗数量或者农产品耗用率，并据此计算确定当年允许抵扣的农产品增值税进项税额，同时对上一年增值税进项税额进行调整。核定的进项税额超过实际抵扣增值税进项税额的，其差额部分可以结转下期继续抵扣；核定的进项税额低于实际抵扣增值税进项税额的，其差额部分应按现行增值税的有关规定将进项税额做转出处理。

（2）试点纳税人购进农产品直接销售的，农产品增值税进项税额按照以下方法核定扣除：

当期允许抵扣农产品增值税进项税额 = 当期销售农产品数量 ÷（1 − 损耗率）× 农产品平均购买单价 × 扣除率 13% ÷（1 + 扣除率 13%）

损耗率 = 损耗数量 ÷ 购进数量

（3）试点纳税人购进农产品用于生产经营且不构成货物实体的（包括包装物、辅助材料、燃料、低值易耗品等），增值税进项税额按照以下方法核定扣除：

当期允许抵扣农产品增值税进项税额 = 当期耗用农产品数量 × 农产品平均购买单价 × 扣除率 13% ÷（1 + 扣除率 13%）

农产品单耗数量、农产品耗用率和损耗率统称为农产品增值税进项税额扣除标准。

试点纳税人销售货物，应合并计算当期允许抵扣农产品增值税进项税额。

购进用于生产销售或委托受托加工 13% 税率货物的，扣除率为 10%，加工初级农产品的为 9% 扣除率。如购进消耗燃料用的木材用于生产未经鞣制的动物皮张，最终货物税率为 9%，扣除率为 9%；如外购生产酱卤猪肉所需的大料、花椒，最终货物税率为 13%，扣除率为 10%。

扣除率的调整：自 2017 年 7 月 1 日起，根据《财政部 税务总局关于简并增值税税率有关政策的通知》（财税〔2017〕37 号）第二条，除该条第（二）项规定外，以农产品销售发票或收购发票上注明的农产品买价和 11% 的扣除率计算进项税额。根据《财政部 税务总局关于调整增值税税率的通知》（财税〔2018〕32 号），纳税人购进农产品，原适用 11% 扣除率的，扣除率调整为 10%。即以农产品销售发票或收购发票上注明的农产品买价和 10% 的扣除率计算进项税额。根据《财政部 税务总局 海关总署关于深化增值税改革有关政策的公告》（财政部 税务总局 海关总署公告 2019 年第 39 号），纳税人购进农产品，原适用 10% 扣除率的，扣除率调整为 9%；纳税人购进用于生产或者委托加工 13% 税率货物的农产品，按照 10% 的扣除率计算进项税额。

4. 加计扣除政策

如果购进的农产品用于生产 13% 税率货物的，在领用当期加计扣除 1% 的进项税，也就等于实际扣除率是 10%①。

【政策依据】《财政部 税务总局 海关总署关于深化增值税改革有关政策的公告》（财政部 税务总局 海关总署公告 2019 年第 39 号）。

（三）道路、桥（闸）通行费和旅客运输费进项税额抵扣

1. 道路、桥（闸）通行费

（1）纳税人支付的道路、桥、闸通行费，按照以下规定抵扣进项税额：

①纳税人支付的道路通行费，按照收费公路通行费增值税电子普通发票上注明的增

① 特别注意：2019 年 4 月 1 日以后，纳税人领用农产品用于生产或委托加工 13% 税率的货物，统一按照 1% 加计抵扣，不再区分所购进农产品是在 4 月 1 日前还是 4 月 1 日后。

值税额抵扣进项税额。

②纳税人支付的高速公路通行费，暂凭取得的通行费发票上注明的收费金额按照下列公式计算可抵扣的进项税额：

高速公路通行费可抵扣进项税额 = 高速公路通行费发票上注明的金额 ÷（1 + 3%）×3%

一、二级公路通行费可抵扣进项税额 = 通行费发票上注明的金额 ÷（1 + 5%）×5%

桥、闸通行费可抵扣进项税额 = 桥、闸通行费发票上注明的金额 ÷（1 + 5%）×5%

通行费，是指有关单位依法或者依规设立并收取的过路、过桥和过闸费用。

【政策依据】《财政部 税务总局关于租入固定资产进项税额抵扣等增值税政策的通知》（财税〔2017〕90 号）。

2. 旅客运输服务

自 2019 年 4 月 1 日起，纳税人购进国内旅客运输服务，其进项税额允许从销项税额中抵扣。[①] 纳税人取得增值税专用发票的，以发票上注明的税额为进项税额。纳税人未取得增值税专用发票的，暂按照以下规定确定进项税额：

（1）取得增值税电子普通发票的，为发票上注明的税额。

（2）取得注明旅客身份信息的航空运输电子客票行程单的，按照下列公式计算进项税额：

航空旅客运输进项税额 =（票价 + 燃油附加费）÷（1 + 9%）×9%

（3）取得注明旅客身份信息的铁路车票的，按照下列公式计算进项税额：

铁路旅客运输进项税额 = 票面金额 ÷（1 + 9%）×9%

（4）取得注明旅客身份信息的公路、水路等其他客票的，按照下列公式计算进项税额：

公路、水路等其他旅客运输进项税额 = 票面金额 ÷（1 + 3%）×3%

【政策依据】《财政部 税务总局 海关总署关于深化增值税改革有关政策的公告》（财政部 税务总局 海关总署公告 2019 年第 39 号）、《国家税务总局关于国内旅客运输服务进项税抵扣等增值税征管问题的公告》（国家税务总局公告 2019 年第 31 号）等。

（四）不得抵扣进项税额的规定

纳税人购进货物、劳务、服务、无形资产、不动产，取得的增值税扣税凭证不符合法

---

① 特别提示：(1)"国内旅客运输服务"，限于与本单位签订了劳动合同的员工，以及本单位作为用工单位接受的劳务派遣员工发生的国内旅客运输服务。(2)纳税人购进国内旅客运输服务，以取得的增值税电子普通发票上注明的税额为进项税额的，增值税电子普通发票上注明的购买方"名称""纳税人识别号"等信息，应当与实际抵扣税款的纳税人一致，否则不予抵扣。(3)纳税人允许抵扣的国内旅客运输服务进项税额，是指纳税人 2019 年 4 月 1 日及以后实际发生，并取得合法有效增值税扣税凭证注明的或依据其计算的增值税税额。以增值税专用发票或增值税电子普通发票为增值税扣税凭证的，为 2019 年 4 月 1 日及以后开具的增值税专用发票或增值税电子普通发票。

律、行政法规或者国务院税务主管部门有关规定的，其进项税额不得从销项税额中抵扣。

1. 基本规定

下列项目的进项税额不得从销项税额中抵扣：

（1）用于简易计税方法计税项目、免征增值税项目、集体福利或者个人消费的购进货物、劳务、服务、无形资产和不动产。

（2）非正常损失的购进货物，以及相关的劳务和交通运输服务。

（3）非正常损失的在产品、产成品所耗用的购进货物（不包括固定资产）、劳务和交通运输服务。

（4）国务院规定的其他项目。

2. 不得抵扣进项税额部分项目①

下列项目的进项税额不得从销项税额中抵扣：

（1）用于简易计税方法计税项目、免征增值税项目、集体福利或者个人消费的购进货物、加工修理修配劳务、服务、固定资产、无形资产和不动产。②

（2）非正常损失的购进货物，以及相关的加工修理修配劳务和交通运输服务。

（3）非正常损失的在产品、产成品所耗用的购进货物（不包括固定资产）、加工修理修配劳务和交通运输服务。

（4）非正常损失的不动产，以及该不动产所耗用的购进货物、设计服务和建筑服务。

（5）非正常损失的不动产在建工程所耗用的购进货物、设计服务和建筑服务。

纳税人新建、改建、扩建、修缮、装饰不动产，均属于不动产在建工程。

非正常损失，是指因管理不善造成货物被盗、丢失、霉烂变质，以及因违反法律法规造成货物或者不动产被依法没收、销毁、拆除的情形。

（6）购进贷款服务、餐饮服务、居民日常服务和娱乐服务。

3. 兼营项目不得抵扣进项税额的计算③

适用一般计税方法的纳税人，兼营简易计税方法计税项目、免征增值税项目而无法

---

① 特别注意：(1)个人消费包括纳税人的交际应酬消费。(2)涉及的固定资产、无形资产、不动产，仅指专用于上述项目的固定资产、无形资产（不包括其他权益性无形资产）、不动产；发生兼用于上述项目的可以抵扣。(3)自2018年1月1日起，纳税人租入固定资产、不动产，既用于一般计税方法计税项目，又用于简易计税方法计税项目、免征增值税项目、集体福利或者个人消费的，其进项税额准予从销项税额中全额抵扣。

② 提示：(1)宿费的进项税额允许抵扣。(2)纳税人接受贷款服务向贷款方支付的与该笔贷款直接相关的投融资顾问费、手续费、咨询费等费用，其进项税额不得从销项税额中抵扣。

③ 注意：兼营简易计税方法计税项目、免征增值税项目的固定资产、无形资产、不动产，符合条件的是可以抵扣进项税额的。

划分不得抵扣的进项税额，按照下列公式计算不得抵扣的进项税额：

不得抵扣的进项税额 = 当期无法划分的全部进项税额 ×（当期简易计税方法计税项目销售额 + 免征增值税项目销售额）÷当期全部销售额

主管税务机关可以按照上述公式依据年度数据对不得抵扣的进项税额进行清算(表1-6)。

表1-6 进项税额能否抵扣的判定

步骤	进项税额可能抵扣	进项税额不能抵扣
1. 看资格条件	一般纳税人	1. 小规模纳税人 2. 一般纳税人：①一般纳税人会计核算不健全，或者不能够提供准确税务资料的；②应当办理一般纳税人资格登记而未办理的
2. 看凭证	凭证合规	取得的扣税凭证不符合法律、行政法规或者国务院税务主管部门有关规定的，其进项税额不得从销项税额中抵扣
3. 看用途	其他用途	用于简易计税、免税项目、集体福利、个人消费的购进货物、加工修理修配劳务、服务、固定资产、无形资产和不动产
4. 看购进项目	其他服务	购进的贷款服务、餐饮服务、居民日常服务和娱乐服务等

（五）进项税额转出的情形

1. 基本规定

已抵扣进项税额的购进货物（不含固定资产）、劳务、服务，发生用途改变不得抵扣进项税额的，应当将该进项税额从当期进项税额中扣减；无法确定该进项税额的，按照当期实际成本计算应扣减的进项税额。

2. 进项税额转出计算方法

（1）凭票直接抵扣的进项税额转出。购进材料等存在不得抵扣进项税额，直接按账面成本计算转出。

进项税额转出金额 = 账面成本 × 税率

如果账面成本包含运费的：

进项税额转出金额 =（账面成本 - 运费成本）× 税率 + 运费成本 ×9%

（2）成本比例法。在产品、产成品存在不得抵扣进项税额，按外购比例计算转出。

进项税额转出金额 = 账面成本 × 外购比例 × 适用税率

（3）还原计算法。适用于外购的免税农产品改变用途或发生非正常损失、改变用途的进项税转出。由于外购免税农产品是在“含税”状态下（即“含税”支付额）计算抵扣进项税额的，当纳税人购进免税农产品进行会计处理时，即分离出进项税额和不含税成本；而当不含税成本（不含税支付额）下的免税农产品及运费改变用途及发生非正常损失需转出进项税额时，则必须先将不含税支付额还原成含税支付额，然后再计算应转出的进项税额。

购进免税农产品的进项税额转出，农产品账面成本不含运费。

进项税额转出金额 = 账面成本 ÷ （1 - 9% 或 10%） ×9% 或 10% （加计扣除的按 10%）

若农产品账面成本含运费的：

进项税额转出金额 = （账面成本 - 运费成本） ÷ （1 -9% 或 10%） ×9% 或 10% + 运费成本 ×9%

（4）收入占比法。收入占比法适用于一般计税方法的纳税人，兼营简易计税方法计税项目、免征增值税项目而无法划分不得抵扣的进项税额转出。一般计税方法的纳税人，兼营简易计税方法计税项目、免征增值税项目而无法划分不得抵扣的进项税额，按照下列公式计算不得抵扣的进项税额。

不得抵扣的进项税额 = 当期无法划分的全部进项税额 × （当期简易计税方法计税项目销售额 + 免征增值税项目销售额） ÷ 当期全部销售额

运用收入占比法计算进项税额转出时需注意事项：一是“当月全部销售额、营业额合计”是指与“当月无法划分的全部进项税额”有关的应税项目销售额、简易计税项目以及免税项目销售额，不包括与“能够准确划分进项税额”有关的应税项目销售额、免税项目销售额以及简易计税项目；二是“当月无法划分的全部进项税额”是指既用于应税项目、又用于简易计税项目以及免税项目但又无法准确划分不得抵扣的进项税额；三是免税项目销售额不得进行不含税收入的换算。

（5）固定资产、无形资产或者不动产进项税额转出。

已抵扣进项税额的不动产，发生非正常损失，或者改变用途，专用于简易计税方法计税项目、免征增值税项目、集体福利或者个人消费的，按照下列公式计算不得抵扣的进项税额，并从当期进项税额中扣减。

不得抵扣的进项税额 = 已抵扣进项税额 × 不动产净值率

不动产净值率 = （不动产净值 ÷ 不动产原值） ×100%

按照规定不得抵扣进项税额的不动产，发生用途改变，用于允许抵扣进项税额项目的，按照下列公式在改变用途的次月计算可抵扣进项税额。

可抵扣进项税额 = 增值税扣税凭证注明或计算的进项税额 × 不动产净值率

固定资产、无形资产或者不动产净值，是指纳税人根据财务会计制度计提折旧或摊销后的余额。

【政策依据】《国家税务总局关于深化增值税改革有关事项的公告》（国家税务总局公告 2019 年第 14 号）。

（6）建设规模占比法。建设规模占比法只适用房地产企业。对房地产公司开发的房地产项目，兼有简易计税方法计税、免征增值税的房地产项目而无法划分不得抵扣的进项税转出按照“建设规模”占比进行转出。根据《国家税务总局关于发布〈房地产开发企业销售自行开发的房地产项目增值税征收管理暂行办法〉的公告》（国家税务总局公告 2016 年第 18 号），一般纳税人销售自行开发的房地产项目，兼有一般计税方法计税、简易计税方法计税、免征增值税的房地产项目而无法划分不得抵扣的进项税额的，应以《建筑工程施工许可证》注明的“建设规模”为依据进行划分。而此处的“建设规模”是建筑面积。

不得抵扣的进项税额 = 当期无法划分的全部进项税额 ×（简易计税、免税房地产项目建设规模 ÷ 房地产项目总建设规模）

（7）平销返利换算法。平销返利换算法适用于纳税人外购货物从销售方取得的各种形式的返还资金计算转出的进项税额。根据《国家税务总局关于商业企业向货物供应方收取的部分费用征收流转税问题的通知》（国税发〔2004〕136 号），对商业企业向供货方收取的与商品销售量、销售额挂钩（如以一定比例、金额、数量计算）的各种返还收入，均应按照平销返利行为的有关规定冲减当期增值税进项税金。

应冲减进项税金的计算公式为：

当期应冲减进项税金 = 当期取得的返还资金 ÷（1 + 所购货物适用增值税税率）× 所购货物适用增值税税率

《国家税务总局关于商业企业向货物供应方收取的部分费用征收流转税问题的通知》（国税发〔2004〕136 号）还规定，商业企业向供货方收取的各种返利收入，一律不得开具增值税专用发票。

四、加计抵减

（一）政策规定

（1）《财政部 税务总局 海关总署关于深化增值税改革有关政策的公告》（财政部 税务总局 海关总署公告 2019 年第 39 号）规定，自 2019 年 4 月 1 日至 2021 年 12 月 31 日，允许生产、生活性服务业纳税人（一般纳税人）按照当期可抵扣进项税额加计 10%，抵减应纳税额（以下称“加计抵减政策”）。

（2）《国家税务总局关于深化增值税改革有关事项的公告》（国家税务总局公告2019年第14号）规定，适用加计抵减政策的生产、生活性服务业纳税人，应在年度首次确认适用加计抵减政策时，通过电子税务局（或前往办税服务厅）提交《适用加计抵减政策的声明》。

（3）《国家税务总局关于调整增值税纳税申报有关事项的公告》（国家税务总局公告2019年第15号）在原《增值税纳税申报表附列资料（四）》表式内容中，增加“二、加计抵减情况”相关栏次。财政部会计司《关于〈关于深化增值税改革有关政策的公告〉适用〈增值税会计处理规定〉有关问题的解读》规定，加计抵减政策应当按照《增值税会计处理规定》（财会〔2016〕22号）的相关规定对增值税相关业务进行会计处理；实际缴纳增值税时，按应纳税额借记“应交税费—未交增值税”等科目，按实际纳税金额贷记“银行存款”科目，按加计抵减的金额贷记“其他收益”科目。

（4）2019年10月8日，《财政部 税务总局发布关于明确生活性服务业增值税加计抵减政策的公告》（财政部 税务总局公告2019年第87号）明确，自2019年10月1日至2021年12月31日，进一步加大生活性服务业减税力度，允许生活性服务业纳税人增值税加计抵减的比例，由10%提高至15%（以下称加计抵减15%政策），进一步加大了生活性服务业减税力度。

（5）《国家税务总局关于增值税发票管理等有关事项的公告》（国家税务总局公告2019年第33号）规定，符合《财政部 税务总局关于明确生活性服务业增值税加计抵减政策的公告》（财政部 税务总局公告2019年第87号）规定的生活性服务业纳税人，应在年度首次确认适用15%加计抵减政策时，通过电子税务局（或前往办税服务厅）提交《适用15%加计抵减政策的声明》。

（二）征管中涉税注意事项

1. 适用主体

生活性服务业纳税人，是指提供生活服务取得的销售额占全部销售额的比重超过50%的纳税人。生活服务的具体范围按照《销售服务、无形资产、不动产注释》（财税〔2016〕36号附件1附件）执行。

2. 判定销售额的期限规定

（1）2019年3月31日前设立的一般纳税人，自2018年4月至2019年3月期间的销售额（经营期不满12个月的，按照实际经营期的销售额）符合上述规定条件的，自

2019 年 4 月 1 日起适用加计抵减政策。

（2）2019 年 4 月 1 日后至 2019 年 9 月 30 设立的纳税人，自设立之日起 3 个月的销售额符合上述规定条件的，自登记为一般纳税人之日起适用加计抵减政策。

（3）2019 年 10 月 1 日后设立的纳税人，自设立之日起 3 个月的销售额符合上述规定条件的，自登记为一般纳税人之日起适用加计抵减 15% 政策。

纳税人确定适用加计抵减 15%（或 10%）政策后，当年内不再调整，以后年度是否适用，根据上年度销售额计算确定。年度是指会计年度，而不是连续 12 个月概念。

纳税人可计提但未计提的加计抵减额，可在确定适用加计抵减政策当期一并计提。

3. 销售额的内涵

包括免税销售额、即征即退项目的销售额、申报销售额（按照一般计税方法计税的销售额和按照简易计税方法计税的销售额）、稽查查补销售额、纳税评估销售额，差额计税按差额后的销售额。

虽然加计抵减政策只适用于一般纳税人，但在确定主营业务时参与计算的销售额，不仅指纳税人在登记为一般纳税人以后的销售额，其在小规模纳税人期间的销售额也是可以参与计算的。

在计算销售额占比时，不需要剔除出口销售额。但需要说明的是，纳税人出口货物劳务、发生跨境应税行为不适用加计抵减政策，其对应的进项税额不得计提加计抵减额。

（三）加计抵减的计算

1. 加计抵减计算公式与当期抵减额的判定

纳税人应按照当期可抵扣进项税额的 10% 计提当期加计抵减额。按照现行规定不得从销项税额中抵扣的进项税额，不得计提加计抵减额；已计提加计抵减额的进项税额，按规定作进项税额转出的，应在进项税额转出当期，相应调减加计抵减额。计算公式如下：

当期计提加计抵减额 = 当期可抵扣进项税额 × 15%（或 10%）

当期可抵减加计抵减额 = 上期末加计抵减额余额 + 当期计提加计抵减额 − 当期调减加计抵减额

纳税人应按照现行规定计算一般计税方法下的应纳税额（以下称抵减前的应纳税额）后，区分以下情形加计抵减：

（1）抵减前的应纳税额等于零的，当期可抵减加计抵减额全部结转下期抵减。

（2）抵减前的应纳税额大于零，且大于当期可抵减加计抵减额的，当期可抵减加计抵减额全额从抵减前的应纳税额中抵减。

（3）抵减前的应纳税额大于零，且小于或等于当期可抵减加计抵减额的，以当期可抵减加计抵减额抵减应纳税额至零。未抵减完的当期可抵减加计抵减额，结转下期继续抵减。

加计抵减政策执行到期后，纳税人不再计提加计抵减额，结余的加计抵减额停止抵减。

2. 出口货物劳务、发生跨境应税行为在加计抵减中的特殊规定

纳税人出口货物劳务、发生跨境应税行为不适用加计抵减政策，其对应的进项税额不得计提加计抵减额。

纳税人兼营出口货物劳务、发生跨境应税行为且无法划分不得计提加计抵减额的进项税额，按照以下公式计算：

不得计提加计抵减额的进项税额 = 当期无法划分的全部进项税额 × 当期出口货物劳务和发生跨境应税行为的销售额 ÷ 当期全部销售额

3. 会计核算要求

纳税人应单独核算加计抵减额的计提、抵减、调减、结余等变动情况。骗取适用加计抵减政策或虚增加计抵减额的，按照《中华人民共和国税收征收管理法》等有关规定处理。

（四）纳税申报

1. 声明提交

适用加计抵减政策的纳税人，应在年度首次确认适用加计抵减政策时，通过电子税务局（或前往办税服务厅）提交《适用加计抵减政策的声明》或《适用 15% 加计抵减政策的声明》。

纳税人以后年度是否继续适用加计抵减（15%）政策，需要根据上年度销售额计算确定。已经提交声明并享受加计抵减（15%）政策的纳税人，在 2020 年、2021 年，是否继续适用，应分别根据其 2019 年、2020 年销售额确定。如果符合规定，须再次在当年首次适用政策时，提交声明。

2. 申报表填写

适用加计抵减政策的纳税人，增值税申报表主表第 19 栏“应纳税额”栏按以下公式填写。

本栏“一般项目”列“本月数” = 第 11 栏“销项税额”“一般项目”列“本月数” – 第 18 栏“实际抵扣税额”“一般项目”列“本月数” – “实际抵减额”

本栏“即征即退项目”列“本月数”＝第11栏“销项税额”“即征即退项目”列“本月数”－第18栏“实际抵扣税额”“即征即退项目”列“本月数”－“实际抵减额”

“实际抵减额”是指按照规定可从本期适用一般计税方法计算的应纳税额中抵减的加计抵减额，分别对应《增值税纳税申报表附列资料（四）》第6行“一般项目加计抵减额计算”、第7行“即征即退项目加计抵减额计算”的“本期实际抵减额”列。

五、期末留抵退税

（一）政策规定

（1）2018年6月，财政部、国家税务总局发布《财政部 税务总局关于2018年退还部分行业增值税留抵税额有关税收政策的通知》（财税〔2018〕70号），试行对部分行业增值税期末留抵税额予以退还。

（2）2019年3月，《财政部 税务总局 海关总署关于深化增值税改革有关政策的公告》（财政部 税务总局 海关总署公告2019年第39号）出台，取消了行业限制，规定从2019年4月1日起对于符合条件的纳税人，均有机会申请享受增值税期末留抵税额退税制度。

（3）2019年4月，国家税务总局发布《国家税务总局关于办理增值税期末留抵税额退税有关事项的公告》（国家税务总局公告2019年第20号），对期末留抵退税的全流程进行了明确的解释，自2019年5月1日起施行。

（4）为进一步推进制造业高质量发展，2019年8月31日，财政部、国家税务总局发布《财政部 税务总局关于明确部分先进制造业增值税期末留抵退税政策的公告》（财政部 税务总局公告2019年第84号），明确部分先进制造业增值税期末留抵退税政策。

（5）《国家税务总局关于国内旅客运输服务进项税抵扣等增值税征管问题的公告》（国家税务总局公告2019年第31号）修订并重新发布了“退（抵）税申请表”。

（6）《财政部 税务总局关于民用航空发动机、新支线飞机和大型客机税收政策的公告》（财政部 税务总局公告2019年第88号）规定，自2018年1月1日起至2023年12月31日止，对纳税人从事大型民用客机发动机、中大功率民用涡轴涡桨发动机研制项目而形成的增值税期末留抵税额予以退还。自2019年1月1日起至2020年12月31日止，对纳税人生产销售新支线飞机暂减按5%征收增值税，并对其因生产销售新支线飞机而形成的增值税期末留抵税额予以退还。

（7）《财政部 税务总局关于支持新型冠状病毒感染的肺炎疫情防控有关税收政策的公告》（财政部 税务总局公告2020年第8号，以下简称8号公告）规定，疫情防控重点保障物资生产企业可以按月向主管税务机关申请全额退还增值税增量留抵税额。8号公告所称增量留抵税额，是指与2019年12月底相比新增加的期末留抵税额。

《国家税务总局关于支持新型冠状病毒感染的肺炎疫情防控有关税收征收管理事项的公告》（国家税务总局公告2020年第4号）规定，疫情防控重点保障物资生产企业按照8号公告第二条规定，适用增值税增量留抵退税政策的，应当在增值税纳税申报期内，完成本期增值税纳税申报后，向主管税务机关申请退还增量留抵税额。

疫情防控重点保障物资生产企业名单，由省级及以上发展改革部门、工业和信息化部门确定。发展改革委、工业和信息化部对以下疫情防控重点保障企业实施名单制管理，详见《财政部 发展改革委 工业和信息化部 人民银行审计署关于打赢疫情防控阻击战强化疫情防控重点保障企业资金支持的紧急通知》（财金〔2020〕5号）。

（二）退税条件

1. 一般企业

同时符合以下条件的纳税人，可以向主管税务机关申请退还增量留抵税额：

（1）自2019年4月税款所属期起，连续6个月（按季纳税的，连续两个季度）增量留抵税额均大于零，且第6个月增量留抵税额不低于50万元。

（2）纳税信用等级为A级或者B级。

（3）申请退税前36个月未发生骗取留抵退税、出口退税或虚开增值税专用发票情形的。

（4）申请退税前36个月未因偷税被税务机关处罚两次及以上的。

（5）自2019年4月1日起未享受即征即退、先征后返（退）政策的。

2. 部分先进制造业纳税人①

自2019年6月1日起，同时符合以下条件的部分先进制造业纳税人，可以自2019年7月及以后纳税申报期向主管税务机关申请退还增量留抵税额：

（1）增量留抵税额大于零。

---

① 部分先进制造业纳税人，是指按照《国民经济行业分类》，生产并销售非金属矿物制品、通用设备、专用设备及计算机、通信和其他电子设备销售额占全部销售额的比重超过50%的纳税人。上述销售额比重根据纳税人申请退税前连续12个月的销售额计算确定；申请退税前经营期不满12个月但满3个月的，按照实际经营期的销售额计算确定。

根据《财政部 税务总局关于明确先进制造业增值税期末留抵退税政策的公告》（财政部 税务总局公告2021年第15号），自2021年4月1日起，先进制造业纳税人是指按照《国民经济行业分类》，生产并销售“非金属矿物制品”“通用设备”“专用设备”“计算机、通信和其他电子设备”“医药”“化学纤维”“铁路、船舶、航空航天和其他运输设备”“电气机械和器材”“仪器仪表”销售额占全部销售额的比重超过50%的纳税人。

（2）纳税信用等级为A级或者B级。

（3）申请退税前36个月未发生骗取留抵退税、出口退税或虚开增值税专用发票情形的。

（4）申请退税前36个月未因偷税被税务机关处罚两次及以上的。

（5）自2019年4月1日起未享受即征即退、先征后返（退）政策的。

（三）退税额的确认

1. 一般规定

我国目前主要实施的是增量留抵税额制。增量留抵税额是指与2019年3月底相比新增加的期末留抵税额。

纳税人当期允许退还的增量留抵税额，按照以下公式计算：

允许退还的增量留抵税额＝增量留抵税额×进项构成比例×60%

进项构成比例，为2019年4月至申请退税前一税款所属期内已抵扣的增值税专用发票（含税控机动车销售统一发票）、海关进口增值税专用缴款书、解缴税款完税凭证注明的增值税额占同期全部已抵扣进项税额的比重。

2. 特殊规定

（1）部分先进制造业纳税人。

部分先进制造业纳税人当期允许退还的增量留抵税额，按照以下公式计算：

允许退还的增量留抵税额＝增量留抵税额×进项构成比例

（2）对民用航空发动机、新支线飞机和大型客机。

自2018年1月1日起至2023年12月31日止，对纳税人从事大型民用客机发动机、中大功率民用涡轴涡桨发动机研制项目而形成的增值税期末留抵税额予以退还。

自2019年1月1日起至2020年12月31日止，对纳税人生产销售新支线飞机暂减按5%征收增值税，并对其因生产销售新支线飞机而形成的增值税期末留抵税额予以退还。

自2019年1月1日起至2020年12月31日止，对纳税人从事大型客机研制项目而形成的增值税期末留抵税额予以退还。

（3）“新冠肺炎”疫情防控。

自2020年1月1日起实施，截止日期视疫情情况而止，疫情防控重点保障物资生产企业可以按月向主管税务机关申请全额退还增值税增量留抵税额。

疫情防控重点保障物资生产企业名单，由省级及以上发展改革部门、工业和信息化部门确定。

根据《财政部 税务总局关于延续实施应对疫情部分税费优惠政策的公告》（财政部 税

务总局公告2021年第7号)，《财政部 税务总局关于支持新型冠状病毒感染的肺炎疫情防控有关税收政策的公告》(财政部 税务总局公告2020年第8号)、《财政部 税务总局关于支持新型冠状病毒感染的肺炎疫情防控有关捐赠税收政策的公告》(财政部 税务总局公告2020年第9号) 规定的税收优惠政策凡已经到期的，执行期限延长至2021年3月31日。

(四) 出口业务下的留抵退税规定

(1) 纳税人出口货物劳务、发生跨境应税行为，适用免抵退税办法的，办理免抵退税后，仍符合政策规定条件的，可以申请退还留抵税额；适用免退税办法的，相关进项税额不得用于退还留抵税额。

(2) 纳税人出口货物劳务、发生跨境应税行为，适用免抵退税办法的，可以在同一申报期内，既申报免抵退税又申请办理留抵退税。

(3) 申请办理留抵退税的纳税人，出口货物劳务、跨境应税行为适用免抵退税办法的，应当按期申报免抵退税。当期可申报免抵退税的出口销售额为零的，应办理免抵退税零申报。

(4) 纳税人既申报免抵退税又申请办理留抵退税的，税务机关应先办理免抵退税。办理免抵退税后，纳税人仍符合留抵退税条件的，再办理留抵退税。

(五) 确定允许退还的增量留抵税额的注意事项

纳税人在办理留抵退税期间发生下列情形的，按照以下规定确定允许退还的增量留抵税额：

(1) 因纳税申报、稽查查补和评估调整等原因，造成期末留抵税额发生变化的，按最近一期《增值税纳税申报表(一般纳税人适用)》期末留抵税额确定允许退还的增量留抵税额。

(2) 纳税人在同一申报期既申报免抵退税又申请办理留抵退税的，或者在纳税人申请办理留抵退税时存在尚未经税务机关核准的免抵退税应退税额的，应待税务机关核准免抵退税应退税额后，按最近一期《增值税纳税申报表(一般纳税人适用)》期末留抵税额，扣减税务机关核准的免抵退税应退税额后的余额确定允许退还的增量留抵税额。

税务机关核准的免抵退税应退税额，是指税务机关当期已核准，但纳税人尚未在《增值税纳税申报表(一般纳税人适用)》第15栏“免、抵、退应退税额”中填报的免抵退税应退税额。

(3) 纳税人既有增值税欠税，又有期末留抵税额的，按最近一期《增值税纳税申报表(一般纳税人适用)》期末留抵税额，抵减增值税欠税后的余额确定允许退还的增量留抵税额。

在纳税人办理增值税纳税申报和免抵退税申报后、税务机关核准其免抵退税应退税额前，核准其前期留抵退税的，以最近一期《增值税纳税申报表（一般纳税人适用）》期末留抵税额，扣减税务机关核准的留抵退税额后的余额，计算当期免抵退税应退税额和免抵税额。

税务机关核准的留抵退税额，是指税务机关当期已核准，但纳税人尚未在《增值税纳税申报表附列资料（二）（本期进项税额明细）》第22栏“上期留抵税额退税”填报的留抵退税额。

（4）纳税人取得退还的留抵税额后，应相应调减当期留抵税额。按照规定再次满足退税条件的，可以继续向主管税务机关申请退还留抵税额，但计算“6个月”连续期间，不得重复计算。

（六）留抵退税的办理

（1）纳税人应于符合留抵退税条件的次月起，在增值税纳税申报期内，完成本期增值税纳税申报后，通过电子税务局或办税服务厅提交《退（抵）税申请表》。

（2）纳税人既申报免抵退税又申请办理留抵退税的，税务机关应先办理免抵退税。办理免抵退税后，纳税人仍符合留抵退税条件的，再办理留抵退税。

（3）办理原则。

税务机关按照“窗口受理、内部流转、限时办结、窗口出件”的原则办理留抵退税。

税务机关对纳税人是否符合留抵退税条件、当期允许退还的增量留抵税额等进行审核确认，并将审核结果告知纳税人。

纳税人符合留抵退税条件且符合情形的，税务机关应自受理留抵退税申请之日起10个工作日（自免抵退税应退税额核准之日起计算）内完成审核，并向纳税人出具准予留抵退税的《税务事项通知书》。

纳税人不符合留抵退税条件的，不予留抵退税。税务机关应自受理留抵退税申请之日起10个工作日内完成审核，并向纳税人出具不予留抵退税的《税务事项通知书》。

（七）排查风险疑点和处理事项

1. 暂停办理留抵退税的情况

税务机关在办理留抵退税期间，发现符合留抵退税条件的纳税人存在以下情形，暂停为其办理留抵退税：

（1）存在增值税涉税风险疑点的。

（2）被税务稽查立案且未结案的。

（3）增值税申报比对异常未处理的。

（4）取得增值税异常扣税凭证未处理的。

（5）国家税务总局规定的其他情形。

2. 涉税风险疑点已排除的处理

如果上述第“（1）”点的增值税涉税风险疑点等情形已排除，且相关事项处理完毕后，按以下规定办理：

（1）纳税人仍符合留抵退税条件的，税务机关继续为其办理留抵退税，并自增值税涉税风险疑点等情形排除且相关事项处理完毕之日起5个工作日内完成审核，向纳税人出具准予留抵退税的《税务事项通知书》。

（2）纳税人不再符合留抵退税条件的，不予留抵退税。税务机关应自增值税涉税风险疑点等情形排除且相关事项处理完毕之日起5个工作日内完成审核，向纳税人出具不予留抵退税的《税务事项通知书》。

税务机关对发现的增值税涉税风险疑点进行排查的具体处理时间，由各省（自治区、直辖市和计划单列市）税务局确定。

3. 涉嫌骗取出口退税、虚开增值税专用发票等的处理

税务机关对增值税涉税风险疑点进行排查时，发现纳税人涉嫌骗取出口退税、虚开增值税专用发票等增值税重大税收违法行为的，终止为其办理留抵退税，并自作出终止办理留抵退税决定之日起5个工作日内，向纳税人出具终止办理留抵退税的《税务事项通知书》。

税务机关对纳税人涉嫌增值税重大税收违法行为核查处理完毕后，纳税人仍符合留抵退税条件的，可按照本公告的规定重新申请办理留抵退税。

第五节　税收优惠

一、销售的自产农产品及其他

（1）农业生产者销售的自产农产品。

①制种企业在下列生产经营模式下生产销售种子，属于农业生产者销售自产农业产品免征增值税：一是制种企业利用自有土地或承租土地，雇用农户或雇工进行种子繁育，再经烘干、脱粒、风筛等深加工后销售种子。二是制种企业提供亲本种子委托农户

繁育并从农户手中收回，再经烘干、脱粒、风筛等深加工后销售种子。

②纳税人采取“公司+农户”经营模式从事畜禽饲养，纳税人回收再销售畜禽，属于农业生产者销售自产农产品，免征增值税。

（2）避孕药品和用具。

（3）古旧图书。

（4）直接用于科学研究、科学试验和教学的进口仪器、设备。

（5）外国政府、国际组织无偿援助的进口物资和设备。

（6）由残疾人组织直接进口供残疾人专用的物品。

（7）销售自己使用过的物品（动产）。

自己使用过的物品是指其他个人自己使用过的物品。

个人销售不动产不是一律免税。

纳税人销售货物或者应税劳务适用免税规定的，可以放弃免税，放弃免税后，36个月内不得再申请免税。

二、粮食和食用植物油、饲料

（一）粮食和食用植物油

对承担粮食收储任务的国有粮食购销企业销售的粮食免征增值税。除经营军队用粮、救灾救济粮、水库移民口粮之外，其他粮食企业经营粮食一律征收增值税。

自2014年5月1日起，上述增值税免税政策适用范围由粮食扩大到粮食和大豆，并可对免税业务开具增值税专用发票。

（二）免征增值税饲料产品的范围

（1）单一大宗饲料。

（2）混合饲料。

（3）配合饲料。

（4）复合预混料。

（5）浓缩饲料。

宠物饲料不属于免征增值税的饲料。

三、财政部、国家税务总局规定的其他增值税优惠政策

（一）资源综合利用产品和劳务增值税优惠政策

纳税人销售自产的资源综合利用产品和提供资源综合利用劳务，符合相关条件的，

可享受增值税即征即退政策。

(1) 已享受增值税即征即退政策的纳税人，因违反税收、环境保护的法律法规受到处罚（警告或单次1万元以下罚款除外）的，自处罚决定下达的次月起36个月内，不得享受上述规定的增值税即征即退政策。

(2) 纳税人应当单独核算适用增值税即征即退政策的综合利用产品和劳务的销售额和应纳税额。未单独核算的，不得享受增值税即征即退政策。

（二）医疗卫生的增值税优惠政策

1. 非营利性医疗机构

自产自用的制剂免税。药房分离为独立的药品零售企业，应按规定征收各项税收。

2. 营利性医疗机构

取得的收入，按规定征收各项税收。符合条件的，自取得执业登记起3年内对自产自用的制剂免税。

3. 疾病控制机构妇幼保健机构

按国家规定价格取得的卫生服务收入，免税。

4. 血站

供应给医疗机构的临床用血免征增值税；供应非临床用血可按简易办法计算应纳税额。

（三）修理修配劳务的增值税优惠

1. 飞机修理

增值税实际税负超过6%的部分即征即退。

注意：飞机维修企业的国外飞机维修业务：①对承揽国内、国外航空公司飞机维修业务的企业（以下简称飞机维修企业）所从事的国外航空公司飞机维修业务，实行免征本环节增值税应纳税额、直接退还相应增值税进项税额的办法。②飞机维修企业应分别核算国内、国外飞机维修业务的进项税额；未分别核算或者未准确核算进项税额的，由主管税务机关进行核定。造成多退税款的，予以追回；涉及违法犯罪的，按有关法律法规规定处理。

2. 铁路货车修理

铁路系统内部为本系统修理货车的业务，免增值税。

（四）软件产品的增值税优惠

(1) 增值税一般纳税人销售其自行开发生产的软件产品，按基本税率征收增值税后，对实际税负超过3%的部分实行即征即退（表1－7）。

即征即退税额＝当期软件产品增值税应纳税额－当期软件产品销售额×3%

表1－7 软件产品的增值税率

情形	2019年4月1日起税率适用
销售软件产品	13%
销售其自行开发生产的软件产品	13%，实际税负超过3%的部分实行即征即退
软件开发服务、软件咨询服务、软件维护服务、软件测试服务	6%

（2）增值税一般纳税人将进口软件产品进行本地化改造后对外销售，享受增值税即征即退政策。本地化改造：对进口软件产品进行重新设计、改进、转换等，单纯对进口软件产品进行汉字化处理不包括在内。

（3）嵌入式软件。增值税一般纳税人随同计算机硬件和机器设备等一并销售其自行开发生产的嵌入式软件，可以享受软件产品增值税优惠政策。

当期嵌入式软件产品销售额＝当期嵌入式软件产品与计算机硬件、机器设备销售额合计－当期计算机硬件、机器设备销售额

计算机硬件、机器设备销售额按照下列顺序确定：①按纳税人最近时期同类货物的平均销售价格计算确定；②按其他纳税人最近时期同类货物的平均销售价格计算确定；③按计算机硬件、机器设备组成计税价格计算确定：

组成计税价格＝计算机硬件、机器设备成本×（1＋10%）

对增值税一般纳税人随同计算机硬件、机器设备一并销售嵌入式软件产品，如果适用本通知规定，按照组成计税价格计算确定计算机硬件、机器设备销售额的，应当分别核算嵌入式软件产品与计算机硬件、机器设备部分的成本。凡未分别核算或者核算不清的，不得享受规定的增值税优惠政策。

增值税一般纳税人在销售软件产品的同时销售其他货物或者应税劳务的，对于无法划分的进项税额，应按照实际成本或销售收入比例确定软件产品应分摊的进项税额；对专用于软件产品开发生产设备及工具的进项税额，不得进行分摊。纳税人应将选定的分摊方式报主管税务机关备案，并自备案之日起一年内不得变更。

（五）蔬菜流通环节增值税免税政策

生产、批发、零售：免税。

注意：纳税人既销售蔬菜又销售其他增值税应税货物的，应分别核算蔬菜和其他增值税应税货物的销售额；未分别核算的，不得享受蔬菜增值税免税政策。

各种蔬菜罐头不属于免税范围。

（六）制种行业增值税政策

制种企业特定生产经营模式下生产种子，属于农业生产者销售自产农产品，免征增值税。

（七）进口种子种源增值税优政策

对进口种子（苗）、种畜（禽）、鱼种（苗）和种用野生动植物种源（种子种源）免征进口环节增值税。

（八）研发机构采购设备全额退还增值税政策

继续符合条件的研发机构采购国产设备，实施全额退还增值税。

施行期限为2019年1月1日至2020年12月31日，以增值税发票的开具日期为准。

【政策依据】《国家税务总局关于发布〈研发机构采购国产设备增值税退税管理办法〉的公告》（国家税务总局公告2020年第6号）。

（九）宣传文化增值税优惠政策

为促进我国宣传文化事业的发展，继续实施宣传文化增值税优惠政策。具体规定如下：

（1）自2021年1月1日起至2023年12月31日，执行下列增值税先征后退政策。

①对下列出版物在出版环节执行增值税100%先征后退的政策：

——中国共产党和各民主党派的各级组织的机关报纸和机关期刊，各级人大、政协、政府、工会、共青团、妇联、残联、科协的机关报纸和机关期刊，新华社的机关报纸和机关期刊，军事部门的机关报纸和机关期刊。

上述各级组织不含其所属部门。机关报纸和机关期刊增值税先征后退范围掌握在一个单位一份报纸和一份期刊以内。

——专为少年儿童出版发行的报纸和期刊，中小学的学生教科书。

——专为老年人出版发行的报纸和期刊。

——少数民族文字出版物。

——盲文图书和盲文期刊。

——经批准在内蒙古、广西、西藏、宁夏、新疆五个自治区内注册的出版单位出版的出版物。

——列入《财政部 税务总局关于延续宣传文化增值税优惠政策的公告》附件1的图

书、报纸和期刊。

②对下列出版物在出版环节执行增值税先征后退50%的政策：

——各类图书、期刊、音像制品、电子出版物，但《财政部 税务总局关于延续宣传文化增值税优惠政策的公告》第一条第（一）项（即前文①以下内容）规定执行增值税100%先征后退的出版物除外。

——列入《财政部 税务总局关于延续宣传文化增值税优惠政策的公告》附件2的报纸。

③对下列印刷、制作业务执行增值税100%先征后退的政策：

——对少数民族文字出版物的印刷或制作业务。

——列入《财政部 税务总局关于延续宣传文化增值税优惠政策的公告》附件3的新疆维吾尔自治区印刷企业的印刷业务。

（2）自2021年1月1日起至2023年12月31日，免征图书批发、零售环节增值税。

（3）自2021年1月1日起至2023年12月31日，对科普单位的门票收入，以及县级及以上党政部门和科协开展科普活动的门票收入免征增值税。

（4）享受《财政部 税务总局关于延续宣传文化增值税优惠政策的公告》第一条第（一）项、第（二）项规定（即前文①、②以下内容）规定的增值税先征后退政策的纳税人，必须是具有相关出版物出版许可证的出版单位（含以“租型”方式取得专有出版权进行出版物印刷发行的出版单位）。承担省级及以上出版行政主管部门指定出版、发行任务的单位，因进行重组改制等原因尚未办理出版、发行许可证变更的单位，经财政部各地监管局（以下简称财政监管局）商省级出版行政主管部门核准，可以享受相应的增值税先征后退政策。

纳税人应当将享受上述税收优惠政策的出版物在财务上实行单独核算，不进行单独核算的不得享受本公告规定的优惠政策。违规出版物、多次出现违规的出版单位及图书批发零售单位不得享受本公告规定的优惠政策。上述违规出版物、出版单位及图书批发零售单位的具体名单由省级及以上出版行政主管部门及时通知相应财政监管局和主管税务机关。

（5）已按软件产品享受增值税退税政策的电子出版物不得再按上述规定申请增值税先征后退政策。

【政策依据】《财政部 税务总局公告关于延续宣传文化增值税优惠政策的公告》（财政部 税务总局公告2021年第10号）

四、营业税改征增值税试点过渡政策的规定

（一）免征增值税项目

《财政部 国家税务总局关于全面推开营业税改征增值税试点的通知》（财税〔2016〕36号）的附件3《营业税改征增值税试点过渡政策的规定》明确规定了40个增值税免税项目。

（二）增值税即征即退

（1）经批准从事融资租赁业务的一般纳税人，提供有形动产融资租赁服务和有形动产融资性售后回租服务，实际税负超过3%的部分实行增值税即征即退政策。

（2）纳税人销售自产的利用太阳能生产的电力产品，实行增值税即征即退50%的政策。

（3）安置残疾人的单位和个体工商户，按纳税人安置残疾人的人数，限额即征即退增值税（每人每月当地月最低工资标准的4倍确定）。

（三）扣减增值税规定

1. 适用范围

（1）退役士兵创业就业。

（2）重点群体创业就业。

重点群体包括纳入全国扶贫开发信息系统的建档立卡贫困人口，在人力资源社会保障部门公共就业服务机构登记失业半年以上的人员，零就业家庭、享受城市居民最低生活保障家庭劳动年龄内的登记失业人员，毕业年度内高校毕业生。

2. 优惠政策要点

对上述人员从事个体经营的，在3年内按每户每年12 000元为限额，依次扣减其当年实际应缴纳的增值税、城市维护建设税、教育费附加、地方教育附加和个人所得税。限额标准最高可上浮20%（14 400元/年）。

（四）个人将购买的住房对外销售的税收优惠

个人将购买不足2年的住房对外销售的，按照5%的征收率全额缴纳增值税；个人将购买2年以上（含2年）的住房对外销售的，免征增值税。上述政策适用于北京市、上海市、广州市和深圳市之外的地区。

个人将购买不足2年的住房对外销售的，按照5%的征收率全额缴纳增值税；个人将购买2年以上（含2年）的非普通住房对外销售的，以销售收入减去购买住房价款后的差额按照5%的征收率缴纳增值税；个人将购买2年以上（含2年）的普通住房对外

销售的，免征增值税。上述政策仅适用于北京市、上海市、广州市和深圳市。

五、增值税小规模纳税人免征增值税

（一）政策要点

根据《财政部 税务总局关于明确增值税小规模纳税人免征增值税政策的公告》（财政部 税务总局公告2021年第11号）、《国家税务总局关于小规模纳税人免征增值税征管问题的公告》（国家税务总局公告2021年第5号，以下简称国家税务总局公告2021年第5号），自2021年4月1日至2022年12月31日，小规模纳税人发生增值税应税销售行为，合计月销售额未超过15万元（以1个季度为1个纳税期的，季度销售额未超过45万元，下同）的，免征增值税。

（二）征管注意事项

（1）小规模纳税人发生增值税应税销售行为，合计月销售额超过15万元，但扣除本期发生的销售不动产的销售额后未超过15万元的，其销售货物、劳务、服务、无形资产取得的销售额免征增值税。

（2）适用增值税差额征税政策的小规模纳税人，以差额后的销售额确定是否可以享受小规模纳税人的免征增值税政策。

（3）《增值税纳税申报表（小规模纳税人适用）》中的“免税销售额”相关栏次，填写差额后的销售额。

（4）按固定期限纳税的小规模纳税人可以选择以1个月或1个季度为纳税期限，一经选择，一个会计年度内不得变更。

（5）《中华人民共和国增值税暂行条例实施细则》第九条所称的其他个人，采取一次性收取租金形式出租不动产取得的租金收入，可在对应的租赁期内平均分摊，分摊后的月租金收入未超过15万元的，免征增值税。

（6）按照现行规定应当预缴增值税税款的小规模纳税人，凡在预缴地实现的月销售额未超过15万元的，当期无须预缴税款。

（7）小规模纳税人中的单位和个体工商户销售不动产，应按其纳税期、国家税务总局公告2021年第5号第五条以及其他现行政策规定确定是否预缴增值税；其他个人销售不动产，继续按照现行规定征免增值税。

（8）已经使用金税盘、税控盘等税控专用设备开具增值税发票的小规模纳税人，月销售额未超过15万元的，可以继续使用现有设备开具发票，也可以自愿向税务机关免费换领税务 Ukey 开具发票。

自 2021 年 4 月 1 日起，《财政部 税务总局关于实施小微企业普惠性税收减免政策的通知》（财税〔2019〕13 号）第一条废止，《国家税务总局关于小规模纳税人免征增值税政策有关征管问题的公告》（2019 年第 4 号）全文废止。

六、增值税起征点规定

个人发生应税行为的销售额未达到增值税起征点的，免征增值税；达到起征点的，全额计算缴纳增值税。

增值税起征点不适用于登记为一般纳税人的个体工商户。

增值税起征点幅度如下：

（1）按期纳税的，为月销售额 5 000～20 000 元（含本数）。

（2）按次纳税的，为每次（日）销售额 300～500 元（含本数）。

起征点的调整由财政部和国家税务总局规定。省、自治区、直辖市财政厅（局）和国家税务总局应当在规定的幅度内，根据实际情况确定本地区适用的起征点，并报财政部和国家税务总局备案。

七、防控新冠肺炎疫情增值税优惠规定

自 2020 年 1 月 1 日至 2020 年 12 月 31 日，防控新冠肺炎疫情增值税优惠规定主要如下。

（一）无偿捐赠用于应对新型冠状病毒感染的肺炎疫情的，免征增值税

单位和个体工商户将自产、委托加工或购买的货物，通过公益性社会组织和县级以上人民政府及其部门等国家机关，或者直接向承担疫情防治任务的医院，无偿捐赠用于应对新型冠状病毒感染的肺炎疫情的，免征增值税。①

【政策依据】《财政部 税务总局关于支持新型冠状病毒感染的肺炎疫情防控有关捐赠税收政策的公告》（财政部 税务总局公告 2020 年第 9 号）。

（二）纳税人提供疫情防控重点保障物资运输收入免征增值税

对纳税人运输由国家发展改革委、工业和信息化部确定的疫情防控重点保障物资取得的收入，免征增值税、城市维护建设税、教育费附加、地方教育附加。

纳税人按规定享受免征增值税优惠的，可自主进行免税申报，无须办理有关免税备案手续，但应将相关证明材料留存备查。在办理增值税纳税申报时，应当填写《增值税

① 免征增值税的同时，还免征消费税、城市维护建设税、教育费附加、地方教育附加。

纳税申报表》及《增值税减免税申报明细表》相应栏次。

纳税人按规定适用免征增值税政策的，不得开具增值税专用发票；已开具增值税专用发票的，应当开具对应红字发票或者作废原发票，再按规定适用免征增值税政策并开具普通发票。纳税人在疫情防控期间已经开具增值税专用发票，按规定应当开具对应红字发票而未及时开具的，可以先适用免征增值税政策，对应红字发票应当于相关免征增值税政策执行到期后1个月内完成开具。

【政策依据】《财政部 税务总局关于支持新型冠状病毒感染的肺炎疫情防控有关税收政策的公告》（财政部 税务总局公告2020年第8号）、《国家税务总局关于支持新型冠状病毒感染的肺炎疫情防控有关税收征收管理事项的公告》（国家税务总局公告2020年第4号）。

（三）纳税人提供公共交通运输服务、生活服务及居民必需生活物资快递收派服务收入免征增值税

对纳税人提供公共交通运输服务、生活服务，以及为居民提供必需生活物资快递收派服务取得的收入，免征增值税。

公共交通运输服务的具体范围，按照《营业税改征增值税试点有关事项的规定》（财税〔2016〕36号附件2）执行。

生活服务、快递收派服务的具体范围，按照《销售服务、无形资产、不动产注释》（财税〔2016〕36号附件1所附）执行。

【政策依据】《财政部 税务总局关于支持新型冠状病毒感染的肺炎疫情防控有关税收政策的公告》（财政部 税务总局公告2020年第8号）、《国家税务总局关于支持新型冠状病毒感染的肺炎疫情防控有关税收征收管理事项的公告》（国家税务总局公告2020年第4号）。

（四）鼓励个体工商户复工复产

除湖北省外，其他省、自治区、直辖市的增值税小规模纳税人，纳税义务发生时间在2020年3月1日至5月31日，适用3%征收率的应税销售收入，减按1%征收率征收增值税，按照1%征收率开具增值税发票。适用3%预征率的预缴增值税项目，减按1%预征率预缴增值税。

增值税小规模纳税人取得应税销售收入，纳税义务发生时间在2020年2月底以前，已按3%征收率开具增值税发票，发生销售折让、中止或者退回等情形需要开具红字发票的，按照3%征收率开具红字发票；开票有误需要重新开具的，应按照3%征收率开具红字发票，再重新开具正确的蓝字发票。

【政策依据】《财政部 税务总局关于支持个体工商户复工复业增值税政策的公告》（财政部 税务总局公告 2020 年第 13 号）、《国家税务总局关于支持个体工商户复工复业等税收征收管理事项的公告》（国家税务总局公告 2020 年第 5 号）。

注意：纳税人销售货物或者应税劳务适用免税规定的，可以放弃免税，放弃免税后，36 个月内不得再申请免税。

根据《财政部 税务总局关于延续实施应对疫情部分税费优惠政策的公告》（财政部 税务总局公告 2021 年第 7 号，以下简称 2021 年 7 号公告），对上述执行期限已到期的减、免税费优惠政策予以延续实施。

2021 年 7 号公告规定延长实施期限的税费减免优惠政策较多，特别是延续实施的执行期限还存在差异：

（1）延续执行到 2021 年 3 月 31 日的增值税小规模纳税人减免增值税的疫情防控政策：至 2021 年 12 月 31 日，全国所有地区增值税小规模纳税人适用 3% 征收率的应税销售收入，减按 1% 征收率征收增值税；适用 3% 预征率的预缴增值税项目，减按 1% 预征率预缴增值税（**注意：**湖北省增值税小规模纳税人适用上述政策自 2021 年 4 月 1 日起执行，自 2021 年 1 月 1 日至 2021 年 3 月 31 日，仍然按财政部 税务总局公告 2020 年第 13 号规定执行）。

（2）延续执行到 2021 年 3 月 31 日的增值税免税的疫情防控政策：①疫情防控重点保障物资生产企业可以按月向主管税务机关申请全额退还增值税增量留抵税额。②对纳税人运输疫情防控重点保障物资取得的收入，免征增值税。③对纳税人提供公共交通运输服务、生活服务，以及为居民提供必需生活物资快递收派服务取得的收入，免征增值税。④单位和个体工商户将自产、委托加工或购买的货物，通过公益性社会组织和县级以上人民政府及其部门等国家机关，或者直接向承担疫情防治任务的医院，无偿捐赠用于应对新型冠状病毒感染的肺炎疫情的，免征增值税、消费税、城市维护建设税、教育费附加、地方教育附加。

（3）延续执行到 2021 年 12 月 31 日的疫情防控增值税（费）优惠政策：①自 2020 年 1 月 1 日至 2020 年 12 月 31 日，对纳税人提供电影放映服务取得的收入免征增值税。②自 2020 年 1 月 1 日至 2020 年 12 月 31 日，免征文化事业建设费。

（4）财政部、国家税务总局先后发布了 2 个重要的公告。一个是《财政部 税务总局关于延续实施应对疫情部分税费优惠政策的公告》（财政部 税务总局公告 2021 年第 7

号)，对2020年发布且已于当年12月31日到期的税费减免优惠政策予以延续实施，旨在进一步支持疫情防控，帮助企业纾困发展。另一个是《财政部 税务总局关于延长部分税收优惠政策执行期限的公告》(财政部 税务总局2021年第6号)，为进一步支持小微企业、科技创新和相关社会事业发展，对以往发布的25个文件中的税收优惠政策的执行期限集中宣布延长。延续执行的有100余项税费优惠政策。

延续执行到2023年12月31日(或2025年12月31日等时间规定)的增值税(费)其他优惠和相关税种的优惠政策，请参见下面的知识链接。

知识链接

财政部 税务总局关于延续实施应对疫情部分税费优惠政策的公告

财政部 税务总局公告2021年第7号

为进一步支持疫情防控，帮助企业纾困发展，现将有关税费政策公告如下：

一、《财政部 税务总局关于支持个体工商户复工复业增值税政策的公告》(财政部 税务总局公告2020年第13号)规定的税收优惠政策，执行期限延长至2021年12月31日。其中，自2021年4月1日至2021年12月31日，湖北省增值税小规模纳税人适用3%征收率的应税销售收入，减按1%征收率征收增值税；适用3%预征率的预缴增值税项目，减按1%预征率预缴增值税。

二、《财政部 税务总局关于支持新型冠状病毒感染的肺炎疫情防控有关个人所得税政策的公告》(财政部 税务总局公告2020年第10号)、《财政部 税务总局关于电影等行业税费支持政策的公告》(财政部 税务总局公告2020年第25号)规定的税费优惠政策凡已经到期的，执行期限延长至2021年12月31日。

三、《财政部 税务总局关于支持新型冠状病毒感染的肺炎疫情防控有关税收政策的公告》(财政部 税务总局公告2020年第8号)、《财政部 税务总局关于支持新型冠状病毒感染的肺炎疫情防控有关捐赠税收政策的公告》(财政部 税务总局公告2020年第9号)规定的税收优惠政策凡已经到期的，执行期限延长至2021年3月31日。

四、2021年1月1日至本公告发布之日前，已征的按照本公告规定应予减免的税费，可抵减纳税人或缴费人以后应缴纳的税费或予以退还。

特此公告。

财政部 税务总局

2021年3月17日

知识链接

财政部 税务总局关于延长部分税收优惠政策执行期限的公告

财政部 税务总局公告2021年第6号

为进一步支持小微企业、科技创新和相关社会事业发展，现将有关税收政策公告如下：

一、《财政部 税务总局关于设备器具扣除有关企业所得税政策的通知》（财税〔2018〕54号）等16个文件规定的税收优惠政策凡已经到期的，执行期限延长至2023年12月31日，详见附件1。

二、《财政部 税务总局关于延续供热企业增值税房产税城镇土地使用税优惠政策的通知》（财税〔2019〕38号）规定的税收优惠政策，执行期限延长至2023年供暖期结束。

三、《财政部 税务总局关于易地扶贫搬迁税收优惠政策的通知》（财税〔2018〕135号）、《财政部 税务总局关于福建平潭综合实验区个人所得税优惠政策的通知》（财税〔2014〕24号）规定的税收优惠政策，执行期限延长至2025年12月31日。

四、《财政部 国家税务总局关于保险公司准备金支出企业所得税税前扣除有关政策问题的通知》（财税〔2016〕114号）等6个文件规定的准备金企业所得税税前扣除政策到期后继续执行，详见附件2。

五、本公告发布之日前，已征的相关税款，可抵减纳税人以后月份应缴纳税款或予以退还。

特此公告。

附件：

1. 财税〔2018〕54号等16个文件

2. 财税〔2016〕114号等6个文件

财政部 税务总局

2021年3月15日

附件1：

财税〔2018〕54号等16个文件

序号	文件名称	备注
1	《财政部 税务总局关于设备器具扣除有关企业所得税政策的通知》（财税〔2018〕54号）	
2	《财政部 税务总局 科技部关于提高研究开发费用税前加计扣除比例的通知》（财税〔2018〕99号）	
3	《财政部 税务总局关于金融机构小微企业贷款利息收入免征增值税政策的通 知》（财税〔2018〕91号）	
4	《财政部 税务总局关于延续动漫产业增值税政策的通知》（财税〔2018〕38号）	
5	《财政部 税务总局关于保险保障基金有关税收政策问题的通知》（财税〔2018〕41号）	
6	《财政部 税务总局关于中国邮政储蓄银行三农金融事业部涉农贷款增值税政 策的通知》（财税〔2018〕97号）	
7	《财政部 税务总局关于公共租赁住房税收优惠政策的公告》（财政部 税务总局公告2019年第61号）	
8	《财政部 税务总局关于继续实行农村饮水安全工程税收优惠政策的公告》（财政部 税务总局公告2019年第67号）	
9	《财政部 税务总局关于延续免征国产抗艾滋病病毒药品增值税政策的公告》（财政部 税务总局公告2019年第73号）	
10	《财政部 商务部 税务总局关于继续执行研发机构采购设备增值税政策的公告》（财政部 商务部 税务总局公告2019年第91号）	
11	《财政部 税务总局关于民用航空发动机、新支线飞机和大型客机税收政策的公告》（财政部 税务总局公告2019年 第88号）	
12	《财政部 税务总局关于明确养老机构免征增值税等政策的通知》（财税〔2019〕20号）	
13	《财政部 税务总局关于支持小微企业融资有关税收政策的通知》（财税〔2017〕77号）	
14	《财政部 税务总局 证监会关于支持原油等货物期货市场对外开放税收政策的通知》（财税〔2018〕21号）	
15	《财政部 税务总局关于对页岩气减征资源税的通知》（财税〔2018〕26号）	税收优惠政策于2021年3月31日到期后，执行期限延长至2023年12月31日。
16	《财政部 税务总局 工业和信息化部关于对挂车减征车辆购置税的公告》（财政部 税务总局 工业和信息化部公告2018年第69号）	税收优惠政策于2021年6月30日到期后，执行期限延长至2023年12月31日。

附件2：

财税〔2016〕114号等6个文件

序号	文件名称
1	《财政部 国家税务总局关于保险公司准备金支出企业所得税税前扣除有关政策问题的通知》（财税〔2016〕114号）
2	《财政部 税务总局关于中小企业融资（信用）担保机构有关准备金企业所得税税前扣除政策的通知》（财税〔2017〕22号）
3	《财政部 税务总局关于证券行业准备金支出企业所得税税前扣除有关政策问题的通知》（财税〔2017〕23号）
4	《财政部 税务总局关于上海国际能源交易中心有关风险准备金和期货投资者保障基金支出企业所得税税前扣除政策问题的通知》（财税〔2019〕32号）
5	《财政部 税务总局关于金融企业涉农贷款和中小企业贷款损失准备金税前扣除有关政策的公告》（财政部 税务总局公告2019年第85号）
6	《财政部 税务总局关于金融企业贷款损失准备金企业所得税税前扣除有关政策的公告》（财政部 税务总局公告2019年第86号）

八、关于“冬奥会、冬残奥会”“杭运会”的增值税优惠政策

（一）“冬奥会、冬残奥会”的增值税优惠主要政策

具体请参见《财政部 税务总局 海关总署关于北京2022年冬奥会和冬残奥会税收政策的通知》（财税〔2017〕60号）。

（二）“杭运会”的增值税优惠主要政策

根据《财政部 税务总局 海关总署关于杭州2022年亚运会和亚残运会税收政策的公告》（财政部公告2020年第18号）：

（1）对杭州亚运会组委会（以下简称组委会）取得的电视转播权销售分成收入、赞助计划分成收入（货物和资金），免征增值税。

（2）对组委会市场开发计划取得的国内外赞助收入、转让无形资产（如标志）特许权收入、宣传推广费收入、销售门票收入及所发收费卡收入，免征增值税。

（3）对组委会取得的与中国集邮总公司合作发行纪念邮票收入、与中国人民银行合作发行纪念币收入，免征增值税。

（4）对组委会取得的来源于广播、因特网、电视等媒体收入，免征增值税。

（5）对组委会按亚洲奥林匹克理事会、亚洲残疾人奥林匹克委员会（以下统称亚奥

委会）核定价格收取的运动员食宿费及提供有关服务取得的收入，免征增值税。

（6）对组委会赛后出让资产取得的收入，免征增值税。

（7）对企业根据赞助协议向组委会免费提供的与杭州亚运会有关的服务，免征增值税。免税清单由组委会报财政部、国家税务总局确定。

（8）对组委会为举办运动会进口的亚奥委会或国际单项体育组织指定的，国内不能生产或性能不能满足需要的直接用于运动会比赛的消耗品，免征关税、进口环节增值税和消费税。享受免税政策的进口比赛用消耗品的范围、数量清单，由组委会汇总后报财政部会同国家税务总局、海关总署审核确定。

九、增值税优惠政策办理程序及服务有关事项

自2021年4月1日起施行，进一步精简享受优惠政策办理流程和手续，有关事项如下：

（1）单位和个体工商户（以下统称纳税人）适用增值税减征、免征政策的，在增值税纳税申报时按规定填写申报表相应减免税栏次即可享受，相关政策规定的证明材料留存备查。

（2）纳税人适用增值税即征即退政策的，应当在首次申请增值税退税时，按规定向主管税务机关提供退税申请材料和相关政策规定的证明材料。纳税人后续申请增值税退税时，相关证明材料未发生变化的，无须重复提供，仅需提供退税申请材料并在退税申请中说明有关情况。纳税人享受增值税即征即退条件发生变化的，应当在发生变化后首次纳税申报时向主管税务机关书面报告。

（3）除另有规定外，纳税人不再符合增值税优惠条件的，应当自不符合增值税优惠条件的当月起，停止享受增值税优惠。

第六节 申报管理

一、增值税纳税义务发生时间

（一）基本规定

增值税纳税义务发生时间：①发生应税销售行为，为收讫销售款项或者取得索取销售款项凭据的当天；先开具发票的，为开具发票的当天。②进口货物，为报关进口的当天。

增值税扣缴义务发生时间为纳税人增值税纳税义务发生的当天。

（二）销售货物

（1）采取直接收款方式销售货物，不论货物是否发出，均为收到销售款或者取得索取销售款项凭据的当天。

自2011年8月1日起，纳税人生产经营活动中采取直接收款方式销售货物，已将货物移送对方并暂估销售收入入账，但既未取得销售款或取得索取销售款项凭据也未开具销售发票的，其增值税纳税义务发生时间为取得销售款或取得索取销售款项凭据的当天；先开具发票的，为开具发票的当天。

（2）采取托收承付和委托银行收款方式销售货物，为发出货物并办妥托收手续的当天。

（3）采取赊销和分期收款方式销售货物，为书面合同约定的收款日期的当天，无书面合同的或者书面合同没有约定收款日期的，为货物发出的当天。

（4）采取预收货款方式销售货物，为货物发出的当天，但生产销售生产工期超过12个月的大型机械设备、船舶、飞机等货物，为收到预收款或者书面合同约定的收款日期的当天。

（5）委托其他纳税人代销货物，为收到代销单位的代销清单或者收到全部或者部分货款的当天。未收到代销清单及货款的，为发出代销货物满180天的当天。

（6）纳税人发生《中华人民共和国增值税暂行条例实施细则》第四条第（三）项至第（八）项所列视同销售货物行为，为货物移送的当天。

（三）销售应税劳务

销售应税劳务，为提供劳务同时收讫销售款或者取得索取销售款项凭据的当天。

（四）销售应税服务

（1）纳税人发生应税行为并收讫销售款项或者取得索取销售款项凭据的当天；先开具发票的，为开具发票的当天。

收讫销售款项，是指纳税人销售服务、无形资产、不动产过程中或者完成后收到款项。

取得索取销售款项凭据的当天，是指书面合同确定的付款日期；未签订书面合同或者书面合同未确定付款日期的，为服务、无形资产转让完成的当天或者不动产权属变更的当天。

（2）纳税人提供租赁服务采取预收款方式的，其纳税义务发生时间为收到预收款的当天。

（3）纳税人从事金融商品转让的，为金融商品所有权转移的当天。

（4）增值税扣缴义务发生时间为纳税人增值税纳税义务发生的当天。

（五）货物代销

1. 将货物交付其他单位或者个人代销

2. 销售代销货物

企业在委托代销货物的过程中，无代销清单纳税义务发生时间的确定：

（1）纳税人以代销方式销售货物，在收到代销清单前已收到全部或部分货款的，其纳税义务发生时间为收到全部或部分货款的当天。

（2）对于发出代销商品超过180天仍未收到代销清单及货款的，视同销售实现，一律征收增值税，其纳税义务发生时间为发出代销商品满180天的当天。

（六）视同销售

1. 销售货物行为

视同销售货物行为，为货物移送的当天。

2. 服务

服务视同销售。下列情形视同销售服务、无形资产或者不动产：

（1）单位或者个体工商户向其他单位或者个人无偿提供服务，但用于公益事业或者以社会公众为对象的除外。

（2）单位或者个人向其他单位或者个人无偿转让无形资产或者不动产，但用于公益事业或者以社会公众为对象的除外。

（3）纳税人发生服务、无形资产转让规定情形的，其纳税义务发生时间为服务、无形资产转让完成的当天或者不动产权属变更的当天。

（七）贷款服务

金融企业发放贷款后，自结息日起90天内发生的应收未收利息按现行规定缴纳增值税，自结息日起90天后发生的应收未收利息暂不缴纳增值税，待实际收到利息时按规定缴纳增值税。

上述所称金融企业，是指银行（包括国有银行、集体银行、股份制银行、合资银行、外资银行以及其他所有制形式的银行）、城市信用社、农村信用社、信托投资公司、财务公司。

（八）建筑服务扣押质保金

纳税人提供建筑服务，被工程发包方从应支付的工程款中扣押的质押金、保证金，未开具发票的，以纳税人实际收到质押金、保证金的当天为纳税义务发生时间。

（九）电力产品

发、供电企业销售电力产品的纳税义务发生时间的具体规定如下：

（1）发电企业和其他企事业单位销售电力产品的纳税义务发生时间为电力上网并开具确认单据的当天。

（2）供电企业采取直接收取电费结算方式的，销售对象属于企事业单位，为开具发票的当天；属于居民个人，为开具电费缴纳凭证的当天。

（3）供电企业采取预收电费结算方式的，为发行电量的当天。

（4）发、供电企业将电力产品用于非应税项目、集体福利、个人消费，为发出电量的当天。

（5）发、供电企业之间互供电力，为双方核对计数量，开具抄表确认单据的当天。

（6）发、供电企业销售电力产品以外其他货物，其纳税义务发生时间按《中华人民共和国增值税暂行条例》及其实施细则的有关规定执行。

（十）油气田企业

油气田企业为生产原油、天然气提供的生产性劳务的纳税义务发生时间为油气田企业收讫劳务收入款或者取得索取劳务收入款项凭据的当天；先开具发票的，为开具发票的当天。

二、纳税期限

增值税的纳税期限分别为1日、3日、5日、10日、15日、1个月或者1个季度。纳税人的具体纳税期限，由主管税务机关根据纳税人应纳税额的大小分别核定。以1个季度为纳税期限的规定适用于小规模纳税人、银行、财务公司、信托投资公司、信用社，以及财政部和国家税务总局规定的其他纳税人。不能按照固定期限纳税的，可以按次纳税。

纳税人以1个月或者1个季度为1个纳税期的，自期满之日起15日内申报纳税；以1日、3日、5日、10日或者15日为1个纳税期的，自期满之日起5日内预缴税款，于次月1日起15日内申报纳税并结清上月应纳税款。

纳税人进口货物，应当自海关填发海关进口增值税专用缴款书之日起15日内缴纳税款。

三、纳税地点

（1）一般为机构所在地。总、分机构不在同一县（市）的，应当分别向各自所在地主管税务机关申报纳税；经批准可由总机构汇总纳税的，向总机构所在地的主管税务机关申报纳税。固定业户到外县（市）销售货物或者应税劳务的，应当向其机构所在地的主管税务机关报告外出经营事项，并向其机构所在地的主管税务机关申报纳税；未报告的，应当向销售地或者劳务发生地的主管税务机关申报纳税；未向销售地或者劳务发生地的主管税务机关申报纳税的，由其机构所在地的主管税务机关补征税款。

（2）非固定业户销售货物或者劳务，应当向销售地或者劳务发生地的主管税务机关申报纳税；未向销售地或者劳务发生地的主管税务机关申报纳税的，由其机构所在地或者居住地的主管税务机关补征税款。

（3）按照现行规定应在建筑服务发生地预缴增值税的项目，纳税人收到预收款时在建筑劳务发生地预缴增值税。按现行规定无须在建筑服务发生地预缴增值税的项目，纳税人预收款时在机构所在地预缴增值税。

（4）其他个人提供建筑服务，销售或者租赁不动产，转让自然资源使用权，应向建筑服务发生地、不动产所在地、自然资源所在地主管税务机关申报纳税。

（5）纳税人跨县（市）提供建筑服务，在建筑服务发生地预缴税款后，向机构所在地主管税务机关进行纳税申报。

（6）纳税人销售不动产，在不动产所在地预缴税款后，向机构所在地主管税务机关进行纳税申报。

（7）纳税人租赁不动产，在不动产所在地预缴税款后，向机构所在地主管税务机关进行纳税申报。

（8）进口货物，应当向报关地海关申报纳税。

第七节　增值税专用发票管理

一、专用发票的领购

专用发票的构成专用发票由基本联次或基本联次附加其他联次构成，基本联次为三联：发票联、抵扣联和记账联。其他联次用途，由一般纳税人自行确定。

（一）一般纳税人规定

一般纳税人可以领购并自行开具增值税专用发票，但有下列情形之一的，不得领购开具专用发票：

（1）会计核算不健全，不能向税务机关准确提供增值税销项税额、进项税额、应纳税额数据及其他有关增值税税务资料的。

（2）有《中华人民共和国税收征收管理法》规定的税收违法行为，拒不接受税务机关处理的。

（3）有下列行为之一，经税务机关责令限期改正而仍未改正的：

①虚开增值税专用发票；②私自印制专用发票；③向税务机关以外的单位和个人买取专用发票；④借用他人专用发票；⑤未按规定开具专用发票；⑥未按规定保管专用发票和专用设备；⑦未按规定申请办理防伪税控系统变更发行；⑧未按规定接受税务机关检查。

（4）销售的货物全部属于免税项目者。

（二）小规模纳税人规定

根据《国家税务总局关于增值税发票管理等有关事项的公告》（国家税务总局公告2019年第33号），增值税小规模纳税人（其他个人除外）发生增值税应税行为，需要开具增值税专用发票的，可以自愿使用增值税发票管理系统自行开具。选择自行开具增值税专用发票的小规模纳税人，税务机关不再为其代开增值税专用发票。具体规定如下：

（1）所有小规模纳税人（其他个人除外）均可以选择使用增值税发票管理系统自行开具增值税专用发票。

（2）自愿选择自行开具增值税专用发票的小规模纳税人，税务机关不再为其代开。需要特别说明的是，货物运输业小规模纳税人可以根据自愿原则选择自行开具增值税专用发票；未选择自行开具增值税专用发票的纳税人，按照相关规定，向税务机关申请代开。

（3）自愿选择自行开具增值税专用发票的小规模纳税人销售其取得的不动产，需要开具增值税专用发票的，税务机关不再为其代开。

二、不得开具专用发票的情形

根据现行政策规定，不能开具增值税专用发票的情形主要有：

（1）纳税人会计核算不健全，或者不能够提供准确税务资料的。

（2）向消费者个人销售服务、无形资产或者不动产。

（3）纳税人的应税行为免征增值税。

（4）实行增值税退（免）税办法的增值税零税率应税服务。

（5）不征收增值税的项目。

（6）用于出口项目不得开具增值税专用发票。

（7）纳税人零售烟、酒、食品、服装、鞋帽（不包括劳保专用部分）、化妆品等消费品。

（8）经纪代理服务中，向委托方收取的政府性基金或者行政事业性收费。

（9）试点纳税人提供有形动产融资性售后回租服务，向承租方收取的有形动产价款本金，不得开具增值税专用发票，可以开具普通发票。

（10）纳税人提供旅游服务，选择差额纳税的，向旅游服务购买方收取并支付的住宿费、餐饮费、交通费、签证费、门票费和支付给其他接团旅游企业的旅游费。

（11）纳税人提供劳务派遣服务，选择差额纳税的，向用工单位收取用于支付给劳务派遣员工工资、福利和为其办理社会保险及住房公积金的费用。

（12）提供人力资源外包服务的纳税人，按照经纪代理服务缴纳增值税，向委托方收取并代为发放的工资和代理缴纳的社会保险、住房公积金，不得开具增值税专用发票，可以开具普通发票。

（13）纳税人金融商品转让。

（14）纳税人销售自己使用过的固定资产，应开具普通发票。

（15）纳税人销售旧货，应开具普通发票。

三、专用发票取消认证期限

根据《国家税务总局关于取消增值税扣税凭证认证确认期限等增值税征管问题的公告》（国家税务总局公告2019年第45号）：

（1）增值税一般纳税人取得2017年1月1日及以后开具的增值税专用发票、海关进口增值税专用缴款书、机动车销售统一发票、收费公路通行费增值税电子普通发票，取消认证确认、稽核比对、申报抵扣的期限。纳税人在进行增值税纳税申报时，应当通过本省（自治区、直辖市和计划单列市）增值税发票综合服务平台对上述扣税凭证信息进行用途确认。

（2）增值税一般纳税人取得2016年12月31日及以前开具的增值税专用发票、海关进口增值税专用缴款书、机动车销售统一发票，超过认证确认、稽核比对、申报抵扣期限，但符合规定条件的，仍可根据《国家税务总局关于逾期增值税扣税凭证抵扣问题的公告》（国家税务总局公告2011年第50号，国家税务总局公告2017年第36号、2018

年第 31 号修改)、《国家税务总局关于未按期申报抵扣增值税扣税凭证有关问题的公告》(国家税务总局公告 2011 年第 78 号，国家税务总局公告 2018 年第 31 号修改)，继续抵扣进项税额。

四、增值税专用发票列入异常凭证的管理

(一) 异常凭证范围

1. 符合下列情形之一的增值税专用发票，列入异常凭证范围

(1) 纳税人丢失、被盗税控专用设备中未开具或已开具未上传的增值税专用发票。

(2) 非正常户纳税人未向税务机关申报或未按规定缴纳税款的增值税专用发票。

(3) 增值税发票管理系统稽核比对发现“比对不符”“缺联”“作废”的增值税专用发票。

(4) 经国家税务总局、省税务局大数据分析发现，纳税人开具的增值税专用发票存在涉嫌虚开、未按规定缴纳消费税等情形的。

(5) 属于《国家税务总局关于走逃(失联)企业开具增值税专用发票认定处理有关问题的公告》(国家税务总局公告 2016 年第 76 号) 第二条第 (一) 项规定情形的增值税专用发票。①

2. 增值税一般纳税人申报抵扣异常凭证，同时符合下列情形的，其对应开具的增值税专用发票列入异常凭证范围

(1) 异常凭证进项税额累计占同期全部增值税专用发票进项税额 70% (含) 以上的。

(2) 异常凭证进项税额累计超过 5 万元的。

纳税人尚未申报抵扣、尚未申报出口退税或已作进项税额转出的异常凭证，其涉及的进项税额不计入异常凭证进项税额的计算。

(二) 列入异常凭证范围的处理

增值税一般纳税人申报抵扣异常凭证，同时符合下列情形的，其对应开具的增值税

① 《国家税务总局关于走逃(失联)企业开具增值税专用发票认定处理有关问题的公告》(国家税务总局公告 2016 年第 76 号)第二条第(一)项的规定情况是:“走逃(失联)企业存续经营期间发生下列情形之一的，所对应属期开具的增值税专用发票列入异常增值税扣税凭证(以下简称‘异常凭证’)范围。第一，商贸企业购进、销售货物名称严重背离的;生产企业无实际生产加工能力且无委托加工，或生产能耗与销售情况严重不符，或购进货物并不能直接生产其销售的货物且无委托加工的。第二，直接走逃失踪不纳税申报，或虽然申报但通过填列增值税纳税申报表相关栏次，规避税务机关审核比对，进行虚假申报的。”

专用发票列入异常凭证范围：

（1）尚未申报抵扣增值税进项税额的，暂不允许抵扣。已经申报抵扣增值税进项税额的，除另有规定外，一律作进项税额转出处理。

（2）尚未申报出口退税或者已申报但尚未办理出口退税的，除另有规定外，暂不允许办理出口退税。适用增值税免抵退税办法的纳税人已经办理出口退税的，应根据列入异常凭证范围的增值税专用发票上注明的增值税额作进项税额转出处理；适用增值税免退税办法的纳税人已经办理出口退税的，税务机关应按照现行规定对列入异常凭证范围的增值税专用发票对应的已退税款追回。

纳税人因骗取出口退税停止出口退（免）税期间取得的增值税专用发票列入异常凭证范围的，按照本条第（1）项规定执行。

（3）消费税纳税人以外购或委托加工收回的已税消费品为原料连续生产应税消费品，尚未申报扣除原料已纳消费税税款的，暂不允许抵扣；已经申报抵扣的，冲减当期允许抵扣的消费税税款，当期不足冲减的应当补缴税款。

（4）纳税信用A级纳税人取得异常凭证且已经申报抵扣增值税、办理出口退税或抵扣消费税的，可以自接到税务机关通知之日起10个工作日内，向主管税务机关提出核实申请。经税务机关核实，符合现行增值税进项税额抵扣、出口退税或消费税抵扣相关规定的，可不作进项税额转出、追回已退税款、冲减当期允许抵扣的消费税税款等处理。纳税人逾期未提出核实申请的，应于期满后按照本条第（1）项、第（2）项、第（3）项规定做相关处理。

（5）纳税人对税务机关认定的异常凭证存有异议，可以向主管税务机关提出核实申请。经税务机关核实，符合现行增值税进项税额抵扣或出口退税相关规定的，纳税人可继续申报抵扣或者重新申报出口退税；符合消费税抵扣规定且已缴纳消费税税款的，纳税人可继续申报抵扣消费税税款。

【政策依据】《国家税务总局关于异常增值税扣税凭证管理等有关事项的公告》（国家税务总局公告2019年第38号）等规定。

五、关于红字增值税发票开具有关问题

根据《国家税务总局关于红字增值税发票开具有关问题的公告》（国家税务总局公告2016年第47号）等：

（1）增值税一般纳税人开具增值税专用发票（以下简称专用发票）后，发生销货退回、开票有误、应税服务中止等情形但不符合发票作废条件，或者因销货部分退回及发

生销售折让，需要开具红字专用发票的，按以下方法处理：

①购买方取得专用发票已用于申报抵扣的，购买方可在增值税发票管理新系统（以下简称新系统）中填开并上传《开具红字增值税专用发票信息表》（以下简称《信息表》），在填开《信息表》时不填写相对应的蓝字专用发票信息，应暂依《信息表》所列增值税税额从当期进项税额中转出，待取得销售方开具的红字专用发票后，与《信息表》一并作为记账凭证。

购买方取得专用发票未用于申报抵扣、但发票联或抵扣联无法退回的，购买方填开《信息表》时应填写相对应的蓝字专用发票信息。

销售方开具专用发票尚未交付购买方，以及购买方未用于申报抵扣并将发票联及抵扣联退回的，销售方可在新系统中填开并上传《信息表》。销售方填开《信息表》时应填写相对应的蓝字专用发票信息。

②主管税务机关通过网络接收纳税人上传的《信息表》，系统自动校验通过后，生成带有“红字发票信息表编号”的《信息表》，并将信息同步至纳税人端系统中。

③销售方凭税务机关系统校验通过的《信息表》开具红字专用发票，在新系统中以销项负数开具。红字专用发票应与《信息表》一一对应。

④纳税人也可凭《信息表》电子信息或纸质资料到税务机关对《信息表》内容进行系统校验。

（2）税务机关为小规模纳税人代开专用发票，需要开具红字专用发票的，按照一般纳税人开具红字专用发票的方法处理。

（3）纳税人需要开具红字增值税普通发票的，可以在所对应的蓝字发票金额范围内开具多份红字发票。红字机动车销售统一发票需与原蓝字机动车销售统一发票一一对应。

知识链接

根据《交通运输部 国家税务总局关于收费公路通行费增值税电子普通发票开具等有关事项的公告》（交通运输部公告2020年第17号），收费公路通行费电子票据开具相关规定自2020年4月1日起施行。

（一）通行费电子发票编码规则

通行费电子发票的发票代码为12位，编码规则：第1位为0，第2—5位代表省、自治区、直辖市和计划单列市，第6—7位代表年度，第8—10位代表批次，第11—12位为12。发票号码为8位，按年度、分批次编制。

（二）通行费电子发票开具对象

通行费电子发票开具对象为办理 ETC 卡的客户，ETC 卡的具体办理流程和相关要求请咨询各省（区、市）ETC 客户服务机构。未办理 ETC 卡的客户，仍按原有方式交纳通行费和索取票据。

（三）通行费电子发票开具流程

1. 发票服务平台账户注册

客户登录发票服务平台网站 www. txffp. com 或“票根”App，凭手机号码、手机验证码免费注册，并按要求设置购买方信息。客户如需变更购买方信息，应当于发生充值或通行交易前变更，确保开票信息真实准确。

2. 绑定 ETC 卡

客户登录发票服务平台，填写 ETC 卡办理时的预留信息（开户人名称、证件类型、证件号码、手机号码等），经校验无误后，完成 ETC 卡绑定。

3. 发票开具

客户登录发票服务平台，选取需要开具发票的充值或消费交易记录，申请生成通行费电子发票。发票服务平台免费向客户提供通行费电子发票及明细信息下载、转发、预览、查询等服务。

（四）通行费电子发票开具规定

通行费电子发票分为以下两种：

（1）左上角标识“通行费”字样，且税率栏次显示适用税率或征收率的通行费电子发票（以下简称征税发票）。

（2）左上角无“通行费”字样，且税率栏次显示“不征税”的通行费电子发票（以下简称不征税发票）。

ETC 后付费客户索取发票的，通过经营性收费公路的部分，在发票服务平台取得由收费公路经营管理单位开具的征税发票；通过政府还贷性收费公路的部分，在发票服务平台取得暂由 ETC 客户服务机构开具的不征税发票。

ETC 预付费客户可以自行选择在充值后索取发票或者实际发生通行费用后索取发票。

在充值后索取发票的，在发票服务平台取得由 ETC 客户服务机构全额开具的不征税发票，实际发生通行费用后，ETC 客户服务机构和收费公路经营管理单位均不再向其开具发票。

客户在充值后未索取不征税发票，在实际发生通行费用后索取发票的，通过经营性收费公路的部分，在发票服务平台取得由收费公路经营管理单位开具的征税发票；通过政府还贷性收费公路的部分，在发票服务平台取得暂由 ETC 客户服务机构开具的不征税发票。

客户使用 ETC 卡通行收费公路并交纳通行费的，可以在实际发生通行费用后第 10 个自然日起，登录发票服务平台，选择相应通行记录取得通行费电子发票；客户可以在充值后实时登录发票服务平台，选择相应充值记录取得通行费电子发票。

发票服务平台应当将通行费电子发票对应的通行明细清单留存备查。

（五）通行费电子发票其他规定

（1）增值税一般纳税人申报抵扣的通行费电子发票进项税额，在纳税申报时应当填写在《增值税纳税申报表附列资料（二）》（本期进项税额明细）中“认证相符的增值税专用发票”相关栏次中。

（2）收费公路通行费增值税进项税额抵扣政策按照国务院财税主管部门有关规定执行。

（3）单位和个人可以登录全国增值税发票查验平台（https：//inv-veri. chinatax. gov. cn），对通行费电子发票信息进行查验。

六、增值税电子专用发票有关问题

（一）增值税电子专用发票适用时间问题

为贯彻落实国务院关于加快电子发票推广应用的部署安排，国家税务总局本着积极稳妥的原则，决定采用先在部分地区新设立登记的纳税人（以下简称新办纳税人）中实行增值税专用发票电子化（以下简称专票电子化），此后逐步扩大地区和纳税人范围的工作策略：

（1）先在新办纳税人中实行专票电子化，在完善系统、积累经验的基础上，下一步再考虑在其他纳税人中实行专票电子化。

（2）对于新办纳税人，从 2020 年 9 月 1 日起先逐步在宁波、石家庄和杭州开展专票电子化试点，在此基础上再分两步在全国实行：第一步，自 2020 年 12 月 21 日起，在天津等 11 个地区的新办纳税人中实行专票电子化，受票方范围为全国；第二步，自 2021 年 1 月 21 日起，在北京等 25 个地区的新办纳税人中实行专票电子化，受票方范围为全国。

实行专票电子化的新办纳税人具体范围由国家税务总局各省、自治区、直辖市和计划单列市税务局确定。

实行增值税专用发票电子化的新办纳税人开具增值税专用发票时，既可以开具增值税电子专用发票，也可以开具增值税纸质专用发票（以下简称纸质专票）。受票方索取纸质专票的，开票方应当开具纸质专票。

（二）电子专用发票票面和纸质专用发票相比主要变化

增值税电子专用发票进一步简化发票票面样式，采用电子签名代替原发票专用章，将“货物或应税劳务、服务名称”栏次名称简化为“项目名称”，取消了原“销售方：(章)”栏次，使增值税电子专用发票的开具更加简便。

《中华人民共和国电子签名法》第14条规定，可靠的电子签名与手写签名或者盖章具有同等的法律效力。为更好适应发票电子化改革需要，增值税电子专用发票采用电子签名代替原发票专用章，纳税人可以通过全国增值税发票查验平台下载增值税电子发票版式文件阅读器，查阅电子专票并验证电子签名的有效性。

电子专票的发票代码为12位，编码规则：第1位为0，第2—5位代表省、自治区、直辖市和计划单列市，第6—7位代表年度，第8—10位代表批次，第11—12位为13。发票号码为8位，按年度、分批次编制。

（三）纳税人应当如何开具红字增值税电子专用发票

纳税人开具电子专票后，发生销货退回、开票有误、应税服务中止、销售折让等情形，可以开具红字电子专票。相较于红字增值税纸质专用发票开具流程，纳税人在开具红字电子专票时，无须追回已经开具的蓝字电子专票，具有简便易行好操作的优点。具体来说，开具红字电子专票的流程主要可以分为三个步骤。

第一步是购买方或销售方纳税人在增值税发票管理系统（以下简称发票管理系统）中填开《信息表》。根据购买方是否已将电子专票用于申报抵扣，开具《信息表》的方式分为两类。第一类是购买方开具《信息表》。如果购买方已将电子专票用于申报抵扣，则由购买方在发票管理系统中填开并上传《信息表》，在这种情况下，《信息表》中不需要填写相对应的蓝字电子专票信息。第二类是销售方开具《信息表》。如果购买方未将电子专票用于申报抵扣，则由销售方在发票管理系统中填开并上传《信息表》，在这种情况下，《信息表》中需要填写相对应的蓝字电子专票信息。

第二步是税务机关信息系统自动校验。税务机关通过网络接收纳税人上传的《信息表》，系统自动校验通过后，生成带有“红字发票信息表编号”的《信息表》，并将信息同步至纳税人端系统中。

第三步是销售方纳税人开具红字电子专票。销售方在发票管理系统中查询到已经校验通过的《信息表》后，便可开具红字电子专票。红字电子专票应与《信息表》一一对应。

需要说明的是，对于购买方已将电子专票用于申报抵扣的情形，因购买方开具《信息表》与销售方开具红字电子专票可能存在一定时间差，购买方应当暂依《信息表》所列增值税税额从当期进项税额中转出，待取得销售方开具的红字电子专票后，与《信息表》一并作为记账凭证。

（四）增值税电子专用发票管理

（1）纳税人以电子发票（含电子专票和电子普票）报销入账归档的，按照《财政部 国家档案局关于规范电子会计凭证报销入账归档的通知》（财会〔2020〕6号）的规定执行。单位以电子发票的纸质打印件作为报销入账归档依据的，必须同时保存打印该纸质件的电子会计凭证。

（2）税务机关按照电子专票和纸质专票的合计数，为纳税人核定增值税专用发票领用数量。电子专票和纸质专票的增值税专用发票（增值税税控系统）最高开票限额应当相同。

（五）实行增值税电子专用发票的新办纳税人在核定电子专用发票时的要求

根据《国家税务总局关于新办纳税人首次申领增值税发票有关事项的公告》（国家税务总局公告2018年第29号），税务机关为首次申领增值税发票的新办纳税人办理发票票种核定，增值税专用发票（增值税税控系统）最高开票限额不超过10万元，每月最高领用数量不超过25份。各省税务机关①可以在此范围内结合纳税人税收风险程度，自行确定新办纳税人首次申领增值税发票票种核定标准。

增值税电子专用发票和增值税纸质专用发票同属增值税专用发票。税务机关核定的增值税专用发票最高开票限额，同时适用于纳税人所领用的增值税电子专用发票和增值税纸质专用发票，两者保持一致。实行专票电子化的新办纳税人，可以在税务机关核定的增值税专用发票每月最高领用数量内，根据自身需要分别确定增值税电子专用发票和增值税纸质专用发票的领用数量。

实行增值税专用发票电子化的新办纳税人，在税务机关核定增值税专用发票最高开

① 本书中，通常把省、自治区、计划单列市税务机关统称为省税务机关，同时把省、自治区、直辖市、计划单列市税务局统称为省税务局，把本省、自治区、直辖市统称为本省。

票限额和领用数量后，可以根据生产经营需要申请“增版增量”。

【政策依据】《国家税务总局关于在新办纳税人中实行增值税专用发票电子化有关事项的公告》（国家税务总局公告 2020 年第 22 号）。

第八节　出口退（免）税管理

一、适用增值税退（免）税政策的主体及客体

（一）适用增值税退（免）税政策的企业范围

在我国可以适用出口退（免）税的企业主要分为两大类：一是出口货物、劳务并适用出口货物退（免）税政策的企业，二是跨境提供了服务和无形资产，而享受出口应税行为零税率政策的应税行为提供者。

1. 出口企业

根据《财政部 国家税务总局关于出口货物劳务增值税和消费税政策的通知》（财税〔2012〕39 号）文件第一条第一款的规定，“出口企业是指依法办理工商登记、税务登记、对外贸易经营者备案登记，自营或委托出口货物的单位或个体工商户，以及依法办理工商登记、税务登记但未办理对外贸易经营者备案登记，委托出口货物的生产企业”。

可以分为三类：一是在外经贸部门备案取得进出口经营权的企业，包括外贸企业和生产企业；二是并未取得进出口经营权，委托有进出口经营权的企业代理出口自产货物的生产企业；三是发生视同出口货物行为的特殊企业。特殊企业的具体范围包括：

（1）将货物运出境外用于对外承包项目的对外承包工程公司。

（2）对外承接修理修配业务的企业。

（3）将货物销售给外轮、远洋国轮而收取外汇的外轮供应公司、远洋运输供应公司。

（4）在国内采购货物并运往境外作为在国外投资的企业。

（5）利用外国政府贷款或国际金融组织贷款，通过国际招标机电产品的中标企业。

（6）境外带料加工装配业务所使用出境设备、原材料和散件的企业。

（7）利用中国政府的援外优惠贷款和合资合作项目基金方式下出口货物的企业。

（8）对外进行补偿贸易项目和易货贸易，以及对港澳台贸易而享受退税的企业。

（9）文化和旅游部所属中国免税品公司。

2. 跨境应税行为单位

跨境应税行为提供者，指中华人民共和国境内，对外提供跨境国际运输服务的企

业、航天运输服务的企业、向境外单位提供的完全在境外消费的研发服务、合同能源管理服务、设计服务、广播影视节目（作品）的制作和发行服务、软件服务、电路设计及测试服务、信息系统服务、业务流程管理服务、离岸服务外包业务、转让技术的企业。

（二）出口货物退（免）税的货物范围

根据《财政部 国家税务总局关于出口货物劳务增值税和消费税政策的通知》(财税〔2012〕39 号）第一条，出口货物，是指向海关报关后实际离境并销售给境外单位或个人的货物，分为自营出口货物和委托出口货物两类。

（1）出口退（免）税的货物必须是在中国境内已缴纳增值税和消费税的货物。如果货物本身在境内不征税或享受税收优惠政策，或者已经纳税但不能提供证明的，均不能享受出口退（免）税。“出口退（免）税”是指在货物离开出口国时，退还出口国内已经征收的间接税，使其在进入进口国而被进口国课税后，与进口国内同类产品处于同等的税收条件，实现公平竞争原则，如果在出口国并未实际征过税，实际上已经构成出口补贴，违反了世界贸易组织（WTO）公平竞争的基本原则。

（2）出口退（免）税的货物必须是报关离境的货物。这里的“报关离境”，即包括实际离开中国国境的货物，也包括视同出口的货物。

（三）视同出口货物

（1）出口企业对外援助、对外承包、境外投资的出口货物。

（2）除不退税商品外，出口企业经海关报关进入国家批准的出口加工区、保税物流园区、保税港区、综合保税区、珠澳跨境工业区（珠海园区）、中哈霍尔果斯国际边境合作中心（中方配套区域）、保税物流中心（B 型）等海关特殊监管区域，并销售给区内单位或境外单位、个人的货物。这类出口货物虽然在入区时并未真实离开国境，但已经办结出口通关手续，可视为离境处理，享受出口退（免）税政策。

（3）免税品经营企业销售的货物。具体是指：

①中国免税品（集团）有限责任公司向海关报关运入海关监管仓库，专供其经国家批准设立的统一经营、统一组织进货、统一制定零售价格、统一管理的免税店销售的货物。

②国家批准的除中国免税品（集团）有限责任公司外的免税品经营企业，向海关报关运往海关监管仓库，专供其所属的首都机场口岸海关隔离区内的免税店销售的货物。

③国家批准的除中国免税品（集团）有限责任公司外的免税品经营企业所属的上海虹桥、浦东机场海关隔离区内的免税店销售的货物。

（4）出口企业或其他单位销售给用于国际金融组织或外国政府贷款国际招标建设项

目的中标机电产品，包括外国企业中标再分包给出口企业或其他单位的机电产品。

（5）出口企业或其他单位销售给国际运输企业用于国际运输工具上的货物。

这里“视同出口”的货物指外轮供应公司、远洋运输供应公司销售给外轮、远洋国轮的货物，以及国内航空供应公司生产销售给国内和国外航空公司国际航班的航空食品。例如北京航食销售给中国国际航空公司的航空食品，如果该航线全程为国际航线，则全程航空食品退税；如果为国内国际联航，则国际段航空食品退税。如果航空公司实际营业税改增值税改革后，可以自行办理出口退（免）税，那么航食企业则不能够再就本次业务办理出口退（免）税。但航食企业销售给国外航空公司的航空食品可以办理出口退（免）税。

（6）出口企业或其他单位销售给海关特殊监管区域内生产企业生产耗用且不向海关报关而输入特殊区域的水（包括蒸汽）、电力、燃气。（综合保税区推广一般纳税人试点的除外。）

（7）出口企业对进境复出口货物或从事国际运输的运输工具提供加工修理修配业务耗用的货物，虽然没有直接出口，但最终为境外所消费，所以也可以视同出口，实行免征和退还增值税政策①。

（四）出口企业对外提供加工修理修配劳务

根据《财政部 国家税务总局关于出口货物劳务增值税和消费税政策的通知》（财税〔2012〕39 号）第一条第（三）项，出口企业对外提供加工修理修配劳务适用退（免）税政策。对外提供加工修理修配劳务，是指对进境复出口货物或从事国际运输的运输工具进行的加工修理修配。

（五）一般纳税人提供零税率的应税服务

自 2016 年 5 月 1 日起，跨境应税行为符合规定的适用增值税零税率。

零税率服务范围在本章第三节中已经讲解。

二、出口退（免）税的税种、税率

（一）基本规定

除财政部和国家税务总局根据国务院决定而明确的增值税出口退（免）税率外，出

---

① 出口退(免)税的货物必须是国家非禁止类和非限制类出口的货物,国家禁止类和限制类的出口货物不能办理退税。出口退(免)税的货物必须是按税收法规的规定,向税务机关申报退(免)税的出口货物,未按规定向税务机关申报退(免)税或逾期未申报的货物不能办理退税,实行免税政策。国际航行船舶在我国沿海港口加注的燃料油(产品编码为“27101922”)实行出口退(免)税政策,增值税出口退(免)税率为 13%。

口货物的退税率为其适用税率。国家税务总局根据规定将退税率通过出口货物劳务退税率文库予以发布，供征纳双方执行。退税率有调整的，除另有规定外，其执行时间以货物（包括被加工修理修配的货物）出口货物报关单［出口退（免）税专用］上注明的出口日期为准。

（二）出口退（免）税率的特殊规定

（1）外贸企业购进按简易办法征税的出口货物、从小规模纳税人购进的出口货物，其退税率分别为简易办法实际执行的征收率、小规模纳税人征收率。上述出口货物取得增值税专用发票的，退税率按照增值税专用发票上的税率和出口货物退税率孰低的原则确定。

（2）出口企业委托加工修理修配货物，其加工修理修配费用的退税率，为出口货物的退税率。

（3）中标机电产品、出口企业向海关报关进入特殊区域销售给特殊区域生产企业生产耗用的列名原材料、输入特殊区域的水电气，其退税率为适用税率。如果国家调整列名原材料的退税率，列名原材料应当自调整之日起按调整后的退税率执行。

适用不同退税率的货物劳务，应分开报关、核算并申报退（免）税，未分开报关、核算或划分不清的，从低适用退税率。

三、增值税退（免）税办法

适用增值税退（免）税政策的出口货物劳务，按照下列规定实行增值税免抵退税或免退税办法。

（一）免抵退税办法

生产企业出口自产货物和视同自产货物及对外提供加工修理修配劳务，以及列名生产企业出口非自产货物，出口环节免征增值税，相应的进项税额抵减应纳增值税额（不包括适用增值税即征即退、先征后退政策的应纳增值税额），未抵减完的部分予以退还。

（二）免退税办法

不具有生产能力的出口企业（以下称外贸企业）或其他单位出口货物劳务，免征出口环节增值税，相应的进项税额予以退还。

四、增值税出口货物退（免）税计税依据

出口货物劳务的增值税退（免）税的计税依据，按出口货物劳务的出口发票、其他

普通发票或购进出口货物劳务的增值税专用发票、海关进口增值税专用缴款书确定。

（1）生产企业出口货物劳务增值税退（免）税的计税依据，为出口货物劳务的实际离岸价格（FOB价）。实际离岸价格应以出口商业发票上的离岸价为准，但如果出口发票不能反映真实的离岸价格，主管税务机关有权予以核定。

（2）生产企业进料加工复出口货物增值税退（免）税的计税依据，为出口货物的离岸价（FOB价）扣除出口货物所含的海关保税进口料件后的金额。进料加工贸易形式下，进口料件根据国家规定予以保税，并未在进口环节缴纳关税和增值税，在计算出口退（免）税时也要在计税依据中扣除。

（3）生产企业国内购进无进项税额且不计提进项税额的免税原材料加工后出口的货物的计税依据，为出口货物的离岸价（FOB价）扣除出口货物所含的国内购进免税原材料价格后的金额。

（4）外贸企业出口货物（委托加工修理修配货物除外）增值税退（免）税的计税依据，为购进出口货物的增值税专用发票注明的金额或海关进口增值税专用缴款书注明的完税价格。

（5）外贸企业出口委托加工修理修配货物增值税退（免）税的计税依据，为加工修理修配费用增值税专用发票注明的金额。外贸企业应将加工修理修配使用的原材料（进料加工海关保税进口料件除外）作价销售给受托加工修理修配的生产企业，受托加工修理修配的生产企业应将原材料成本并入加工修理修配费用开具发票。

（6）出口进项税额未计算抵扣的已使用过的设备增值税退（免）税的计税依据，按下列公式确定：

退（免）税计税依据＝增值税专用发票上的金额或海关进口增值税专用缴款书注明的完税价格×已使用过的设备固定资产净值÷已使用过的设备原值

已使用过的设备固定资产净值＝已使用过的设备原值－已使用过的设备已提累计折旧

（7）免税品经营企业销售的货物增值税退（免）税的计税依据，为购进货物的增值税专用发票注明的金额或海关进口增值税专用缴款书注明的完税价格。

（8）中标机电产品增值税退（免）税的计税依据，生产企业为销售机电产品的普通发票注明的金额，外贸企业为购进货物的增值税专用发票注明的金额或海关进口增值税专用缴款书注明的完税价格。

（9）生产企业向海上石油天然气开采企业销售的自产的海洋工程结构物增值税退

（免）税的计税依据，为销售海洋工程结构物的普通发票注明的金额。

（10）输入特殊区域的水、电、气增值税退（免）税的计税依据，为作为购买方的特殊区域内生产企业购进水（包括蒸汽）、电力、燃气的增值税专用发票注明的金额。

五、适用增值税免税政策的出口货物劳务

适用增值税免税政策的出口货物劳务，具体是指两类出口产品和劳务。

（一）出口企业或其他单位出口规定的货物

出口企业或其他单位出口规定的货物具体是指增值税小规模纳税人出口的货物。

（1）避孕药品和用具，古旧图书。

（2）软件产品。其具体范围是指海关税则号前四位为“9803”的货物。

（3）含黄金、铂金成分的货物，钻石及其饰品。

（4）国家计划内出口的卷烟。

（5）已使用过的设备。其具体范围是指购进时未取得增值税专用发票、海关进口增值税专用缴款书，但其他相关单证齐全的已使用过的设备。

（6）非出口企业委托出口的货物。

（7）非列名生产企业出口的非视同自产货物。

（8）农业生产者自产农产品。农产品的具体范围按照《农业产品征税范围注释》。

（9）油画、花生果仁、黑大豆等财政部和国家税务总局规定的出口免税的货物。

（10）外贸企业取得普通发票、废旧物资收购凭证、农产品收购发票、政府非税收入票据的货物。

（11）来料加工复出口的货物。

（12）特殊区域内的企业出口的特殊区域内的货物。

（13）以人民币现金作为结算方式的边境地区出口企业从所在省（自治区）的边境口岸出口到接壤国家的一般贸易和边境小额贸易出口货物。

（14）以旅游购物贸易方式报关出口的货物。

（二）出口企业或其他单位视同出口的货物劳务

（1）国家批准设立的免税店销售的免税货物，包括进口免税货物和已实现退（免）税的货物。

（2）特殊区域内的企业为境外的单位或个人提供加工修理修配劳务。

（3）同一特殊区域、不同特殊区域内的企业之间销售特殊区域内的货物。

（三）出口免税货物进项税额的计算

适用增值税免税政策的出口货物劳务，其进项税额不得抵扣和退税，应当转入成本。

（1）出口卷烟，依下列公式计算：

不得抵扣的进项税额 = 出口卷烟含消费税金额 ÷（出口卷烟含消费税金额 + 内销卷烟销售额）×当期全部进项税额

当生产企业销售的出口卷烟在国内有同类产品销售价格时：

出口卷烟含消费税金额 = 出口销售数量×销售价格

以上公式中，“销售价格”为同类产品生产企业国内实际调拨价格。如实际调拨价格低于税务机关公示的计税价格的，“销售价格”为税务机关公示的计税价格；高于公示计税价格的，销售价格为实际调拨价格。

当生产企业销售的出口卷烟在国内没有同类产品销售价格时：

出口卷烟含税金额 =（出口销售额 + 出口销售数量×消费税定额税率）÷（1 − 消费税比例税率）

以上公式中，“出口销售额”以出口发票上的离岸价为准。若出口发票不能如实反映离岸价，生产企业应按实际离岸价计算，否则，税务机关有权按照有关规定予以核定调整。

（2）除出口卷烟外，适用增值税免税政策的其他出口货物劳务的计算，按照增值税免税政策的统一规定执行。其中，如果涉及销售额，除来料加工复出口货物为其加工费收入外，其他均为出口离岸价或销售额。

六、适用增值税征税政策的出口货物劳务

（一）适用增值税征税政策的情形

一是如果出口货物属于国家明确规定取消出口退（免）税的货物范围，则不适用增值税退（免）税政策，需视同内销征税处理。

二是如果出口企业或其他单位是将生活消费用品和交通运输工具销售给特殊区域内，仅供特殊区域内企业使用而非最终出口这些产品，或者用于再加工最终出口产品，则不适用增值税退（免）税政策，应视同内销征税处理。

除了以上两种情形，出口企业或其他单位因骗取出口退（免）税被税务机关停止办理增值税退（免）税期间出口的货物不予办理退（免）税；提供虚假单证，包括增值税

相关凭证、通关凭证、外贸单证、备案单证等，或者存在“假自营真代理”等违法违规行为，一律不适用增值税退（免）税政策，应视同内销征税处理。

（二）出口货物适用增值税征税政策应纳增值税的计算

1. 出口企业为增值税一般纳税人出口货物

销项税额 =（出口货物离岸价 － 出口货物耗用的进料加工保税进口料件金额）÷（1＋ 适用税率）×适用税率

出口货物已按征退税率之差计算不得免征和抵扣税额并已经转入成本的，相应的税额应转回进项税额。出口企业应分别核算内销货物和增值税征税的出口货物的生产成本、主营业务成本。未分别核算的，其相应的生产成本、主营业务成本由主管税务机关核定。

出口货物耗用的进料加工保税进口料件金额 = 主营业务成本×（投入的保税进口料件金额÷生产成本）

主营业务成本、生产成本均为不予退（免）税的进料加工出口货物的主营业务成本、生产成本。当耗用的保税进口料件金额大于不予退（免）税的进料加工出口货物金额时，耗用的保税进口料件金额为不予退（免）税的进料加工出口货物金额。

进料加工手册海关核销后，出口企业应对出口货物耗用的保税进口料件金额进行清算。清算公式为：

清算耗用的保税进口料件总额 = 实际保税进口料件总额 － 退（免）税出口货物耗用的保税进口料件总额 － 进料加工副产品耗用的保税进口料件总额

若耗用的保税进口料件总额与各纳税期扣减的保税进口料件金额之和存在差额时，应在清算的当期相应调整销项税额。当耗用的保税进口料件总额大于出口货物离岸金额时，其差额部分不得扣减其他出口货物金额。

2. 出口企业为增值税小规模纳税人

应纳税额 = 出口货物离岸价÷（1＋ 征收率）×征收率

七、免抵退税的计算

（一）一般贸易方式下免抵退税的计算

1. 当期应纳税额的计算

当期应纳税额 = 当期销项税额 －（当期进项税额 － 当期不得免征和抵扣税额）

当期不得免征和抵扣税额 = 当期出口货物离岸价×外汇人民币折合率×（出口货物

适用税率－出口货物退税率)

2. 当期免抵退税额的计算

当期免抵退税额＝当期出口货物离岸价×外汇人民币折合率×出口货物退税率

3. 当期应退税额和免抵税额的计算

(1) 当期期末留抵税额≤当期免抵退税额，则

当期应退税额＝当期期末留抵税额

当期免抵税额＝当期免抵退税额－当期应退税额

(2) 当期期末留抵税额＞当期免抵退税额，则

当期应退税额＝当期免抵退税额

当期免抵税额＝0

当期期末留抵税额为当期增值税纳税申报表中“期末留抵税额”。

(二) 进料加工贸易方式下免抵退税的计算

1. 当期应纳税额的计算

当期应纳税额＝当期销项税额－(当期进项税额－当期不得免征和抵扣税额)

当期不得免征和抵扣税额＝(当期出口货物离岸价×外汇人民币折合率－进料加工出口货物耗用的保税进口料件金额)×(出口货物适用税率－出口货物退税率)

进料加工出口货物耗用的保税进口料件金额＝进料加工出口货物人民币离岸价×进料加工计划分配率

计划分配率＝计划进口总值÷计划出口总值×100%

对于计划分配率的确认，2012 年 1 月 1 日至 2013 年 6 月 15 日未在税务机关办理进料加工业务手(账)册核销的企业，当年进料加工业务的计划分配率为 2013 年 7 月 1 日后首份进料加工手(账)册的计划分配率。企业应在首次申报 2013 年 7 月 1 日以后进料加工手(账)册的进料加工出口货物免抵退税前，向主管税务机关报送《进料加工企业计划分配率备案表》及其电子数据。

主管税务机关完成年度核销后，企业应以《生产企业进料加工业务免抵退税核销表》中的“上年度已核销手(账)册综合实际分配率”，作为当年度进料加工计划分配率。

从事进料加工业务的生产企业，因上年度无海关已核销手(账)册不能确定本年度进料加工业务计划分配率的，应使用最近一次确定的“上年度已核销手(账)册综合实际分配率”作为本年度的计划分配率。

生产企业在办理年度进料加工业务核销后，如认为《生产企业进料加工业务免抵退税核销表》中的“上年度已核销手（账）册综合实际分配率”与企业当年度实际情况差别较大的，可在向主管税务机关提供当年度预计的进料加工计划分配率及书面合理理由后，将预计的进料加工计划分配率作为该年度的计划分配率。

2. 当期免抵退税额的计算

当期免抵退税额 =（当期出口货物离岸价 × 外汇人民币折合率 - 进料加工出口货物耗用的保税进口料件金额）× 出口货物退税率

3. 当期应退税额和免抵税额的计算

（1）当期期末留抵税额≤当期免抵退税额，则

当期应退税额 = 当期期末留抵税额

当期免抵税额 = 当期免抵退税额 - 当期应退税额

（2）当期期末留抵税额 > 当期免抵退税额，则

当期应退税额 = 当期免抵退税额

当期免抵税额 = 0

当期期末留抵税额为当期增值税纳税申报表中“期末留抵税额”。

注意：适用增值税退（免）税政策的出口货物劳务，按照表 1 - 8 实行增值税免抵退税或免退税。

表 1 - 8　退（免）税办法

退（免）税办法	适用企业和情况		基本政策规定
	企业	具体情况	
免抵退税	生产企业	（1）出口自产货物和视同自产货物及对外提供加工修理修配劳务 （2）列名生产企业出口非自产货物 （3）适用一般计税方法的生产企业提供适用零税率的应税服务	免征增值税，相应的进项税额抵减应纳增值税额（不包括适用增值税即征即退、先征后退政策的应纳增值税额），未抵减完的部分予以退还
	外贸企业	适用一般计税方法的外贸企业直接将自己开发的研发服务和设计服务出口	
免退税	外贸企业或其他单位	（1）不具有生产能力的出口企业（以下称外贸企业）或其他单位出口货物、劳务 （2）适用一般计税方法的外贸企业外购研发服务和设计服务出口	免征增值税，相应的进项税额予以退还

续表

<table>
<tr><th>计税方法</th><th>企业类型</th><th>情形</th><th>适用政策</th></tr>
<tr><td>简易计税</td><td>——</td><td>——</td><td>免征增值税</td></tr>
<tr><td rowspan="3">一般计税</td><td>生产企业</td><td>提供适用零税率的应税服务</td><td rowspan="2">免抵退税办法</td></tr>
<tr><td rowspan="2">外贸企业</td><td>自己开发的研发和设计服务</td></tr>
<tr><td>外购的研发和设计服务</td><td>免退税办法</td></tr>
</table>

注：境内的单位和个人提供适用增值税零税率的应税服务。

八、出口退（免）税申报

（一）申报期限

1. 生产企业出口货物

生产企业出口并按会计规定做销售的货物，须在做销售的次月进行增值税纳税申报，并办理免抵退税相关申报及消费税免税申报（属于消费税应税货物的）。

生产企业在货物报关出口之日次月起至次年 4 月 30 日前的各增值税纳税申报期内，收齐有关凭证，向主管税务机关申报办理出口货物增值税免抵退税及消费税退税。

根据《财政部 税务总局关于明确国有农用地出租等增值税政策的公告》（财政部 税务总局公告 2020 年第 2 号）第四条，自 2020 年 1 月 20 日起，纳税人出口货物劳务、发生跨境应税行为，未在规定期限内申报出口退（免）税或者开具《代理出口货物证明》的，在收齐退（免）税凭证及相关电子信息后，即可申报办理出口退（免）税；未在规定期限内收汇或者办理不能收汇手续的，在收汇或者办理不能收汇手续后，即可申报办理退（免）税。

2. 外贸企业出口货物

外贸企业出口并按会计规定做销售的货物，须在做销售的次月进行增值税纳税申报，将适用退（免）税政策的出口货物销售额填报在增值税纳税申报表的“免税货物销售额”栏。

外贸企业应在货物报关出口之日次月起至次年 4 月 30 日前的各增值税纳税申报期内，收齐有关凭证，向主管税务机关办理出口货物增值税、消费税免退税申报。经主管税务机关批准的，企业在增值税纳税申报期以外的其他时间也可办理免退税申报。

根据《财政部 税务总局关于明确国有农用地出租等增值税政策的公告》（财政部 税务总局公告 2020 年第 2 号）第四条，自 2020 年 1 月 20 日起，纳税人出口货物劳务、发生跨境应税行为，未在规定期限内申报出口退（免）税或者开具《代理出口货物证明》的，在收齐退（免）税凭证及相关电子信息后，即可申报办理出口退（免）税；未在规定期限内收汇或者办理不能收汇手续的，在收汇或者办理不能收汇手续后，即可申报办理退（免）税。

3. 跨境提供零税率应税行为

增值税零税率应税服务提供者提供增值税零税率应税服务，应在财务做销售收入次月（按季度进行增值税纳税申报的为次季度首月）的增值税纳税申报期内，向主管税务机关办理增值税纳税和退（免）税相关申报。

增值税零税率应税服务提供者收齐有关凭证后，可在财务做销售收入次月起至次年4月30日前的各增值税纳税申报期内向主管税务机关申报退（免）税。

逾期申报的，不再按退（免）税申报，改按免税申报；未按规定申报免税的，应按规定缴纳增值税。

根据《财政部 税务总局关于明确国有农用地出租等增值税政策的公告》（财政部 税务总局公告2020年第2号）第四条，自2020年1月20日起，纳税人出口货物劳务、发生跨境应税行为，未在规定期限内申报出口退（免）税或者开具《代理出口货物证明》的，在收齐退（免）税凭证及相关电子信息后，即可申报办理出口退（免）税；未在规定期限内收汇或者办理不能收汇手续的，在收汇或者办理不能收汇手续后，即可申报办理退（免）税。

（二）延期申报

出口企业或其他单位发生的真实出口货物劳务及服务，在规定期限内无法申报出口退（免）税的，应在退（免）税申报期限截止之日前，向主管税务机关提出延期申请，并提供相关举证材料，经审批出口退（免）税的税务机关核准后，可延期申报。

1. 可申请延期的情形

（1）自然灾害、社会突发事件等不可抗力因素。

（2）出口退（免）税申报凭证被盗、抢，或者因邮寄丢失、误递。

（3）有关司法、行政机关在办理业务或者检查中，扣押出口退（免）税申报凭证。

（4）买卖双方因经济纠纷，未能按时取得出口退（免）税申报凭证。

（5）由于企业办税人员伤亡、突发危重疾病或者擅自离职，未能办理交接手续，导致不能按期提供出口退（免）税申报凭证。

（6）由于企业向海关提出修改出口货物报关单申请，在退（免）税期限截止之日海关未完成修改，导致不能按期提供出口货物报关单。

（7）国家税务总局规定的其他情形。

纳税人出口货物劳务、发生跨境应税行为，未在规定期限内申报出口退（免）税或者开具《代理出口货物证明》的，在收齐退（免）税凭证及相关电子信息后，即可申报办理出口退（免）税；未在规定期限内收汇或者办理不能收汇手续的，在收汇或者办理不能收汇手续后，即可申报办理退（免）税。

2. 延期申报核准

出口企业或其他单位提出的出口退（免）税延期申请，由负责审批出口退（免）税的税务机关负责核准，核准工作自主管税务机关受理企业申请之日起的 20 个工作日内完成，核准结果由主管税务机关告知出口企业或其他单位。

根据《财政部 税务总局关于明确国有农用地出租等增值税政策的公告》（财政部 税务总局公告 2020 年第 2 号）第四条，自 2020 年 1 月 20 日起，纳税人出口货物劳务、发生跨境应税行为，未在规定期限内申报出口退（免）税或者开具《代理出口货物证明》的，在收齐退（免）税凭证及相关电子信息后，即可申报办理出口退（免）税。

第二章　消费税政策与管理

第一节　纳税人、征税范围及税率

一、消费税纳税人

（一）纳税人

消费税是对我国境内从事生产、委托加工和进口应税消费品的单位和个人就其销售额或销售数量，在特定环节征收的一种税。

在中华人民共和国境内生产、委托加工和进口条例规定的消费品的单位和个人，以及国务院确定的销售应税消费品的其他单位和个人，为消费税的纳税义务人。

单位，是指企业、行政单位、事业单位、军事单位、社会团体及其他单位。个人，是指个体工商户及其他个人。

（二）扣缴义务人

《中华人民共和国消费税暂行条例》第四条规定，委托加工的应税消费品，除受托方为个人外，由受托方在向委托方交货时代收代缴税款。

二、消费税征税范围

我国现行消费税征税范围包括在我国境内从事生产、委托加工和进口应税消费品，以及国务院规定的销售应税消费品（表2－1）。

表2－1　消费税征税范围

税目	细目	注意事项
烟	卷烟	—
	雪茄烟	
	烟丝	

续表

税目	细目	注意事项
酒	白酒	(1) 酒精不属于应税消费品 (2) 调味料酒不征收消费税 (3) 对饮食业、商业、娱乐业举办的啤酒屋(啤酒坊)利用啤酒生产设备生产的啤酒，应当征收消费税
	黄酒	
	啤酒	
	其他酒（例如红酒、药酒、果木酒、汽酒等）	
高档化妆品	高档美容、修饰类化妆品	舞台、戏剧、影视演员化妆用的上妆油、卸妆油、油彩，不属于本税目的征收范围
	高档护肤类化妆品	
	成套化妆品	
贵重首饰及珠宝玉石	金银首饰、铂金首饰、钻石及钻石饰品	宝石坯是经采掘、打磨、初级加工的珠宝玉石半成品，对宝石坯应按规定征收消费税
	其他贵重首饰和珠宝玉石（如珍珠、碧玺、琥珀、珊瑚等）	
鞭炮、焰火	包括但不限于爆竹类、组合烟花类、礼花弹类	体育上用的发令纸、鞭炮药引线，不征收消费税
成品油	包括汽油、柴油、石脑油、溶剂油、航空煤油、润滑油、燃料油	不包括原油
摩托车	气缸容量为250毫升的摩托车、气缸容量为250毫升（不含）以上的摩托车	对最大设计车速不超过50千米/时，发动机气缸总工作容量不超过50毫升的三轮摩托车不征收消费税
小汽车	乘用车	(1) 不包括大型商用客车 (2) 电动汽车不征收消费税 (3) 沙滩车、雪地车、卡丁车、高尔夫车不征收消费税 (4) 对于购进乘用车和中轻型商用客车整车改装生产的汽车，征收消费税
	中轻型商用客车	
	超豪华小汽车（每辆不含增值税零售价格130万元及以上的乘用车和中轻型商用客车）	
高尔夫球及球具	包括高尔夫球、高尔夫球杆及高尔夫球包（袋）、高尔夫球杆的杆头、杆身和握把	
高档手表	—	销售价格（不含增值税）每只在10 000元（含）以上的各类手表
游艇	—	无动力艇、帆艇不征消费税
木制一次性筷子	—	(1) 竹制一次性筷子不征消费税 (2) 木制筷子（非一次性）不征收消费税
实木地板	(1) 按生产工艺不同，分为独板（块）实木地板、实木指接地板和实木复合地板 (2) 按表面处理状态不同，分为未涂饰地板（白坯板、素板）和漆饰地板	—
电池	包括原电池、蓄电池、燃料电池、太阳能电池和其他电池	—
涂料	—	—

三、消费税税率

（一）消费税税率形式

现行消费税税率的三种形式：一是比例税率；二是定额税率，即单位税额；三是比例加定额的复合税率（表2-2）。

消费税税目、税率的调整，由国务院决定。

表2-2　消费税税率

税　目	税　率
一、烟	
生产环节：甲类卷烟［调拨价70元（不含增值税）/条以上］（含70元）	56%加0.003元/支
生产环节：乙类卷烟［调拨价70元（不含增值税）/条以下］	36%加0.003元/支
商业批发环节：卷烟	11%加0.005元/支
雪茄	36%
烟丝	30%
二、酒	
白酒	20%加0.5元/500克（毫升）
黄酒	240元/吨
甲类啤酒［每吨出厂价（含包装物及包装物押金）在3 000元（含3 000元，不含增值税）以上］	250元/吨
乙类啤酒［每吨出厂价（含包装物及包装物押金）在3 000元以下的］	220元/吨
其他酒	10%
三、高档化妆品 高档美容、修饰类化妆品和高档护肤类化妆品是指生产（进口）环节销售（完税）价格（不含增值税）在10元/毫升（克）或15元/片（张）及以上的美容、修饰类化妆品和护肤类化妆品	15%
四、贵重首饰及珠宝玉石	
金银首饰、铂金首饰和钻石及钻石饰品	5%
其他贵重首饰和珠宝玉石	10%
五、鞭炮、焰火	15%
六、成品油	
汽油	1.52元/升
柴油	1.20元/升
航空煤油	1.20元/升
石脑油	1.52元/升
溶剂油	1.52元/升
润滑油	1.52元/升

续表

税 目	税 率
燃料油	1.20元/升
七、摩托车	
气缸容量250毫升（含250毫升）以下的摩托车	3%
气缸容量250毫升以上的摩托车	10%
八、小汽车	
1. 乘用车	
气缸容量在1.0升（含1.0升）以下的乘用车	1%
气缸容量在1.0升以上至1.5升（含1.5升）的乘用车	3%
气缸容量在1.5升以上至2.0升（含2.0升）的乘用车	5%
气缸容量在2.0升以上至2.5升（含2.5升）的乘用车	9%
气缸容量在2.5升以上至3.0升（含3.0升）的乘用车	12%
气缸容量在3.0升以上至4.0升（含4.0升）的乘用车	25%
气缸容量在4.0升以上的乘用车	40%
2. 中轻型商用客车	5%
3. 超豪华型小汽车［超豪华小汽车（每辆不含增值税）零售价格130万元及以上的乘用车和中轻型商用客车］	在零售环节加征10%
九、高尔夫球及球具	10%
十、高档手表	20%
十一、游艇	10%
十二、木制一次性筷子	5%
十三、实木地板	5%
十四、电池	4%
十五、涂料	4%

（二）消费税税率适用规定

（1）纳税人兼营不同税率的应当缴纳消费税的消费品（以下简称应税消费品），应当分别核算不同税率应税消费品的销售额、销售数量；未分别核算销售额、销售数量，或者将不同税率的应税消费品组成成套消费品销售的，从高适用税率。

（2）纳税人将应税消费品与非应税消费品，以及适用税率不同的应税消费品组成成套消费品销售的，应根据组合产制品的销售金额按应税消费品的最高税率征税。

（3）糠麸白酒、其他原料白酒属于其他酒，适用10%的比例税率。但如果是糠麸白酒、其他原料白酒与粮食白酒或薯类白酒混合勾兑的白酒，则从高适用税率征收消费税。

第二节 消费税征税环节

一、基本规定

消费税征税环节主要包括：生产销售环节、委托加工环节和进口环节。

（一）生产销售环节

纳税人生产的应税消费品，于纳税人销售时纳税。纳税人自产自用的应税消费品，用于连续生产应税消费品的，不纳税；用于其他方面的，于移送使用时纳税。

纳税人自产自用的应税消费品用于连续生产应税消费品，是指纳税人将自产自用的应税消费品作为直接材料生产最终应税消费品，自产自用应税消费品构成最终应税消费品的实体。

纳税人自产自用的应税消费品用于其他方面，是指纳税人将自产自用应税消费品用于生产非应税消费品、在建工程、管理部门、非生产机构、提供劳务、馈赠、赞助、集资、广告、样品、职工福利、奖励等方面。

（二）委托加工环节

委托加工的应税消费品，除受托方为个人外，由受托方在向委托方交货时代收代缴税款。委托加工的应税消费品，委托方用于连续生产应税消费品的，所纳税款准予按规定抵扣。

委托加工的应税消费品，是指由委托方提供原料和主要材料，受托方只收取加工费和代垫部分辅助材料加工的应税消费品。对于由受托方提供原材料生产的应税消费品，或者受托方先将原材料卖给委托方，然后再接受加工的应税消费品，以及由受托方以委托方名义购进原材料生产的应税消费品，不论在财务上是否做销售处理，都不得作为委托加工应税消费品，而应当按照销售自制应税消费品缴纳消费税。

委托加工的应税消费品直接出售的，不再缴纳消费税。根据《财政部 国家税务总局关于〈中华人民共和国消费税暂行条例实施细则〉有关条款解释的通知》（财法〔2012〕8 号），委托方将收回的应税消费品，以不高于受托方的计税价格出售的，为直接出售，不再缴纳消费税；委托方以高于受托方的计税价格出售的，不属于直接出售，需按照规定申报缴纳消费税，在计税时准予扣除受托方已代收代缴的消费税。

委托个人加工的应税消费品，由委托方收回后缴纳消费税。

（三）进口环节

进口的应税消费品，于报关进口时纳税。

二、特殊规定

（一）关于金银首饰征收消费税的若干规定

纳税义务人在中华人民共和国境内从事金银首饰零售业务的单位和个人，为金银首饰消费税纳税义务人。委托加工（除另有规定外）、委托代销金银首饰的，受托方也是纳税人。

1. 零售环节征收消费税的金银首饰范围征税范围

零售环节征收消费税的金银首饰范围征税范围：金、银和金基、银基合金首饰，以及金、银和金基、银基合金的镶嵌首饰；铂金首饰、钻石及钻石饰品为零售环节征税。不属于零售环节征税范围：镀金、包金首饰。不征收消费税征税范围：修理、清洗金银首饰。

2. 应税与非应税的划分管理

（1）对既销售金银首饰，又销售非金银首饰的生产经营单位，应将两类商品划分清楚，分别核算销售额。凡划分不清或不能分别核算的，在生产环节销售的，一律从高适用税率征收消费税；在零售环节销售的，一律按金银首饰征收消费税。

（2）金银首饰与其他产品组成成套消费品销售的，应按销售额全额征收消费税。

（3）经营单位兼营生产、加工、批发、零售业务，未分别核算或者划分不清的，一律视同零售征收消费税。

3. 申报与缴纳

（1）纳税环节纳税人零售的金银首饰（含以旧换新），于销售时纳税；用于馈赠、赞助、广告、样品、职工福利、奖励等方面的金银首饰，于移送时纳税；带料加工、翻新改制的金银首饰，于受托方交货时纳税；经营单位进口金银首饰，进口环节不缴消费税；出口金银首饰不退消费税。

（2）纳税义务发生时间基本规定同增值税。

①用于馈赠、赞助、集资、广告、样品、职工福利、奖励等方面的金银首饰，其纳税义务发生时间为移送的当天。

②带料加工、翻新改制的金银首饰，其纳税义务发生时间为受托方交货的当天。

（二）卷烟批发环节的消费税

1. 卷烟批发环节纳税人

根据《财政部 国家税务总局关于调整烟产品消费税政策的通知》（财税〔2009〕84号），在卷烟批发环节加征一道从价税。在中华人民共和国境内从事卷烟批发业务的单位和个人。纳税人销售给纳税人以外的单位和个人的卷烟于销售时纳税；纳税人之间销售的卷烟不缴纳消费税。

2. 计税依据与税率

纳税人批发卷烟的销售额（不含增值税）。

根据《财政部 国家税务总局关于调整卷烟消费税的通知》（财税〔2015〕60号），自2015年5月10日起，将卷烟批发环节从价税税率由5%提高至11%，并按0.005元/支加征从量税。

3. 申报管理

（1）纳税人应将卷烟销售额与其他商品销售额分开核算，未分开核算的，一并征收消费税；纳税人兼营卷烟批发和零售业务的，应当分别核算批发和零售环节的销售额、销售数量；未分别核算批发和零售环节销售额、销售数量的，按照全部销售额、销售数量计征批发环节消费税。

（2）卷烟消费税在生产和批发两个环节征收后，批发企业在计算纳税时不得扣除已含的生产环节的消费税税款。

（3）卷烟批发企业的机构所在地，总机构与分支机构不在同一地区的，由总机构申报纳税。

（4）批发环节纳税义务发生时间为纳税人收讫销售款或者取得索取销售款凭据的当天。

（三）超豪华小汽车零售环节征收消费税的规定

根据《财政部 国家税务总局关于对超豪华小汽车加征消费税有关事项的通知》（财税〔2016〕129号），自2016年12月1日起，“小汽车”税目下增设“超豪华小汽车”子税目。征收范围为每辆零售价格130万元（不含增值税）及以上的乘用车和中轻型商用客车，即乘用车和中轻型商用客车子税目中的超豪华小汽车。对超豪华小汽车，在生产（进口）环节按现行税率征收消费税基础上，在零售环节加征消费税，税率为10%。

1. 零售环节纳税人

将超豪华小汽车销售给消费者的单位和个人为超豪华小汽车零售环节纳税人。

根据《国家税务总局关于超豪华小汽车消费税征收管理有关事项的公告》（国家税

务总局公告 2016 年第 74 号)，从事超豪华小汽车零售的消费税纳税人，未办理消费税税种登记的，应按主管税务机关的要求及时办理税种登记。

2. 零售环节纳税人税率

零售环节纳税人税率为 10%。

3. 零售环节加征消费税计算

(1) 零售业纳税人销售超豪华小汽车：

应纳税额 = 零售环节不含增值税销售额 × 10%

(2) 国内汽车生产企业直接销售给消费者的超豪华小汽车，消费税税率按照生产环节税率和零售环节税率加总计算：

应纳税额 = 不含增值税销售额 × (生产环节税率 + 10%)

(3) 进口完税价格 130 万元及以上的超豪华小汽车自用的，按照生产（进口）环节税率和零售环节税率（10%）加总计算，由海关代征。

应纳税额 = (关税完税价 + 关税) × (进口环节新消费税税率 + 10%)

第三节 消费税应纳税额的计算

依据消费税税率的设置种类，消费税应纳税额的计算分三种方法：从量定额法、从价定率法，以及从价定率和从量定额复合计征法。

一、从量定额法下应纳税额的计算

(一) 从量定额法下应纳税额的计算公式

应纳税额 = 销售数量 × 单位税额

(二) 销售数量的确定

(1) 纳税人销售应税消费品的，为应税消费品的销售数量。

纳税人通过自设非独立核算门市部销售自产消费品的，应按照门市部对外销售数量征收消费税。

(2) 自产自用应税消费品的，为应税消费品的移送使用数量。

(3) 委托加工应税消费品的，为纳税人收回的应税消费品数量。

(4) 进口的应税消费品，为海关核定的应税消费品进口征税数量。

实行从量定额办法计算应纳税额的应税消费品，计量单位的换算标准见表 2-3。

表 2-3 计量单位的换算标准

应税消费品	换算标准
黄酒	1 吨 = 962 升
啤酒	1 吨 = 988 升
汽油	1 吨 = 1388 升
柴油	1 吨 = 1176 升
航空煤油	1 吨 = 1246 升
石脑油	1 吨 = 1385 升
溶剂油	1 吨 = 1282 升
润滑油	1 吨 = 1126 升
燃料油	1 吨 = 1015 升

计量单位换算标准的调整，由财政部与国家税务总局确定。

二、从价定率法下应纳税额的计算

（一）从价定率法下应纳税额的计算公式

应纳税额 = 销售额 × 比例税率

（二）销售额的确定

1. 一般规定

应税消费品的销售额包括销售应税消费品从购买方收取的全部价款和价外费用。

价外费用包括价外收取的基金、集资款、返还利润、补贴、违约金（延期付款利息）和手续费、包装费、储备费、优质费、运输装卸费、品牌使用费、代收款项、代垫款项以及其他各种性质的价外收费。但不包括：

（1）同时符合以下条件的代垫运输费用：承运部门的运输费用发票开具给购买方的；纳税人将该项发票转交给购买方的。

（2）同时符合以下条件代为收取的政府性基金或者行政事业性收费：由国务院或者财政部批准设立的政府性基金，由国务院或者省级人民政府及其财政、价格主管部门批准设立的行政事业性收费；收取时开具省级以上财政部门印制的财政票据；所收款项全额上缴财政。

一般情形下，计算消费税的销售额与计算增值税的销售额是一致的。[①]

① 特别注意：白酒生产企业向商业销售单位收取的“品牌使用费”是随着应税白酒的销售而向购货方收取的，属于应税白酒销售价款的组成部分，因此，不论企业采取何种方式以何种名义收取价款，均应并入白酒的销售额中缴纳消费税。

纳税人销售的应税消费品，以人民币计算销售额。纳税人以人民币以外的货币结算销售额的，应当折合成人民币计算。纳税人销售的应税消费品，以人民币以外的货币结算销售额的，其销售额的人民币折合率可以选择销售额发生的当天或者当月 1 日的人民币汇率中间价。纳税人应在事先确定采用何种折合率，确定后 1 年内不得变更。

2. 含增值税销售额的换算

含增值税销售额的换算销售额 = 含增值税的销售额 ÷（1 +13% 或 3%）

3. 销售额的特殊规定

（1）包装物的规定。

①应税消费品连同包装物销售的，无论包装物是否单独计价，也不论在会计上如何核算，均应并入应税消费品的销售额中征收消费税。

②包装物押金（不含啤酒、黄酒以外酒类产品）：不并入销售额中征税。但对逾期未收回的包装物不再退还的和已收取 12 个月以上的押金，应并入应税消费品的销售额，按照应税消费品的适用税率征收消费税。

③既作价随同应税消费品销售的，又另外收取的包装物押金，凡纳税人在规定的期限内不予退还的，均应并入应税消费品的销售额，按照应税消费品的适用税率征收消费税。

④酒类产品生产企业销售酒类产品（不包括啤酒、黄酒）而收取的包装物押金，无论押金是否返还及会计上如何核算，均应并入酒类产品销售额中征收消费税。

提示：销售啤酒、黄酒收取的押金，按一般押金规定处理。啤酒生产企业销售的啤酒，不得以向其关联企业的啤酒销售公司销售的价格作为确定消费税税额的标准，而应当以其关联企业的啤酒销售公司对外的销售价格（含包装物及包装物押金）作为确定消费税税额的标准，并依此确定该啤酒消费税单位税额。

（2）自设非独立核算门市部计税的规定纳税人通过自设非独立核算门市部销售的自产应税消费品，应当按照门市部对外销售额或者销售数量计算征收消费税。

（3）纳税人用于以物易物（换取生产资料或消费资料）、投资入股、抵偿债务等方面的应税消费品，应当以纳税人同类应税消费品的最高销售价格为依据计算消费税。

（4）纳税人应税消费品的计税价格明显偏低并无正当理由的，由主管税务机关核定其计税价格，具体规定如下：

①卷烟、小汽车的计税价格由国家税务总局核定，报财政部备案。

②其他应税消费品的计税价格由省、自治区、直辖市税务局核定。

③进口应税消费品的计税价格由海关核定。

（5）白酒消费税最低计税价格核定管理办法。

根据《国家税务总局关于白酒消费税最低计税价格核定问题的公告》（国家税务总局公告2015年第37号）、《国家税务总局关于加强白酒消费税征收管理的通知》（国税函〔2009〕380号）等，白酒消费税最低计税价格由白酒生产企业自行申报，税务机关核定。

①白酒消费税最低计税价格核定标准如下：

白酒生产企业销售给销售单位的白酒，生产企业消费税计税价格高于销售单位对外销售价格70%（含70%）以上的，税务机关暂不核定消费税最低计税价格。

白酒生产企业销售给销售单位的白酒，生产企业消费税计税价格低于销售单位对外销售价格70%以下的，消费税最低计税价格由税务机关根据生产规模、白酒品牌、利润水平等情况在销售单位对外销售价格50%至70%范围内自行核定。其中生产规模较大，利润水平较高的企业生产的需要核定消费税最低计税价格的白酒，税务机关核价幅度原则上应选择在销售单位对外销售价格60%至70%范围内。

②已核定最低计税价格的白酒，生产企业实际销售价格高于消费税最低计税价格的，按实际销售价格申报纳税；实际销售价格低于消费税最低计税价格的，按最低计税价格申报纳税。

（6）零售环节计征消费税的金银首饰税依据。①

①金银首饰与其他产品组成成套消费品零售的，应按销售额全额征收金银首饰消费税。

②金银首饰连同包装物销售的，包装物应并入金银首饰的销售额。

③带料加工的金银首饰（类似委托加工）的，按受托方销售同类金银首饰的销售价格确定计税依据征收消费税，没有同类金银首饰销售价格的，按组成计税价格计算：

纳税组成计税价格 =（材料成本 + 加工费）÷（1 – 金银首饰消费税税率）

④以旧换新（含翻新改制）销售金银首饰的，按实际收取的不含增值税的全部价款。

⑤生产、批发、零售单位用于馈赠、赞助、集资、广告、样品、职工福利、奖励等方面的金银首饰，按销售同类金银首饰的销售价格计征消费税；没有同类金银首饰销售价格的，按组成计税价：

组成计税价格 = 生产成本 ×（1 + 成本利润率）÷（1 – 金银首饰消费税税率）

三、从价定率和从量定额复合计征法下应纳税额的计算

复合计征法下应纳税额的计算公式：

---

① 纳税人为生产企业时，生产成本为“购进原价”，“成本利润率”为6%。

应纳税额 = 销售额 × 比例税率 + 销售额 × 单位税额

应税销售额和应税销售数量的确定同前。

四、应纳税额计算的特殊规定

（一）外购已税消费品已纳消费税的扣除规定

为了避免重复征税，现行消费税规定，将外购应税消费品连续生产应税消费品销售的，可以将外购应税消费品已缴纳的消费税给予扣除。

用外购已税消费品连续生产应税消费品销售时，按当期生产领用数量计算准予扣除外购应税消费品已纳的消费税税款。

（1）外购已税烟丝生产的卷烟。

（2）外购已税高档化妆品生产的高档化妆品。

（3）外购已税珠宝玉石生产的贵重首饰及珠宝玉石［对于在零售环节缴纳消费税的金银首饰（含镶嵌首饰）、钻石及钻石饰品，在计税时一律不得扣除外购珠宝玉石已纳消费税税款］。

（4）外购已税鞭炮、焰火生产的鞭炮、焰火。

（5）外购已税杆头、杆身和握把生产的高尔夫球杆。

（6）外购已税木制一次性筷子生产的木制一次性筷子。

（7）外购已税实木地板生产的实木地板。

（8）对外购已税汽油、柴油、石脑油、燃料油、润滑油用于连续生产应税成品油。

（二）抵扣税款的计算方法

1. 基本规定

准予从消费税应纳税额中扣除耗用外购应税消费品已缴纳的消费税，总原则是按当期生产领用量抵扣，不同于增值税的购进扣税。具体如下：

（1）外购从价征收的应税消费品的。

当期准予扣除的外购应税消费品已纳税款 = 当期准予扣除的外购应税消费品买价 × 外购应税消费品的适用税率

当期准予扣除的外购应税消费品买价 = 期初库存的外购买价 + 当期购进的买价 − 期末库存的外购买价

（2）外购从量征收的应税消费品。

当期准予扣除的外购应税消费品已纳税款 = 当期准予扣除的外购应税消费品数量 ×

外购应税消费品的适用税额

当期准予扣除的外购应税消费品数量 = 期初库存的外购数量 + 当期购进的数量 - 期末库存的外购数量

（3）进口应税消费品的。

当期准予扣除的进口应税消费品已纳税款 = 期初库存的进口应税消费品已纳税款 + 当期进口应税消费品已纳税款 - 期末库存的进口应税消费品已纳税款

2. 注意事项

当期投入生产的原材料可抵扣的已纳消费税，大于当期应纳消费税不足抵扣的部分，可以在下期继续抵扣。

根据《国家税务总局关于进一步加强消费税纳税申报及税款抵扣管理的通知》（国税函〔2006〕769 号）第二条，纳税人从商业企业购进应税消费品连续生产应税消费品，符合抵扣条件的，准予扣除外购应税消费品已纳消费税税款。

3. 抵扣税款征收管理

准予从消费税应纳税额中扣除原料已纳消费税税款的凭证按照不同行为分别规定如下①：

（1）外购应税消费品连续生产应税消费品。

纳税人从增值税一般纳税人（仅限生产企业，下同）购进应税消费品，外购应税消费品的抵扣凭证，以取得的增值税专用发票（含销货清单）为抵扣凭证。纳税人未提供增值税专用发票和销货清单的不予扣除外购应税消费品已纳消费税。

纳税人从增值税小规模纳税人购进应税消费品，外购应税消费品的抵扣凭证为主管税务机关代开的增值税专用发票。主管税务机关在为纳税人代开增值税专用发票时，应同时征收消费税。

（2）委托加工收回应税消费品连续生产应税消费品。

委托加工收回应税消费品的抵扣凭证为《代扣代收税款凭证》。纳税人未提供《代扣代收税款凭证》的，不予扣除受托方代收代缴的消费税。

（3）进口应税消费品连续生产应税消费品。

进口应税消费品的抵扣凭证为《海关进口消费税专用缴款书》，纳税人不提供《海

---

① 根据《国家税务总局关于成品油消费税征收管理有关问题的公告》（国家税务总局公告 2018 年第 1 号），自 2018 年 3 月 1 日起施行：（1）外购、进口和委托加工收回的汽油、柴油、石脑油、燃料油、润滑油用于连续生产应税成品油的，应凭通过增值税发票选择确认平台确认的成品油专用发票、海关进口消费税专用缴款书以及税收缴款书（代扣代收专用），按规定计算扣除已纳消费税税款，其他凭证不得作为消费税扣除凭证。（2）外购石脑油、燃料油用于生产乙烯、芳烃类化工产品的，应凭取得的成品油专用发票所载明的石脑油、燃料油的数量，按规定计算退还消费税，其他发票或凭证不得作为计算退还消费税的凭证。

关进口消费税专用缴款书》的，不予抵扣进口应税消费品已缴纳的消费税。

【政策依据】《国家税务总局关于印发〈调整和完善消费税政策征收管理规定〉的通知》（国税发〔2006〕第49号）。

（三）自产自用应税消费品应纳税额的计算

1. 基本规定

自产自用应税消费品用于连续生产应税消费品的，于移送使用时不纳税；自产自用应税消费品用于其他方面的，应于移送使用时纳税。其他方面是指：

（1）连续生产非应税消费品。

（2）在建工程、管理部门、非生产机构。

（3）馈赠、赞助、集资、广告、样品、职工福利、奖励等方面。

2. 组成计税价格

纳税人自产自用的应税消费品，按照纳税人生产的同类消费品的销售价格计算纳税；没有同类消费品销售价格的，按照组成计税价格计算纳税。

（1）从价定率征收消费税。

组成计税价格＝［成本×（1＋成本利润率）］÷（1－消费税税率）

应纳消费税＝组成计税价格×消费税税率

（2）复合计征消费税。

应纳消费税＝从价税＋从量税＝组成计税价格×适用比例税率＋自产自用数量×定额税率

组成计税价格＝（成本＋利润＋从量消费税）÷（1－比例税率）

成本，是指应税消费品的产生成本；利润，是指根据应税消费品的全国平均成本利润率计算的利润。应税消费品全国平均成本利润率由国家税务总局确定。

（四）委托加工应税消费品应纳税额的计算

1. 基本规定

委托加工的应税消费品，是指由委托方提供原料和主要材料，受托方只收取加工费和代垫部分辅助材料加工的应税消费品。对于由受托方提供原材料生产的应税消费品，或者受托方先将原材料卖给委托方，然后再接受加工的应税消费品，以及由受托方以委托方名义购进原材料生产的应税消费品，不论在财务上是否做销售处理，都不得作为委托加工应税消费品，而应当按照销售自制应税消费品缴纳消费税。

委托加工的应税消费品直接出售的，不再缴纳消费税。

委托个人加工的应税消费品，由委托方收回后缴纳消费税。

委托加工的应税消费品，委托方用于连续生产应税消费品的，所纳税款准予按规定抵扣。

2. 组成计税价格

委托加工的应税消费品，按照受托方的同类消费品的销售价格计算纳税；没有同类消费品销售价格的，按照组成计税价格计算纳税。

实行从价定率办法计算纳税的组成计税价格计算公式：

组成计税价格 =（材料成本 + 加工费）÷（1 – 比例税率）

实行复合计税办法计算纳税的组成计税价格计算公式：

组成计税价格 =（材料成本 + 加工费 + 委托加工数量 × 定额税率）÷（1 – 比例税率）

材料成本，是指委托方所提供加工材料的实际成本。

委托加工应税消费品的纳税人，必须在委托加工合同上如实注明（或者以其他方式提供）材料成本，凡未提供材料成本的，受托方主管税务机关有权核定其材料成本。

加工费，是指受托方加工应税消费品向委托方所收取的全部费用（包括代垫辅助材料的实际成本）。

（五）进口应税消费品应纳税额的计算

参见本章第四节“进（出）口应税消费品的税收政策及管理”的内容。

第四节　进（出）口应税消费品的税收政策及管理

一、进口应税消费品的基本规定

（一）纳税人

进口或代理进口应税消费品的单位和个人为进口应税消费品纳税人。

（二）税率

同国内销售应税消费品规定一致。

（三）征收管理

报关时海关代征，自海关填发缴款书之日起 15 日内。

二、进口应税消费品组成计税价格的计算

进口应税消费品组成计税价格的计算有三种计税方法：

（一）按从价定率计征的

进口应税消费品组成计税价格＝（关税完税价格＋关税）÷（1－消费税比例税率）

注意：增值税与消费税一致。

（二）按从量定额计征的（啤酒、黄酒、成品油）

进口应税消费品组成计税价格＝按应税消费品数量征消费税

注意：进口应税消费品增值税组成计税价格＝关税完税价格＋关税＋消费税税额

（三）按复合计税（卷烟、白酒）计征的

进口应税消费品组成计税价格＝（关税完税价格＋关税＋进口数量×消费税定额税率）÷（1－消费税比例税率）。

注意：增值税与消费税一致。

三、税收优惠政策

与关税的税收优惠政策基本一致①。主要有：

（1）经海关批准暂时进境的下列货物，在进境时纳税义务人向海关缴纳相当于应纳税款的保证金或者提供其他担保的，可以暂不缴纳进口环节增值税和消费税，并应当自进境之日起6个月内复运出境；经纳税义务人申请，海关可以根据海关总署的规定延长复运出境的期限：

①在展览会、交易会、会议及类似活动中展示或者使用的货物。

②文化、体育交流活动中使用的表演、比赛用品。

③进行新闻报道或者摄制电影、电视节目使用的仪器、设备及用品。

④开展科研、教学、医疗活动使用的仪器、设备及用品。

⑤在上述所列活动中使用的交通工具及特种车辆。

⑥货样。

⑦供安装、调试、检测设备时使用的仪器、工具。

⑧盛装货物的容器。

⑨其他用于非商业目的的货物。

上述所列暂准进境货物在规定的期限内未复运出境的，海关应当依法征收进口环节增值税和消费税。其他暂准进境货物，应当按照该货物的组成计税价格和其在境内滞留

---

① 2020年1月1日至2020年12月31日，适度扩大《慈善捐赠物资免征进口税收暂行办法》规定的免税进口范围，对捐赠用于疫情防控的进口物资，免征进口关税和进口环节增值税、消费税。

时间与折旧时间的比例分别计算征收进口环节增值税和消费税。

（2）因残损、短少、品质不良或者规格不符等原因，由进口货物的发货人、承运人或者保险公司免费补偿或者更换的相同货物，进口时不征收进口环节增值税和消费税。被免费更换的原进口货物不退运出境的，海关应当对原进口货物重新按照规定征收进口环节增值税和消费税。

（3）税额在50元以下的一票货物。进口环节增值税税额在人民币50元以下的一票货物，免征进口环节增值税；消费税税额在人民币50元以下的一票货物，免征进口环节消费税。

（4）无商业价值的广告品和货样免征进口环节增值税和消费税。

（5）外国政府、国际组织无偿赠送的物资免征进口环节增值税和消费税。

（6）在海关放行前损失的进口货物免征进口环节增值税和消费税；在海关放行前遭受损坏的货物，可以按海关认定的进口货物受损后的实际价值确定进口环节增值税和消费税组成计税价格公式中的关税完税价格和关税，并依法计征进口环节增值税和消费税。

（7）进境运输工具装载的途中必需的燃料、物料和饮食用品免征进口环节增值税和消费税。

（8）有关法律、行政法规规定进口货物减征或者免征进口环节海关代征税的，海关按照规定执行。

【政策依据】《财政部 海关总署 税务总局关于防控新型冠状病毒感染的肺炎疫情进口物资免税政策的公告》（财政部公告2020年第6号）

四、跨境电子商务零售进口税收政策

跨境电子商务零售进口商品按照货物征收关税和进口环节增值税、消费税。

（一）纳税人与代收代缴义务人

纳税人指购买跨境电子商务零售进口商品的个人。代收代缴义务人指电子商务企业、电子商务交易平台企业或物流企业。

（二）完税价格实际交易价格

完税价格实际交易价格包括货物零售价格、运费和保险费。跨境电子商务零售进口商品自海关放行之日起30日内退货的，可申请退税，并相应调整个人年度交易总额。

跨境电子商务零售进口商品购买人（订购人）的身份信息应进行认证；未进行认证

的，购买人（订购人）身份信息应与付款人一致。

五、出口应税消费品的税收政策及管理

（一）又免又退

有出口经营权的外贸企业购进应税消费品直接出口，以及外贸企业受其他外贸企业委托代理出口应税消费品。

（二）只免不退

有出口经营权的生产性企业自营出口或生产企业委托外贸企业代理出口自产的应税消费品。

（三）不免不退

除生产企业、外贸企业外的其他企业（指一般商贸企业），委托外贸企业代理出口应税消费品一律不予退（免）税。

注意：应退消费税 = 购进出口货物金额 × 退税率

消费税的退税率（额），就是征税率（额）。

第五节 消费税征收管理

一、纳税义务发生时间

消费税纳税义务发生时间规定基本同增值税。

（一）基本规定

纳税人生产的应税消费品，于纳税人销售时纳税。纳税人自产自用的应税消费品，用于连续生产应税消费品的，不纳税；用于其他方面的，于移送使用时纳税。

委托加工的应税消费品，除受托方为个人外，由受托方在向委托方交货时代收代缴税款。委托加工的应税消费品，委托方用于连续生产应税消费品的，所纳税款准予按规定抵扣。

进口的应税消费品，于报关进口时纳税。

（二）生产销售应税消费品

纳税人销售的应税消费品，按不同的销售结算方式确定纳税义务发生时间，分别为：

（1）采取赊销和分期收款结算方式的，为书面合同约定的收款日期的当天，书面合同没有约定收款日期或者无书面合同的，为发出应税消费品的当天。

（2）采取预收货款结算方式的，为发出应税消费品的当天。

（3）采取托收承付和委托银行收款方式的，为发出应税消费品并办妥托收手续的当天。

（4）采取其他结算方式的，为收讫销售款或者取得索取销售款项凭据的当天。

（三）自产自用应税消费品

纳税人自产自用的应税消费品，纳税义务发生时间为移送使用的当天。

（四）委托加工应税消费品

纳税人委托加工的应税消费品，纳税义务发生时间为纳税人提货的当天。

委托加工的应税消费品直接出售的，不再缴纳消费税；委托个人加工的应税消费品，由委托方收回后缴纳消费税。

（五）进口应税消费品

纳税人进口的应税消费品，纳税义务发生时间为报关进口的当天。

（六）金银首饰

纳税人销售金银首饰，纳税义务发生时间为收讫销货款或取得索取销货款凭据的当天；用于馈赠、赞助、集资、广告、样品、职工福利、奖励等方面的金银首饰，纳税义务发生时间为移送的当天；带料加工、翻新改制的金银首饰，纳税义务发生时间为受托方交货的当天。

（七）自产石脑油连续生产

生产企业将自产石脑油用于本企业连续生产汽油等应税消费品的，不缴纳消费税；用于连续生产乙烯等非应税消费品或其他方面的，于移送使用时缴纳消费税。

二、消费税纳税地点

（1）纳税人销售应税消费品及自产自用应税消费品，除国家另有规定外，应当向纳税核算地主管税务机关申报纳税。纳税人总机构和分支机构不在同一县（市）的，应在生产应税消费品的分支机构所在地申报纳税，也可由总机构汇总向总机构所在的主管税务机关申报纳税。

（2）纳税人到外县（市）销售或委托外县（市）代销自产应税消费品的，应事先向其所在地主管税务机关提出申请，并于应税消费品销售后，回纳税人核算地缴纳税款。

（3）委托加工的应税消费品，由受托方向所在地主管税务机关报缴消费税税款。委托个人加工的应税消费品，由委托方向其机构所在地或者居住地主管税务机关申报纳税。

（4）进口的应税消费品，由进口人或由其代理人向报关地海关申报纳税。

（5）个人携带或者邮寄进境的应税消费品，连同关税由海关一并计征。

三、消费税的纳税期限

消费税的纳税期限，基本同增值税。

消费税的纳税期限，由税务机关根据纳税人应纳消费税税额的多少，分别核定为1天、3天、5天、10天、15天或者1个月。如不能按固定期限纳税的，可按每次取得的销售收入计算纳税。

第三章　企业所得税政策与管理

第一节　企业所得税基本要素

一、纳税人

（一）纳税人的基本规定

根据《中华人民共和国企业所得税法》（以下简称《企业所得税法》），企业所得税的纳税人是指在中华人民共和国境内的企业和其他取得收入的组织（以下统称企业）。

个人独资企业、合伙企业不属于企业所得税纳税人。

上述个人独资企业、合伙企业，是指依照中国法律、行政法规成立的个人独资企业、合伙企业。个人独资企业属于个人所得税的纳税人。合伙企业以每一个合伙人为纳税人，其生产经营所得和其他所得采取“先分后税”的原则。

（二）纳税人的分类

按照税收管辖权企业所得税的纳税人分为居民企业和非居民企业。

1. 居民企业

居民企业，是指依法在中国境内成立，或者依照外国（地区）法律成立但实际管理机构在中国境内的企业。居民企业采用登记注册地和实际管理机构所在地两个标准判定。居民企业包括：

（1）依法在中国境内成立的企业，包括依照中国法律、行政法规在中国境内成立的企业、事业单位、社会团体以及其他取得收入的组织，也包括中外合资企业、中外合作企业、外商独资企业等。

（2）依照外国（地区）法律成立但实际管理机构在中国境内的企业，包括依照外国（地区）法律成立的企业和其他取得收入的组织。

企业的实际管理机构，是指对企业的生产经营、人员、账务、财产等实施实质性全面管理和控制的机构。

中国境内的企业或企业集团作为主要控股投资者，在境外依据外国（地区）法律注册成立的企业，如果其实际管理机构在中国境内，将其称为非境内注册居民企业，其企业所得税按照居民企业缴纳。

2. 非居民企业

非居民企业，是指依照外国（地区）法律成立且实际管理机构不在中国境内，但在中国境内设立机构、场所，或者在中国境内未设立机构、场所，但有来源于中国境内的企业所得。

根据《中华人民共和国企业所得税法实施条例》（以下简称《企业所得税法实施条例》），《企业所得税法》第二条第三款所称机构、场所，是指在中国境内从事生产经营活动的机构、场所，包括：

（1）管理机构、营业机构、办事机构。

（2）工厂、农场、开采自然资源的场所。

（3）提供劳务的场所。

（4）从事建筑、安装、装配、修理、勘探等工程作业的场所。

（5）其他从事生产经营活动的机构、场所。

（6）非居民企业委托营业代理人在中国境内从事生产经营活动的，包括委托单位或者个人经常代其签订合同，或者储存、交付货物等，该营业代理人视为非居民企业在中国境内设立的机构、场所。

（三）扣缴义务人

对在中国境内未设立机构、场所的，或者虽设立机构、场所但取得的所得与其所设机构、场所没有实际联系的非居民企业，应当就其来源于中国境内的所得缴纳企业所得税，非居民企业的所得应缴纳的所得税实行源泉扣缴，以支付人为扣缴义务人。税款由扣缴义务人在每次支付或者到期应支付时，从支付或者到期应支付的款项中扣缴。《企业所得税法》第三十八条规定，对非居民企业在中国境内取得工程作业和劳务所得应缴纳的所得税，税务机关可以指定工程价款或者劳务费的支付人为扣缴义务人。《企业所得税法实施条例》第一百零四条规定，此处的支付人是指依照有关法律规定或者合同约定对非居民企业直接负有支付相关款项义务的单位或者个人。

二、纳税义务范围

（一）居民企业的征税范围

居民企业应当就其来源于中国境内、境外的所得缴纳企业所得税。

（二）非居民企业的征税范围

非居民企业在中国境内设立机构、场所的，征税对象是所设机构、场所取得的来源于中国境内的所得，以及发生在中国境外但与其所设机构、场所有实际联系的所得。

实际联系，是指非居民企业在中国境内设立的机构、场所拥有据以取得所得的股权、债权，以及拥有、管理、控制据以取得所得的财产。

非居民企业在中国境内未设立机构、场所的，或者虽设立机构、场所但取得的所得与其所设机构、场所没有实际联系的，征税对象是来源于中国境内的所得。

三、关于境内、境外所得的确定原则

（一）征税对象

企业取得的所得为企业所得税的征税对象。“所得”包括销售货物所得、提供劳务所得、转让财产所得、股息红利等权益性投资所得、利息所得、租金所得、特许权使用费所得、接受捐赠所得和其他所得。

（二）境内、境外所得的确定原则

《企业所得税法实施条例》第七条规定，来源于中国境内、境外的所得，按照以下原则确定：

（1）销售货物所得，按照交易活动发生地确定。销售货物所得是指企业销售商品、产品、原材料、包装物、低值易耗品以及其他存货取得的所得。

（2）提供劳务所得，按照劳务发生地确定。提供劳务所得是指企业从事建筑安装、修理修配、交通运输、仓储租赁、金融保险、邮电通信、咨询经纪、文化体育、科学研究、技术服务、教育培训、餐饮住宿、中介代理、卫生保健、社区服务、旅游、娱乐、加工以及其他劳务服务活动取得的所得。

（3）转让财产所得。转让财产所得是指企业转让固定资产、生物资产、无形资产、股权、债权等财产取得的所得。①不动产转让所得，按照不动产所在地确定。②动产转让所得，按照转让动产的企业或机构、场所所在地确定。③权益性投资资产转让所得，按照被投资企业所在地确定。

(4) 股息、红利等权益性投资所得，按照分配所得的企业所在地确定。

(5) 利息所得、租金所得、特许权使用费所得，按照负担、支付所得的企业或机构、场所所在地确定，或按照负担、支付所得的个人住所地确定。

特许权使用费所得是指企业提供专利权、非专利技术、商标权、著作权以及其他特许权的使用权取得的所得。

(6) 其他所得，由国务院财政、税务主管部门确定。

四、税率

居民企业所得税的法定税率为25%。

非居民企业在中国境内未设立机构、场所的，或者虽设立机构、场所但取得的所得与其所设机构、场所没有实际联系的，其来源于中国境内的所得，适用税率为20%。

第二节 应纳税所得额的确认

一、应纳税所得额的含义

企业每一纳税年度的收入总额，减除不征税收入、免税收入、各项扣除以及允许弥补的以前年度亏损后的余额，为应纳税所得额。

二、应纳税所得额确认的基本原则

(一) 权责发生制原则

企业应纳税所得额的计算，以权责发生制为原则，属于当期的收入和费用，不论款项是否收付，均作为当期的收入和费用；不属于当期的收入和费用，即使款项已经在当期收付，均不作为当期的收入和费用。《企业所得税法实施条例》和国务院财政、税务主管部门另有规定的除外。

由于经济活动的复杂性，在特定情况下，可以采用收付实现制的原则。因此，《企业所得税法实施条例》规定可以不采用权责发生制的情形，同时授权国务院财政、税务主管部门也可以根据实际情况对不采用权责发生制的情形做进一步详细规定，以保证应纳税所得额计算得更加科学合理。

（二）税法优先原则

纳税人在计算企业所得税应纳税所得额及应纳税额时，会计处理与税收规定不一致的，应当按照税收规定计算。税收规定不明确的，在没有明确规定之前，暂按国家统一会计制度计算。

（三）独立交易原则

独立交易原则，是指没有关联关系的交易各方，按照公平成交价格和营业常规进行业务往来遵循的原则。

企业与其关联方之间的业务往来，不符合独立交易原则而减少企业或者其关联方应纳税收入或者所得额的，税务机关按照合理方法调整。

企业与其关联方共同开发、受让无形资产，或者共同提供、接受劳务发生的成本，在计算应纳税所得额时应当按照独立交易原则进行分摊。

三、特殊事项下应纳税所得额的确认

（一）合伙企业的合伙人应纳税所得额的确定

1. 合伙企业所得额纳税义务的确定

合伙企业生产经营所得和其他所得以合伙企业的每一个合伙人为纳税义务人。合伙企业不是企业所得税的纳税义务人。

合伙人是法人和其他组织的，其从合伙企业分得的生产经营所得和其他所得缴纳企业所得税；合伙人是自然人的，就分配额缴纳个人所得税。

2. 合伙人应纳税所得额的确定

合伙企业具体应纳税所得额的计算按照《财政部 国家税务总局〈关于个人独资企业和合伙企业投资者征收个人所得税的规定〉的通知》（财税〔2000〕91号）及《财政部 国家税务总局关于调整个体工商户个人独资企业和合伙企业个人所得税税前扣除标准有关问题的通知》（财税〔2008〕65号）等有关规定执行。

生产经营所得和其他所得，包括合伙企业分配给所有合伙人的所得和企业当年留存的所得（利润）。

合伙企业的合伙人按照“先分后税”的原则，计算各自应“分配”的合伙企业生产经营所得和其他所得，作为合伙人的应纳税所得额，分别按规定计算缴纳企业所得税或个人所得税。

合伙人应“分配”的合伙企业生产经营所得和其他所得，按照合伙企业实际已分配给所有合伙人的所得和合伙企业当年留存的所得（利润）合计数乘以合伙人的应分配比例计算确定。

合伙企业的合伙人应分配比例按照下列原则确定①：

（1）按照合伙协议约定的分配比例确定。

（2）合伙协议未约定或者约定不明确的，按照合伙人协商决定的分配比例确定。

（3）协商不成的，按照合伙人实缴出资比例确定。

（4）无法确定出资比例的，按照合伙人数量平均计算确定。

【政策依据】《财政部 国家税务总局关于合伙企业合伙人所得税问题的通知》（财税〔2008〕159号）。

（二）清算所得

企业清算的所得税处理，是指企业在不再持续经营，发生结束自身业务、处置资产、偿还债务以及向所有者分配剩余财产等经济行为时，对清算所得、清算所得税、股息分配等事项的处理。

企业应当在办理注销登记前，就其清算所得向税务机关申报并依法缴纳企业所得税。

企业应将整个清算期作为一个独立的纳税年度计算清算所得。企业的全部资产可变现价值或交易价格，减除资产的计税基础、清算费用、相关税费，加上债务清偿损益等后的余额，为清算所得。

企业全部资产的可变现价值或交易价格减除清算费用，职工的工资、社会保险费用和法定补偿金，结清清算所得税、以前年度欠税等税款，清偿企业债务，按规定计算可以向所有者分配的剩余资产。

被清算企业的股东分得的剩余资产的金额，其中相当于被清算企业累计未分配利润和累计盈余公积中按该股东所占股份比例计算的部分，应确认为股息所得；剩余资产减除股息所得后的余额，超过或低于股东投资成本的部分，应确认为股东的投资转让所得或损失。

① 特别注意：(1)合伙协议不得约定将全部利润分配给部分合伙人；(2)合伙企业的合伙人是法人和其他组织的，合伙人在计算其缴纳企业所得税时，不得用合伙企业的亏损抵减其盈利。

第三节 收入与扣除

一、收入总额

（一）收入范围

1. 销售货物收入

销售货物收入，是指企业销售商品、产品、原材料、包装物、低值易耗品以及其他存货取得的收入。

2. 提供劳务收入

提供劳务收入，是指企业从事建筑安装、修理修配、交通运输、仓储租赁、金融保险、邮电通信、咨询经纪、文化体育、科学研究、技术服务、教育培训、餐饮住宿、中介代理、卫生保健、社区服务、旅游、娱乐、加工以及其他劳务服务活动取得的收入。

3. 转让财产收入

转让财产收入，是指企业转让固定资产、生物资产、无形资产、股权、债权等财产取得的收入。

4. 股息、红利等权益性投资收益

股息、红利等权益性投资收益，是指企业因权益性投资从被投资方取得的收入。

5. 利息收入

利息收入，是指企业将资金提供他人使用但不构成权益性投资，或者因他人占用本企业资金取得的收入，包括存款利息、贷款利息、债券利息、欠款利息等收入。

6. 租金收入

租金收入，是指企业提供固定资产、包装物或者其他有形资产的使用权取得的收入。

7. 特许权使用费收入

特许权使用费收入，是指企业提供专利权、非专利技术、商标权、著作权以及其他特许权的使用权取得的收入。

8. 接受捐赠收入

捐赠收入，是指企业接受的来自其他企业、组织或者个人无偿给予的货币性资产、非货币性资产。

9. 其他收入

其他收入，是指企业取得的除上述1—8项收入外的其他收入，包括企业资产溢余收入、逾期未退包装物押金收入、确实无法偿付的应付款项、已作坏账损失处理后又收回的应收款项、债务重组收入、补贴收入、违约金收入、汇兑收益等。

（二）视同销售业务收入的确认

1. 基本规定

企业发生非货币性资产交换，以及将货物、财产、劳务用于捐赠、偿债、赞助、集资、广告、样品、职工福利或者利润分配等用途的，应当视同销售货物、转让财产或者提供劳务，但国务院财政、税务主管部门另有规定的除外。

2. 企业处置资产

（1）企业处置资产发生下列情形的，除将资产转移至境外以外，由于资产所有权属在形式和实质上均不发生改变，可作为内部处置资产，不视同销售确认收入，相关资产的计税基础延续计算。

①将资产用于生产、制造、加工另一产品。

②改变资产形状、结构或性能。

③改变资产用途（如自建商品房转为自用或经营）。

④将资产在总机构及其分支机构之间转移。

⑤上述两种或两种以上情形的混合。

⑥其他不改变资产所有权属的用途。

（2）企业将资产移送他人的下列情形，因资产所有权属已发生改变而不属于内部处置资产，应按规定视同销售确定收入。

①用于市场推广或销售。

②用于交际应酬。

③用于职工奖励或福利。

④用于股息分配。

⑤用于对外捐赠。

⑥其他改变资产所有权属的用途。

3. 收入的计量

视同销售业务收入的计量，除另有规定外，应按照被移送资产的公允价值确定销售收入。

视同销售业务在确定收入的同时，需要确认视同销售成本。

（三）收入的形式

从收入取得形式上看，包括企业从各种来源取得的货币形式和非货币形式收入。

企业取得收入的货币形式，包括现金、存款、应收账款、应收票据、准备持有至到期的债券投资以及债务的豁免等。

企业取得收入的非货币形式，包括固定资产、生物资产、无形资产、股权投资、存货、不准备持有至到期的债券投资、劳务以及有关权益等。

（1）非货币形式收入的计量，应当按照公允价值确定收入额。公允价值，是指按照市场价格确定的价值。

（2）与增值税结合，企业所得税收入为不含税收入，含税收入应换算成不含税收入，用公式表示为：

不含税收入 = 含税收入 ÷（1 + 增值税税率或征收率）

（四）收入确认

1. 收入确认的一般原则

正常情况下收入确认的两个原则：权责发生制原则和实质重于形式原则。

2. 有关项目收入确认

企业发生不同的业务项目收入确认有所不同。下列项目的收入确认分别为：

（1）股权转让收入，应于转让协议生效且完成股权变更手续时，确认收入的实现。

（2）股息、红利等权益性投资收益，除国务院财政、税务主管部门另有规定外，按照被投资方做出利润分配决定的日期确认收入的实现。

（3）利息收入，按照合同约定的债务人应付利息的日期确认收入的实现。

（4）租金收入，按照合同约定的承租人应付租金的日期确认收入的实现。

（5）特许权使用费收入，按照合同约定的特许权使用人应付特许权使用费的日期确认收入的实现。

（6）接受捐赠收入，按照实际收到捐赠资产的日期确认收入的实现。

（7）以分期收款方式销售货物的，按照合同约定的收款日期确认收入的实现。

（8）企业受托加工制造大型机械设备、船舶、飞机，以及从事建筑、安装、装配工程业务或者提供其他劳务等，持续时间超过 12 个月的，按照纳税年度内完工进度或者完成的工作量确认收入的实现。

（9）采取产品分成方式取得收入的，按照企业分得产品的日期确认收入的实现。

知识链接

关于永续债企业所得税政策问题

自2019年1月1日起，企业发行的永续债，按下列两种方法处理：

第一，可以适用股息、红利企业所得税政策，即：投资方取得的永续债利息收入属于股息、红利性质，按照现行企业所得税政策相关规定进行处理，其中，发行方和投资方均为居民企业的，永续债利息收入可以适用《企业所得税法》规定的居民企业之间的股息、红利等权益性投资收益免征企业所得税的规定。

第二，企业发行符合规定条件的永续债，也可以按照债券利息适用企业所得税政策，即：发行方支付的永续债利息支出准予在其企业所得税税前扣除；投资方取得的永续债利息收入应当依法纳税。符合规定条件的永续债，是指符合下列条件中5条（含）以上的永续债：

①被投资企业对该项投资具有还本义务。

②有明确约定的利率和付息频率。

③有一定的投资期限。

④投资方对被投资企业净资产不拥有所有权。

⑤投资方不参与被投资企业日常生产经营活动。

⑥被投资企业可以赎回，或满足特定条件后可以赎回。

⑦被投资企业将该项投资计入负债。

⑧该项投资不承担被投资企业股东同等的经营风险。

⑨该项投资的清偿顺序位于被投资企业股东持有的股份之前。

发行永续债的企业对每一个永续债产品的税收处理方法一经确定，不得变更。企业对永续债采取的税收处理办法与会计核算方式不一致的，发行方、投资方在进行税收处理时须做出相应纳税调整。

企业发行永续债，应当将其适用的税收处理方法在证券交易所、银行间债券市场等发行市场的发行文件中向投资方予以披露。

永续债是指经国家发展改革委员会、中国人民银行、中国银行保险监督管理委员会、中国证券监督管理委员会核准，或经中国银行间市场交易商协会注册、中国证券监督管理委员会授权的证券自律组织备案，依照法定程序发行、附赎回（续期）选择权或无明确到期日的债券，包括可续期企业债、可续期公司债、永续债务融资工具（含永续票据）、无固定期限资本债券等。

【政策依据】《财政部 税务总局关于永续债企业所得税政策问题的公告》（财政部 税务总局公告2019年第64号）。

（五）相关收入确认的时间规定

1. 销售商品业务的收入确认

企业销售商品同时满足下列四个条件[①]，应确认收入的实现，具体如下：

（1）商品销售合同已经签订，企业已将商品所有权相关的主要风险和报酬转移给购货方。

（2）企业对已售出的商品既没有保留通常与所有权相联系的继续管理权，也没有实施有效控制。

（3）收入的金额能够可靠地计量。

（4）已发生或将发生的销售方的成本能够可靠地核算。

2. 劳务业务的收入确认

《企业所得税法》配套政策规定了企业所得税劳务业务确认的3个条件，具体规定如下：

企业在各个纳税期末，提供劳务交易的结果能够可靠估计的，应采用完工进度（完工百分比）法确认提供劳务收入。

提供劳务交易的结果能够可靠估计，是指同时满足下列条件：

（1）收入的金额能够可靠地计量。

（2）交易的完工进度能够可靠地确定。

（3）交易中已发生和将发生的成本能够可靠地核算。

与企业会计准则相比，对于劳务业务企业所得税收入的确定基本和企业会计准则的规定一致，只是也没有接受会计准则中的"与交易相关的经济利益能够流入企业"这一条件，理由和销售商品业务的是一样的。

3. 销售商品方式的收入确认

符合商品收入确认条件，采取下列商品销售方式的，应按以下规定确认收入实现时间：

（1）销售商品采用托收承付方式的，在办妥托收手续时确认收入。

（2）销售商品采取预收款方式的，在发出商品时确认收入。

---

① 这四个确认条件基本与企业会计制度和企业会计准则的规定一致，只是所得税的确认收入条件中没有"与交易相关的经济利益能够流入企业"这一要求。

新收入修订准则对收入的确认条件已经发生变化：

企业应当在履行了合同中的履约义务，即在客户取得相关商品控制权时确认收入。取得相关商品控制权，是指能够主导该商品的使用并从中获得几乎全部的经济利益。双方合同在满足下列条件时，企业应当在客户取得相关商品控制权时确认收入：(1)合同各方已批准该合同并承诺将履行各自义务；(2)该合同明确了合同各方与所转让商品或提供劳务（以下简称"转让商品"）相关的权利和义务；(3)该合同有明确的与所转让商品相关的支付条款；(4)该合同具有商业实质，即履行该合同将改变企业未来现金流量的风险、时间分布或金额；(5)企业因向客户转让商品而有权取得的对价很可能收回。

（3）销售商品需要安装和检验的，在购买方接受商品以及安装和检验完毕时确认收入。如果安装程序比较简单，可在发出商品时确认收入。

（4）销售商品采用支付手续费方式委托代销的，在收到代销清单时确认收入。

4. 采用售后回购方式销售商品的

采用售后回购方式销售商品的，销售的商品按售价确认收入，回购的商品作为购进商品处理。有证据表明不符合销售收入确认条件的，如以销售商品方式进行融资，收到的款项应确认为负债，回购价格大于原售价的，差额应在回购期间确认为利息费用。

5. 销售商品以旧换新的

销售商品以旧换新的，销售商品应当按照销售商品收入确认条件确认收入，回收的商品作为购进商品处理。

6. 折扣或折让销售商品的

企业为促进商品销售而在商品价格上给予的价格扣除属于商业折扣，商品销售涉及商业折扣的，应当按照扣除商业折扣后的金额确定销售商品收入金额。

债权人为鼓励债务人在规定的期限内付款而向债务人提供的债务扣除属于现金折扣，销售商品涉及现金折扣的，应当按扣除现金折扣前的金额确定销售商品收入金额，现金折扣在实际发生时作为财务费用扣除。

7. 企业以买一赠一等方式组合销售商品的

企业以买一赠一等方式组合销售本企业商品的，不属于捐赠，应将总的销售金额按各项商品的公允价值的比例来分摊确认各项的销售收入。

8. 有关劳务提供

下列提供劳务满足收入确认条件的，应按规定确认收入：

（1）安装费。应根据安装完工进度确认收入。安装工作是商品销售附带条件的，安装费在确认商品销售实现时确认收入。

（2）宣传媒介的收费。应在相关的广告或商业行为出现于公众面前时确认收入。广告的制作费，应根据制作广告的完工进度确认收入。

（3）软件费。为特定客户开发软件的收费，应根据开发的完工进度确认收入。

（4）服务费。包含在商品售价内可区分的服务费，在提供服务期间分期确认收入。

（5）艺术表演、招待宴会和其他特殊活动的收费。在相关活动发生时确认收入。收费涉及几项活动的，预收的款项应合理分配给每项活动，分别确认收入。

（6）会员费。申请入会或加入会员，只允许取得会籍，所有其他服务或商品都要另行收费的，在取得该会员费时确认收入。申请入会或加入会员后，会员在会员期内不再付费就可得到各种服务或商品，或者以低于非会员的价格销售商品或提供服务的，该会员费应在整个受益期内分期确认收入。

（7）特许权费。属于提供设备和其他有形资产的特许权费，在交付资产或转移资产所有权时确认收入；属于提供初始及后续服务的特许权费，在提供服务时确认收入。

（8）劳务费。长期为客户提供重复的劳务收取的劳务费，在相关劳务活动发生时确认收入。

9. 关于企业取得政府财政资金的收入时间确认问题

根据《国家税务总局关于企业所得税若干政策征管口径问题的公告》（国家税务总局公告2021年第17号），企业按照市场价格销售货物、提供劳务服务等，凡由政府财政部门根据企业销售货物、提供劳务服务的数量、金额的一定比例给予全部或部分资金支付的，应当按照权责发生制原则确认收入。除上述情形外，企业取得的各种政府财政支付，如财政补贴、补助、补偿、退税等，应当按照实际取得收入的时间确认收入。

（六）不征税收入和免税收入

企业所得税收入总额包括应税收入、免税收入和不征税收入。

1. 不征税收入①

收入总额中的下列收入为不征税收入。

（1）财政拨款。

财政拨款，是指各级人民政府对纳入预算管理的事业单位、社会团体等组织拨付的财政资金，但国务院和国务院财政、税务主管部门另有规定的除外。

（2）依法收取并纳入财政管理的行政事业性收费、政府性基金。

①企业按照规定缴纳的、由国务院或财政部批准设立的政府性基金以及由国务院和省、自治区、直辖市人民政府及其财政、价格主管部门批准设立的行政事业性收费，准予在计算应纳税所得额时扣除。

企业缴纳的不符合上述审批管理权限设立的基金、收费，不得在计算应纳税所得额时扣除。

②企业收取的各种基金、收费，应计入企业当年收入总额。

③对企业依照法律、法规及国务院有关规定收取并上缴财政的政府性基金和行政事业性收费，准予作为不征税收入，于上缴财政的当年在计算应纳税所得额时从收入总额中减除；未上缴财政的部分，不得从收入总额中减除。

① 不征税收入形成的支出不得在企业所得税税前扣除。

(3) 国务院规定的其他不征税收入。

国务院规定的其他不征税收入，是指企业取得的，由国务院财政、税务主管部门规定专项用途并经国务院批准的财政性资金。

企业取得的各类财政性资金，除属于国家投资和资金使用后要求归还本金的以外，均应计入企业当年收入总额。

对企业取得的由国务院财政、税务主管部门规定专项用途并经国务院批准的财政性资金，准予作为不征税收入，在计算应纳税所得额时从收入总额中减除。

纳入预算管理的事业单位、社会团体等组织按照核定的预算和经费报领关系收到的由财政部门或上级单位拨入的财政补助收入，准予作为不征税收入，在计算应纳税所得额时从收入总额中减除，但国务院和国务院财政、税务主管部门另有规定的除外。

财政性资金，是指企业取得的来源于政府及其有关部门的财政补助、补贴、贷款贴息，以及其他各类财政专项资金，包括直接减免的增值税和即征即退、先征后退、先征后返的各种税收，但不包括企业按规定取得的出口退税款；国家投资，是指国家以投资者身份投入企业、并按有关规定相应增加企业实收资本（股本）的直接投资。

2. 免税收入

企业的下列收入为免税收入：

(1) 国债利息收入。

国债利息收入，是指企业持有国务院财政部门发行的国债取得的利息收入。

(2) 符合条件的居民企业之间的股息、红利等权益性投资收益。

符合条件的居民企业之间的股息、红利等权益性投资收益，是指居民企业直接投资于其他居民企业取得的投资收益。股息、红利等权益性投资收益，不包括连续持有居民企业公开发行并上市流通的股票不足 12 个月取得的投资收益。

(3) 在中国境内设立机构、场所的非居民企业从居民企业取得与该机构、场所有实际联系的股息、红利等权益性投资收益。

(4) 符合条件的非营利组织的非营利性收入。

二、扣除事项的税务处理

（一）扣除项目概述

1. 扣除项目范围

企业实际发生的与取得收入有关的、合理的支出，包括成本、费用、税金、损失和其他支出，准予在计算应纳税所得额时扣除（表 3－1）。

表3-1　扣除项目范围

项目	范围
计入税金及附加	房产税、车船税、城镇土地使用税、印花税、消费税、城市维护建设税、教育费附加和地方教育附加、出口关税、资源税、土地增值税（房开企业）
计入相关资产的成本	车辆购置税、契税、进口关税、耕地占用税、不得抵扣的增值税
通过损失扣除	购进货物发生非正常损失的增值税进项税额转出
不得税前扣除的税金	企业所得税、可以抵扣的增值税、企业为职工负担的个人所得税

企业税前扣除的基本内容是：企业实际发生的与取得收入有关的、合理的支出，包括成本、费用、税金、损失和其他支出，准予在计算应纳税所得额时扣除。①

（1）成本，是指企业在生产经营活动中发生的销售成本、销货成本、业务支出以及其他耗费。

（2）费用，是指企业在生产经营活动中发生的销售费用、管理费用和财务费用，已经计入成本的有关费用除外。

（3）税金，是指企业发生的除企业所得税和允许抵扣的增值税以外的各项税金及其附加。

（4）损失，是指企业在生产经营活动中发生的固定资产和存货的盘亏、毁损、报废损失，转让财产损失，呆账损失，坏账损失，自然灾害等不可抗力因素造成的损失以及其他损失。

企业发生的损失，减除责任人赔偿和保险赔款后的余额，依照国务院财政、税务主管部门的规定扣除。企业已经作为损失处理的资产，在以后纳税年度又全部收回或者部分收回时，应当计入当期收入。

其他支出，是指除成本、费用、税金、损失外，企业在生产经营活动中发生的与生产经营活动有关的、合理的支出。

2. 扣除项目时间

企业发生的支出应当区分收益性支出和资本性支出。收益性支出在发生当期直接扣除；资本性支出应当分期扣除或者计入有关资产成本，不得在发生当期直接扣除。

（二）税前扣除凭证的规定

1. 税前扣除凭证的概念

税前扣除凭证，是指企业（包括居民企业和非居民企业）在计算企业所得税应纳税所

① （1）企业实际发生的与取得收入有关的支出，是指与取得收入直接相关的支出。（2）企业发生的合理支出，是指符合生产经营活动常规，应当计入当期损益或者有关资产成本的必要和正常的支出。（3）企业的不征税收入用于支出所形成的费用或者财产，不得扣除或者计算对应的折旧、摊销扣除。（4）除《企业所得税法》和本条例另有规定外，企业实际发生的成本、费用、税金、损失和其他支出，不得重复扣除。

得额时，证明与取得收入有关的、合理的支出实际发生，并据以税前扣除的各类凭证。

2. 税前扣除凭证的基本原则

税前扣除凭证在管理中遵循真实性、合法性、关联性原则。

真实性是指税前扣除凭证反映的经济业务真实，且支出已经实际发生。企业应将与税前扣除凭证相关的资料，包括合同协议、支出依据、付款凭证等留存备查，以证实税前扣除凭证的真实性。合法性是指税前扣除凭证的形式、来源符合国家法律、法规等相关规定。关联性是指税前扣除凭证与其反映的支出相关联且有证明力。

3. 税前扣除凭证的种类

税前扣除凭证按照来源分为内部凭证和外部凭证。

（1）内部凭证。内部凭证是指企业自制用于成本、费用、损失和其他支出核算的会计原始凭证，如企业支付给员工的工资、工资表等会计原始凭证即为内部凭证。内部凭证的填制和使用应当符合国家会计法律、法规等相关规定。

（2）外部凭证。外部凭证是指企业发生经营活动和其他事项时，从其他单位、个人取得的用于证明其支出发生的凭证，包括但不限于发票（包括纸质发票和电子发票）、财政票据、完税凭证、收款凭证、分割单等。

4. 税前扣除凭证与税前扣除的关系

税前扣除凭证是企业计算企业所得税应纳税所得额时，扣除相关支出的依据。企业支出的税前扣除范围和标准应当按照《企业所得税法》及其实施条例等相关规定执行。

5. 取得税前扣除凭证的时间要求

企业应在当年度《企业所得税法》规定的汇算清缴期结束前取得税前扣除凭证。

6. 未取得或取得不合规扣除凭证的补救措施

企业在规定期限内取得符合规定的发票、其他外部凭证的，相应支出可以税前扣除。应当取得而未取得发票、其他外部凭证或者取得不合规发票、不合规其他外部凭证的，可以按照以下规定处理：

（1）汇算清缴期结束前的税务处理。

①能够补开、换开符合规定的发票、其他外部凭证的，相应支出可以税前扣除。

②因对方注销、撤销、依法被吊销营业执照、被税务机关认定为非正常户等特殊原因无法补开、换开符合规定的发票、其他外部凭证的，凭相关资料证实支出真实性后，相应支出可以税前扣除。

③未能补开、换开符合规定的发票、其他外部凭证并且未能凭相关资料证实支出真

实性的，相应支出不得在发生年度税前扣除。

（2）汇算清缴期结束后的税务处理。

①由于一些原因（如购销合同、工程项目纠纷等），企业在规定的期限内未能取得符合规定的发票、其他外部凭证或者取得不合规发票、不合规其他外部凭证，企业主动没有进行税前扣除的，待以后年度取得符合规定的发票、其他外部凭证后，相应支出可以追补至该支出发生年度扣除，追补扣除年限不得超过 5 年。其中，因对方注销、撤销、依法被吊销营业执照、被税务机关认定为非正常户等特殊原因无法补开、换开符合规定的发票、其他外部凭证的，企业在以后年度凭相关资料证实支出真实性后，相应支出也可以追补至该支出发生年度扣除，追补扣除年限不得超过 5 年。

②税务机关发现企业应当取得而未取得发票、其他外部凭证或者取得不合规发票、不合规其他外部凭证，企业自被告知之日起 60 日内补开、换开符合规定的发票、其他外部凭证或者按照《企业所得税税前扣除凭证管理办法》第十四条规定，凭相关资料证实支出真实性后，相应支出可以在发生年度税前扣除。否则，该支出不得在发生年度税前扣除，也不得在以后年度追补扣除。

（3）相关资料。

根据《国家税务总局关于发布〈企业所得税税前扣除凭证管理办法〉的公告》（国家税务总局公告 2018 年第 28 号）第十四条，具体相关资料有：

①无法补开、换开发票、其他外部凭证原因的证明资料（包括工商注销、机构撤销、列入非正常经营户、破产公告等证明资料）。

②相关业务活动的合同或者协议

③采用非现金方式支付的付款凭证。

④货物运输的证明资料。

⑤货物入库、出库内部凭证。

⑥企业会计核算记录以及其他资料。

上述第①项至第③项为必备资料。

（三）部分扣除项目与标准

（1）基本规定。

企业发生的合理的工资薪金支出，准予税前扣除。工资薪金，是指企业每一纳税年度支付给在本企业任职或者受雇的员工的所有现金形式或者非现金形式的劳动报酬，包括基本工资、奖金、津贴、补贴、年终加薪、加班工资，以及与员工任职或者受雇有关的其他支出。

工资薪金总额，是指企业按照规定实际发放的工资薪金总和，不包括企业的职工福利费、职工教育经费、工会经费以及养老保险费、医疗保险费、失业保险费、工伤保险费、生育保险费等社会保险费和住房公积金。属于国有性质的企业，其工资薪金，不得超过政府有关部门给予的限定数额；超过部分，不得计入企业工资薪金总额，也不得在计算企业应纳税所得额时扣除。

合理工资薪金，是指企业按照股东大会、董事会、薪酬委员会或相关管理机构制订的工资薪金制度规定实际发放给员工的工资薪金。企业发生的合理的工资薪金支出，准予扣除。税务机关在对工资薪金进行合理性确认时，可按以下原则掌握：

①企业制订了较为规范的员工工资薪金制度。

②企业所制订的工资薪金制度符合行业及地区水平。

③企业在一定时期所发放的工资薪金是相对固定的，工资薪金的调整是有序进行的。

④企业对实际发放的工资薪金，已依法履行了代扣代缴个人所得税义务。

⑤有关工资薪金的安排，不以减少或逃避税款为目的。

企业在年度汇算清缴结束前向员工实际支付的已预提汇缴年度工资薪金，准予在汇缴年度按规定扣除。

（2）福利性补贴支出税前扣除。

列入企业员工工资薪金制度、固定与工资薪金一起发放的福利性补贴，符合上述“合理工资薪金”的，可作为企业发生的工资薪金支出，按规定在税前扣除。不能同时符合“合理工资薪金”条件的福利性补贴，应作为职工福利费，按规定计算限额税前扣除。

（3）季节工、临时工、接受外部劳务派遣用等人员工资税前扣除。

企业因雇用季节工、临时工、实习生、返聘离退休人员所实际发生的费用，应区分为工资薪金支出和职工福利费支出，并按规定在税前扣除。其中属于工资薪金支出的，准予计入企业工资薪金总额的基数，作为计算其他各项相关费用扣除的依据。

企业接受外部劳务派遣用工所实际发生的费用，应分两种情况按规定在税前扣除：按照协议（合同）约定直接支付给劳务派遣公司的费用，应作为劳务费支出；直接支付给员工个人的费用，应作为工资薪金支出和职工福利费支出。其中属于工资薪金支出的费用，准予计入企业工资薪金总额的基数，作为计算其他各项相关费用扣除的依据。

（4）实行股权激励计划涉及的工资薪金支出税前扣除。

股权激励实行方式包括授予股票期权、股权期权、限制性股票和股权奖励等。

①上市公司对股权激励计划实行后立即可以行权的，可以根据实际行权时该股票的公允价格[①]与激励对象实际行权支付价格的差额和数量，计算确定作为当年工资薪金支出，依照税法规定进行税前扣除。

②上市公司对股权激励计划实行后，需待一定服务年限或者达到规定业绩条件方可行权的。等待期内会计上计算确认的相关成本费用，不得在对应年度计算缴纳企业所得税时扣除。在股权激励计划可行权后，方可根据该股票实际行权时的公允价格与当年激励对象实际行权支付价格的差额及数量，计算确定作为当年工资薪金支出，依照税法规定进行税前扣除。

③在我国境外上市的居民企业和非上市公司，凡比照规定建立职工股权激励计划，且在企业会计处理上，也按我国会计准则的有关规定处理的，其股权激励计划有关企业所得税处理问题，可以按照上述①、②的规定执行。

【政策依据】《国家税务总局关于我国居民企业实行股权激励计划有关企业所得税处理问题的公告》（国家税务总局公告 2012 年第 18 号）。

2. 福利费

企业发生的职工福利费支出，不超过工资薪金总额 14% 的部分，准予扣除。企业职工福利费，包括以下内容：

（1）尚未实行分离办社会职能的企业，其内设福利部门所发生的设备、设施和人员费用，包括职工食堂、职工浴室、理发室、医务所、托儿所、疗养院等集体福利部门的设备、设施及维修保养费用和福利部门工作人员的工资薪金、社会保险费、住房公积金、劳务费等。

（2）为职工卫生保健、生活、住房、交通等所发放的各项补贴和非货币性福利，包括企业向职工发放的因公外地就医费用、未实行医疗统筹企业职工医疗费用、职工供养直系亲属医疗补贴、供暖费补贴、职工防暑降温费、职工困难补贴、救济费、职工食堂经费补贴、职工交通补贴等。

（3）按照其他规定发生的其他职工福利费，包括丧葬补助费、抚恤费、安家费、探亲假路费等。

企业发生的职工福利费，应该单独设置账册，进行准确核算。没有单独设置账册准确核算的，税务机关应责令企业在规定的期限内进行改正。逾期仍未改正的，税务机关可对企业发生的职工福利费进行合理的核定。

---

① 此处指股票实际行权时的公允价格，以实际行权日该股票的收盘价格确定。

3. 职工教育经费

（1）一般规定。

2018 年 1 月 1 日起，企业发生的职工教育经费支出，不超过工资薪金总额 8% 的部分，准予扣除；超过部分，准予在以后纳税年度结转扣除。除国务院财政、税务主管部门另有规定外。

企业因接收学生实习实际发生的职工教育经费支出，依法在计算应纳税所得额时扣除。

矿山和建筑企业等聘用外来农民工较多的企业，以及在城市化进程中接受农村转移劳动力较多的企业，对农民工和农村转移劳动力培训所需的费用，可从职工教育培训经费中支出。

（2）特殊规定。

软件生产企业发生的职工教育经费中的职工培训费用，可以全额在企业所得税前扣除。软件生产企业应准确划分职工教育经费中的职工培训费支出，对于不能准确划分的，以及准确划分后职工教育经费中扣除职工培训费用的余额，一律按照规定的比例扣除。

集成电路设计企业和符合条件软件企业的职工培训费用，应单独进行核算并按实际发生额在计算应纳税所得额时扣除。

经认定的动漫企业发生的职工培训费用，按照软件生产企业的规定在税前扣除。

企业职工参加社会上的学历教育以及个人为取得学位而参加的在职教育，所需费用应由个人承担，不能挤占企业的职工教育培训经费。

4. 工会经费

企业拨缴的工会经费，不超过工资薪金总额 2% 的部分，准予扣除。自 2010 年 1 月 1 日起，在委托税务机关代收工会经费的地区，企业拨缴的工会经费，可凭合法、有效的工会经费代收凭据依法在税前扣除。自 2010 年 7 月 1 日起，企业拨缴的职工工会经费，凭工会组织开具的《工会经费收入专用收据》在企业所得税税前扣除。

5. 保险费及住房公积金

（1）基本社会保障性缴款及住房公积金。

企业依照国务院有关主管部门或者省级人民政府规定的范围和标准为职工缴纳的基本养老保险费、基本医疗保险费、失业保险费、工伤保险费、生育保险费等基本社会保险费和住房公积金，准予扣除。

（2）补充养老保险费、补充医疗保险费。

企业根据国家有关政策规定，为在本企业任职或者受雇的全体员工支付的补充养老保险费、补充医疗保险费，分别在不超过职工工资总额5%标准内的部分，在计算应纳税所得额时准予扣除；超过的部分，不予扣除。

（3）其他保险费。

除企业依照国家有关规定为特殊工种职工支付的人身安全保险费和国务院财政、税务主管部门规定可以扣除的其他商业保险费外，企业为投资者或者职工支付的商业保险费，不得扣除。

企业职工因公出差乘坐交通工具发生的人身意外保险费支出，准予企业在计算应纳税所得额时扣除。

企业参加财产保险，按照规定缴纳的保险费，准予扣除。企业参加雇主责任险、公众责任险等责任保险，按照规定缴纳的保险费，准予在企业所得税税前扣除。

6. 利息支出

（1）一般规定。

①企业在生产经营活动中发生的合理的不需要资本化的借款费用，准予扣除。企业为购置、建造固定资产、无形资产和经过12个月以上的建造才能达到预定可销售状态的存货发生借款的，在有关资产购置、建造期间发生的合理的借款费用，应当作为资本性支出计入有关资产的成本，并依照《企业所得税法实施条例》的规定扣除。

②企业在生产经营活动中发生的下列利息支出，准予扣除。

非金融企业向金融企业借款的利息支出、金融企业的各项存款利息支出和同业拆借利息支出、企业经批准发行债券的利息支出。

非金融企业向非金融企业借款的利息支出，不超过按照金融企业同期同类贷款利率计算的数额的部分。

企业在按照合同要求首次支付利息并进行税前扣除时，应提供“金融企业的同期同类贷款利率情况说明”，以证明其利息支出的合理性。“金融企业的同期同类贷款利率情况说明”中，应包括在签订该借款合同当时，本省任何一家金融企业提供同期同类贷款利率情况。该金融企业应为经政府有关部门批准成立的可以从事贷款业务的企业，包括银行、财务公司、信托公司等金融机构。“同期同类贷款利率”是指在贷款期限、贷款金额、贷款担保以及企业信誉等条件基本相同下，金融企业提供贷款的利率。该利率既可以是金融企业公布的同期同类平均利率，也可以是金融企业对某些企业提供的实际贷款利率。

③融资性售后回租业务中，租赁期间，承租人支付的属于融资利息的部分，作为企业财务费用在税前扣除。

④企业通过发行债券、取得贷款、吸收保户储金等方式融资而发生的合理的费用支出，符合资本化条件的，应计入相关资产成本；不符合资本化条件的，应作为财务费用，准予在企业所得税前据实扣除。

（2）关联方利息支出。

①在计算应纳税所得额时，企业实际支付给关联方的利息支出（包括直接或间接关联债权投资实际支付的利息、担保费、抵押费和其他具有利息性质的费用），不超过以下规定比例和《企业所得税法》及其实施条例有关规定计算的部分，准予扣除，超过的部分不得在发生当期和以后年度扣除。应按照实际支付给各关联方利息占关联方利息总额的比例，在各关联方之间进行分配，其中，分配给实际税负高于企业的境内关联方的利息准予扣除；直接或间接实际支付给境外关联方的利息应视同分配的股息，按照股息和利息分别适用的所得税税率差补征企业所得税，如已扣缴的所得税税款多于按股息计算应征所得税税款，多出的部分不予退税。

②企业同时从事金融业务和非金融业务，其实际支付给关联方的利息支出，应按照合理方法分开计算；没有按照合理方法分开计算的，一律按下列所述有关其他企业的比例计算准予税前扣除的利息支出。

③企业实际支付给关联方的利息支出，除符合④规定外，其接受关联方债权性投资（以下简称关联债权投资）与其权益性投资（以下简称权益投资）比例（以下简称标准比例）为：金融企业，5∶1；其他企业，2∶1。

关联债资比例是指企业从其全部关联债权投资占企业接受的权益投资的比例，关联债权投资包括关联方以各种形式提供担保的债权性投资。

关联债资比例的具体计算方法如下：

关联债资比例＝年度各月平均关联债权投资之和/年度各月平均权益投资之和

其中：

各月平均关联债权投资＝（关联债权投资月初账面余额＋月末账面余额）÷2

各月平均权益投资＝（权益投资月初账面余额＋月末账面余额）÷2

权益投资为企业资产负债表所列示的所有者权益金额。如果所有者权益小于实收资本（股本）与资本公积之和，则权益投资为实收资本（股本）与资本公积之和；如果实收资本（股本）与资本公积之和小于实收资本（股本）金额，则权益投资为实收资本（股本）金额。

④企业如果能够按照《企业所得税法》及其实施条例的有关规定提供相关资料，并

证明相关交易活动符合独立交易原则的；或者该企业的实际税负不高于境内关联方的，其实际支付给境内关联方的利息支出，在计算应纳税所得额时准予扣除。

⑤不得在计算应纳税所得额时扣除的利息支出应按以下公式计算：

不得扣除利息支出＝年度实际支付的全部关联方利息×（1－标准比例÷关联债资比例）

其中：标准比例及关联债资比例参见上述①的规定。

（3）投资者投资未到位发生的利息支出。

凡企业投资者在规定期限内未缴足其应缴资本额的，该企业对外借款所发生的利息，相当于投资者实缴资本额与在规定期限内应缴资本额的差额应计付的利息，其不属于企业合理的支出，应由企业投资者负担，不得在计算企业应纳税所得额时扣除。

具体计算不得扣除的利息，应以企业一个年度内每一账面实收资本与借款余额保持不变的期间作为一个计算期，每一计算期内不得扣除的借款利息按该期间借款利息发生额乘以该期间企业未缴足的注册资本占借款总额的比例计算，公式为：

企业每一计算期不得扣除的借款利息＝该期间借款利息额×该期间未缴足注册资本额÷该期间借款额

企业一个年度内不得扣除的借款利息总额为该年度内每一计算期不得扣除的借款利息额之和。

【政策依据】《国家税务总局关于企业投资者投资未到位而发生的利息支出企业所得税前扣除问题的批复》（国税函〔2009〕312号）。

（4）企业向自然人借款的利息支出。

企业向股东或其他与企业有关联关系的自然人借款的利息支出，应根据《企业所得税法》第四十六条及《财政部 国家税务总局关于企业关联方利息支出税前扣除标准有关税收政策问题的通知》（财税〔2008〕121号）规定的条件，计算企业所得税扣除额。

企业向内部职工或其他人员借款的利息支出，其借款情况同时符合以下两个条件的，其利息支出在不超过按照金融企业同期同类贷款利率计算的数额的部分，根据《企业所得税法》第八条和《企业所得税法实施条例》第二十七条规定，准予扣除。

①企业与个人之间的借贷是真实、合法、有效的，并且不具有非法集资目的或其他违反法律、法规的行为。

②企业与个人之间签订了借款合同。

（5）企业混合性投资业务中的利息支出。

被投资企业用于应付利息的日期，确认利息支出，并按《企业所得税法》和《国家税务总局关于企业所得税若干问题的公告》（国家税务总局公告 2011 年第 34 号）第一条的规定，进行税前扣除。①

关于跨境混合性投资业务企业所得税的处理。根据《国家税务总局关于企业所得税若干政策征管口径问题的公告》（国家税务总局公告 2021 年第 17 号），境外投资者在境内从事混合性投资业务，满足《国家税务总局关于企业混合性投资业务企业所得税处理问题的公告》（国家税务总局公告 2013 年第 41 号）第一条规定的条件的，可以按照该公告第二条第一款的规定进行企业所得税处理，但同时符合以下两种情形的除外：第一，该境外投资者与境内被投资企业构成关联关系；第二，境外投资者所在国家（地区）将该项投资收益认定为权益性投资收益，且不征收企业所得税。同时符合上述第（一）项和第（二）项规定情形的，境内被投资企业向境外投资者支付的利息应视为股息，不得进行税前扣除。

（6）企业经批准发行债券的利息支出。

企业通过发行债券、取得贷款、吸收保户储金等方式融资而发生的合理的费用支出，符合资本化条件的，应计入相关资产成本；不符合资本化条件的，应作为财务费用，准予在企业所得税前据实扣除。

（7）永续债的利息支出。

企业发行的永续债，如适用股息、红利企业所得税政策，发行方支付的永续债利息支出不得在企业所得税税前扣除。

企业发行符合条件的永续债，可以按照债券利息适用企业所得税政策，发行方支付的永续债利息支出准予在其企业所得税税前扣除。

7. 汇兑损失

企业在货币交易中，以及纳税年度终了时，将人民币以外的货币性资产、负债按照期末即期人民币汇率中间价折算为人民币时产生的汇兑损失，除已经计入有关资产成本以及与向所有者进行利润分配相关的部分外，准予扣除。

8. 业务招待费

（1）企业发生的与生产经营活动有关的业务招待费支出，按照发生额的 60% 扣除，但最高不得超过当年销售（营业）收入的 5‰。当年销售（营业）收入包括主营业务收入、其他业务收入、视同销售收入。

---

① 《国家税务总局关于企业所得税若干问题的公告》(国家税务总局公告 2011 年第 34 号)第一条：根据《实施条例》第三十八条规定，非金融企业向非金融企业借款的利息支出，不超过按照金融企业同期同类贷款利率计算的数额的部分，准予税前扣除。鉴于目前我国对金融企业利率要求的具体情况，企业在按照合同要求首次支付利息并进行税前扣除时，应提供“金融企业的同期同类贷款利率情况说明”，以证明其利息支出的合理性。

（2）对从事股权投资业务的企业（包括集团公司总部、创业投资企业等），其从被投资企业所分配的股息、红利以及股权转让收入，可以按规定的比例计算业务招待费扣除限额。

（3）企业在筹建期间，发生的与筹办活动有关的业务招待费支出，可按实际发生额的60%计入企业筹办费，并按有关规定在税前扣除。

9. 广告费和业务宣传费支出

（1）一般规定。

企业发生的符合条件的广告费和业务宣传费支出，除国务院财政、税务主管部门另有规定外，不超过当年销售（营业）收入15%的部分，准予扣除；超过部分，准予在以后纳税年度结转扣除。当年销售（营业）收入包括主营业务收入、其他业务收入、视同销售收入。

（2）特殊规定。

对化妆品制造或销售、医药制造和饮料制造（不含酒类制造）企业发生的广告费和业务宣传费支出，不超过当年销售（营业）收入30%的部分，准予扣除；超过部分，准予在以后纳税年度结转扣除。

对签订广告费和业务宣传费分摊协议（以下简称分摊协议）的关联企业，其中一方发生的不超过当年销售（营业）收入税前扣除限额比例内的广告费和业务宣传费支出可以在本企业扣除，也可以将其中的部分或全部按照分摊协议归集至另一方扣除。另一方在计算本企业广告费和业务宣传费支出企业所得税税前扣除限额时，可将按照上述办法归集至本企业的广告费和业务宣传费不计算在内，即其接受扣除的费用不占用本企业的扣除限额。

烟草企业的烟草广告费和业务宣传费支出，一律不得在计算应纳税所得额时扣除。

【政策依据】《财政部 税务总局关于广告费和业务宣传费支出税前扣除政策的通知》（财税〔2017〕41号）、《财政部 税务总局关于广告费和业务宣传费支出税前扣除有关事项的公告》（财政部 税务总局公告2020年第43号）。

（3）企业在筹建期间，发生的广告费和业务宣传费，可按实际发生额计入企业筹办费，并按有关规定在税前扣除。

【政策依据】《国家税务总局关于企业所得税应纳税所得额若干税务处理问题的公告》（国家税务总局公告2012年第15号）。

10. 环境保护、生态恢复专项资金

企业依照法律、行政法规有关规定提取的用于环境保护、生态恢复等方面的专项资金，准予扣除。上述专项资金提取后改变用途的，不得扣除。

11. 租赁费支出

企业根据生产经营活动的需要租入固定资产支付的租赁费，按照以下方法扣除：

（1）以经营租赁方式租入固定资产发生的租赁费支出，按照租赁期限均匀扣除。

（2）以融资租赁方式租入固定资产发生的租赁费支出，按照规定构成融资租入固定资产价值的部分应当提取折旧费用，分期扣除。

12. 劳动保护支出

企业发生的合理的劳动保护支出，准予扣除。《关于规范社会保险缴费基数有关问题的通知》规定，劳动保护支出包括劳动保护的各种支出，具体包括：工作服、手套等劳动保护用品，解毒剂、清凉饮料，以及按照国务院1963年7月19日劳动部等七单位规定的范围对接触有毒物质、矽尘作业、放射线作业和潜水、沉箱作业，高温作业等五类工种所享受的由劳动保护费开支的保健食品待遇。企业以上支出计入劳动保护费，可以在税前扣除。

13. 捐赠支出

（1）一般规定。

①公益性捐赠及其扣除。

公益性捐赠，是指企业通过公益性社会组织或者县级以上人民政府及其部门，用于符合法律规定的慈善活动、公益事业的捐赠。

根据《企业所得税法》第九条，企业发生的公益性捐赠支出，在年度利润总额12%以内的部分，准予在计算应纳税所得额时扣除；超过年度利润总额12%的部分，准予结转以后三年内在计算应纳税所得额时扣除。

企业当年发生以及以前年度结转的公益性捐赠支出，不超过年度利润总额12%的部分，准予扣除。

企业发生的公益性捐赠支出未在当年税前扣除的部分，准予向以后年度结转扣除，但结转年限自捐赠发生年度的次年起计算最长不得超过三年。

企业在对公益性捐赠支出计算扣除时，应先扣除以前年度结转的捐赠支出，再扣除当年发生的捐赠支出。

年度利润总额，是指企业依照国家统一会计制度的规定计算的大于零的数额。

②根据《企业所得税法》第十条，公益性捐赠以外的捐赠支出在计算应纳税所得额时，不得扣除。

（2）特殊规定。

①对北京2022年冬奥会、冬残奥会的捐赠支出。

根据《财政部 税务总局 海关总署关于北京2022年冬奥会和冬残奥会税收政策的通知》（财税〔2017〕60号），对企业、社会组织和团体赞助、捐赠北京2022年冬奥会、冬残奥会、测试赛的资金、物资、服务支出，在计算企业应纳税所得额时予以全额扣除。

②对杭州2022年亚运会、亚残运会的捐赠支出。

根据《财政部 税务总局 海关总署关于杭州2022年亚运会和亚残运会税收政策的公告》（财政部公告2020年第18号），对企业、社会组织和团体赞助、捐赠杭州亚运会、亚残运会的资金、物资、服务支出，在计算企业应纳税所得额时予以全额扣除。

③企业扶贫捐赠支出。

根据《财政部 税务总局 国务院扶贫办关于企业扶贫捐赠所得税税前扣除政策的公告》（财政部 税务总局 国务院扶贫办公告2019年第49号），自2019年1月1日至2022年12月31日，企业通过公益性社会组织或者县级（含县级）以上人民政府及其组成部门和直属机构，用于目标脱贫地区的扶贫捐赠支出，准予在计算企业所得税应纳税所得额时据实扣除。在政策执行期限内，目标脱贫地区实现脱贫的，可继续适用上述政策。

“目标脱贫地区”包括832个国家扶贫开发工作重点县、集中连片特困地区县（新疆阿克苏地区6县1市享受片区政策）和建档立卡贫困村。

企业同时发生扶贫捐赠支出和其他公益性捐赠支出，在计算公益性捐赠支出年度扣除限额时，符合上述条件的扶贫捐赠支出不计算在内。

④防疫捐赠支出。

根据《财政部 税务总局关于支持新型冠状病毒感染的肺炎疫情防控有关捐赠税收政策的公告》（财政部 税务总局公告2020年第9号），自2020年1月1日起，企业和个人通过公益性社会组织或者县级以上人民政府及其部门等国家机关，捐赠用于应对新型冠状病毒感染的肺炎疫情的现金和物品，企业和个人直接向承担疫情防治任务的医院捐赠用于应对新型冠状病毒感染的肺炎疫情的物品，准予全额税前扣除。

根据《财政部 税务总局发布关于延续实施应对疫情部分税费优惠政策的公告》（财政部 税务总局公告2021年第7号），支持新型冠状病毒感染的肺炎疫情防控有关捐赠支出全额税前扣的税收政策，执行期限延长至2021年3月31日。

2020—2022年度公益性社会组织捐赠税前扣除资格名单参见《财政部 税务总局 民政部关于2020年度—2022年度公益性社会组织捐赠税前扣除资格名单的公告》（财政部

税务总局 民政部公告2020年第46号）。

依法登记的慈善组织和其他社会组织的公益性捐赠税前扣除资格确认及管理，请参见《财政部 税务总局 民政部关于公益性捐赠税前扣除有关事项的公告》（财政部 税务总局 民政部公告2020年第27号）和《财政部 税务总局 民政部关于公益性捐赠税前扣除资格确认有关衔接事项的公告》（财政部 税务总局 民政部公告2021年第3号）的有关规定。

（3）关于公益性捐赠支出相关费用的扣除问题。

根据《国家税务总局关于企业所得税若干政策征管口径问题的公告》（国家税务总局公告2021年第17号），企业在非货币性资产捐赠过程中发生的运费、保险费、人工费用等相关支出，凡纳入国家机关、公益性社会组织开具的公益捐赠票据记载的数额中的，作为公益性捐赠支出按照规定在税前扣除；上述费用未纳入公益性捐赠票据记载的数额中的，作为企业相关费用按照规定在税前扣除。

14. 手续费支出

（1）一般规定。

①企业发生与生产经营有关的手续费及佣金支出，不超过以下规定计算限额以内的部分，准予扣除；超过部分，不得扣除。

保险企业：财产保险企业按当年全部保费收入扣除退保金等后余额的15%（含本数，下同）计算限额；人身保险企业按当年全部保费收入扣除退保金等后余额的10%计算限额。

其他企业：按与具有合法经营资格中介服务机构或个人（不含交易双方及其雇员、代理人和代表人等）所签订服务协议或合同确认的收入金额的5%计算限额。

②企业应与具有合法经营资格中介服务企业或个人签订代办协议或合同，并按国家有关规定支付手续费及佣金。除委托个人代理外，企业以现金等非转账方式支付的手续费及佣金不得在税前扣除。企业为发行权益性证券支付给有关证券承销机构的手续费及佣金不得在税前扣除。

③企业不得将手续费及佣金支出计入回扣、业务提成、返利、进场费等费用。

④企业已计入固定资产、无形资产等相关资产的手续费及佣金支出，应当通过折旧、摊销等方式分期扣除，不得在发生当期直接扣除。

⑤企业支付的手续费及佣金不得直接冲减服务协议或合同金额，并如实入账。

⑥企业应当如实向当地主管税务机关提供当年手续费及佣金计算分配表和其他相关资料，并依法取得合法真实凭证。

（2）特殊规定。

①关于从事代理服务企业营业成本税前扣除问题。

从事代理服务、主营业务收入为手续费、佣金的企业（如证券、期货、保险代理等企业），其为取得该类收入而实际发生的营业成本（包括手续费及佣金支出），准予在企业所得税前据实扣除。

②关于电信企业手续费及佣金支出税前扣除问题。

电信企业在发展客户、拓展业务等过程中（如委托销售电话入网卡、电话充值卡等），需向经纪人、代办商支付手续费及佣金的，其实际发生的相关手续费及佣金支出，不超过企业当年收入总额5%的部分，准予在企业所得税前据实扣除。

上述电信企业手续费及佣金支出，仅限于电信企业在发展客户、拓展业务等过程中因委托销售电话入网卡、电话充值卡所发生的手续费及佣金支出。

③关于中国邮政储蓄银行支付邮政企业代理费企业所得税处理问题。

邮政企业组建邮储银行后，邮储银行作为全功能的商业银行，从事金融方面业务；而邮政企业及其各省子公司，按照国务院及有关部门的要求，接受邮储银行的委托，继续办理吸收储蓄存款等基础金融业务。邮政企业及其各省子公司吸收储蓄存款后，资金交由邮储银行运作、使用。邮储银行运作、使用取得利息收入，按照国家规定的结算方式，在邮储银行与邮政企业进行分配，并以“代理费”的形式，向邮政企业及其各省子公司支付此收益。

邮储银行和邮政企业经营模式和分配模式，是经国务院及国家有关部门批准进行的，其支付的上述“代理费”，不属于《财政部 国家税务总局关于企业手续费及佣金支出税前扣除政策的通知》（财税〔2009〕29号）中所规定的“手续费及佣金”范围。

根据《企业所得税法》第八条及其实施条例第二十七条，邮储银行按照财政部等有关部门规定支付给邮政企业及其各省子公司的上述“代理费”，准予据实在计算企业应纳税所得额时扣除。

④根据《国家税务总局关于印发〈房地产开发经营业务企业所得税处理办法〉的通知》（国税发〔2009〕31号），房地产开发企业委托境外机构销售开发产品的，其支付境外机构的销售费用（含佣金或手续费）不超过委托销售收入10%的部分，准予据实扣除。

（3）保险企业手续费支出。

根据《财政部 税务总局关于保险企业手续费及佣金支出税前扣除政策的公告》（财政部 税务总局公告2019年第72号），自2019年1月1日起，保险企业发生与其经营活动有关的手续费及佣金支出，不超过当年全部保费收入扣除退保金等后余额的18%（含本数）的部分，在计算应纳税所得额时准予扣除；超过部分，允许结转以后年度扣除。

保险企业发生的手续费及佣金支出税前扣除的其他事项继续按照《财政部 国家税务总局关于企业手续费及佣金支出税前扣除政策的通知》（财税〔2009〕29号）中第二条至第五条相关规定处理。保险企业应建立健全手续费及佣金的相关管理制度，并加强手续费及佣金结转扣除的台账管理。

知识链接

《财政部 国家税务总局关于企业手续费及佣金支出税前扣除政策的通知》（财税〔2009〕29号）第二条至第五条如下：

第二条 企业应与具有合法经营资格中介服务企业或个人签订代办协议或合同，并按国家有关规定支付手续费及佣金。除委托个人代理外，企业以现金等非转账方式支付的手续费及佣金不得在税前扣除。企业为发行权益性证券支付给有关证券承销机构的手续费及佣金不得在税前扣除。

第三条 企业不得将手续费及佣金支出计入回扣、业务提成、返利、进场费等费用。

第四条 企业已计入固定资产、无形资产等相关资产的手续费及佣金支出，应当通过折旧、摊销等方式分期扣除，不得在发生当期直接扣除。

第五条 企业支付的手续费及佣金不得直接冲减服务协议或合同金额，并如实入账。

15. 准备金

未经核定的准备金支出，在计算应纳税所得额时，不得扣除。未经核定的准备金支出，是指不符合国务院财政、税务主管部门规定的各项资产减值准备、风险准备等准备金支出。

经核定的准备金支出，在计算应纳税所得额时可以扣除。目前包括：

（1）保险公司。

自2016年1月1日至2020年12月31日，保险公司按规定缴纳的保险保障基金；按国务院财政部门的相关规定提取的未到期责任准备金、寿险责任准备金、长期健康险责任准备金、已发生已报案未决赔款准备金和已发生未报案未决赔款准备金；按不超过财政部门规定的农业保险大灾风险准备金计提比例，计提的大灾准备金，准予税前据实扣除。具体内容及规定详见《财政部 国家税务总局关于保险公司准备金支出企业所得税税前扣除有关政策问题的通知》（财税〔2016〕114 号）。

（2）金融企业。

①金融企业贷款损失准备金。

自 2014 年 1 月 1 日起至 2018 年 12 月 31 日止，政策性银行、商业银行、财务公司、城乡信用社和金融租赁公司等金融企业按规定提取的贷款损失准备金，准予在企业所得税前据实扣除。

准予当年税前扣除的贷款损失准备金 = 本年末准予提取贷款损失准备金的贷款资产余额 ×1% − 截至上年末已在税前扣除的贷款损失准备金的余额

金融企业发生的符合条件的贷款损失，应先冲减已在税前扣除的贷款损失准备金，不足冲减部分可据实在计算当年应纳税所得额时扣除。具体内容详见《财政部 国家税务总局关于金融企业贷款损失准备金企业所得税税前扣除有关政策的通知》（财税〔2015〕9 号）。

根据《财政部 税务总局关于金融企业贷款损失准备金企业所得税税前扣除有关政策的公告》（财政部 税务总局公告 2019 年第 86 号），政策性银行、商业银行、财务公司、城乡信用社和金融租赁公司等金融企业提取的贷款损失准备金的企业所得税税前扣除政策要点如下①：

第一，准予税前提取贷款损失准备金的贷款资产范围包括：

——贷款（含抵押、质押、保证、信用等贷款）；

——银行卡透支、贴现、信用垫款（含银行承兑汇票垫款、信用证垫款、担保垫款等）、进出口押汇、同业拆出、应收融资租赁款等具有贷款特征的风险资产；

——由金融企业转贷并承担对外还款责任的国外贷款，包括国际金融组织贷款、外国买方信贷、外国政府贷款、日本国际协力银行不附条件贷款和外国政府混合贷款等资产。

第二，金融企业准予当年税前扣除的贷款损失准备金计算公式如下：

准予当年税前扣除的贷款损失准备金 = 本年末准予提取贷款损失准备金的贷款资产余额 ×1% − 截至上年末已在税前扣除的贷款损失准备金的余额

金融企业按上述公式计算的数额如为负数，应当相应调增当年应纳税所得额。

第三，金融企业发生的符合条件的贷款损失，应先冲减已在税前扣除的贷款损失准

① 金融企业的委托贷款、代理贷款、国债投资、应收股利、上交央行准备金以及金融企业剥离的债权和股权、应收财政贴息、央行款项等不承担风险和损失的资产，以及上述列举资产之外的其他风险资产，不得提取贷款损失准备金在税前扣除。

备金，不足冲减部分可据实在计算当年应纳税所得额时扣除。

②金融企业涉农贷款和中小企业贷款损失准备金。

自 2014 年 1 月 1 日起至 2018 年 12 月 31 日止，金融企业涉农贷款和中小企业贷款按照以下比例计提的贷款损失准备金，准予在计算应纳税所得额时扣除。具体比例为：

关注类贷款，计提比例为 2%。

次级类贷款，计提比例为 25%。

可疑类贷款，计提比例为 50%。

损失类贷款，计提比例为 100%。

金融企业发生的符合条件的涉农贷款和中小企业贷款损失，应先冲减已在税前扣除的贷款损失准备金，不足冲减部分可据实在计算应纳税所得额时扣除。

【政策依据】《财政部 国家税务总局关于金融企业涉农贷款和中小企业贷款损失准备金税前扣除有关问题的通知》（财税〔2015〕3 号）。

根据《财政部 税务总局关于金融企业涉农贷款和中小企业贷款损失准备金税前扣除有关政策的公告》（财政部 税务总局公告 2019 年第 85 号），公告自 2019 年 1 月 1 日起执行至 2023 年 12 月 31 日。金融企业根据《贷款风险分类指引》（银监发〔2007〕54 号），对其涉农贷款和中小企业贷款进行风险分类后，按照以下比例计提的贷款损失准备金，准予在计算应纳税所得额时扣除：

关注类贷款，计提比例为 2%。

次级类贷款，计提比例为 25%。

可疑类贷款，计提比例为 50%。

损失类贷款，计提比例为 100%。

涉农贷款，是指《涉农贷款专项统计制度》（银发〔2007〕246 号）统计的以下贷款，即农户贷款、农村企业及各类组织贷款。

农户贷款，是指金融企业发放给农户的所有贷款。农户贷款的判定应以贷款发放时的承贷主体是否属于农户为准。农户，是指长期（一年以上）居住在乡镇（不包括城关镇）行政管理区域内的住户，也包括长期居住在城关镇所辖行政村范围内的住户和户口不在本地而在本地居住一年以上的住户、国有农场的职工和农村个体工商户。位于乡镇（不包括城关镇）行政管理区域内和在城关镇所辖行政村范围内的国有经济的机关、团体、学校、企事业单位的集体户，有本地户口，但举家外出谋生一年以上的住户，无论是否保留承包耕地均不属于农户。农户以户为统计单位，既可以从事农业生产经营，也可以从事非农业生产经营。

农村企业及各类组织贷款，是指金融企业发放给注册地位于农村区域的企业及各类组织的所有贷款。农村区域，是指除地级及以上城市的城市行政区及其市辖建制镇之外的区域。

中小企业贷款，是指金融企业对年销售额和资产总额均不超过2亿元的企业的贷款。

金融企业发生的符合条件的涉农贷款和中小企业贷款损失，应先冲减已在税前扣除的贷款损失准备金，不足冲减部分可据实在计算应纳税所得额时扣除。

（3）小额贷款公司。

自2017年1月1日至2019年12月31日，对经省级金融管理部门（金融办、局等）批准成立的小额贷款公司按年末贷款余额的1%计提的贷款损失准备金准予在企业所得税税前扣除。具体内容详见《财政部 税务总局关于小额贷款公司有关税收政策的通知》（财税〔2017〕48号）。

（4）中小企业融资（信用）担保机构。

符合条件的中小企业融资（信用）担保机构按照不超过当年年末担保责任余额1%的比例计提的担保赔偿准备、按照不超过当年担保费收入50%的比例计提的未到期责任准备，允许在企业所得税税前扣除。

实际发生的代偿损失，符合税收法律法规关于资产损失税前扣除政策规定的，应冲减已在税前扣除的担保赔偿准备，不足冲减部分据实在企业所得税税前扣除。

中小企业融资（信用）担保机构的具体条件详见《财政部 国家税务总局关于中小企业融资（信用）担保机构有关准备金企业所得税税前扣除政策的通知》（财税〔2017〕22号）。

（5）证券期货类准备金。

自2016年1月1日起至2020年12月31日，证券行业按规定提取的证券交易所风险基金、证券结算风险基金、证券投资者保护基金，准予在企业所得税税前扣除。具体内容详见《财政部 国家税务总局关于证券行业准备金支出企业所得税税前扣除有关政策问题的通知》（财税〔2017〕23号）。

（6）期货类准备金。

自2016年1月1日起至2020年12月31日，按规定提取的期货交易所风险准备金、期货公司风险准备金、期货投资者保障基金，准予在企业所得税税前扣除。具体内容详见《财政部 国家税务总局关于证券行业准备金支出企业所得税税前扣除有关政策问题的通知》(财税〔2017〕23号)。

(7) 上海国际能源交易中心。

自2019年1月1日起至2020年12月31日，上海国际能源交易中心依据《期货交易管理条例》《期货交易所管理办法》和《商品期货交易财务管理暂行规定》的有关规定，按其向会员收取手续费收入的20%计提的风险准备金，在风险准备金余额达到有关规定的额度内，准予在企业所得税税前扣除。

上海国际能源交易中心依据《期货投资者保障基金管理办法》和《关于明确期货投资者保障基金缴纳比例有关事项的规定》的有关规定，按其向期货公司会员收取的交易手续费的2%缴纳的期货投资者保障基金，在基金总额达到有关规定的额度内，准予在企业所得税税前扣除。

根据《关于延长部分税收优惠政策执行期限的公告》(财政部 税务总局公告2021年第6号)，按《财政部 国家税务总局关于保险公司准备金支出企业所得税税前扣除有关政策问题的通知》(财税〔2016〕114号) 等6个文件规定的准备金企业所得税税前扣除政策到期后继后，在2021年及以后年度可以继续执行。具体政策规定见表3-2。

表3-2 准备金企业所得税税前扣除政策

序号	文件名称
1	《财政部 国家税务总局关于保险公司准备金支出企业所得税税前扣除有关政策问题的通知》(财税〔2016〕114号)
2	《财政部 税务总局关于中小企业融资(信用)担保机构有关准备金企业所得税税前扣除政策的通知》(财税〔2017〕22号)
3	《财政部 税务总局关于证券行业准备金支出企业所得税税前扣除有关政策问题的通知》(财税〔2017〕23号)
4	《财政部 税务总局关于上海国际能源交易中心有关风险准备金和期货投资者保障基金支出企业所得税税前扣除政策问题的通知》(财税〔2019〕32号)
5	《财政部 税务总局关于金融企业涉农贷款和中小企业贷款损失准备金税前扣除有关政策的公告》(财政部 税务总局公告2019年第85号)
6	《财政部 税务总局关于金融企业贷款损失准备金企业所得税税前扣除有关政策的公告》(财政部 税务总局公告2019年第86号)

16. 企业之间支付的管理费用

(1) 企业之间支付的管理费、企业内营业机构之间支付的租金和特许权使用费，以及非银行企业内营业机构之间支付的利息，不得扣除。

(2) 母公司为其子公司(以下简称子公司)提供各种服务而发生的费用，应按照独立企业之间公平交易原则确定服务的价格，作为企业正常的劳务费用进行税务处理。

母、子公司未按照独立企业之间的业务往来收取价款的，税务机关有权予以调整。

母公司向其子公司提供各项服务，双方应签订服务合同或协议，明确规定提供服务的内容、收费标准及金额等，凡按上述合同或协议规定所发生的服务费，母公司应作为营业收入申报纳税，子公司作为成本费用在税前扣除。

母公司向其多个子公司提供同类项服务，其收取的服务费可以采取分项签订合同或协议收取；也可以采取服务分摊协议的方式，即由母公司与各子公司签订服务费用分摊合同或协议，以母公司为其子公司提供服务所发生的实际费用并附加一定比例利润作为向子公司收取的总服务费，在各服务受益子公司（包括盈利企业、亏损企业和享受减免税企业）之间按《企业所得税法》第四十一条第二款规定合理分摊。

母公司以管理费形式向子公司提取费用，子公司因此支付给母公司的管理费，不得在税前扣除。

子公司申报税前扣除向母公司支付的服务费用，应向主管税务机关提供与母公司签订的服务合同或者协议等与税前扣除该项费用相关的材料。不能提供相关材料的，支付的服务费用不得税前扣除。

母公司以管理费形式向子公司提取费用，子公司因此支付给母公司的管理费，不得在税前扣除。

（3）非居民企业在中国境内设立的机构、场所，就其中国境外总机构发生的与该机构、场所生产经营有关的费用，能够提供总机构出具的费用汇集范围、定额、分配依据和方法等证明文件，并合理分摊的，准予扣除。

17. 维简费支出

（1）煤矿企业维简费和高危行业企业安全生产费用。

煤矿企业实际发生的维简费支出和高危行业企业实际发生的安全生产费用支出，属于收益性支出的，可直接作为当期费用在税前扣除；属于资本性支出的，应计入有关资产成本，并按《企业所得税法》规定计提折旧或摊销费用在税前扣除。企业按照有关规定预提的维简费和安全生产费用，不得在税前扣除。

（2）企业维简费。

企业实际发生的维简费支出，属于收益性支出的，可作为当期费用税前扣除；属于资本性支出的，应计入有关资产成本，并按《企业所得税法》规定计提折旧或摊销费用在税前扣除。

企业按照有关规定预提的维简费，不得在当期税前扣除。

（四）不得税前扣除的项目

在计算应纳税所得额时，下列支出不得扣除：

（1）向投资者支付的股息、红利等权益性投资收益款项。

（2）企业所得税税款。

（3）税收滞纳金。

（4）罚金、罚款和被没收财物的损失。

（5）超过规定标准的捐赠支出。

（6）赞助支出，是指企业发生的与生产经营活动无关的各种非广告性质支出。

（7）未经核定的准备金支出，是指不符合国务院财政、税务主管部门规定的各项资产减值准备、风险准备等准备金支出。

（8）与取得收入无关的其他支出。

（9）企业之间支付的管理费、企业内营业机构之间支付的租金和特许权使用费，以及非银行企业内营业机构之间支付的利息，不得扣除。

（10）企业的不征税收入用于支出所形成的费用或者财产，不得扣除或者计算对应的折旧、摊销扣除。

根据《国家税务总局关于企业所得税若干政策征管口径问题的公告》（国家税务总局公告 2021 年第 17 号），企业购买的文物、艺术品用于收藏、展示、保值增值的，作为投资资产进行税务处理。文物、艺术品资产在持有期间，计提的折旧、摊销费用，不得税前扣除。

（五）资产损失

资产损失是计算应纳税所得额时重要的扣除事项。企业发生的资产损失，减除责任人赔偿和保险赔款后的余额，依照国务院财政、税务主管部门的规定扣除。

1. 概念

资产是指企业拥有或者控制的、用于经营管理活动相关的资产，包括现金、银行存款、应收及预付款项（包括应收票据、各类垫款、企业之间往来款项）等货币性资产，存货、固定资产、无形资产、在建工程、生产性生物资产等非货币性资产，以及债权性投资和股权（权益）性投资。

资产损失，是指企业在生产经营活动中实际发生的、与取得应税收入有关的资产损失，包括现金损失，存款损失，坏账损失，贷款损失，股权投资损失，固定资产和存货的盘亏、毁损、报废、被盗损失，自然灾害等不可抗力因素造成的损失以及其他损失。

准予在企业所得税税前扣除的资产损失，是指企业在实际处置、转让上述资产过程中发生的合理损失（以下简称实际资产损失），以及企业虽未实际处置、转让上述资产，但符合《财政部 国家税务总局关于企业资产损失税前扣除政策的通知》（财税〔2009〕57号）和《国家税务总局关于发布〈企业资产损失所得税税前扣除管理办法〉的公告》（国家税务总局公告2011年第25号）规定条件计算确认的损失（以下简称法定资产损失）。

2. 基本政策

企业实际资产损失，应当在其实际发生且会计上已做损失处理的年度申报扣除；法定资产损失，在会计上已作损失处理的年度申报扣除。

企业以前年度发生的资产损失未能在当年税前扣除的，属于实际资产损失，准予追补至该项损失发生年度扣除，其追补确认期限一般不得超过五年，但因计划经济体制转轨过程中遗留的资产损失、企业重组上市过程中因权属不清出现争议而未能及时扣除的资产损失、因承担国家政策性任务而形成的资产损失以及政策定性不明确而形成资产损失等特殊原因形成的资产损失，其追补确认期限经国家税务总局批准后可适当延长。属于法定资产损失，应在申报年度扣除。

企业因以前年度实际资产损失未在税前扣除而多缴的企业所得税税款，可在追补确认年度企业所得税应纳税款中予以抵扣，不足抵扣的，向以后年度递延抵扣。

企业实际资产损失发生年度扣除追补确认的损失后出现亏损的，应先调整资产损失发生年度的亏损额，再按弥补亏损的原则计算以后年度多缴的企业所得税税款，并按前款办法进行税务处理。

3. 管理要求

根据《国家税务总局关于企业所得税资产损失资料留存备查有关事项的公告》（国家税务总局公告2018年第15号），2017年度及以后年度企业所得税汇算清缴时，企业向税务机关申报扣除资产损失，仅需填报企业所得税年度纳税申报表《资产损失税前扣除及纳税调整明细表》，不再报送资产损失相关资料。相关资料由企业留存备查。企业应当完整保存资产损失相关资料，保证资料的真实性、合法性。

企业应当建立健全资产损失内部核销管理制度，及时收集、整理、编制、审核、申报、保存资产损失税前扣除证据材料，方便税务机关检查。

税务机关应按分项建档、分级管理的原则，建立企业资产损失税前扣除管理台账和纳税档案，及时进行评估。对资产损失金额较大或经评估后发现不符合资产损失税前扣除规定、或存有疑点、异常情况的资产损失，应及时进行核查。对有证据证明申报扣除的资产损失不真实、不合法的，应依法做出税收处理。

4. 资产损失的确认证据

企业资产损失相关的证据包括具有法律效力的外部证据和特定事项的企业内部

证据。

(1) 具有法律效力的外部证据，是指司法机关、行政机关等依法出具的与本企业资产损失相关的具有法律效力的书面文件，主要包括：

①司法机关的判决或者裁定。

②公安机关的立案结案证明、回复。

③工商部门出具的注销、吊销及停业证明。

④企业的破产清算公告或清偿文件。

⑤行政机关的公文。

⑥仲裁机构的仲裁文书。

⑦保险公司对投保资产出具的出险调查单、理赔计算单等保险单据。

⑧符合法律规定的其他证据。

(2) 特定事项的企业内部证据，是指会计核算制度健全、内部控制制度完善的企业，对各项资产发生毁损、报废、盘亏、死亡、变质等内部证明或承担责任的声明，主要包括：

①有关会计核算资料和原始凭证。

②资产盘点表。

③相关经济行为的业务合同。

④企业内部技术鉴定部门的鉴定文件或资料。

⑤企业内部核批文件及有关情况说明。

⑥对责任人由于经营管理责任造成损失的责任认定及赔偿情况说明。

⑦法定代表人、企业负责人和企业财务负责人对特定事项真实性承担法律责任的声明。

5. 资产损失扣除的具体规定及备查资料

请参阅《国家税务总局关于企业所得税资产损失资料留存备查有关事项的公告》(国家税务总局公告 2018 年第 15 号)。

第四节 资产的税务处理

一、资产的计税基础

企业的各项资产，包括固定资产、生物资产、无形资产、长期待摊费用、投资资产、存货等，除国务院财政、税务主管部门另有规定外，以历史成本为计税基础。历史成本，是指企业取得该项资产时实际发生的支出。取得资产时支付的增值税进项税额如果已经抵扣了，则不计入历史成本中，否则对不得抵扣的进项税额则计入历史成本。企业持有各项资产期间资产增值或者减值，除国务院财政、税务主管部门规定可以确认损益外，不得调整该资产的计税基础。

二、固定资产的税务处理

固定资产，是指企业为生产产品、提供劳务、出租或者经营管理而持有的、使用时间超过12个月的非货币性资产，包括房屋、建筑物、机器、机械、运输工具以及其他与生产经营活动有关的设备、器具、工具等。

（一）固定资产计税基础

固定资产计税基础见表3－3。

表3－3　固定资产计税基础

项目	计税基础
外购的固定资产	买价＋税费＋达到预定用途发生的其他支出（无形资产同，生物资产同前2项）
自行建造的固定资产	竣工结算前的支出
融资租入的固定资产	约定付款总额：约定付款总额＋相关费用 未约定付款总额：资产公允价值＋相关费用
盘盈的	同类固定资产的重置完全价值
捐赠、投资、非货币性资产交换、债务重组等方式取得的固定资产	公允价值＋相关税费（无形资产、生物资产同）
改建的固定资产	除已足额提取折旧的固定资产和租入的固定资产以外的其他固定资产，以改建过程中发生的改建支出增加计税基础；企业对房屋、建筑物固定资产在未足额提取折旧前进行改扩建的，如属于推倒重置的，该资产原值减除提取折旧后的净值，应并入重置后的固定资产计税成本，并在该固定资产投入使用后的次月起，按照税法规定的折旧年限，一并计提折旧；如属于提升功能、增加面积的，该固定资产的改扩建支出，并入该固定资产计税基础，并从改扩建完工投入使用后的次月起，重新按税法规定的该固定资产折旧年限计提折旧，如改扩建后的固定资产尚可使用年限低于税法规定的最低年限，可以按尚可使用的年限计提折旧

（二）固定资产折旧

1. 折旧范围

采取反向立法，明确规定不得计提折旧的情形。

在计算应纳税所得额时，企业按照规定计算的固定资产折旧，准予扣除。

《企业所得税法》第十一条规定，下列固定资产不得计算折旧扣除：

（1）房屋、建筑物以外未投入使用的固定资产。

（2）以经营租赁方式租入的固定资产。

（3）以融资租赁方式租出的固定资产。

（4）已足额提取折旧仍继续使用的固定资产。

（5）与经营活动无关的固定资产。

（6）单独估价作为固定资产入账的土地。

（7）其他不得计算折旧扣除的固定资产。

2. 折旧方法[①]

一般情况下：固定资产按照直线法计算的折旧，准予扣除。

特殊情况下：符合条件的加速折旧（税法规定一般加速折旧和特定加速折旧）——该内容在“税收优惠”部分讲解。

3. 折旧年限[②]

除国务院财政、税务主管部门另有规定外，固定资产计算折旧的最低年限（表3-4）：

表3-4　固定资产折旧年限

固定资产类型	最低折旧年限（年）
房屋、建筑物	20
飞机、火车、轮船、机器、机械和其他生产设备	10
与生产经营活动有关的器具、工具、家具等	5
飞机、火车、轮船以外的运输工具	4
电子设备	3

4. 净残值

企业应当根据固定资产的性质和使用情况，合理确定固定资产的预计净残值。固定资产的预计净残值一经确定，不得变更。

（三）固定资产处置

1. 固定资产出售

企业转让资产，该项资产的净值准予在计算应纳税所得额时扣除。

税法与会计差异的纳税调整：

① 注意：企业应当自固定资产投入使用月份的次月起计算折旧；停止使用的固定资产，应当自停止使用月份的次月起停止计算折旧。企业应当根据固定资产的性质和使用情况，合理确定固定资产的预计净残值。固定资产的预计净残值一经确定，不得变更。

② 从事开采石油、天然气等矿产资源的企业，在开始商业性生产前发生的费用和有关固定资产的折耗、折旧方法，参见《财政部 国家税务总局关于开采油（气）资源企业费用和有关固定资产折耗摊销折旧税务处理问题的通知》（财税〔2009〕49号）。

税法的资产净值 = 税法的计税基础 - 已按税法规定扣除的折旧

2. 固定资产报废和毁损

企业实际发生的与取得收入有关的、合理的支出，包括成本、费用、税金、损失和其他支出，准予在计算应纳税所得额时扣除。

"损失"，是指企业在生产经营活动中发生的固定资产和存货的盘亏、毁损、报废损失，转让财产损失，呆账损失，坏账损失，自然灾害等不可抗力因素造成的损失以及其他损失。

因固定资产取得和折旧或计提固定资产减值而导致固定资产报废前的资产净值与账面价值不等，应调整应纳税所得额。

三、生产性生物资产

生产性生物资产，是指企业为生产农产品、提供劳务或者出租等而持有的生物资产，包括经济林、薪炭林、产畜和役畜等。

（一）生产性生物资产计税基础

1. 外购的生产性生物资产

外购的生产性生物资产，以购买价款和支付的相关税费为计税基础。

知识链接

《企业会计准则第 5 号——生物资产》规定，外购取得的生物资产应当按照成本进行初始计量，有确凿证据表明生物资产公允价值能够持续可靠取得的，应当采用公允价值计量。外购生物资产的成本包括购买价款、相关税费、运输费、保险费以及可直接归属于购买该资产的其他支出。其中，可直接归属于购买该资产的其他支出包括场地整理费、装卸费、栽植费、专业人员服务费等。企业一笔款项一次性购入多项生物资产时，购买过程中发生的相关税费、运输费、保险费等可直接归属于购买该资产的其他支出，应当按照各项生物资产的价款比例进行分配，分别确定各项生物资产的成本。税法规定，以购买生产性生物资产的价款和支付的相关税费作为外购生产性生物资产的计税基础。因此，对于外购取得的生产性生物资产的初始计量会计和税务的处理是一致的，二者没有差异。

2. 通过捐赠、投资、非货币性资产交换、债务重组等方式取得的生产性生物资产

通过捐赠、投资、非货币性资产交换、债务重组等方式取得的生产性生物资产，以

该资产的公允价值和支付的相关税费为计税基础。

除非货币性资产交换取得生产性生物资产会计采用成本计量模式外，通过捐赠、投资、非货币性资产交换、债务重组等方式取得的生产性生物资产的入账成本会计采用了公允价值模式，与税法基本一致。

（二）生产性生物资产折旧

1. 折旧方法

生产性生物资产按照直线法计算的折旧，准予扣除。企业应当自生产性生物资产投入使用月份的次月起计算折旧，停止使用的生产性生物资产，应当自停止使用月份的次月起停止计算折旧。

2. 折旧年限

生产性生物资产计算折旧的最低年限如下：①木类生产性生物资产，为 10 年；②畜类生产性生物资产，为 3 年。

四、无形资产

无形资产，是指企业为生产产品、提供劳务、出租或者经营管理而持有的、没有实物形态的非货币性长期资产，包括专利权、商标权、著作权、土地使用权、非专利技术、商誉等。

（一）无形资产计税基础

1. 外购的无形资产

税法规定外购的无形资产，以购买价款和支付的相关税费以及直接归属于使该资产达到预定用途发生的其他支出为计税基础①。

税收政策中并未规定延期、分期付款的情况。如果企业存在延期付款和分期付款取得无形资产的情况，会计计量和计税基础存在差异，同时，会计核算上还存在“未确认融资费用”的摊销问题，需要进行纳税调整。

2. 自行开发的无形资产

自行开发的无形资产，以开发过程中该资产符合资本化条件后至达到预定用途前发生的支出为计税基础。

① 注意：与外购的固定资产相同，外购无形资产会计的入账价值与税法的计税基础基本一致。但是，根据《企业会计准则第 6 号——无形资产》规定，购买无形资产的价款超过正常信用条件延期支付，实质上具有融资性质的，无形资产的成本以购买价款的现值为基础确定。实际支付的价款与购买价款的现值之间的差额，除按照《企业会计准则第 17 号——借款费用》应予资本化的以外，应当在信用期间内计入当期损益。

税法对于自行开发的无形资产有加计扣除的政策，详见“税收优惠”部分。[①]

3. 通过捐赠、投资、非货币性资产交换、债务重组等方式取得的无形资产

通过捐赠、投资、非货币性资产交换、债务重组等方式取得的无形资产，以该资产的公允价值和支付的相关税费为计税基础。

（二）无形资产摊销

1. 摊销范围

在计算应纳税所得额时，企业按照规定计算的无形资产摊销费用，准予扣除。但下列无形资产不得计算摊销费用扣除：

（1）自行开发的支出已在计算应纳税所得额时扣除的无形资产；

（2）自创商誉；

（3）与经营活动无关的无形资产；

（4）其他不得计算摊销费用的无形资产。

2. 摊销方法

无形资产按照直线法计算的摊销费用，准予扣除。

3. 摊销年限

无形资产的摊销年限不得低于10年。

作为投资或者受让的无形资产，有关法律规定或者合同约定了使用年限的，可以按照规定或者约定的使用年限分期摊销。

外购商誉的支出，在企业整体转让或清算时，准予扣除。

（三）无形资产处置

企业转让无形资产，该项资产的净值，准予在计算应纳税所得额时扣除。

无形资产转让所得形成的会计与税法差异包括两个方面，一是无形资产的账面价值与计税基础存在差异，导致转让所得的计算出现差异；二是符合条件的技术转让所得享受减、免税优惠政策，导致会计利润与应纳税所得额出现差异。

五、长期待摊费用

长期待摊费用，是指企业已经支出、摊销期限在1年以上（不含1年）的各项费用。税法规定可以税前扣除的长期待摊费用包括：已足额提取折旧的固定资产的改建支出、租

---

① 注意：自行开发无形资产发生的研发支出，税法有加计扣除的税收优惠政策，会产生会计入账成本与税前扣除金额的差异。

入固定资产的改建支出、固定资产的大修理支出和其他应当作为长期待摊费用的支出。

（一）已足额提取折旧的固定资产的改建支出

固定资产的改建支出，是指改变房屋或者建筑物结构、延长使用年限等发生的支出。

已足额提取折旧的固定资产的改建支出，按照固定资产预计尚可使用年限分期摊销；改建的固定资产延长使用年限的，除已足额提取折旧的固定资产的改建支出和租入固定资产的改建支出外，应当适当延长折旧年限。

（二）租入固定资产的改建支出

租入固定资产的改建支出，按照合同约定的剩余租赁期限分期摊销。

（三）固定资产的大修理支出

固定资产的大修理支出，按照固定资产尚可使用年限分期摊销。固定资产的大修理支出，是指同时符合下列条件的支出：

（1）修理支出达到取得固定资产时的计税基础50%以上。

（2）修理后固定资产的使用年限延长2年以上。

（四）其他长期待摊费用的支出

其他长期待摊费用支出，自支出发生月份的次月起，分期摊销，摊销年限不得低于3年。

根据《国家税务总局关于企业所得税若干税务事项衔接问题的通知》（国税函〔2009〕98号）第九条，开（筹）办费未明确列作长期待摊费用，企业可以在开始经营之日的当年一次性扣除，也可以按照新税法有关长期待摊费用的处理规定处理，但一经选定，不得改变。

企业在筹建期间，发生的与筹办活动有关的业务招待费支出，可按实际发生额的60%计入企业筹办费，并按有关规定在税前扣除。[①]

六、投资资产

投资资产，是指企业对外进行权益性投资和债权性投资而形成的资产。会计准则与之对应的内容是长期股权投资和金融资产。

（一）权益性投资

权益性投资，是指企业接受的不需要偿还本金和支付利息，投资人对企业净资产拥

---

① 注意：企业在筹建期间发生的业务招待费，会计准则规定开办费一次性计入当期损益，在管理费用中核算。税法规定，筹建期间发生的与筹办活动有关的业务招待费支出，可按实际发生额的60%计入企业筹办费，并按有关规定在税前扣除；其他开办费可以在税前一次性扣除，也可以比照长期待摊费用的规定处理。若企业选择开办费一次性扣除，并且在一个纳税年度内筹建完成，则会计与税收没有差异；如果筹建期跨年度，或者企业选择摊销年限不低于3年扣除，则会计与税收之间存在差异，需通过年度纳税申报表调整。

有所有权的投资。

1. 计税基础

投资资产按以下方法确定投资成本：

（1）通过支付现金方式取得的投资资产，以购买价款为成本。

（2）通过支付现金以外的方式取得的投资资产，以该资产的公允价值和支付的相关税费为成本。

2. 持有收益

（1）权益性投资收益的确认时间。

股息红利等权益性投资收益，指企业因权益性投资从被投资方取得的收入。除特殊规定，按照被投资方做出利润分配决定的日期确认收入的实现。

根据《国家税务总局关于贯彻落实企业所得税法若干税收问题的通知》（国税函〔2010〕79号），企业权益性投资取得股息、红利等收入，应以被投资企业股东会或股东大会做出利润分配或转股决定的日期，确定收入的实现。

（2）符合条件的权益性投资收益可免税。

免税的权益性投资收益包括两种情况：一是符合条件的居民企业之间的股息、红利等权益性投资收益；二是在中国境内设立机构、场所的非居民企业从居民企业取得与该机构、场所有实际联系的股息、红利等权益性投资收益。

符合条件的居民企业之间的股息、红利等权益性投资收益，是指居民企业直接投资于其他居民企业取得的投资收益。股息、红利等权益性投资收益，不包括连续持有居民企业公开发行并上市流通的股票不足12个月取得的投资收益。

（3）资本溢价转增资本不征税。

国税函〔2010〕79号规定，被投资企业将股权（票）溢价所形成的资本公积转为股本的，不作为投资方企业的股息、红利收入，投资方企业也不得增加该项长期投资的计税基础。

（4）留存收益转增资本（或股本）。

留存收益转增资本时，通常将其分解为两个交易行为，一是被投资企业向投资者进行利润分配，二是投资者向被投资企业增资。根据现行税法的规定，被投资企业向投资者分配利润，除特殊情况需申报纳税外，一般属于免税收入。

3. 处置收益

（1）正常转让的税务处理。

根据《国家税务总局关于贯彻落实企业所得税法若干税收问题的通知》（国税函

〔2010〕79号）第三条，企业转让股权收入，应于转让协议生效、且完成股权变更手续时，确认收入的实现。转让股权收入扣除为取得该股权所发生的成本后，为股权转让所得。企业在计算股权转让所得时，不得扣除被投资企业未分配利润等股东留存收益中按该项股权所可能分配的金额。

（2）撤资的税务处理。

根据《国家税务总局关于企业所得税若干问题的公告》（国家税务总局公告2011年第34号）第五条，投资企业从被投资企业撤回或减少投资，其取得的资产中，相当于初始出资的部分，应确认为投资收回；相当于被投资企业累计未分配利润和累计盈余公积按减少实收资本比例计算的部分，应确认为股息所得；其余部分确认为投资资产转让所得。

（3）限售股转让的税务处理。

企业在限售股解禁前将其持有的限售股转让给其他企业或个人（以下简称受让方），其企业所得税问题按以下规定处理：

企业应按减持在证券登记结算机构登记的限售股取得的全部收入，计入企业当年度应税收入计算纳税。

企业持有的限售股在解禁前已签订协议转让给受让方，但未变更股权登记、仍由企业持有的，企业实际减持该限售股取得的收入，依照上述规定纳税后，其余额转付给受让方的，受让方不再纳税。

（4）企业转让代持有的限售股。

因股权分置改革造成原由个人出资而由企业代持有的限售股，企业在转让时按以下规定处理：

企业转让上述限售股取得的收入，应作为企业应税收入计算纳税。

上述限售股转让收入扣除限售股原值和合理税费后的余额为该限售股转让所得。企业未能提供完整、真实的限售股原值凭证，不能准确计算该限售股原值的，主管税务机关一律按该限售股转让收入的15%，核定为该限售股原值和合理税费。

依照本条规定完成纳税义务后的限售股转让收入余额转付给实际所有人时不再纳税。

依法院判决、裁定等原因，通过证券登记结算公司，企业将其代持的个人限售股直接变更到实际所有人名下的，不视同转让限售股。

（5）企业清算时股东的股权处置。

投资方企业从被清算企业分得的剩余资产，其中相当于从被清算企业累计未分配利润和累计盈余公积中应当分得的部分，应当确认为股息所得；剩余资产减除上述股息所得后的余额，超过或者低于投资成本的部分，应当确认为投资资产转让所得或者损失。

（二）债权性投资

债权性投资是指企业直接或者间接为取得债权所作的投资，如购买国库券、公司债券等。债券是一种定约证券，它以契约的形式明确规定投资企业与被投资企业的权利与义务。企业进行债权性投资，一般是为了取得高于银行存款利率的利息，并保证按期收回本息。

1. 计税基础

投资资产按以下方法确定投资成本：

（1）通过支付现金方式取得的投资资产，以购买价款为成本。

（2）通过支付现金以外的方式取得的投资资产，以该资产的公允价值和支付的相关税费为成本。

2. 持有收益

利息收入按照合同约定的债务人应付利息的日期确认收入的实现。

根据《国家税务总局关于企业国债投资业务企业所得税处理问题的公告》（国家税务总局公告2011年第36号），企业投资国债从国务院财政部门取得的国债利息收入，应以国债发行时约定应付利息的日期，确认利息收入的实现。企业转让国债，应在国债转让收入确认时确认利息收入的实现。

企业取得的国债利息收入，免征企业所得税。

3. 处置收益

（1）企业在转让或者处置投资资产时，投资资产的成本，准予扣除。

（2）企业转让国债应在转让国债合同、协议生效的日期，或者国债移交时确认转让收入的实现；其取得的收益（损失）应作为企业应纳税所得额计算纳税。

企业投资购买国债，到期兑付的，应在国债发行时约定的应付利息的日期，确认国债转让收入的实现；

企业转让或到期兑付国债取得的价款，减除其购买国债成本，并扣除其持有期间按照规定计算的国债利息收入以及交易过程中相关税费后的余额，为企业转让国债收益（损失）。

企业在不同时间购买同一品种国债的，其转让时的成本计算方法，可在先进先出法、加权平均法、个别计价法中选用一种。计价方法一经选用，不得随意改变。

（三）关于可转换债券转换为股权投资的税务处理问题

根据《国家税务总局关于企业所得税若干政策征管口径问题的公告》（国家税务总局公告2021年第17号）：

1. 购买方企业的税务处理

（1）购买方企业购买可转换债券，在其持有期间按照约定利率取得的利息收入，应当依法申报缴纳企业所得税。

（2）购买方企业可转换债券转换为股票时，将应收未收利息一并转为股票的，该应收未收利息即使会计上未确认收入，税收上也应当作为当期利息收入申报纳税；转换后以该债券购买价、应收未收利息和支付的相关税费为该股票投资成本。

2. 发行方企业的税务处理

（1）发行方企业发生的可转换债券的利息，按照规定在税前扣除。

（2）发行方企业按照约定将购买方持有的可转换债券和应付未付利息一并转为股票的，其应付未付利息视同已支付，按照规定在税前扣除。

七、存货

存货是指企业持有以备出售的产成品或商品、处在生产过程中的在产品、在生产过程或提供劳务过程中耗用的材料和物料等。

（一）存货的计税基础

1. 通过支付现金方式取得的存货

通过支付现金方式取得的存货，以购买价款和支付的相关税费为成本。

2. 通过非现金支付方式取得的存货

通过支付现金以外的方式取得的存货，以该存货的公允价值和支付的相关税费为成本。

（二）存货的成本计算方法

企业领用或者销售存货，按照规定计算的存货成本，可以在计算应纳税所得额时扣除。企业各项存货的使用或者销售，其实际成本的计算方法，可以在先进先出法、加权平均法、个别计价法方法中选用一种。计价方法一经选用，不得随意变更。

第五节 亏损弥补的税务处理

一、亏损的界定

税收上的亏损是指企业依照《企业所得税法》及其实施条例的规定，将每一纳税年度的收入总额减除不征税收入、免税收入和各项扣除后小于零的数额。

企业所得税年度纳税申报表上的当年可以留待以后年度弥补的亏损 = 利润总额 - 境外所得 + 纳税调整增加额 - 纳税调整减少额 - 免税、减计收入及加计扣除 + 境外应税所得抵减境内亏损。

二、亏损弥补的税务处理

（一）一般规定

（1）企业纳税年度发生的亏损，准予向以后年度结转，用以后年度的所得弥补，但结转年限最长不得超过五年。

（2）企业在汇总计算缴纳企业所得税时，其境外营业机构的亏损不得抵减境内营业机构的盈利。

企业在汇总计算缴纳企业所得税时，境外营业机构的盈利不得抵减境内营业机构的亏损。

（3）纳税人弥补以前年度亏损时，应按照“先到期亏损先弥补、同时到期亏损先发生的先弥补”的原则处理。

（4）企业季度预缴所得税时，可以弥补以前年度亏损。

（二）特殊规定

1. 合伙企业亏损弥补

合伙企业的合伙人是法人和其他组织的，合伙人在计算其缴纳企业所得税时，不得用合伙企业的亏损抵减其盈利。

2. 查增应纳税所得额的亏损弥补

税务机关对企业以前年度纳税情况进行检查时调增的应纳税所得额，凡企业以前年度发生亏损、且该亏损属于《企业所得税法》规定允许弥补的，应允许调增的应纳税所得额弥补该亏损。弥补该亏损后仍有余额的，按照企业所得税法规定计算缴纳企业所得税。

3. 汇总纳税企业亏损弥补

二级分支机构所在地主管税务机关自行对其主管二级分支机构实施税务检查，可对查实项目按照《企业所得税法》的规定自行计算查增的应纳税所得额和应纳税额。

计算查增的应纳税所得额时，应减除允许弥补的汇总纳税企业以前年度亏损；对于需由总机构统一计算的税前扣除项目，不得由分支机构自行计算调整。

4. 企业计算清算所得时，允许依法弥补亏损

清算所得可弥补不超过规定弥补亏损年限的以前年度亏损。

5. 重组中的亏损弥补

（1）企业合并重组中[①]，若企业可以进行特殊性税务处理，则企业合并，被合并企

① 注意：若该重组适用一般性税务处理规定的，被合并企业的亏损不得在合并企业结转弥补。

业的亏损不得在合并企业结转弥补。

可由合并企业弥补的被合并企业亏损的限额 = 被合并企业净资产公允价值 × 截至合并业务发生当年年末国家发行的最长期限的国债利率

（2）企业分立重组中①，若企业可以进行特殊性税务处理，则被分立企业已分立出去资产相应的所得税事项由分立企业承继。被分立企业未超过法定弥补期限的亏损额可按分立资产占全部资产的比例进行分配，由分立企业继续弥补。

（3）筹办期间不计算亏损年度，企业开始生产经营的年度，为开始计算损益的年度。

企业从事生产经营之前进行筹办活动期间发生筹办费用支出，不得计算为当期的亏损，企业可以在开始经营之日的当年一次性扣除，也可以按照长期待摊费用的处理规定处理，但一经选定，不得改变。

三、亏损弥补期的税务处理

（一）一般规定

结转期 5 年，5 年弥补期以亏损年度的下一年度算起，5 年内不论盈亏连续计算。

（二）特殊规定

1. 高新技术企业或科技型中小企业

自 2018 年 1 月 1 日起，当年具备高新技术企业或科技型中小企业资格的企业，其具备资格年度之前 5 个年度发生的尚未弥补完的亏损，准予结转以后年度弥补，最长结转年限由 5 年延长至 10 年。

高新技术企业，是指按照《财政部 国家税务总局 科学技术部关于修订印发〈高新技术企业认定管理办法〉的通知》（国科发火〔2016〕32 号）规定认定的高新技术企业；所称科技型中小企业，是指按照《科技部 财政部 国家税务总局关于印发〈科技型中小企业评价办法〉的通知》（国科发政〔2017〕115 号）规定取得科技型中小企业登记编号的企业。

【政策依据】《财政部 税务总局关于延长高新技术企业和科技型中小企业亏损结转年限的通知》（财税〔2018〕76 号）。

2. “新冠肺炎疫情防控”特定亏损弥补政策

（1）受疫情影响较大的困难行业企业。

根据《财政部 税务总局关于支持新型冠状病毒感染的肺炎疫情防控有关税收政策的

① 注意：若该重组适用一般性税务处理规定的，被分立企业的亏损不得在分立企业中结转弥补。

公告》（财政部 税务总局公告2020年第8号），受疫情影响较大的困难行业企业2020年度发生的亏损，最长结转年限由5年延长至8年。

困难行业企业，包括交通运输、餐饮、住宿、旅游（指旅行社及相关服务、游览景区管理两类）四大类，具体判断标准按照现行《国民经济行业分类》执行。困难行业企业2020年度主营业务收入须占收入总额（剔除不征税收入和投资收益）的50%以上。

（2）电影行业企业。

①根据《财政部 税务总局关于电影等行业税费支持政策的公告》（财政部 税务总局公告2020年第25号），电影行业企业2020年度发生的亏损，最长结转年限由5年延长至8年。

电影行业企业限于电影制作、发行和放映等企业，不包括通过互联网、电信网、广播电视网等信息网络传播电影的企业。

②根据《财政部 税务总局发布关于延续实施应对疫情部分税费优惠政策的公告》（财政部 税务总局公告2021年第7号）规定：

受疫情影响较大的困难行业企业的亏损，最长结转年限由5年延长至8年的政策，执行期限延长至2021年3月31日。

对电影行业企业亏损，最长结转年限由5年延长至8年的政策，执行期限延长至2021年12月31日。

3. 集成电路产业和软件产业高质量发展企业

自2020年1月1日，国家鼓励的线宽小于130纳米（含）的集成电路生产企业，属于国家鼓励的集成电路生产企业清单年度之前5个纳税年度发生的尚未弥补完的亏损，准予向以后年度结转，总结转年限最长不得超过10年。

【政策依据】《财政部 税务总局 发展改革委 工业和信息化部关于促进集成电路产业和软件产业高质量发展企业所得税政策的公告》（财政部 税务总局 发展改革委 工业和信息化部公告2020年第45号）。

4. 政策性搬迁形成的亏损弥补

企业以前年度发生尚未弥补的亏损的，凡企业由于搬迁停止生产经营无所得的，从搬迁年度次年起，至搬迁完成年度前一年度止，可作为停止生产经营活动年度，从法定亏损结转弥补年限中减除；企业边搬迁、边生产的，其亏损结转年度应连续计算。

5. 筹办期间亏损问题

筹办期间不计算亏损年度，企业开始生产经营的年度，为开始计算损益的年度。企业从事生产经营之前进行筹办活动期间发生筹办费用支出，不得计算为当期的亏损，企业可以在开始经营之日的当年一次性扣除，也可以按照长期待摊费用的处理规定处理，但一经选定，不得改变。

知识链接

非居民企业在中国境内未设立机构、场所的，或者虽设立机构、场所但取得的所得与其所设机构、场所没有实际联系的，应当就其来源于中国境内的所得的计算。

根据《企业所得税法》第十九条，非居民企业在中国境内未设立机构、场所的，或者虽设立机构、场所但取得的所得与其所设机构、场所没有实际联系的，应当就其来源于中国境内的所得，按照下列方法计算其应纳税所得额：

（1）股息、红利等权益性投资收益和利息、租金、特许权使用费所得，以收入全额为应纳税所得额。

（2）转让财产所得，以收入全额减除财产净值后的余额为应纳税所得额。

（3）其他所得，参照前两项规定的方法计算应纳税所得额。

第六节 应纳税额的计算

一、应纳税额计算方法

企业的应纳税所得额乘以适用税率，减除规定的减免税额和抵免税额后的余额，为应纳税额。计算公式为：

应纳税额 = 应纳税所得额 × 适用税率 − 减免税额 − 抵免税额

公式中的减免税额和抵免税额，是指根据《企业所得税法》和国务院的税收优惠规定减征、免征和抵免的应纳税额。

二、实际应纳税额的计算

实际应纳所得税额 = 应纳税额 + 境外所得应纳所得税额 − 境外所得抵免所得税额

三、境外所得税收抵免

（一）基本规定

1. 抵免规定

境外所得抵免所得税额，是指根据《企业所得税法》，企业来源于境外所得已在境外缴纳的所得税额，允许在我国抵免的所得税额。抵免限额为该项所得依照中国税法计算的应纳税额；超过抵免限额的部分，可以在以后5个年度内（是指从企业取得的来源于中国境外的所得，已经在中国境外缴纳的企业所得税性质的税额超过抵免限额的当年的次年起连续5个纳税年度），用每年度抵免限额抵免当年应纳税额后的余额进行抵补。

抵免企业所得税税额时，应当提供中国境外税务机关出具的税款所属年度的有关纳税凭证。

2. 不得抵免的境外所得税税额

可抵免境外所得税税额，是指企业来源于中国境外的所得依照中国境外税收法律以及相关规定应当缴纳并已实际缴纳的企业所得税性质的税款。但不包括：

（1）按照境外所得税法律及相关规定属于错缴或错征的境外所得税税款。

（2）按照税收协定规定不应征收的境外所得税税款。

（3）因少缴或迟缴境外所得税而追加的利息、滞纳金或罚款。

（4）境外所得税纳税人或者其利害关系人从境外征税主体得到实际返还或补偿的境外所得税税款。

（5）按照我国《企业所得税法》及其实施条例规定，已经免征我国企业所得税的境外所得负担的境外所得税税款。

（6）按照国务院财政、税务主管部门有关规定已经从企业境外应纳税所得额中扣除的境外所得税税款。

（二）境外所得抵免适用范围

（1）居民企业来源于中国境外的应税所得。

（2）非居民企业在中国境内设立机构、场所，取得发生在中国境外但与该机构、场所有实际联系的应税所得。

（3）居民企业从其直接或者间接控制的外国企业分得的来源于中国境外的股息、红利等权益性投资收益，外国企业在境外实际缴纳的所得税税额中属于该项所得负担的部分，可以作为该居民企业的可抵免境外所得税税额，在税法规定的抵免限额内抵免。

直接控制，是指居民企业直接持有外国企业20%以上股份。

间接控制，是指居民企业以间接持股方式持有外国企业20%以上股份，具体认定办法由国务院财政、税务主管部门另行制定。

知识链接

间接控股比例的计算

根据《财政部 国家税务总局关于企业境外所得税收抵免有关问题的通知》（财税〔2009〕125号）（以下简称财税〔2009〕125号），居民企业在按照《企业所得税法》第二十四条，用境外所得间接负担的税额进行税收抵免时，其取得的境外投资收益实际间接负担的税额，是指根据直接或者间接持股方式合计持股20%以上（含20%，下同）的规定层级的外国企业股份，由此应分得的股息、红利等权益性投资收益中，从最低一层外国企业起逐层计算的属于由上一层企业负担的税额，其计算公式如下：

本层企业所纳税额属于由一家上一层企业负担的税额＝（本层企业就利润和投资收益所实际缴纳的税额＋符合本通知规定的由本层企业间接负担的税额）×本层企业向一家上一层企业分配的股息（红利）÷本层企业所得税后利润额

除国务院财政、税务主管部门另有规定外，按照实施条例第八十条规定由居民企业直接或者间接持有20%以上股份的外国企业①，限于符合以下持股方式的三层外国企业：

第一层：单一居民企业直接持有20%以上股份的外国企业。

第二层：单一第一层外国企业直接持有20%以上股份，且由单一居民企业直接持有或通过一个或多个符合本条规定持股条件的外国企业间接持有总和达到20%以上股份的外国企业。

第三层：单一第二层外国企业直接持有20%以上股份，且由单一居民企业直接持有或通过一个或多个符合本条规定持股条件的外国企业间接持有总和达到20%以上股份的外国企业。

（三）境外所得抵免方法

境外所得税抵免的方法分为直接抵免和间接抵免。

① 注意：根据《财政部 税务总局关于完善企业境外所得税收抵免政策问题的通知》（财税〔2017〕84号），自2017年1月1日起，由居民企业直接或者间接持有20%以上股份的外国企业，持股方式的三层外国企业扩大到五层外国企业，即：

第一层：企业直接持有20%以上股份的外国企业。

第二层至第五层：单一上一层外国企业直接持有20%以上股份，且由该企业直接持有或通过一个或多个符合财税〔2009〕125号第六条规定持股方式的外国企业间接持有总和达到20%以上股份的外国企业。

1. 直接抵免

直接抵免，是指企业直接作为纳税人就其境外所得在境外缴纳的所得税额在中国应纳税额中抵免。

2. 间接抵免

间接抵免，是指境外企业就分配股息前的利润缴纳的外国所得税额中由中国居民企业就该项分得的股息性质的所得间接负担的部分，由中国居民企业在中国应纳税额中抵免。

（四）抵免限额方法

抵免限额有两种计算方式：

1. “分国不分项”法

（1）概念。

企业以一个国家（地区）为维度计算可抵免境外所得税额和抵免限额。

（2）抵免要求。

企业在境外同一国家（地区）设立不具有独立纳税地位的分支机构，按照《企业所得税法》有关规定计算的亏损，不得抵减其境内或他国（地区）的应纳税所得额。企业不能准确计算实际可抵免分国（地区）别的境外所得税税额的，在相应国家（地区）缴纳的税收均不得在该企业当期应纳税额中抵免，也不得结转以后年度抵免。

（3）抵免限额的计算。

除国务院财政、税务主管部门另有规定外，该抵免限额应当分国（地区）不分项计算，计算公式如下：

抵免限额＝中国境内、境外所得依照《企业所得税法》和本条例的规定计算的应纳税总额×来源于某国（地区）的应纳税所得额÷中国境内、境外应纳税所得总额

2. “不分国不分项”法

不分国（地区）别汇总计算抵免限额，即不分国不分项计算。

（1）概念。

企业是以同一投资架构层级为维度，计算可抵免境外所得税额和抵免限额。位于同一投资架构层级的位于不同国家（地区）之间的企业盈亏时可以相互弥补的。

（2）抵免要求。

企业在境外同一国家（地区）设立不具有独立纳税地位的分支机构，按照企业所得

税法规定计算的亏损，可以抵减境外其他国（地区）的应纳税所得额。①

【政策依据】《财政部 税务总局关于完善企业境外所得税收抵免政策问题的通知》（财税〔2017〕84号）。

企业按照有关规定计算的当期境内、境外应纳税所得总额小于零的，应以零计算当期境内、境外应纳税所得总额，其当期境外所得税的抵免限额也为零。

（五）境外应纳税所得额的计算

（1）居民企业在境外投资设立不具有独立纳税地位的分支机构，其来源于境外的所得，以境外收入总额扣除与取得境外收入有关的各项合理支出后的余额为应纳税所得额。各项收入、支出按《企业所得税法》及其实施条例的有关规定确定。

居民企业在境外设立不具有独立纳税地位的分支机构取得的各项境外所得，无论是否汇回中国境内，均应计入该企业所属纳税年度的境外应纳税所得额。

（2）居民企业应就其来源于境外的股息、红利等权益性投资收益，以及利息、租金、特许权使用费、转让财产等收入，扣除按照《企业所得税法》及其实施条例等规定计算的与取得该项收入有关的各项合理支出后的余额为应纳税所得额。来源于境外的股息、红利等权益性投资收益，应按被投资方做出利润分配决定的日期确认收入实现；来源于境外的利息、租金、特许权使用费、转让财产等收入，应按有关合同约定应付交易对价款的日期确认收入实现。

（3）非居民企业在境内设立机构、场所的，应就其发生在境外但与境内所设机构、场所有实际联系的各项应税所得，比照上述第（2）项的规定计算相应的应纳税所得额。

（4）在计算境外应纳税所得额时，企业为取得境内、外所得而在境内、境外发生的共同支出，与取得境外应税所得有关的、合理的部分，应在境内、境外［分国（地区）别，下同］应税所得之间，按照合理比例进行分摊后扣除。

（5）在汇总计算境外应纳税所得额时，若企业采用“分国不分项”的企业，企业在境外同一国家（地区）设立不具有独立纳税地位的分支机构，按照《企业所得税法》及

---

① 注意：“中国境内、境外所得依照《企业所得税法》及实施条例的规定计算的应纳税总额”的税率，除国务院财政、税务主管部门另有规定外，应为《企业所得税法》规定的税率25%为准。

自2017年1月1日起，企业对来自境外的应纳税所得额可自行选择综合抵免法或分国抵免法。采用哪种方式计算抵免限额由企业自行选择，一经选择，5年内不得改变。

实施条例的有关规定计算的亏损，不得抵减其境内或他国（地区）的应纳税所得额，但可以用同一国家（地区）其他项目或以后年度的所得按规定弥补。

（六）境外实际抵免税额

采取“从低抵免”原则确认当年境外实际抵免税额，即“抵免限额”与“境外已缴纳”比较：

在计算实际应抵免的境外已缴纳和间接负担的所得税税额时，企业在境外一国（地区）当年缴纳和间接负担的符合规定的所得税税额低于所计算的该国（地区）抵免限额的，应以该项税额作为境外所得税抵免额从企业应纳税总额中据实抵免；超过抵免限额的，当年应以抵免限额作为境外所得税抵免额进行抵免，超过抵免限额的余额允许从次年起在连续五个纳税年度内，用每年度抵免限额抵免当年应抵税额后的余额进行抵补。

四、核定征收应纳税额的计算

对核定征收企业所得税的纳税人，核定应税所得率或者核定应纳所得税额。

（一）核定应税所得率

企业具有下列情形之一的，核定其应税所得率：

（1）能正确核算（查实）收入总额，但不能正确核算（查实）成本费用总额的。

（2）能正确核算（查实）成本费用总额，但不能正确核算（查实）收入总额的。

（3）通过合理方法，能计算和推定纳税人收入总额或成本费用总额的。

国家税务总局规定了不同行业的应税所得率幅度标准。实行应税所得率方式核定征收企业所得税的纳税人，经营多业的，无论其经营项目是否单独核算，均由税务机关根据其主营项目确定适用的应税所得率。

采用应税所得率方式核定征收企业所得税的，应纳所得税额计算公式如下：

应纳所得税额 = 应纳税所得额 × 适用税率

应纳税所得额 = 应税收入额 × 应税所得率

或：应纳税所得额 = 成本（费用）支出额 ÷（1 − 应税所得率）× 应税所得率

应税收入额 = 收入总额 − 不征税收入 − 免税收入

应纳税额 = 应纳税所得额 × 适用税率

（二）核定应纳所得税额

不符合核定应税所得率方式情形的企业，采取核定应纳所得税的方法征收企业所得税。

（三）企业所得税核定征收改为查账征收后有关资产的税务处理问题

根据《国家税务总局关于企业所得税若干政策征管口径问题的公告》（国家税务总局公告2021年第17号）：

（1）企业能够提供资产购置发票的，以发票载明金额为计税基础；不能提供资产购置发票的，可以凭购置资产的合同（协议）、资金支付证明、会计核算资料等记载金额，作为计税基础。

（2）企业核定征税期间投入使用的资产，改为查账征税后，按照税法规定的折旧、摊销年限，扣除该资产投入使用年限后，就剩余年限继续计提折旧、摊销额并在税前扣除。

五、企业清算应纳税额的计算

企业应当在办理注销登记前，就其清算所得向税务机关申报并依法缴纳企业所得税。

（一）清算所得的确认

企业的全部资产可变现价值或交易价格，减除资产的计税基础、清算费用、相关税费，加上债务清偿损益等后的余额，为清算所得。清算所得减免税收入、不征税收入、其他免税所得、弥补以前年度亏损后的余额为应纳税所得额。

计算公式如下

清算所得＝资产处置损益＋负债清偿损益－清算费用－清算税金及附加＋其他所得或支出企业应将整个清算期作为一个独立的纳税年度计算清算所得

（二）企业清算的所得税处理

企业清算的所得税处理包括以下内容：

（1）全部资产均应按可变现价值或交易价格，确认资产转让所得或损失。

（2）确认债权清理、债务清偿的所得或损失。

（3）改变持续经营核算原则，对预提或待摊性质的费用进行处理。

（4）依法弥补亏损，确定清算所得。

（5）计算并缴纳清算所得税。

（6）确定可向股东分配的剩余财产、应付股息等。

（三）企业清算的所得税计算

应纳税所得额 = 清算所得 - 免税收入 - 不征税收入 - 其他免税所得 - 弥补以前年度亏损

应纳税额 = 应纳税所得额 × 适用税率

第七节　税收优惠

国家对重点扶持和鼓励发展的产业和项目，给予企业所得税优惠。

一、税收优惠形式

企业所得税的税收优惠有针对税基的优惠、税率的优惠和税额的优惠。

（一）针对税基的优惠

企业所得税针对税基的优惠有免税收入、减计收入、减征所得、免征所得、加计扣除、固定资产加速折旧或缩短折旧年限或一次性扣除、抵扣应纳税所得额等。

1. 免税收入

（1）国债利息收入。国债利息收入指企业持有国务院财政部门发行的国债取得的利息收入[①]。

【政策依据】《财政部 税务总局关于铁路债券利息收入所得税政策的公告》（财政部税务总局公告 2019 年第 57 号）。

（2）符合条件的居民企业之间的股息、红利等权益性投资收益。此收益指居民企业直接投资于其他居民企业取得的股息、红利等权益性投资收益，不包括连续持有居民企业公开发行并上市流通的股票不足 12 个月取得的投资收益。

（3）在中国境内设立机构、场所的非居民企业从居民企业取得与该机构、场所有实际联系的股息、红利等权益性投资收益。此收益不包括连续持有居民企业公开发行并上市流通的股票不足 12 个月取得的投资收益。

（4）内地企业投资者通过深港通投资香港联交所上市股票的股息红利所得税。

①对内地企业投资者通过深港通投资香港联交所上市股票取得的股息红利所得，计

① 注意：对企业投资者持有 2019—2023 年发行的铁路债券取得的利息收入，减半征收企业所得税。

入其收入总额，依法计征企业所得税。其中，内地居民企业连续持有H股满12个月取得的股息红利所得，依法免征企业所得税。

②香港联交所上市H股公司应向中国结算提出申请，由中国结算向H股公司提供内地企业投资者名册，H股公司对内地企业投资者不代扣股息红利所得税款，应纳税款由企业自行申报缴纳。

③内地企业投资者自行申报缴纳企业所得税时，对香港联交所非H股上市公司已代扣代缴的股息红利所得税，可依法申请税收抵免。

【政策依据】《财政部 国家税务总局 证监会关于深港股票市场交易互联互通机制试点有关税收政策的通知》(财税〔2016〕127号)。

(5) 符合条件的非营利组织的收入（不包括非营利组织从事营利性活动取得的收入）。

2. 减计收入

企业以《资源综合利用企业所得税优惠目录》规定的资源作为主要原材料，生产国家非限制和禁止并符合国家和行业相关标准的产品取得的收入，减按90%计入收入总额。

3. 减征、免征所得税

(1) 针对从事农、林、牧、渔业项目所得，免征、减征企业所得税。

(2) 对从事国家重点扶持的公共基础设施项目的投资经营所得，以及符合条件的环境保护、节能节水项目的所得，自项目取得第一笔生产经营收入所属纳税年度起，第一至第三年免征、第四至第六年减半征收企业所得税。

国家重点扶持的公共基础设施项目，是指《公共基础设施项目企业所得税优惠目录》规定的港口码头、机场、铁路、公路、城市公共交通、电力、水利等项目。符合条件的环境保护、节能节水项目，包括公共污水处理、公共垃圾处理、沼气综合开发利用、节能减排技术改造、海水淡化等。

(3) 居民企业一个纳税年度内技术转让所得不超过500万元的部分免征，超过500万元的部分减半征收企业所得税。

自2020年1月1日起，对在中关村国家自主创新示范区特定区域内注册的居民企业（居民企业从直接或间接持有股权之和达到100%的关联方取得的技术转让所得），符合条件的技术转让所得，在一个纳税年度内不超过2 000万元的部分，免征企业所得税；超过2 000万元部分，减半征收企业所得税。

知识链接

根据《财政部 税务总局 科技部 知识产权局关于中关村国家自主创新示范区特定区域技术转让企业所得税试点政策的通知》(财税〔2020〕61号):

技术，是指专利（含国防专利）、计算机软件著作权、集成电路布图设计专有权、植物新品种权、生物医药新品种，以及财政部和国家税务总局确定的其他技术。其中，专利是权利人依法就发明创造，包括发明、实用新型、外观设计享有的专有的权利。

技术转让，是指居民企业转让符合本通知第二条规定技术的所有权，或3年以上（含3年）非独占许可使用权和全球独占许可使用权的行。

知识链接

根据《财政部 税务总局 发展改革委 证监会关于中关村国家自主创新示范区公司型创业投资企业有关企业所得税试点政策的通知》(财税〔2020〕63号):

一、对示范区内公司型创业投资企业，转让持有3年以上股权的所得占年度股权转让所得总额的比例超过50%的，按照年末个人股东持股比例减半征收当年企业所得税；转让持有5年以上股权的所得占年度股权转让所得总额的比例超过50%的，按照年末个人股东持股比例免征当年企业所得税。

上述两种情形下，应分别适用以下公式计算当年企业所得税免征额:

（一）转让持有3年以上股权的所得占年度股权转让所得总额的比例超过50%的:

企业所得税免征额=年末个人股东持股比例×本年度企业所得税应纳税额÷2

（二）转让持有5年以上股权的所得占年度股权转让所得总额的比例超过50%的:

企业所得税免征额=年末个人股东持股比例×本年度企业所得税应纳税额

二、通知所称公司型创业投资企业，应同时符合以下条件:

（一）在示范区内注册成立，实行查账征收的居民企业。

（二）符合《创业投资企业管理暂行办法》(发展改革委等10部门令第39号)或者《私募投资基金监督管理暂行办法》（证监会令第105号）要求，并按照规定完成备案且规范运作。

（4）外国政府向中国政府提供贷款取得的利息、国际金融组织向中国政府和居民企业提供优惠贷款取得的利息所得等免征企业所得税。

（5）海南自由贸易港企业所得税优惠政策。

根据《财政部 税务总局关于海南自由贸易港企业所得税优惠政策的通知》（财税〔2020〕31 号），自 2020 年 1 月 1 日起执行至 2024 年 12 月 31 日，对在海南自由贸易港设立的旅游业、现代服务业、高新技术产业企业新增境外直接投资取得的所得，免征企业所得税。本条所称新增境外直接投资所得应当符合以下条件：

①从境外新设分支机构取得的营业利润；或从持股比例超过 20%（含）的境外子公司分回的，与新增境外直接投资相对应的股息所得。

②被投资国（地区）的企业所得税法定税率不低于 5%。

旅游业、现代服务业、高新技术产业，按照海南自由贸易港鼓励类产业目录执行。

（6）集成电路产业和软件产业高质量发展定期减征、免征所得。

（7）自 2021 年 1 月 1 日至 2023 年 12 月 31 日期间，生产与装配伤残人员专门用品企业免征企业所得税。

详细参见本节“二、几种主要税收优惠”中的内容。

4. 加计扣除

（1）企业开发新技术、新产品、新工艺发生的研究开发费用加计扣除。

企业开展研发活动中实际发生的研发费用，未形成无形资产计入当期损益的，在按规定据实扣除的基础上，在 2018 年 1 月 1 日至 2023 年 12 月 31 日期间，再按照实际发生额的 75% 在税前加计扣除；形成无形资产的，在上述期间按照无形资产成本的 175% 在税前摊销。自 2021 年 1 月 1 日起，制造业企业符合条件的可按 100% 加计扣除。

（2）安置残疾人员及国家鼓励安置的其他就业人员所支付的工资加计扣除。

在按照支付给残疾职工工资据实扣除的基础上，可以在计算应纳税所得额时按照支付给残疾职工工资的 100% 加计扣除。

5. 固定资产加速折旧或缩短折旧年限或一次性扣除

固定资产加速折旧或缩短折旧年限或一次性扣除，包括法定优惠和特定优惠。

（1）法定优惠是指《企业所得税法》规定的优惠。《企业所得税法》规定，企业的固定资产由于技术进步等原因，确需加速折旧的，可以缩短折旧年限或者采取加速折旧的方法。

（2）特定优惠：①主要是指从 2014 年以来，财政部、国家税务总局发布的针对特定行业的固定资产优惠。②海南自由贸易港企业加速折旧所得税优惠。

6. 抵扣应纳税所得额

抵扣应纳税所得额目前主要是对创业投资企业实施的一种优惠形式。

（二）针对税率的优惠

税率优惠包括有：

（1）符合条件的小型微利企业，减按20%的税率征收企业所得税。

（2）高新技术企业、技术先进型服务企业，减按15%的税率征收企业所得。

（3）非居民企业在中国境内未设立机构、场所的，或虽设立机构、场所但取得的所得与其所设机构、场所没有实际联系的，其来源于我国境内的所得，减按10%的税率征收企业所得税。

知识链接

企业所得税适用税率归纳

1. 企业所得税税率基本税率：25%

2. 符合条件的小型微利企业税率：20%

其中：2019年1月1日至2021年12月31日，应纳税所得额不超过100万元的部分，减按25%计入应纳税所得额，对年应纳税所得额超过100万元但不超过300万元的部分，减按50%计入应纳税所得额。

3. 高新技术企业：15%

根据《企业所得税法》第二十八条，国家需要重点扶持的高新技术企业，减按15%的税率征收企业所得税。

根据《企业所得税法实施条例》第九十三条，《企业所得税法》第二十八条第二款所称国家需要重点扶持的高新技术企业，是指拥有核心自主知识产权，并同时符合下列条件的企业：（一）产品（服务）属于《国家重点支持的高新技术领域》规定的范围；（二）研究开发费用占销售收入的比例不低于规定比例；（三）高新技术产品（服务）收入占企业总收入的比例不低于规定比例；（四）科技人员占企业职工总数的比例不低于规定比例；（五）高新技术企业认定管理办法规定的其他条件。

4. 西部地区鼓励类产业企业：15%

根据《财政部 海关总署 国家税务总局关于深入实施西部大开发战略有关税收政策问题的通知》（财税〔2011〕58号）第二条，自2011年1月1日至2020年12月

31日，对设在西部地区的鼓励类产业企业减按15%的税率征收企业所得税。上述鼓励类产业企业是指以《西部地区鼓励类产业目录》中规定的产业项目为主营业务，且其主营业务收入占企业收入总额70%以上的企业。

根据《财政部 税务总局 国家发展改革委关于延续西部大开发企业所得税政策的公告》（财政部公告2020年第23号）第一条，自2021年1月1日至2030年12月31日，对设在西部地区的鼓励类产业企业减按15%的税率征收企业所得税。本条所称鼓励类产业企业是指以《西部地区鼓励类产业目录》[①] 中规定的产业项目为主营业务，且其主营业务收入占企业收入总额60%以上的企业。

5. 技术先进型服务企业：15%

（1）根据《财政部 税务总局 商务部 科技部 国家发展改革委关于将技术先进型服务企业所得税政策推广至全国实施的通知》（财税〔2017〕79号）第一条，自2017年1月1日起，在全国范围内对经认定的技术先进型服务企业，减按15%的税率征收企业所得税。

（2）根据《财政部 税务总局 商务部 科技部 国家发展改革委关于将服务贸易创新发展试点地区技术先进型服务企业所得税政策推广至全国实施的通知》（财税〔2018〕44号）第一条，自2018年1月1日起，对经认定的技术先进型服务企业（服务贸易类），减按15%的税率征收企业所得税。

6. 设在横琴新区、平潭综合实验区和前海深港现代服务业合作区的鼓励类产业企业：15%

（1）根据《财政部 国家税务总局关于广东横琴新区 福建平潭综合实验区 深圳前海深港现代化服务业合作区企业所得税优惠政策及优惠目录的通知》（财税〔2014〕26号）第一条，对设在横琴新区、平潭综合实验区和前海深港现代服务业合作区的鼓励类产业企业减按15%的税率征收企业所得税。上述鼓励类产业企业是指以所在区域《企业所得税优惠目录》中规定的产业项目为主营业务，且其主营业务收入占企业收入总额70%以上的企业。上述所称收入总额，是指《企业所得税法》第六条规定的收入总额。

① 注意：《西部地区鼓励类产业目录（2020年本）》（中华人民共和国国家发展和改革委员会令2021年第40号）自2021年3月1日起施行。中华人民共和国国家发展和改革委员会2014年发布的《西部地区鼓励类产业目录》（中华人民共和国国家发展和改革委员会令2014年第15号）同时废止。

（2）根据《财政部 税务总局关于平潭综合实验区企业所得税优惠目录增列有关旅游产业项目的通知》（财税〔2017〕75号）第一条，在平潭综合实验区企业所得税优惠目录中增列有关旅游产业项目，平潭综合实验区内享受减按15%税率征收企业所得税优惠政策的鼓励类产业企业，统一按《平潭综合实验区企业所得税优惠目录（2017版）》执行。根据《财政部 税务总局关于横琴新区企业所得税优惠目录增列旅游产业项目的通知》（财税〔2019〕63号）第一条，在横琴新区企业所得税优惠目录中增列有关旅游产业项目。横琴新区内享受减按15%税率征收企业所得税优惠政策的鼓励类产业企业，统一按照《横琴新区企业所得税优惠目录（2019版）》执行。

7. 从事污染防治的第三方企业：15%

根据《财政部 税务总局 国家发展改革委 生态环境部关于从事污染防治的第三方企业所得税政策问题的公告》（财政部 税务总局 国家发展改革委 生态环境部公告2019年第60号）第一条，对符合条件的从事污染防治的第三方企业（以下称第三方防治企业）减按15%的税率征收企业所得税。本公告所称第三方防治企业是指受排污企业或政府委托，负责环境污染治理设施（包括自动连续监测设施）运营维护的企业。

8. 注册在海南自由贸易港并实质性运营的鼓励类产业企业：15%

根据《财政部 税务总局关于海南自由贸易港企业所得税优惠政策的通知》（财税〔2020〕31号）第一条，对注册在海南自由贸易港并实质性运营的鼓励类产业企业，减按15%的税率征收企业所得税。本条所称鼓励类产业企业，是指以海南自由贸易港鼓励类产业目录中规定的产业项目为主营业务，且其主营业务收入占企业收入总额60%以上的企业。所称实质性运营，是指企业的实际管理机构设在海南自由贸易港，并对企业生产经营、人员、账务、财产等实施实质性全面管理和控制。对不符合实质性运营的企业，不得享受优惠。

9. 中国（上海）自贸试验区临港新片区重点产业企业：15%

（1）政策要点。

对新片区内从事集成电路、人工智能、生物医药、民用航空等关键领域核心环节相关产品（技术）业务，并开展实质性生产或研发活动的符合条件的法人企业，自设立之日起5年内减按15%的税率征收企业所得税。

（2）享受优惠条件。

“符合条件的法人企业”必须同时满足以下第①、②项条件，以及第③项或第④项条件中任一子条件：

①自2020年1月1日起在新片区内注册登记（不包括从外区域迁入新片区的企业），主营业务为从事《新片区集成电路、人工智能、生物医药、民用航空关键领域核心环节目录》中相关领域环节实质性生产或研发活动的法人企业。实质性生产或研发活动是指，企业拥有固定生产经营场所、固定工作人员，具备与生产或研发活动相匹配的软硬件支撑条件，并在此基础上开展相关业务。

②企业主要研发或销售产品中至少包含1项关键产品（技术）。关键产品（技术）是指在集成电路、人工智能、生物医药、民用航空等重点领域产业链中起到重要作用或不可或缺的产品（技术）。

③企业投资主体条件：

——企业投资主体在国际细分市场影响力排名前列，技术实力居于业内前列。

——企业投资主体在国内细分市场居于领先地位，技术实力在业内领先。

④企业研发生产条件：

——企业拥有领军人才及核心团队骨干，在国内外相关领域长期从事科研生产工作。

——企业拥有核心关键技术，对其主要产品具备建立自主知识产权体系的能力。

——企业具备推进产业链核心供应商多元化，牵引国内产业升级能力。

——企业具备高端供给能力，核心技术指标达到国际前列或国内领先。

——企业研发成果（技术或产品）已被国际国内一线终端设备制造商采用或已经开展紧密实质性合作（包括资本、科研、项目等领域）。

——企业获得国家或省级政府科技或产业化专项资金、政府性投资基金或取得知名投融资机构投资。

10. 集成电路生产企业：15%

根据《财政部 国家税务总局关于进一步鼓励软件产业和集成电路产业发展企业所得税政策的通知》（财税〔2012〕27号），集成电路线宽小于0.25微米或投资额超过80亿元的集成电路生产企业，经认定后，减按15%的税率征收企业所得税，其中经营期在15年以上的，在2017年12月31日前自获利年度起计算优惠期，第一年至第五年免征企业所得税，第六年至第十年按照25%的法定税率减半征收企业所得税，并享受至期满为止。

11. 重点软件企业和集成电路设计企业：10%

根据《财政部 国家税务总局关于进一步鼓励软件产业和集成电路产业发展企业所得税政策的通知》（财税〔2012〕27号），国家规划布局内的重点软件企业和集成电路设计企业，如当年未享受免税优惠的，可减按10%的税率征收企业所得税。①

12. 海南自由贸易港企业所得税低税率优惠政策

根据《财政部 税务总局关于海南自由贸易港企业所得税优惠政策的通知》（财税〔2020〕31号），自2020年1月1日起执行至2024年12月31日，有关优惠政策如下：

（1）对注册在海南自由贸易港并实质性运营的鼓励类产业企业，减按15%的税率征收企业所得税。

鼓励类产业企业，是指以海南自由贸易港鼓励类产业目录中规定的产业项目为主营业务，且其主营业务收入占企业收入总额60%以上的企业。所称实质性运营，是指企业的实际管理机构设在海南自由贸易港，并对企业生产经营、人员、账务、财产等实施实质性全面管理和控制。对不符合实质性运营的企业，不得享受优惠。海南自由贸易港鼓励类产业目录包括《产业结构调整指导目录（2019年本）》《鼓励外商投资产业目录（2019年版）》和新增《海南自由贸易港鼓励类产业目录（2020年本）》。上述目录在本通知执行期限内修订的，自修订版实施之日起按新版本执行。

根据《国家税务总局海南省税务局关于海南自由贸易港企业所得税优惠政策有关问题的公告》（国家税务总局海南省税务局公告2020年第4号），企业包括设立在自贸港的非居民企业机构、场所。

（2）对总机构设在海南自由贸易港的符合条件的企业，仅就其设在海南自由贸易港的总机构和分支机构的所得，适用15%税率；对总机构设在海南自由贸易港以外的企业，仅就其设在海南自由贸易港内的符合条件的分支机构的所得，适用15%税率。具体征管办法按照国家税务总局有关规定执行。

① 该规定自2020年1月1日起已失效（具体可参见财政部 税务总局发展改革委员会 工业和信息化部公告2020年第45号规定）。

根据《国家税务总局海南省税务局关于海南自由贸易港企业所得税优惠政策有关问题的公告》（国家税务总局海南省税务局公告2020年第4号），对总机构设在自贸港的企业，仅将该企业设在自贸港的总机构和分支机构（不含在自贸港以外设立的二级以下分支机构在自贸港设立的三级以下分支机构）纳入判断是否符合规定条件范围，设在自贸港以外的分支机构不纳入判断范围；对总机构设在自贸港以外的企业，仅就设在自贸港的分支机构（不含在自贸港以外设立的二级以下分支机构在自贸港设立的三级以下分支机构）判断是否符合规定条件，设在自贸港以外的总机构和分支机构不纳入判断范围。

13. 集成电路设计和软件产业企业适用税率

根据《财政部 税务总局关于集成电路设计企业和软件企业2019年度企业所得税汇算清缴适用政策的公告》（财政部 国家税务总局公告2020年第29号），依法成立且符合条件的集成电路设计企业和软件企业，在2019年12月31日前自获利年度起计算优惠期，第一年至第二年免征企业所得税，第三年至第五年按照25%的法定税率减半征收企业所得税，并享受至期满为止。根据《财政部 税务总局关于集成电路设计和软件产业企业所得税政策的公告》（财政部 国家税务总局公告2019年第68号），依法成立且符合条件的集成电路设计企业和软件企业，在2018年12月31日前自获利年度起计算优惠期，第一年至第二年免征企业所得税，第三年至第五年按照25%的法定税率减半征收企业所得税，并享受至期满为止。

14. 非居民企业：10%

非居民企业在中国境内未设立机构、场所的，或者虽设立机构、场所但取得的所得与其所设机构、场所没有实际联系的，应当就其来源于中国境内的所得缴纳企业所得税，税率为10%。

（三）针对税额的优惠

1. 抵免税额

目前主要是环境保护、节能节水、安全生产专用设备投资额抵免税额。

2. 减征、免征税额

按照《企业所得税法》的规定，民族自治地方的自治机关对本民族自治地方的企业应缴纳的企业所得税中属于地方分享的部分，可以决定减征或者免征。

二、几种主要税收优惠

（一）小型微利企业优惠

自2019年1月1日起至2021年12月31日，对小型微利企业年应纳税所得额不超过100万元的部分，减按25%计入应纳税所得额，按20%的税率缴纳企业所得税；对年应纳税所得额超过100万元但不超过300万元的部分，减按50%计入应纳税所得额，按20%的税率缴纳企业所得税。

为进一步支持小型微利企业复工复产，缓解其生产经营资金压力，2020年5月1日至2020年12月31日，小型微利企业在2020年剩余申报期按规定办理预缴申报后，可以暂缓缴纳当期的企业所得税，延迟至2021年首个申报期内一并缴纳。

根据《财政部 税务总局关于实施小微企业和个体工商户所得税优惠政策的公告》（财政部 税务总局公告2021年第12号），2021年1月1日起至2022年12月31日，对小型微利企业年应纳税所得额不超过100万元的部分，减按12.5%计入应纳税所得额，按20%的税率缴纳企业所得税。

小型微利企业是指从事国家非限制和禁止行业，且同时符合年度应纳税所得额不超过300万元、从业人数不超过300人、资产总额不超过5 000万元三个条件的企业。

（二）加计扣除

1. 研发费用加计扣除

（1）基本政策。

①根据《财政部 税务总局关于延长部分税收优惠政策执行期限的公告》（财政部 税务总局公告2021年第6号），非制造业企业为开发新技术、新产品、新工艺发生的研究开发费用，未形成无形资产计入当期损益的，在按照规定据实扣除的基础上，在2018年1月1日至2023年12月31日期间，再按照实际发生额的75%在税前加计扣除；形成无形资产的，在上述期间按照无形资产成本的175%在税前摊销。

②制造业企业，在2018年1月1日至2020年12月31日期间发生的符合条件的新技术、新产品、新工艺发生的研究开发费用加计扣除政策同非制造业企业一致，按照实际发生额的75%加计；根据《财政部 税务总局关于进一步完善研发费用税前加计扣除政策的公告》（财政部 税务总局公告2021年第13号）自2021年1月1日起，制造业企业开展研发活动中实际发生的研发费用，未形成无形资产计入当期损益的，在按规定据实扣除的基础上，再按照实际发生额的100%在税前加计扣除；形成无形资产的，按照

无形资产成本的200%在税前摊销。

制造业企业，是指以制造业业务为主营业务，享受优惠当年主营业务收入占收入总额的比例达到50%以上的企业。制造业的范围按照《国民经济行业分类》（GB/T 4574—2017）确定，如国家有关部门更新《国民经济行业分类》，从其规定。收入总额按照《企业所得税法》第六条规定执行。

注意：根据《国家税务总局关于发布〈中华人民共和国企业所得税月（季）度预缴纳税申报表（A类）〉的公告》（国家税务总局公告2021年第3号），加计扣除优惠政策可以在企业所得税预缴申报时享受。

研究开发费用包括人员人工费用、直接投入费用、折旧费用、无形资产摊销和新产品设计费、新工艺规程制定费、新药研制的临床试验费、勘探开发技术的现场试验费等。

其他相关费用。其他相关费用总额不得超过可加计扣除研发费用总额的10%。企业在一个纳税年度内进行多项研发活动的，应按照不同研发项目分别归集可加计扣除的研发费用。在计算每个项目其他相关费用的限额时应当按照以下公式计算：

其他相关费用限额 =（研究开发费用总额 − 其他相关费用）×10% ÷（1 − 10%）

（2）其他事项。

①企业取得的政府补助，会计处理时采用直接冲减研发费用方法且税务处理时未将其确认为应税收入的，应按冲减后的余额计算加计扣除金额。

②企业取得研发过程中形成的下脚料、残次品、中间试制品等特殊收入，在计算确认收入当年的加计扣除研发费用时，应从已归集研发费用中扣减该特殊收入，不足扣减的，加计扣除研发费用按零计算。

③企业开展研发活动中实际发生的研发费用形成无形资产的，其资本化的时点与会计处理保持一致。

④失败的研发活动所发生的研发费用可享受税前加计扣除政策。

（3）委托研发。

委托研发是指企业通过支付报酬的形式委托受托企业进行研发，而对研发结果拥有所有权或者使用权[①]。企业委托外部机构或个人进行研发活动所发生的费用，按照费用

① 注意：根据《财政部 税务总局 科技部关于企业委托境外研究开发费用税前加计扣除有关政策问题的通知》（财税〔2018〕64号），自2018年1月1日起，委托境外进行研发活动所发生的费用，按照费用实际发生额的80%计入委托方的委托境外研发费用。委托境外研发费用不超过境内符合条件的研发费用2/3的部分，可以按规定在企业所得税前加计扣除。

实际发生额的80%计入委托方研发费用并计算加计扣除，受托方不得再进行加计扣除。委托外部研究开发费用实际发生额应按照独立交易原则确定。委托方与受托方存在关联关系的，受托方应向委托方提供研发项目费用支出明细情况。无论委托方是否享受研发费用税前加计扣除政策，受托方均不得加计扣除。委托方委托关联方开展研发活动的，受托方需向委托方提供研发过程中实际发生的研发项目费用支出明细情况。

2. 安置残疾人员所支付的工资加计扣除

根据《财政部 国家税务总局关于安置残疾人员就业有关企业所得税优惠政策问题的通知》（财税〔2009〕70号）：

（1）政策要点。

企业安置残疾人员的，在按照支付给残疾职工工资据实扣除的基础上，按照支付给残疾职工工资的100%加计扣除。

企业就支付给残疾职工的工资，在进行企业所得税预缴申报时，允许据实计算扣除；在年度终了进行企业所得税年度申报和汇算清缴时，再计算加计扣除。

（2）适用条件。

企业享受安置残疾职工工资100%加计扣除应同时具备如下条件：

①依法与安置的每位残疾人签订了1年以上（含1年）的劳动合同或服务协议，并且安置的每位残疾人在企业实际上岗工作。

包括全日制工资发放形式和非全日制工资发放形式劳动合同或服务协议。

②为安置的每位残疾人按月足额缴纳了企业所在区县人民政府根据国家政策规定的基本养老保险、基本医疗保险、失业保险和工伤保险等社会保险。

③定期通过银行等金融机构向安置的每位残疾人实际支付了不低于企业所在区县适用的经省级人民政府批准的最低工资标准的工资。现金发放工资不得计算加计扣除。

④具备安置残疾人上岗工作的基本设施。

（3）注意事项。

残疾人员的范围适用《中华人民共和国残疾人保障法》的有关规定。

亏损企业可以享受残疾人工资加计扣除政策。

（三）固定资产加速折旧或缩短折旧年限或一次性扣除

除企业所得税法规定的优惠以外，特定优惠包括：

（1）从2014年1月1日起，生物药品制造业，专用设备制造业，铁路、船舶、航空航天和其他运输设备制造业，计算机、通信和其他电子设备制造业，仪器仪表制造业，信息传输、软件和信息技术服务业等行业的企业新购进的固定资产，可缩短折旧年限或采取加速折旧的方法。

（2）从2019年1月1日起，所有制造业企业新购进固定资产，可缩短折旧年限或采取加速折旧的方法。

（3）根据《财政部 税务总局关于延长部分税收优惠政策执行期限的公告》（财政部 税务总局公告2021年第6号）第四条，企业在2018年1月1日至2023年12月31日期间，企业新购进的设备、器具①，单位价值不超过500万元的，允许一次性计入当期成本费用在计算应纳税所得额时扣除，不再分年度计算折旧；单位价值超过500万元的，仍按《企业所得税法实施条例》、《财政部 国家税务总局关于完善固定资产加速折旧企业所得税政策的通知》（财税〔2014〕75号）、《财政部 国家税务总局关于进一步完善固定资产加速折旧企业所得税政策的通知》（财税〔2015〕106号）等相关规定执行。

（4）根据《财政部 税务总局关于延续实施应对疫情部分税费优惠政策的公告》（财政部 税务总局公告2021年第7号），对疫情防控重点保障物资生产企业为扩大产能新购置的相关设备，允许一次性计入当期成本费用在企业所得税税前扣除，执行期限延长至2021年3月31日。

（5）海南自由贸易港企业固定资产。

①政策要点。

根据《财政部 税务总局关于海南自由贸易港企业所得税优惠政策的通知》（财税〔2020〕31号）（以下简称财税〔2020〕31号），自2020年1月1日起执行至2024年12月31日对在海南自由贸易港设立的企业，新购置（含自建、自行开发）固定资产或无形资产，单位价值不超过500万元（含）的，允许一次性计入当期成本费用在计算应纳税所得额时扣除，不再分年度计算折旧和摊销；新购置（含自建、自行开发）固定资产或无形资产，单位价值超过500万元的，可以缩短折旧、摊销年限或采取加速折旧、摊销的方法。

固定资产，是指除房屋、建筑物以外的固定资产。

②新购置的资产一次性扣除或加速折旧和摊销问题。

根据《国家税务总局海南省税务局关于海南自由贸易港企业所得税优惠政策有关问题的公告》（国家税务总局海南省税务局公告2020年第4号）：

---

① 设备、器具，是指除房屋、建筑物以外的以货币形式购进或自行建造的固定资产。

A. 自行开发的无形资产，按达到预定用途的时间确认购置时点。

B. 无形资产在可供使用的当年一次性扣除或开始加速摊销。

C. 企业购置的无形资产按财税〔2020〕31 号规定，缩短摊销年限或采取加速摊销方法的，可比照《国家税务总局关于企业固定资产加速折旧所得税处理有关问题的通知》（国税发〔2009〕81 号）相关规定执行。

D. 新购置的资产一次性扣除或加速折旧和摊销政策，在预缴申报时可按规定享受，主要留存备查资料为：

——有关资产购进时点的资料（如以货币形式购进资产的发票、以分期付款或赊销方式购进资产的到货时间说明、自行建造固定资产的竣工结算说明、自行开发的无形资产达到预定用途情况说明）。

——有关资产记账凭证。

——核算有关资产税务处理与会计处理差异的台账。

E. 设立在自贸港实行查账征收的二级分支机构及非居民企业机构、场所可以享受一次性扣除或加速折旧和摊销政策。

（四）创业投资企业抵扣应纳税所得额

创业投资企业从事国家需要重点扶持和鼓励的创业投资，可以按投资额的一定比例抵扣应纳税所得额。

1. 投资于未上市的中小高新技术企业

（1）直接投资。

创业投资企业采取股权投资方式投资于未上市的中小高新技术企业 2 年（24 个月）以上的，可以按照其投资额的 70% 在股权持有满 2 年的当年抵扣该创业投资企业的应纳税所得额；当年不足抵扣的，可以在以后纳税年度结转抵扣。

（2）间接投资。

根据《国家税务总局关于有限合伙制创业投资企业法人合伙人企业所得税有关问题的公告》（国家税务总局公告 2015 年第 81 号）自 2015 年 10 月 1 日起，有限合伙制创业投资企业采取股权投资方式投资于未上市的中小高新技术企业满 2 年（24 个月）的，其法人合伙人可按照对未上市中小高新技术企业投资额的 70% 抵扣该法人合伙人从该有限合伙制创业投资企业分得的应纳税所得额，当年不足抵扣的，可以在以后纳税年度结转抵扣。

所称满 2 年是指 2015 年 10 月 1 日起，有限合伙制创业投资企业投资于未上市中小高新技术企业的实缴投资满2年；同时，法人合伙人对该有限合伙制创业投资企业的实缴出资也应满2年。

如果法人合伙人投资于多个符合条件的有限合伙制创业投资企业，可合并计算其可抵扣的投资额和应分得的应纳税所得额。当年不足抵扣的，可结转以后纳税年度继续抵扣；当年抵扣后有结余的，应按照《企业所得税法》的规定计算缴纳企业所得税。

2. 创投企业采取股权投资方式直接投资于种子期、初创期科技型企业

创业投资企业采取股权投资方式投资于未上市的中小高新技术企业和种子期、初创期科技型企业2年（24个月）以上，可以按照其对未上市的中小高新技术企业和种子期、初创期科技型企业投资额的70%，在股权持有满2年的当年抵扣该创业投资企业的应纳税所得额；当年不足抵扣的，可以在以后纳税年度结转抵扣。

有限合伙制创业投资企业采取股权投资方式投资于未上市的中小高新技术企业和种子期、初创期科技型企业2年（24个月）以上，该有限合伙制创业投资企业的法人合伙人可以按照其对未上市的中小高新技术企业和种子期、初创期科技型企业投资额的70%抵扣该法人合伙人从该有限合伙制创业投资企业分得的应纳税所得额，当年不足抵扣的，可以在以后纳税年度结转抵扣。

有限合伙制创业投资企业的法人合伙人对未上市的中小高新技术企业和种子期、初创期科技型企业投资额，按照有限合伙制创业投资企业对未上市的中小高新技术企业和种子期、初创期科技型企业的实缴投资额和合伙协议约定的法人合伙人占有限合伙制创业投资企业的出资比例计算确定。

【政策依据】《财政部 税务总局关于创业投资企业和天使投资个人有关税收政策的通知》（财税〔2018〕55号）、《国家税务总局关于创业投资企业和天使投资个人税收政策有关问题的公告》（国家税务总局公告2018年第43号）。

（五）专用设备投资额抵免税额

1. 专用设备抵免企业所得税的时限

企业购置并实际使用《环境保护专用设备企业所得税优惠目录》《节能节水专用设备企业所得税优惠目录》和《安全生产专用设备企业所得税优惠目录》规定的环境保护、节能节水、安全生产专用设备的，该专用设备投资额的10%可以从企业当年的应纳税额中抵免；当年不足抵免的，可以在以后5个纳税年度结转抵免。在5个年度内不论企业是否有应纳税额，均计算抵免年度。当年应纳税额以企业当年的应纳税所得额乘以适用税率，扣除企业所得税规定的减免税额、抵免税额后的余额确定。即专用设备抵免

是在企业享受所有企业所得税优惠减免之后，在剩余的应纳税额中抵免企业所得税，当期应纳税额不足以抵免，结转以后5年内抵免，超过5年仍未抵免完的，则不再抵免企业所得税。

2. 专用设备抵免基数的确定

专用设备投资额的10%抵免当年企业所得税应纳税额。专用设备投资额是指为购买专用设备所支付的价款，但对专用设备价款所含增值税应当区分情况。根据《国家税务总局关于环境保护节能节水 安全生产等专用设备投资抵免企业所得税有关问题的通知》(国税函〔2010〕256号)，如增值税进项税额允许抵扣，其专用设备投资额不再包括增值税进项税额；如增值税进项税额不允许抵扣，其专用设备投资额应为增值税专用发票上注明的价税合计金额。企业购买专用设备取得普通发票的，其专用设备投资额为普通发票上注明的金额。专用设备投资额不包括按有关规定退还的增值税税款以及设备运输、安装和调试等费用；也不包括主体设备正常运行所必备的专属附件价款。

3. 财政资金购置专用设备的抵免

根据《关于执行环境保护专用设备企业所得税优惠目录 节能节水专用设备企业所得税优惠目录和安全生产专用设备企业所得税优惠目录有关问题的通知》(财税〔2008〕48号)，专用设备投资额抵免优惠仅限于企业利用自筹资金和银行贷款购置专用设备的投资额，可以按规定抵免企业应纳所得税额；企业利用财政拨入的专项资金购置专用设备的投资额，不得享受抵免企业所得税的优惠政策。

4. 停止使用专用设备应补缴企业所得税

企业必须实际购置并自身实际投入使用专用设备①，对企业购置专用设备后又在5年内转让、出租或没有使用的，不能达到促进环境保护、节能节水、安全生产的目的，不应享受企业所得税抵免优惠。应在该专用设备停止使用当月停止享受企业所得税优惠，并补缴已经抵免的企业所得税税款。

(六) 集成电路产业和软件产业高质量发展企业所得税政策

1. 政策规定

自2020年1月1日起，根据《财政部 税务总局 发展改革委 工业和信息化部关于促进集

① 注意：根据《财政部 国家税务总局 应急管理部关于印发〈安全生产专用设备企业所得税优惠目录(2018年版)〉的通知》(财税〔2018〕84号)，对安全生产专用设备企业所得税优惠目录进行调整完善，归并整合了重点行业领域，调整了部分专用设备种类，细化完善了相关指标，增强了目录的可操作性。修订后的优惠目录包括煤矿、非煤矿山、石油及危险化学品、民爆及烟花爆竹、交通运输、电力、建筑施工、应急救援设备等八个行业领域，共计89项安全生产专用设备，较2008年版优惠目录的专用设备数量增长近80%。修订后的优惠目录自2018年1月1日起实施，2008年版优惠目录同步废止。

成电路产业和软件产业高质量发展企业所得税政策的公告》（财政部 税务总局 发展改革委 工业和信息化部公告2020年第45号，以下简称45号公告），有关企业所得税政策如下：

（1）国家鼓励的集成电路线宽小于28纳米（含），且经营期在15年以上的集成电路生产企业或项目，第一年至第十年免征企业所得税；国家鼓励的集成电路线宽小于65纳米（含），且经营期在15年以上的集成电路生产企业或项目，第一年至第五年免征企业所得税，第六年至第十年按照25%的法定税率减半征收企业所得税；国家鼓励的集成电路线宽小于130纳米（含），且经营期在10年以上的集成电路生产企业或项目，第一年至第二年免征企业所得税，第三年至第五年按照25%的法定税率减半征收企业所得税。

对于按照集成电路生产企业享受税收优惠政策的，优惠期自获利年度起计算；对于按照集成电路生产项目享受税收优惠政策的，优惠期自项目取得第一笔生产经营收入所属纳税年度起计算，集成电路生产项目需单独进行会计核算、计算所得，并合理分摊期间费用。

国家鼓励的集成电路生产企业或项目清单由国家发展改革委、工业和信息化部会同财政部、国家税务总局等相关部门制定。

（2）国家鼓励的线宽小于130纳米（含）的集成电路生产企业，属于国家鼓励的集成电路生产企业清单年度之前5个纳税年度发生的尚未弥补完的亏损，准予向以后年度结转，总结转年限最长不得超过10年。

（3）国家鼓励的集成电路设计、装备、材料、封装、测试企业和软件企业，自获利年度起，第一年至第二年免征企业所得税，第三年至第五年按照25%的法定税率减半征收企业所得税。

国家鼓励的集成电路设计、装备、材料、封装、测试企业和软件企业条件，由工业和信息化部会同国家发展改革委、财政部、国家税务总局等相关部门制定。

（4）国家鼓励的重点集成电路设计企业和软件企业，自获利年度起，第一年至第五年免征企业所得税，接续年度减按10%的税率征收企业所得税。

国家鼓励的重点集成电路设计和软件企业清单由国家发展改革委、工业和信息化部会同财政部、国家税务总局等相关部门制定。

（5）符合原有政策条件且在2019年（含）之前已经进入优惠期的企业或项目，2020年（含）起可按原有政策规定继续享受至期满为止，如也符合45号公告第一条至第四条规定，可按45号公告规定享受相关优惠，其中定期减免税优惠，可按45号公告规定计算优惠期，并就剩余期限享受优惠至期满为止。符合原有政策条件，2019年（含）之前尚未进入优惠期的企业或项目，2020年（含）起不再执行原有政策。

（6）集成电路企业或项目、软件企业按照45号公告规定同时符合多项定期减免税优惠政策条件的，由企业选择其中一项政策享受相关优惠。其中，已经进入优惠期的，可由企业在剩余期限内选择其中一项政策享受相关优惠。

（7）45号公告规定的优惠，采取清单进行管理的，由国家发展改革委、工业和信息化部于每年3月底前按规定向财政部、国家税务总局提供上一年度可享受优惠的企业和项目清单；不采取清单进行管理的，税务机关按照财税〔2016〕49号第十条的规定转请发展改革、工业和信息化部门进行核查。

（8）集成电路企业或项目、软件企业按照原有政策规定享受优惠的，税务机关按照财税〔2016〕49号第十条的规定转请发展改革、工业和信息化部门进行核查。

上述内容中的"原有政策"主要包括：《财政部 国家税务总局关于进一步鼓励软件产业和集成电路产业发展企业所得税政策的通知》（财税〔2012〕27号）、《财政部 国家税务总局 发展改革委 工业和信息化部关于进一步鼓励集成电路产业发展企业所得税政策的通知》（财税〔2015〕6号）、《财政部 国家税务总局 发展改革委 工业和信息化部关于软件和集成电路产业企业所得税优惠政策有关问题的通知》（财税〔2016〕49号）、《财政部 税务总局 国家发展改革委 工业和信息化部关于集成电路生产企业有关企业所得税政策问题的通知》（财税〔2018〕27号）、《财政部 税务总局关于集成电路设计和软件产业企业所得税政策的公告》（财政部 税务总局公告2019年第68号）、《财政部 税务总局关于集成电路设计企业和软件企业2019年度企业所得税汇算清缴适用政策的公告》（财政部 税务总局公告2020年第29号）。

自2020年1月1日起，财税〔2012〕27号第二条中"经认定后，减按15%的税率征收企业所得税"的规定和第四条"国家规划布局内的重点软件企业和集成电路设计企业，如当年未享受免税优惠的，可减按10%的税率征收企业所得税"同时停止执行。

2. 国家鼓励的软件企业条件规定

根据《国家鼓励的软件企业条件公告》（工业和信息化部 国家发展改革委 财政部 国家税务总局公告2021年第10号），国家鼓励的软件企业是指同时符合下列条件的企业：

（1）在中国境内（不包括港、澳、台地区）依法设立，以软件产品开发及相关信息技术服务为主营业务并具有独立法人资格的企业；该企业的设立具有合理商业目的，且不以减少、免除或推迟缴纳税款为主要目的。

（2）汇算清缴年度具有劳动合同关系或劳务派遣、聘用关系，其中具有本科及以上学历的月平均职工人数占企业月平均职工总人数的比例不低于40%，研究开发人员月平均数占企业月平均职工总数的比例不低于25%。

（3）拥有核心关键技术，并以此为基础开展经营活动，汇算清缴年度研究开发费用总额占企业销售（营业）收入总额的比例不低于7%，企业在中国境内发生的研究开发费用金额占研究开发费用总额的比例不低于60%。

（4）汇算清缴年度软件产品开发销售及相关信息技术服务（营业）收入占企业收入总额的比例不低于55%［嵌入式软件产品开发销售（营业）收入占企业收入总额的比例不低于45%］，其中软件产品自主开发销售及相关信息技术服务（营业）收入占企业收入总额的比例不低于45%［嵌入式软件产品开发销售（营业）收入占企业收入总额的比例不低于40%］。

（5）主营业务或主要产品具有专利或计算机软件著作权等属于本企业的知识产权。

（6）具有与软件开发相适应的生产经营场所、软硬件设施等开发环境（如合法的开发工具等），建立符合软件工程要求的质量管理体系并持续有效运行。

（7）汇算清缴年度未发生重大安全事故、重大质量事故、知识产权侵权等行为，企业合法经营。

（七）关于生产和装配伤残人员专门用品企业免征企业所得税的规定

根据《财政部 税务总局 民政部关于生产和装配伤残人员专门用品企业免征企业所得税的公告》（财政部 税务总局 民政部公告2021年第14号），自2021年1月1日至2023年12月31日，对符合下列条件的居民企业，免征企业所得税：

（1）生产和装配伤残人员专门用品，且在民政部发布的《中国伤残人员专门用品目录》范围之内。

（2）以销售本企业生产或者装配的伤残人员专门用品为主，其所取得的年度伤残人员专门用品销售收入（不含出口取得的收入）占企业收入总额60%以上。收入总额，是指《企业所得税法》第六条规定的收入总额。

（3）企业账证健全，能够准确、完整地向主管税务机关提供纳税资料，且本企业生产或者装配的伤残人员专门用品所取得的收入能够单独、准确核算。

（4）企业拥有假肢制作师、矫形器制作师资格证书的专业技术人员不得少于1人；其企业生产人员如超过20人，则其拥有假肢制作师、矫形器制作师资格证书的专业技术人员不得少于全部生产人员的1/6。

（5）具有与业务相适应的测量取型、模型加工、接受腔成型、打磨、对线组装、功能训练等生产装配专用设备和工具。

（6）具有独立的接待室、假肢或者矫形器（辅助器具）制作室和假肢功能训练室，使用面积不少于115平方米。

知识链接

企业所得税其他有关优惠政策的延长执行规定，参见《财政部 税务总局关于延长部分税收优惠政策执行期限的公告》（财政部 税务总局公告2021年第6号）附件1（本书73页）。

（八）非居民企业优惠政策

（1）非居民企业在中国境内未设立机构、场所的，或者虽设立机构、场所但取得的所得与其所设机构、场所没有实际联系的所得，减按10%的税率征收企业所得税。

（2）下列所得可以免征企业所得税：

①外国政府向中国政府提供贷款取得的利息所得。

②国际金融组织向中国政府和居民企业提供优惠贷款取得的利息所得。

③经国务院批准的其他所得。

（3）对境外投资者从中国境内居民企业分配的利润，用于境内直接投资暂不征收预提所得税。

境外投资者暂不征收预提所得税须同时满足以下条件：

①境外投资者以分得利润进行的直接投资，包括境外投资者以分得利润进行的增资、新建、股权收购等权益性投资行为，但不包括新增、转增、收购上市公司股份（符合条件的战略投资除外）。具体是指：

——新增或转增中国境内居民企业实收资本或者资本公积。

——在中国境内投资新建居民企业。

——从非关联方收购中国境内居民企业股权。

——财政部、国家税务总局规定的其他方式。

境外投资者采取上述投资行为所投资的企业统称为被投资企业。

②境外投资者分得的利润属于中国境内居民企业向投资者实际分配已经实现的留存收益而形成的股息、红利等权益性投资收益。

③境外投资者用于直接投资的利润以现金形式支付的，相关款项从利润分配企业的账户直接转入被投资企业或股权转让方账户，在直接投资前不得在境内外其他账户周

转；境外投资者用于直接投资的利润以实物、有价证券等非现金形式支付的，相关资产所有权直接从利润分配企业转入被投资企业或股权转让方，在直接投资前不得由其他企业、个人代为持有或临时持有。

【政策依据】《财政部 税务总局 国家发展改革委 商务部关于扩大境外投资者以分配利润直接投资暂不征收预提所得税政策适用范围的通知》（财税〔2018〕102 号）、《国家税务总局关于扩大境外投资者以分配利润直接投资暂不征收预提所得税政策适用范围有关问题的公告》（国家税务总局公告 2018 年第 53 号）。

第八节　特别纳税调整

一、基本规定

（一）关联企业界定

关联方，是指与企业有下列关联关系之一的企业、其他组织或者个人：

（1）在资金、经营、购销等方面存在直接或者间接的控制关系。

（2）直接或者间接地同为第三者控制。

（3）在利益上具有相关联的其他关系。

（二）独立交易原则

独立交易原则，是指没有关联关系的交易各方，按照公平成交价格和营业常规进行业务往来遵循的原则。

在判断关联企业与其关联方之间的业务往来是否符合独立交易原则时，强调将关联交易定价或利润水平与可比情形下没有关联关系的交易定价和利润水平进行比较，如果存在差异，就说明因为关联关系的存在而导致企业没有遵循正常市场交易原则和营业常规，从而违背了独立交易原则。

企业与其关联方共同开发、受让无形资产，或者共同提供、接受劳务发生的成本，在计算应纳税所得额时应当按照独立交易原则进行分摊。

企业与其关联方分摊成本时，应当按照成本与预期收益相配比的原则进行分摊，并在税务机关规定的期限内，按照税务机关的要求报送有关资料。

企业与其关联方分摊成本时违反规定的，其自行分摊的成本不得在计算应纳税所得额时扣除。

（三）税务机关调整方法

企业与其关联方之间的业务往来，不符合独立交易原则而减少企业或者其关联方应纳税收入或者所得额的，税务机关有权按照合理方法调整①。合理方法包括：

（1）可比非受控价格法，是指按照没有关联关系的交易各方进行相同或者类似业务往来的价格进行定价的方法。

（2）再销售价格法，是指按照从关联方购进商品再销售给没有关联关系的交易方的价格，减除相同或者类似业务的销售毛利进行定价的方法。

（3）成本加成法，是指按照成本加合理的费用和利润进行定价的方法。

（4）交易净利润法，是指按照没有关联关系的交易各方进行相同或者类似业务往来取得的净利润水平确定利润的方法。

（5）利润分割法，是指将企业与其关联方的合并利润或者亏损在各方之间采用合理标准进行分配的方法。

（6）其他符合独立交易原则的方法。

企业与其关联方之间的业务往来，不符合独立交易原则，或者企业实施其他不具有合理商业目的安排的，税务机关有权在该业务发生的纳税年度起10年内，进行纳税调整。

二、关联企业征管规定

（一）资料报送

企业向税务机关报送年度企业所得税纳税申报表时，应当就其与关联方之间的业务往来，附送年度关联业务往来报告表。税务机关在进行关联业务调查时，企业及其关联方，以及与关联业务调查有关的其他企业，应当按照规定提供相关资料。相关资料包括：

（1）与关联业务往来有关的价格、费用的制定标准、计算方法和说明等同期资料。

（2）关联业务往来所涉及的财产、财产使用权、劳务等的再销售（转让）价格或者最终销售（转让）价格的相关资料。

（3）与关联业务调查有关的其他企业应当提供的与被调查企业可比的产品价格、定价方式以及利润水平等资料。

（4）其他与关联业务往来有关的资料。

关联业务调查有关的其他企业，是指与被调查企业在生产经营内容和方式上相类似

① 注意：企业可以向税务机关提出与其关联方之间业务往来的定价原则和计算方法，税务机关与企业协商、确认后，达成预约定价安排。

的企业。

企业应当在税务机关规定的期限内提供与关联业务往来有关的价格、费用的制定标准、计算方法和说明等资料。关联方以及与关联业务调查有关的其他企业应当在税务机关与其约定的期限内提供相关资料。

企业不提供与其关联方之间业务往来资料，或者提供虚假、不完整资料，未能真实反映其关联业务往来情况的，税务机关有权依法核定其应纳税所得额。

（二）税务机关核定应纳税所得额

企业不提供与其关联方之间业务往来资料，或者提供虚假、不完整资料，未能真实反映其关联业务往来情况的，税务机关有权依法核定其应纳税所得额。按规定核定企业的应纳税所得额时，可以采用下列方法：

（1）参照同类或者类似企业的利润率水平核定。

（2）按照企业成本加合理的费用和利润的方法核定。

（3）按照关联企业集团整体利润的合理比例核定。

（4）按照其他合理方法核定。

企业对税务机关按照前款规定的方法核定的应纳税所得额有异议的，应当提供相关证据，经税务机关认定后，调整核定的应纳税所得额。

（三）补征税款加收利息

税务机关根据税收法律、行政法规的规定，对企业做出特别纳税调整的，应当对补征的税款，自税款所属纳税年度的次年 6 月 1 日起至补缴税款之日止的期间。

利息应当按照税款所属纳税年度中国人民银行公布的与补税期间同期的人民币贷款基准利率加 5 个百分点计算。但企业根据规定向税务机关报送年度企业所得税纳税申报表时，就其与关联方之间的业务往来，附送年度关联业务往来报告表及提供有关资料的，可以只按税款所属纳税年度中国人民银行公布的人民币贷款基准利率计算利息。

按日加收利息，加收的利息不得在计算应纳税所得额时扣除。

（四）有关事项

（1）由居民企业，或者由居民企业和中国居民控制的设立在实际税负明显低于我国税率水平（25%）的国家（地区）的企业，并非由于合理的经营需要而对利润不做分配或者减少分配的，上述利润中应归属于该居民企业的部分，应当计入该居民企业的当期收入。

（2）企业从其关联方接受的债权性投资与权益性投资的比例超过规定标准而发生的

利息支出，不得在计算应纳税所得额时扣除。①

企业实际支付给关联方的利息支出，其接受关联方债权性投资与其权益性投资比例为：①金融企业，5∶1；②其他企业，2∶1。

（五）特别纳税调整事项的管理

税务机关对企业的转让定价、预约定价安排、成本分摊协议、受控外国企业、资本弱化以及一般反避税等特别纳税调整事项的管理。

1. 转让定价管理

转让定价管理是指税务机关按照《企业所得税法》第六章和《税收征收管理法》第三十六条的有关规定，对企业与其关联方之间的业务往来（以下简称关联交易）是否符合独立交易原则进行审核评估和调查调整等工作的总称。

2. 预约定价安排管理

预约定价安排管理是指税务机关按照《企业所得税法》第四十二条和《税收征收管理法实施细则》第五十三条的规定，对企业提出的未来年度关联交易的定价原则和计算方法进行审核评估，并与企业协商达成预约定价安排等工作的总称。

3. 成本分摊协议管理

成本分摊协议管理是指税务机关按照《企业所得税法》第四十一条的规定，对企业与其关联方签署的成本分摊协议是否符合独立交易原则进行审核评估和调查调整等工作的总称。

4. 受控外国企业管理

受控外国企业管理是指税务机关按照《企业所得税法》第四十五条的规定，对受控外国企业不做利润分配或减少分配进行审核评估和调查，并对归属于中国居民企业所得进行调整等工作的总称。

---

① 注意：企业如果能够按照《企业所得税法》及《企业所得税法实施条例》的有关规定提供相关资料，并证明相关交易活动符合独立交易原则的；或者该企业的实际税负不高于境内关联方的，其实际支付给境内关联方的利息支出，不受债资比例的限制，在计算应纳税所得额时准予扣除。

债权性投资，是指企业直接或者间接从关联方获得的，需要偿还本金和支付利息或者需要以其他具有支付利息性质的方式予以补偿的融资。

企业间接从关联方获得的债权性投资，包括：

(1)关联方通过无关联第三方提供的债权性投资。

(2)无关联第三方提供的、由关联方担保且负有连带责任的债权性投资。

(3)其他间接从关联方获得的具有负债实质的债权性投资。

权益性投资，是指企业接受的不需要偿还本金和支付利息，投资人对企业净资产拥有所有权的投资。

5. 资本弱化管理

资本弱化管理是指税务机关按照《企业所得税法》第四十六条的规定，对企业接受关联方债权性投资与企业接受的权益性投资的比例是否符合规定比例或独立交易原则进行审核评估和调查调整等工作的总称。

6. 一般反避税管理

一般反避税管理是指税务机关按照《企业所得税法》第四十七条的规定，对企业实施其他不具有合理商业目的的安排而减少其应纳税收入或所得额进行审核评估和调查调整等工作的总称。

第九节 征税管理

一、纳税期限

（一）居民企业和在中国境内设立机构、场所的非居民企业

对于此类企业，按纳税年度计算，分月或分季预缴，年终汇算清缴。

纳税年度自公历 1 月 1 日起至 12 月 31 日止。企业在一个纳税年度中间开业，或终止经营活动的，使该纳税年度的实际经营期不足 12 个月的，应当以其实际经营期为一个纳税年度。企业依法清算时，以清算期间为一个纳税年度。

（二）在中国境内未设立机构、场所的非居民企业，或虽设立机构、场所但取得的所得与其所设机构、场所没有实际联系的非居民企业

对于此类企业，实行源泉扣缴，由支付人按次扣缴税款。扣缴义务人每次代扣的税款，应当自代扣之日起 7 日内缴入国库，并向所在地的税务机关报送扣缴企业所得税报告表。

二、纳税地点

（一）居民企业

除税收法律、行政法规另有规定外，以登记注册地为纳税地点；登记注册地在境外的，以实际管理机构所在地为纳税地点。

居民企业在中国境内设立不具有法人资格的营业机构的，应当汇总计算并缴纳企业所得税。跨地区（指跨省、自治区、直辖市和计划单列市）设立不具有法人资格分支机

构的，总机构和具有主体生产经营职能的二级分支机构，就地分摊缴纳企业所得税，分月或分季分别向所在地主管机关申报预缴企业所得税。

（二）非居民企业

（1）在中国境内设立机构、场所的，其所设机构、场所取得的来源于中国境内的所得，以及发生在中国境外但与其所设机构、场所有实际联系的所得，以机构、场所所在地为纳税地点。

在中国境内设立两个或两个以上机构、场所的，可以由主要机构、场所汇总缴纳企业所得税。主要机构、场所和被汇总机构、场所，除另有规定外，都应在机构、场所所在地分季度预缴和年终汇算清缴企业所得税。

主要机构、场所，应同时符合下列条件：

①对其他各机构、场所的生产经营活动负有监督管理责任。

②设有完整的账簿、凭证，能够准确反映各机构、场所的收入、成本、费用和盈亏情况。

（2）在中国境内未设立机构、场所的，或虽设立机构、场所但取得的所得与其机构、场所没有实际联系的，其来源于中国境内的所得，以扣缴义务人所在地为纳税地点。

三、申报缴纳

企业分月或分季预缴，由税务机关具体核定。

（一）预缴税款

企业应当自月份或季度终了之日起 15 日内，向税务机关报送预缴企业所得税纳税申报表，预缴税款。应按照月度或季度的实际利润额预缴，按照月度或季度的实际利润额预缴有困难的，可以按照上一纳税年度应纳税所得额月度或季度平均额预缴，或按照经税务机关认可的其他方法预缴。预缴方法一经确定，该纳税年度内不得随意变更。

（二）汇算清缴

企业应当自年度终了之日起 5 个月内，向税务机关报送年度企业所得税纳税申报表，并汇算清缴，结清应缴应退税款。企业在年度中间终止经营活动的，应当自实际经营终止之日起 60 日内，向税务机关办理当期企业所得税汇算清缴。

四、源泉扣缴

源泉扣缴包括法定扣缴、指定扣缴和特定扣缴。

（一）法定扣缴

在中国境内未设立机构、场所的非居民企业，或虽设立机构、场所但取得的所得与其所设机构、场所没有实际联系的非居民企业，应当就其来源于中国境内的所得缴纳企业所得税。应缴纳的所得税，实行源泉扣缴，以支付人为扣缴义务人。

在这里，扣缴义务人的扣缴义务是法定的扣缴义务。

（二）指定扣缴

对非居民企业在中国境内取得工程作业和劳务所得应缴纳的所得税，非居民企业应当按年计算，分月或者分季预缴，年终汇算清缴。非居民企业存在下列情形之一的，县级以上税务机关可以指定工程价款或者劳务费的支付人为扣缴义务人。

（1）预计工程作业或者提供劳务期限不足一个纳税年度，且有证据表明不履行纳税义务的。

（2）没有办理税务登记或者临时税务登记，且未委托中国境内的代理人履行纳税义务的。

（3）未按照规定期限办理企业所得税纳税申报或者预缴申报的。

（三）特定扣缴

应当扣缴的所得税扣缴义务人未依法扣缴或者无法履行扣缴义务的，由纳税人在所得发生地缴纳。纳税人未依法缴纳的，税务机关可以从该纳税人在中国境内其他收入项目的支付人应付的款项中，追缴该纳税人的应纳税款。

五、计量货币

缴纳的企业所得税以人民币计算。企业所得以人民币以外的货币计算预缴企业所得税时，应当按照月度或者季度最后一日的人民币汇率中间价，折合成人民币计算应纳税所得额。年度终了汇算清缴时，对已经按照月度或者季度预缴税款的，不再重新折合计算，只就该纳税年度内未缴纳企业所得税的部分，按照纳税年度最后一日的人民币汇率中间价，折合成人民币计算应纳税所得额。

经税务机关检查确认，企业少计或者多计所得的，应当按照检查确认补税或者退税时的上一个月最后一日的人民币汇率中间价，将少计或者多计的所得折合成人民币计算应纳税所得额，再计算应补缴或者应退的税款。

六、征收方式

（一）居民企业征收方式

居民企业所得税的征收方式包括查账征收和核定征收。

1. 查账征收

（1）查账征收的范围。

企业财务核算健全，能按规定设置、保管账簿、记账凭证，能准确计算收入、成本、费用，能依据税法规定正确计算应纳税所得额，能向税务机关提供真实、准确、完整的纳税资料，并按规定办理纳税申报的，企业所得税征收方式为查账征收方式。

下列特定纳税人，企业所得税的征收方式一律为查账征收方式：

①享受《企业所得税法》及其实施条例和国务院规定的一项或几项企业所得税优惠政策的企业（不包括仅享受《企业所得税法》规定免税收入优惠政策的企业及符合规定条件的小型微利企业）。

②汇总纳税企业的总机构及其成员企业。

③上市公司。

④银行、信用社、小额贷款公司、保险公司（不包括仅从事保险代理业务的企业）、证券公司、期货公司、信托投资公司、金融资产管理公司、融资租赁公司、担保公司、财务公司、典当公司等金融企业。

⑤会计、审计、资产评估、税务、房地产估价、土地估价、工程造价、律师、价格鉴证、公证机构、基层法律服务机构、专利代理、商标代理以及其他经济鉴证类社会中介机构。

⑥专门从事股权（股票）投资业务的企业。

⑦国家税务总局规定的其他企业。

根据《国家税务总局关于印发〈房地产开发经营业务企业所得税处理办法〉的通知》（国税发〔2009〕31号），税务机关可对房地产企业以往应缴的企业所得税按核定征收方式进行征收管理，并逐步规范，但不得事先确定房地产企业的企业所得税的征收方式为核定征收方式。

（2）应纳税额的计算。

实行查账征收的企业，应在企业会计利润的基础上，根据税收政策规定与会计制度的差异进行纳税调整，计算出应纳税所得额，并据此申报缴纳企业所得税。查账征收的纳税人年度申报时填报的《中华人民共和国企业所得税年度纳税申报表（A类）》就是按此思路设计的。申报表第一部分是利润总额的计算，根据企业会计核算的结果确定；第二部分是在利润总额的基础上按照税法规定计算出应纳税所得额；第三部分是应纳税额的计算。

2. 核定征收

（1）核定征收的范围。

纳税人具有下列情形之一的，核定征收企业所得税：

①依照法律、行政法规的规定可以不设置账簿的。

②应当设置但未设置账簿的。

③擅自销毁账簿或者拒不提供纳税资料的。

④虽设置账簿，但账目混乱或者成本资料、收入凭证、费用凭证残缺不全、难以查账的。

⑤发生纳税义务，未按照规定的期限办理纳税申报，经税务机关责令限期申报，逾期仍不申报的。

⑥申报的计税依据明显偏低，又无正当理由的。

特殊行业、特殊类型的纳税人和一定规模以上的纳税人不适用核定征收办法。上述特定纳税人由国家税务总局明确。

（2）核定征收的方法。

居民企业企业所得税核定征收的方法有核定应税所得率和核定应纳所得税额两种。

①核定应税所得率。

A. 核定应税所得率的范围。

企业具有下列情形之一的，核定其应税所得率征收企业所得税：能正确核算（查实）收入总额，但不能正确核算（查实）成本费用总额的；能正确核算（查实）成本费用总额，但不能正确核算（查实）收入总额的；通过合理方法，能计算和推定纳税人收入总额或成本费用总额的。

B. 核定应税所得率方式应纳税额的计算。

企业能正确核算（查实）收入总额，但不能正确核算（查实）成本费用总额，或者通过合理方法，能计算和推定企业收入总额的，按下列公式计算应纳税所得额：

应纳税所得额 = 应税收入额 × 应税所得率

应税收入额 = 收入总额 − 不征税收入 − 免税收入

企业能正确核算（查实）成本费用总额，但不能正确核算（查实）收入总额，或者通过合理方法，能计算和推定纳税人成本费用总额的，按下列公式计算应纳税所得额：

应纳税所得额 = 成本（费用）支出额 ÷（1 − 应税所得率）× 应税所得率

根据上述两种情况计算出应纳税额后按下列公式计算应纳税额：

应纳税额 = 应纳税所得额 × 适用税率

C. 应税所得率。

国家税务总局规定了各行业应税所得率幅度，各省、自治区、直辖市和计划单列市税务机关根据国家税务总局规定的幅度，确定分行业的应税所得率。

实行应税所得率方式核定征收企业所得税的纳税人，经营多业的，无论其经营项目是否单独核算，均由税务机关根据其主营项目确定适用的应税所得率。主营项目应为纳税人所有经营项目中，收入总额或者成本（费用）支出额或者耗用原材料、燃料、动力数量所占比重最大的项目。

各行业应税所得率幅度见表 3－5。

表 3－5　各行业应税所得率幅度

行业	应税所得率（%）
农、林、牧、渔业	3～10
制造业	5～15
批发和零售贸易业	4～15
交通运输业	7～15
建筑业	8～20
饮食业	8～25
娱乐业	15～30

②核定应纳所得税额。

对于不适于采用核定应税所得率方式计算征收企业所得税的企业，采用核定应纳所得税额的方式征收企业所得税。

税务机关应采用下列方法进行核定：

A. 参照当地同类行业或者类似行业中经营规模和收入水平相近的纳税人的税负水平核定。

B. 按照应税收入额或成本费用支出额定率核定。

C. 按照耗用的原材料、燃料、动力等推算或测算核定。

D. 按照其他合理方法核定。

采用以上一种方法不足以正确核定应纳税所得额或应纳税额的，可以同时采用两种以上的方法核定。采用两种以上方法测算的应纳税额不一致时，可按测算的应纳税额从高核定。

（二）非居民企业征收方式

非居民企业企业所得税的征收方式包括据实计算、核定征收和源泉扣缴。

在中国境内设立机构、场所的非居民企业，应就来源于中国境内的所得，以及发生在中国境外但与其所设机构、场所有实际联系的所得缴纳企业所得税。征收方式包括据实计算和核定征收，由纳税人自行申报缴纳，特定情况下由税务机关指定扣缴义务人扣缴税款。

在中国境内未设立机构、场所的非居民企业，或者虽设立机构、场所但取得的所得与其所设机构、场所没有实际联系的非居民企业，应就来源于中国境内的所得缴纳企业所得税，以支付人为扣缴义务人扣缴所得税。

1. 核定征收的范围

在中国境内设立机构、场所的非居民企业，因会计账簿不健全，资料残缺难以查账，或者其他原因不能准确计算并据实申报其应纳税所得额的，税务机关有权采取核定征收的方式，核定其应纳税所得额。

2. 核定征收的方法

（1）非居民企业采用核定征收方式的，可以采用以下方法核定应纳税所得额：

①按收入总额核定应纳税所得额。

按收入总额核定应纳税所得额，适用于能够正确核算收入或通过合理方法推定收入总额，但不能正确核算成本费用的非居民企业。

计算公式为：

应纳税所得额＝收入总额×经税务机关核定的利润率

②按成本费用核定应纳税所得额。

按成本费用核定应纳税所得额，适用于能够正确核算成本费用，但不能正确核算收入总额的非居民企业。

计算公式为：

应纳税所得额＝成本费用总额÷（1－经税务机关核定的利润率）×经税务机关核定的利润率

③ 按经费支出换算收入核定应纳税所得额。

按经费支出换算收入核定应纳税所得额，适用于能够正确核算经费支出总额，但不能正确核算收入总额和成本费用的非居民企业。

计算公式为：

应纳税所得额＝本期经费支出额÷（1－核定利润率）×核定利润率

税务机关发现非居民企业采用核定征收方式计算申报的应纳税所得额不真实，或者明显与其承担的功能风险不相匹配的，有权予以调整。

（2）利润率的确定。

税务机关可按照以下标准确定非居民企业的利润率：

①从事承包工程作业、设计和咨询劳务的，利润率为15%～30%。

②从事管理服务的，利润率为30%～50%。

③从事其他劳务或劳务以外经营活动的，利润率不低于15%。

各省、自治区、直辖市和计划单列市税务局可按照上述规定确定适用的核定利润率幅度，并根据规定制定具体操作规程，报国家税务总局（国际税务司）备案。

税务机关有根据认为非居民企业的实际利润率明显高于上述标准的，可以按照比上述标准更高的利润率核定其应纳税所得额。

采取核定征收方式征收企业所得税的非居民企业，在中国境内从事适用不同核定利润率的经营活动，并取得应税所得的，应分别核算并适用相应的利润率计算缴纳企业所得税；凡不能分别核算的，应从高适用利润率计算缴纳企业所得税。

3. 部分业务的核定征收

非居民企业与中国居民企业签订机器设备或货物销售合同，同时提供设备安装、装配、技术培训、指导、监督服务等劳务，其销售货物合同中未列明提供上述劳务服务收费金额，或者计价不合理的，主管税务机关可以根据实际情况，参照相同或相近业务的计价标准核定劳务收入。无参照标准的，以不低于销售货物合同总价款的10%为原则，确定非居民企业的劳务收入。

非居民企业为中国境内客户提供劳务取得的收入，凡其提供的服务全部发生在中国境内的，应全额在中国境内申报缴纳企业所得税。凡其提供的服务同时发生在中国境内外的，应以劳务发生地为原则划分其境内外收入，并就其在中国境内取得的劳务收入申报缴纳企业所得税。税务机关对其境内外收入划分的合理性和真实性有疑义的，可以要求非居民企业提供真实有效的证明，并根据工作量、工作时间、成本费用等因素合理划分其境内外收入；如非居民企业不能提供真实有效的证明，税务机关可视同其提供的服务全部发生在中国境内，确定其劳务收入并据以征收企业所得税。

（三）源泉扣缴

1. 法定扣缴

（1）法定扣缴的范围。

在中国境内未设立机构、场所的非居民企业，或者虽设立机构、场所但取得的所得与其所设机构、场所没有实际联系的非居民企业，应就来源于中国境内的所得缴纳企业所得税实行源泉扣缴，以支付人为扣缴义务人。这时候的税款扣缴称为法定扣缴，扣缴的税款俗称预提所得税。

在这里，支付人为扣缴义务人。支付人，是指依照有关法律规定或者合同约定对非居民企业直接负有支付相关款项义务的单位或者个人。如果支付人自行委托代理人或指定其他第三方代为支付相关款项，或者因担保合同或法律规定等原因由第三方保证人或担保人支付相关款项的，仍由委托人、指定人或被保证人、被担保人承担扣缴义务。

扣缴义务人在支付时，无论是以现金支付、汇拨支付、转账支付和权益兑价支付等货币形式支付，还是以非货币形式支付，均需扣缴税款。

（2）应纳税所得额的确定。

①应纳税所得额按照下列方法确定：

股息、红利等权益性投资收益和利息、租金、特许权使用费所得，以收入全额为应纳税所得额；转让财产所得，以收入全额减除财产净值后的余额为应纳税所得额；其他所得，参照前两项规定的方法计算应纳税所得额。

上述规定中的收入全额，是指非居民企业向支付人收取的全部价款和价外费用；财产净值，是指有关财产的计税基础减除已经按照规定扣除的折旧、折耗、摊销、准备金等后的余额。

②扣缴义务人与非居民企业签订业务合同时，凡合同中约定由扣缴义务人实际承担应纳税款的，应将非居民企业取得的不含税所得换算为含税所得计算并解缴应扣税款。

③外币折算。

扣缴义务人支付或者到期应支付的款项以人民币以外的货币支付或计价的，应折算为人民币。扣缴义务人扣缴企业所得税的，应当按照扣缴义务发生之日人民币汇率中间价折合成人民币，计算非居民企业应纳税所得额。

取得收入的非居民企业在主管税务机关责令限期缴纳税款前自行申报缴纳应源泉扣缴税款的，应当按照填开税收缴款书之日前一日人民币汇率中间价折合成人民币，计算非居民企业应纳税所得额。

主管税务机关责令取得收入的非居民企业限期缴纳应源泉扣缴税款的，应当按照主管税务机关做出限期缴税决定之日前一日人民币汇率中间价折合成人民币，计算非居民企业应纳税所得额。

财产转让收入或财产净值以人民币以外的货币计价的，分扣缴义务人扣缴税款、纳税人自行申报缴纳税款和主管税务机关责令限期缴纳税款三种情形，先将以非人民币计价项目金额比照上述规定折合成人民币金额，再按相关规定计算非居民企业财产转让所得应纳税所得额。

财产净值或财产转让收入的计价货币按照取得或转让财产时实际支付或收取的计价币种确定。原计价币种停止流通并启用新币种的，按照新旧货币市场转换比例转换为新币种后进行计算。

（3）应纳税额的计算。

应纳税额的计算公式为：

应纳税额 = 应纳税所得额 × 实际征收率

实际征收率是指《企业所得税法》及其实施条例等相关法律法规规定的税率，或者税收协定规定的更低的税率。

非居民企业在中国境内未设立机构、场所的，或者虽设立机构、场所但取得的所得与其所设机构、场所没有实际联系的，其来源于中国境内的所得，适用税率为 20%，优惠税率为 10%。有税收协定约定的，可以按规定适用税收协定约定的税率。

（4）扣缴义务发生时间。

扣缴义务发生之时间为相关款项实际支付或者到期应支付之日。所以，扣缴义务人应在每次支付或者到期应支付时，从支付或者到期应支付的款项中扣缴税款。到期应支付的款项，是指支付人按照权责发生制原则应当计入相关成本、费用的应付款项。

同时，应特别注意以下两项所得的扣缴义务发生时间：

一是股息、红利等权益性投资收益。股息、红利等权益性投资收益，除国务院财政、税务主管部门另有规定外，按照被投资方做出利润分配决定的日期确认收入的实现。根据《国家税务总局关于非居民企业所得税源泉扣缴有关问题的公告》（国家税务总局公告 2017 年第 37 号），非居民企业取得应源泉扣缴的所得为股息、红利等权益性投资收益的，相关应纳税款扣缴义务发生之日为股息、红利等权益性投资收益实际支付之日。

二是非居民企业采取分期收款方式取得应源泉扣缴所得税的同一项转让财产所得的，其分期收取的款项可先视为收回以前投资财产的成本，待成本全部收回后，再计算并扣缴应扣税款。

（5）扣缴税款的申报缴纳。

扣缴义务人应当自扣缴义务发生之日起 7 日内向扣缴义务人所在地主管税务机关申

报和解缴代扣税款。

2. 指定扣缴

（1）指定扣缴的范围。

非居民企业在中国境内承包工程作业和提供劳务取得所得的，应按照在中国境内设立机构、场所的非居民企业自行申报缴纳企业所得税。企业所得税按纳税年度计算，分季预缴，年终汇算清缴，并在工程项目完工或劳务合同履行完毕后结清税款。

但是如果纳税人存在下列情形的，税务机关可以指定工程价款或者劳务费的支付人为扣缴义务人：

①预计工程作业或者提供劳务期限不足一个纳税年度，且有证据表明不履行纳税义务的。

②没有办理税务登记或者临时税务登记，且未委托中国境内的代理人履行纳税义务的。

③未按照规定期限办理企业所得税纳税申报或者预缴申报的。

（2）税款征收。

指定工程价款或劳务费的支付人为扣缴义务人的，工程价款或劳务费的支付人所在地县（区）以上主管税务机关应将《非居民企业承包工程作业和提供劳务企业所得税扣缴义务通知书》送达被指定方，告知扣缴义务人所扣税款的计算依据、计算方法、扣缴期限和扣缴方式。

指定扣缴义务人应当在申报期限内向主管税务机关报送《中华人民共和国扣缴企业所得税报告表（2019 年版）》及其他有关资料。

扣缴义务人未依法履行扣缴义务或无法履行扣缴义务的，由非居民企业在项目所在地申报缴纳。主管税务机关应自确定未履行扣缴义务之日起 15 日内通知非居民企业在项目所在地申报纳税。

3. 特定扣缴

企业所得税的扣缴义务人、指定扣缴义务人未依法扣缴或者无法履行扣缴义务的，由纳税人在所得发生地自行申报缴纳企业所得税。纳税人未依法缴纳的，税务机关可以从该纳税人在中国境内其他收入项目的支付人（以下简称其他支付人）应付的款项中，追缴该纳税人的应纳税款。其他支付人为特定扣缴义务人。

非居民企业逾期仍未缴纳税款的，项目所在地主管税务机关应自逾期之日起 15 日内，收集该非居民企业从中国境内取得其他收入项目的信息，包括收入类型，支付人的名称、地址，支付金额、方式和日期等，并向其他支付人发出《非居民企业欠税追缴告知书》，并依法追缴税款和滞纳金。

非居民企业从中国境内取得其他收入项目，包括在中国境内设立机构、场所的非居民企业取得的来源于中国境内的所得，以及发生在中国境外但与其所设机构、场所有实际联系的所得，如非居民企业从事其他工程作业或劳务项目所得；也包括在中国境内未设立机构、场所的，或者虽设立机构、场所但取得的所得与其所设机构、场所没有实际联系的非居民企业来源于中国境内的所得。

非居民企业有多个其他支付人的，项目所在地主管税务机关应根据信息准确性、收入金额、追缴成本等因素确定追缴顺序。

其他支付人主管税务机关应当提供必要的信息，协助项目所在地主管税务机关执行追缴事宜。

七、汇总纳税管理

（一）跨地区经营汇总纳税居民企业管理

居民企业在中国境内跨地区（指跨省、自治区、直辖市和计划单列市）设立不具有法人资格分支机构，应当根据《国家税务总局关于印发〈跨地区经营汇总纳税企业所得税征收管理办法〉的公告》（国家税务总局公告 2012 年第 57 号）的规定，按照“统一计算、分级管理、就地预缴、汇总清算、财政调库”的办法汇总计算并缴纳企业所得税。

1. 适用范围

居民企业在中国境内跨省、自治区、直辖市和计划单列市设立不具有法人资格分支机构的，该居民企业为跨地区经营汇总纳税企业（以下简称汇总纳税企业），除另有规定外，其企业所得税征收管理实行“统一计算、分级管理、就地预缴、汇总清算、财政调库”的办法。

居民企业在中国境内仅在同一省、自治区、直辖市和计划单列市内设立不具有法人资格分支机构的，各省、自治区、直辖市和计划单列市税务局可以参照“统一计算、分级管理、就地预缴、汇总清算、财政调库”办法进行管理，也可以采用其他的管理办法，如有的地区对于仅在同一省、自治区、直辖市和计划单列市内设立不具有法人资格分支机构的纳税人，由总机构统一计算缴纳企业所得税，分支机构无须就地预缴。

居民企业在中国境内既跨地区设立不具有法人资格分支机构，又在同一地区内设立不具有法人资格分支机构的，其企业所得税征收管理也实行“统一计算、分级管理、就地预缴、汇总清算、财政调库”的办法。

居民企业缴纳的企业所得税（包括滞纳金、罚款）为中央收入，全额上缴中央国库的，其企业所得税征收管理不实行“统一计算、分级管理、就地预缴、汇总清算、财政调库”的办法。

2. 税款预缴和汇算清缴

汇总纳税企业无论是预缴税款还是汇算清缴应补退的税款，都应由总机构统一计算，将计算出的税款50%由总机构分摊缴纳，其中25%就地办理缴库或退库，25%就地全额缴入中央国库或退库；50%在各分支机构间分摊，各分支机构根据分摊税款就地办理缴库或退库。

就地预缴税款的总机构和具有主体生产经营职能的二级分支机构，就地分摊缴纳企业所得税。

二级分支机构是指汇总纳税企业依法设立并领取非法人营业执照（登记证书），且总机构对其财务、业务、人员等直接进行统一核算和管理的分支机构。

在确定就地预缴税款的二级分支机构时，应注意以下几点：

①总机构设立具有主体生产经营职能的部门，且该部门的营业收入、职工薪酬和资产总额与管理职能部门分开核算的，可将该部门视同一个二级分支机构，按规定计算分摊并就地缴纳企业所得税；该部门与管理职能部门的营业收入、职工薪酬和资产总额不能分开核算的，该部门不得视同一个二级分支机构，不得计算分摊并就地缴纳企业所得税。

②不具有主体生产经营职能，且在当地不缴纳增值税的产品售后服务、内部研发、仓储等汇总纳税企业内部辅助性的二级分支机构，不就地分摊缴纳企业所得税。

③上年度认定为小型微利企业的，其二级分支机构不就地分摊缴纳企业所得税。

④汇总纳税企业在中国境外设立的不具有法人资格的二级分支机构，不就地分摊缴纳企业所得税。

⑤新设立的二级分支机构，设立当年不就地分摊缴纳企业所得税。

汇总纳税企业当年由于重组等原因从其他企业取得重组当年之前已存在的二级分支机构，并作为本企业二级分支机构管理的，该二级分支机构不视同当年新设立的二级分支机构，按规定计算分摊并就地缴纳企业所得税。

汇总纳税企业内就地分摊缴纳企业所得税的总机构、二级分支机构之间，发生合并、分立、管理层级变更等形成的新设或存续的二级分支机构，不视同当年新设立的二级分支机构，按规定计算分摊并就地缴纳企业所得税。

⑥当年撤销的二级分支机构，自办理注销税务登记之日所属企业所得税预缴期间起，不就地分摊缴纳企业所得税。其应分摊的税款由总机构申报缴纳。

⑦以总机构名义进行生产经营的非法人分支机构，无法提供汇总纳税企业分支机构所得税分配表的，应在预缴申报期内向其所在地主管税务机关报送非法人营业执照（或登记证书）的复印件、由总机构出具的二级及以下分支机构的有效证明和支持有效证明的相关材料（包括总机构拨款证明、总分机构协议或合同、公司章程、管理制度等），证明其二级及以下分支机构身份。

⑧建筑企业所属二级或二级以下分支机构直接管理的项目部（包括与项目部性质相同的工程指挥部、合同段等，下同）不就地预缴企业所得税，其经营收入、职工工资和资产总额应汇总到二级分支机构统一核算，由二级分支机构按规定的办法预缴企业所得税。

建筑企业总机构直接管理的跨地区设立的项目部，应按项目实际经营收入的0.2%按月或按季由总机构向项目所在地预缴企业所得税，并由项目部向所在地主管税务机关预缴。

3. 总分机构分摊税款的计算

汇总纳税企业计算出本企业应纳所得税税额后，总机构分摊50%，分支机构合计分摊50%，分支机构分摊的50%在按照规定计算的分摊比例在各分支机构之间分摊。

分摊税款的计算公式：

（1）总机构分摊税款的计算。

总机构按以下公式计算分摊税款：

总机构分摊税款＝汇总纳税企业当期应纳所得税额×50%

（2）分支机构分摊税款的计算。

分支机构按以下公式计算分摊税款：

所有分支机构分摊税款总额＝汇总纳税企业当期应纳所得税额×50%

某分支机构分摊税款＝所有分支机构分摊税款总额×该分支机构分摊比例

①分支机构分摊比例由总机构按照上年度分支机构的营业收入、职工薪酬和资产总额三个因素计算。三个因素的权重依次为0.35、0.35、0.30。三级及以下分支机构，其营业收入、职工薪酬和资产总额统一计入二级分支机构。

计算公式如下：

某分支机构分摊比例＝（该分支机构营业收入÷各分支机构营业收入之和）×0.35＋

（该分支机构职工薪酬÷各分支机构职工薪酬之和）×0.35+（该分支机构资产总额÷各分支机构资产总额之和）×0.30

分支机构分摊比例按上述方法一经确定后，一般情况下当年不做调整。

②营业收入、职工薪酬和资产总额的确定。

分支机构营业收入，是指分支机构销售商品、提供劳务、让渡资产使用权等日常经营活动实现的全部收入。其中，生产经营企业分支机构营业收入是指生产经营企业分支机构销售商品、提供劳务、让渡资产使用权等取得的全部收入。金融企业分支机构营业收入是指金融企业分支机构取得的利息、手续费、佣金等全部收入。保险企业分支机构营业收入是指保险企业分支机构取得的保费等全部收入。分支机构的营业收入一般通过"主营业务收入""其他业务收入"科目核算，所以总机构可以直接从分支机构的利润表中的"营业收入"栏目取数。

分支机构职工薪酬，是指分支机构为获得职工提供的服务而给予各种形式的报酬以及其他相关支出。

分支机构资产总额，是指分支机构在经营活动中实际使用的应归属于该分支机构的资产合计额。

三个因素取数都使用上年度的数据，上年度分支机构的营业收入、职工薪酬和资产总额，是指分支机构上年度全年的营业收入、职工薪酬数据和上年度至12月31日的资产总额数据，是依照国家统一会计制度的规定核算的数据。

一个纳税年度内，总机构首次计算分摊税款时采用的分支机构营业收入、职工薪酬和资产总额数据，与此后经过中国注册会计师审计确认的数据不一致的，不做调整。

（二）跨地区经营汇总纳税非居民企业管理

1. 政策要点

在境内设立多个机构、场所的非居民企业依照《企业所得税法》规定，选择由其主要机构、场所汇总其他境内机构、场所（以下简称被汇总机构、场所）缴纳企业所得税的，应根据《国家税务总局 财政部 中国人民银行关于非居民企业机构场所汇总缴纳企业所得税有关问题的公告》（国家税务总局公告2019年第12号）的规定实行"统一计算、分级管理、就地预缴、汇总清算、财政调库"的企业所得税征收管理办法。

主要机构、场所应当符合《企业所得税法实施条例》第一百二十六条规定。汇总纳税的各机构、场所不得采用核定方式计算缴纳企业所得税；汇总纳税的各机构、场所能够按照规定准确计算本机构、场所的税款分摊额，并按要求向所在地主管税务机关办理纳税申报。

主要机构、场所比照居民企业总机构就地分摊缴纳企业所得税；被汇总机构、场所比照居民企业分支机构就地分摊缴纳企业所得税。但汇总纳税的非居民企业的机构、场所不具有主体生产经营职能，不从纳入汇总缴纳企业所得税的其他机构、场所之外取得营业收入，仅具有内部辅助管理或服务职能的，可以纳入汇总计算缴纳企业所得税的范围，但不就地分摊缴纳企业所得税。

2. 资料报送

汇总纳税的各机构、场所应在首次办理汇总缴纳企业所得税申报时，向所在地主管税务机关报送以下信息资料：

（1）主要机构、场所名称及纳税人识别号。

（2）全部被汇总机构、场所名称及纳税人识别号。

（3）符合汇总缴纳企业所得税条件的财务会计核算制度安排。

已按上款规定报送的信息资料发生变更的，汇总纳税的各机构、场所应在发生变更后首次办理汇总缴纳企业所得税申报时，向所在地主管税务机关报告变化情况。

第四章　个人所得税政策与管理

第一节　纳税人与扣缴义务人

一、纳税人

根据《中华人民共和国个人所得税法》第一条，在中国境内有住所，或者无住所而一个纳税年度内在中国境内居住累计满 183 天的个人，为居民个人。居民个人从中国境内和境外取得的所得，依照本法规定缴纳个人所得税。

在中国境内无住所又不居住，或者无住所而一个纳税年度内在中国境内居住累计不满 183 天的个人，为非居民个人。非居民个人从中国境内取得的所得，依照本法规定缴纳个人所得税。

根据《中华人民共和国个人所得税法实施条例》第二条，个人所得税法所称在中国境内有住所，是指因户籍、家庭、经济利益关系而在中国境内习惯性居住。

根据《中华人民共和国个人所得税法实施条例》第四条，在中国境内无住所的个人，在中国境内居住累计满 183 天的年度连续不满 6 年的，经向主管税务机关备案，其来源于中国境外且由境外单位或者个人支付的所得，免予缴纳个人所得税；在中国境内居住累计满 183 天的任一年度中有一次离境超过 30 天的，其在中国境内居住累计满 183 天的年度的连续年限重新起算。

根据《中华人民共和国个人所得税法实施条例》第五条，在中国境内无住所的个人，在一个纳税年度内在中国境内居住累计不超过 90 天的，其来源于中国境内的所得，由境外雇主支付并且不由该雇主在中国境内的机构、场所负担的部分，免予缴纳个人所得税。

二、扣缴义务人

根据《中华人民共和国个人所得税法》第九条，个人所得税以所得人为纳税人，以支付所得的单位或者个人为扣缴义务人。

根据《个人所得税扣缴申报管理办法（试行）》第二条，扣缴义务人是指向个人支付所得的单位或者个人。扣缴义务人应当依法办理全员全额扣缴申报。

根据《个人所得税扣缴申报管理办法（试行）》第四条，实行个人所得税全员全额扣缴申报的应税所得包括：

（1）工资、薪金所得。

（2）劳务报酬所得。

（3）稿酬所得。

（4）特许权使用费所得。

（5）利息、股息、红利所得。

（6）财产租赁所得。

（7）财产转让所得。

（8）偶然所得。

第二节　征税范围

一、基本政策规定

根据《中华人民共和国个人所得税法》第二条，下列各项个人所得，应当缴纳个人所得税：

（1）工资、薪金所得。

（2）劳务报酬所得。

（3）稿酬所得。

（4）特许权使用费所得。

（5）经营所得。

（6）利息、股息、红利所得。

（7）财产租赁所得。

（8）财产转让所得。

（9）偶然所得。

居民个人取得上述第（1）项至第（4）项所得（以下简称综合所得），按纳税年度合并计算个人所得税；非居民个人取得上述第（1）项至第（4）项所得，按月或者按次分项计算个人所得税。纳税人取得上述第（5）项至第（9）项所得，依照规定分别计算个人所得税。

二、各项所得的范围

根据《中华人民共和国个人所得税法实施条例》第六条，个人所得税法规定的各项个人所得的范围：

（1）工资、薪金所得，是指个人因任职或者受雇取得的工资、薪金、奖金、年终加薪、劳动分红、津贴、补贴以及与任职或者受雇有关的其他所得。

（2）劳务报酬所得，是指个人从事劳务取得的所得，包括从事设计、装潢、安装、制图、化验、测试、医疗、法律、会计、咨询、讲学、翻译、审稿、书画、雕刻、影视、录音、录像、演出、表演、广告、展览、技术服务、介绍服务、经纪服务、代办服务以及其他劳务取得的所得。

（3）稿酬所得，是指个人因其作品以图书、报刊等形式出版、发表而取得的所得。

（4）特许权使用费所得，是指个人提供专利权、商标权、著作权、非专利技术以及其他特许权的使用权取得的所得；提供著作权的使用权取得的所得，不包括稿酬所得。

（5）经营所得，是指：

①个体工商户从事生产、经营活动取得的所得，个人独资企业投资人、合伙企业的个人合伙人来源于境内注册的个人独资企业、合伙企业生产、经营的所得。

②个人依法从事办学、医疗、咨询以及其他有偿服务活动取得的所得。

③个人对企业、事业单位承包经营、承租经营以及转包、转租取得的所得。

④个人从事其他生产、经营活动取得的所得。

（6）利息、股息、红利所得，是指个人拥有债权、股权等而取得的利息、股息、红利所得。

（7）财产租赁所得，是指个人出租不动产、机器设备、车船以及其他财产取得的所得。

（8）财产转让所得，是指个人转让有价证券、股权、合伙企业中的财产份额、不动产、机器设备、车船以及其他财产取得的所得。

（9）偶然所得，是指个人得奖、中奖、中彩以及其他偶然性质的所得。

个人取得的所得，难以界定应纳税所得项目的，由国务院税务主管部门确定。

根据《中华人民共和国个人所得税法实施条例》第八条，个人所得的形式，包括现金、实物、有价证券和其他形式的经济利益；所得为实物的，应当按照取得的凭证上所注明的价格计算应纳税所得额，无凭证的实物或者凭证上所注明的价格明显偏低的，参照市场价格核定应纳税所得额；所得为有价证券的，根据票面价格和市场价格核定应纳税所得额；所得为其他形式的经济利益的，参照市场价格核定应纳税所得额。

第三节　税率

一、基本政策规定

根据《中华人民共和国个人所得税法》第三条，个人所得税的税率：

（1）综合所得，适用3%～45%的超额累进税率（详见本节“三、税率表”）。

（2）经营所得，适用5%～35%的超额累进税率（详见本节“三、税率表”）。

（3）利息、股息、红利所得，财产租赁所得，财产转让所得和偶然所得，适用比例税率，税率为20%。

二、税率形式

我国个人所得税税率包括比例税率和超额累进税率两种形式，这也是国际个人所得税主要的两种税率。

（一）比例税率

比例税率是指不论征税对象数量或金额的多少，统一按一个百分比征税的税率。比例税率计算简便，对同一征税对象适用一个比例，有利于鼓励竞争，实行规模经营。

（二）超额累进税率

超额累进税率是把征税对象的数额划分为若干等级，对每个等级部分的数额分别规定相应税率，分别计算税额，各级税额之和为应纳税额。超额累进税率的“超”字，是指征税对象数额超过某一等级时，仅就超过部分，按高一级税率计算征税。

三、税率表

（一）综合所得适用税率

1. 居民个人综合所得适用税率

（1）居民个人综合所得预扣预缴环节适用预扣率。

①居民个人工资、薪金所得适用预扣率。

扣缴义务人向居民个人支付工资、薪金所得时，按照累计预扣法计算预扣税款，以纳税人在本单位截至当前月份工资、薪金所得累计收入减除累计免税收入、累计减除费用、累计专项扣除、累计专项附加扣除和累计依法确定的其他扣除后的余额为累计预扣预缴应纳税所得额（表4-1）。

表4-1　个人所得税预扣率表一（居民个人工资、薪金所得预扣预缴适用）

级数	累计预扣预缴应纳税所得额	预扣率（%）	速算扣除数
1	不超过36 000元的	3	0
2	超过36 000元至144 000元的部分	10	2 520
3	超过144 000元至300 000元的部分	20	16 920
4	超过300 000元至420 000元的部分	25	31 920
5	超过420 000元至660 000元的部分	30	52 920
6	超过660 000元至960 000元的部分	35	85 920
7	超过960 000元的部分	45	181 920

②居民个人劳务报酬所得适用预扣率（表4-2）。

表4-2　个人所得税预扣率表二（居民个人劳务报酬所得预扣预缴适用）

级数	预扣预缴应纳税所得额	预扣率（%）	速算扣除数
1	不超过20 000元的	20	0
2	超过20 000元至50 000元的部分	30	2 000
3	超过50 000元的部分	40	7 000

③居民个人取得稿酬所得、特许权使用费所得预扣率为20%。

（2）居民个人综合所得汇算清缴环节适用税率。

居民个人取得综合所得，按年计算个人所得税，适用3%～45%的超额累进税率（表4-3）。

表4-3　个人所得税税率表一（综合所得适用）

级数	全年应纳税所得额	税率（%）	速算扣除数
1	不超过36 000元的	3	0
2	超过36 000元至144 000元的部分	10	2520
3	超过144 000元至300 000元的部分	20	16920
4	超过300 000元至420 000元的部分	25	31920
5	超过420 000元至660 000元的部分	30	52920
6	超过660 000元至960 000元的部分	35	85920
7	超过960 000元的部分	45	181920

2. 非居民个人综合所得适用税率

非居民个人取得工资、薪金所得，劳务报酬所得，稿酬所得，特许权使用费所得适用税率见表4－4。

表4－4　个人所得税税率表三（非居民个人取得工资、薪金所得，劳务报酬所得，稿酬所得，特许权使用费所得适用）

级数	应纳税所得额	税率（%）	速算扣除数
1	不超过3 000元的	3	0
2	超过3 000元至12 000元的部分	10	210
3	超过12 000元至25 000元的部分	20	1 410
4	超过25 000元至35 000元的部分	25	2 660
5	超过35 000元至55 000元的部分	30	4 410
6	超过55 000元至80 000元的部分	35	7 160
7	超过80 000元的部分	45	15 160

（二）经营所得适用税率

纳税人取得经营所得，按年计算个人所得税，由纳税人在月度或者季度终了后15日内向税务机关报送纳税申报表，并预缴税款；在取得所得的次年3月31日前办理汇算清缴。经营所得在预缴环节和汇算清缴环节，均适用5%～35%的超额累进税率，按表4－5执行。

表4－5　个人所得税税率表二（经营所得适用）

级数	全年应纳税所得额	税率（%）	速算扣除数
1	不超过30 000元的	5	0
2	超过30 000元至90 000元的部分	10	1500
3	超过90 000元至300 000元的部分	20	10500
4	超过300 000元至500 000元的部分	30	40500
5	超过500 000元的部分	35	65500

（三）分类所得适用税率

纳税人取得利息、股息、红利所得，财产租赁所得，财产转让所得和偶然所得，适用比例税率，税率为20%。

（四）按月换算后的综合所得税率

按月换算后的综合所得税率表（或称月度税率表），适用于部分个人所得税优惠政策，如全年一次性奖金，个人除特殊原因外一次性领取年金个人账户资金或余额，以及单位低价向职工售房的优惠政策等特别情形（表4－6）。

表 4-6 按月换算后的综合所得税率表

级数	全月应纳税所得额	税率（%）	速算扣除数
1	不超过 3 000 元的	3	0
2	超过 3 000 元至 12 000 元的部分	10	210
3	超过 12 000 元至 25 000 元的部分	20	1 410
4	超过 25 000 元至 35 000 元的部分	25	2 660
5	超过 35 000 元至 55 000 元的部分	30	4 410
6	超过 55 000 元至 80 000 元的部分	35	7 160
7	超过 80 000 元的部分	45	15 160

第四节 应纳税额的计算

一、基本政策规定

根据《中华人民共和国个人所得税法》第六条，应纳税所得额的计算：

（1）居民个人的综合所得，以每一纳税年度的收入额减除费用 60 000 元以及专项扣除、专项附加扣除和依法确定的其他扣除后的余额，为应纳税所得额。

（2）非居民个人的工资、薪金所得，以每月收入额减除费用 5 000 元后的余额为应纳税所得额；劳务报酬所得、稿酬所得、特许权使用费所得，以每次收入额为应纳税所得额。

（3）经营所得，以每一纳税年度的收入总额减除成本、费用以及损失后的余额，为应纳税所得额。

（4）财产租赁所得，每次收入不超过 4 000 元的，减除费用 800 元；4 000 元以上的，减除 20% 的费用，其余额为应纳税所得额。

（5）财产转让所得，以转让财产的收入额减除财产原值和合理费用后的余额，为应纳税所得额。

（6）利息、股息、红利所得和偶然所得，以每次收入额为应纳税所得额。

劳务报酬所得、稿酬所得、特许权使用费所得以收入减除 20% 的费用后的余额为收入额。稿酬所得的收入额减按 70% 计算。

个人将其所得对教育、扶贫、济困等公益慈善事业进行捐赠，捐赠额未超过纳税人申报的应纳税所得额 30% 的部分，可以从其应纳税所得额中扣除；国务院规定对公益慈善事业捐赠实行全额税前扣除的，从其规定。

专项扣除，包括居民个人按照国家规定的范围和标准缴纳的基本养老保险、基本医疗保险、失业保险等社会保险费和住房公积金等；专项附加扣除，包括子女教育、继续教育、大病医疗、住房贷款利息或者住房租金、赡养老人等支出，具体范围、标准和实施步骤由国务院确定，并报全国人民代表大会常务委员会备案。

二、收入与收入额

要清楚如何计算个人所得税应纳税所得额，首先要界定收入与收入额两个概念。收入与收入额，是个人所得税计算时两个不同的提法，整体而言，收入 > 收入额，收入额是收入减除一定费用后的金额。

（1）工资、薪金所得的收入与收入额。

工资、薪金所得的收入额 = 收入

（2）劳务报酬所得的收入与收入额。

劳务报酬所得的收入额 = 收入 ×80%

（3）稿酬所得的收入与收入额。

稿酬所得的收入额 = 收入 ×80% ×70% = 收入 ×56%

（4）特许权使用费所得的收入与收入额。

特许权使用费所得的收入额 = 收入 ×80%

三、专项附加扣除

个人所得税专项附加扣除，是指子女教育、继续教育、大病医疗、住房贷款利息或者住房租金、赡养老人等 6 项专项附加扣除。

（一）子女教育

纳税人的子女接受全日制学历教育的相关支出，按照每个子女每月 1 000 元的标准定额扣除。

学历教育包括义务教育（小学、初中教育）、高中阶段教育（普通高中、中等职业、技工教育）、高等教育（大学专科、大学本科、硕士研究生、博士研究生教育）。年满 3 岁至小学入学前处于学前教育阶段的子女，按本规定执行。

父母可以选择由其中一方按扣除标准的 100% 扣除，也可以选择由双方分别按扣除标准的 50% 扣除，具体扣除方式在一个纳税年度内不能变更。

（二）继续教育

纳税人在中国境内接受学历（学位）继续教育的支出，在学历（学位）教育期间按照每月 400 元定额扣除。同一学历（学位）继续教育的扣除期限不能超过 48 个月。纳税人接受技能人员职业资格继续教育、专业技术人员职业资格继续教育的支出，在取得相关证书的当年，按照3 600元定额扣除。

个人接受本科及以下学历（学位）继续教育，符合规定扣除条件的，可以选择由其父母扣除，也可以选择由本人扣除。

（三）大病医疗

在一个纳税年度内，纳税人发生的与基本医保相关的医药费用支出，扣除医保报销后个人负担（指医保目录范围内的自付部分）累计超过15 000元的部分，由纳税人在办理年度汇算清缴时，在80 000元限额内据实扣除。

纳税人发生的医药费用支出可以选择由本人或者其配偶扣除；未成年子女发生的医药费用支出可以选择由其父母一方扣除。纳税人及其配偶、未成年子女发生的医药费用支出，按规定分别计算扣除额。

（四）住房贷款利息

纳税人本人或者配偶单独或者共同使用商业银行或者住房公积金个人住房贷款为本人或者其配偶购买中国境内住房，发生的首套住房贷款利息支出，在实际发生贷款利息的年度，按照每月1 000元的标准定额扣除，扣除期限最长不超过240个月。纳税人只能享受一次首套住房贷款的利息扣除。

经夫妻双方约定，可以选择由其中一方扣除，具体扣除方式在一个纳税年度内不能变更。

夫妻双方婚前分别购买住房发生的首套住房贷款，其贷款利息支出，婚后可以选择其中一套购买的住房，由购买方按扣除标准的100%扣除，也可以由夫妻双方对各自购买的住房分别按扣除标准的50%扣除，具体扣除方式在一个纳税年度内不能变更。

（五）住房租金

纳税人在主要工作城市没有自有住房而发生的住房租金支出，可以按照以下标准定额扣除：

（1）直辖市、省会（首府）城市、计划单列市以及国务院确定的其他城市，扣除标准为每月1 500元。

（2）除第一项所列城市以外，市辖区户籍人口超过100万的城市，扣除标准为每月1 100元；市辖区户籍人口不超过100万的城市，扣除标准为每月800元。

纳税人的配偶在纳税人的主要工作城市有自有住房的，视同纳税人在主要工作城市有自有住房。夫妻双方主要工作城市相同的，只能由一方扣除住房租金支出。

住房租金支出由签订租赁住房合同的承租人扣除。纳税人及其配偶在一个纳税年度内不能同时分别享受住房贷款利息和住房租金专项附加扣除。

（六）赡养老人

纳税人赡养一位及以上被赡养人的赡养支出，统一按照以下标准定额扣除：

（1）纳税人为独生子女的，按照每月 2 000 元的标准定额扣除。

（2）纳税人为非独生子女的，由其与兄弟姐妹分摊每月 2 000 元的扣除额度，每人分摊的额度不能超过每月 1 000 元。可以由赡养人均摊或者约定分摊，也可以由被赡养人指定分摊。约定或者指定分摊的须签订书面分摊协议，指定分摊优先于约定分摊。具体分摊方式和额度在一个纳税年度内不能变更。

被赡养人是指年满 60 岁的父母，以及子女均已去世的年满 60 岁的祖父母、外祖父母。

四、捐赠扣除

（一）基本规定

个人通过中华人民共和国境内公益性社会组织、县级以上人民政府及其部门等国家机关，向教育、扶贫、济困等公益慈善事业的捐赠（以下简称公益捐赠），发生的公益捐赠支出，可以按照个人所得税法有关规定在计算应纳税所得额时扣除。

境内公益性社会组织，包括依法设立或登记并按规定条件和程序取得公益性捐赠税前扣除资格的慈善组织、其他社会组织和群众团体。

（二）捐赠额的确定

个人发生的公益捐赠支出金额，按照以下规定确定：

（1）捐赠货币性资产的，按照实际捐赠金额确定。

（2）捐赠股权、房产的，按照个人持有股权、房产的财产原值确定。

（3）捐赠除股权、房产以外的其他非货币性资产的，按照非货币性资产的市场价格确定。

（三）捐赠扣除的计算

居民个人发生的公益捐赠支出可以在综合所得、经营所得或者分类所得中扣除。在当期一个所得项目扣除不完的公益捐赠支出，可以按规定在其他所得项目中继续扣除。

居民个人发生的公益捐赠支出，在综合所得、经营所得中扣除的，扣除限额分别为当年综合所得、当年经营所得应纳税所得额的 30%；在分类所得中扣除的，扣除限额为当月分类所得应纳税所得额的30%。

1. 居民个人在综合所得中扣除公益捐赠支出

（1）居民个人取得工资薪金所得的，可以选择在预扣预缴时扣除，也可以选择在年度汇算清缴时扣除。

居民个人选择在预扣预缴时扣除的，应按照累计预扣法计算扣除限额，其捐赠当月的扣除限额为截至当月累计应纳税所得额的30%（全额扣除的从其规定，下同）。个人从两处以上取得工资薪金所得，选择其中一处扣除，选择后当年不得变更。

（2）居民个人取得劳务报酬所得、稿酬所得、特许权使用费所得的，预扣预缴时不扣除公益捐赠支出，统一在汇算清缴时扣除。

（3）居民个人取得全年一次性奖金、股权激励等所得，且按规定采取不并入综合所得而单独计税方式处理的，公益捐赠支出扣除比照本公告分类所得的扣除规定处理。

2. 居民个人在分类所得中扣除公益捐赠支出

居民个人发生的公益捐赠支出，可在捐赠当月取得的分类所得中扣除。当月分类所得应扣除未扣除的公益捐赠支出，可以按照以下规定追补扣除：

（1）扣缴义务人已经代扣但尚未解缴税款的，居民个人可以向扣缴义务人提出追补扣除申请，退还已扣税款。

（2）扣缴义务人已经代扣且解缴税款的，居民个人可以在公益捐赠之日起90日内提请扣缴义务人向征收税款的税务机关办理更正申报追补扣除，税务机关和扣缴义务人应当予以办理。

（3）居民个人自行申报纳税的，可以在公益捐赠之日起90日内向主管税务机关办理更正申报追补扣除。

居民个人捐赠当月有多项多次分类所得的，应先在其中一项一次分类所得中扣除。已经在分类所得中扣除的公益捐赠支出，不再调整到其他所得中扣除。

3. 居民个人在经营所得中扣除公益捐赠支出

在经营所得中扣除公益捐赠支出，应按以下规定处理：

（1）个体工商户发生的公益捐赠支出，在其经营所得中扣除。

（2）个人独资企业、合伙企业发生的公益捐赠支出，其个人投资者应当按照捐赠年度合伙企业的分配比例（个人独资企业分配比例为百分之百），计算归属于每一个投资者的公益捐赠支出，个人投资者应将其归属的个人独资企业、合伙企业公益捐赠支出和本人需要在经营所得扣除的其他公益捐赠支出合并，在其经营所得中扣除。

（3）在经营所得中扣除公益捐赠支出的，可以选择在预缴税款时扣除，也可以选择在汇算清缴时扣除。

（4）经营所得采取核定征收方式的，不扣除公益捐赠支出。

非居民个人发生的公益捐赠支出，未超过其在公益捐赠支出发生的当月应纳税所得额30%的部分，可以从其应纳税所得额中扣除。扣除不完的公益捐赠支出，可以在经营所得中继续扣除。

五、应纳税所得额的计算

（一）综合所得应纳税所得额计算

1. *居民个人综合所得应纳税所得额计算*

（1）居民个人综合所得预扣预缴环节应纳税所得额计算。

①居民个人工资薪金所得预扣预缴环节应纳税所得额计算。

扣缴义务人向居民个人支付工资、薪金所得时，按照累计预扣法计算预扣税款，以纳税人在本单位截至当前月份工资、薪金所得累计收入减除累计免税收入、累计减除费用、累计专项扣除、累计专项附加扣除和累计依法确定的其他扣除后的余额为累计预扣预缴应纳税所得额。

本期应预扣预缴税额 =（累计预扣预缴应纳税所得额 × 预扣率 - 速算扣除数）- 累计减免税额 - 累计已预扣预缴税额

累计预扣预缴应纳税所得额 = 累计收入 - 累计免税收入 - 累计减除费用 - 累计专项扣除 - 累计专项附加扣除 - 累计依法确定的其他扣除

其中，累计减除费用，按照5 000元/月乘以纳税人当年截至本月在本单位的任职受雇月份数计算。

对一个纳税年度内首次取得工资、薪金所得的居民个人，扣缴义务人在预扣预缴个人所得税时，可按照5 000元/月乘以纳税人当年截至本月月份数计算累计减除费用。

对上一完整纳税年度内每月均在同一单位预扣预缴工资、薪金所得个人所得税且全年工资、薪金收入不超过60 000元的居民个人，扣缴义务人在预扣预缴本年度工资、薪金所得个人所得税时，累计减除费用自1月起直接按照全年60 000元计算扣除。即，在纳税人累计收入不超过60 000元的月份，暂不预扣预缴个人所得税；在其累计收入超过60 000元的当月及年内后续月份，再预扣预缴个人所得税。

累计专项扣除是纳税人当年截至本月在本单位缴纳的“三险一金”，累计专项附加扣除是纳税人当年截至本月在本单位填报的子女教育等六项专项附加扣除，累计依法确定的其他扣除是纳税人当年截至本月符合条件的年金、保险、捐赠等。

②居民个人劳务报酬所得、稿酬所得、特许权使用费所得预扣预缴环节应纳税所得额计算。

居民个人取得劳务报酬所得、稿酬所得、特许权使用费所得预扣预缴时，以每次收入额为预扣预缴应纳税所得额。具体来说，收入额为收入减除费用后的余额。减除费用：预扣预缴时，劳务报酬所得、稿酬所得、特许权使用费所得每次收入不超过4 000元的，减除费用按800元计算；每次收入4 000元以上的，减除费用按收入的20%计算。稿酬所得的收入额减按70%计算。

劳务报酬所得预扣预缴应纳税所得额＝每次收入－800元（每次收入≤4 000元）

或者：劳务报酬所得预扣预缴应纳税所得额＝每次收入×80%（每次收入≥4 000元）

保险营销员、证券经纪人和正在接受全日制学历教育的学生因实习取得劳务报酬所得的，扣缴义务人预扣预缴个人所得税时，按照累计预扣法计算并预扣预缴税款。居民个人工资薪金所得预扣预缴环节累计减除费用的计算规则，同样适应以上按照累计预扣法预扣预缴劳务报酬所得个人所得税的居民个人。

稿酬所得预扣预缴应纳税所得额＝每次收入×80%×70%

特许权使用费所得预扣预缴应纳税所得额＝每次收入×80%

（2）居民个人综合所得汇算清缴环节应纳税所得额计算。

汇算清缴时以公历年度为计算依据，纳税人以每一纳税年度的收入额减除费用60 000元以及专项扣除、专项附加扣除和依法确定的其他扣除后的余额，为应纳税所得额。其中，收入额指一个纳税年度内纳税人工资、薪金所得，劳务报酬所得，稿酬所得，特许权使用费所得四项的收入额总和。

居民个人综合所得应纳税所得额＝收入额－60 000元－专项扣除－专项附加扣除－依法确定的其他扣除－捐赠

居民个人综合所得收入额＝工资、薪金所得收入额＋劳务报酬收入额＋稿酬所得收入额＋特许权使用费所得收入额＝工资、薪金所得的收入＋劳务报酬所得的收入×80%＋稿酬所得的收入×80%×70%＋特许权使用费所得的收入×80%

2. 非居民个人综合所得应纳税所得额计算

非居民个人不需要进行汇算清缴，只在取得收入时扣缴个人所得税。

（1）非居民工资、薪金所得应纳税所得额计算。

非居民个人的工资、薪金所得，以每月收入额减除费用5 000元后的余额为应纳税所得额。

非居民个人工资、薪金所得应纳税所得额 = 收入额 − 5 000 元

（2）非居民个人劳务报酬所得、稿酬所得、特许权使用费所得应纳税所得额计算。

非居民个人的劳务报酬所得、稿酬所得、特许权使用费所得，以每次收入额为应纳税所得额。

非居民个人劳务报酬所得应纳税所得额 = 每次收入 × 80%

非居民个人稿酬所得应纳税所得额 = 每次收入 × 80% × 70%

非居民个人特许权使用费所得应纳税所得额 = 每次收入 × 80%

（二）经营所得应纳税所得额计算

经营所得，以每一纳税年度的收入总额减除成本、费用以及损失后的余额，为应纳税所得额[①]。取得经营所得的个人，没有综合所得的，计算其每一纳税年度的应纳税所得额时，应当减除费用 60 000 元、专项扣除、专项附加扣除以及依法确定的其他扣除。专项附加扣除在办理汇算清缴时减除。

1. 纳税人有综合所得的

经营所得应纳税所得额 = 收入总额 − 成本 − 费用 − 损失

2. 纳税人没有综合所得的

经营所得应纳税所得额 = 收入总额 − 成本 − 费用 − 损失 − 60 000 元 − 专项扣除 − 专项附加扣除 − 依法确定的其他扣除 − 捐赠

成本、费用，是指生产、经营活动中发生的各项直接支出和分配计入成本的间接费用以及销售费用、管理费用、财务费用。

损失，是指生产、经营活动中发生的固定资产和存货的盘亏、毁损、报废损失、转让财产损失、坏账损失，自然灾害等不可抗力因素造成的损失以及其他损失。

（三）分类所得应纳税所得额计算

1. 利息、股息、红利所得应纳税所得额计算

利息、股息、红利所得，以每次收入额为应纳税所得额。

利息、股息、红利所得应纳税所得额 = 每次收入额

2. 财产租赁所得应纳税所得额计算

财产租赁所得，每次收入不超过 4 000 元的，减除费用 800 元；4 000 元以上的，减

① 注意：纳税人取得两处以上经营所得的，在年度终了，应当汇总所有收入，合并进行汇算清缴。

除20%的费用，其余额为应纳税所得额。

财产租赁所得应纳税所得额 = 每次收入 -800元（每次收入≤4 000元）

或者：财产租赁所得应纳税所得额 = 每次收入 ×80%（每次收入≥4 000元）

3. 财产转让所得应纳税所得额计算

财产转让所得，以转让财产的收入额减除财产原值和合理费用后的余额，为应纳税所得额。

财产转让所得应纳税所得额 = 转让收入额 - 财产原值 - 合理费用

（1）财产原值。

有价证券的财产原值，为买入价以及买入时按照规定交纳的有关费用；建筑物的财产原值，为建造费或者购进价格以及其他有关费用；土地使用权的财产原值，为取得土地使用权所支付的金额、开发土地的费用以及其他有关费用；机器设备、车船的财产原值，为购进价格、运输费、安装费以及其他有关费用。其他财产参照以上方法确定财产原值。

（2）合理费用。

合理费用，是指卖出财产时按照规定支付的有关税费。

4. 偶然所得应纳税所得额计算

偶然所得，以每次收入额为应纳税所得额。

六、应纳税额的计算

（一）综合所得应纳税额计算

1. 居民个人综合所得应纳税额计算

居民个人的综合所得，采用取得收入时预扣预缴，年度终了汇算清缴的方式。

（1）居民个人综合所得预扣预缴环节应纳税额计算。

①居民个人工资薪金所得预扣预缴环节应纳税额计算：

本期应预扣预缴税额 = （累计预扣预缴应纳税所得额 × 预扣率 - 速算扣除数） - 累计减免税额 - 累计已预扣预缴税额

（适应个人所得税预扣率表一，见表4 -1）

②居民个人劳务报酬所得、稿酬所得、特许权使用费所得预扣预缴环节应纳税额计算：

劳务报酬所得预扣预缴应纳税额 = 应纳税所得额 × 预扣率 - 速算扣除数

（适应个人所得税预扣率表二，见表4 -2）

稿酬所得预扣预缴应纳税额＝应纳税所得额×20%

特许权使用费所得预扣预缴应纳税额＝应纳税所得额×20%

（2）居民个人综合所得汇算清缴环节应纳税额计算：

居民个人综合所得应纳税额＝综合所得应纳税所得额×税率－速算扣除数

居民个人综合所得应补（退）税额＝居民个人综合所得应纳税额－全年已缴纳税额

2. 非居民个人综合所得应纳税额计算

非居民个人取得工资薪金所得、劳务报酬所得、稿酬所得、特许权使用费所得应纳税所得额计算：

应纳税额＝应纳税所得额×税率－速算扣除数

（适应个人所得税税率表三，见表4－4）

（二）经营所得应纳税额计算[①]

经营所得应纳税额＝应纳税所得额×税率－速算扣除数

（适应个人所得税税率表二，见表4－5）

（三）分类所得应纳税所得额计算

利息股息红利所得、财产租赁所得、财产转让所得、偶然所得应纳税额计算：

应纳税额＝应纳税所得额×20%

七、居民个人取得境外所得的抵免

（一）居民个人取得境外所得的计算原则

居民个人所得应当依照《个人所得税法》及其实施条例规定，按照以下方法计算当期境内和境外所得应纳税额。

（1）居民个人所得来源于中国境外的综合所得，应当与境内综合所得合并计算应纳税额。

（2）居民个人所得来源于中国境外的经营所得，应当与境内经营所得合并计算应纳税额。居民个人所得来源于境外的经营所得，按照个人所得税法及其实施条例的有关规定计算的亏损，不得抵减其境内或他国（地区）的应纳税所得额，但可以用来源于同一国家（地区）以后年度的经营所得按中国税法规定弥补。

（3）居民个人所得来源于中国境外的利息、股息、红利所得，财产租赁所得，财产

① 注意：纳税人取得两处以上经营所得的，在年度终了，应当汇总所有收入合并进行汇算清缴。

转让所得和偶然所得（以下简称其他分类所得），不与境内所得合并，应当分别单独计算应纳税额。

（二）抵免限额的计算

居民个人在一个纳税年度内来源于中国境外的所得，依照所得来源国家（地区）税收法律规定在中国境外已缴纳的所得税税额允许在抵免限额内从其该纳税年度应纳税额中抵免。

居民个人来源于一国（地区）的综合所得、经营所得以及其他分类所得项目的应纳税额为其抵免限额，按照下列公式计算：

来源于一国（地区）综合所得的抵免限额＝中国境内和境外综合所得依照本公告第二条规定计算的综合所得应纳税额×来源于该国（地区）的综合所得收入额÷中国境内和境外综合所得收入额合计

来源于一国（地区）经营所得的抵免限额＝中国境内和境外经营所得依照本公告[①]第二条规定计算的经营所得应纳税额×来源于该国（地区）的经营所得应纳税所得额÷中国境内和境外经营所得应纳税所得额合计

来源于一国（地区）其他分类所得的抵免限额＝该国（地区）的其他分类所得依照本公告第二条规定计算的应纳税额

来源于一国（地区）所得的抵免限额＝来源于该国（地区）综合所得的抵免限额＋来源于该国（地区）经营所得的抵免限额＋来源于该国（地区）其他分类所得的抵免限额

第五节　优惠政策

一、法定免征

根据《中华人民共和国个人所得税法》第四条，下列各项个人所得，免征个人所得税：

（1）省级人民政府、国务院部委和中国人民解放军军以上单位，以及外国组织、国际组织颁发的科学、教育、技术、文化、卫生、体育、环境保护等方面的奖金。

（2）国债和国家发行的金融债券利息。

（3）按照国家统一规定发给的补贴、津贴。

---

① “本公告”，指《财政部 税务总局关于境外所得有关个人所得税政策的公告》（财政部 税务总局公告 2020 年第 3 号）。

（4）福利费、抚恤金、救济金。

（5）保险赔款。

（6）军人的转业费、复员费、退役金。

（7）按照国家统一规定发给干部、职工的安家费、退职费、基本养老金或者退休费、离休费、离休生活补助费。

（8）依照有关法律规定应予免税的各国驻华使馆、领事馆的外交代表、领事官员和其他人员的所得。

（9）中国政府参加的国际公约、签订的协议中规定免税的所得。

（10）国务院规定的其他免税所得。

二、法定减征

根据《中华人民共和国个人所得税法》第五条，有下列情形之一的，可以减征个人所得税，具体幅度和期限，由省、自治区、直辖市人民政府规定，并报同级人民代表大会常务委员会备案：

（1）残疾、孤老人员和烈属的所得。

（2）因自然灾害遭受重大损失的。

三、有关优惠政策的衔接

为贯彻落实新修改的《中华人民共和国个人所得税法》，财税〔2018〕164 号文件明确有关个人所得税优惠政策衔接，包含以下税收优惠措施。

（一）关于全年一次性奖金、中央企业负责人年度绩效薪金延期兑现收入和任期奖励的政策

（1）居民个人取得全年一次性奖金，符合有关规定的，在 2021 年 12 月 31 日前，不并入当年综合所得，以全年一次性奖金收入除以 12 个月得到的数额，按照按月换算后的综合所得税率表（以下简称月度税率表），确定适用税率和速算扣除数，单独计算纳税。计算公式为：

应纳税额 = 全年一次性奖金收入 × 适用税率 − 速算扣除数

居民个人取得全年一次性奖金，也可以选择并入当年综合所得计算纳税。

自 2022 年 1 月 1 日起，居民个人取得全年一次性奖金，应并入当年综合所得计算缴纳个人所得税。

（2）中央企业负责人取得年度绩效薪金延期兑现收入和任期奖励，符合有关规定的，

在2021年12月31日前，参照上述（1）执行；2022年1月1日之后的政策另行明确。

（二）关于上市公司股权激励的政策

（1）居民个人取得股票期权、股票增值权、限制性股票、股权奖励等股权激励（以下简称股权激励），符合有关规定的，在2021年12月31日前，不并入当年综合所得，全额单独适用综合所得税率表，计算纳税。计算公式为：

应纳税额 = 股权激励收入 × 适用税率 − 速算扣除数

（2）居民个人一个纳税年度内取得两次以上（含两次）股权激励的，应合并按上述（1）规定计算纳税。

（3）2022年1月1日之后的股权激励政策另行明确。

（三）关于保险营销员、证券经纪人佣金收入的政策

保险营销员、证券经纪人取得的佣金收入，属于劳务报酬所得，以不含增值税的收入减除20%的费用后的余额为收入额，收入额减去展业成本以及附加税费后，并入当年综合所得，计算缴纳个人所得税。保险营销员、证券经纪人展业成本按照收入额的25%计算。

扣缴义务人向保险营销员、证券经纪人支付佣金收入时，应按照《个人所得税扣缴申报管理办法（试行）》（国家税务总局公告2018年第61号）规定的累计预扣法计算预扣税款。

（四）关于个人领取企业年金、职业年金的政策

个人达到国家规定的退休年龄，领取的企业年金、职业年金，符合有关规定的，不并入综合所得，全额单独计算应纳税款。其中按月领取的，适用月度税率表计算纳税；按季领取的，平均分摊计入各月，按每月领取额适用月度税率表计算纳税；按年领取的，适用综合所得税率表计算纳税。

个人因出境定居而一次性领取的年金个人账户资金，或个人死亡后，其指定的受益人或法定继承人一次性领取的年金个人账户余额，适用综合所得税率表计算纳税。对个人除上述特殊原因外一次性领取年金个人账户资金或余额的，适用月度税率表计算纳税。

（五）关于解除劳动关系、提前退休、内部退养的一次性补偿收入的政策

（1）个人与用人单位解除劳动关系取得一次性补偿收入（包括用人单位发放的经济补偿金、生活补助费和其他补助费），在当地上年职工平均工资3倍数额以内的部分，免征个人所得税；超过3倍数额的部分，不并入当年综合所得，单独适用综合所得税率表，计算纳税。

（2）个人办理提前退休手续而取得的一次性补贴收入，应按照办理提前退休手续至法定离退休年龄之间实际年度数平均分摊，确定适用税率和速算扣除数，单独适用综合所得税率表，计算纳税。计算公式：

应纳税额＝｛［（一次性补贴收入÷办理提前退休手续至法定退休年龄的实际年度数）－费用扣除标准］×适用税率－速算扣除数｝×办理提前退休手续至法定退休年龄的实际年度数

（3）个人办理内部退养手续而取得的一次性补贴收入，按照《国家税务总局关于个人所得税有关政策问题的通知》（国税发〔1999〕58号）规定计算纳税。

（六）关于单位低价向职工售房的政策

单位按低于购置或建造成本价格出售住房给职工，职工因此而少支出的差价部分，符合有关规定的，不并入当年综合所得，以差价收入除以12个月得到的数额，按照月度税率表确定适用税率和速算扣除数，单独计算纳税。计算公式为：

应纳税额＝职工实际支付的购房价款低于该房屋的购置或建造成本价格的差额×适用税率－速算扣除数

（七）关于外籍个人有关津补贴的政策

（1）2019年1月1日至2021年12月31日期间，外籍个人符合居民个人条件的，可以选择享受个人所得税专项附加扣除，也可以选择按照有关规定，享受住房补贴、语言训练费、子女教育费等津补贴免税优惠政策，但不得同时享受。外籍个人一经选择，在一个纳税年度内不得变更。

（2）自2022年1月1日起，外籍个人不再享受住房补贴、语言训练费、子女教育费津补贴免税优惠政策，应按规定享受专项附加扣除。

知识链接

继续有效的优惠政策

2018年12月29日，为贯彻落实修改后的《中华人民共和国个人所得税法》，财政部、国家税务总局联合印发《财政部 税务总局关于继续有效的个人所得税优惠政策目录的公告》，将继续有效的个人所得税优惠政策涉及的文件目录表1予以公布。

公告共涉及继续有效的个人所得税优惠政策文件88个，其中第65、67个文件后被废止。

表1 继续有效的个人所得税优惠政策涉及的文件目录

序号	制定机关	优惠政策文件名称	文号
1	财政部	财政部关于外国来华工作人员缴纳个人所得税问题的通知	（80）财税字第189号
2	财政部、国家税务总局	财政部 国家税务总局关于个人所得税若干政策问题的通知	财税字〔1994〕020号
3	财政部、国家税务总局	财政部 国家税务总局关于西藏自治区贯彻施行《中华人民共和国个人所得税法》有关问题的批复	财税字〔1994〕021号
4	国家税务总局	国家税务总局关于印发《征收个人所得税若干问题的规定》的通知	国税发〔1994〕089号
5	国家税务总局	国家税务总局关于社会福利有奖募捐发行收入税收问题的通知	国税发〔1994〕127号
6	国家税务总局	国家税务总局关于曾宪梓教育基金会教师奖免征个人所得税的函	国税函发〔1994〕376号
7	财政部、国家税务总局	财政部 国家税务总局关于发给见义勇为者的奖金免征个人所得税问题的通知	财税字〔1995〕25号
8	国家税务总局	国家税务总局关于个人取得青苗补偿费收入征免个人所得税的批复	国税函发〔1995〕079号
9	财政部、国家税务总局	财政部 税务总局关于军队干部工资薪金收入征收个人所得税的通知	财税字〔1996〕14号
10	财政部、国家税务总局	财政部 国家税务总局关于西藏特殊津贴免征个人所得税的批复	财税字〔1996〕91号
11	财政部、国家税务总局	财政部 国家税务总局关于国际青少年消除贫困奖免征个人所得税的通知	财税字〔1997〕51号
12	国家税务总局	国家税务总局关于股份制企业转增股本和派发红股征免个人所得税的通知	国税发〔1997〕198号
13	财政部、国家税务总局	财政部 国家税务总局关于个人取得体育彩票中奖所得征免个人所得税问题的通知	财税字〔1998〕12号
14	财政部、国家税务总局	财政部 国家税务总局关于证券投资基金税收问题的通知	财税字〔1998〕55号
15	财政部、国家税务总局	财政部 国家税务总局关于个人转让股票所得继续暂免征收个人所得税的通知	财税字〔1998〕61号
16	国家税务总局	国家税务总局关于原城市信用社在转制为城市合作银行过程中个人股增值所得应纳个人所得税的批复	国税函〔1998〕289号
17	国家税务总局	国家税务总局关于“长江学者奖励计划”有关个人收入免征个人所得税的通知	国税函〔1998〕632号
18	财政部、国家税务总局	财政部 国家税务总局关于促进科技成果转化有关税收政策的通知	财税字〔1999〕45号

续表

序号	制定机关	优惠政策文件名称	文号
19	国家税务总局	国家税务总局关于个人所得税有关政策问题的通知	国税发〔1999〕58号
20	国家税务总局	国家税务总局关于促进科技成果转化有关个人所得税问题的通知	国税发〔1999〕125号
21	财政部、国家税务总局	财政部 国家税务总局关于住房公积金 医疗保险金 基本养老保险金 失业保险基金个人账户存款利息所得免征个人所得税的通知	财税字〔1999〕267号
22	国家税务总局	国家税务总局关于“特聘教授奖金”免征个人所得税的通知	国税函〔1999〕525号
23	国家税务总局	国家税务总局关于企业改组改制过程中个人取得的量化资产征收个人所得税问题的通知	国税发〔2000〕60号
24	财政部、国家税务总局	财政部 国家税务总局关于随军家属就业有关税收政策的通知	财税〔2000〕84号
25	财政部、国家税务总局	财政部 国家税务总局关于调整住房租赁市场税收政策的通知	财税〔2000〕125号
26	国家税务总局	国家税务总局关于律师事务所从业人员取得收入征收个人所得税有关业务问题的通知	国税发〔2000〕149号
27	国家税务总局	国家税务总局关于“长江小小科学家”奖金免征个人所得税的通知	国税函〔2000〕688号
28	国家税务总局	国家税务总局关于《关于个人独资企业和合伙企业投资者征收个人所得税的规定》执行口径的通知	国税函〔2001〕84号
29	财政部、国家税务总局	财政部 国家税务总局关于个人与用人单位解除劳动关系取得的一次性补偿收入征免个人所得税问题的通知	财税〔2001〕157号
30	财政部、国家税务总局	财政部 国家税务总局关于开放式证券投资基金有关税收问题的通知	财税〔2002〕128号
31	财政部、国家税务总局	财政部 国家税务总局关于自主择业的军队转业干部有关税收政策问题的通知	财税〔2003〕26号
32	国家税务总局	国家税务总局关于个人取得“母亲河（波司登）奖”奖金所得免征个人所得税问题的批复	国税函〔2003〕961号
33	财政部、国家税务总局	财政部 国家税务总局关于外籍个人取得港澳地区住房等补贴征免个人所得税的通知	财税〔2004〕29号
34	财政部、国家税务总局	财政部 国家税务总局关于农村税费改革试点地区有关个人所得税问题的通知	财税〔2004〕30号
35	财政部、国家税务总局	财政部 国家税务总局关于教育税收政策的通知	财税〔2004〕39号
36	国家税务总局	国家税务总局关于国际组织驻华机构外国政府驻华使领馆和驻华新闻机构雇员个人所得税征收方式的通知	国税函〔2004〕808号

续表

序号	制定机关	优惠政策文件名称	文号
37	财政部、国家税务总局	财政部 国家税务总局关于城镇房屋拆迁有关税收政策的通知	财税〔2005〕45号
38	财政部、国家税务总局	财政部 国家税务总局关于股权分置试点改革有关税收政策问题的通知	财税〔2005〕103号
39	财政部、国家税务总局	财政部 国家税务总局关于基本养老保险费基本医疗保险费失业保险费住房公积金有关个人所得税政策的通知	财税〔2006〕10号
40	国家税务总局	国家税务总局关于陈嘉庚科学奖获奖个人取得的奖金收入免征个人所得税的通知	国税函〔2006〕561号
41	财政部、国家税务总局	财政部 国家税务总局关于单位低价向职工售房有关个人所得税问题的通知	财税〔2007〕13号
42	财政部、国家税务总局	财政部 国家税务总局关于个人取得有奖发票奖金征免个人所得税问题的通知	财税〔2007〕34号
43	财政部、国家税务总局	财政部 国家税务总局关于《建立亚洲开发银行协定》有关个人所得税问题的补充通知	财税〔2007〕93号
44	财政部、国家税务总局	财政部 国家税务总局关于高级专家延长离休退休期间取得工资薪金所得有关个人所得税问题的通知	财税〔2008〕7号
45	财政部、国家税务总局	财政部 国家税务总局关于生育津贴和生育医疗费有关个人所得税政策的通知	财税〔2008〕8号
46	财政部、国家税务总局	财政部 国家税务总局关于廉租住房经济适用住房和住房租赁有关税收政策的通知	财税〔2008〕24号
47	财政部、国家税务总局	财政部 国家税务总局关于认真落实抗震救灾及灾后重建税收政策问题的通知	财税〔2008〕62号
48	财政部、国家税务总局	财政部 国家税务总局关于储蓄存款利息所得有关个人所得税政策的通知	财税〔2008〕132号
49	财政部、国家税务总局	财政部 国家税务总局关于证券市场个人投资者证券交易结算资金利息所得有关个人所得税政策的通知	财税〔2008〕140号
50	财政部、国家税务总局	财政部 国家税务总局关于个人无偿受赠房屋有关个人所得税问题的通知	财税〔2009〕78号
51	国家税务总局	国家税务总局关于明确个人所得税若干政策执行问题的通知	国税发〔2009〕121号
52	国家税务总局	国家税务总局关于刘东生青年科学家奖和刘东生地球科学奖学金获奖者奖金免征个人所得税的通知	国税函〔2010〕74号
53	国家税务总局	国家税务总局关于全国职工职业技能大赛奖金免征个人所得税的通知	国税函〔2010〕78号

续表

序号	制定机关	优惠政策文件名称	文号
54	财政部、国家税务总局	财政部 国家税务总局关于个人独资企业和合伙企业投资者取得种植业 养殖业 饲养业 捕捞业所得有关个人所得税问题的批复	财税〔2010〕96号
55	国家税务总局	国家税务总局关于中华宝钢环境优秀奖奖金免征个人所得税问题的通知	国税函〔2010〕130号
56	财政部、国家税务总局	财政部 国家税务总局关于企业促销展业赠送礼品有关个人所得税问题的通知	财税〔2011〕50号
57	国家税务总局	国家税务总局关于2011年度李四光地质科学奖奖金免征个人所得税的公告	国家税务总局公告2011年第68号
58	财政部、国家税务总局	财政部 国家税务总局关于退役士兵退役金和经济补助免征个人所得税问题的通知	财税〔2011〕109号
59	国家税务总局	国家税务总局关于第五届黄汲清青年地质科学技术奖奖金免征个人所得税问题的公告	国家税务总局公告2012年第4号
60	国家税务总局	国家税务总局关于明天小小科学家奖金免征个人所得税问题的公告	国家税务总局公告2012年第28号
61	财政部、国家税务总局	财政部 国家税务总局关于工伤职工取得的工伤保险待遇有关个人所得税政策的通知	财税〔2012〕40号
62	财政部、国家税务总局	财政部 国家税务总局关于地方政府债券利息免征所得税问题的通知	财税〔2013〕5号
63	财政部、国家税务总局	财政部 国家税务总局关于棚户区改造有关税收政策的通知	财税〔2013〕101号
64	财政部、人力资源社会保障部、国家税务总局	财政部 人力资源社会保障部 国家税务总局关于企业年金职业年金个人所得税有关问题的通知	财税〔2013〕103号
65	财政部、国家税务总局	财政部 国家税务总局关于广东横琴新区个人所得税优惠政策的通知	财税〔2014〕23号
66	财政部、国家税务总局	财政部 国家税务总局关于福建平潭综合实验区个人所得税优惠政策的通知	财税〔2014〕24号
67	财政部、国家税务总局	财政部 国家税务总局关于深圳前海深港现代服务业合作区个人所得税优惠政策的通知	财税〔2014〕25号
68	财政部、国家税务总局、证监会	财政部 国家税务总局 证监会关于沪港股票市场交易互联互通机制试点有关税收政策的通知	财税〔2014〕81号
69	财政部、海关总署、国家税务总局	财政部 海关总署 国家税务总局关于支持鲁甸地震灾后恢复重建有关税收政策问题的通知	财税〔2015〕27号
70	财政部、国家税务总局	财政部 国家税务总局关于个人非货币性资产投资有关个人所得税政策的通知	财税〔2015〕41号

续表

序号	制定机关	优惠政策文件名称	文号
71	财政部、国家税务总局、证监会	财政部 国家税务总局 证监会关于上市公司股息红利差别化个人所得税政策有关问题的通知	财税〔2015〕101号
72	财政部、国家税务总局	财政部 国家税务总局关于将国家自主创新示范区有关税收试点政策推广到全国范围实施的通知	财税〔2015〕116号
73	财政部、国家税务总局、证监会	财政部 国家税务总局 证监会关于内地与香港基金互认有关税收政策的通知	财税〔2015〕125号
74	财政部、国家税务总局	财政部 国家税务总局关于行政和解金有关税收政策问题的通知	财税〔2016〕100号
75	财政部、国家税务总局	财政部 国家税务总局关于完善股权激励和技术入股有关所得税政策的通知	财税〔2016〕101号
76	财政部、国家税务总局、证监会	财政部 国家税务总局 证监会关于深港股票市场交易互联互通机制试点有关税收政策的通知	财税〔2016〕127号
77	财政部、国家税务总局、民政部	财政部 税务总局 民政部关于继续实施扶持自主就业退役士兵创业就业有关税收政策的通知	财税〔2017〕46号
78	财政部、国家税务总局、人力资源社会保障部	财政部 税务总局 人力资源社会保障部关于继续实施支持和促进重点群体创业就业有关税收政策的通知	财税〔2017〕49号
79	财政部、国家税务总局、海关总署	财政部 税务总局 海关总署关于北京2022年冬奥会和冬残奥会税收政策的通知	财税〔2017〕60号
80	财政部、国家税务总局、证监会	财政部 税务总局 证监会关于沪港股票市场交易互联互通机制试点有关税收政策的通知	财税〔2017〕78号
81	财政部、国家税务总局、证监会	财政部 税务总局 证监会关于支持原油等货物期货市场对外开放税收政策的通知	财税〔2018〕21号
82	财政部、国家税务总局、人力资源社会保障部、中国银行保险监督管理委员会、证监会	财政部 税务总局 人力资源社会保障部 中国银行保险监督管理委员会 证监会关于开展个人税收递延型商业养老保险试点的通知	财税〔2018〕22号
83	财政部、国家税务总局	财政部 税务总局关于创业投资企业和天使投资个人有关税收政策的通知	财税〔2018〕55号
84	财政部、国家税务总局、科技部	财政部 税务总局 科技部关于科技人员取得职务科技成果转化现金奖励有关个人所得税政策的通知	财税〔2018〕58号
85	财政部、国家税务总局	财政部 税务总局关于易地扶贫搬迁税收优惠政策的通知	财税〔2018〕135号
86	财政部、国家税务总局、证监会	财政部 税务总局 证监会关于个人转让全国中小企业股份转让系统挂牌公司股票有关个人所得税政策的通知	财税〔2018〕137号

续表

序号	制定机关	优惠政策文件名称	文号
87	财政部、国家税务总局、证监会	财政部 税务总局 证监会关于继续执行内地与香港基金互认有关个人所得税政策的通知	财税〔2018〕154号
88	财政部、国家税务总局	财政部 税务总局关于个人所得税法修改后有关优惠政策衔接问题的通知	财税〔2018〕164号

注：上述文件中个人所得税优惠政策继续有效，已废止或者失效的部分条款除外。

四、其他优惠政策

（一）退役士兵创业就业有关税收政策

自主就业退役士兵从事个体经营的，自办理个体工商户登记当月起，在3年（36个月）内按每户每年12 000元为限额依次扣减其当年实际应缴纳的增值税、城市维护建设税、教育费附加、地方教育附加和个人所得税。限额标准最高可上浮20%，各省、自治区、直辖市人民政府可根据本地区实际情况在此幅度内确定具体限额标准。

（二）重点群体创业就业有关税收政策

建档立卡贫困人口、持《就业创业证》（注明“自主创业税收政策”或“毕业年度内自主创业税收政策”）或《就业失业登记证》（注明“自主创业税收政策”）的人员，从事个体经营的，自办理个体工商户登记当月起，在3年（36个月）内按每户每年12 000元为限额依次扣减其当年实际应缴纳的增值税、城市维护建设税、教育费附加、地方教育附加和个人所得税。限额标准最高可上浮20%，各省、自治区、直辖市人民政府可根据本地区实际情况在此幅度内确定具体限额标准。

（三）远洋船员个人所得税政策

一个纳税年度内在船航行时间累计满183天的远洋船员，其取得的工资薪金收入减按50%计入应纳税所得额，依法缴纳个人所得税。

（四）大湾区个人所得税政策

广东省广州市、深圳市、珠海市、佛山市、惠州市、东莞市、中山市、江门市和肇庆市按内地与香港个人所得税税负差额，对在大湾区工作的境外（含港澳台）高端人才和紧缺人才给予补贴，该补贴免征个人所得税。

（五）创业投资企业个人合伙人所得税政策

创投企业可以选择按单一投资基金核算或者按创投企业年度所得整体核算两种方式

之一，对其个人合伙人来源于创投企业的所得计算个人所得税应纳税额。

创投企业选择按单一投资基金核算的，其个人合伙人从该基金应分得的股权转让所得和股息红利所得，按照20%税率计算缴纳个人所得税。

创投企业选择按年度所得整体核算的，其个人合伙人应从创投企业取得的所得，按照“经营所得”项目、5%～35%的超额累进税率计算缴纳个人所得税。

（六）疫情防控有关个人所得税政策

为支持新型冠状病毒感染的肺炎疫情防控工作，对参加疫情防治工作的医务人员和防疫工作者按照政府规定标准取得的临时性工作补助和奖金，免征个人所得税。政府规定标准包括各级政府规定的补助和奖金标准。对省级及省级以上人民政府规定的对参与疫情防控人员的临时性工作补助和奖金，比照执行。

单位发给个人用于预防新型冠状病毒感染的肺炎的药品、医疗用品和防护用品等实物（不包括现金），不计入工资、薪金收入，免征个人所得税。

（七）海南自由贸易港个人所得税政策

为支持海南自由贸易港建设，对在海南自由贸易港工作的高端人才和紧缺人才，其个人所得税实际税负超过15%的部分，予以免征。

享受优惠政策的所得包括来源于海南自由贸易港的综合所得（包括工资薪金、劳务报酬、稿酬、特许权使用费四项所得）、经营所得以及经海南省认定的人才补贴性所得。

纳税人在海南省办理个人所得税年度汇算清缴时享受上述优惠政策。

（八）个体工商户减半征收政策

2021年1月1日至2022年12月31日，对个体工商户年应纳税所得额不超过100万元的部分，在现行优惠政策基础上，减半征收个人所得税。

注意：个人独资企业和合伙企业不享受上述减半政策。

第六节　征收管理

一、纳税人识别号制度

为便利纳税人办理涉税业务，国家税务总局下发《国家税务总局关于自然人纳税人识别号有关事项的公告》（国家税务总局公告2018年第59号），就自然人纳税人识别号有关事项做出明确规定。

（一）基本规定

纳税人有中国公民身份号码的，以中国公民身份号码为纳税人识别号；纳税人没有中国公民身份号码的，由税务机关赋予其纳税人识别号。税务机关应当在赋予自然人纳税人识别号后告知或者通过扣缴义务人告知纳税人其纳税人识别号，并为自然人纳税人查询本人纳税人识别号提供便利。扣缴义务人扣缴税款时，纳税人应当向扣缴义务人提供纳税人识别号。

自然人纳税人识别号，是自然人纳税人办理各类涉税事项的唯一代码标识。纳税人首次办理涉税事项时，应当向税务机关或者扣缴义务人出示有效身份证件，并报送相关基础信息。自然人纳税人办理纳税申报、税款缴纳、申请退税、开具完税凭证、纳税查询等涉税事项时应当向税务机关或扣缴义务人提供纳税人识别号。

（三）证件要求

有效身份证件，是指：

（1）纳税人为中国公民且持有有效中华人民共和国居民身份证的，为居民身份证。

（2）纳税人为华侨且没有居民身份证的，为有效的中华人民共和国护照和华侨身份证明。

（3）纳税人为港澳居民的，为有效的港澳居民来往内地通行证或中华人民共和国港澳居民居住证。

（4）纳税人为台湾居民的，为有效的台湾居民来往大陆通行证或中华人民共和国台湾居民居住证。

（5）纳税人为持有有效中华人民共和国外国人永久居留身份证（以下简称永久居留证）的外籍个人的，为永久居留证和外国护照；未持有永久居留证但持有有效中华人民共和国外国人工作许可证（以下简称工作许可证）的，为工作许可证和外国护照；其他外籍个人，为有效的外国护照。

二、申报缴纳

（一）应当依法办理纳税申报的情形

有下列情形之一的，纳税人应当依法办理纳税申报：

（1）取得综合所得需要办理汇算清缴。

（2）取得应税所得没有扣缴义务人。

（3）取得应税所得，扣缴义务人未扣缴税款。

（4）取得境外所得。

（5）因移居境外注销中国户籍。

（6）非居民个人在中国境内从两处以上取得工资、薪金所得。

（7）国务院规定的其他情形。

扣缴义务人应当按照国家规定办理全员全额扣缴申报，并向纳税人提供其个人所得和已扣缴税款等信息。

（二）各类所得的申报

1. 综合所得的申报

居民个人取得综合所得，按年计算个人所得税；有扣缴义务人的，由扣缴义务人按月或者按次预扣预缴税款；需要办理汇算清缴的，应当在取得所得的次年 3 月 1 日至 6 月 30 日内办理汇算清缴。预扣预缴办法由国务院税务主管部门制定。

居民个人向扣缴义务人提供专项附加扣除信息的，扣缴义务人按月预扣预缴税款时应当按照规定予以扣除，不得拒绝。

非居民个人取得工资、薪金所得，劳务报酬所得，稿酬所得和特许权使用费所得，有扣缴义务人的，由扣缴义务人按月或者按次代扣代缴税款，不办理汇算清缴。

2. 经营所得的申报

纳税人取得经营所得，按年计算个人所得税，由纳税人在月度或者季度终了后 15 日内向税务机关报送纳税申报表，并预缴税款；在取得所得的次年 3 月 31 日前办理汇算清缴。

3. 分类所得的申报

纳税人取得利息、股息、红利所得，财产租赁所得，财产转让所得和偶然所得，按月或者按次计算个人所得税，有扣缴义务人的，由扣缴义务人按月或者按次代扣代缴税款。

4. 其他情形的申报

（1）纳税人取得应税所得没有扣缴义务人的，应当在取得所得的次月 15 日内向税务机关报送纳税申报表，并缴纳税款。

（2）纳税人取得应税所得，扣缴义务人未扣缴税款的，纳税人应当在取得所得的次年 6 月 30 日前，缴纳税款；税务机关通知限期缴纳的，纳税人应当按照期限缴纳税款。

（3）居民个人从中国境外取得所得的，应当在取得所得的次年 3 月 1 日至 6 月 30 日内申报纳税。

（4）非居民个人在中国境内从两处以上取得工资、薪金所得的，应当在取得所得的次月 15 日内申报纳税。

（5）纳税人因移居境外注销中国户籍的，应当在注销中国户籍前办理税款清算。

（三）税款缴纳

扣缴义务人每月或者每次预扣、代扣的税款，应当在次月 15 日内缴入国库，并向税务机关报送扣缴个人所得税申报表。

纳税人办理汇算清缴退税或者扣缴义务人为纳税人办理汇算清缴退税的，税务机关审核后，按照国库管理的有关规定办理退税。

三、2020 年度汇算清缴

（一）年度汇算的内容

根据税法的规定，2020 年度终了后，居民个人需要汇总 2020 年 1 月 1 日至 12 月 31 日取得的工资薪金、劳务报酬、稿酬、特许权使用费四项所得的收入额，减除费用 60 000元以及专项扣除、专项附加扣除、依法确定的其他扣除和符合条件的公益慈善事业捐赠后，适用综合所得个人所得税税率并减去速算扣除数，计算本年度最终应纳税额，再减去2020 年度已预缴税额，得出应退或应补税额，向税务机关申报并办理退税或补税。具体计算公式如下：

应退或应补税额 = ［（综合所得收入额 – 60 000 元 – “三险一金”等专项扣除 – 子女教育等专项附加扣除 – 依法确定的其他扣除 – 捐赠）×适用税率 – 速算扣除数］ – 2020 年已预缴税额

根据税法的规定，年度汇算不涉及财产租赁等分类所得，以及纳税人按规定选择不并入综合所得计算纳税的全年一次性奖金等所得。

（二）无须办理年度汇算的纳税人

纳税人在 2020 年度已依法预缴个人所得税且符合下列情形之一的，无须办理年度汇算：

（1）年度汇算需补税但综合所得收入全年不超过 120 000 元的。

（2）年度汇算需补税金额不超过 400 元的。

（3）已预缴税额与年度应纳税额一致或者不申请退税的。

（三）需要办理年度汇算的纳税人

根据税法的规定，符合下列情形之一的，纳税人需要办理年度汇算：

（1）已预缴税额大于年度应纳税额且申请退税的。

（2）综合所得收入全年超过 120 000 元且需要补税金额超过 400 元的。

（四）可享受的税前扣除

下列在2020年度发生的，且未申报扣除或未足额扣除的税前扣除项目，纳税人可在年度汇算期间办理扣除或补充扣除：

（1）纳税人及其配偶、未成年子女符合条件的大病医疗支出。

（2）纳税人符合条件的子女教育、继续教育、住房贷款利息或住房租金、赡养老人专项附加扣除，以及减除费用、专项扣除、依法确定的其他扣除。

（3）纳税人符合条件的捐赠支出。

（五）办理时间

年度汇算时间为2021年3月1日至6月30日。在中国境内无住所的纳税人在2021年3月1日前离境的，可以在离境前办理年度汇算。

（六）办理方式

纳税人可自主选择下列办理方式：

（1）自行办理年度汇算。

（2）通过任职受雇单位（含按累计预扣法预扣预缴其劳务报酬所得个人所得税的单位）代为办理。

纳税人提出代办要求的，单位应当代为办理，或者培训、辅导纳税人通过网上税务局（包括手机个人所得税App，下同）完成年度汇算申报和退（补）税。

由单位代为办理的，纳税人应在2021年4月30日前与单位以书面或者电子等方式进行确认，补充提供其2020年度在本单位以外取得的综合所得收入、相关扣除、享受税收优惠等信息资料，并对所提交信息的真实性、准确性、完整性负责。纳税人未与单位确认请其代为办理年度汇算的，单位不得代办。

（3）委托涉税专业服务机构或其他单位及个人（以下简称受托人）办理，受托人需与纳税人签订授权书。

单位或受托人为纳税人办理年度汇算后，应当及时将办理情况告知纳税人。纳税人发现申报信息存在错误的，可以要求单位或受托人办理更正申报，也可自行办理更正申报。

（七）办理渠道

为便利纳税人，税务机关为纳税人提供高效、快捷的网络办税渠道。纳税人可优先通过网上税务局办理年度汇算，税务机关将按规定为纳税人提供申报表预填服务；不方便通过上述方式办理的，也可以通过邮寄方式或到办税服务厅办理。

选择邮寄申报的，纳税人需将申报表寄送至主管税务机关所在省、自治区、直辖市和计划单列市税务局公告的地址。

（八）申报信息及资料留存

纳税人办理2020年度汇算的，适用个人所得税年度自行纳税申报表，如需修改本人相关基础信息，新增享受扣除或者税收优惠的，还应按规定一并填报相关信息。纳税人需仔细核对，确保所填信息真实、准确、完整。

纳税人、代办年度汇算的单位，需各自将年度汇算申报表以及纳税人综合所得收入、扣除、已缴税额或税收优惠等相关资料，自年度汇算期结束之日起留存5年。

（九）接受年度汇算申报的税务机关

按照方便就近原则，纳税人自行办理或受托人为纳税人代为办理年度汇算的，向纳税人任职受雇单位的主管税务机关申报；有两处及以上任职受雇单位的，可自主选择向其中一处申报。

纳税人没有任职受雇单位的，向其户籍所在地、经常居住地或者主要收入来源地的主管税务机关申报。主要收入来源地，是指纳税人纳税年度内取得的劳务报酬、稿酬及特许权使用费三项所得累计收入最大的扣缴义务人所在地。

单位为纳税人代办年度汇算的，向单位的主管税务机关申报。

（十）年度汇算的退税、补税

1. 办理退税

纳税人申请年度汇算退税，应当提供其在中国境内开设的符合条件的银行账户。税务机关按规定审核后，按照国库管理有关规定，在接受年度汇算申报的税务机关所在地（即汇算清缴地）就地办理税款退库。纳税人未提供本人有效银行账户，或者提供的信息资料有误的，税务机关将通知纳税人更正，纳税人按要求更正后依法办理退税。

综合所得全年收入额不超过60 000元且已预缴个人所得税的，税务机关在网上税务局提供便捷退税功能。纳税人可以在2021年3月1日至5月31日期间，通过简易申报表办理年度汇算退税。

申请2020年度汇算退税的纳税人，如存在应当办理2019年度汇算补税但未办理，或者经税务机关通知2019年度汇算申报存在疑点但拒不更正或说明情况的，需在办理2019年度汇算申报补税、更正申报或者说明有关情况后依法申请退税。

2. 办理补税

纳税人办理年度汇算补税的，可以通过网上银行、办税服务厅 POS 机刷卡、银行柜台、非银行支付机构等方式缴纳。邮寄申报并补税的，纳税人需通过网上税务局或者主管税务机关办税服务厅及时关注申报进度并缴纳税款。

纳税人因申报信息填写错误造成年度汇算多退或少缴税款的，纳税人主动或经税务机关提醒后及时改正的，税务机关可以按照“首违不罚”原则免予处罚。

第五章　土地增值税政策与管理

第一节　纳税人、征税范围和税率

一、土地增值税的纳税人

土地增值税的纳税人，是转让国有土地使用权、地上的建筑物及其附着物产权（以下简称转让房地产）并取得收入的单位和个人。单位，是指各类企业单位、事业单位、国家机关和社会团体及其他组织；个人，包括个体经营者。

二、土地增值税的征税范围

土地增值税的课税对象是有偿转让国有土地使用权及地上建筑物和其他附着物产权所取得的增值额。

地上建筑物，是指建于土地上的一切建筑物，包括地上地下的各种附属设施，如厂房、仓库、商店、医院、住宅、地下室、围墙、烟囱、电梯、中央空调、管道等。附着物，是指附着于土地上的不能移动，一经移动即遭损坏的物品。

（一）征税范围的一般规定

（1）标准之一：只对转让国有土地使用权征税。

①转让国有土地使用权，征税；集体土地使用权不得自行买卖。

②土地出让，一级市场，不征税。

③土地转让，二级市场，征税。

（2）标准之二：产权必须发生转移。土地增值税的征税范围不包括未转让土地使用权、房产产权的行为。

（3）标准之三：强调房产转移要“有偿”。转让房地产是否取得收入（货币、实物及其他收入）。

对以“继承、赠与”等方式无偿转让的房地产，不予征税。不予征收土地增值税的行为主要包括两种：

①房产所有人、土地使用人将房产、土地使用权赠与“直系亲属或者承担直接赡养义务人”。

②房产所有人、土地使用人通过中国境内非营利的社会团体、国家机关将房屋产权、土地使用权赠与教育、民政和其他社会福利、公益事业。

根据《中华人民共和国土地管理法》，国家为了公共利益，可以依照法律规定对集体土地实行征用，依法被征用后的土地属于国家所有。未经国家征用的集体土地不得转让。自行转让是一种违法行为，对这种违法行为应由有关部门依照相关法律来处理，而不应该纳入土地增值税的征税范围。

（二）征税范围的特殊规定

（1）以房地产进行投资联营。以房地产进行投资联营一方以土地作价入股进行投资或者作为联营条件，免征收土地增值税。其中如果投资联营的企业从事房地产开发，或者房地产开发企业以其建造的商品房进行投资联营的就不能暂免征税。

（2）房地产开发企业将开发的房产转为自用或者用于出租等商业用途，如果产权没有发生转移，不征收土地增值税。

（3）房地产的互换，由于发生了房产转移，因此属于土地增值税的征税范围。但是对于个人之间互换自有居住用房的行为，经过当地税务机关审核，可以免征收土地增值税。

（4）合作建房，对于一方出地，另一方出资金，双方合作建房，建成后按比例分房自用的，暂免征收土地增值税；但建成后转让的，应征收土地增值税。

（5）房地产的出租，指房产所有者或土地使用者，将房产或土地使用权租赁给承租人使用由承租人向出租人支付租金的行为。房地产企业虽然取得了收入，但没有发生房产产权、土地使用权的转让，因此，不属于土地增值税的征税范围。

（6）房地产的抵押，指房产所有者或土地使用者作为债务人或第三人向债权人提供不动产作为清偿债务的担保而不转移权属的法律行为。这种情况下房产的产权、土地使用权在抵押期间并没有发生权属的变更，因此对房地产的抵押，在抵押期间不征收土地增值税。

（7）企业兼并转让房地产，在企业兼并中，对被兼并企业将房地产转让到兼并企业中的，免征收土地增值税。

（8）房地产的代建行为，是指房地产开发公司代客户进行房地产的开发，开发完成后向客户收取代建收入的行为。对于房地产开发公司而言，虽然取得了收入，但没有发生房地产权属的转移，其收入属于劳务收入性质，故不在土地增值税征税范围。

（9）房地产的重新评估，按照财政部门的规定，国有企业在清产核资时对房地产进行重新评估而产生的评估增值，因其既没有发生房地产权属的转移，房产产权、土地使用权人也未取得收入，所以不属于土地增值税征税范围。

（10）土地使用者处置土地使用权，土地使用者转让、抵押或置换土地，无论其是否取得了该土地的使用权属证书，无论其在转让、抵押或置换土地过程中是否与对方当事人办理了土地使用权属证书变更登记手续，只要土地使用者享有占用、使用收益或处分该土地的权利，具有合同等的证据表明其实质转让、抵押或置换了土地并取得了相应的经济利益，土地使用者及其对方当事人就应当依照税法规定缴纳营业税、土地增值税和契税等。

（11）以房地产投资入股。单位、个人在改制重组时以房地产作价入股进行投资，对其将房地产转移、变更到被投资的企业暂不征收（限于非房地产开发企业）。

（12）整体改制。对改制前的企业将房地产转移、变更到改制后的企业，暂不征收（限于非房地产开发企业）。整体改制是指不改变原企业的投资主体，并承继原企业权利、义务的行为。

（13）企业合并。两个或两个以上企业合并为一个企业，且原企业投资主体存续的，对原企业将房地产转移、变更到合并后的企业，暂不征收（限于非房地产开发企业）。

（14）企业分立。企业分设为两个或两个以上与原企业投资主体相同的企业，对原企业将房地产转移、变更到分立后的企业，暂不征收（限于非房地产开发企业）。

关于企业改制重组有关土地增值税政策处理，具体请查看《财政部 税务总局关于继续实施企业改制重组有关土地增值税政策的通知》（财税〔2018〕57号）。[①]

三、土地增值税税率

土地增值税采用四级超率累进税率，其中最低税率为30%，最高税率为60%。超率累进税率是以征税对象数额的相对率为累进依据，按照超率累进方式计算和确定适用税率。在确定适用税率时，要确定征税对象数额的相对率，即以增值额与扣除项目金额的比率（增值率）从低到高划分为四个级次（表5-1）。

表5-1　土地增值税四级超率累进税率

级别	增值额与扣除项目金额的比率	税率（%）	速算扣除系列（%）
1	不超过50%的部分（含50%）	30	0
2	超过50%至100%的部分（含100%）	40	5

① 该文件规定于2020年12月31日到期，是否延长执行暂不明确。

续表

级别	增值额与扣除项目金额的比率	税率（%）	速算扣除系列（%）
3	超过100%至200%的部分（含200%）	50	15
4	超过200%的部分	60	35

第二节　土地增值税增值额的确定

一、土地增值税的计算

土地增值税的计税依据是纳税人转让房地产所取得的增值额。转让房地产的增值额，是纳税人转让房地产的收入减除税法规定的扣除项目金额后的余额。增值额的大小取决于转让房地产的收入额和扣除项目金额两个因素。根据增值额占扣除项目金额的比率（增值率），直接查对四级超率累进税率表，找到适用的税率和速算扣除系数，然后按照计算公式求得应纳土地增值税税额，具体计算公式为：

应纳土地增值税税额 = 转让房地产增值额 × 适用税率 - 扣除项目金额 × 速算扣除系数

具体计算步骤如下：

第一步：确定收入项目及金额。

第二步：确定扣除项目及金额。

第三步：计算土地增值额，确定增值率和税率。

土地增值额 = 转让房地产收入 - 扣除项目金额

增值比率 = 土地增值额 ÷ 扣除项目金额 × 100%

第四步：计算应纳税额。

二、收入额的确定

（一）收入的一般规定

纳税人转让房地产所取得的收入，是指包括货币收入、实物收入和其他收入在内的全部价款及有关的经济利益，不允许从中减除任何成本费用。

实物收入按市场价格折算，无形资产收入按评估价值折算，外币按取得当天或当月1日国家公布的市场汇率折算。

（二）土地增值税应税收入不含增值税的确认

营改增后，纳税人转让房地产的土地增值税应税收入不含增值税。适用增值税一般计税方法的纳税人，其转让房地产的土地增值税应税收入不含增值税销项税额；适用简易计税方法的纳税人，其转让房地产的土地增值税应税收入不含增值税应纳税额（表5－2）。

表5－2　土地增值税应税收入

计税方法		土地增值税应税收入	增值税
简易计税		转让房地产的含税收入－增值税应纳税额	自建：增值税应纳税额＝全额÷（1＋5%）×5% 非自建：增值税应纳税额＝差额÷（1＋5%）×5%
一般计税	非房地产企业	转让房地产的全额含税收入÷(1＋9%)	销项税额＝全额÷（1＋9%）×9%
	房地产企业	转让房地产的含税收入－增值税销项税额	销项税额＝（含税收入－地价款）÷（1＋9%）×9%

（三）代收的各项费用的处理

对于县级及县级以上人民政府要求房地产开发企业在售房时代收的各项费用，如果代收费用是计入房价中向购买方一并收取的，可作为转让房地产所取得的收入计税；如果代收费用未计入房价中，而是在房价之外单独收取的，可以不作为转让房地产的收入。

（1）对于代收费用作为转让收入计税的，在计算扣除项目金额时，可予以扣除，但不允许作为加计20%扣除的基数。

（2）对于代收费用未作为转让房地产的收入计税的，在计算增值额时不允许扣除代收费用。

（四）视同销售收入的确认

房地产开发企业将开发产品用于职工福利、奖励、对外投资、分配给股东或投资者、抵偿债务、换取其他单位和个人的非货币性资产等，发生所有权转移时应视同销售房地产，其收入按下列方法和顺序确认：

（1）按本企业在同一地区、同一年度销售的同类房地产的平均价格确定。

（2）由主管税务机关参照当地当年、同类房地产的市场价格或评估价值确定。

房地产开发企业将开发的部分房地产转为企业自用或用于出租等商业用途时，如果产权未产生转移，不征收土地增值税，在税款清算时不列收入，不扣除相应的成本和费用。

三、扣除项目的确定

扣除项目及其金额的确定应当遵循的原则：一是取得合法凭据原则，即计算扣除项目金额时，其实际发生的支出应当取得但未取得合法凭据的不得扣除；二是实际发生原则，即扣除项目金额中所归集的各项成本和费用，必须是实际发生的。房地产开发企业的预提费用，除另有规定外，不得扣除。

计算土地增值额时准予从转让收入中扣除的项目，根据转让项目的不同性质，可进行以下划分。

（一）转让新建房扣除项目及其金额确定

土地增值税以纳税人房地产成本核算的最基本的核算项目或核算对象为单位计算。计算增值额的扣除项目，具体为：

（1）取得土地使用权所支付的金额，是指纳税人为取得土地使用权所支付的地价款和按国家统一规定交纳的有关费用。

（2）开发土地和新建房及配套设施（以下简称房地产开发）的成本，是指纳税人房地产开发项目实际发生的成本（以下简称房地产开发成本），包括土地征用及拆迁补偿费、前期工程费、建筑安装工程费、基础设施费、公共配套设施费、开发间接费用。

土地征用及拆迁补偿费，包括土地征用费、耕地占用税、劳动力安置费及有关地上、地下附着物拆迁补偿的净支出、安置动迁用房支出等。

前期工程费，包括规划、设计、项目可行性研究和水文、地质、勘察、测绘、“三通一平”等支出。

建筑安装工程费，是指以出包方式支付给承包单位的建筑安装工程费，以自营方式发生的建筑安装工程费。

基础设施费，包括开发小区内道路、供水、供电、供气、排污、排洪、通讯、照明、环卫、绿化等工程发生的支出。

公共配套设施费，包括不能有偿转让的开发小区内公共配套设施发生的支出。

开发间接费用，是指直接组织、管理开发项目发生的费用，包括工资、职工福利费、折旧费、修理费、办公费、水电费、劳动保护费、周转房摊销等。

（3）开发土地和新建房及配套设施的费用（以下简称房地产开发费用），是指与房地产开发项目有关的销售费用、管理费用、财务费用。

财务费用中的利息支出，凡能够按转让房地产项目计算分摊并提供金融机构证明的，允许据实扣除，但最高不能超过按商业银行同类同期贷款利率计算的金额。其他房地产开发费用，按“取得土地使用权所支付的金额、开发土地和新建房及配套设施的成本”两项规定计算的金额之和的5%以内计算扣除。

利息扣除注意三点：①能分摊并提供金融机构证明；②不能超过按商业银行同类同

期贷款利率计算的金额；③不包括加息、罚息。

凡不能按转让房地产项目计算分摊利息支出或不能提供金融机构证明的，房地产开发费用按“取得土地使用权所支付的金额、开发土地和新建房及配套设施的成本”两项规定计算的金额之和的10%以内计算扣除。

上述计算扣除的具体比例，由各省、自治区、直辖市人民政府规定。

（4）旧房及建筑物的评估价格，是指在转让已使用的房屋及建筑物时，由政府批准设立的房地产评估机构评定的重置成本价乘以成新度折扣率后的价格。评估价格须经当地税务机关确认。

（5）与转让房地产有关的税金，是指在转让房地产时缴纳的营业税、城市维护建设税、印花税。因转让房地产交纳的教育费附加，也可视同税金予以扣除[①]。

①营改增前，在计算“与转让房地产有关的税金”时，包括在转让房地产时缴纳的营业税、城市维护建设税和教育费附加。

②营改增后，在计算“与转让房地产有关的税金”时，不包括缴纳的增值税。涉及的增值税进项税额，允许在销项税额中计算抵扣的，不计入扣除项目；不允许在销项税额中计算抵扣的，可以计入扣除项目。

营改增后，房地产开发企业实际缴纳的城市维护建设税、教育费附加，凡能够按清算项目准确计算的，允许据实扣除，凡不能按清算项目准确计算的，则按该清算项目预缴增值税时实际缴纳的城市维护建设税、教育费附加扣除。

（6）对从事房地产开发的纳税人，可按“取得土地使用权所支付的金额、开发土地和新建房及配套设施的成本”两项规定计算的金额之和，加计20%的扣除[②]。

注意：纳税人成片受让土地使用权后，分期分批开发、转让房地产的，其扣除项目金额的确定，可按转让土地使用权的面积占总面积的比例计算分摊，或按建筑面积计算分摊，也可按税务机关确认的其他方式计算分摊。

取得土地使用权支付的金额、开发成本的配比：

实际扣除土地金额＝取得土地使用权支付的金额×（已开发土地面积÷全部土地面积）×（已售房÷全部可售房）

实际扣除开发成本＝房地产开发成本×（已售房÷全部可售房）

---

① 注意：计算土地增值税增值额时准予计算扣除的税金，是指与地产项目相关的税金，而不是地产企业的相关税金。

② （1）只有从事房地产开发的纳税人可加计20%的扣除。（2）对取得土地使用权后，未开发即转让的，不得加计扣除。（3）县级及以上人民政府要求房地产开发企业在售房时代收的各项费用：a. 作为计税收入的，可从扣除项目中扣除，但不得作为加计20%扣除的基数；b. 房价之外单独收取，不作为计税收入征税。相应地代收费用不得在收入中扣除。

非房地产企业转让新房，其扣除项目包括取得土地使用权所支付的金额、开发成本、开发费用、转让环节的税金（城市维护建设税、教育费附加以及印花税）。

（二）转让旧房扣除项目及其金额的确定

凡是已使用一定时间或达到一定磨损程度的房产均属旧房。使用时间和磨损程度标准可由各省、自治区、直辖市财政厅（局）和税务局具体规定。转让旧房土地增值税的扣除项目如何确定，应区分以下三种情况：

1. 能提供旧房及建筑物评估价格的情况

（1）取得土地使用权所支付的地价款和按国家统一规定缴纳的有关费用。

与前述转让新建房扣除项目中的“取得土地使用权所支付的金额”规定一致。对取得土地使用权时未支付地价款或不能提供已支付的地价款凭据的，不允许扣除取得土地使用权所支付的金额。

（2）房屋及建筑物的评估价格。

房屋及建筑物的评估价格，是指在转让已使用的房屋及建筑物时，由政府批准设立的房地产评估机构评定的重置成本价乘以成新度折扣率后的价格。评估价格须经当地税务机关确认[①]。

评估的基本方法是：首先确定该房屋及建筑物的重置成本价，然后确定其新旧程度（即成新度折扣率），最后以重置成本价乘以其成新度折扣率，确定转让该旧房及建筑物的扣除项目金额。

重置成本价就是对旧房及建筑物，按转让时的建材价格及人工费计算，建造同样面积、同样层次、同样结构、同样建筑标准的新房及建筑物所需花费的成本费用。成新度折扣率按旧房的新旧程度作一定比例的折扣。

评估仅仅针对房产，不评估土地。单纯的土地转让，计算土地增值税时，一般不需要评估价格。

评估价格 = 重置成本价 × 成新度折扣率

（3）与转让房地产有关的税金。

与转让房地产有关的税金，是指转让环节缴纳的城市维护建设税、教育费附加、印花税。

对于个人购入房地产再转让的，其在购入环节缴纳的契税，由于已经包含在旧房及建筑物的评估价格之中，故计征土地增值税时，不另作为与转让房地产有关的税金予以扣除。

---

① 注意：支付的评估费用允许扣除。但纳税人因隐瞒、虚报房地产成交价格所发生的评估费用，不允许扣除。

（4）评估费用。

纳税人为对房地产进行评估而支付的评估费用允许在计算土地增值税时予以扣除。但对纳税人因隐瞒、虚报房地产成交价格等情形而按房地产评估价格计算征收土地增值税所发生的评估费用，则不允许在计算土地增值税时扣除。

2. 不能取得评估价格，但能提供购房发票的情况

根据《财政部 国家税务总局关于土地增值税若干问题的通知》（财税〔2006〕21号），纳税人转让旧房及建筑物，凡不能取得评估价格，但能提供购房发票的，经当地税务部门确认，《中华人民共和国土地增值税暂行条例》第六条第（一）、第（三）项规定的扣除项目的金额，可按发票所载金额并从购买年度起至转让年度止每年加计5%的计算。对纳税人购房时缴纳的契税，凡能提供契税完税凭证的，准予作为“与转让房地产有关的税金”予以扣除，但不得作为加计5%的基数，即转让旧房不能提供评估价格但能提供购房发票的扣除项目金额，包括：

（1）购房发票金额及发票加计扣除金额。

一是购房发票所载金额。实际上包含了《中华人民共和国土地增值税暂行条例》中第六条的“取得土地使用权所支付的金额”以及“旧房及建筑物的评估价格”两部分。

二是加计扣除金额。提供的购房凭证为营改增前取得的营业税发票的，按照发票所载金额（不扣减营业税）并从购买年度起至转让年度止每年加计5%计算，用公式表示：

加计扣除金额 = 购房发票所载金额 ×5% ×购买年度起至转让年度止的年数

根据《国家税务总局关于营改增后土地增值税若干征管规定的公告》（国家税务总局公告2016年第70号），营改增后，纳税人转让旧房及建筑物，凡不能取得评估价格，但能提供购房发票的，《中华人民共和国土地增值税暂行条例》第六条第（一）、第（三）项规定的扣除项目的金额按照下列方法计算：

①提供的购房凭据为营改增前取得的营业税发票的，按照发票所载金额（不扣减营业税）并从购买年度起至转让年度止每年加计5%计算。

②提供的购房凭据为营改增后取得的增值税普通发票的，按照发票所载价税合计金额从购买年度起至转让年度止每年加计5%计算。

③提供的购房发票为营改增后取得的增值税专用发票的，按照发票所载不含增值税金额加上不允许抵扣的增值税进项税额之和，并从购买年度起至转让年度止每年加计5%计算。

其中，年数的确定按购房发票所载日期起至售房发票开具之日止，每满12个月计一年；超过一年，未满12个月但超过6个月的，可以视同为一年。

计算公式可以归纳为：

土地增值税扣除项目 = 发票所载金额 × ［1 + （转让年度 - 购买年度） ×5%］ + 与房地产转让有关税金 + 与房地产转让有关费用

(2) 购房契税。

对纳税人购房时缴纳的契税，凡能提供契税完税凭证的，准予作为“与转让房地产有关的税金”予以扣除，但不作为加计5%的基数。

(3) 与转让房地产有关的税金。

与转让房地产有关的税金，是指转让环节缴纳的城市维护建设税、教育费附加、印花税。

3. 既没有评估价格、又不能提供购房发票的情况

对于转让旧房及建筑物，既没有评估价格，又不能提供购房发票的，税务机关可以根据《中华人民共和国税收征收管理法》第三十五条，实行核定征收。

纳税人有下列情况之一的，需要对房地产进行评估，并以评估价格确定转让房地产收入，扣除项目的金额：

(1) 出售旧房及建筑物的。

根据税法规定，出售旧房及建筑物的，应按评估价格计算扣除项目的金额。对于出售旧房及建筑物的评估的基本方法是：首先确定该房屋及建筑物的重置成本价，然后确定其新旧程度（即成新度折扣率），最后以重置成本价乘以其成新度折扣率，确定转让该旧房及建筑物的扣除项目金额。

(2) 隐瞒、虚报房地产成交价格的。

对于隐瞒、虚报房地产成交价格的，应由评估机构参照同类房地产的市场交易价格进行评估。税务机关根据评估价格确定转让房地产的收入。

(3) 提供扣除项目金额不实的。

对于纳税人申报扣除项目金额不实的，应由评估机构按照房屋重置成本价乘以成新度折扣率，确定房产的扣除项目金额，并用该房产坐落土地取得时的基准地价或标定地价来确定土地的扣除项目金额。房产和土地的扣除项目金额之和为该房地产的扣除项目金额。

(4) 转让房地产的成交价格低于房地产评估价格，又无正当理由的。

对于转让房地产的成交价格低于房地产评估价格，又无正当理由的，应按评估的市场交易价格确定其实际成交价，并以此作为转让房地产的收入，计算征收土地增值税。

（三）转让土地使用权扣除项目及其金额的确定

(1) 对取得土地或房地产使用权后，未进行开发即转让的，计算其增值额时，只允

许扣除取得土地使用权时支付的地价款，缴纳的有关费用，以及在转让环节缴纳的税金（城市维护建设税、教育费附加、印花税）。

（2）对取得土地使用权后投入资金，将生地变为熟地转让的，计算其增值额时，允许扣除取得土地使用权时支付的地价款、缴纳的有关费用和开发土地所需成本再加计开发成本的20%以及在转让环节缴纳的税金（城市维护建设税、教育费附加、印花税）。

第三节 土地增值税的优惠

一、建造普通标准住宅出售免征土地增值税

建造普通标准住宅出售，其增值额未超过扣除项目金额之和20%的，予以免税。超过扣除项目金额之和20%的，应就其全部增值额按规定计税。对纳税人既建普通标准住宅，又搞其他房地产开发的，应分别核算增值额；不分别核算增值额或不能准确核算增值额的，其建造的普通标准住宅不适用该免税规定。

普通标准住宅应同时满足：

（1）住宅小区建筑容积率在1.0以上。

（2）单套建筑面积在120平方米以下。

（3）实际成交价格低于同级别土地上住房平均交易价格1.2倍以下。

各省、自治区、直辖市要根据实际情况制定本地区享受优惠政策普通住宅的具体标准。允许单套建筑面积和价格标准适当浮动，但向上浮动的比例不得超过上述标准的20%。

二、国家征用、收回的房地产的税收优惠

（一）因国家建设需要依法征用、收回的房地产，免征土地增值税

因国家建设需要依法征用、收回的房地产，是指因城市实施规划、国家建设的需要，而被政府批准征用的房产或收回的土地使用权。

（二）因城市实施规划、国家建设的需要而搬迁，由纳税人自行转让原房地产的，免征土地增值税

（1）因城市实施规划的需要而搬迁，是指因旧城改造或因企业污染扰民（指产生过量废气、废水、废渣和噪声，使城市居民生活受到一定危害），而由政府或政府有关部

门根据已审批通过的城市规划确定进行搬迁的情况。

(2) 因国家建设的需要搬迁，是指因实施国务院、省级人民政府、国务院有关部委批准的建设项目而进行搬迁的情况。

三、公用租赁住房房源的税收优惠

根据《财政部 国家税务总局关于公共租赁住房税收优惠政策的通知》（财税〔2015〕139号）、《财政部 税务总局关于公共租赁住房税收优惠政策的公告》（财政部 税务总局公告2019年第61号），对企事业单位、社会团体以及其他组织转让旧房作为公用租赁住房房源的，且增值额未超过扣除项目金额20%的，免征土地增值税[①]。

根据《财政部 税务总局关于延长部分税收优惠政策执行期限的公告》（财政部 税务总局公告2021年第6号）、《财政部 税务总局关于公共租赁住房税收优惠政策的公告》（财政部 税务总局公告2019年第61号），税收优惠政策已到期的，执行期限延长至2023年12月31日。

纳税人享受上述规定的优惠政策，应按规定进行免税申报，并将不动产权属证明、载有房产原值的相关材料、纳入公租房及用地管理的相关材料、配套建设管理公租房相关材料、购买住房作为公租房相关材料、公租房租赁协议等留存备查。

四、转让旧房作为廉租住房、经济适用住房房源免征土地增值税

根据《财政部 国家税务总局关于廉租住房、经济适用住房和住房租赁有关税收政策的通知》（财税〔2008〕24号），企事业单位、社会团体以及其他经济组织转让旧房作为廉租住房、经济适用住房房源且增值额未超过扣除项目金额20%的，免征土地增值税。

廉租住房经营管理单位按照政府规定价格向规定保障对象出租廉租住房。

五、转让旧房作为改造安置住房房源免征土地增值税

根据《财政部 国家税务总局关于棚户区改造有关税收政策的通知》（财税〔2013〕101号），企事业单位、社会团体以及其他组织转让旧房作为改造安置住房房源且增值额未超过扣除项目金额20%的，免征土地增值税。

改造安置住房是指相关部门和单位与棚户区被征收人签订的房屋征收（拆迁）补偿协议或棚户区改造合同（协议）中明确用于安置被征收人的住房或通过改建、扩建、翻建等方式实施改造的住房。

---

① 注意：享受上述税收优惠政策的公共租赁住房是指纳入省、自治区、直辖市、计划单列市人民政府及新疆生产建设兵团批准的公共租赁住房发展规划和年度规划，并按照《关于加快发展公共租赁住房的指导意见》（建保〔2010〕87号）和市、县人民政府制定的具体管理办法进行管理的公共租赁住房。

六、改制重组的土地增值税优惠

（一）政策规定

根据《财政部 税务总局关于继续实施企业改制重组有关土地增值税政策的通知》（财税〔2018〕57号）、《财政部 税务总局关于继续实施企业改制重组有关土地增值税政策的公告》（财政部 税务总局公告2021年第21号）：

（1）企业按照《中华人民共和国公司法》有关规定整体改制，包括非公司制企业改制为有限责任公司或股份有限公司，有限责任公司变更为股份有限公司，股份有限公司变更为有限责任公司，对改制前的企业将国有土地使用权、地上的建筑物及其附着物（以下称房地产）转移、变更到改制后的企业，暂不征土地增值税。

（2）按照法律规定或者合同约定，两个或两个以上企业合并为一个企业，且原企业投资主体存续的，对原企业将房地产转移、变更到合并后的企业，暂不征土地增值税。

（3）按照法律规定或者合同约定，企业分设为两个或两个以上与原企业投资主体相同的企业，对原企业将房地产转移、变更到分立后的企业，暂不征土地增值税。

（4）单位、个人在改制重组时以房地产作价入股进行投资，对其将房地产转移、变更到被投资的企业，暂不征土地增值税。

（二）注意事项

（1）上述改制重组有关土地增值税政策不适用于房地产转移任意一方为房地产开发企业的情形。

（2）享受暂不征土地增值税政策的改制重组中的“不改变原企业投资主体、投资主体相同”，是指企业改制重组前后出资人不发生变动，出资人的出资比例可以发生变动；投资主体存续，是指原企业出资人必须存在于改制重组后的企业，出资人的出资比例可以发生变动。

（3）改制重组后再转让房地产并申报缴纳土地增值税时，对“取得土地使用权所支付的金额”：①按照改制重组前取得该宗国有土地使用权所支付的地价款和按国家统一规定缴纳的有关费用确定；②经批准以国有土地使用权作价出资入股的，为作价入股时县级及以上自然资源部门批准的评估价格。

（4）改制重组后再转让房地产并申报缴纳土地增值税时，按购房发票确定扣除项目金额的，按照改制重组前购房发票所载金额并从购买年度起至本次转让年度止每年加计5%计算扣除项目金额，购买年度是指购房发票所载日期的当年。

（5）财政部 税务总局公告2021年第21号执行期限为2021年1月1日至2023年12月31日。企业改制重组过程中涉及的土地增值税尚未处理的，符合财政部 税务总局公告2021年第21号规定的，可按财政部 税务总局公告2021年第21号执行。

七、个人销售或互换住房暂免征收土地增值税

该项优惠政策是否会延长执行，暂无文件明确规定，请关注以后政策规定。

根据《财政部 国家税务总局关于调整房地产交易环节税收政策的通知》（财税〔2018〕137号），对个人销售住房暂免征收土地增值税。

根据《财政部 国家税务总局关于土地增值税一些具体问题规定的通知》（财税字〔1995〕48号），对个人之间互换自有居住用房地产的，经当地税务机关核实，可以免征土地增值税。

八、关于合作建房的土地增值税征免税问题

根据《财政部 国家税务总局关于土地增值税一些具体问题规定的通知》（财税字〔1995〕48号），对于一方出地，一方出资金，双方合作建房，建成后按比例分房自用的，暂免征收土地增值税；建成后转让的，应征收土地增值税。

第四节 土地增值税的征收管理

一、土地增值税的纳税期限

房地产开发企业应在签订房地产转让合同、发生纳税义务后7日内或在税务机关核定的期限内到房地产所在地的主管税务机关进行纳税申报；其他纳税人应自签订房地产转让合同之日起7日内，到房地产所在地的主管税务机关进行纳税申报。

纳税人需要向税务机关提交房屋及建筑物产权、土地使用权证书、土地转让、房产买卖合同、房地产评估报告及其他与转让房地产有关的资料。

纳税人因经常发生房地产转让而难以在每次转让后申报的，经税务机关审核同意后，可以定期进行纳税申报，具体期限由税务机关根据情况确定。

二、土地增值税的缴纳方法

（1）以一次交割、付清价款方式转让房地产的，主管税务机关可在纳税人办理纳税申报后，根据其应纳税额的大小及向有关部门办理过户、登记手续的期限等，规定其在

办理过户、登记手续前数日内一次性缴纳全部土地增值税。

(2) 以分期收款方式转让房地产的，主管税务机关可根据合同规定的收款日期来确定具体的纳税期限。

(3) 项目全部竣工结算前转让房地产取得收入的，可以预征土地增值税，待该项目全部竣工、办理结算后再进行清算，多退少补。

三、土地增值税的纳税地点

土地增值税由房地产所在地的税务机关负责征收。房地产所在地是指房地产的坐落地。

(一) 法人纳税人的纳税地点

当纳税人转让房地产的坐落地与其机构所在地或经营所在地同在一地时，可在办理税务登记的原管辖税务机关申报纳税；如果不在一地，则应在房地产坐落地的主管税务机关申报纳税。纳税人转让的房地产坐落地在两个或两个以上地区的，应按房地产所在地分别申报纳税。

(二) 自然人纳税人的纳税地点

当纳税人转让房地产的坐落地与其居住所在地同在一地时，可在其居住所在地税务机关申报纳税；如果不在一地，则应在房地产坐落地的主管税务机关申报纳税。

第五节　土地增值税清算

一、土地增值税预征

纳税人在项目全部竣工结算前转让房地产取得的收入，由于涉及成本确定及其他原因，而无法据以计算土地增值税的，可以预征土地增值税，待该项目全部竣工、办理结算后再进行清算，多退少补。具体办法由各省、自治区、直辖市税务局根据当地情况制定。除保障性住房外，东部省份预征率不低于2%，中部和东北部省份不低于1.5%，西部省份不低于1%。

为方便纳税人，简化土地增值税预征税款计算，房地产开发企业采取预收款方式销售自行开发的房地产项目的，可按照以下方法计算土地增值税预征计征依据：

土地增值税预征的计征依据 = 预收款 - 应预缴增值税税款

对未按预征规定期限预缴税款的，应根据《中华人民共和国税收征收管理法》及其实施细则的有关规定，从限定的缴纳税款期限届满的次日起，加收滞纳金。

二、土地增值税清算

土地增值税清算是指纳税人在符合土地增值税清算条件后，依据税收法律、法规及土地增值税有关政策规定，计算房地产开发项目应缴纳的土地增值税税额，并填写《土地增值税清算申报表》，向主管税务机关提供有关资料，办理土地增值税清算手续，结清该房地产项目应缴纳土地增值税税款行为。

由于取得预售收入的时候，按照预征率计算了土地增值税，所以满足土地增值税清算条件的时候，要根据收入总额减去扣除项目金额计算出增值额，然后计算应纳的土地增值税，减去预缴的土地增值税，多退少补。

（一）土地增值税清算单位

土地增值税以国家有关部门审批的房地产开发项目为单位进行清算，对于分期开发的项目，以分期项目为单位清算。开发项目中同时包含普通住宅和非普通住宅及非住宅的，应分别计算增值额。

（二）土地增值税清算条件

根据《国家税务总局关于房地产开发企业土地增值税清算管理有关问题的通知》（国税发〔2006〕187号）第二条，土地增值税的清算条件包括纳税人自行清算和税务机关要求纳税人清算两种情形。

土地增值税的清算受理分为纳税人自行申报和税务机关可要求纳税人申报的情况。土地增值税清算条件的具体规定：

（1）纳税人符合下列条件之一的，应进行土地增值税的清算（必须清算）：

①房地产开发项目全部竣工、完成销售的。

②整体转让未竣工决算房地产开发项目的。

③直接转让土地使用权的。

纳税人应当在满足条件之日起90日内到主管税务机关办理清算手续并提供相应的清算资料。

（2）纳税人符合下列条件之一的，主管税务机关可以要求纳税人进行土地增值税清算：

①已竣工验收的房地产开发项目，已转让的房地产建筑面积占整个项目可售建筑面积的比例在85%以上，或该比例虽未超过85%，但剩余的可售建筑面积已经出租或自用的。

②取得销售（预售）许可证3年仍未销售完毕的。

③纳税人申报注销税务登记但未办理土地增值税清算手续的。

④省税务机关规定的其他情况。

对上述第③项情形，应在办理注销登记前进行土地增值税清算。

对于确定需要进行清算的项目，由主管税务机关下达清算通知，纳税人应当在收到清算通知之日起90日内办理清算手续并提供相应的清算资料。

（三）土地增值税清算收入确认注意事项

1. 关于土地增值税清算时收入确认的基本规定

根据《国家税务总局关于土地增值税清算有关问题的通知》（国税函〔2010〕220号）：

（1）土地增值税清算时，已全额开具商品房销售发票的，按照发票所载金额确认收入。

（2）未开具发票或未全额开具发票的，以交易双方签订的销售合同所载的售房金额及其他收益确认收入。销售合同所载商品房面积与有关部门实际测量面积不一致，在清算前已发生补、退房款的，应在计算土地增值税时予以调整。

（3）营改增后进行房地产开发项目土地增值税清算。

根据《财政部 国家税务总局关于营改增后契税 房产税 土地增值税 个人所得税计税依据问题的通知》（财税〔2016〕43号）、《关于营改增后土地增值税若干征管规定的公告》（国家税务总局公告2016年第70号）等：

①一般规定。

营改增后，纳税人转让房地产的土地增值税应税收入不含增值税。适用增值税一般计税方法的纳税人，其转让房地产的土地增值税应税收入不含增值税销项税额；适用简易计税方法的纳税人，其转让房地产的土地增值税应税收入不含增值税应纳税额。

土地增值税应税收入 = 营改增前转让房地产取得的收入 + 营改增后转让房地产取得的不含增值税的收入

②关于营改增后视同销售房地产的土地增值税应税收入确认。

纳税人将开发产品用于职工福利、奖励、对外投资、分配给股东或投资人、抵偿债务、换取其他单位和个人的非货币性资产等，发生所有权转移时应视同销售房地产，其收入应按照国税发〔2006〕187号第三条规定执行。纳税人安置回迁户，其拆迁安置用房应税收入和扣除项目的确认，应按照国税函〔2010〕220号第六条规定执行。

（4）纳税人拆迁安置房的土地增值税收入确认。

纳税人拆迁安置房的收入和扣除确认按国税函〔2010〕220号第六条规定：

①房地产企业用建造的本项目房地产安置回迁户的，安置用房视同销售处理，按国

税发〔2006〕187 号第三条第（一）款规定确认收入，同时将此确认为房地产开发项目的拆迁补偿费。房地产开发企业支付给回迁户的补差价款，计入拆迁补偿费；回迁户支付给房地产开发企业的补差价款，应抵减本项目拆迁补偿费。

②开发企业采取异地安置，异地安置的房屋属于自行开发建造的，房屋价值按国税发〔2006〕187 号第三条第（一）款的规定计算，计入本项目的拆迁补偿费；异地安置的房屋属于购入的，以实际支付的购房支出计入拆迁补偿费。

③货币安置拆迁的，房地产开发企业凭合法有效凭据计入拆迁补偿费。

（四）土地增值税清算扣除项目注意事项

（1）房地产开发企业办理土地增值税清算时，计算与清算项目有关的扣除项目金额，应根据《中华人民共和国土地增值税暂行条例》第六条及《中华人民共和国土地增值税暂行条例实施细则》第七条的规定执行。除另有规定外，扣除取得土地使用权所支付的金额、房地产开发成本、费用及与转让房地产有关税金，须提供合法有效凭证；不能提供合法有效凭证的，不予扣除。

（2）房地产开发企业办理土地增值税清算所附送的前期工程费、建筑安装工程费、基础设施费、开发间接费用的凭证或资料不符合清算要求或不实的，税务机关可参照当地建设工程造价管理部门公布的建安造价定额资料，结合房屋结构、用途、区位等因素，核定上述四项开发成本的单位面积金额标准，并据以计算扣除。具体核定方法由省税务机关确定。

（3）房地产开发企业开发建造的与清算项目配套的居委会和派出所用房、会所、停车场（库）、物业管理场所、变电站、热力站、水厂、文体场馆、学校、幼儿园、托儿所、医院、邮电通信等公共设施，按以下原则处理：

①建成后产权属于全体业主所有的，其成本、费用可以扣除。

②建成后无偿移交给政府、公用事业单位用于非营利性社会公共事业的，其成本、费用可以扣除。

③建成后有偿转让的，应计算收入，并准予扣除成本、费用。

（4）装修费用扣除问题。

房地产开发企业销售已装修的房屋，其装修费用可以计入房地产开发成本。

（5）房地产开发费用的扣除注意事项。

①财务费用中的利息支出，凡能够按转让房地产项目计算分摊并提供金融机构证明的，允许据实扣除，但最高不能超过按商业银行同类同期贷款利率计算的金额。其他房

地产开发费用，在按照“取得土地使用权所支付的金额”与“房地产开发成本”金额之和的5%以内计算扣除。

②凡不能按转让房地产项目计算分摊利息支出或不能提供金融机构证明的，房地产开发费用在按“取得土地使用权所支付的金额”与“房地产开发成本”金额之和的10%以内计算扣除。

全部使用自有资金，没有利息支出的，按照以上方法扣除。

上述具体适用的比例按省级人民政府此前规定的执行。

③房地产开发企业既向金融机构借款，又有其他借款的，其房地产开发费用计算扣除时不能同时适用本条①、②项所述两种办法。

④土地增值税清算时，已经计入房地产开发成本的利息支出，应调整至财务费用中计算扣除。

（6）房地产开发企业的预提费用扣除问题。

房地产开发企业的预提费用，除另有规定外，不得扣除。

（7）房地产开发企业未支付的质量保证金。

房地产开发企业在工程竣工验收后，根据合同约定，扣留建筑安装施工企业一定比例的工程款，作为开发项目的质量保证金，在计算土地增值税时，建筑安装施工企业就质量保证金对房地产开发企业开具发票的，按发票所载金额予以扣除；未开具发票的，扣留的质保金不得计算扣除。

（8）房地产开发企业取得土地使用权时支付的契税。

房地产开发企业为取得土地使用权所支付的契税，应视同“按国家统一规定交纳的有关费用”，计入“取得土地使用权所支付的金额”中扣除。

（9）房地产企业逾期开发缴纳的土地闲置费。

房地产开发企业逾期开发缴纳的土地闲置费不得扣除。

（10）关于拆迁安置土地增值税计算问题。

相关内容见本节第二小节第（三）点第2小点“（4）纳税人拆迁安置房的土地增值税收入确认”中的①~③。

（11）关于评估费用可否在计算增值额时扣除的问题。

根据《财政部 国家税务总局关于土地增值税一些具体问题规定的通知》（财税字〔1995〕48号），纳税人转让旧房及建筑物时因计算纳税的需要而对房地产进行评估，其支付的评估费用允许在计算增值额时予以扣除。对纳税人隐瞒、虚报房地产成交价格等情形而按房地产评估价格计算征收土地增值税所发生的评估费用，不允许在计算土地增值税时予以扣除。

注意：属于多个房地产项目共同的成本费用，应按清算项目可售建筑面积占多个项目可售总建筑面积的比例或其他合理的方法，计算确定清算项目的扣除金额。

知识链接

土地增值税清算中单独修建的售楼部、样板房等营销设施费，如何扣除？

根据《中华人民共和国土地增值税暂行条例实施细则》第七条对计算增值额的扣除项目的规定，营销设施建造费土地增值税处理，房地产企业单独修建的售楼部、样板房等营销设施费，要根据设施性质分不同情况处理：

（1）小区内、主体外临时建筑物。房地产企业在开发小区内、主体外修建临时性建筑物作为售楼部、样板房的，其发生的设计、建造、装修等费用，如果该营销设施系专门建造用于项目营销且最终未出售留作自用或自行拆除，则不得在土地增值税税前扣除，应计入房地产销售费用扣除。售楼部、样板房内的资产，如空调、电视机等资产性购置支出不得在销售费用中列支，应计入固定资产。

（2）利用开发产品。房地产企业在主体内修建临时售楼部、样板房的，其发生的设计、建造、装修等费用，建成后有偿转让的，应计算收入并准予扣除。

（3）利用公配配套设施。房地产企业利用规划配套设施（如会所、物业管理用房），发生的售楼部、样板房的设计、建造、装修等费用，按以下原则处理：①建成后产权属于全体业主所有的，其成本、费用可以扣除。②建成后无偿移交给政府、公用事业单位用于非营利性社会公共事业的，其成本、费用可以扣除。③建成后有偿转让的，应计算收入，并准予扣除成本、费用。

（4）“红线”外建筑物。房地产企业在开发小区红线外，建筑物作为售楼部、样板房的，其发生的设计、建造、装修等费用，一般应计入房地产销售费用扣除。房地产开发企业在项目建设用地边界外（国家有关部门审批的项目规划外，即“红线”外）为政府建设公共设施或其他工程所发生的支出，凡能提供政府有关部门出具的证明文件确认该项支出与建造本清算项目有直接关联的（含项目的土地使用权取得相关联的）支出，可以计入本项目扣除项目金额。

（五）土地增值税清算审核

1. 审核方式

主管税务机关受理纳税人清算资料后，应在一定期限内及时组织清算审核。清算审核包括案头审核、实地审核。

案头审核是指对纳税人报送的清算资料进行数据、逻辑审核，重点审核项目归集的一致性、数据计算准确性等。

实地审核是指在案头审核的基础上，通过对房地产开发项目实地查验等方式，对纳税人申报情况的客观性、真实性、合理性进行审核。

2. 审核内容

税务机关主要审核纳税人清算单位确定情况、收入情况、扣除项目情况、关联方交易行为等内容。清算审核结束，主管税务机关应当将审核结果书面通知纳税人，并确定办理补、退税期限。

注意：纳税人委托中介机构审核鉴证的清算项目，主管税务机关应当采取适当方法对有关鉴证报告的合法性、真实性进行审核。对纳税人委托中介机构审核鉴证的清算项目，主管税务机关未采信或部分未采信鉴证报告的，应当告知其理由。

清算审核时，应审核房地产开发项目是否以国家有关部门审批、备案的项目为单位进行清算；对于分期开发的项目，是否以分期项目为单位清算；对不同类型房地产是否分别计算增值额、增值率，缴纳土地增值税。

（1）审核收入情况时，应结合销售发票、销售合同（含房管部门网上备案登记资料）、商品房销售（预售）许可证、房产销售分户明细表及其他有关资料，重点审核销售明细表、房地产销售面积与项目可售面积的数据关联性，以核实计税收入；对销售合同所载商品房面积与有关部门实际测量面积不一致，而发生补、退房款的收入调整情况进行审核；对销售价格进行评估，审核有无价格明显偏低情况。

必要时，主管税务机关可通过实地查验，确认有无少计、漏计事项，确认有无将开发产品用于职工福利、奖励、对外投资、分配给股东或投资人、抵偿债务、换取其他单位和个人的非货币性资产等情况。

（2）审核扣除项目是否符合下列要求。

①在土地增值税清算中，计算扣除项目金额时，其实际发生的支出应当取得但未取得合法凭据的不得扣除。

②扣除项目金额中所归集的各项成本和费用，必须是实际发生的。

③扣除项目金额应当准确地在各扣除项目中分别归集，不得混淆。

④扣除项目金额中所归集的各项成本和费用必须是在清算项目开发中直接发生的或应当分摊的。

⑤纳税人分期开发项目或者同时开发多个项目的，或者同一项目中建造不同类型房地产的，应按照受益对象，采用合理的分配方法，分摊共同的成本费用。

⑥对同一类事项，应当采取相同的会计政策或处理方法。会计核算与税务处理规定不一致的，以税务处理规定为准。

【政策依据】《国家税务总局关于印发〈土地增值税清算管理规程〉的通知》（国税发〔2009〕91号）、《国家税务总局关于土地增值税清算有关问题的通知》国税函〔2010〕220号等文件。

（六）土地增值税清算方式

土地增值税清算一般应按照前述“应纳土地增值税税额＝转让房地产增值额×适用税率－扣除项目金额×速算扣除率”的方法进行清算。但如果在清算过程中，发现纳税人符合以下条件之一的，应按核定征收方式对房地产项目进行清算。

（1）依照法律、行政法规的规定应当设置但未设置账簿的。

（2）擅自销毁账簿或者拒不提供纳税资料的。

（3）虽设置账簿，但账目混乱或者成本资料、收入凭证、费用凭证残缺不全，难以确定转让收入或扣除项目金额的。

（4）符合土地增值税清算条件，企业未按照规定的期限办理清算手续，经税务机关责令限期清算，逾期仍不清算的。

（5）申报的计税依据明显偏低，又无正当理由的。

核定征收率原则上不得低于5%，各省税务机关要结合本地实际，区分不同房地产类型制定核定征收率。

（七）清算后再转让房地产的处理

在土地增值税清算时未转让的房地产，清算后销售或有偿转让的，纳税人应按规定进行土地增值税的纳税申报，扣除项目金额按清算时的单位建筑面积成本费用乘以销售或转让面积计算。

单位建筑面积成本费用＝清算时扣除的项目总金额÷清算的总建筑面积

（八）土地增值税清算应报送的资料

符合应清算条件的纳税人，须在满足清算条件之日起90日内到主管税务机关办理清算手续；符合要求按规定进行土地增值税清算的纳税人，须在主管税务机关限定的期限内办理清算手续。纳税人办理土地增值税清算应报送以下资料：

（1）土地增值税清算表及其附表（各地可根据本地实际情况制定参考表样）。

（2）房地产开发项目清算说明。主要内容应包括房地产开发项目立项、用地、开发、销售、关联方交易、融资、税款缴纳等基本情况及主管税务机关需要了解的其他情况。

（3）项目竣工决算报表、取得土地使用权所支付的地价款凭证、国有土地使用权出让合同、银行贷款利息结算通知单、项目工程合同结算单、商品房购销合同统计表、销售明细表、预售许可证等与转让房地产的收入、成本和费用有关的证明资料。主管税务机关需要相应项目记账凭证的，纳税人还应提供记账凭证复印件。

（4）纳税人委托税务中介机构审核鉴证的清算项目，还应报送中介机构出具的《土地增值税清算税款鉴证报告》。

第六章　其他税费政策与管理

第一节　资源税政策与管理

一、资源税概述

资源税是以应税资源为课税对象，对在中华人民共和国领域和中华人民共和国管辖的其他海域开发应税资源的单位和个人，就其应税资源销售额或销售数量为计税依据而征收的一种税。

应税资源目前包括矿产品、盐、部分地区水资源。

我国资源税发展经历了以下几个阶段：

（1）1984 年发布《中华人民共和国资源税条例（草案）》，开始采用普遍征收、从量定额计征的方式，对在我国境内从事原油、天然气、煤炭等矿产资源开采的单位和个人征收资源税。

（2）1993 年 12 月 25 日，国务院颁布了《中华人民共和国资源税暂行条例》，1994 年 1 月正式施行，征税对象包括原油、天然气、煤炭、其他非金属矿原矿、黑色金属矿原矿、有色金属矿原矿和盐 7 大类，并实行从量定额征收办法。

（3）2011 年 9 月，国务院公布修改的《中华人民共和国资源税暂行条例》，开始进入从价计征阶段。

（4）根据 2016 年《财政部 国家税务总局关于全面推进资源税改革的通知》（财税〔2016〕53 号），资源税改革全面推开，实行从价计征，清理收费基金。

（5）2019 年 8 月 26 日，第十三届全国人大常委会第十二次会议表决通过了《中华人民共和国资源税法》，并于 2020 年 9 月 1 日起实施。

对取用地表水或者地下水的单位和个人试点征收水资源税。国务院自《中华人民共和国资源税法》施行之日起 5 年内，就征收水资源税试点情况向全国人民代表大会常务委员会报告，并及时提出修改法律的建议。

二、纳税人及扣缴义务人

（一）一般规定

在中华人民共和国领域和中华人民共和国管辖的其他海域开发应税资源的单位和个人，为资源税的纳税人。纳税单位包括企业、行政单位、事业单位、军事单位、社会团体及其他单位。

收购未税矿产品的独立矿山、联合企业和其他单位（含个体户，不含其他个人）为资源税的扣缴义务人。

（二）特殊规定

（1）对取用地表水或者地下水的单位和个人试点征收水资源税。

（2）中外合作开采陆上、海上石油资源的企业。

（3）纳税人开采或生产应税产品自用的，应缴纳资源税；自用于连续生产应税产品的，不缴纳资源税。

三、税目和税率

（一）税目

（1）原油：开采的天然原油。不包括人造石油、成品油。

（2）天然气：专门开采或与原油同时开采的天然气。

（3）煤炭：包括原煤和未税原煤加工的洗选煤。不包括已税原煤加工的洗选煤及煤炭制品。

（4）其他非金属原矿。

（5）黑色金属原矿。

（6）有色金属原矿。

（7）盐：包括固体盐和液体盐（卤水）。

（8）水资源：包括地表水和地下水。

提示1：开采和生产单一环节计税。

提示2：进口不征，出口不退。

提示3：纳税人开采或生产应税产品，自用于连续生产应税产品的，不缴纳资源税；自用于其他方面的，视同销售缴纳资源税。

（二）税率

1. 税率形式

资源税的税率形式为从价为主，从量为辅。大部分实行（幅度）比例税率，个别实行定额税率（黏土、砂石、水实行从量定额计征）（表6－1）。

表6－1 资源税税目税率表

<table>
<tr><th colspan="3">税目</th><th>征税对象</th><th>税率</th></tr>
<tr><td rowspan="7">能源矿产</td><td colspan="2">原油</td><td>原矿</td><td>6%</td></tr>
<tr><td colspan="2">天然气、页岩气、天然气水合物</td><td>原矿</td><td>6%</td></tr>
<tr><td colspan="2">煤</td><td>原矿或者选矿</td><td>2%～10%</td></tr>
<tr><td colspan="2">煤成（层）气</td><td>原矿</td><td>1%～2%</td></tr>
<tr><td colspan="2">铀、钍</td><td>原矿</td><td>4%</td></tr>
<tr><td colspan="2">油页岩、油砂、天然沥青、石煤</td><td>原矿或者选矿</td><td>1%～4%</td></tr>
<tr><td colspan="2">地热</td><td>原矿</td><td>1%～20%或者每立方米1～30元</td></tr>
<tr><td rowspan="11">金属矿产</td><td>黑色金属</td><td>铁、锰、铬、钒、钛</td><td>原矿或者选矿</td><td>1%～9%</td></tr>
<tr><td rowspan="10">有色金属</td><td>铜、铅、锌、锡、镍、锑、镁、钴、铋、汞</td><td>原矿或者选矿</td><td>2%～10%</td></tr>
<tr><td>铝土矿</td><td>原矿或者选矿</td><td>2%～9%</td></tr>
<tr><td>钨</td><td>选矿</td><td>6.5%</td></tr>
<tr><td>钼</td><td>选矿</td><td>8%</td></tr>
<tr><td>金、银</td><td>原矿或者选矿</td><td>2%～6%</td></tr>
<tr><td>铂、钯、钌、锇、铱、铑</td><td>原矿或者选矿</td><td>5%～10%</td></tr>
<tr><td>轻稀土</td><td>选矿</td><td>7%～12%</td></tr>
<tr><td>中重稀土</td><td>选矿</td><td>20%</td></tr>
<tr><td>铍、锂、锆、锶、铷、铯、铌、钽、锗、镓、铟、铊、铪、铼、镉、硒、碲</td><td>原矿或者选矿</td><td>2%～10%</td></tr>
<tr><td rowspan="7">非金属矿产</td><td rowspan="7">矿物类</td><td>高岭土</td><td>原矿或者选矿</td><td>1%～6%</td></tr>
<tr><td>石灰岩</td><td>原矿或者选矿</td><td>1%～6%或者每吨（或者每立方米）1～10元</td></tr>
<tr><td>磷</td><td>原矿或者选矿</td><td>3%～8%</td></tr>
<tr><td>石墨</td><td>原矿或者选矿</td><td>3%～12%</td></tr>
<tr><td>萤石、硫铁矿、自然硫</td><td>原矿或者选矿</td><td>1%～8%</td></tr>
<tr><td>天然石英砂、脉石英、粉石英、水晶、工业用金刚石、冰洲石、蓝晶石、硅线石（矽线石）、长石、滑石、刚玉、菱镁矿、颜料矿物、天然碱、芒硝、钠硝石、明矾石、砷、硼、碘、溴、膨润土、硅藻土、陶瓷土、耐火黏土、铁矾土、凹凸棒石黏土、海泡石黏土、伊利石黏土、累托石黏土</td><td>原矿或者选矿</td><td>1%～12%</td></tr>
</table>

续表

税目			征税对象	税率
非金属矿产	矿物类	叶蜡石、硅灰石、透辉石、珍珠岩、云母、沸石、重晶石、毒重石、方解石、蛭石、透闪石、工业用电气石、白垩、石棉、蓝石棉、红柱石、石榴子石、石膏	原矿或者选矿	2%～12%
		其他黏土（铸型用黏土、砖瓦用黏土、陶粒用黏土、水泥配料用黏土、水泥配料用红土、水泥配料用黄土、水泥配料用泥岩、保温材料用黏土）	原矿或者选矿	1%～5%或者每吨（或者每立方米）0.15元
	岩石类	大理岩、花岗岩、白云岩、石英岩、砂岩、辉绿岩、安山岩、闪长岩、板岩、玄武岩、片麻岩、角闪岩、页岩、浮石、凝灰岩、黑曜岩、霞石正长岩、蛇纹岩、麦饭石、泥灰岩、含钾岩石、含钾砂页岩、天然油石、橄榄岩、松脂岩、粗面岩、辉长岩、辉石岩、正长岩、火山灰、火山渣、泥炭	原矿或者选矿	1%～10%
		砂石	原矿或者选矿	1%～5%或者每吨（或者每立方米）0.1～5元
	宝玉石类	宝石、玉石、宝石级金刚石、玛瑙、黄玉、碧玺	原矿或者选矿	4%～20%
水气矿产	二氧化碳气、硫化氢气、氦气、氡气		原矿	2%～5%
	矿泉水		原矿	1%～20%或者每立方米1～30元
盐	钠盐、钾盐、镁盐、锂盐		选矿	3%～15%
	天然卤水		原矿	3%～15%或者每吨（或者每立方米）1～10元
	海盐			2%～5%

注：地热、石灰岩、其他黏土、砂石、矿泉水、天然卤水也可采用比例税率（%）。

2. 税率（额）确定的依据

（1）表6－1《资源税税目税率表》中规定实行幅度税率的，其具体适用税率由省、自治区、直辖市人民政府统筹考虑该应税资源的品位、开采条件以及对生态环境的影响等情况，在《资源税税目税率表》规定的税率幅度内提出，报同级人民代表大会常务委员会决定，并报全国人民代表大会常务委员会和国务院备案。

（2）《资源税税目税率表》中规定征税对象为原矿或者选矿的，应当分别确定具体适用税率。

（3）水资源税根据当地水资源状况、取用水类型和经济发展等情况实行差别税率。

（4）纳税人开采或者生产不同税目应税产品的，应当分别核算不同税目应税产品的销售额或者销售数量；未分别核算或者不能准确提供不同税目应税产品的销售额或者销售数量的，从高适用税率。

四、计税依据和应纳税额的计算

（一）资源税从价定率方式的计税依据

1. 从价定率

（1）计税依据为销售额全额，但不含增值税和符合规定的运杂费。

（2）有视同销售应税产品行为而无销售额的情况下，除财政部、国家税务总局另有规定外，按下列顺序确定销售额：

①按纳税人最近时期同类产品的平均销售价格确定。

②按其他纳税人最近时期同类产品的平均销售价格确定。

③按组成计税价格确定。

组成计税价格 = 成本 ×（1 + 成本利润率）÷（1 – 税率）

（3）对同一种应税产品，征税对象为精矿的，纳税人销售原矿时，应将原矿销售额换算为精矿销售额缴纳资源税；征税对象为原矿的，纳税人销售自采原矿加工的精矿，应将精矿销售额折算为原矿销售额缴纳资源税。

2. 应税煤炭销售额

（1）开采原煤直接对外销售：

原煤应纳税额 = 原煤销售额 × 适用税率

原煤销售额不含从坑口到车站码头等的运输费用。

（2）将其开采的原煤加工为洗选煤销售：

洗选煤应纳税额 = 洗选煤销售额 × 折算率 × 适用税率

洗选煤销售额包括洗选副产品的销售额，不包括洗选煤从洗选煤厂到车站、码头等的运输费用。

（3）纳税人将其开采的原煤，自用于连续生产洗选煤的，在原煤移送使用环节不缴纳资源税；自用于其他方面的，视同销售原煤。

（4）纳税人将其开采的原煤加工为洗选煤自用的，视同销售洗选煤。

3. 稀土、钨、钼的计税依据

（1）计税依据：

应纳税额 = 精矿销售额 × 适用税率

应纳税额 = 原矿销售额 × 换算比 × 适用税率

（2）原矿销售额换算精矿销售额方法：

一是成本法：

精矿销售额=原矿销售额+原矿加工成精矿的成本×（1+成本利润率）

二是市场法：

精矿销售额=原矿销售额×换算比

换算比=同类精矿单位价格÷（原矿单位价格×选矿比）

选矿比=加工精矿耗用的原矿数量÷精矿数量

（二）资源税从量定额方式的计税依据

从量定额：

（1）销售数量。

（2）自用数量。

（3）一般水资源：实际取用水量。

水力发电和火力发电贯流式（不含循环式）冷却取用水：实际发电量。

五、税收优惠

（一）免征

（1）开采原油以及在油田范围内运输原油过程中用于加热的原油、天然气。

（2）煤炭开采企业因安全生产需要抽采的煤成（层）气。

（二）减征

（1）减征20%：从低丰度油气田开采的原油、天然气。

（2）减征30%：①高含硫天然气、三次采油、从深水油气田开采的原油、天然气；②从衰竭期矿山开采的矿产品。

（3）减征40%：稠油、高凝油。

（三）地方规定

省、自治区、直辖市可以决定免征或减征资源税的情形如下①。

（1）纳税人开采或者生产应税产品过程中，因意外事故或者自然灾害等原因遭受重大损失。

① 省、自治区、直辖市可以决定免征或者减征资源税的，具体办法由省、自治区、直辖市人民政府提出，报同级人民代表大会常务委员会决定，并报全国人民代表大会常务委员会和国务院备案。纳税人的免税、减税项目，应当单独核算销售额或者销售数量；未单独核算或者不能准确提供销售额或者销售数量的，不予免税或者减税。

（2）纳税人开采共伴生矿、低品位矿、尾矿。

（四）增值税小规模纳税人的优惠

自2019年1月1日至2021年12月31日，省、自治区、直辖市人民政府根据本地区实际情况，以及宏观调控需要确定，对增值税小规模纳税人可以在50%的税额幅度内减征资源税。

六、征收管理

（一）纳税义务发生时间

（1）销售应税产品，纳税义务发生时间为收讫销售款或者取得索取销售款凭据的当日。

（2）自用应税产品，纳税义务发生时间为移送应税产品的当日。

（二）纳税期限

（1）纳税人按月或者按季申报缴纳；不能按固定期限计算缴纳的，可以按次申报缴纳。

（2）纳税申报并缴纳税款期限：

①纳税人按月或者按季申报缴纳的，自月度或者季度终了之日起15日内。

②纳税人按次申报缴纳，自纳税义务发生之日起15日内。

（三）纳税地点

应税产品开采地或者生产地的税务机为关申报缴纳资源税的地点。

（四）已税产品税务处理

（1）纳税人用已纳资源税的应税产品进一步加工应税产品销售的，不再缴纳资源税。

（2）纳税人以未税产品和已税产品混合销售或者混合加工为应税产品销售的，应当准确核算已税产品的购进金额，在计算加工后的应税产品销售额时，准予扣减已税产品的购进金额；未分别核算的，一并计算缴纳资源税。

七、水资源税有关规定

（一）纳税人

2016年7月1日起，在河北省利用取水工程或设施直接从江河湖泊（含水库）和地下取用地表水、地下水的单位和个人，为水资源税纳税人。

2017 年 12 月 1 日起，在北京、天津、山西、内蒙古、山东、河南、四川、陕西、宁夏 9 个省（自治区、直辖市）扩大水资源税改革试点。

（二）征税对象

征税对象为地表水和地下水。

地表水指江、河、湖泊（含水库）、雪山融水等。

（三）不缴纳水资源税的情形

（1）农村集体经济组织及其成员从本集体经济组织的水塘、水库中取用水的。

（2）家庭生活和零星散养、圈养畜禽饮用等少量取用水的。

（3）水利工程管理单位为配置或者调度水资源取水的。

（4）为保障矿井等地下工程施工安全和生产安全必须进行临时应急取用（排）水的。

（5）为消除对公共安全或者公共利益的危害临时应急取水的。

（6）为农业抗旱和维护生态与环境必须临时应急取水的。

（四）税额标准

1. 从高制定税额标准情形

（1）取用地下水、水资源紧缺地区地下水。

（2）超采地区、严重超采地区的地下水。

（3）城镇公共供水管网覆盖范围内取用地下水。

（4）特种行业取用水：洗车、洗浴、高尔夫球场、滑雪场等。

（5）超计划或者超定额取用水。

2. 从低制定税额标准情形

（1）对超过规定限额的农业生产取用水。

（2）主要供农村人口生活用水的集中式饮水工程取用水。

（3）企业回收利用的疏干排水和地温空调回用水。

（五）应纳税额的计算

应纳税额的计算公式如下：

一般水资源税应纳税额 = 实际取用水量 × 适用税额

水力发电和火力发电贯流式（不含循环式）冷却取用水水资源税应纳税额 = 实际发电量 × 适用税额

（六）水资源税免税政策

（1）对规定限额内的农业生产取用水，免征水资源税。超过限额的农业生产取用水，从低确定税额。

（2）对取用污水处理回用水、再生水等非常规水源，免征水资源税。

（3）除接入城镇公共供水管网以外，军队、武警部队通过其他方式取用水的，免征水资源税。

（4）抽水蓄能发电取用水，免征水资源税。

（5）采油排水分离净化后在封闭管道回注的，免征水资源税。

第二节 环境保护税政策与管理

一、环境保护税概述

（一）概念

环境保护税是对在我国领域以及管辖的其他海域直接向环境排放应税污染物的企事业单位和其他生产经营者征收的一种税。

全国人大常委会通过的《中华人民共和国环境保护税法》自2018年1月1日起实施，同时停征排污费。这是我国第一部促进生态文明建设的单行税法。

（二）特点

1. 征税项目

征税项目为四类重点污染源：大气污染物、水污染物、固体废物、噪声。

2. 纳税人

纳税人主要是企事业单位和其他经营者；行政单位、家庭和个人即便有排放污染物的行为，也不属于环境保护税的纳税人。对农业生产（不包括规模化养殖）暂免征税。

3. 直接排放应税污染物是必要条件

不属于直接向环境排放污染物，则不需要按照环境保护税法缴税，如向依法设立的污水集中处理、生活垃圾集中处理场所排放应税污染物。

4. 税额为统一定额税和浮动定额税结合

应税污染物中固体废物、噪声：统一定额税。

大气污染物、水污染物：浮动定额税。

二、纳税人和征税对象

（一）纳税人

在中华人民共和国领域和中华人民共和国管辖的其他海域，直接向环境排放应税污染物的企业事业单位和其他生产经营者为环境保护税的纳税人，应当按照环境保护税法规定缴纳环境保护税。

行政单位、家庭和个人即便有排放污染物的行为，也不属于环境保护税的纳税人。

（二）征税对象

环境保护税的征税对象为纳税人直接向环境排放的应税污染。

四类应税污染物为大气污染物、水污染物、固体废物和（工业）噪声，不包括未列污染物，如光污染、建筑噪声等。

（三）不征税项目

有下列情形之一的，不属于直接向环境排放污染物，不缴纳相应污染物的环境保护税：

（1）企业事业单位和其他生产经营者向依法设立的污水集中处理、生活垃圾集中处理场所排放应税污染物的。

上述场所超过国家和地方规定的排放标准向环境排放应税污染物的，应当缴纳环境保护税。

（2）企业事业单位和其他生产经营者在符合国家和地方环境保护标准的设施、场所贮存或者处置固体废物的。

贮存或者处置固体废物不符合国家和地方环境保护标准的，应当缴纳环境保护税。

（3）禽畜养殖场依法对畜禽养殖废弃物进行综合利用和无害化处理的。

达到省级人民政府确定的规模标准并且有污染物排放口的畜禽养殖场，应当依法缴纳环境保护税。

三、税目及税额

（一）税目

应税污染物为大气污染物、水污染物、固体废物、（工业）噪声。

（二）税额

环境保护税税额（表6-2）：

（1）全国统一定额税。

（2）浮动定额税：最高税额为最低税额的10倍。

表6－2 环境保护税税目税额表

<table>
<tr><th colspan="2">税目</th><th>税额</th><th>计税单位</th></tr>
<tr><td>大气污</td><td>二氧化硫、一般性粉尘、烟尘等</td><td rowspan="3">各省浮动定额税制，税额上限设定为下限的10倍</td><td rowspan="3">每污染当量</td></tr>
<tr><td rowspan="2">水污染物</td><td>第一类，总汞、总镉、总铬等</td></tr>
<tr><td>第二类，悬浮物、动植物油、氟化物、甲醛等</td></tr>
<tr><td>固体废物</td><td>煤矸石、尾矿、危险废物、冶炼渣、粉煤灰、炉渣等</td><td>全国统一的定额税制</td><td>每吨</td></tr>
<tr><td>噪声</td><td>工业噪声</td><td>（1）全国统一的定额税制
（2）噪声税额：声源一个月内超标不足15天，减半计税</td><td>超标分贝</td></tr>
</table>

注：1. 染物大气污染物、水污染物的浮动定额税，具体适用税额的确定和调整，由省、自治区、直辖市人民政府提出，报同级人民代表大会常务委员会决定，并报全国人民代表大会常务委员会和国务院备案。

2. ①一个单位边界上有多处噪声超标，根据最高一处超标声级计算应纳税额；当沿边界长度超过100米有两处以上噪声超标，按照两个单位计算应纳税额。②一个单位有不同地点作业场所的，应当分别计算应纳税额，合并计征。③昼、夜均超标的环境噪声，昼、夜分别计算应纳税额，累计计征。④声源一个月内超标不足15天的，减半计算应纳税额。⑤夜间频繁突发和夜间偶然突发厂界超标噪声，按等效声级和峰值噪声两种指标中超标分贝值高的一项计算应纳税额。

四、计税依据与应纳税额计算

（一）计税依据

环境保护税计税依据基本规定见表6－3。

表6－3 环境保护税计税依据

税目	计税依据	具体要求
大气污染物	污染物排放量折合的污染当量数	每一排放口的应税大气污染物，按照污染当量数从大到小排序，对前三项污染物征税
水污染物	污染物排放量折合的污染当量数	每一排放口的应税水污染物：第一类水污染物按照前五项征税，其他类水污染物按照前三项征税
固体废物	固体废物的排放量（吨数）	排放量＝当期应税固体废物的产生量－当期应税固体废物贮存量－处置量－综合利用量
噪声	超标的分贝数	每月统一定额税

（二）应税污染物排放量的计算

应税大气污染物、水污染物、固体废物的排放量和噪声的分贝数按照下列方法和顺序计算。

（1）纳税人安装使用符合国家规定和监测规范的污染物自动监测设备的，按照污染物自动监测数据计算。

（2）纳税人未安装使用污染物自动监测设备的，按照监测机构出具的符合国家有关规定和监测规范的监测数据计算。

（3）因排放污染物种类多等原因不具备监测条件的，按照国务院生态环境主管部门规定的排污系数、物料衡算方法计算。

（4）不能按照上述（1）~（3）项规定的方法计算的，按照省、自治区、直辖市人民政府生态环境主管部门规定的抽样测算的方法核定计算。

（5）纳税人从两个以上排放口排放应税污染物的，对每一排放口排放的应税污染物分别计算征收环境保护税；纳税人持有排污许可证的，其污染物排放口按照排污许可证载明的污染物排放口确定。

（三）应纳税额计算

1. 应税大气污染物

应税大气污染物的应纳税额 = 污染当量数 × 适用税额

应税大气污染物的污染当量数 = 该污染物的排放量 ÷ 该污染物的污染当量值

每一排放口或者没有排放口的应税大气污染物，按照污染当量数从大到小排序，对前三项污染物征收环境保护税。

2. 水污染物

应纳税额 = 污染当量数 × 适用税额

应税水污染物的污染当量数 = 该污染物的排放量 ÷ 该污染物的污染当量值

应税水污染物按照污染当量数从大到小排序：

每一排放口的应税水污染物，区分第一类水污染物和其他类水污染物，按污染当量数从大到小排序，对第一类水污染物按前五项征税，对其他类水污染物按前三项征税。

3. 固体废物

应纳税额 = 固体废物排放量 × 适用税额 = （当期固体废物的产生量 - 当期固体废物的综合利用量 - 当期固体废物的贮存量 - 当期固体废物的处置量） × 适用税额

4. 应税噪声

应纳税额 = 超过国家规定标准的分贝数所对应的具体适用税额

五、税收优惠

（一）免征

（1）农业生产（不包括规模化养殖）排放应税污染物。

（2）机动车、铁路机车、非道路移动机械、船舶和航空器等流动污染源排放应税污染物。

（3）依法设立的城乡污水集中处理、生活垃圾集中处理场所排放相应应税污染物，未超标的。

依法设立的生活垃圾焚烧发电厂、生活垃圾填埋场、生活垃圾堆肥厂，属于生活垃圾集中处理场所。

（4）纳税人综合利用的固体废物，符合国家和地方环保标准的。

（5）国务院批准免税的其他情形。

（二）减征

1. 减按75%征收：纳税人排放应税大气污染物或者水污染物的浓度值低于国家和地方规定的污染物排放标准30%的。

2. 减按50%征收：纳税人排放应税大气污染物或者水污染物的浓度值低于国家和地方规定的污染物排放标准50%的。

3. 纳税人噪声声源：一个月内累计昼间超标不足15昼或者累计夜间超标不足15夜的，分别减半（50%）计算应纳税额。

六、征收管理

（一）纳税义务发生时间

纳税义务发生时间为纳税人排放应税污染物的当日。

（二）纳税地点

纳税地点为应税污染物排放地。

（1）应税大气污染物、水污染物的纳税地点为排放口所在地。

（2）应税固体废物、噪声的纳税地点为废物、噪声产生地。

（三）纳税期限

环境保护税按月计算、按季申报缴纳。不能按固定期限计算缴纳的，可以按次申报缴纳。

纳税人按季申报缴纳的，应当自季度终了之日起15日内，向税务机关办理纳税申报并缴纳税款。

纳税人按次申报缴纳的，应当自纳税义务发生之日起15日内，向税务机关办理纳税申报并缴纳税款。

（四）税务机关与生态环境主管部门职责分工

税务机关和生态环境主管部门应当建立涉税信息共享平台和工作配合机制（表6－4）。

表6－4　税务机关和生态环境主管部门工作配合机制

行政机关	职责分工
税务机关	（1）纳税人识别 （2）信息比对 （3）涉税信息提交
生态环境主管部门	（1）污染物排放信息纠正 （2）涉税信息提交

第三节　印花税政策与管理

一、印花税概述

（一）概念

印花税是对经济活动和经济交往中订立、领受、使用的应税经济凭证所征收的一种税，其兼具凭证税和行为税的性质。印花税最早始于1624年的荷兰。

（二）特点

（1）兼具凭证税和行为税的性质。

（2）征税范围广泛。

（3）税率低、税负轻。

（4）由纳税人自行完成纳税义务。

二、征税范围

印花税的征税范围采取正列举的方式，没有列举的凭证不纳入征税范围。

（一）经济合同

1. 经济合同范围

（1）购销合同。

购销合同包括供应、预购、采购、购销结合及协作、调剂、补偿、易货等合同。

①纳税人以电子形式签订的各类应税凭证按规定征收印花税。

②经销和调拨商品、物资供应的调拨单（或其他名称的单、卡、书、表等）凡属于明确双方供需关系，据以供货和结算，具有合同性质的凭证，应按规定缴纳印花税。

③包括各出版单位与发行单位（不包括订阅单位和个人）之间订立的图书、报刊、音像征订凭证。

④对发电厂与电网之间、电网与电网之间（国家电网公司系统、南方电网公司系统内部各级电网互供电量除外）签订的购售电合同，按购销合同征收印花税。电网与用户之间签订的供用电合同不征印花税。

（2）加工承揽合同。

包括加工、定做、修缮、印刷、广告、测绘、测试等合同。

（3）建设工程勘察、设计合同。

包括勘察、设计合同的总包合同、分包合同和转包合同。

（4）建筑、安装工程承包合同。

包括建筑、安装工程承包合同的总包合同、分包合同和转包合同。

（5）财产租赁合同。

包括租赁房屋、船舶、飞机、机动车辆、机械、器具、设备等合同。

①包括企业、个人出租门店、柜台所签订的合同。

②不包括企业与主管部门签订的租赁承包合同。

（6）货物运输合同。

包括民用航空、铁路运输、海上运输、内河运输、公路运输和联运的合同。

（7）仓储、保管合同。

包括仓储、保管合同，以及作为合同使用的仓单、栈单（或称入库单）。对某些使用不规范的凭证不便计税的，可就其结算单据作为计税贴花的凭证。

（8）借款合同。

包括银行及其他金融组织和借款人（不包括银行同业拆借）所签订的借款合同。

（9）财产保险合同。

包括财产、责任、保证、信用保险合同。

（10）技术合同。

包括技术开发、转让、咨询、服务等合同。

①技术转让合同包括专利申请转让、非专利技术转让所书立的合同，但不包括专利权转让、专利实施许可所书立的合同。后者适用于产权转移书据合同。

②一般的法律、会计、审计等方面的咨询不属于技术咨询，其所书立合同不贴印花。

③技术服务合同包括技术服务合同、技术培训合同和技术中介合同。

2. 确定应税经济合同范围的注意事项

（1）具有合同性质的凭证应视同合同征税：所谓具有合同性质的凭证，是指具有合同效力的协议、契约、合约、单据、确认书及其他各种名称的凭证。

（2）对于企业集团内具有平等法律地位的主体之间自愿订立、明确双方购销关系、据以供货和结算、具有合同性质的凭证，应按规定征收印花税。对于企业集团内部执行计划使用的、不具有合同性质的凭证，不征收印花税。

（3）未按期兑现合同亦应贴花。

（4）同时书立合同和开立单据的不重复贴花：办理一项业务（如货物运输、仓储保管、财产保险、银行借款等），如果既书立合同，又开立单据，只就合同贴花；凡不书立合同，只开立单据，以单据作为合同适用的，其使用的单据应按规定贴花。

（二）产权转移书据

（1）产权转移书据是指单位和个人产权的买卖、继承、赠与、交换、分割等所立的书据。

（2）产权转移书据包括财产所有权（含股份制企业向社会公开发行的股票）、版权、商标专用权、专利权（含专利实施许可）、专有技术使用权共5项产权的转移书据。财产所有权转移所书立的书据，包括股份制企业向社会公开发行的股票，因购买、继承、赠与所书立的产权转移书据。

（3）土地使用权出让合同、土地使用权转让合同、商品房销售合同按照产权转移书据征收印花税。

（三）营业账簿

营业账簿归属于财务会计账簿，是按照财务会计制度的要求设置的，反映生产经营活动的账册。在税目中分为记载资金的账簿（简称资金账簿）和其他营业账簿两类。

（1）资金账簿。反映生产经营单位“实收资本”和“资本公积”金额增减变化的账簿。

（2）其他营业账簿。除资金账簿以外的，归属于财务会计体系的生产经营用账册。包括日记账和各明细分类账簿。

提示：2018 年 5 月 1 日起，按万分之五税率贴花的资金账簿减半征收印花税，对按件贴花五元的其他账簿免征印花税。

（3）“营业账簿”征免范围有关问题（表6－5）。

表6－5 “营业账簿”征免范围有关问题

核算形式	一级核算形式的单位	财会部门设置的账簿贴花
	分级核算形式的单位	财会部门和设置在其他部门和车间的明细分类账均贴
事业单位	实行差额预算管理	记载经营业务的账簿，按其他账簿定额贴花，不记载经营业务的账簿不贴花
	经费来源自收自支单位	营业账簿就记载资金的账簿和其他账簿分别按规定贴花
跨地区经营的分支机构（分支机构所在地缴纳）	上级单位核拨资金的	记载资金账簿按核拨的账面资金数额贴花
	上级单位不核拨资金的	只就其他账簿按定额贴花
增量贴花的几种情形（凡原已贴花的部分可不再贴花，未贴花的部分和以后新增加的资金按规定贴花）	实行公司制改造并经县以上政府和有关部门批准的企业在改制过程中成立的新企业（重新办理法人登记的），其新启用的资金账簿记载的资金或因企业建立资本纽带关系而增加的资金	
	以合并或分立方式成立的新企业	
	企业债权转股权新增加的资金	
	企业改制中经评估增加的资金	
	企业其他会计科目记载的资金转为实收资本或资本公积的资金	
其他	车间、门市部、仓库设置的不属于会计核算范围或虽属会计核算范围，但不记载金额的登记簿、统计簿、台账等，不贴	
	对会计核算采用单页表式记载资金活动情况，以表代账的，在未形成账簿（账册）前，暂不贴花，待装订成册时，按册贴	

（四）权利、许可证照

包括政府部门发给的房屋产权证、工商营业执照、商标注册证、专利证、土地使用证等。

（五）经财政部门确定征税的其他凭证

（1）各类凭证不论以何种形式或名称书立，只要其性质属于条例中列举征税范围内的凭证，均应照章征税。

（2）应税凭证均是指在中国境内具有法律效力，受中国法律保护的凭证。

（3）适用于中国境内并在中国境内具备法律效力的应税凭证，无论在中国境内或者境外书立，均应依照印花税的规定贴花。

三、纳税人

（一）定义

凡在我国境内书立、领受、使用属于征税范围内所列凭证的单位和个人，都是印花税的纳税义务人。

（二）具体种类

按照征税项目划分，印花税纳税人的具体种类包括以下几个方面。

（1）立合同人。书立各类经济合同的，以立合同人为纳税人，即合同的当事人。当事人在两方或两方以上的，各方均为纳税人。

（2）立账簿人。建立营业账簿的，以立账簿人为纳税人。

（3）立据人。如立据人未贴花或少贴花的，书据持有人负责补贴印花。所立书据以合同方式签订的，应由持有书据的各方分别按全额贴花。

（4）领受人。权利、许可证照的纳税人是领受人。领受人，是指领取或接受并持有该项凭证的单位和个人。

（5）使用人。在国外书立、领受，但在国内使用的应税凭证，其纳税人是使用人。

（6）各类电子应税凭证的签订人。

①对应税凭证，凡由两方或两方以上当事人共同书立的，其当事人各方都是纳税人。

②所谓当事人是指对凭证有直接权利义务关系的单位和个人，不包括保人、证人、鉴定人。

③如果应税凭证是由当事人的代理人代为书立的，则由代理人代为承担纳税义务。

四、税率

印花税的税率包含比例税率和定额税率两种形式①。

（一）比例税率

印花税的比例税率有1‰、0. 5‰、0. 3‰、0. 05‰四种。

---

① （1）在上交所、深交所、全国中小企业股份转让系统买卖、继承、赠与优先股所书立的股权转让书据由出让方按实际成交额按1‰征收。（单边1‰征收）（2）香港投资者通过沪港通买卖、继承、赠与上交所上市A股，按内地规定缴纳印花税，内地投资者通过沪港通买卖、继承、赠与联交所股票按香港规定缴纳印花税。（买哪儿的股票按哪儿的规矩来）（3）在确定适用税率时，如果一份合同载有一个或几个经济事项，可以同时适用一个或几个税率分别计算贴花。但属于同一笔金额或几个经济事项金额未分开的，应按其中的较高税率计算纳税。

（1）借款合同，适用税率为0.05‰。

（2）购销合同、建筑安装工程承包合同、技术合同等，适用税率为0.3‰。

（3）财产租赁合同、财产保险合同、仓储保管合同，适用税率为1‰。在上交所、深交所、全国中小企业股份转让系统买卖、继承、赠与优先股所书立的股权转让书据由出让方按实际成交额按1‰征收（单边1‰征收）。

（4）其他适用比例税率的情形，适用税率为0.5‰。

（二）定额税率

5元/件。

五、应纳税所得额的计算

（一）从价计税

1. 各类经济合同计税依据的确定

应税合同的计税依据，为合同列明的价款或者报酬（金额、收入或费用），不包括增值税税款；合同中价款或者报酬与增值税税款未分开列明的，按照合计金额确定。

应纳税额 = 计税金额 × 适用税率

（1）购销合同。

计税依据为购销金额，不得做任何扣除，特别是调剂合同和易货合同，包括调剂、易货的全额；合同未列明金额的，应按合同所载购、销数量，依照国家牌价或者市场价格计算应纳税额。

（2）加工承揽合同[①]。

计税依据为加工或承揽收入的金额。

计税依据的判定如下。

①受托方提供原材料。

凡在合同中分别记载加工费金额和原材料金额的，应分别按“加工承揽合同”“购销合同”计税。

若合同中未分别记载，则应就全部金额依照加工承揽合同计税贴花。

②委托方提供主要材料或原料，受托方只提供辅助材料。

---

① 注意：如果施工单位将自己承包的建筑项目再分包或转包给其他施工单位，其所签订的分包或转包合同，仍应按所载金额另行贴花。

无论加工费和辅助材料金额是否分别记载，均以辅助材料与加工费的合计数，依照加工承揽合同计税贴花。对委托方提供的主要材料或原料金额不计税贴花。

（3）建设工程勘察设计合同。

计税依据为勘察、设计收取的费用（即勘察、设计收入）。

（4）建筑安装工程承包合同。

计税依据为承包金额，不得剔除任何费用。

（5）财产租赁合同。

计税依据为租赁金额（即租金收入）。

（6）仓储保管合同。

计税依据为仓储保管的费用（即保管费收入）。

（7）财产保险合同。

计税依据为支付（收取）的保险费金额，不包括所保财产的金额。

（8）货物运输合同。

计税依据为取得的运输费金额（即运费收入），不包括所运货物的金额、装卸费和保险费等（表6－6）。

①国内货物联运。

起运地统一结算全程运费，应以全程运费作为计税金额，由起运地运费结算双方缴纳印花税；分程结算运费的，应以分程的运费作为计税金额，分别由办理运费结算的各方缴纳印花税。

②国际货运。

我国运输企业运输的，运输企业以本程运费计算应纳税额；托运方所持的运费结算凭证，按全程运费计算应纳税额。外国运输企业运输进出口货物的，运输企业所持的运费结算凭证免纳印花税，托运方所持的运费结算凭证，应以运费金额为依据计算缴纳印花税。

表6－6　货物运输印花税缴纳相关要求

国内联合运输合同	分程结算运费	以分程运费为依据，由办理运费结算的各方缴纳
	起运地统一结算全程运费	以全程运费为依据，由起运地运费结算双方缴纳
国际联合运输合同	托运方	全程运费计算税额
	国内承运方	本程运费计算税额
	国外承运方	免税

（9）借款合同。

计税依据为借款金额。

①一项信贷业务既签订借款合同，又一次或分次填开借据的，只以借款合同所载金额计税贴花；凡是只填开借据并作为合同使用的，应以借据所载金额计税贴花。（不重复征税原则）

②流动资金周转性借款合同以其规定的最高额为计税依据，在签订时贴花一次，在限额内随借随还不签订新合同的，不再另贴印花。（不重复征税原则）

③基本建设贷款中，按年度用款计划分年签订借款合同，在最后一年按总概算签订借款总合同，且总合同的借款金额包括各个分合同的借款金额的，应按分合同分别贴花，最后签订的总合同，借款总额扣除分合同借款金额后的余额计税贴花。（不重复征税原则）

④在贷款业务中，如果贷方系由若干银行组成的银团，银团各方均承担一定的贷款数额。借款合同由借款方与银团各方共同书立，各执一份合同正本。对这类合同借款方与贷款银团各方应分别在所执的合同正本上，按各自的借款金额计税贴花。（不重复征税原则）

⑤银行及其他金融组织的融资租赁业务签订的融资租赁合同，应按合同所载租金总额，暂按借款合同计税。（实质课税原则）

⑥对借款方以财产作抵押，从贷款方取得一定数量抵押贷款的合同，应按借款合同贴花；在借款方因无力偿还借款而将抵押财产转移给贷款方时，应再就双方书立的产权书据，按产权转移书据的有关规定计税贴花。（实质课税原则）

（10）技术合同。

计税依据为合同所载的价款、报酬或使用费。[①]

2. 产权转移书据

以书据中所载的金额为计税依据。

3. 记载资金的营业账簿

（1）以实收资本和资本公积的两项合计金额为计税依据。凡“资金账簿”在次年度的实收资本和资本公积未增加的，对其不再计算贴花。（2018 年 5 月 1 日起减半）

（2）跨地区经营的分支机构的营业账簿在计税贴花时，上级单位记载资金的账簿，

① 技术开发合同，只就合同所载的报酬金额计税，研究开发经费不作为计税依据。

按扣除拨给下属单位机构资金数额后的其余部分计算贴花。

（3）外国银行在我国境内设立的分行，其境外总行需拨付规定数额的“营运资金”，分行在账户设置上不设“实收资本”和“资本公积”账户。外国银行分行记载由其境外总行拨付的“营运资金”账簿，应按核拨的账面资金数额计税贴花。

4. 注意事项

有些合同在签订时无法确定计税金额，如：①技术转让合同中的转让收入，是按销售收入的一定比例收取或是按实现利润分成的。②财产租赁合同只是规定了月（天）租金标准而无期限的。对于这类合同，可在签订时先按定额 5 元/件贴花，以后结算时再按实际金额计税，补贴印花。③已贴花的凭证，修改后所载金额增加的，其增加部分应当补贴印花税票。

（二）从量计税

（1）以计税数量为计税依据。

（2）2018 年 5 月 1 日起按件贴花 5 元的其他账簿免征印花税。

（三）应当注意的问题

（1）按金额比例贴花的应税凭证，未标明金额的，按凭证所载数量及市场价格计算金额，依适用税率贴足印花。

（2）应税凭证所载金额为外国货币的，按凭证书立当日的国家外汇管理局公布的外汇牌价折合人民币，计算应纳税额。

（3）同一凭证因载有两个或两个以上经济事项而适用不同税率，如分别载有金额的，应分别计算应纳税额，相加后按合计税额贴花；如未分别记载金额的，按税率高的计税贴花。

（4）已贴花的凭证，修改后所载金额增加的，其增加部分应当补贴印花税票。

（5）按比例税率计算纳税而应纳税额又不足 1 角的，免纳印花税；应纳税额在 1 角以上的，其税额尾数不满 5 分的不计，满 5 分的按 1 角计算贴花。对财产租赁合同的应纳税额超过 1 角但不足 1 元的，按 1 元贴花。

六、减免税优惠

各种不同情形印花税优惠政策见表 6－7。

表 6－7　印花税优惠政策

情形	优惠政策
普惠	已纳税副本或抄本（做正本用贴）
房屋	（1）房管部门与个人订立的用于生活居住房屋的租房合同暂免 （2）2019 年 1 月 1 日到 2023 年 12 月 31 日，公租房经管单位建设、管理公租房免征。其他住房中配套的公租房按建筑面积比例免征 （3）2019 年 1 月 1 日到 2023 年 12 月 31 日，公租房经管单位购买住房作为公租房免税 （4）2019 年 1 月 1 日到 2023 年 12 月 31 日，公租房租赁双方免征租赁协议涉及的印花税 （5）改造安置房经管单位、开发商与改造安置住房相关的印花税以及购买安置住房的个人免征 （6）2019 年 1 月 1 日到 2021 年 12 月 31 日，高校学生签订的高校学生公寓租赁合同免征
三农	国家指定收购部门与村委会、农民个人书立的农产品收购合同
金融	（1）无息、贴息贷款合同免征 （2）外国政府或国际金融组织向我国政府及国家金融机构提供优惠贷款书立合同免征 （3）投资者买卖封闭式证券投资基金免征 （4）融资租赁合同（含融资性售后回租）按租金总额依“借款合同”贴花。在融资性售后回租业务中，对承租人、出租人因出售租赁资产及购回租赁资产所签订的合同不征
改制	（1）国务院和省政府批准的国有（含国有控股）企业改组改制发生的上市公司国有股权无偿转让行为暂不征证券（股票）交易印花税（不属于上述情况的缴纳） （2）县级以上政府及主管部门批准改制的企业因改制签订的产权转移书据免予贴花 （3）县级以上政府及主管部门批准改制的企业改制前签订但尚未履行完的各类应税合同，改制后仅改变执行主体其余条款未作变动且改制前已贴花的不再贴花
公益	财产所有人将财产赠给政府、社会福利单位、学校所立书据免征
运输	（1）军事物资运输；（2）抢险救灾物资运输；（3）新建铁路临管线运输。以上免征
特定主体（时间略）	（1）国家石油储备第一期项目建设过程中涉及的印花税免征 （2）商品储备管理公司及其直属库资金账簿免征；承担商品储备业务过程中书立的购销合同免征，对合同其他各方当事人应照章征收 （3）2019 年 1 月 1 日至 2021 年 12 月 31 日，由省、自治区、直辖市人民政府根据本地区实际情况，以及宏观调控需要确定，对增值税小规模纳税人可以在 50% 的税额幅度内减征印花税（不含证券交易印花税） （4）饮水工程运营管理单位为建设饮水工程取得土地使用权而签订的产权转移书据，以及与施工单位签订的建设工程承包合同免征 （5）对国际奥委会相关实体与北京冬奥组委签订的各类合同，免征国际奥委会相关实体应缴纳的印花税
证保公司	证券投资者保护基金公司： （1）新设立的资金账簿免征 （2）与中国人民银行签订的再贷款合同、与证券公司行政清算机构签订的借款合同免征 （3）接收被处置证券公司财产签订的产权转移书据免征 （4）以保护基金自有财产和接收的受偿资产与保险公司签订的财产保险合同免征 **注意：**上述只是对保护基金公司免征，其他当事人照章征税

注：自 2018 年 5 月 1 日起，对按 0.5‰贴花的资金账簿减半征收。

七、征收管理

（一）缴纳方法

1. 一般纳税方法

（1）纳税人根据规定自行计算应纳税额，购买并一次贴足印花税票。

（2）购买印花税票不等于履行了纳税义务。

（3）对国家政策性银行记载资金的账簿，一次贴花数额较大、难以承担的，经核准可在3年内分次贴足。

2. 简化纳税方法

（1）以缴款书或完税证代替贴花的方法。一份凭证应纳税额超过500元。

（2）按期汇总缴纳印花税的方法。同一类凭证频繁贴花的，最长不超过1个月。缴纳方式一经选定，1年内不得变更。

（3）代扣税款汇总缴纳的方法。

3. 其他规定

（1）在应税凭证书立或领受时即行贴花完税，不得延至凭证生效日期贴花。

（2）印花税票应粘贴在应纳税凭证上，并由纳税人在每枚税票的骑缝处盖戳注销或画销，严禁揭下重用。

（3）对已贴花的各类应税凭证，纳税人须按规定期限保管，不得私自销毁，以备纳税检查。

（4）凡多贴印花税票者，不得申请退税或者抵扣。

（5）纳税人对凭证不能确定是否应当纳税的，应及时携带凭证，到当地税务机关鉴别。

（6）纳税人同税务机关对凭证的性质发生争执的，应检附该凭证报请上一级税务机关核定。

（二）印花税票

（1）印花税票是缴纳印花税的完税凭证，由国家税务总局负责监制。

其票面金额以人民币为单位，分为1角、2角、5角、1元、2元、5元、10元、50元、100元9种。

（2）印花税票可以委托单位或个人代售，并由税务机关付给5%的手续费，支付来源从实征印花税款中提取。

（三）纳税环节

印花税应当在书立或领受时贴花。具体是指在合同签订时、账簿启用时和证照领受时贴花。

如果合同是在国外签订，并且不便在国外贴花的，应在将合同带入境时办理贴花纳税手续。

（四）纳税地点

印花税一般实行就地纳税。

提示：对于全国性商品物资订货会（包括展销会、交易会等）上所签订合同应纳的印花税，由纳税人回其所在地后及时办理贴花完税手续；对地方主办、不涉及省际关系的订货会、展销会上所签合同的印花税，其纳税地点由各省、自治区、直辖市人民政府自行确定。

（五）凭证管理

印花税应税凭证按《中华人民共和国税收征收管理法实施细则》规定保存 10 年。

（六）核定征收

以下情形适应核定征收。

（1）未按规定建立印花税应税凭证登记簿，或未如实登记和完整保存应税凭证的；

（2）拒不提供应税凭证或不如实提供应税凭证致使计税依据明显偏低的；

（3）采用按期汇总缴纳办法的，未按税务机关规定的期限报送汇总缴纳印花税情况报告，经税务机关责令限期报告，逾期仍不报告的；或者税务机关在检查中发现纳税人有未按规定汇总缴纳印花税情况的。

第四节 房产税政策与管理

一、房产税概述

（一）概念

房产税是以房屋为征税对象，按房屋的计税余值或租金收入为计税依据，向房屋产权所有人征收的一种财产税。

房屋是指有屋面和围护结构（有墙或两边有柱），能够遮风避雨，可供人们在其中生产、工作、学习、娱乐、居住或储藏物资的场所。

独立于房屋之外的建筑物，如围墙、烟囱、水塔、变电塔、油池油柜、酒窖菜窖、酒精池、糖蜜池、室外游泳池、玻璃暖房、砖瓦石灰窑以及各种油气罐等，则不属于房产。

（二）特点

（1）房产税属于财产税中的个别财产税。

一般财产税也称“综合财产税”，是对纳税人拥有的各类财产实行综合课征的税收，个别财产税也称“单项财产税”，是对纳税人拥有的土地、房屋、资本和其他财产分别课征的税收。

（2）限于征税范围内的经营性房屋。

（3）不同房屋的经营使用方式规定不同的计税依据。

二、纳税人

房产税的纳税人为房屋产权所有人，具体规定如下。

（1）产权属国家所有的，由经营管理单位纳税。

（2）产权属集体和个人所有的，由集体单位和个人纳税。

（3）产权出典的，由承典人纳税。

（4）产权所有人、承典人不在房屋所在地的，由房产代管人或者使用人纳税。

（5）产权未确定及租典纠纷未解决的，由房产代管人或者使用人纳税。

三、征税范围

房产税的征税范围为城市、县城、建制镇和工矿区。

（1）城市征税范围为市区、郊区和市辖县县城，不包括农村。

（2）县城指县人民政府所在地。

（3）建制镇的征税范围为镇人民政府所在地，不包括所辖的行政村。

（4）工矿区：开征房产税的工矿区须经省级人民政府批准。

四、税率

房产税的税率有从价计税和从租计税两种形式。从价计税的税率为1.2%，从租计税的税率为12%。

另外，对于个人出租住房，按4%的税率征收房产税。对企事业单位、社会团体以及其他组织按市场价格向个人出租用于居住的住房，减按4%的税率征收。

五、计税依据

按房产余值和按租金收入两种方式计税，既可以将房屋的自然损耗因素和房屋后期的增值因素等综合考虑进去，同时也便于对不同房屋征税的分类管理。

（一）从租计征（租金计税）

应纳税额 = 租金收入 × 适用税率 12%（个人出租住房为 4%）

租金收入为不含增值税的收入。

（二）从价计征（余值计税）

应纳税额 = 房产计税余值 × 适用税率 1.2% = 应税房产原值 ×（1 − 扣除比例）× 适用税率 1.2%

扣除比例为 10% ~ 30%。

或者：应纳税额 = 应税房产原值 ×（1 − 扣除比例）× 1.2% ÷ 12 × 应税月份

（1）对经营自用的房屋，以房产的计税余值作为计税依据。在确定计税余值时，房产原值的具体减除比例，由省、自治区、直辖市人民政府在税法规定的减除幅度内自行确定。

（2）房产原值指纳税人按照会计制度规定，在账簿“固定资产”科目中记载的房屋原价。没有记载房屋原价的，按照上述原则，并参照同类房屋确定房产原值，按规定计征房产税。

（3）房产原值应包括与房屋不可分割的各种附属设备或一般不单独计算价值的配套设施。

注意：凡以房屋为载体，不可随意移动的附属设备和配套设施，如给排水、采暖、消防、中央空调、电气及智能化楼宇设备等，无论在会计核算中是否单独记账与核算，都应计入房产原值，计征房产税。属于房屋附属设备的水管、下水道、暖气管、煤气管等应从最近的探视井或三通管起，计算原值；电灯网、照明线从进线盒连接管起，计算原值。

（4）纳税人对原有房屋进行改建、扩建的，要相应增加房屋的原值。

（5）更换房屋附属设施和配套设施的，在将其价值计入房产原值时，可扣减原来相应设备和设施的价值；对附属设备和配套设施中易损坏，需要经常更换的零配件，更新后不再计入房产原值，原零配件的原值也不扣除。

（6）自 2006 年 1 月 1 日起，凡在房产税征收范围内的具备房屋功能的地下建筑，包括与地上房屋相连的地下建筑以及完全建在地面以下的建筑、地下人防设施等征收房产税。

对于与地上房屋相连的地下建筑，如房屋的地下室、地下停车场、商场的地下部分等，应将地下部分与地上房屋视为一个整体按照地上房屋建筑的有关规定计算征收房产税。

（7）对出租房产，租赁双方签订的租赁合同约定有免收租金期限的，免收租金期间由产权所有人按照房产原值缴纳房产税。

（8）对按照房产原值计税的房产，无论会计上如何核算，房产原值均应包含地价，包括为取得土地使用权支付的价款、开发土地发生的成本费用等。宗地容积率低于0.5%的，按房产建筑面积的2倍计算土地面积并据此确定计入房产原值的地价。

（9）纳税人未按会计制度规定记载原值，在计征房产税时，应按规定调整房产原值。

（三）两种计税方法的适用范围

（1）经营自用房屋为从价计征，出租房屋为从租计征。

（2）产权出典的房产，由承典人按余值缴纳房产税。

（3）投资联营房产的计税依据：

①以房产投资联营，投资者参与投资利润分红，共担风险的，按房产的余值作为计税依据计征房产税。

②以房产投资，收取固定收入，不承担联营风险的，按租金收入计算缴纳房产税。

（4）融资租赁房产的计税依据。

①融资租赁合同约定开始日的次月起依据房产余值计算征收。

②未约定开始日的，自合同签订的次月起计算缴纳。

（5）居民住宅区内业主共有的经营性房产的计税依据。

①由实际经营（包括自营和出租）的代管人或使用人缴纳房产税。

②自营的，依照房产余值计征，没有房产原值或不能将共有住房划分开的，由房产所在地税务机关参照同类房产核定房产原值。

③出租的，依照租金收入计征。

（6）个人出租房屋，按4%征收房产税。

六、应纳税额的计算

（一）地上建筑物

从价计征：应纳税额=应税房产原值×（1-扣除比例）×1.2%

从租计征：应纳税额 = 租金收入 ×12%（个人出租住房为4%）

对于与地上房屋相连的地下建筑，如房屋的地下室、地下停车场、商场的地下部分等，应将地下部分与地上房屋视为一个整体，按照地上房屋建筑的有关规定计算征收房产税。

（二）独立地下建筑物

独立地下建筑物房产税的计算见表6－8。

表6－8 独立地下建筑物房产税的计算

房产用途	应税原值	税额计算公式
工业用途房产	房屋原价的50%～60%作为应税房产原值	应纳房产税的税额 = 应税房产原值 ×（1－原值减除比例）×1.2%
商业和其他用途房产	房屋原价的70%～80%作为应税房产原值	应纳房产税的税额 = 应税房产原值 ×（1－原值减除比例）×1.2%

注：①出租的地下建筑，按照出租地上房屋建筑的有关规定计算征收房产税。②地下建筑物的原价折算为房产原值的比例，由各省、自治区、直辖市和计划单列市财政和税务部门在幅度内自行确定。③外币为记账本位币的，按缴款上月最后一日的人民币汇率中间价折成人民币计算缴纳。

七、减免税优惠

（一）基本规定

依据有关规定，下列房产免征房产税。

1. 国家机关、人民团体、军队自用的房产

自用的房产指单位本身的办公用房和公务用房。

2. 国家财政部门拨付事业经费的单位自用的房产

自用的房产是指这些单位本身的业务用房。

包括实行差额预算管理的事业单位本身自用的房产，不包括经费来源实行自收自支的事业单位。

3. 宗教寺庙、公园、名胜古迹自用的房产

宗教寺庙自用的房产，是指举行宗教仪式等的房屋和宗教人员使用的生活用房屋。

公园、名胜古迹自用的房产，是指供公共参观游览的房屋及其管理单位的办公用房屋。公园、名胜古迹中附设的营业单位，如影剧院、饮食部、茶社、照相馆等所使用的房产及出租的房产，应征收房产税。

4. 个人拥有的非营业用的房产

对个人拥有的非营业用的房产免征房产税。对个人拥有的营业用房或出租等非自用的房产，应按照规定征收房产税。

（二）特殊规定

（1）企业办的各类学校、医院、托儿所、幼儿园自用的房产免征房产税。

（2）老年服务机构自用的房产暂免征收房产税。

（3）原铁道部（铁总）所属铁路运输企业自用的房产，免征房产税（地方铁路运输企业自用房产比照）。

（4）自2019年1月1日至2021年12月31日，由省、自治区、直辖市人民政府根据本地区实际情况，以及宏观调控需要确定，对增值税小规模纳税人可以在50%的税额幅度内减征房产税。

（5）经有关部门鉴定，对毁损不堪居住的房屋和危险房屋，在停止使用后，可免征房产税。

（6）自2004年7月1日起，纳税人因房屋大修导致连续停用半年以上的，在房屋大修期间免征房产税。

（7）自2019年1月1日至2021年12月31日，对商品储备管理公司及其直属库自用的承担商品储备业务的房产免征房产税。

（8）凡是在基建工地为基建工地服务的各种工棚、材料棚、办公室、食堂等临时性房屋，在施工期间一律免征房产税。但是，如果在基建工程结束以后，施工企业将这种临时性房屋交还或者估价转让给基建单位的，应当从基建单位接收的次月起，依照规定征收房产税。

（9）对按政府规定价格出租的公有住房和廉租住房，包括企业和自收自支事业单位向职工出租的单位自有住房；房管部门向居民出租的公有住房；落实私房政策中带户发还产权并以政府规定租金标准向居民出租的私有住房等：暂免征收房产税。

（10）对房地产开发企业建造的商品房，在出售前不征收房产税。但对出售前房地产开发企业已使用或出租、出借的商品房应按规定征收房产税。

（11）由财政部门拨付事业经费的文化单位转制为企业，自转制注册之日起五年内对其自用房产免征房产税。2018年12月31日之前已完成转制的企业，自2019年1月1日起对其自用房产可继续免征5年房产税。

（12）自2004年8月1日起，对军队空余房产租赁收入暂免征收房产税。

（13）纳税单位与免税单位共同使用的房屋，按各自使用的部分划分，分别征收或免征房产税。

（14）对经营公租房所取得的租金收入，免征房产税。

（15）对高校学生公寓免征房产税。

（16）自2019年1月1日至2023年12月31日对饮水工程运营管理单位自用的生产、办公用房产，免征房产税。

（17）自2019年1月1日至2021年12月31日，对农产品批发市场、农贸市场（包括自有和承租）专门用于经营农产品的房产、土地，暂免征收房产税和城镇土地使用税。对同时经营其他产品的农产品批发市场和农贸市场使用的房产、土地，按其他产品与农产品交易场地面积的比例确定征免房产税和城镇土地使用税。

（18）自2019年6月1日至2025年12月31日，为社区提供养老、托育、家政等服务的机构自有或其通过承租、无偿使用等方式取得并用于提供社区养老、托育、家政服务的房产，免征房产税。

（19）自2018年1月1日至2023年12月31日，对纳税人及其全资子公司从事大型民用客机发动机、中大功率民用涡轴涡桨发动机研制项目自用的科研、生产、办公房产，免征房产税。

（20）自2019年1月1日至2023年12月31日，对纳税人及其全资子公司从事大型客机研制项目自用的科研、生产、办公房产，免征房产税。

八、征收管理

（一）纳税义务发生时间

（1）原有房产用于生产经营的，从生产经营之月起缴纳房产税。

（2）自建房屋用于生产经营，自建成之日的次月起缴纳房产税。

（3）委托施工企业建房的，从办理验收手续之日的次月起纳税。在办理验收手续前已使用或出租、出借的新建房屋，从使用或出租、出借的当月起计征房产税。

（4）购置新建商品房，自房屋交付使用次月起缴纳房产税。

（5）购置存量房地产，自房产证签发次月起缴纳房产税。

（6）出租、出借房产，自交付出租、出借房产之次月起缴纳房产税。

（7）房地产开发企业自用、出租、出借本企业建造的商品房，自房产使用或交付次月起缴纳房产税。

（二）纳税期限

房产税实行按年计算、分期缴纳的征收方法，具体纳税期限由省、自治区、直辖市人民政府确定。

（三）纳税地点

在房产所在地缴纳。房产不在同一地方的纳税人，应按房产的坐落地点分别向房产所在地的税务机关缴纳。

第五节　城镇土地使用税政策与管理

一、概述

（一）概念

以开征范围的土地为征税对象，以实际占用的土地面积为计税依据，按规定税额对拥有土地使用权的单位和个人征收的一种税。

（二）特点

（1）对占用土地的行为征税（准财产税）。

（2）征税对象是土地。

（3）征税范围有所限定。

（4）实行差别幅度税额。

二、纳税人

凡在城市、县城、建制镇、工矿区范围内使用土地的单位和个人，为城镇土地使用税的纳税义务人。

城镇土地使用税由拥有土地使用权的单位或个人缴纳。土地使用权未确定或权属纠纷未解决的，由实际使用人纳税。土地使用权共有的，由共有各方分别纳税。

三、征税范围

城市、县城、建制镇、工矿区内，其中城市的征收范围为市区和郊区，不包括农村。

四、税率

城镇土地使用税采用定额税率，按城市规模实行分级幅度税额。

市区及郊区非农户口人数 50 万人以上的为大城市，20 万 ~ 50 万人的为中等城市，20 万人以下的为小城市。

（1）省、自治区、直辖市人民政府，应当在规定的税额幅度内，根据市政建设状况、经济繁荣程度等条件，确定所辖地区的适用税额幅度。

市、县人民政府应当根据实际情况，将本地区土地划分为若干等级，在省、自治区、直辖市人民政府确定的税额幅度内，制定相应的适用税额标准，报省、自治区、直辖市人民政府批准执行。

（2）经省、自治区、直辖市人民政府批准，经济落后地区土地使用税的适用税额标准可以适当降低，但降低额不得超过规定最低税额的30%。

经济发达地区土地使用税的适用税额标准可以适当提高，但须报经财政部批准。

五、应纳税额的计算

（一）计税依据

城镇土地使用税以纳税人实际占用的土地面积（平方米）为计税依据。

（1）纳税人实际占用的土地面积，以房地产管理部门核发的土地使用证书与确认的土地面积为准。

（2）尚未核发土地使用证书的，应由纳税人据实申报土地面积，据以纳税，待核发土地使用证后再做调整。

（二）应纳税额的计算

应纳税额＝计税土地面积（平方米）×适用税额

土地使用权由几方共有的，由共有各方按照各自实际使用的土地面积占总面积的比例，分别计算缴纳土地使用税。

六、减免税优惠

（一）基本规定

下列土地免征城镇土地使用税。

（1）国家机关、人民团体、军队自用的土地。

（2）由国家财政部门拨付事业经费的单位自用的土地。

①包括实行全额预算和差额预算管理的事业单位，不包括实行自收自支、自负盈亏的事业单位。

②企业办的学校、医院、托儿所、幼儿园，其自用的土地。

（3）宗教寺庙、公园、名胜古迹自用的土地。

①宗教寺庙自用的土地，是指举行宗教仪式等的用地和寺庙内的宗教人员生活用地。

②公园、名胜古迹自用的土地，是指供公共参观游览的用地及其管理单位的办公用地。

以上单位的生产、经营用地和其他用地，不属于免税范围，应纳税，如公园、名胜古迹中附设的营业单位（影剧院、饮食部、茶社、照相馆）用地。

（4）市政街道、广场、绿化地带等公共用地，非社会性的公共用地不能免税，如企业内部绿化、广场、道路用地不属于免征范围。

（5）直接用于农、林、牧、渔业的生产用地。

指直接从事种植、养殖、饲养的专业用地。农副产品加工厂占地和从事农、林、牧、渔业生产单位的生活、办公用地不包括在内。

（6）开山填海整治的土地。

①自行开山填海整治的土地和改造的废弃土地，从使用的月份起免缴土地使用税5~10年。

②开山填海整治的土地是指纳税人经有关部门批准后自行填海整治的土地，不包括纳税人通过出让、转让、划拨等方式取得的已填海整治的土地。

（7）由财政部另行规定免税的能源、交通、水利用地和其他用地。

（8）个人居住房屋、房管部门、集体和个人举办学校等。

①个人所有的居住房屋及院落用地。

②免税单位职工家属宿舍用地。

③集体和个人举办的各类学校、医院、托儿所、幼儿园用地。

（二）特殊规定

（1）重要征免特殊规定见表6-9。

表6-9 城镇土地使用税重要征免特殊规定

情形	征收	减免
免税单位与纳税单位之间无偿用地	纳税单位无偿使用免税单位土地	免税单位无偿使用纳税单位土地，免征
危险品防火、防爆、防毒等安全防范用地	仓库库区、厂房本身用地	各省、自治区、直辖市税务局确定暂免
企业铁路专用线、公路等用地	企业厂区（包括生产、办公及生活区）以内的	厂区外、与社会公用地段未加隔离的暂免
企业绿化用地	厂区（包括生产、办公及生活区）以内的	厂区外公共绿化用地和向社会开放的公园用地，暂免
盐场、盐矿用地	生产厂房、办公、生活区	盐滩、盐矿矿井用地，暂免

续表

情形	征收	减免
火电厂用地	厂区围墙内	厂区围墙外：灰场、输灰管、输油（气）管道、铁路专用线用地免征，其他用地征税
水电站用地	发电厂房，生产、办公、生活区	其他用地免税
供电部门用地		供电部门输电线路用地、变电站用地，免征
核电站用地	核岛、常规岛、辅助厂房和通信设施（不包括地下线路），生活、办公区	其他免征；应税土地基建期内减半
交通部门港口用地		港口码头（即泊位，包括岸边码头、伸入水中的浮码头、堤岸、堤坝、栈桥等）用地，免征
民航机场用地	工作区（包括办公、生产和维修用地及候机楼、停车场）、生活区、绿化区，机场场内道路	飞行区（包括跑道、滑行道等）、场内外通信导航设施和飞行区四周排水防洪设施、机场场外道路，免征
水利设施用地	其他用地，如生产、办公、生活用地	水利设施及其管扩（如水库库区、大坝、堤防、灌渠、泵站等），免征
自用地		老年服务机构、铁路行业、饮水工程运营管理单位自用生产、办公用地，免征

2. 其他特殊规定

（1）房地产开发公司开发建造商品房的用地，除经批准开发建设经济适用房的用地外，对各类房地产开发用地一律不得减免城镇土地使用税。

（2）公共租赁住房建设期间用地及公共租赁住房建成后占地免征。在其他住房项目中配套建设公共租赁住房，依据政府部门出具的相关材料，按公共租赁住房建筑面积占总建筑面积的比例免征建设、管理公共租赁住房涉及的城镇土地使用税。（棚户区改造相关政策与之类似）

（3）自2019年1月1日至2021年12月31日，对专门经营农产品的农产品批发市场、农贸市场使用（包括自有和承租，下同）的土地，暂免征收。

对同时经营其他产品的农产品批发市场和农贸市场使用的土地，按其他产品与农产品交易场地面积的比例确定征免城镇土地使用税。

（4）办理困难减免审批项目管理层级问题。

①困难减免税审批权限下放至县以上税务机关。

②困难减免税按年审批，纳税人申请困难减免税应在规定时限内向主管税务机关或有权审批的税务机关提交书面申请并报送相关资料。

③申请困难减免税的情形、办理流程、时限及其他事项由省税务机关确定。

④对从事国家限制或不鼓励发展的产业不予减免税。

（5）物流企业大宗商品仓储设施用地减税优惠。

自2020年1月1日至2022年12月31日，对物流企业自有（包括自有和出租）或承租的大宗商品仓储设施的土地，减按所属土地等级适用税额标准的50%计征城镇土地使用税。

仓储设施用地，包括仓库区内的各类仓房（含配送中心）、油罐（池）、货场、晒场（堆场）、罩棚等储存设施和铁路专用线、码头、道路、装卸搬运区域等物流作业配套设施的用地。

（6）自2011年1月1日起至2020年12月31日，对天然林保护工程的土地继续免征。

（7）司法部所属劳改劳教单位用地。

①少年犯管教所的用地和由国家财政部门拨付事业经费的劳教单位自用的土地，免征。

②劳改单位及经费实行自收自支的劳教单位的工厂、农场等，凡属于管教或生活用地，例如办公室、警卫室、职工宿舍、犯人宿舍、储藏室、食堂、礼堂、图书室等房屋、建筑物用地及其周围土地，均免征。

③对监狱用地，若主要用于关押犯人，只有极少部分用于生产经营的，可从宽掌握，免征。

④劳改劳教单位警戒围墙外其他生产经营用地征收。

（8）供热收取采暖费相关税收政策。

自2019年1月1日至2023年供暖期结束，对向居民供热收取采暖费的“三北”地区供热企业为居民供热所使用的厂房及土地免征城镇土地使用税；对供热企业其他厂房及土地，应当按照规定征收城镇土地使用税。

对专业供热企业，按其向居民供热取得的采暖费收入占全部采暖费收入的比例，计算免征城镇土地使用税。

对兼营供热企业，视其供热所使用的厂房及土地与其他生产经营活动所使用的厂房及土地是否可以区分，按照不同方法计算免征的城镇土地使用税。可以区分的，对其供热所使用厂房及土地，按向居民供热取得的采暖费收入占全部采暖费收入的比例，计算免征的城镇土地使用税。难以区分的，对其全部厂房及土地，按向居民供热取得的采暖费收入占其营业收入的比例，计算免征城镇土地使用税。

（9）民用航空发动机、新支线飞机和大型客机相关税收政策。

自2018年1月1日至2023年12月31日，对纳税人及其全资子公司从事大型民用客机发动机、中大功率民用涡轴涡桨发动机研制项目自用的科研、生产、办公用土地，免征城镇土地使用税。

（10）农村饮水安全工程相关税收政策。

自2019年1月1日至2023年12月31日对饮水工程运营管理单位自用的生产、办公用土地，免征城镇土地使用税。

饮水工程，是指为农村居民提供生活用水而建设的供水工程设施。饮水工程运营管理单位，是指负责饮水工程运营管理的自来水公司、供水公司、供水（总）站（厂、中心）、村集体、农民用水合作组织等单位。

既向城镇居民供水，又向农村居民供水的饮水工程运营管理单位，依据向农村居民供水量占总供水量的比例免征城镇土地使用税。无法提供具体比例或所提供数据不实的，不得享受。

（11）公共租赁住房相关税收政策。

自2019年1月1日至2023年12月31日，对公租房建设期间用地及公租房建成后占地，免征城镇土地使用税。在其他住房项目中配套建设公租房，按公租房建筑面积占总建筑面积的比例免征建设、管理公租房涉及的城镇土地使用税。

享受上述税收优惠政策的公租房是指纳入省、自治区、直辖市、计划单列市人民政府及新疆生产建设兵团批准的公租房发展规划和年度计划，或者市、县人民政府批准建设（筹集），并按照《关于加快发展公共租赁住房的指导意见》（建保〔2010〕87号）和市、县人民政府制定的具体管理办法进行管理的公租房。

（12）养老、托育、家政等社区家庭服务业相关税收政策。

自2019年6月1日至2025年12月31日，为社区提供养老、托育、家政等服务的机构自有或其通过承租、无偿使用等方式取得并用于提供社区养老、托育、家政服务的土地，免征城镇土地使用税。

（13）小微企业普惠性税收减税优惠。

自2019年1月1日至2021年12月31日，由省、自治区、直辖市人民政府根据本地区实际情况，以及宏观调控需要确定，对增值税小规模纳税人可以在50%的税额幅度内减征城镇土地使用税。

（14）老年服务机构自用的土地。

对政府部门和企事业单位、社会团体以及个人等社会力量投资兴办的福利性、非营利性的老年服务机构自用的土地免税。

（15）棚户区改造中，对改造安置住房建设用地免征城镇土地使用税。

七、征收管理

（一）纳税义务发生时间

（1）购置新建商品房，自房屋交付使用之次月起，计征城镇土地使用税。

（2）购置存量房，自办理房屋权属转移、变更登记手续，房地产权属登记机关签发房屋权属证书之次月起，计征城镇土地使用税。

（3）出租、出借房产，自交付出租、出借房产之次月起，计征城镇土地使用税。

（4）以出让或转让方式有偿取得土地使用权的，应由受让方从合同约定交付土地时间的次月起缴纳；合同未约定交付土地时间的，从合同签订的次月起缴纳。

（5）纳税人新征用的耕地，自批准征用之日起满1年时开始缴纳城镇土地使用税。

（6）纳税人新征用的非耕地，自批准征用次月起缴纳城镇土地使用税。

（7）通过招标、拍卖、挂牌方式取得的建设用地，不属于新征用的耕地，纳税人应按照有关规定，从合同约定交付土地时间的次月起缴纳城镇土地使用税；合同未约定交付土地时间的，从合同签订的次月起缴纳城镇土地使用税。

（二）纳税期限

按年计算、分期缴纳，缴纳期限由省、自治区、直辖市人民政府确定。

（三）纳税申报

（1）纳税人新征用的土地，必须于批准新征用之日起30日内申报登记。

（2）纳税人如有地址变更、土地使用权转换等情况，从转移之日起，按规定期限办理申报变更登记。

（四）纳税地点

纳税地点为土地所在地，由土地所在地的税务机关负责征收。

纳税人使用的土地不属于同一省（自治区、直辖市）管辖范围内的，由纳税人分别向土地所在地的税务机关申报缴纳。在同一省（自治区、直辖市）管辖范围内，纳税人跨地区使用的土地，由各省、自治区、直辖市税务局确定纳税地点。

第六节　车船税政策与管理

一、纳税人

车船税的纳税人是境内车辆、船舶（以下简称车船）的所有人或者管理人。管理人是指对车船具有管理权或者使用权，不具有所有权的单位和个人。

二、征税范围

车船税征税范围是在中国境内属于《中华人民共和国车船税法》所附《车船税税目税额表》规定的车辆、船舶。

（1）车辆、船舶，是指：①依法应当在车船管理部门登记的机动车辆和船舶；②依法不需要在车船管理部门登记、在单位内部场所行驶或者作业的机动车辆和船舶。

（2）单位指依法在中国境内成立的行政机关、企事业单位、社会团体以及其他组织。

三、税率

车船税采用定额幅度税率。

（一）原则

省、自治区、直辖市人民政府根据车船税法所附《车船税税目税额表》确定车辆具体适用税额，应当遵循以下原则：

（1）考虑本地区车辆保有情况和税负状况。

（2）乘用车依排气量从小到大递增税额。

（3）客车应依照大型和中型分别确定税额。

（4）根据本地区情况变化适时调整。

（二）税目税额

车船税税目税额见表6－10。

表6－10 车船税税目税额表

<table>
<tr><th colspan="2">税目</th><th>计税单位</th><th>备注</th></tr>
<tr><td colspan="2">乘用车［按发动机汽缸容量（排气量）分档］</td><td>每辆</td><td>核定载客人数9人（含）以下</td></tr>
<tr><td colspan="2">摩托车</td><td>每辆</td><td>—</td></tr>
<tr><td rowspan="2">商用车</td><td>客车</td><td>每辆</td><td>核定载客人数9人以上，包括电车</td></tr>
<tr><td>货车</td><td>整备质量每吨</td><td>包括半挂牵引车、三轮汽车和低速载货汽车等</td></tr>
<tr><td colspan="2">挂车</td><td rowspan="3">整备质量每吨</td><td>按照货车税额的50%计算</td></tr>
<tr><td rowspan="2">其他车辆</td><td>专用作业车</td><td rowspan="2">不包括拖拉机</td></tr>
<tr><td>轮式专用机械车</td></tr>
</table>

续表

税目		计税单位	备注
船舶	机动船舶	净吨位每吨	拖船、非机动驳船分别按照机动船舶税额的50%计算
	游艇（含辅助动力帆艇）	艇身长度每米	

注：(1) 拖船按照发动机功率每1千瓦折合净吨位0.67吨计算征收车船税。

(2) 排气量、整备质量、核定载客人数、净吨位、千瓦、艇身长度，以车船登记管理部门核发的车船登记证书或者行驶证所载数据为准。

(3) 依法不需要办理登记的车船和依法应当登记而未办理登记或者不能提供车船登记证书、行驶证的车船，以车船出厂合格证明或者进口凭证标注的技术参数、数据为准；不能提供车船出厂合格证明或者进口凭证的，由主管税务机关参照国家相关标准核定，没有国家相关标准的参照同类车船核定。

（三）适用范围

《车船税税目税额表》中车辆、船舶的税目适用范围由财政部、国家税务总局参照国家相关标准确定。

车辆的具体适用税额由省、自治区、直辖市人民政府依照《车船税税目税额表》规定的税额幅度和国务院的规定确定。

船舶的具体适用税额由国务院在车船税法所附《车船税税目税额表》规定的税额幅度内确定。

（四）其他相关规定

（1）专用作业车的认定。设计和技术特性上用于特殊工作，并装置有专用设备或器具的汽车，应认定为专用作业车，如汽车起重机、消防车、混凝土泵车、清障车、高空作业车、洒水车、扫路车等。

以载运人员或货物为主要目的的专用汽车，如救护车，不属于专用作业车。

（2）客货两用车依照货车的计税单位和年基准税额计征车船税。

客货两用车，又称多用途货车，是指在设计和结构上主要用于载运货物，但在驾驶员座椅后带有固定或折叠式座椅，可运载3人以上乘客的货车。

（3）整备质量、净吨位、艇身长度等计税单位，有尾数的一律按照含尾数的计税单位据实计算车船税应纳税额。计算得出的应纳税额小数点后超过两位的可四舍五入保留两位小数。

（4）已经缴纳车船税的车船，因质量原因，车船被退回生产企业或者经销商的，纳税人可以向纳税所在地的主管税务机关申请退还自退货月份起至该纳税年度终了期间的税款。

退货月份以退货发票所载日期的当月为准。

（5）境内单位和个人租入外国籍船舶的，不征收车船税。境内单位和个人将船舶出租到境外的，应依法征收车船税。

四、应纳税额的计算

（一）基本计算规则

（1）购置的新车船，购置当年的应纳税额自纳税义务发生的当月起按月计算。

应纳税额 = 年应纳税额 ÷ 12 × 应纳税月份数

（2）在一个纳税年度内，已完税的车船被盗抢、报废、灭失的，纳税人可以凭有关管理机关出具的证明和完税证明，向纳税所在地的主管税务机关申请退还自被盗抢、报废、灭失月份起至该纳税年度终了期间的税款。

（3）已办理退税的被盗抢车船失而复得的，纳税人应当从公安机关出具相关证明的当月起计算缴纳车船税。

（4）已缴纳车船税的车船在同一纳税年度内办理转让过户的，不另纳税，也不退税。

（二）保险机构代收代缴

从事机动车第三者责任强制保险业务的保险机构为机动车车船税的扣缴义务人，应当在收取保险费时依法代收车船税，并出具代收税款凭证。

（三）委托交通运输部门海事管理机构代为征收

（1）在交通运输部直属海事管理机构（以下简称海事管理机构）登记的应税船舶，其车船税由船籍港所在地的税务机关委托当地海事管理机构代征。

（2）对于以前年度未依照车船税法及其实施条例的规定缴纳船舶车船税的，海事管理机构应代征欠缴税款，并按规定代加收滞纳金。

五、减免税优惠

（一）法定减免

（1）捕捞、养殖渔船：在渔业船舶管理部门登记为捕捞船或者养殖船的船舶。

（2）军队、武装警察部队专用的车船：按照规定在军队、武装警察部队车船管理部门登记，并领取军队、武警牌照的车船。

（3）警用车船：公安机关、国家安全机关、监狱、劳动教养管理机关和人民法院、人民检察院领取警用牌照的车辆和执行警务的专用船舶。

（4）依照法律规定应当予以免税的外国驻华使领馆、国际组织驻华代表机构及其有关人员的车船。

（5）省、自治区、直辖市人民政府根据当地实际情况，可以对公共交通车船，农村居民拥有并主要在农村地区使用的摩托车、三轮汽车和低速载货汽车定期减征或者免征车船税。

对港作车船、工程船等经营性车船及国家机关、事业单位、人民团体等财政拨付经费单位的车船，以及趸船、浮桥用船，不免税。

（6）悬挂应急救援专用号牌的国家综合性消防救援车辆和国家综合性消防救援专用船舶免征车船税。

（7）对节约能源、使用新能源的车船可以减征或者免征车船税。

（8）对受严重自然灾害影响纳税困难以及有其他特殊原因确需减税、免税的，可以减征或者免征车船税。

（二）特定减免

（1）经批准临时入境的外国车船和香港特别行政区、澳门特别行政区、台湾地区的车船，不征收车船税。

（2）按照规定缴纳船舶吨税的机动船舶，自车船税法实施之日起5年内免征车船税。

（3）机场、港口内部行驶或作业的车船，自车船税法实施之日起5年内免征车船税。

（4）国家综合性消防救援车辆由部队号牌改挂应急救援专用号牌的，一次性免征改挂当年车船税。

（三）节能、新能源车船减免

1. 对节能汽车减半征收车船税

（1）节能要符合规定标准。需要注意的是，减半征收车船税的节能乘用车是获得许可在中国境内销售的排量为1.6升以下（含1.6升）的燃用汽油、柴油的乘用车（含非插电式混合动力、双燃料和两用燃料乘用车）。

（2）减半征收车船税的节能商用车是获得许可在中国境内销售的燃用天然气、汽油、柴油的轻型和重型商用车（含非插电式混合动力、双燃料和两用燃料轻型和重型商用车）。

2. 对新能源车船免征车船税

（1）免征车船税的新能源汽车是指纯电动商用车、插电式（含增程式）混合动力汽车、燃料电池商用车。

（2）纯电动乘用车和燃料电池乘用车不属于车船税征税范围，对其不征车船税。

（3）免征车船税的船舶主推进动力装置为纯天然气发动机。发动机采用微量柴油引燃方式且引燃油热值占全部燃料总热值的比例不超过5%的，视同纯天然气发动机。

六、征收管理

（一）纳税义务发生时间

取得车船所有权或者管理权的当月，即为购买车船的发票或者其他证明文件所载日期的当月。

（1）对于在国内购买的机动车，购买日期以《机动车销售统一发票》所载日期为准；对于进口机动车，购买日期以《海关关税专用缴款书》所载日期为准。

（2）对于购买的船舶，以购买船舶的发票或者其他证明文件所载日期的当月为准。

（二）纳税地点

纳税地点为车船的登记地或者车船税扣缴义务人所在地。

依法不需要办理登记的车船，车船税的纳税地点为车船的所有人或者管理人所在地。

（三）申报缴纳

车船税按年申报，分月计算，一次性缴纳。

纳税年度为公历1月1日至12月31日。

第七节 车辆购置税政策与管理

《中华人民共和国车辆购置税法》于2018年12月29日在中华人民共和国第十三届全国人大常务委员会第七次会议通过并公布，自2019年7月1日起施行。2000年10月22日国务院公布的《中华人民共和国车辆购置税暂行条例》同时废止。

一、纳税人、应税车辆范围与税率

（一）纳税人

在中华人民共和国境内购置汽车、有轨电车、汽车挂车、排气量超过150毫升的摩托车（以下统称应税车辆）的单位和个人，为车辆购置税的纳税人，应当依照本法规定缴纳车辆购置税。

“单位”包括各类企事业单位、社会团体、国家机关、部队以及其他单位。“个人”包括中华人民共和国公民和外国公民。

（二）应税车辆范围

在中华人民共和国境内购置车辆，购置是指以购买、进口、自产、受赠、获奖或者其他方式取得并自用应税车辆的行为。车辆购置税应税行为具体包括：

（1）购买自用行为。包括购买使用国产应税车辆和购买自用进口应税车辆。

（2）进口自用行为。指直接（或委托代理）进口自用应税车辆的行为。

（3）受赠使用行为。

（4）自产自用行为。

（5）获奖自用行为。

（6）其他自用行为。如拍卖、抵债、走私、罚没等方式取得并自用的应税车辆的行为。

车辆购置税以列举产品（车辆）为征税对象（表6－11）。

表6－11　增值税、消费税、车辆购置税的征税范围比较

行为	增值税	消费税	车辆购置税
自产、进口小汽车（含中轻型商用客车）用于销售、捐赠、投资、偿债	√	√	
自产、进口大卡车、货车用于销售、捐赠、投资、偿债	√		
自产、进口小汽车（含中轻型商用客车）自用	√	√	√
自产、进口卡车、货车、有轨电车、汽车挂车自用	√		√
购置、受赠、获奖、接受投资小汽车、卡车、货车、有轨电车、汽车挂车自用等车辆自用			√

（三）税率

我国车辆购置税实行统一比例税率，税率为10%。

二、车辆购置税的计税依据

车辆购置税的应纳税额按照应税车辆的计税价格乘以税率计算。

应税车辆的计税价格，按照下列规定确定：

（一）纳税人购买自用应税车辆的计税价格

（1）纳税人购买自用应税车辆的计税价格，为纳税人实际支付给销售者的全部价

款，不包括增值税税款。

注意：车购税计税依据中的包含因素和不包含因素：①并入计税价格的项目：购买者随购买车辆支付的工具件和零部件价款、支付的车辆装饰费、销售单位开展优质销售活动所开票收取的有关费用。②不并入计税价格的项目：支付的控购费、销售单位开给购买者的各种发票金额中包含的增值税税款。

（2）代收款项应区别征税：①凡使用代收单位（受托方）票据收取的款项，应视作代收单位价外收费，应并入计税价格中一并征税；②凡使用委托方票据收取，受托方只履行代收义务并收取代收手续费的款项，不并入计税价格征收车辆购置税。

计税价格 = 含增值税的销售价格 ÷（1 + 增值税税率或者征收率）

（二）纳税人进口自用应税车辆的计税价格

纳税人进口自用应税车辆的计税价格，为关税完税价格加上关税和消费税。

（三）纳税人自产自用应税车辆的计税价格

纳税人自产自用应税车辆的计税价格，按照纳税人生产的同类应税车辆的销售价格确定，不包括增值税税款；没有同类应税车辆销售价格的，按照组成计税价格确定。

组成计税价格 = 成本 ×（1 + 成本利润率）

（四）纳税人以受赠、获奖或者其他方式取得自用应税车辆的计税价格

纳税人以受赠、获奖或者其他方式取得自用应税车辆的计税价格，按照购置应税车辆时相关凭证载明的价格确定，不包括增值税税款。

根据《国家税务总局关于车辆购置税征收管理有关事项的公告》（国家税务总局公告 2019 年第 26 号），购置应税车辆时相关凭证，是指原车辆所有人购置或者以其他方式取得应税车辆时载明价格的凭证。无法提供相关凭证的，参照同类应税车辆市场平均交易价格确定其计税价格。

原车辆所有人为车辆生产或者销售企业，未开具机动车销售统一发票的，按照车辆生产或者销售同类应税车辆的销售价格确定应税车辆的计税价格。无同类应税车辆销售价格的，按照组成计税价格确定应税车辆的计税价格。

（五）纳税人申报的应税车辆计税价格明显偏低，又无正当理由的

纳税人申报的应税车辆计税价格明显偏低，又无正当理由的，由税务机关依照《中华人民共和国税收征收管理法》的规定核定其应纳税额。

核定计税价格 = 车辆销售企业车辆进价（进货合同或者发票注明的价格）×（1 +

成本利润率）

纳税人以外汇结算应税车辆价款的，按照申报纳税之日的人民币汇率中间价折合成人民币计算缴纳税款。

三、车辆购置税优惠政策

车辆购置税减税免税的具体规定如下：

（1）依照法律规定应当予以免税的外国驻华使馆、领事馆和国际组织驻华机构及其有关人员自用的车辆。

（2）中国人民解放军和中国人民武装警察部队列入装备订货计划的车辆。

（3）悬挂应急救援专用号牌的国家综合性消防救援车辆。

（4）设有固定装置的非运输专用作业车辆。

（5）城市公交企业购置的公共汽电车辆。

（6）购置新能源汽车免征车辆购置税。

根据《财政部 税务局 工业和信息化部关于新能源汽车免征车辆购置税有关政策的公告》（财政部公告 2020 年第 21 号），为支持新能源汽车产业发展，促进汽车消费，新能源汽车免征车辆购置税具体规定如下：自 2021 年 1 月 1 日至 2022 年 12 月 31 日，对购置的新能源汽车免征车辆购置税。免征车辆购置税的新能源汽车是指纯电动汽车、插电式混合动力（含增程式）汽车、燃料电池汽车。

①免征车辆购置税的新能源汽车，通过工业和信息化部、国家税务总局发布《免征车辆购置税的新能源汽车车型目录》（以下简称《目录》）实施管理。自《目录》发布之日起，购置列入《目录》的新能源汽车免征车辆购置税；购置时间为机动车销售统一发票（或有效凭证）上注明的日期。

注意：2020 年 12 月 31 日前已列入《新能源汽车车型目录》的新能源汽车免征车辆购置税政策继续有效。

②对已列入《目录》的新能源汽车，新能源汽车生产企业或进口新能源汽车经销商（以下简称汽车企业）在上传《机动车整车出厂合格证》或进口机动车《车辆电子信息单》（以下简称车辆电子信息）时，在“是否符合免征车辆购置税条件”字段标注“是”（即免税标识）。工业和信息化部对汽车企业上传的车辆电子信息中的免税标识进行审核，并将通过审核的信息传送至国家税务总局。税务机关依据工业和信息化部审核后的免税标识和机动车统一销售发票（或有效凭证），办理车辆购置税免税手续。

③汽车企业应当保证车辆电子信息与车辆产品相一致，对因提供虚假信息或资料造

成车辆购置税税款流失的，依照《中华人民共和国税收征收管理法》及其实施细则予以处理。

④从事《目录》管理、免税标识审核和办理免税手续的工作人员履行职责时，存在滥用职权、玩忽职守、徇私舞弊等违法违纪行为的，按照《中华人民共和国公务员法》《中华人民共和国监察法》等国家有关规定追究相应责任；涉嫌犯罪的，移送司法机关处理。

（7）其他车辆的优惠规定。

根据《财政部 税务总局关于继续执行的车辆购置税优惠政策的公告》（财政部 税务总局公告 2019 年第 75 号）：

①回国服务的在外留学人员用现汇购买 1 辆个人自用国产小汽车。

②长期来华定居专家进口 1 辆自用小汽车免征车辆购置税。

③防汛部门和森林消防部门用于指挥、检查、调度、报汛（警）、联络的由指定厂家生产的设有固定装置的指定型号的车辆免征车辆购置税。具体操作依照《财政部 国家税务总局关于防汛专用等车辆免征车辆购置税的通知》（财税〔2001〕39 号）有关规定执行。

④自 2018 年 1 月 1 日至 2020 年 12 月 31 日，对购置新能源汽车免征车辆购置税。具体操作依照《财政部 税务总局 工业和信息化部 科技部关于免征新能源汽车车辆购置税的公告》（财政部 税务总局 工业和信息化部 科技部公告 2017 年第 172 号）有关规定执行。

自 2021 年 1 月 1 日至 2022 年 12 月 31 日，对购置的新能源汽车免征车辆购置税。免征车辆购置税的新能源汽车是指纯电动汽车、插电式混合动力（含增程式）汽车、燃料电池汽车。具体依照《财政部 税务总局 工业和信息化部关于新能源汽车免征车辆购置税有关政策的公告》（财政部 税务总局 工业和信息化部公告 2020 年第 21 号）有关规定执行。

⑤根据《财政部 税务总局关于延长部分税收优惠政策执行期限的公告》（财政部 税务总局公告 2021 年第 6 号），自 2018 年 7 月 1 日至 2023 年 12 月 31 日，对购置挂车减半征收车辆购置税。具体操作依照《财政部 税务总局 工业和信息化部关于对挂车减征车辆购置税的公告》（财政部 税务总局 工业和信息化部公告 2018 年第 69 号）有关规定执行。

⑥中国妇女发展基金会“母亲健康快车”项目的流动医疗车免征车辆购置税。

⑦北京 2022 年冬奥会和冬残奥会组织委员会新购置车辆免征车辆购置税。

⑧原公安现役部队和原武警黄金、森林、水电部队改制后换发地方机动车牌证的车辆（公安消防、武警森林部队执行灭火救援任务的车辆除外），一次性免征车辆购置税。

根据国民经济和社会发展的需要，国务院可以规定减征或者其他免征车辆购置税的情形，报全国人民代表大会常务委员会备案。

四、车辆购置税免税、减税的办理

纳税人在办理车辆购置税免税、减税时，除提供“应当如实填报《车辆购置税纳税申报表》的同时提供车辆合格证明和车辆相关价格凭证”外，还应当根据不同的免税、减税情形，分别提供相关资料的原件、复印件。

注意：免税、减税车辆因转让、改变用途等原因不再属于免税、减税范围的，纳税人应当在办理车辆转移登记或者变更登记前缴纳车辆购置税。计税价格以免税、减税车辆初次办理纳税申报时确定的计税价格为基准，每满一年扣减 10%。车辆相关价格凭证是指：境内购置车辆为机动车销售统一发票或者其他有效凭证；进口自用车辆为《海关进口关税专用缴款书》或者海关进出口货物征免税证明，属于应征消费税车辆的还包括《海关进口消费税专用缴款书》。免税、减税车辆因转让、改变用途等原因不再属于免税、减税范围的，纳税人在办理纳税申报时，应当如实填报《车辆购置税纳税申报表》。发生二手车交易行为的，提供二手车销售统一发票；属于其他情形的，按照相关规定提供申报材料。

（1）外国驻华使馆、领事馆和国际组织驻华机构及其有关人员自用车辆，提供机构证明和外交部门出具的身份证明。

（2）城市公交企业购置的公共汽电车辆，提供所在地县级以上（含县级）交通运输主管部门出具的公共汽电车辆认定表。

（3）悬挂应急救援专用号牌的国家综合性消防救援车辆，提供中华人民共和国应急管理部批准的相关文件。

（4）回国服务的在外留学人员购买的自用国产小汽车，提供海关核发的《中华人民共和国海关回国人员购买国产汽车准购单》。

（5）长期来华定居专家进口自用小汽车，提供国家外国专家局或者其授权单位核发的专家证或者 A 类和 B 类《外国人工作许可证》。

五、车辆购置税的退税规定

（一）车辆购置税的退税的情形

已缴纳车辆购置税的车辆，发生下列情形之一的，准予纳税人申请退税：

（1）车辆退回生产企业或者经销商的。

（2）符合免税条件的设有固定装置的非运输车辆但已征税的。

（3）其他依据法律法规规定应予退税的情形。

（二）退税计算

车辆退回生产企业或者经销商的，纳税人申请退税时，主管税务机关自纳税人办理纳税申报之日起，按已缴纳税款每满 1 年扣减 10% 计算退税额；未满 1 年的，按已缴纳税款全额退税。

（三）退税资料提交

已经缴纳车辆购置税的，纳税人向原征收机关申请退税时，应当如实填报《车辆购置税退税申请表》，提供纳税人身份证明，并区别不同情形提供相关资料。

注意：纳税人身份证明是指：单位纳税人为“统一社会信用代码证书”，或者营业执照或者其他有效机构证明；个人纳税人为居民身份证，或者居民户口簿或者入境的身份证件。

（1）车辆退回生产企业或者销售企业的，提供生产企业或者销售企业开具的退车证明和退车发票。

（2）其他依据法律法规规定应当退税的，根据具体情形提供相关资料。

六、车辆购置税的征管规定

（一）纳税申报

车辆购置税实行一次性征收。购置已征车辆购置税的车辆，不再征收车辆购置税。车辆购置税实行一车一申报制度，但免税车辆转让或改变用途还需重新申报。纳税人办理纳税申报时应如实填写《车辆购置税纳税申报表》，同时提供以下资料：

（1）纳税人身份证明。

（2）车辆价格证明。

（3）车辆合格证明。

（4）税务机关要求提供的其他资料。

（二）纳税环节

车辆购置税是对应税车辆的购置行为课征，征税环节选择在最终消费环节。

（三）纳税地点规定

车辆购置税由税务机关负责征收。

（1）纳税人购置应税车辆，应当向车辆登记注册地（上牌落籍地或落户地）的主管税务机关申报纳税。

（2）购置不需办理车辆登记注册手续的应税车辆，应当向纳税人所在地的主管税务机关申报纳税。

（四）纳税时间规定

（1）车辆购置税的纳税义务发生时间为纳税人购置应税车辆的当日。纳税人应当自纳税义务发生之日起60日内申报缴纳车辆购置税。具体规定如下：

①纳税人购买自用的应税车辆，自购买之日起60日内申报纳税。②进口自用的应税车辆，应当自进口之日起60日内申报纳税。③自产、受赠、获奖和以其他方式取得并自用应税车辆的，应当自取得之日起60日内申报纳税。④免税车辆因转让、改变用途等原因，其免税条件消失的，纳税人应在免税条件消失之日起60日内到主管税务机关重新申报纳税。⑤免税车辆发生转让，但仍属于免税范围的，受让方应当自购买或取得车辆之日起60日内到主管税务机关重新申报免税。

（2）纳税人应当在向公安机关交通管理部门办理车辆注册登记前，缴纳车辆购置税。

公安机关交通管理部门办理车辆注册登记，应当根据税务机关提供的应税车辆完税或者免税电子信息对纳税人申请登记的车辆信息进行核对，核对无误后依法办理车辆注册登记。税务机关和公安、商务、海关、工业和信息化等部门应当建立应税车辆信息共享和工作配合机制，及时交换应税车辆和纳税信息资料。

（五）办理完税或者免税电子信息更正规定

纳税人名称、车辆厂牌型号、发动机号、车辆识别代号（车架号）、证件号码等应税车辆完税或者免税电子信息与原申报资料不一致的，纳税人可以到税务机关办理完税或者免税电子信息更正，但是不包括以下情形：

（1）车辆识别代号（车架号）和发动机号同时与原申报资料不一致。

（2）完税或者免税信息更正影响到车辆购置税税款。

（3）纳税人名称和证件号码同时与原申报资料不一致。

税务机关核实后，办理更正手续，重新生成应税车辆完税或者免税电子信息，并且及时传送给公安机关交通管理部门。

第八节 契税政策与管理

一、契税概述

（一）概念

契税是以所有权发生转移的不动产为征税对象，向产权承受人征收的一种财产税。

契税是一个古老的税种，最早起源于东晋的“古税”，至今已有1600多年的历史。中华人民共和国成立以后颁布的第一个税收法规就是《契税暂行条例》。

（二）特点

（1）契税属于财产转移税：契税以发生转移的不动产，即土地和房屋为征税对象，具有财产转移课税性质。土地、房屋产权未发生转移的，不征契税。

（2）契税由财产承受人缴纳：一般税种都确定销售者为纳税人，即卖方纳税。契税则属于土地、房屋产权发生交易过程中的财产税，由承受人纳税，即买方纳税。

二、征税范围

契税征税对象为发生土地使用权和房屋所有权权属转移的土地和房屋。具体征税范围包括：

（1）国有土地使用权出让。

（2）土地使用权转让，包括出售、赠与和交换；土地使用权转让，不包括农村集体土地承包。

（3）房屋买卖。

①以房产抵债或实物交换房屋。按房屋现值缴纳。折价抵偿债务按房产折价款缴纳契税。

②以房产作投资或作股权转让。按投资房产价值或房产买价缴纳。自有房产作股投入本人独资经营企业，免纳契税。

③买房拆料或翻建新房，应照章征收契税。

（4）房屋赠与：房屋受赠人缴纳契税。以获奖方式取得房屋产权的，照章缴纳契税。

（5）房屋交换：包括房屋使用权交换和房屋所有权交换。双方交换价值相等，免纳契税，办理免征契税手续。其价值不相等的，按超出部分由支付差价方缴纳契税。

（6）企业事业单位改制重组的契税政策：

①企业改制：企业按照有关规定，原企业投资主体存续并在改制（变更）后的公司中所持股权（股份）比例超过75%，且改制（变更）后公司承继原企业权利、义务的，对改制（变更）后公司承受原企业土地、房屋权属，免征契税。

——整体改制，包括非公司制企业改制为有限责任公司或股份有限公司，有限责任公司变更为股份有限公司，股份有限公司变更为有限责任公司。

——投资主体存续，是指原企业、事业单位的出资人必须存在于改制重组后的企业，出资人的出资比例可以发生变动。

②事业单位改制：事业单位按照国家有关规定改制为企业，原投资主体存续并在改制后企业中出资（股权、股份）比例超过50%的，对改制后企业承受原事业单位土地、房屋权属，免征契税。

③公司合并：两个或两个以上的公司，依照法律规定、合同约定，合并为一个公司，且原投资主体存续的，对合并后公司承受原合并各方土地、房屋权属，免征契税。

④公司分立：公司依照法律规定、合同约定分立为两个或两个以上与原公司投资主体相同的公司，对分立后公司承受原公司土地、房屋权属，免征契税。

投资主体相同，是指公司分立前后出资人不发生变动，出资人的出资比例可以发生变动。

⑤企业破产：

——债权人（包括破产企业职工）承受破产企业抵偿债务的土地、房屋权属，免征契税。

——对非债权人承受破产企业土地、房屋权属，凡按照国家有关法律法规政策妥善安置原企业全部职工规定，与原企业全部职工签订服务年限不少于3年的劳动用工合同的，对其承受所购企业土地、房屋权属，免征契税；与原企业超过30%的职工签订服务年限不少于3年的劳动用工合同的，减半征收契税。

⑥资产划转：

——对承受县级以上人民政府或国有资产管理部门按规定进行行政性调整、划转国有土地、房屋权属的单位，免征契税。

——同一投资主体内部所属企业之间土地、房屋权属的划转，包括母公司与其全资子公司之间，同一公司所属全资子公司之间，同一自然人与其设立的个人独资企业、一人有限公司之间土地、房屋权属的划转，免征契税。

——母公司以土地、房屋权属向其全资子公司增资，视同划转，免征契税。

⑦债权转股权：经国务院批准实施债权转股权的企业，对债权转股权后新设立的公司承受原企业的土地、房屋权属，免征契税。

⑧划拨用地出让或作价出资：以出让方式或国家作价出资（入股）方式承受原改制重组企业、事业单位划拨用地的，不属上述规定的免税范围，对承受方应按规定征收契税。

⑨公司股权（股份）转让：在股权（股份）转让中，单位、个人承受公司股权（股份），公司土地、房屋权属不发生转移，不征收契税。

（7）房屋附属设施等有关契税政策。

①对于承受与房屋相关的附属设施（包括停车位、汽车库、自行车库、顶层阁楼以及储藏室，下同）所有权或土地使用权的行为，征收契税；对于不涉及土地使用权和房屋所有权转移的，不征收契税。

②采取分期付款方式购买房屋附属设施土地使用权、房屋所有权的，应按合同规定的总价款计征契税。

③承受的房屋附属设施权属如为单独计价的，按照当地确定的适用税率征收契税；如与房屋统一计价的，适用与房屋相同的契税税率。

④对承受国有土地使用权应支付的土地出让金，要征收契税。不得因减免出让金而减免契税。

⑤对纳税人因改变土地用途而签订土地使用权出让合同变更协议或者重新签订土地使用权出让合同的，应征收契税。

计税依据为因改变土地用途应补缴的土地收益金及应补缴政府的其他费用。

⑥土地使用者将土地使用权及所附建筑物、构筑物等（包括在建的房屋、其他建筑物、构筑物和其他附着物）转让给他人的，应按照转让的总价款计征契税。

⑦土地使用者转让、抵押或置换土地，无论其是否取得了该土地的使用权属证书，无论其在转让、抵押或置换土地过程中是否与对方当事人办理了土地使用权属证书变更登记手续，只要土地使用者享有占有、使用、收益或处分该土地的权利，且有合同等证据表明其实质转让、抵押或置换了土地并取得了相应的经济利益，土地使用者及其对方当事人应当依照税法规定缴纳契税。

三、纳税人

在境内转移土地、房屋权属，承受的单位和个人为契税的纳税人。

四、税率

契税实行幅度比例税率，税率幅度为3% ~5%。

对个人购买家庭唯一住房（家庭成员范围包括购房人、配偶以及未成年子女，下同），面积为90平方米及以下的，减按1%的税率征收契税；面积为90平方米以上的，减按1.5%的税率征收契税。

对个人购买家庭第二套改善性住房，面积为90平方米及以下的，减按1%的税率征收契税；面积为90平方米以上的，减按2%的税率征收契税。（北上广深不适用）

五、应纳税额的计算

（一）计税依据

（1）土地使用权出售、房屋买卖，其计税依据为成交价格。

（2）土地使用权赠与、房屋赠与，其计税依据由征收机关参照土地使用权出售、房屋买卖的市场价格核定。

（3）土地使用权交换、房屋交换，其计税依据是所交换的土地使用权、房屋的价格差额。

交换价格相等时，免征契税；交换价格不等时，由支付差额的一方缴纳契税。

对于成交价格明显低于市场价格且无正当理由的，或者所交换的土地使用权、房屋的价格差额明显不合理且无正当理由的，由征收机关参照市场价格核定。

（4）房屋买卖的契税计税价格为房屋买卖合同的总价款，买卖装修的房屋，装修费用应包括在内。

（5）国有土地使用权出让，其计税依据为承受人为取得该土地使用权而支付的全部经济利益。

①以协议方式出让的，其契税计税价格为成交价格。成交价格包括土地出让金、土地补偿费、安置补助费、地上附着物和青苗补偿费、拆迁补偿费、市政配套费等承受者应支付的货币、实物、无形资产及其他经济利益。

没有成交价格或者成交价格明显偏低的，征收机关可依次按下列两种方式确定：

——评估价格：由政府批准设立的房地产评估机构根据相同地段、同类房地产进行综合评定，并经当地税务机关确认的价格。

——土地基准地价：由县以上人民政府公示的土地基准地价确定。

②以竞价方式出让的，其契税计税价格，一般应确定为竞价的成交价格，土地出让金、市政建设配套费以及各种补偿费用应包括在内。

③先以划拨方式取得土地使用权，后经批准改为出让方式取得该土地使用权的，应依法缴纳契税，其计税依据为应补缴的土地出让金和其他出让费用。

④已购公有住房经补缴土地出让金和其他出让费用成为完全产权住房的，免征土地权属转移的契税。

（二）应纳税额的计算

应纳税额＝计税依据×税率

提示：不含增值税。

六、减免税优惠

（一）基本规定

（1）国家机关、事业单位、社会团体、军事单位承受土地、房屋用于办公、教学、医疗、科研和军事设施的，免征契税。

（2）城镇职工按规定第一次购买公有住房的，免征契税。

（3）因不可抗力丧失住房而重新购买住房的，酌情准予减征或者免征契税。

（4）土地、房屋被县级以上人民政府征用、占用后，重新承受土地、房屋权属的，由省级人民政府确定是否减免。

（5）承受荒山、荒沟、荒丘、荒滩土地使用权，并用于农、林、牧、渔业生产的，免征契税。

（6）依照我国有关法律规定以及我国缔结或参加的双边和多边条约或协定的规定应当予以免税的外国驻华使馆、领事馆、联合国驻华机构及其外交代表、领事官员和其他外交人员承受土地、房屋权属的，经外交部确认，可以免征契税。

（7）国有控股公司以部分资产投资组建新公司，且该国有控股公司占新公司股份超过85%的，对新公司承受该国有控股公司土地、房屋权属免征契税。

（二）其他减免规定

（1）对金融租赁公司开展售后回租业务，承受承租人房屋、土地权属的，照章征税。对售后回租合同期满，承租人回购原房屋、土地权属的，免征契税。

（2）市、县级人民政府根据规定征收居民房屋，居民因个人房屋被征收而选择货币补偿用以重新购置房屋，并且购房成交价格不超过货币补偿的，对新购房屋免征契税；购房成交价格超过货币补偿的，对差价部分按规定征收契税。

居民因个人房屋被征收而选择房屋产权调换，并且不缴纳房屋产权调换差价的，对新换房屋免征契税；缴纳房屋产权调换差价的，对差价部分按规定征收契税。

（3）单位、个人以房屋、土地以外的资产增资，相应扩大其在被投资公司的股权持有比例，无论被投资公司是否变更工商登记，其房屋、土地权属不发生转移，不征收契税。

（4）个体工商户的经营者将其个人名下的房屋、土地权属转移至个体工商户名下，或个体工商户将其名下的房屋、土地权属转回原经营者个人名下，免征契税。（合伙企业的合伙人和合伙企业之间与之相同）

（5）对国家石油储备基地第一期项目建设过程中涉及的契税予以免征。

（6）在婚姻关系存续期间，房屋、土地权属原归夫妻一方所有，变更为夫妻双方共有或另一方所有的，或者房屋、土地权属原归夫妻双方共有，变更为其中一方所有的，或者房屋、土地权属原归夫妻双方共有，双方约定、变更共有份额的，免征契税。

（7）已缴纳契税的购房者，权属变更前退房的，退税，变更后退房的，不退税。

（8）公租房经管单位购买住房作为公租房的，免契税。

（9）棚户区改造：对经营管理单位回购已分配的改造安置住房继续作为改造安置房源的，免征契税。

（10）自2019年1月1日至2023年12月31日，对饮水工程运营管理单位为建设饮水工程而承受土地使用权，免征契税。

（11）法定继承人（包括配偶、子女、父母、兄弟姐妹、祖父母、外祖父母）继承土地、房屋权属，不征契税。

非法定继承人根据遗嘱承受死者生前的土地、房屋权属，属于赠与行为，应征收契税。

（12）自2019年6月1日至2025年12月31日，为社区提供养老、托育、家政等服务的机构，承受房屋、土地用于提供社区养老、托育、家政服务的，免征契税。

（13）企事业单位改制重组中的契税政策。

①企业改制。

企业按照《中华人民共和国公司法》有关规定整体改制，包括非公司制企业改制为有限责任公司或股份有限公司，有限责任公司变更为股份有限公司，股份有限公司变更为有限责任公司，原企业投资主体存续并在改制（变更）后的公司中所持股权（股份）比例超过75%，且改制（变更）后公司承继原企业权利、义务的，对改制（变更）后公司承受原企业土地、房屋权属，免征契税。

②事业单位改制。

事业单位按照国家有关规定改制为企业，原投资主体存续并在改制后企业中出资（股权、股份）比例超过50%的，对改制后企业承受原事业单位土地、房屋权属，免征契税。

③企业合并。

两个或两个以上的公司，依照法律规定、合同约定，合并为一个公司，且原投资主体存续的，对合并后公司承受原合并各方土地、房屋权属，免征契税。

④企业分立。

公司依照法律规定、合同约定分立为两个或两个以上与原公司投资主体相同的公司，对分立后公司承受原公司土地、房屋权属，免征契税。

⑤企业破产。

——企业依照有关法律法规规定实施破产，债权人（包括破产企业职工）承受破产企业抵偿债务的土地、房屋权属，免征契税。

——对非债权人承受破产企业土地、房屋权属，凡按照《中华人民共和国劳动法》等国家有关法律法规政策妥善安置原企业全部职工，与原企业全部职工签订服务年限不少于3年的劳动用工合同的，对其承受所购企业土地、房屋权属，免征契税；与原企业超过30%的职工签订服务年限不少于3年的劳动用工合同的，减半征收契税。

⑥资产划转。

——对承受县级以上人民政府或国有资产管理部门按规定进行行政性调整、划转国有土地、房屋权属的单位，免征契税。

——同一投资主体内部所属企业之间土地、房屋权属的划转，包括母公司与其全资子公司之间，同一公司所属全资子公司之间，同一自然人与其设立的个人独资企业、一人有限公司之间土地、房屋权属的划转，免征契税。

⑦债权转股权。

经国务院批准实施债权转股权的企业，对债权转股权后新设立的公司承受原企业的土地、房屋权属，免征契税。

⑧划拨用地出让或作价出资。

以出让方式或国家作价出资（入股）方式承受原改制重组企业、事业单位划拨用地的，不属上述规定的免税范围，对承受方应按规定征收契税。

（14）公司股权（股份）转让。

在股权（股份）转让中，单位、个人承受公司股权（股份），公司土地、房屋权属不发生转移，不征收契税。

七、征收管理

（一）纳税义务发生时间

纳税人签订土地、房屋权属转移合同的当天，或者纳税人取得其他具有土地、房屋权属转移合同性质凭证的当天。

（二）纳税期限

自纳税义务发生之日起10日内，向土地、房屋所在地的税务机关办理纳税申报，并在契税征收机关核定的期限内缴纳税款。

（三）纳税地点

土地、房屋所在地缴纳。

（四）其他规定

（1）纳税人办理纳税事宜后，税务机关应向纳税人开具契税完税凭证。纳税人持契税完税凭证和其他规定的文件材料，依法向房地产管理部门办理有关土地、房屋的权属变更登记手续。

（2）根据人民法院、仲裁委员会的生效法律文书发生土地、房屋权属转移，纳税人不能取得销售不动产发票的，可持人民法院执行裁定书原件及相关材料办理契税纳税申报，税务机关应予受理。

（3）购买新建商品房的纳税人在办理契税纳税申报时，由于销售新建商品房的房地产开发企业已办理注销税务登记或者被税务机关列为非正常户等原因，致使纳税人不能取得销售不动产发票的，税务机关在核实有关情况后应予受理。

第九节 耕地占用税政策与管理

一、耕地占用税概述

（一）概念

耕地占用税在中华人民共和国境内占用耕地建设建筑物、构筑物或者从事非农业建设的单位和个人，就实际占用的耕地面积为计税依据所征收的一种税。

（二）特点

（1）兼具资源税与特定行为税的性质。

（2）采用地区差别税率。

（3）在占用耕地环节一次性课征。

二、纳税人

在中国境内占用耕地建设建筑物、构筑物或者从事非农业建设的单位和个人，为耕地占用税的纳税人。

经申请批准占用耕地的，纳税人为农用地转用审批文件中标明的建设用地人；转用审批文件中未标明建设用地人的，纳税人为用地申请人，其中用地申请人为各级人民政府的，由同级土地储备中心、自然资源主管部门或政府委托的其他部门、单位履行申报纳税义务。

未经批准占用耕地的，纳税人为实际用地人。

三、征税范围

（一）基本规定

耕地占用税的征税范围为中华人民共和国境内被占用的耕地。

耕地是指用于种植农作物的土地。

占用耕地建设农田水利设施的不在征税范围。

（二）其他情形

（1）占用园地、林地、草地、农田水利用地、养殖水面、渔业水域滩涂以及其他农用地建设建筑物、构筑物或者从事非农业建设的，依照规定缴纳耕地占用税。

占用上述农用地的，适用税额可以适当低于本地区确定的适用税额，但降低的部分不得超过50%。具体适用税额由省、自治区、直辖市人民政府提出，报同级人民代表大会常务委员会决定，并报全国人民代表大会常务委员会和国务院备案。

占用规定的农用地建设直接为农业生产服务的生产设施的不缴纳耕地占用税。

直接为农业生产服务的生产设施，是指直接为农业生产服务而建设的建筑物和构筑物。具体包括：储存农用机具和种子、苗木、木材等农业产品的仓储设施；培育、生产种子、种苗的设施；畜禽养殖设施；木材集材道、运材道；农业科研、试验、示范基地；野生动植物保护、护林、森林病虫害防治、森林防火、木材检疫的设施；专为农业生产服务的灌溉排水、供水、供电、供热、供气、通信基础设施；农业生产者从事农业生产必需的食宿和管理设施；其他直接为农业生产服务的生产设施。

园地，包括果园、茶园、橡胶园、其他园地。其中其他园地包括种植桑树、可可、咖啡、油棕、胡椒、药材等其他多年生作物的园地。

林地，包括乔木林地、竹林地、红树林地、森林沼泽、灌木林地、灌丛沼泽、其他林地，不包括城镇村庄范围内的绿化林木用地，铁路、公路征地范围内的林木用地，以及河流、沟渠的护堤林用地。

其中其他林地包括疏林地、未成林地、迹地、苗圃等林地。

草地，包括天然牧草地、沼泽草地、人工牧草地，以及用于农业生产并已由相关行政主管部门发放使用权证的草地。

农田水利用地，包括农田排灌沟渠及相应附属设施用地。

养殖水面，包括人工开挖或者天然形成的用于水产养殖的河流水面、湖泊水面、水库水面、坑塘水面及相应附属设施用地。

渔业水域滩涂，包括专门用于种植或者养殖水生动植物的海水潮浸地带和滩地，以及用于种植芦苇并定期进行人工养护管理的苇田。

（2）纳税人因建设项目施工或地质勘查临时占用耕地应当依照规定缴纳耕地占用税。

临时占用耕地，是指经自然资源主管部门批准，在一般不超过2年内临时使用耕地并且没有修建永久性建筑物的行为。

纳税人在批准临时占用耕地期满之日起1年内依法复垦，恢复种植条件的，全额退还已经缴纳的耕地占用税。

（3）因挖损、采矿塌陷、压占、污染等损毁耕地属于税法所称的非农业建设，应依照规定缴纳耕地占用税。

自然资源、农业农村等相关部门认定损毁耕地之日起3年内依法复垦或修复，恢复种植条件的，按规定办理退税。

四、税率

耕地占用税采用地区差别定额税率。每个幅度税额内的最低和最高税额相差5倍。

（1）各地区耕地占用税的适用税额，由省、自治区、直辖市人民政府根据人均耕地面积和经济发展等情况，在规定的税额幅度内提出，报同级人民代表大会常务委员会决定，并报全国人民代表大会常务委员会和国务院备案。

（2）各省、自治区、直辖市耕地占用税适用税额的平均水平，不得低于《各省、自治区、直辖市耕地占用税平均税额表》规定的平均税额。

（3）在人均耕地低于0.5亩的地区，省、自治区、直辖市可以根据当地经济发展情况，适当提高适用税额，但提高的部分不得超过确定税额50%。

（4）占用基本农田的应当按照确定当地适用税额，加按150%征收。

（5）占用园地、林地、草地、农田水利用地、养殖水面、渔业水域滩涂以及其他农用地建设建筑物、构筑物或者从事非农业建设的，适用税额可以适当低于税法规定的本地区适用税额，但降低的部分不得超过50%。

五、应纳税额的计算

（一）计税依据

耕地占用税的计税依据为实际占用耕地面积，以每平方米为计量单位。

实际占用的耕地面积，包括经批准占用的耕地面积和未经批准占用的耕地面积。

（二）税额计算

（1）应纳税额=应税土地面积×适用税额

（2）加按150%征税计算公式：应纳税额=应税土地面积×适用税额×150%

六、税收优惠

（一）免征

（1）军事设施占用耕地。

具体范围为《中华人民共和国军事设施保护法》规定的军事设施。包括：

①地上、地下的军事指挥、作战工程。

②军用机场、港口、码头。

③营区、训练场、试验场。

④军用洞库、仓库。

⑤军用通信、侦察、导航、观测台站和测量、导航、助航标志。

⑥军用公路、铁路专用线，军用通信、输电线路，军用输油、输水管道。

⑦边防、海防管控设施。

⑧国务院和中央军事委员会规定的其他军事设施。

上述所称军事设施，还包括军队为执行任务必需设置的临时设施。

（2）幼儿园、社会福利机构、医疗机构占用耕地。

①免税的学校，具体范围包括县级以上人民政府教育行政部门批准成立的大学、中学、小学，学历性职业教育学校和特殊教育学校，以及经省级人民政府或其人力资源社会保障行政部门批准成立的技工院校。

学校内经营性场所和教职工住房占用耕地的，按照当地适用税额缴纳耕地占用税。

②免税的幼儿园，具体范围限于县级以上人民政府教育行政部门批准成立的幼儿园内专门用于幼儿保育、教育的场所。

③免税的社会福利机构，具体范围限于依法登记的养老服务机构、残疾人服务机构、儿童福利机构、救助管理机构、未成年人救助保护机构内，专门为老年人、残疾人、未成年人、生活无着落的流浪乞讨人员提供养护、康复、托管等服务的场所。

④免税的医疗机构，具体范围限于县级以上人民政府卫生健康行政部门批准设立的医疗机构内专门从事疾病诊断、治疗活动的场所及其配套设施。

医疗机构内职工住房占用耕地的，按照当地适用税额缴纳耕地占用税。

⑤在农用地转用环节，用地申请人能证明建设用地人符合免税情形的，免征用地申请人的耕地占用税；在供地环节，建设用地人使用耕地用途符合规定的免税情形的，由用地申请人和建设用地人共同申请，按退税管理的规定退还用地申请人已经缴纳的耕地占用税。

（3）农村烈士遗属、因公牺牲军人遗属、残疾军人以及符合农村最低生活保障条件的农村居民，在规定用地标准以内新建自用住宅，免征耕地占用税。

（二）减征

（1）铁路线路、公路线路、飞机场跑道、停机坪、港口、航道、水利工程占用耕地，减按每平方米 2 元的税额征收耕地占用税。

①减税的铁路线路，具体范围限于铁路路基、桥梁、涵洞、隧道及其按照规定两侧留地、防火隔离带。

专用铁路和铁路专用线占用耕地的，按照当地适用税额缴纳耕地占用税。

②减税的公路线路，具体范围限于经批准建设的国道、省道、县道、乡道和属于农村公路的村道的主体工程以及两侧边沟或者截水沟。

专用公路和城区内机动车道占用耕地的，按照当地适用税额缴纳耕地占用税。

③减税的飞机场跑道、停机坪，具体范围限于经批准建设的民用机场专门用于民用航空器起降、滑行、停放的场所。

④减税的港口，具体范围限于经批准建设的港口内供船舶进出、停靠以及旅客上下、货物装卸的场所。

⑤减税的航道，具体范围限于在江、河、湖泊、港湾等水域内供船舶安全航行的通道。

（2）农村居民在规定用地标准以内占用耕地新建自用住宅，按照当地适用税额减半征税。

农村居民经批准搬迁，新建自用住宅占用耕地不超过原宅基地面积的部分，免征耕地占用税。

（3）自 2019 年 1 月 1 日至 2021 年 12 月 31 日，各省、自治区、直辖市人民政府根据本地区实际情况，对增值税小规模纳税人在 50% 的税额幅度内减征耕地占用税。

（三）其他规定

（1）根据国民经济和社会发展的需要，国务院可以规定免征或者减征耕地占用税的其他情形，报全国人民代表大会常务委员会备案。

（2）免征或者减征耕地占用税后，纳税人改变原占地用途，不再属于免征或者减征耕地占用税情形的，应当按照当地适用税额补缴耕地占用税。

军事设施、学校、幼儿园、社会福利机构、医疗机构占用耕地，以及铁路线路、公路线路、飞机场跑道、停机坪、港口、航道、水利工程占用耕地，依法分别享受免征或减征耕地占用税优惠后，纳税人改变原占地用途，不再属于免征或者减征情形的，应自改变用途之日起 30 日内申报补缴税款，补缴税款按改变用途的实际占用耕地面积和改变用途时当地适用税额计算。

七、征收管理

（一）纳税义务发生时间

纳税人收到自然资源主管部门办理占用耕地手续的书面通知的当日。

（1）未经批准占用应税土地的纳税人，其纳税义务发生时间为自然资源主管部门认定其实际占地的当日。

（2）因挖损、采矿塌陷、压占、污染等损毁耕地的纳税义务发生时间为自然资源、农业农村等相关部门认定损毁耕地的当日。

（3）纳税人改变原占地用途，需要补缴耕地占用税的，其纳税义务发生时间为改变用途当日，具体为：经批准改变用途的为纳税人收到批准文件的当日；未经批准改变用途的为自然资源主管部门认定纳税人改变原占地用途的当日。

（二）纳税期限

当自纳税义务发生之日起30日内申报缴纳。

（三）纳税地点

应当在耕地或其他农用地所在地申报纳税。

（四）复核

税务机关发现纳税人的纳税申报数据资料异常或者纳税人未按照规定期限申报纳税的，可以提请相关部门进行复核，相关部门应当自收到税务机关复核申请之日起30日内向税务机关出具复核意见。

纳税人的纳税申报数据资料异常或者纳税人未按照规定期限申报纳税的，包括下列情形：

（1）纳税人改变原占地用途，不再属于免征或者减征耕地占用税情形，未按照规定进行申报的。

（2）纳税人已申请用地但尚未获得批准先行占地开工，未按照规定进行申报的。

（3）纳税人实际占用耕地面积大于批准占用耕地面积，未按照规定进行申报的。

（4）纳税人未履行报批程序擅自占用耕地，未按照规定进行申报的。

（5）其他应提请相关部门复核的情形。

第十节　烟叶税政策与管理

一、烟叶税概述

烟叶税是对我国境内收购烟叶的行为以收购金额为征税依据而征收的一种税，体现国家对烟草实行“寓禁于征”政策。

《中华人民共和国烟叶税暂行条例》自 2006 年 4 月 28 日公布施行。

《中华人民共和国烟叶税法》自 2018 年 7 月 1 日起施行。

二、纳税人

在中华人民共和国境内收购烟叶的单位为烟叶税的纳税人。

烟叶的生产销售方不是烟叶税的纳税人。

收购烟叶的单位，是指依照《中华人民共和国烟草专卖法》的规定有权收购烟叶的烟草公司或者受其委托收购烟叶的单位。

查处没收的违法收购的烟叶，由收购罚没烟叶的单位按照购买金额计算缴纳烟叶税。

三、征税对象

烟叶税的征税对象是烟叶，包括晾晒烟叶、烤烟叶。

四、税率

烟叶税实行比例税率，税率为 20%。

五、计税依据

烟叶税的计税依据是收购烟叶实际支付的价款总额。

实际支付的价款总额，包括纳税人支付给烟叶生产销售单位和个人的烟叶收购价款和价外补贴（价外补贴统一按烟叶收购价款的 10% 计算）。

收购金额计算公式如下：

实际支付的价款总额 = 收购价款 ×（1 + 10%）

依照《中华人民共和国烟草专卖法》查处没收的违法收购的烟叶，由收购罚没烟叶的单位以购买金额为依据计算缴纳烟叶税。

六、应纳税额的计算

应纳税额的计算公式为：

应纳税额 = 实际支付的价款总额 × 税率

已知收购价款：

烟叶税应纳税额 = 收购价款 ×（1 + 10%）× 20%

已知实际支付的价款总额：

烟叶税应纳税额 = 实际支付的价款总额 × 20%

七、征收管理

（一）纳税地点

纳税人应当向烟叶收购地的主管税务机关申报纳税。

（二）纳税时间

烟叶税的纳税时间为纳税人收购烟叶的当天。收购烟叶的当天，是指纳税人向烟叶销售者付讫收购烟叶款项或者开具收购烟叶凭据的当天。

（三）申报缴纳

烟叶税按月计征，纳税人应当于纳税义务发生月终了之日起15日内申报并缴纳税款。

第十一节　城市维护建设税政策与管理

2020年8月11日，第十三届全国人民代表大会常务委员会第二十一次会议通过了《中华人民共和国城市维护建设税法》（以下简称《城建税法》），并于2021年9月1日起实施。

一、基本规定

（一）纳税人与扣缴义务人

在中华人民共和国境内缴纳增值税、消费税的单位和个人，为城市维护建设税的纳税人，应当依照本法规定缴纳城市维护建设税。

城市维护建设税的扣缴义务人为负有增值税、消费税扣缴义务的单位和个人，在扣缴增值税、消费税的同时扣缴城市维护建设税。

（二）城市维护建设税计税依据

（1）城市维护建设税以纳税人依法实际缴纳的增值税、消费税税额为计税依据。城市维护建设税的计税依据应当按照规定扣除期末留抵退税退还的增值税税额。

（2）对进口货物或者境外单位和个人向境内销售劳务、服务、无形资产缴纳的增值税、消费税税额，不征收城市维护建设税。

（3）城市维护建设税计税依据的具体确定办法，由国务院依据本法和有关税收法律、行政法规规定，报全国人民代表大会常务委员会备案。

城市维护建设税的计税依据是纳税人实际缴纳的增值税、消费税税额（表6-12）。

表 6－12 城市维护建设税计税依据

城市维护建设税计税依据包括的内容	城市维护建设税计税依据不包括的内容
①纳税人实际向税务机关缴纳的消费税、增值税税额；②纳税人被税务机关查补的消费税、增值税税额；③纳税人出口货物经批准免抵的增值税税额	①纳税人进口环节被海关代征的增值税、消费税税额；②除增值税、消费税外的其他税的税额；③非税款项（被加收的滞纳金和罚款等）；④增值税期末留抵退税额

（三）城市维护建设税税率

根据《城建税法》，城市维护建设税税率如下：

（1）纳税人所在地在市区的，税率为7%。

（2）纳税人所在地在县城、镇的，税率为5%。

（3）纳税人所在地不在市区、县城或者镇的，税率为1%。前款所称纳税人所在地，是指纳税人住所地或者与纳税人生产经营活动相关的其他地点，具体地点由省、自治区、直辖市确定。

城市维护建设税税率的特殊规定见表6－13。

表 6－13 城市维护建设税税率的特殊规定

具体特殊情况	适用税率及规定
由受托方代收、代扣“二税”的	以扣缴义务人所在地税率计算代收、代扣城市维护建设税
流动经营无固定纳税地点	缴纳“两税”所在地的规定税率
纳税人跨地区提供建筑服务、销售和出租不动产	在建筑服务发生地、不动产所在地预缴增值税时，按预缴地城市维护建设税税率就地计算缴纳城市维护建设税和教育费附加

（四）城市维护建设税计算

城市维护建设税的应纳税额按照计税依据乘以具体适用税率计算。

（五）减免税政策

（1）海关对进口产品代征增值税、消费税的，不征收城市维护建设税。

（2）由于“两税”减免而发生的退税，同时退还已纳的城市维护建设税；但对出口产品退还增值税、消费税的，不退还已缴纳的城市维护建设税；经税务局审批的当期免抵的增值税税额应纳入附加税、费计征范围。

（3）对新办的商贸企业（从事批发、批零兼营以及其他非零售业务的商贸企业除外），当年新招用下岗失业人员达到职工总数30%以上（含30%），并与其签订1年以上期限劳动合同的，经劳动保障部门认定，税务机关审核，3年内免征城市维护建设税。

(4) 对下岗失业人员、自谋职业的城镇退役士兵从事个体经营（除建筑业、娱乐业以及广告业、桑拿、按摩、网吧、氧吧外）的，自领取税务登记证之日起，3 年内免征城市维护建设税、教育费附加。

(5) 为支持国家重大水利工程建设，对国家重大水利工程建设基金自 2010 年 5 月 25 日免征城市维护建设税。

(6) 自 2004 年 1 月 1 日起，对为安置自谋职业的城镇退役士兵就业而新办的商业零售企业、服务型企业（除广告业、桑拿、按摩、网吧、氧吧外）当年新安置自谋职业的城镇退役士兵达到职工总数 30% 以上，并与其签订 1 年以上期限劳动合同的，经县以上民政部门认定，税务机关审核，3 年内免征城市维护建设税。

(7) 经中国人民银行依法决定撤销的金融机构及其分设于各地的分支机构（包括被依法撤销的商业银行、信托投资公司、财务公司、金融租赁公司、城市信用社和农村信用社），用其财产清偿债务时，免征被撤销金融机构转让货物、不动产、无形资产、有价证券、票据等应缴纳的城市维护建设税。

(8) 对增值税、消费税“二税”实行先征后返、先征后退、即征即退办法的，除另有规定外，对随“二税”附征的城市维护建设税和教育费附加，一律不予退（返）还（表 6－14）。

表 6－14　城市维护建设税与增值税、消费税的退免税关系

退免增值税、消费税的原因	城市维护建设税、教育费附加的征免处理
错征税款导致退还“两税”	退还附征的城市维护建设税和教育费附加
法定免税的实施导致退还“两税”	退还附征的城市维护建设税和教育费附加
对“两税”采用先征后返、先征后退、即征即退办法的	除另有规定外，对随“两税”附征的城市维护建设税和教育费附加一律不予退（返）还
出口退还增值税、消费税的	不退还附征的城市维护建设税和教育费附加
出口企业经税务局批准的当期免抵的增值税	应计征城市维护建设税和教育费附加
实行增值税期末留抵退税的	允许其从城市维护建设税和两个附加的计税（征）依据中扣除退还的增值税税额

(六) 城市维护建设税征管

(1) 城市维护建设税的纳税义务发生时间与增值税、消费税的纳税义务发生时间一致，分别与增值税、消费税同时缴纳。

(2) 城市维护建设税由税务机关依照本法和《中华人民共和国税收征收管理法》的规定征收管理。

（3）纳税人、税务机关及其工作人员违反本法规定的，依照《中华人民共和国税收征收管理法》和有关法律法规的规定追究法律责任。

二、《城建税法》的明确事项

（1）明确纳税地点：《城建税法》第一条指出，在中华人民共和国境内缴纳增值税、消费税的单位和个人，为城市维护建设税的纳税人。

（2）明确计税依据及具体确定办法：《城建税法》第二条指出，城市维护建设税的计税依据应当按照规定扣除期末留抵退税退还的增值税税额。城市维护建设税计税依据的具体确定办法，由国务院依据本法和有关税收法律、行政法规规定，报全国人民代表大会常务委员会备案。

（3）明确纳税人所在地的概念：《城建税法》第四条指出，纳税人所在地，是指纳税人住所地或者与纳税人生产经营活动相关的其他地点，具体地点由省、自治区、直辖市确定。

（4）明确纳税义务发生时间：《城建税法》第七条指出，城市维护建设税的纳税义务发生时间与增值税、消费税的纳税义务发生时间一致。

（5）明确扣缴义务人：《城建税法》第八条指出，城市维护建设税的扣缴义务人为负有增值税、消费税扣缴义务的单位和个人，在扣缴增值税、消费税的同时扣缴城市维护建设税。

（6）明确境外单位和个人的纳税义务：《城建税法》第三条指出，对进口货物或者境外单位和个人向境内销售劳务、服务、无形资产缴纳的增值税、消费税税额，不征收城市维护建设税。

第十二节 非税收入政策与管理

2018 年 2 月 28 日，中国共产党第十九届中央委员会第三次全体会议通过了《深化党和国家机构改革方案》。方案要求，为降低征纳成本，理顺职责关系，提高征管效率，为纳税人提供更加优质高效便利服务，将省级和省级以下国税地税机构合并，具体承担所辖区域内各项税收、非税收入征管等职责。为提高社会保险资金征管效率，将基本养老保险费、基本医疗保险费、失业保险费等各项社会保险费交由税务部门统一征收。

一、非税收入概述

（一）非税收入内涵

根据《财政部关于印发〈政府非税收入管理办法〉的通知》（财税〔2016〕33 号）的定义，非税收入，是指除税收以外，由各级国家机关、事业单位、代行政府职能的社会团体及其他组织依法利用国家权力、政府信誉、国有资源（资产）所有者权益等取得的各项收入。

（二）非税收入分类

非税收入共计 12 项，具体包括：行政事业性收费收入；政府性基金收入、罚没收入、国有资源（资产）有偿使用收入、国有资本收益、彩票公益金收入、特许经营收入、中央银行收入、以政府名义接受的捐赠收入、主管部门集中收入、政府收入的利息收入、其他非税收入。不包括社会保险费、住房公积金（指计入缴存人个人账户部分）。

二、2019 年前税务机关征收的非税收入项目

为提高非税收入的征管力度，国地税机构合并前已有部分非税收入项目由税务机关征收，因为各省并不统一，这里只介绍几个主要项目。

（一）教育费附加

教育费附加是国家为扶持教育事业发展，计征用于教育的政府性基金。《中华人民共和国教育法》第 58 条指出，税务机关依法足额征收教育费附加，由教育行政部门统筹管理，主要用于实施义务教育。

1. 缴纳义务人

凡缴纳增值税、消费税（以下简称“两税”）的单位和个人，除依照《国务院关于筹措农村学校办学经费的通知》的规定，缴纳农村教育事业费附加的单位外，都应当依照规定缴纳教育费附加。

凡代征“两税”的单位和个人，亦为代征教育费附加的义务人。

2. 征收范围

教育费附加与“两税”的征收范围相同。

3. 应缴费额计算

教育费附加，以各单位和个人实际缴纳的“两税”的税额为计征依据，教育费附加率 3%，与“两税”同时缴纳。

除国务院另有规定外，任何地区、部门不得擅自提高或者降低教育费附加率。

4. 特别规定

（1）对海关进口的产品征收的“两税”，不征收教育费附加。

（2）对由于减免“两税”而发生退税的，可以同时退还已征收的教育费附加。但对出口产品退还“两税”的，不退还已征的教育费附加。

（3）经中国人民银行依法决定撤销的金融机构及其分设于各地的分支机构（包括被依法撤销的商业银行、信托投资公司、财务公司、金融租赁公司、城市信用社和农村信用社），用其财产清偿债务时，免征被撤销金融机构转让货物、不动产、无形资产、有价证券、票据等应缴纳的教育费附加。

（4）自2016年2月1日起，对月销售额或营业额不超过10万元（按季度纳税的季度销售额或营业额不超过30万元）的“两税”纳税人免征教育费附加。

（5）2019年1月1日至2021年12月31日，由省、自治区、直辖市人民政府根据本地区实际情况，以及宏观调控需要确定，对增值税小规模纳税人可以在50%的税额幅度内减征教育费附加。

（6）自2020年1月1日至2020年12月31日，单位和个体工商户将自产、委托加工或购买的货物，通过公益性社会组织和县级以上人民政府及其部门等国家机关，或者直接向承担疫情防治任务的医院，无偿捐赠用于应对新型冠状病毒感染的肺炎疫情的，免征增值税、消费税、城市维护建设税、教育费附加、地方教育附加。

（二）文化事业建设费

文化事业建设费是国家为促进文化事业发展而设立的政府性基金。从1997年1月16日起，在全国范围内开征文化事业建设费。

1. 缴纳义务人

在中华人民共和国境内提供广告服务的广告媒介单位和户外广告经营单位以及提供娱乐服务的单位和个人，应按规定，缴纳文化事业建设费。

2. 征收范围

根据《财政部 国家税务总局关于全面推开营业税改征增值税试点的通知》（财税〔2016〕36号）附件1所附《销售服务、无形资产、不动产注释》，广告服务，是指利用图书、报纸、杂志、广播、电视、电影、幻灯、路牌、招贴、橱窗、霓虹灯、灯箱、互联网等各种形式为客户的商品、经营服务项目、文体节目或者通告、声明等委托事项进行宣传和提供相关服务的业务活动。包括广告代理和广告的发布、播映、宣传、展示等。娱乐服务，是指为娱乐活动同时提供场所和服务的业务，具体包括歌厅、舞厅、夜总会、酒吧、台球、高尔夫球、保龄球、游艺（包括射击、狩猎、跑马、游戏机、蹦极、卡丁车、热气球、动力伞、射箭、飞镖）。

3. 应缴费额的计算

缴纳文化事业建设费的单位和个人应按照提供增值税应税服务取得的销售额和3%的费率计算应缴费额，文化事业建设费的计算公式为：

应缴费额 = 计费销售额 × 3%

广告服务计费销售额，为缴纳义务人提供广告服务取得的全部含税价款和价外费用，减除支付给其他广告公司或广告发布者的含税广告发布费后的余额。缴纳义务人减除价款的，应当取得增值税专用发票或国家税务总局规定的其他合法有效凭证，否则不得减除。娱乐服务计费销售额，为缴纳义务人提供娱乐服务取得的全部含税价款和价外费用。

按规定扣缴文化事业建设费的，扣缴义务人应按下列公式计算应扣缴费额：

应扣缴费额 = 接收方支付的含税价款 × 费率

未达到增值税起征点的个人，免征文化事业建设费。

4. 缴纳规定

文化事业建设费的缴纳义务发生时间和缴纳地点，与缴纳义务人的增值税纳税义务发生时间和纳税地点相同。

文化事业建设费的缴纳期限与缴纳义务人的增值税纳税期限相同。

5. 优惠规定

根据《财政部 税务总局关于电影等行业税费支持政策的公告》（财政部 税务总局公告2020年第25号），自2020年1月1日至2020年12月31日，免征文化事业建设费。

根据《财政部 税务总局关于延续实施应对疫情部分税费优惠政策的公告》（财政部 税务总局公告2021年第7号），将免税政策执行期限延长至2021年12月31日。

（三）废弃电器电子产品处理基金

废弃电器电子产品处理基金是国家为促进废弃电器电子产品回收处理而设立的政府性基金。主要是为了充分调动回收企业和处理企业的积极性，逐步规范废弃电器电子产品的回收处理活动。

1. 基金缴纳义务人

电器电子产品生产者、进口电器电子产品的收货人或者其代理人应当按照规定履行基金缴纳义务。电器电子产品生产者应缴纳的基金，由税务局负责征收；进口电器电子产品的收货人或者其代理人应缴纳的基金，由海关负责征收。电器电子产品生产者包括自主品牌生产企业和代工生产企业。

2. 征收范围

自2016年3月1日起，废弃电器电子产品，主要包括电冰箱、空气调节器、吸油烟机、洗衣机、电热水器、燃气热水器、打印机、复印机、传真机、电视机、监视器、微型计算机、移动通信手持机、电话单机等14类产品。

对采用有利于资源综合利用和无害化处理的设计方案以及使用环保和便于回收利用材料生产的电器电子产品，可以减征基金的，按照国务院相关部门的具体规定执行。

基金缴纳义务人出口电器电子产品，免征基金。

3. 基金缴纳义务的发生时间

（1）基金缴纳义务人销售电器电子产品的，按不同的销售结算方式分别为：

①采取赊销和分期收款结算方式的，为书面合同约定的收款日期的当天，书面合同没有约定收款日期或者无书面合同的，为发出电器电子产品的当天。

②采取预收货款结算方式的，为发出电器电子产品的当天。

③采取托收承付和委托银行收款方式的，为发出电器电子产品并办妥托收手续的当天。

④采取其他结算方式的，为收讫销售款或者取得索取销售款凭据的当天。

（2）受托加工应征基金产品，基金缴纳义务人只收取加工费的，为委托方提货的当天。

（3）基金缴纳义务人将应征基金产品用于生产非应征基金产品、在建工程、管理部门等情形的，为移送使用的当天。

（4）基金缴纳义务人以委托代销方式销售应征基金产品的，为收到代销单位的代销清单或者收到全部或者部分货款的当天。未收到代销清单及货款的，为发出应征基金产品满180天的当天。

4. 应缴费额的计算

（1）基金缴纳义务人销售或受托加工生产相关电器电子产品，按照从量定额的办法计算应缴纳基金。应缴纳基金的计算公式为：

应缴纳基金=销售数量（受托加工数量）×征收标准

基金缴纳义务人购进或者收回委托加工电器电子产品已缴纳基金的，从应征基金产品销售数量中扣除；不足扣除部分，可留待下期继续扣除。

（2）基金缴纳义务人销售应征基金产品时缴纳基金。销售，是指通过从购买方取得货物、货币或其他经济利益转让应征基金产品所有权。

基金缴纳义务人受托加工生产应征基金产品的，不论原料和主要材料由何方提供，不论在财务上是否做销售处理，均由受托方缴纳基金。

（3）基金缴纳义务人将应征基金产品用于生产非应征基金产品、在建工程、管理部门、非生产机构、提供劳务、馈赠、赞助、集资、广告、样品、职工福利、奖励等方面，于移送使用时缴纳基金。

（4）基金缴纳义务人应当准确核算购进和委托加工收回的已缴纳基金的电器电子产品数量，不能准确核算的，按实际销售数量征收基金。

5. 申报缴纳

（1）基金缴纳义务人应当自季度终了之日起15日内申报缴纳基金，向主管税务机关报送《废弃电器电子产品处理基金申报表》。

（2）税务局征收基金应使用税收票证。

基金缴纳义务人应妥善保管基金缴款凭证、增值税专用发票及清单、海关进（出）口货物报关单、代理出口货物证明、委托代理出口协议、委托加工协议、退货证明及其他相关资料。

基金缴纳义务人应当自觉接受税务机关的监督检查，提供有关资料，如实反映情况，不得拒绝、隐瞒。

（3）基金缴纳义务人违反基金征收管理规定的，税务机关比照税收违法行为予以行政处罚。

（四）残疾人就业保障金

残疾人就业保障金（以下简称残保金）是为保障残疾人权益，由未按规定安排残疾人就业的机关、团体、企业、事业单位和民办非企业单位（以下简称用人单位）缴纳的资金。

1. 缴费人

安排残疾人就业达不到其所在地省、自治区、直辖市人民政府规定比例的机关、团体、企业、事业单位和民办非企业单位。

残疾人，是指持有“中华人民共和国残疾人证”上注明属于视力残疾、听力残疾、言语残疾、肢体残疾、智力残疾、精神残疾和多重残疾的人员，或者持有“中华人民共和国残疾军人证”（1至8级）的人员。

安排残疾人就业的比例要求，由各省、自治区、直辖市人民政府根据本地区的实际情况规定，但不得低于本单位在职职工总数的1.5%。

2. 征收标准

自2020年1月1日起至2022年12月31日，残保金由单一标准征收调整为分档征收，用人单位安排残疾人就业比例1%（含）以上但低于本省区市规定比例的，按应缴费额50%征收；1%以下的，按应缴费额90%征收。

残保金征收标准上限按当地社会平均工资的2倍执行，上年在职职工年平均工资不超过当地社会平均工资2倍的，按用人单位在职职工平均工资计算；超过当地社会平均工资2倍的，按当地社会平均工资2倍计算。

当地社会平均工资按照所在地城镇非私营单位就业人员平均工资和城镇私营单位就业人员平均工资加权计算，即全口径城镇单位就业人员平均工资。和社会保险费征缴口径一致。

（1）当地社会平均工资计算口径。

当地是指本省、本市还是本县口径并不明确。按照2019年社会保险费文件（国办发〔2019〕13号）来看，社会平均工资的计算口径是本省。笔者建议残保金征缴可以参照社会保险费这个口径。

（2）当地社会平均工资数据获取。

人力资源和社会保障局发布当地全口径城镇单位就业人员平均工资数据。

统计局按照国家统计调查制度要求，发布城镇非私营单位就业人员平均工资、城镇私营单位就业人员平均工资、规模以上企业法人单位不同岗位平均工资。

3. 计算方法

保障金年缴纳额 = 本期应纳费额 − 本期减免费额

本期应纳费额 =（上年在职职工人数 × 应安排残疾人就业比例 − 上年实际安排残疾人就业人数）× 上年在职职工年平均工资（或当地社会平均工资的2倍）

本期减免费额 = 本期应纳费额 ×100%（或50%、10%）

“在职职工”是指用人单位在编人员或依法与用人单位签订1年以上（含1年）劳动合同（服务协议）的人员，季节性用工应当折算为年平均用工人数。

“应安排残疾人就业比例”依据各省、自治区、直辖市、计划单列市人民政府规定维护并调用。

“上年实际安排残疾人就业人数”依据残联（残疾人就业服务机构）审核的残疾人

就业情况填写。

用人单位将残疾人录用为在编人员或依法与就业年龄段内的残疾人签订 1 年以上（含 1 年）劳动合同（服务协议），且实际支付的工资不低于当地最低工资标准，并足额缴纳社会保险费的，方可计入用人单位所安排的残疾人就业人数。

用人单位安排 1 名持有“中华人民共和国残疾人证”（1 至 2 级）或“中华人民共和国残疾军人证”（1 至 3 级）的人员就业的，按照安排 2 名残疾人就业计算。

（1）“上年在职职工年平均工资”计算口径。

“上年在职职工年平均工资”按照国家统计局关于工资总额组成的有关规定执行。同时，根据《国家统计局关于工资总额组成的规定》（国家统计局令第 1 号），工资总额，是指各单位在一定时期内直接支付给本单位全部职工的劳动报酬总额。工资总额的计算应以直接支付给职工的全部劳动报酬为根据。工资总额由下列 6 个部分组成：①计时工资；②计件工资；③奖金；④津贴和补贴；⑤加班加点工资；⑥特殊情况下支付的工资。计算残保金时的工资总额，应以直接支付给职工的全部劳动报酬，即应发工资来确定。

（2）用人单位跨地区招用残疾人的，应当计入所安排的残疾人就业人数。

4. 减免规定

（1）小微企业减免。

自 2020 年 1 月 1 日起至 2022 年 12 月 31 日，对在职职工总数 30 人（含）以下的企业，暂免征收残保金。

与财税〔2017〕18 号的区别是，取消了工商登记之日起 3 年内的规定。

（2）困难减免。

用人单位遇不可抗力自然灾害或其他突发事件遭受重大直接经济损失，可以申请减免或者缓缴保障金。具体办法由各省、自治区、直辖市财政部门规定。

（五）工会经费

工会是职工自愿结合的工人阶级的群众组织。中华全国总工会及其各工会组织代表职工的利益，依法维护职工的合法权益。企业、事业单位、机关应当在开业或者设立之日起一年内依法建立工会组织。工会经费是指工会依法取得并开展正常活动所需的费用。工会经费主要用于为职工服务和工会活动。

1. 征收对象

工会经费包括工会经费以及工会筹备金。建立工会组织的企业、事业单位，机关按规定向工会拨缴经费；未建立工会组织的企业、事业单位，机关的其他组织应当按规定向上级拨缴工会筹备金。

2. 征收标准

（1）工会经费拨缴单位按每月全部职工工资总额的2%计提工会经费，税务机关代征比例暂按各地现行规定执行。

（2）工会筹备金拨缴单位从期满后的第一个月起按本单位每月全部职工工资总额的2%计提工会筹备金，由税务机关全额代征。

职工工资总额的计算，按国家统计局颁布的《关于工资总额组成的规定》以及有关劳动统计新增指标解释等规定执行。

3. 征收地点及期限

工会经费收缴实行属地管理，收缴年度为每年的公历1月1日至12月31日。建立工会的企业、事业单位，机关应当于每月15日前向工会拨缴经费。企业、事业单位，机关开业或设立之日起一年内仍未依法建立工会的，从期满后的第一个月起，应当向上级拨缴工会筹备金。有特殊困难的缴费单位，可向所在地地方总工会提出缓缴申请，地方总工会应按有关法律和政策规定处理，并将相关信息报送同级税务机关。

4. 票证及欠费管理

税务机关代收工会经费统一使用税收票证，地方总工会不再开具《工会经费收入专用收据》。缴费单位所缴工会经费按规定在企业所得税税前扣除。

缴费单位未缴或少缴工会经费的，由主管税务机关催报催缴，地方总工会协助开展催报催缴工作。欠缴工会经费的企业、事业单位终止的，应当依法清偿欠缴的工会经费。企业、事业单位，机关拖延或者拒不拨缴工会经费的，基层工会或者上级工会可以向当地人民法院申请支付令；拒不执行支付令的，工会可以依法申请人民法院强制执行，也可以直接向人民法院提起诉讼。

三、2019—2020年已划转的非税收入项目

2018年《深化党和国家机构改革方案》指出，为降低征纳成本，理顺职责关系，提高征管效率，为纳税人提供更加优质高效便利服务，将省级和省级以下国税地税机构合并，具体承担所辖区域内各项税收、非税收入征管等职责。

根据党中央、国务院关于政府非税收入征管职责划转的有关要求，国家税务总局发布《国家税务总局关于国家重大水利工程建设基金等政府非税收入项目征管职责划转有关事项的公告》（国家税务总局公告2018年第63号）。公告规定，自2019年1月1日起，原由财政部驻地方财政监察专员办事处负责征收的国家重大水利工程建设基金、农

网还贷资金、可再生能源发展基金、中央水库移民扶持基金（含大中型水库移民后期扶持基金、三峡水库库区基金、跨省际大中型水库库区基金）、三峡电站水资源费、核电站乏燃料处理处置基金、免税商品特许经营费、油价调控风险准备金、核事故应急准备专项收入，以及国家留成油收入、石油特别收益金，划转至税务部门征收。

根据《国家税务总局关于水利建设基金等政府非税收入项目征管职责划转有关事项的公告》（国家税务总局公告2020年第2号），自2020年起，地方政府及有关部门负责征收的国家重大水利工程建设基金，以及向企事业单位和个体经营者征收的水利建设基金，划转至税务部门征收。

（一）国家重大水利工程建设基金

国家重大水利工程建设基金（以下简称重大水利基金）是国家为支持南水北调工程建设、解决三峡工程后续问题以及加强中西部地区重大水利工程建设而设立的政府性基金。

1. 征收对象

省级电网企业、地方独立电网企业、拥有自备电厂企业（由省级电网企业代征）

2. 计征标准

重大水利基金在除西藏自治区以外的全国范围内筹集，按照各省、自治区、直辖市扣除国家扶贫开发工作重点县农业排灌用电后的全部销售电量和规定征收标准计征。各省、自治区、直辖市全部销售电量包括省级电网企业销售给电力用户的电量、省级电网企业扣除合理线损后的趸售电量（即实际销售给转供单位的电量）、省级电网企业销售给子公司的电量和对境外销售电量、企业自备电厂自发自用电量、地方独立电网销售电量（不含省级电网企业销售给地方独立电网企业的电量）。跨省（自治区、直辖市）电力交易，计入受电省份销售电量。

征收标准按照所在省份的重大水利工程建设基金征收标准执行。2017年、2018年连续下发文件降低征收标准

调整后的征收标准=按照《财政部 国家发展改革委 水利部关于印发〈国家重大水利工程建设基金征收使用管理暂行办法〉的通知》（财综〔2009〕90号）规定的征收标准×（1-25%）×（1-25%）

3. 征收方式

除企业自备电厂自发自用电量和地方独立电网销售电量外，重大水利基金由省级电网企业在向电力用户收取电费时一并代征。

北京、天津、河北、河南、山东、江苏、上海、浙江、安徽、江西、湖北、湖南、广东、重庆等14个南水北调和三峡工程直接受益省市电网企业代征的重大水利基金，由财政部驻当地财政监察专员办事处负责征收，并全额上缴中央国库。2019年1月1日起已划转税务机关征收。

山西、内蒙古、辽宁、吉林、黑龙江、福建、广西、海南、四川、贵州、云南、陕西、甘肃、青海、宁夏、新疆等16个南水北调和三峡工程非直接受益省区电网企业代征的重大水利基金，由当地省级财政部门负责征收，并全额上缴省级国库。自2020年起，地方政府及有关部门负责征收的国家重大水利工程建设基金，以及向企事业单位和个体经营者征收的水利建设基金，划转至税务部门征收。

未经国务院批准，任何地方、部门和单位均不得擅自减免重大水利基金，不得调整基金征收范围和征收标准。

（二）农网还贷资金

农网还贷资金是对农网改造贷款“一省多贷”的省、自治区、直辖市（指该省市区的农网改造工程贷款由多个电力企业承贷）电力用户征收的政府性基金，专项用于农村电网改造贷款还本付息。

1. 计征标准

农网还贷资金按社会用电量每度电2分钱标准，并入电价收取。

农网还贷资金由电网经营企业在向用户收取电费时一并收取，并在电费收款凭证中注明农网还贷资金的征收电量、征收标准和征收金额。除规定的减免用量外，电力用户必须及时足额交纳农网还贷资金。

2. 减免范围

农网还贷资金减免范围包括：

（1）农业排灌、抗灾救灾及氮肥、磷肥、钾肥和原化工部颁发生产许可证的复合肥生产用电免征农网还贷资金。

（2）自备电厂自用电量免征农网还贷资金。

（3）国有重点煤炭企业生产用电、核工业铀扩散厂和堆化工厂生产用电农网还贷资金暂按每千瓦时用电量三厘钱标准征收。

征收农网还贷资金必须按照《中华人民共和国增值税暂行条例》及其他有关规定缴纳增值税和流转环节的其他税费，按规定纳入预算管理后免征企业所得税。

（三）可再生能源发展基金

可再生能源发展基金是指国家为了促进可再生能源发展而设立的政府性基金。资金来源包括国家财政年度安排的专项资金和依法征收的可再生能源电价附加收入等。

可再生能源发展专项资金由中央财政从年度公共预算中予以安排（不含国务院投资主管部门安排的中央预算内基本建设专项资金）。可再生能源电价附加在除西藏自治区以外的全国范围内，对各省、自治区、直辖市扣除农业生产用电（含农业排灌用电）后的销售电量征收。

各省、自治区、直辖市纳入可再生能源电价附加征收范围的销售电量包括：省级电网企业（含各级子公司）销售给电力用户的电量，省级电网企业扣除合理线损后的趸售电量（即实际销售给转供单位的电量，不含趸售给各级子公司的电量），省级电网企业对境外销售电量，企业自备电厂自发自用电量，地方独立电网（含地方供电企业）销售电量（不含省级电网企业销售给地方独立电网的电量），大用户与发电企业直接交易的电量。

省（自治区、直辖市）际间交易电量，计入受电省份的销售电量征收可再生能源电价附加。

可再生能源电价附加征收标准为 8 厘/千瓦时。根据可再生能源开发利用中长期总量目标和开发利用规划，以及可再生能源电价附加收支情况，征收标准可以适时调整。

电力用户应缴纳的可再生能源电价附加，按照下列方式由电网企业代征：大用户与发电企业直接交易电量的可再生能源电价附加，由代为输送电量的电网企业代征；地方独立电网销售电量的可再生能源电价附加，由地方电网企业在向电力用户收取电费时一并代征；企业自备电厂自发自用电量应缴纳的可再生能源电价附加，由所在地电网企业代征；其他社会销售电量的可再生能源电价附加，由省级电网企业在向电力用户收取电费时一并代征。

（四）中央水库移民扶持基金

中央水库移民扶持基金由大中型水库移民后期扶持基金、跨省（自治区、直辖市）大中型水库库区基金、三峡水库库区基金合并而来。

1. 大中型水库移民后期扶持基金

大中型水库移民后期扶持基金（以下简称后期扶持基金），是国家为扶持大中型水库农村移民解决生产生活问题而设立的政府性基金。

后期扶持基金从 2006 年 6 月 30 日起开始征收，以 6 月 30 日抄见电量计征。

后期扶持基金由各省级电网企业在向电力用户收取电费时一并代征，按月上缴中央国库。

征收标准按照所在省份的后期扶持基金征收标准执行。自2017年7月1日起，大中型水库移民后期扶持基金的征收标准统一降低25%。

电网企业代中央财政征收的后期扶持基金不计征企业所得税。

未经国务院批准，任何单位和部门均不得减免后期扶持基金。

2. 跨省（自治区、直辖市）大中型水库库区基金

跨省际大中型水库库区基金，征收标准按照水库发电企业所在省份的大中型水库库区基金征收标准执行。

跨省际大中型水库为独立法人的，由水库（水电站）缴纳大中型水库库区基金；跨省际大中型水库为非独立法人的，由其归属企业缴纳大中型水库库区基金。

征收跨省际大中型水库库区基金，实行直接缴库。

3. 三峡水库库区基金

依据《财政部关于三峡水库库区基金有关问题的通知》（财综〔2007〕69号）的有关规定执行。

（五）三峡电站水资源费

依据《财政部关于三峡电站水资源费征收使用管理有关问题的通知》（财综〔2011〕19号）的有关规定执行。

（六）核电站乏燃料处理处置基金

乏燃料处理处置基金属于政府性基金，收入全额上缴中央国库，按照“收支两条线”原则纳入中央财政预算管理。

凡拥有已投入商业运行五年以上压水堆核电机组的核电厂（以下简称核电厂），应当按照规定缴纳乏燃料处理处置基金。

乏燃料处理处置基金按照核电厂已投入商业运行五年以上压水堆核电机组的实际上网销售电量征收，征收标准为0.026元/千瓦时。今后，财政部会同国家发展改革委、工业和信息化部、国家能源局、国防科工局等部门根据核电发展规模及乏燃料处理处置资金需求的变化，适时调整征收标准。

乏燃料处理处置基金计入核电厂发电成本。

核电厂应按照规定及时足额上缴乏燃料处理处置基金，不得拖欠。凡无正当理由拖欠缴纳乏燃料处理处置基金的，应责令其尽快补缴，并从逾期之日起按日加收滞纳金额

1‰的滞纳金。滞纳金纳入乏燃料处理处置基金收入管理。

（七）核事故应急准备专项收入

核事故应急准备金是国家为了加强核电厂核事故应急管理工作，控制和减少核事故危害而设立的，适用于可能或者已经引起放射性物质释放、造成重大辐射后果的核电厂核事故应急管理工作。类别上属于其他非税收入。

场内核应急准备资金由核电企业承担，并作为核电企业的成本开支项目。基建期在工程基建费中列支；运行期在企业的管理费中列支。

场外核应急准备资金由核电企业和地方省级人民政府共同承担。其中，核电企业承担的部分，按规定的比例，以财政专项收入的形式分别上缴中央和地方财政，并由中央和地方财政纳入预算内管理；地方承担的部分，由地方省级人民政府自行筹措使用。

核电企业承担上缴的场外核应急专项收入作为成本开支项目，基建期在工程基建费中列支，运行期在企业的管理费中列支。

核电企业承担上缴的场外核应急专项收入，在基建期和运行期分别按以下标准缴纳：

（1）基建期按设计额定容量每千瓦 5 元人民币的标准缴纳。

（2）运行期按年度上网销售电量每千瓦时 0.2 厘人民币的标准缴纳。

核电企业按规定标准缴纳场外核应急专项收入后，任何单位、部门及地方各级人民政府不得以核应急准备或者与此相关名义向企业收取资金。

核电企业承担上缴的场外核应急专项收入，基建期应在核电工程浇灌第一罐混凝土的当年起三年内按规定承担数额的30%、40%和30%分年度缴清；运行期应在商业运行后的次年开始，根据上一年的实际上网销售电量按规定标准缴纳。

同一省、自治区、直辖市内，核电企业缴纳的场外核应急专项收入按以下比例分别上缴中央和地方财政：

（1）首期建设的核电厂按15%和85%的比例上缴中央和地方财政。

（2）后续再建的核电厂按50%和50%的比例上缴中央和地方财政。

核电企业应于每年 3 月底前，将当年应缴纳中央和地方管理的场外核应急专项收入分别及时足额缴库。

（八）石油特别收益金专项收入

石油特别收益金，是指国家对石油开采企业销售国产原油因价格超过一定水平所获得的超额收入按比例征收的收益金。

凡在中华人民共和国陆地领域和所辖海域独立开采并销售原油的企业，以及在上述领域以合资、合作等方式开采并销售原油的其他企业，均应当按照本办法的规定缴纳石油特别收益金。

石油特别收益金属中央财政非税收入，纳入中央财政预算管理。

石油特别收益金实行5级超额累进从价定率计征，按月计算、按季缴纳。

石油特别收益金征收比率按石油开采企业销售原油的月加权平均价格确定。

为便于参照国际市场油价水平，原油价格按美元/桶计价，起征点为40美元/桶。

石油特别收益金列入企业成本费用，准予在企业所得税税前扣除。

（九）油价调控风险准备金

1. 缴纳义务人

风险准备金的缴纳义务人为中华人民共和国境内生产、委托加工和进口汽油、柴油的成品油生产经营企业。

当国际市场原油价格低于国家规定的成品油价格调控下限时，缴纳义务人应按照汽油、柴油的销售数量和规定的征收标准缴纳风险准备金。

汽油、柴油销售数量是指缴纳义务人于相邻两个调价窗口期之间实际销售数量。

2. 征收标准

风险准备金征收标准按照成品油价格未调金额确定。

成品油价格未调金额由国家发展改革委、财政部根据国际原油价格变动情况，按照现行成品油价格形成机制计算核定，于每季度前10个工作日内，将上季度每次调价窗口期的征收标准，书面告知征收机关。

风险准备金由缴纳义务人申报缴纳。其中，缴纳义务人有两个及以上从事成品油生产经营企业的，可由征收机关指定集团公司或其他公司实行汇总缴纳。

缴纳义务人可以选择按季度或者按年度缴纳风险准备金。具体缴纳方式由缴纳义务人报征收机关核准。缴纳方式一经确定，不得随意变更。

缴纳义务人应当根据规定，向所在地征收机关如实申报汽油、柴油销售数量和应缴纳的风险准备金。

按季度缴纳的，缴纳义务人应当于每季度前15个工作日内，如实填写《油价调控风险准备金申报表》，提交给征收机关审核。

按年度缴纳的，缴纳义务人应当于每年1月20日前，如实填写《油价调控风险准备金申报表》，提交给征收机关审核。

征收机关应当于5个工作日内完成对申报材料的审核，并向缴纳义务人开具《非税收入一般缴款书》。

缴纳义务人按照《非税收入一般缴款书》所规定的缴款额，在5个工作日内足额上缴风险准备金。

对于按季缴纳的，征收机关根据缴纳义务人实际销售的汽油、柴油数量，在次年3月底完成对缴纳义务人全年风险准备金的汇算清缴工作。

任何单位和个人不得违反本办法规定，擅自减免或缓征风险准备金，不得自行调整风险准备金征收对象、范围和标准。

（十）国家留成油收入

国家留成油是指在中华人民共和国陆地领域和所辖海域对外合作勘探开发生产石油的企业，按规定缴纳增值税和矿区使用费后，在余额油分配时根据石油合同的约定比例留给国家的权益，是以实物形态表现的财政资金。国家留成油收入是指石油企业将应上缴的国家留成油随合作油田生产的原油对外销售实现的变价款收入，属于中央财政非税收入。

国家留成油的缴费主体为中石油、中石化和中海油三大石油企业。

留成油 = 余额油 - 分成油

国家留成油收入的征缴期限由石油企业报财政部核准。按照现行规定，中石油按月申报缴纳，中石化、中海油按年申报缴纳。

（十一）免税商品特许经营费

为进一步加强免税商品经营管理，体现免税业特许经营政策，理顺企业与国家的利益分配关系，对免税商品征收特许经营费。

免税商品征收特许经营费属于特许经营收入，纳入一般公共预算管理，缴入中央国库。

1. 征收对象

征收对象是经营免税商品的企业。

免税商品是指免征关税、进口环节税的进口商品和实行退（免）税（增值税、消费税）进入免税店销售的国产商品。

免税商品经营业务包括：中国免税品（集团）总公司的免税商品经营业务，以及设立在机场、港口、车站、陆路边境口岸和海关监管特定区域的免税商店以及在出境飞机、火车、轮船上向出境的国际旅客、驻华外交官和国际海员等提供免税商品购物服务的特种销售业务。

征收免税商品特许经营费的企业包括：中国免税品（集团）总公司、深圳市国有免税商品（集团）有限公司、珠海免税企业（集团）有限公司、中国中旅（集团）公司、中国出国人员服务总公司、上海浦东国际机场免税店以及其他经营免税商品或代理销售免税商品的企业。

在国际交通工具上销售（或代理销售）免税商品的民航、交通、铁道等行业的企业，以及非全部经营免税商品的企业，应将免税商品销售额单独核算，并在企业纳税所在地缴纳特许经营费。

经营国产商品的免税企业，应将享受出口退税政策的国产品及从境外以免税方式进口经营的国产品均视同免税商品，按规定缴纳特许经营费。企业经营完税国产品，不缴纳特许经营费。

2. 征收标准

经营免税商品的企业，按经营免税商品业务年销售收入的1%，向国家上缴特许经营费。

海南离岛旅客免税购物商店，按经营免税商品业务年销售收入的4%，向国家上缴免税商品特许经营费。海南离岛免税店实行对乘飞机离岛（不包括离境）旅客实行限次、限值、限量和限品种免进口税购物。

3. 征收流程

免税商品经营企业于年度终了的5个月内，依据注册会计师的审计报告，清算当年应交免税商品特许经营费并上缴中央金库。

4. 征收地点

中国免税品（集团）总公司按其合并会计报表口径，由总公司集中缴纳；中国免税品（集团）总公司供货的其他免税商品经营企业在企业所在地就地解缴。

四、2021年划转的非税收入项目

根据党中央、国务院关于政府非税收入（以下简称非税收入）征管职责划转的有关要求，国家税务总局发布《国家税务总局关于水土保持补偿费等政府非税收入项目征管职责划转有关事项的公告》（国家税务总局公告2020年第21号）。公告要求，自2021年1月1日起，水土保持补偿费、地方水库移民扶持基金、排污权出让收入、防空地下室易地建设费划转至税务部门征收。征收范围、征收对象、征收标准等政策仍按现行规定执行。

2021 年 3 月 26 日，财政部发布《财政部关于土地闲置费、城镇垃圾处理费划转税务部门征收的通知》（财税〔2021〕8 号）。通知要求，自 2021 年 7 月 1 日起，将自然资源部门负责征收的土地闲置费、住房城乡建设等部门负责征收的按行政事业性收费管理的城镇垃圾处理费划转至税务部门征收。

（一）水土保持补偿费

水土保持补偿费是水行政主管部门对损坏水土保持设施和地貌植被、不能恢复原有水土保持功能的生产建设单位和个人征收并专项用于水土流失预防治理的资金。根据《中华人民共和国水土保持法》第三十二条第二款，在山区、丘陵区、风沙区以及水土保持规划确定的容易发生水土流失的其他区域开办生产建设项目或者从事其他生产建设活动，损坏水土保持设施、地貌植被，不能恢复原有水土保持功能的，应当缴纳水土保持补偿费，专项用于水土流失预防和治理。专项水土流失预防和治理由水行政主管部门负责组织实施。水土保持补偿费的收取使用管理办法由国务院财政部门、国务院价格主管部门会同国务院水行政主管部门制定。

1. 缴费义务人

在山区、丘陵区、风沙区以及水土保持规划确定的容易发生水土流失的其他区域开办生产建设项目或者从事其他生产建设活动，损坏水土保持设施、地貌植被，不能恢复原有水土保持功能的单位和个人为水土保持补偿费的缴纳义务人。

前款所称其他生产建设活动包括：取土、挖砂、采石（不含河道采砂）；烧制砖、瓦、瓷、石灰；排放废弃土、石、渣。

2. 缴费标准

自 2017 年 7 月 1 日起，为进一步加大降费力度，切实减轻社会负担，促进实体经济发展，国家发展和改革委员会、财政部决定降低水利部门行政事业性收费标准（发改价格〔2017〕1186 号）。水土保持补偿费收费标准自 2017 年 7 月 1 日起按下列规定执行：

对一般性生产建设项目，按照征占用土地面积一次性计征，东部地区由每平方米不超过 2 元（不足 1 平方米的按 1 平方米计，下同）降为每平方米不超过 1.4 元，中部地区由每平方米不超过 2.2 元降为每平方米不超过 1.5 元，西部地区由每平方米不超过 2.5 元降为每平方米不超过 1.7 元。对水利水电工程建设项目，水库淹没区不在水土保持补偿费计征范围之内。

开采矿产资源的，建设期间，按照征占用土地面积一次性计征，具体收费标准按照上述规定执行。开采期间，石油、天然气以外的矿产资源按照开采量（采掘、采剥总量）计征。石油、天然气根据油、气生产井（不包括水井、勘探井）占地面积按年征收，每口油、气生产井占地面积按不超过2 000平方米计算；对丛式井每增加一口井，增加计征面积按不超过400平方米计算，每平方米每年收费由不超过2元降为不超过1.4元。各地在核定具体收费标准时，应充分评估损害程度，对生产技术先进、管理水平较高、生态环境治理投入较大的资源开采企业，在核定收费标准时应按照从低原则制定。

取土、挖砂（河道采砂除外）、采石以及烧制砖、瓦、瓷、石灰的，根据取土、挖砂、采石量，由按照每立方米0.5～2元计征（不足1立方米的按1立方米计，下同）降为按照每立方米0.3～1.4元计征。对缴纳义务人已按前两种方式计征水土保持补偿费的，不再重复计征。

排放废弃土、石、渣的，根据土、石、渣量，由按照每立方米0.5～2元计征降为按照每立方米0.3～1.4元计征。对缴纳义务人已按前三种方式计征水土保持补偿费的，不再重复计征。上述各类收费具体标准，由各省、自治区、直辖市价格主管部门、财政部门会同水行政主管部门根据本地实际情况制定。

（二）地方水库移民扶持基金

地方水库移民扶持基金由省级大中型水库库区基金和小型水库移民扶助基金组成。

2006年国务院发布《关于完善大中型水库移民后期扶持政策的意见》（国发〔2006〕17号），文件指出，后期扶持资金作为政府性基金纳入中央财政预算管理。通过电价加价筹措的后期扶持资金由各省级电网公司随电费征收，全额上缴中央财政；应拨付给各省、自治区、直辖市的后期扶持资金由财政部会同国务院移民管理机构，按照国家发展改革委、财政部、水利部等部门核定的各省、自治区、直辖市移民人数和规定的标准据实拨付。后期扶持基金征收使用管理办法由财政部会同发展改革委、水利部和国务院移民管理机构等部门另行制定。妥善解决小型水库移民的困难和现有后期扶持项目续建问题。各省、自治区、直辖市人民政府可通过提高本省（自治区、直辖市）区域内全部销售电量（扣除农业生产用电）的电价筹集资金，统筹解决小型水库移民的困难，并保证对在建后期扶持项目的后续资金投入，确保项目按期建成并发挥作用。提价标准为每千瓦时不超过0.5厘，具体方案报国家发展改革委、财政部审批后实施。其后各地方案陆续出台。

根据《财政部关于取消、停征和整合部分政府性基金项目等有关问题的通知（财税〔2016〕11号）》，自2016年2月1日起，将省级大中型水库库区基金、小型水库移民扶助基金合并为地方水库移民扶持基金。具体征收政策、收入划分、使用范围等仍按现行规定执行，今后根据水库移民扶持工作需要适时完善分配使用政策。

1. 省级大中型水库库区基金

库区基金属于政府性基金，实行分省统筹，纳入财政预算，实行“收支两条线”管理。其中，省级辖区内大中型水库的库区基金，由省级财政部门负责征收。

库区基金从有发电收入的大中型水库发电收入中筹集，根据水库实际上网销售电量，按不高于8厘/千瓦时的标准征收。

地方政府在安排库区基金时，应将其中的75%用于支持实施库区及移民安置区基础设施建设和经济发展规划，以及解决水库移民的其他遗留问题，其余部分用于库区防护工程及移民生产、生活设施维护。库区基金列入企业成本，按规定不征收企业所得税。应缴纳库区基金的大中型水库应在每月终了后7日内，按规定上缴库区基金。

2. 小型水库移民扶助基金

由于小型水库移民扶助基金的管理办法由各省自行制定，并没有全国统一规定，这里不再就具体规定加以赘述。

（三）排污权出让收入

排污权出让收入，是指政府以有偿出让方式配置排污权取得的收入，包括采取定额出让方式出让排污权收取的排污权使用费和通过公开拍卖等方式出让排污权取得的收入。排污权出让收入属于政府非税收入，全额上缴地方国库，纳入地方财政预算管理。2007年以来，国务院有关部门组织天津、河北、内蒙古等11个省（自治区、直辖市）开展排污权有偿使用和交易试点，取得了一定进展。为进一步推进试点工作，促进主要污染物排放总量持续有效减少，国务院办公厅下发《关于进一步推进排污权有偿使用和交易试点工作的指导意见》（国办发〔2014〕38号）。为了规范排污权出让收入管理，建立健全环境资源有偿使用制度，发挥市场机制作用促进污染物减排，财政部、国家发展改革委、环境保护部下发《财政部 国家发展改革委 环境保护部关于印发〈排污权出让收入管理暂行办法〉的通知》（财税〔2015〕61号）。

1. 缴纳义务人

现有排污单位。新建项目排污权和改建、扩建项目新增排污权，排污单位为缴费主体。

现有排污单位，是指试点地区核定初始排污权以及排污权有效期满后重新核定排污权时，已建成投产并通过环保验收的排污单位。排污权，是指排污单位按照国家或者地方规定的污染物排放标准，以及污染物排放总量控制要求，经核定允许其在一定期限内排放污染物的种类和数量。排污权由试点地区县级以上地方环境保护主管部门。污染物，是指国家作为约束性指标进行总量控制的污染物，以及试点地区选择对本地区环境质量有突出影响的其他污染物。

2. 征缴标准

现有排污单位取得排污权，原则上采取定额出让方式，出让标准由试点地区价格、财政、环境保护部门根据当地污染治理成本、环境资源稀缺程度、经济发展水平等因素确定，在试点初期可暂免缴纳排污权使用费。新建项目排污权和改建、扩建项目新增排污权，原则上通过公开拍卖方式取得，拍卖底价可参照定额出让标准。

3. 申报缴费期限

按次缴纳。缴纳排污权使用费金额较大、一次性缴纳确有困难的排污单位，可在排污权有效期内分次缴纳，首次缴款不得低于应缴总额的40%。排污单位通过市场公开出让方式购买政府出让排污权的，应当一次性缴清款项，或者按照排污权交易合同的约定缴款。

4. 申报缴款方式

排污单位应当自接到地方环境保护部门送达的排污权使用费缴纳通知单之后，自主填写《非税收入通用申报表》，向税务登记确认的主管税务机关申报缴纳排污权出让收入。

（四）防空地下室易地建设费

防空地下室易地建设费是指建设单位因地质、结构等原因无法同步配套修建防空地下室，必须依法交纳建设规定面积的防空地室所需的工程费用，由人防主管部门统一易地建设，简称为易地建设费。

1. 缴费义务人

防空地下室易地建设费的缴费义务人为易地建设人防工程的建设单位。防空地下室，是指结合民用建筑修建的战时可用于防空的地下室。城市和依法确定的人民防空重点镇规划区内新建民用建筑，应当按照不含应建防空地下室的总建筑面积5%～9%的比例建设防空地下室。

2. 缴费内容及标准

建设单位依规定提出易地建设申请，经有批准权限的人防主管部门批准后，应按应建防空地下室的建筑面积和规定的易地建设费标准交纳建设费用，由人防主管部门统一就地就近安排易地建设人防工程；防空地下室易地建设费的收费标准，由省、自治区。

直辖市价格主管部门会同同级财政、人防主管部门按照当地防空地下室的造价制定，报国家计委、财政部、国家人防办备案。

3. 缴费减免规定

对按规定需要配套建设防空地下室的，防空地下室建设要随民用建筑项目计划一同下达，坚持同步配套建设，不得收费。

对以下新建民用建筑项目应适当减免防空地下室易地建设费：享受政府优惠政策建设的廉租房、经济适用房等居民住房，减半收取；新建幼儿园、学校教学楼、养老院及为残疾人修建的生活服务设施等民用建筑，减半收取；临时民用建筑和不增加面积的危房翻新改造商品住宅项目，予以免收；因遭受水灾、火灾或其他不可抗拒的灾害造成损坏后按原面积修复的民用建筑，予以免收。

防空地下室易地建设费，按照国家国防动员委员会、财政部和省、自治区、直辖市人民政府财政主管部门的规定，全额上缴同级财政预算外专户，实行收支两条线管理，专项用于人民防空建设，任何单位和个人不得平调、截留和挪用。

（五）土地闲置费

1. 缴纳义务人

闲置土地，是指国有建设用地使用权人超过国有建设用地使用权有偿使用合同或者划拨决定书约定、规定的动工开发日期满一年未动工开发的国有建设用地。已动工开发但开发建设用地面积占应动工开发建设用地总面积不足三分之一或者已投资额占总投资额不足25%，中止开发建设满一年的国有建设用地，也可以认定为闲置土地。

土地闲置费是指土地使用者依法取得土地使用权后，未经原批准用地的人民政府同意，超过规定的期限未动工开发建设造成土地荒芜、闲置时，由土地使用者向土地行政主管部门缴纳的费用缴纳闲置费。具体可以分以下情况：

（1）以出让方式取得的土地使用权。根据《中华人民共和国城市房地产管理法》（2020版）第二十六条，以出让方式取得土地使用权进行房地产开发的，必须按照土地使用权出让合同约定的土地用途、动工开发期限开发土地。超过出让合同约定的动工开发日期满一年未动工开发的，可以征收相当于土地使用权出让金20%以下的土地闲置费；满二年未动工开发的，可以无偿收回土地使用权；但是，因不可抗力或者政府、政府有关部门的行为或者动工开发必需的前期工作造成动工开发迟延的除外。

（2）根据新土地管理法第三十八条，禁止任何单位和个人闲置、荒芜耕地。已经办理审批手续的非农业建设占用耕地，一年内不用而又可以耕种并收获的，应当由原耕种该幅耕地的集体或者个人恢复耕种，也可以由用地单位组织耕种；一年以上未动工建设的，应当按照省、自治区、直辖市的规定缴纳闲置费；连续二年未使用的，经原批准机关批准，由县级以上人民政府无偿收回用地单位的土地使用权；该幅土地原为农民集体所有的，应当交由原农村集体经济组织恢复耕种。

2. 征缴标准

土地闲置费征收具体标准如下：

（1）已经签订国有土地使用权出让合同的闲置土地，每月的土地闲置费标准为：经营性房地产用地为合同出让金总额的 1.2%；一般建设用地为合同出让金总额的 0.8%；工业和基础设施用地为合同出让金总额的 0.4%。各类用地累计征收土地闲置费总额不超过该宗用地土地使用权出让金合同总额的 20%。

（2）未签订国有土地使用权出让合同或未办理划拨用地手续的闲置土地，土地闲置按各地规定的标准征收，计征时间累计不超过 24 个月。

3. 征缴规定

未动工开发满一年的，由市、县国土资源主管部门报经本级人民政府批准后，向国有建设用地使用权人下达《征缴土地闲置费决定书》，按照土地出让或者划拨价款的 20% 征缴土地闲置费。土地闲置费不得列入生产成本。市、县国土资源主管部门在作出征缴土地闲置费、收回国有建设用地使用权决定前，应当书面告知国有建设用地使用权人有申请听证的权利。国有建设用地使用权人要求举行听证的，市、县国土资源主管部门应当依照《国土资源听证规定》依法组织听证。

（六）城镇垃圾处理费

1. 缴纳义务人

城镇是指设市城市、县城及建制镇。城镇垃圾是指在城镇日常生活中或者为日常生活提供服务产生的固体废物（不包括医疗废物、工业固体废物、危险废物、植物废物）。具体分为生活垃圾、生产经营垃圾、建筑装潢垃圾。按照“谁产生、谁付费”的原则，城镇垃圾处理实行收费制度，用于补偿城镇垃圾无害化集中处理所产生的费用。城镇垃圾处理费属于行政事业性收费，专项用于城镇垃圾收集、运输和处置。

2. 征收依据

（1）根据《中华人民共和国固体废物污染环境防治法》第五十八条，县级以上地方人民政府应当按照产生者付费原则，建立生活垃圾处理收费制度。

县级以上地方人民政府制定生活垃圾处理收费标准，应当根据本地实际，结合生活垃圾分类情况，体现分类计价、计量收费等差别化管理，并充分征求公众意见。生活垃圾处理收费标准应当向社会公布。

生活垃圾处理费应当专项用于生活垃圾的收集、运输和处理等，不得挪作他用。

（2）根据《城市市容和环境卫生管理条例》第二十九条第二款，凡委托环境卫生专业单位清扫、收集、运输和处理废弃物的，应当交纳服务费。具体办法由省、自治区、直辖市人民政府制定。

第十三节　社会保险费政策与管理

2018 年 2 月 28 日，中国共产党第十九届中央委员会第三次全体会议通过的《深化党和国家机构改革方案》。方案明确，为提高社会保险资金征管效率，将基本养老保险费、基本医疗保险费、失业保险费等各项社会保险费交由税务部门统一征收。

一、我国社会保险制度

社会保险是一个国家经济社会发展的稳定器。《中华人民共和国社会保险法》于 2010 年 10 月 28 日第十一届全国人民代表大会常务委员会第十七次会议通过，自 2011 年 7 月 1 日起施行，这标志着我国社会保险发展进入法制化轨道；2018 年 12 月 29 日第十三届全国人民代表大会常务委员会第七次会议通过关于修改《中华人民共和国社会保险法》的决定。

社会保险是国家依法建立的一种社会保障制度，是社会保障的重要组成部分。它能使劳动者在年老、患病、生育、伤残、死亡等暂时或永久丧失劳动能力或因失业中断劳动失去生活来源时，从社会（国家）获得物质帮助。

我国现行的社会保险制度主要包括养老保险、医疗保险、失业保险、工伤保险和生育保险制度。养老保险分为基本养老保险和补充养老保险，基本养老保险包括企业职工基本养老保险、机关事业单位工作人员养老保险和城乡居民基本养老保险；补充养老保险包括企业年金和职业年金等，在基本养老保险的基础上，国家鼓励用人单位建立补充养老保险；补充养老保险由用人单位根据自身经济实力，在国家规定的实施政策和实施条件下为本单位职工建立的一种辅助性的养老保险；补充养老保险费可以由用人单位或者职工完全承担，或由用人单位和职工双方共同承担。医疗保险分为基本医疗保险和补充医疗保险，基本医疗保险包括城镇职工基本医疗保险和城乡居民基本医疗保险，国家公务员医疗补助、企业补充保险制度和城乡居民大病保险制度作为多层次医疗保障体系的重要组成部分，是基本医疗保险的补充和完善，增强了医疗保险的保障功能。

二、社会保险缴费基本规定

社会保险缴费基本规定主要包括社会保险缴费基数、社会保险缴费人和社会保险费率（缴费标准）三个方面的内容。

（一）社会保险缴费基数

根据《中华人民共和国劳动法》第七十二条，用人单位和劳动者必须依法参加社会保险，缴纳社会保险费。根据《中华人民共和国社会保险法》第四条，中华人民共和国境内的用人单位和个人依法缴纳社会保险费，有权查询缴费记录、个人权益记录，要求社会保险经办机构提供社会保险咨询等相关服务。

社会保险缴费基数即社会保险缴费依据是针对用人单位和劳动者而言的，用人单位社会保险缴费基数与单位工资总额相关，劳动者个人社会保险缴费基数与本人月平均工资相关。

1. 关于工资总额的计算口径

工资总额是指各单位在一定时期内直接支付给本单位全部职工的劳动报酬总额，由计时工资、计件工资、奖金、加班加点工资、特殊情况下支付的工资、津贴和补贴等组成。劳动报酬总额包括：在岗职工工资总额；不在岗职工生活费；聘用、留用的离退休人员的劳动报酬；外籍及港澳台方人员劳动报酬以及聘用其他从业人员的劳动报酬。

关于计算缴费基数的具体项目以及不列入缴费基数的项目详见《关于工资总额组成的规定》（国家统计局令第 1 号）和《关于规范社会保险缴费基数有关问题的通知》（劳社险中心函〔2006〕60 号）。

2. 关于统一缴费基数问题

（1）参保单位缴纳基本养老保险费的基数可以为职工工资总额，也可以为本单位职工个人缴费工资总额基数之和，但在全省区市范围内应统一为一种核定办法；机关事业单位应按本单位参加机关事业单位养老保险工作人员的个人缴费工资基数之和缴纳基本养老保险费。

单位职工本人缴纳基本养老保险费的基数原则上以上一年度本人月平均工资为基础（有条件的地区也可以本人上月工资收入为个人缴费工资基数），在当地职工平均工资的60% ~300% 的范围内进行核定。各省以本省城镇非私营单位就业人员平均工资和城镇私营单位就业人员平均工资加权计算的全口径城镇单位就业人员平均工资，作为当地职工平均工资核定社保个人缴费基数上下限。

（2）参保单位缴纳基本医疗保险、失业保险、工伤保险、生育保险费的基数为职工工资总额，基本医疗保险、失业保险职工个人缴费基数为本人工资，为便于征缴可以上一年度个人月平均工资为缴费基数。

为方便参保企业和参保人员，一些地方整合经办资源，将各险种单位和个人的缴费基数统一为单位和个人缴纳基本养老保险费的基数。

3. 特殊情况下个人缴费基数的确定

（1）新招职工（包括研究生、大学生、大中专毕业生等）以起薪当月工资收入作为缴费工资基数；从第二年起，按上一年实发工资的月平均工资作为缴费工资基数。

（2）单位派出的长期脱产学习人员、经批准请长假的职工，保留工资关系的，以脱产或请假的上年月平均工资作为缴费工资基数。

（3）单位派到境外、国外工作的职工，按本人出境（国）上年在本单位领取的月平均工资作为缴费工资基数；次年的缴费工资基数按上年本单位平均工资增长率进行调整。

（4）失业后再就业的职工，以再就业起薪当月的工资收入作为缴费工资基数；从第二年起，按上一年实发工资的月平均工资作为缴费工资基数。

（5）个体工商户和灵活就业人员参加企业职工基本养老保险，可以在本省全口径城镇单位就业人员平均工资的60%～300%之间选择适当的缴费基数。

（二）社会保险缴费人和费率（缴费标准）

1. 基本养老保险缴费人和费率

（1）企业职工基本养老保险缴费人和费率。

城镇各类企业及其职工为城镇职工基本养老保险法定缴费人。个体工商户和灵活就业人员可以参加企业职工基本养老保险。

自2019年5月1日起，城镇职工基本养老保险单位缴费比例高于16%的，可降至16%；低于16%的，研究提出过渡办法。各省具体调整或过渡方案于2019年4月15日前报人力资源社会保障部、财政部备案。

职工缴费费率为8%，个体工商户和灵活就业人员缴费费率为20%。

（2）机关事业单位工作人员基本养老保险缴费人和费率。

按照《中华人民共和国公务员法》（以下简称《公务员法》）管理的单位、参照《公务员法》管理的机关（单位）、事业单位及其编制内的工作人员为机关事业单位工作人员基本养老保险法定缴费人。编制外人员应依法参加企业职工基本养老保险。对于编制管理不规范的单位，要先按照有关规定进行清理规范，待明确工作人员身份后再纳入相应的养老保险制度。

对于目前划分为生产经营类，但尚未转企改制到位的事业单位，已参加企业职工基本养老保险的仍继续参加；尚未参加的，暂参加机关事业单位基本养老保险，待其转企改制到位后，按有关规定纳入企业职工基本养老保险范围。

机关事业单位工作人员基本养老保险单位缴费费率为16%，个人缴费费率为8%。

（3）城乡居民基本养老保险缴费人和缴费标准。

年满16周岁（不含在校学生），非国家机关和事业单位工作人员及不属于职工基本养老保险制度覆盖范围的城乡居民，可以在户籍地参加城乡居民养老保险。

参加城乡居民养老保险的人员应当按规定缴纳养老保险费。缴费标准目前设为每年100元、200元、300元、400元、500元、600元、700元、800元、900元、1 000元、1 500元、2 000元12个档次，省（自治区、直辖市）人民政府可以根据实际情况增设缴费档次，最高缴费档次标准原则上不超过当地灵活就业人员参加职工基本养老保险的年缴费额，并报人力资源社会保障部备案。人力资源社会保障部会同财政部依据城乡居民收入增长等情况适时调整缴费档次标准。参保人自主选择档次缴费，多缴多得。

各地要根据城乡居民收入增长情况，合理确定和调整城乡居民基本养老保险缴费档次标准，供城乡居民选择。最高缴费档次标准原则上不超过当地灵活就业人员参加职工基本养老保险的年缴费额。对重度残疾人等缴费困难群体，可保留现行最低缴费档次标准。

知识链接

补充养老保险缴费基本规定

补充养老保险，是在基本养老保险的基础上，为补充基本养老保险的不足而建立的超出基本养老保险以上部分的一种养老形式。补充养老保险由用人单位根据自身经济实力，在国家规定的实施政策和实施条件下为本单位职工建立的一种辅助性的养老保险。补充养老保险费可以由用人单位或者职工完全承担，或由用人单位和职工双方共同承担。

根据国务院关于逐步建立起多层次（第三支柱）养老保险制度精神，补充养老保险包括第二支柱企业（职业）年金和第三支柱个人储蓄性养老保险和商业养老保险。

1. 企业年金缴费基本规定

（1）企业年金缴费人。

企业年金的缴费义务人包括企业和职工。企业和职工建立企业年金，应当依法参加基本养老保险并履行缴费义务，企业具有相应的经济负担能力。企业应当与职工一方通过集体协商确定，并制定企业年金方案。企业年金方案应当提交职工代表大会或者全体职工讨论通过。企业年金方案应当包括参加人员、资金筹集与分配的比例和办法、账户管理、权益归属、基金管理、待遇计发和支付方式、方案的变更和终止、组织管理和监督方式、双方约定的其他事项等内容；企业年金方案适用于企业试用期满的职工。

（2）企业年金缴费基数和费率。

企业年金缴费基数是工资总额。

企业缴费费率≤8%，职工个人缴费费率≤4%。

企业缴费每年不超过本企业职工工资总额的8%，企业和职工个人缴费合计不超过本企业职工工资总额的12%。具体所需费用，由企业和职工一方协商确定。职工个人缴费由企业从职工个人工资中代扣代缴。

2. 职业年金缴费基本规定

（1）职业年金缴费人。

职业年金缴费人的规定与参加机关事业单位基本养老保险的范围一致。

（2）职业年金缴费基数和费率。

职业年金所需费用由单位和工作人员个人共同承担。单位缴纳职业年金费用的比例为本单位工资总额的8%，个人缴费比例为本人工资总额的4%，由单位代扣。单位和个人缴费基数与机关事业单位工作人员基本养老保险缴费基数一致。根据经济社会发展状况，国家适时调整单位和个人职业年金缴费的比例。

3. 个人储蓄性养老保险和商业养老保险

目前，号称“第三支柱”的个人储蓄性养老保险和商业养老保险正式进入制度建设启动阶段。建立养老保险第三支柱，对于积极应对人口老龄化、完善多层次养老保险制度体系、满足人民群众对更加美好老年生活需要、促进经济社会发展，具有十分重要的意义。

个人储蓄性养老保险是我国多层次养老保险体系的组成部分，是由职工自愿参加、自愿选择经办机构的一种补充保险形式。一般而言，由社会保险机构经办的职工个人储蓄性养老保险，由社会保险主管部门制定具体办法，职工个人根据自己的工资收入情况，按规定缴纳个人储蓄性养老保险费，记入当地社会保险机构在有关银行开设的养老保险个人账户，并按不低于或高于同期城乡居民储蓄存款利率计息，以提倡和鼓励职工个人参加储蓄性养老保险，所得利息记入个人账户，本息一并归职工个人所有。

商业养老保险是以获得养老金为主要目的的长期人身险，它是年金保险的一种特殊形式，又称为退休金保险，是社会基本养老保险的补充。商业养老保险一般包括个人养老年金保险、团体养老年金保险和企业年金管理等。

4. 基本医疗保险缴费人和费率（缴费标准）

（1）城镇职工基本医疗保险缴费人和费率。

基本医疗保险费由用人单位和职工共同缴纳。城镇所有用人单位，包括企业（国有企业、集体企业、外商投资企业、私营企业等）、机关、事业单位、社会团体、民办非企业单位及其职工，都要参加基本医疗保险。乡镇企业及其职工、城镇个体经济组织业主及其从业人员是否参加基本医疗保险，由各省、自治区、直辖市人民政府决定。

用人单位缴费费率一般为6%左右，职工缴费费率一般为2%。随着经济发展，用人单位和职工缴费率可作相应调整。

所有用人单位及其职工都要按照属地管理原则参加所在统筹地区的基本医疗保险，执行统一政策，实行基本医疗保险基金的统一筹集、使用和管理。铁路、电力、远洋运输等跨地生产流动性较大的企业及其职工，可以相对集中的方式异地参加统筹地区的基本医疗保险。

（2）城乡居民基本医疗保险缴费人和缴费标准。

城乡居民基本医疗保险覆盖除职工基本医疗保险应参保人员以外的其他所有城乡居民。农民工和灵活就业人员依法参加职工基本医疗保险，有困难的可按照当地规定参加城乡居民医保。

城乡居民基本医疗保险坚持多渠道筹资，实行个人缴费与政府补助相结合为主的筹资方式，鼓励集体、单位或其他社会经济组织给予扶持或资助。各地统筹考虑城乡居民医保与大病保险保障需求，按照基金收支平衡的原则，合理确定城乡统一的筹资标准。

2020年城乡居民基本医疗保险人均财政补助标准新增30元，达到每人每年不低于550元；个人缴费标准每人每年280元。各统筹地区统筹考虑基金收支平衡、待遇保障需要和各方承受能力等因素，合理确定具体筹资标准，可以适当提高个人缴费比重。

享受城乡居民最低生活保障和生活困难补助人员、享受城乡低收入救助人员、特困供养人员、享受定期抚恤补助的优抚对象、由民政部门管理具有本市户籍的见义勇为人员（含享受定期抚恤补助的见义勇为死亡人员遗属）、去世离休干部无工作配偶、计划生育特殊家庭成员、低收入农户、享受困境儿童生活保障的事实无人抚养儿童、区级福利机构内由政府供养的享受困境儿童生活保障的孤儿弃婴、残疾人员和参照本市城乡社会救助对象医疗救助政策享受医疗待遇的退养人员、退离居委会老积极分子，个人缴费由户籍所在区财政全额补贴。

知识链接

补充医疗保险相关规定

企业补充医疗保险、国家公务员医疗补助和城乡居民大病保险作为多层次医疗保障体系的重要组成部分，是社会基本医疗保险的补充和完善，增强了医疗保险的保障功能。

1. 企业补充医疗保险

按规定参加各项社会保险并按时足额缴纳社会保险费的企业，可自主决定是否建立补充医疗保险。企业可在按规定参加当地基本医疗保险基础上，建立补充医疗保险，用于对城镇职工基本医疗保险制度支付以外由职工个人负担的医药费用进行的适当补助，减轻参保职工的医药费负担。

企业补充医疗保险费在工资总额4%以内的部分，企业可直接从成本中列支，不再经同级财政部门审批。

2. 国家公务员医疗补助

国家公务员医疗补助是在城镇职工基本医疗保险制度基础上对国家公务员的补充医疗保障，是保持国家公务员队伍稳定、廉洁，保证政府高效运行的重要措施。

国家公务员医疗补助适用范围：符合《国家公务员暂行条例》和《国家公务员制度实施方案》规定的国家行政机关工作人员和退休人员；经人事部或省、自治区、直辖市人民政府批准列入依照国家公务员制度管理的事业单位的工作人员和退休人员；经中共中央组织部或省、自治区、直辖市党委批准列入参照国家公务员制度管理的党群机关，人大、政协机关，各民主党派和工商联机关以及列入参照国家公务员制度管理的其他单位机关工作人员和退休人员；审判机关、检察机关的工作人员和退休人员。

按现行财政管理体制，国家公务员医疗补助经费由同级财政列入当年财政预算，具体筹资标准应根据原公费医疗的实际支出、基本医疗保险的筹资水平和财政承受能力等情况合理确定。医疗补助经费专款专用、单独建账、单独管理，与基本医疗保险基金分开核算。

3. 城乡居民大病保险

城乡居民大病保险是在基本医疗保险的基础上，对大病患者发生的高额医疗费用给予进一步保障的一项制度性安排，可进一步放大保障效用，是基本医疗保险制度的拓展和延伸，是对基本医疗保险的有益补充。

各地结合当地经济社会发展水平、医疗保险筹资能力、患大病发生高额医疗费用的情况、基本医疗保险补偿水平，以及大病保险保障水平等因素，精细测算，科学合理确定大病保险的筹资标准。各地从城乡居民基本医疗保险基金中划出一定比例或额度作为大病保险资金。城乡居民基本医疗保险基金有结余的地区，利用结余筹集大病保险资金；结余不足或没有结余的地区，在城乡居民基本医疗保险年度提高筹资时统筹解决资金来源，逐步完善城乡居民基本医疗保险多渠道筹资机制。

4. 工伤保险缴费人和费率

工伤保险的缴费人是中华人民共和国境内的企业、事业单位、社会团体、民办非企业单位、基金会、律师事务所、会计师事务所等组织和有雇工的个体工商户（以下简称用人单位）。

用人单位应当依照规定为本单位全部职工或者雇工（以下简称职工）缴纳工伤保险费。上述单位的职工和个体工商户的雇工，均有依照规定享受工伤保险待遇的权利。

工伤保险费率根据“以支定收、收支平衡”的原则确定。不同工伤风险类别的行业对应不同的工伤保险行业基准费率，一类至八类分别为 0.2%、0.4%、0.7%、0.9%、1.1%、1.3%、1.6%、1.9%左右。

通过费率浮动的办法确定每个行业内的费率档次。一类行业分为 3 个档次，在基准费率的基础上，向上浮动至 120%、150%，二类至八类行业分为 5 个档次，在基准费率的基础上，分别向上浮动至 120%、150% 或向下浮动至 80%、50%。

工伤保险费率由统筹地区社会保险经办机构根据用人单位工伤保险费使用、工伤发生率、职业病危害程度等因素确定。

为降低企业成本，增强企业活力，自 2018 年 5 月 1 日起，在保持八类费率总体稳定的基础上，工伤保险基金累计结余可支付月数在 18（含）~ 23 个月的统筹地区，可以现行费率为基础下调 20%；累计结余可支付月数在 24 个月（含）以上的统筹地区，可以现行费率为基础下调 50%。降低费率的期限暂执行至 2019 年 4 月 30 日。自 2019 年 5 月 1 日起，延长阶段性降低工伤保险费率的期限至 2020 年 4 月 30 日，工伤保险基金累计结余可支付月数在 18 至 23 个月的统筹地区可以现行费率为基础下调20%，累计结余可支付月数在24个月以上的统筹地区可以现行费率为基础下调50%。

5. 失业保险缴费人和费率

中华人民共和国境内的企业、事业单位、社会团体、民办非企业单位、基金会、律师事务所、会计师事务所等组织（以下简称用人单位）及其职工应当依照规定参加失业保险，缴纳失业保险费。

用人单位和职工的缴费比例之和不得超过2%，具体缴费比例由省、自治区、直辖市人民政府规定。在省、自治区、直辖市行政区域内，用人单位和职工的缴费比例应当统一。

为降低企业成本，增强企业活力，从2016年5月1日起，失业保险总费率在2015年已降低1个百分点基础上可以阶段性降至1%～1.5%，其中个人费率不超过0.5%，降低费率的期限暂按2年执行。具体方案由各省（自治区、直辖市）确定。自2018年5月1日起，实施失业保险总费率1%的省（自治区、直辖市），延长阶段性降低费率的期限至2019年4月30日。自2019年5月1日起，实施失业保险总费率1%的省（自治区、直辖市），延长阶段性降低失业保险费率的期限至2020年4月30日。

6. 生育保险缴费人和费率

生育保险缴费人包括国家机关、企业、事业单位、有雇工的个体经济组织以及其他社会组织等各类用人单位，单位无论招用男、女职工，都要依法参加生育保险；职工个人不缴费。

生育保险缴费费率一般不超过0.5%，具体费率按照“以支定收、收支平衡”的原则，根据近年来生育保险基金的收支和结余情况确定；各统筹地区应将确定后的费率报省、自治区、直辖市批准后实施；为有效控制用人单位的缴费负担，缴费比例超过0.5%的，应报人力资源社会保障部备案。

注意：“疫情防控”特殊时期的阶段性减征规定，具体请查看：

（1）《人力资源社会保障部 财政部 税务总局关于阶段性减免企业社会保险费的通知》（人社部发〔2020〕11号）：

①自2020年2月起，各省、自治区、直辖市（除湖北省外）及新疆生产建设兵团（以下统称省）可根据受疫情影响情况和基金承受能力，免征中小微企业3项

社会保险单位缴费部分，免征期限不超过5个月；对大型企业等其他参保单位（不含机关事业单位）三项社会保险单位缴费部分可减半征收，减征期限不超过3个月。

②自2020年2月起，湖北省可免征各类参保单位（不含机关事业单位）3项社会保险单位缴费部分，免征期限不超过5个月。

③受疫情影响生产经营出现严重困难的企业，可申请缓缴社会保险费，缓缴期限原则上不超过6个月，缓缴期间免收滞纳金。

④各省根据工业和信息化部、统计局、国家发展改革委、财政部《工业和信息化部 统计局 国家发展改革委 财政部关于印发中小企业划型标准规定的通知》（工信部联企业〔2011〕300号）等，结合本省实际确定减免企业对象，并加强部门间信息共享，不增加企业事务性负担。

⑤要确保参保人员社会保险权益不受影响，企业要依法履行好代扣代缴职工个人缴费的义务，社保经办机构要做好个人权益记录工作。

⑥各省级政府要切实承担主体责任，确保各项社会保险待遇按时足额支付。加快推进养老保险省级统筹，确保年底前实现基金省级统收统支。2020年企业职工基本养老保险基金中央调剂比例提高到4%，加大对困难地区的支持力度。

⑦各省要结合当地实际，按照本通知规定的减免范围和减免时限执行，规范和加强基金管理，不得自行出台其他减收增支政策。各省可根据减免情况，合理调整2020年基金收入预算。

各省要提高认识，切实加强组织领导，统筹做好疫情防控和经济社会发展工作，抓紧制定具体实施办法，尽快兑现减免政策。各省印发的具体实施办法于3月5日前报人力资源社会保障部、财政部、国家税务总局备案。各级人力资源社会保障、财政、税务部门要会同相关部门，切实履行职责，加强沟通配合，全力做好疫情防控期间企业社会保险工作，确保企业社会保险费减免等各项政策措施落实到位。

（2）《国家医保局 财政部 税务总局关于阶段性减征职工基本医疗保险费的指导意见》（医保发〔2020〕6号）：

①自2020年2月起，各省、自治区、直辖市及新疆生产建设兵团（以下统称省）可指导统筹地区根据基金运行情况和实际工作需要，在确保基金收支中长期平衡的前提下，对职工医保单位缴费部分实行减半征收，减征期限不超过5个月。

②原则上，统筹基金累计结存可支付月数大于6个月的统筹地区，可实施减征；可支付月数小于6个月但确有必要减征的统筹地区，由各省指导统筹考虑安排。缓缴政策可继续执行，缓缴期限原则上不超过6个月，缓缴期间免收滞纳金。

③各省要指导统筹地区持续完善经办管理服务，确保待遇支付，实施减征和缓缴不能影响参保人享受当期待遇。参保单位应依法履行代扣代缴个人缴费的义务，医保经办机构要做好个人权益记录，确保个人权益不受影响。优化办事流程，不增加参保单位事务性负担。

④各省要指导统筹地区切实加强基金管理，做好统计监测，跟踪分析基金运行情况，采取切实管用的措施，管控制度运行风险，确保基金收支中长期平衡。减征产生的统筹基金收支缺口由统筹地区自行解决。各省可根据减征情况，合理调整2020年基金预算。

⑤已经实施阶段性降低单位费率等援企政策的省可继续执行，也可按照本指导意见精神指导统筹地区调整政策。已实施阶段性降低职工医保单位费率的统筹地区，不得同时执行减半征收措施。

各省要提高思想认识，加强组织领导，分类指导统筹地区做好相关工作。决定实施减征政策的省，印发的具体实施方案于3月5日前报医保局、财政部、国家税务总局备案。各级医疗保障、财政、税务等部门要加强协同，切实履职，全力做好疫情防控期间的医疗保障各项工作，确保政策落实到位，重要情况及时报告。

（3）《人力资源社会保障部 财政部 税务总局关于延长阶段性减免企业社会保险费政策实施期限等问题的通知》（人社部发〔2020〕49号）：

①各省、自治区、直辖市及新疆生产建设兵团（以下统称省）对中小微企业三项社会保险单位缴费部分免征的政策，延长执行到2020年12月底。各省（除湖北省外）对大型企业等其他参保单位（不含机关事业单位，下同）三项社会保险单位缴费部分减半征收的政策，延长执行到2020年6月底。湖北省对大型企业等其他参保单位三项社会保险单位缴费部分免征的政策，继续执行到2020年6月底。

②受疫情影响生产经营出现严重困难的企业，可继续缓缴社会保险费至2020年12月底，缓缴期间免收滞纳金。

③各省2020年社会保险个人缴费基数下限可继续执行2019年个人缴费基数下

限标准，个人缴费基数上限按规定正常调整。

④有雇工的个体工商户以单位方式参加三项社会保险的，继续参照企业办法享受单位缴费减免和缓缴政策。

⑤以个人身份参加企业职工基本养老保险的个体工商户和各类灵活就业人员，2020 年缴纳基本养老保险费确有困难的，可自愿暂缓缴费。2021 年可继续缴费，缴费年限累计计算；对 2020 年未缴费月度，可于 2021 年底前进行补缴，缴费基数在 2021 年当地个人缴费基数上下限范围内自主选择。

⑥各省要严格按照规定的减免范围、减免时限和划型标准执行，确保各项措施准确落实到位，不得突破本通知的政策要求，不得自行出台其他减收增支政策。要统筹考虑今年减免政策等因素，按程序调整 2020 年社保基金收支预算。

⑦各省级政府要切实承担主体责任，加快推进三项社会保险省级统筹工作，确保 2020 年底前实现企业职工基本养老保险基金省级统收统支。要加强资金调度，做好资金保障工作，确保各项社会保险待遇按时足额支付。

第二编

税收征管操作实务

第七章 税收征管体制改革与操作规范

税收是政府收入的主要来源，也是调节市场经济、缩小贫富差距的重要手段。税收征管是指一个国家的税务管理部门根据相关税收法律、征收管理法等的规定，在征收税款的过程中，通过纳税服务、征收、风险管理等一系列手段进行管理的行为总称。税收征管是税务管理活动中的一个重要中心环节。

第一节 税收征管体制改革

税收征管的使命是促使纳税人依法纳税，实现政府的征税权利。税收征管具有系统性特征，因此税收征管体制是核心问题。

一、税收征管体制的内涵①

在国家税务总局颁布的规范性文件中，较早提及征管体制的是1996年颁布的《全国税收发展“九五”计划和2010年远景目标纲要》。该纲要指出，“税收理论研究要围绕建立社会主义市场经济的税收理论体系，重点研究社会主义市场经济下税收的地位、职能作用，完善税制和征管体制”。目前，我国税收管理的行政法规和相关文献中对税收征管体制的研究资料较少，相关的定义散见在一些论文和专著中，没有形成较为统一、明确的定义。

要把握税收征管体制内涵，需要厘清其与税收管理体制的区别。税收管理体制有广义和狭义之分。广义税收管理体制，是指中央和地方之间划分税收管理权限的制度。广义税收管理体制隶属于财政管理体制，体现了税收管理集权与分权的关系。广义税收管理体制的内涵主要是税收管理权限的划分。税收管理权限，包括税收立法权、税法解释权、税种的开征或停征权、税法的调整权、税收的减免权或加征权等。一个国家确定何种类型的税收管理体制，中央与地方如何划分税收管理权限，必须综合考虑国家的政治

① 马建．税收征管体制的内涵、演化与启示[J]．税收经济研究，2018(5)：21－27.

体制、经济体制、财政管理体制、法制环境及具体国情等因素。按照各国对税收管理权限的划分，广义的税收管理体制大体分为三种类型：分税制型；中央立法集权型；中央立法、地方管理型。狭义的税收管理体制，是指税务机关内部组织架构设置及相应税收管理职能划分的制度安排，是税务机关履行税收管理职责的组织保障。

税收征管体制这个概念与上述的税收管理体制几近相同，只是除涉及中央和地方之间的立法及解释权、税目税率调整权、减免权限和收入分配权外，其还涉及征收部门之间的征管权限范围。

二、我国税收征管体制演变①

税收征管体制及其涉及的税收权限划分受到一国政体、经济体制、财政体制和税收制度等因素的影响。新中国成立 70 多年来，税收征管体制经历了从财政与税务部门共同征收到国家税务总局与地方税务局分征再到国税、地税合并为一个税务系统征管的变革，最后回归到税收征管主体、征管手段、征管模式的统一。

(一) 1950—1993 年：财政、税务部门共同征管

在 1993 年之前，省和省以下的地方政府不区分国税、地税。在财政收入的组织上，由财政部门和税务部门共同征管。1949 年 11 月，政务院召开首届全国税务会议，确定了税务工作统一管理的组织原则，确定建立副部级税务总局，草拟了《全国各级税务机关暂行组织规程》。据此，1950 年 1 月，经政务院批准财政部设税务总局，为国家最高税收征收管理机构，各地也相继设立了税务机构，均受财政部领导。如大行政区设税务管理局；省、直辖市设税务局；专区及省辖市设税务分局；县（市）、自治县（旗）和城市税务分局可根据本地区税源分布，按照经济区划，设置若干税务所，作为县（市）级局派出机构，直接进行税收征管工作。除受其直属上级税务机关的领导外，还受同级财政部门的领导。1958 年，对税务机构进行了撤并，许多城市实行财政、税务、银行、保险公司等机构合并，基层税务所并入公社财务部门。1979 年，国家全面恢复了税务机构，增加了税务干部编制。1982 年，为了保证税务机关独立行使职权，国务院两次批转财政部关于加强税收工作的报告，强调全国税务系统实行同级政府和上级税务部门双重领导，业务以上级税务机关垂直领导为主。1983 年 8 月，国务院提出，地、市、县税务局的机构设置、干部管理、人员编制和经费开支，原则上应由省、直辖市、自治区税务局垂直管理。在地方上，1985 年之后，随着税收作用的凸显，省、市税务局逐渐从财政

---

① 周春英. 新中国 70 年税收征管体制变迁与启示[N]. 中国财经报,2019－10－22.

部门分设，对税务机构实行地方政府和上级税务部门双重领导体制，但以地方政府领导为主。1988 年 5 月，将财政部税务总局改名为国家税务局（副部级），由财政部归口管理，省、自治区、直辖市税务局实现了对地、市、县税务局的垂直领导。1993 年 4 月，根据国务院机构改革方案，国家税务总局从财政部独立出来，改为国家税务总局，为国务院直属机构，机构规格调整为正部级。

国家税务征管机构还包括：海关总署，负责管理关税；财政部农业税征收管理局，负责管理农业税、牧业税、农林特产税、契税和耕地占用税。

在收入的划分上，新中国成立之初，实行高度集中、统收统支的财政管理体制。1953 年，中央与地方财政收入实行收入分类分成办法，将国家财政收入划分为固定收入、固定比例分成收入和调剂收入三大类。1959 年，除了少数仍由中央直接管理的企业收入和不便于按地区划分的收入，如铁道、邮电、外贸、海关等收入以外，其他多种收入包括各种税收和一切企业收入，全部划给所在的省、市、自治区管理。1985 年，为适应因第二步“利改税”所造成的中央、地方、部门和企业的分配关系发生变化的形势，在中央与地方间实行划分税种、核定收支、分级包干的财政管理体制，中央国有企业所得税、调节税，铁道部和各银行总行、保险公司的营业税，军工企业收入，关税和海关代征的产品税、增值税等为中央财政固定收入；地方国营企业所得税、调节税和承包费、农牧业税、车船使用牌照税、城市房地产税、屠宰税、牲畜交易税、集市交易税、契税等，则为地方财政固定收入。1986 年后，由于中央财政连年出现较大赤字，宏观调控能力日益削弱；再加上不断下放财权，中央本级财源不稳定，而同时实行的减收增支，中央本级的财政压力不断增大；另外，中央地方间划分税种的办法使上解比例较大，留成比例较低，从而打击了上解地区组织收入的积极性。在此背景下，国务院颁布《关于地方实行财政包干办法的决定》，自 1988 年开始，在全国实行不同形式的财政包干办法。地方财政、税务部门在组织了财政收入后，按照财政包干办法将收入上解中央。

（二）1994—2018 年：国税、地税分征

1994 年，我国实行分税制财政管理体制改革，税收征管体制也相应发生了重大变化。一是所有税收的立法权都要集中在中央，以保证政令统一，维护全国统一市场和企业平等竞争。二是从地方“上划”部分税收征管资源，中央决定省以下税务机构分设国家税务总局和地方税务局两个系统，前者受国家税务总局垂直领导，后者继续由省级地方税务局垂直管辖。在同时颁发的《工商税制改革实施方案》中，强调征纳双方必须依法征税、纳税，维护法律特别是税法的严肃性，要堵住漏洞，不能实施税法规定之外的

包税、减免税。三是税收按收入归属分为中央税、地方税和中央与地方共享税。四是税收实行分级征管，中央和共享税由国税局负责征收，共享税中地方分享的部分，由中央税务机构直接划入地方金库，地方固定收入税由地方税务机构负责征收管理。国家税务机构分设、分征、分管的税收征管体制在我国是前所未有的，在分税制下实行这种税收征管体制在国际上说也是合理的。

1994—2011 年间，在具体征税机构上，出现过国税局、交通部门、地税局和财政部门分别征收不同税种的过渡时期。

2016 年 5 月，全面实施“营改增”后，地税部门不再征收营业税；2017 年 12 月和 2018 年 1 月后，地方税务局先后负责水资源税改革试点和环境保护税征收。

在税权分配上，具体来看：在立法权上，税收立法权完全集中在中央，地方政府没有税收立法权；在解释权上，部分地方税，例如房产税、城镇土地使用税、契税、城市维护建设税被授权由省级政府颁布实施细则；在税制调整权上，对车船税、耕地占用税、城镇土地使用税、契税、环境保护税、资源税，省级政府在一定幅度内被赋予税额或税率的调整权；在减免权上，房产税、城镇土地使用税、车船税、契税、资源税、企业所得税和个人所得税的减免幅度和期限的决定，省级政府具有一定的权限；在征管权上，指的是在税务机关和其他征收机关（海关、财政部门）之间征管权限的划分；在收入分配权上，目前，除了消费税、车辆购置税以及部分中央企业涉及的增值税、企业所得税由中央独享外，增值税、企业所得税、个人所得税、资源税、城市维护建设税、印花税实行中央和地方共享，其余则在省以下分配。

（三）2018 年至今：国税、地税合并

2018 年 3 月 21 日，中国共产党第十九届中央委员会第三次全体会议通过了《深化党和国家机构改革方案》，提出改革国税地税征管体制，将省级和省级以下国税地税机构实行合并，具体承担所辖区域内的各项税收、非税收入征管等职责。2018 年 7 月，中共中央办公厅、国务院办公厅印发《国税地税征管体制改革方案》，明确了国税地税征管体制改革的指导思想、基本原则和主要目标，提出了改革的主要任务及实施步骤。在管理机构上，国地税合并后，实行国家税务总局与省（自治区、直辖市）政府双重领导并以国家税务总局为主的管理体制。在管理模式上，省、市两级税务局设立纳税服务处和纳税服务中心，使资源配置向纳税人端和纳税服务一线倾斜；在县区级税务机关设立直属税务分局，打造综合纳税服务机构，实施扁平化、专业化、实体化运作。此外，还对征管方式、税费征收等进行了安排。至 2018 年 7 月 20 日，全国省、市、县、乡四级

新税务机构全部完成挂牌，随后向逐级制定和落实“三定”规定、逐级接收社会保险费和非税收入征管职责划转等领域纵深推进。

1. 税收征管体制改革指导思想

全面贯彻党的十九大和十九届二中、三中全会精神，以习近平新时代中国特色社会主义思想为指导，以加强党的全面领导为统领，改革国税地税征管体制，合并省级和省级以下国税地税机构，划转社会保险费和非税收入征管职责，构建优化高效统一的税收征管体系，为高质量推进新时代税收现代化提供有力制度保障，更好发挥税收在国家治理中的基础性、支柱性、保障性作用，更好服务决胜全面建成小康社会、开启全面建设社会主义现代化新征程、实现中华民族伟大复兴的中国梦。

2. 税收征管体制改革基本原则

坚持党的全面领导，坚决维护习近平总书记的核心地位，坚决维护以习近平同志为核心的党中央权威和集中统一领导，把加强党的全面领导贯穿国税地税征管体制改革各方面和全过程，确保改革始终沿着正确方向推进。

3. 税收征管体制改革主要目标

通过改革逐步构建起优化高效统一的税收征管体系，为纳税人和缴费人提供更加优质高效便利服务，提高税法遵从度和社会满意度，提高征管效率，降低征纳成本，增强税费治理能力，确保税收职能作用充分发挥，夯实国家治理的重要基础。

4. 税收征管体制改革主要任务

各省、市、县税务局按期逐级分步完成集中办公、新机构挂牌并以新机构名义开展工作。从严从紧控制机构数量，进一步优化各层级税务组织体系和征管职责，完善结构布局和力量配置，做到机构设置科学、职能职责清晰、资源配置合理。同时，明确从2019年1月1日起，将基本养老保险费、基本医疗保险费、失业保险费、工伤保险费、生育保险费等各项社会保险费交由税务部门统一征收。按照便民、高效的原则，合理确定非税收入征管职责划转到税务部门的范围，对依法保留、适宜划转的非税收入项目成熟一批划转一批，逐步推进。要求整合纳税服务和税收征管等方面业务，优化完善税收和缴费管理信息系统，更好地便利纳税人和缴费人。

三、我国税务系统组织架构及职责

（一）国家税务总局机构设置与职责

1. 机构设置

国家税务总局是国务院直属机构，设局长1名，副局长3名，总经济师、总会计师、总审计师各1名。国家税务总局下设办公厅等18个职能司局，电子税务管理中心等10个直属单位及税收大数据和风险管理局等7个派出机构等。中央纪委国家监委向国家税务总局派驻纪检监察组。

2. 主要职责

国家税务总局的主要职责有：

（1）具体起草税收法律法规草案及实施细则并提出税收政策建议，与财政部共同上报和下发，制订贯彻落实的措施。负责对税收法律法规执行过程中的征管和一般性税政问题进行解释，事后向财政部备案。

（2）承担组织实施中央税、共享税及法律法规规定的基金（费）的征收管理责任，力争税款应收尽收。

（3）参与研究宏观经济政策、中央与地方的税权划分并提出完善分税制的建议，研究税负总水平并提出运用税收手段进行宏观调控的建议。

（4）负责组织实施税收征收管理体制改革，起草税收征收管理法律法规草案并制定实施细则，制定和监督执行税收业务、征收管理的规章制度，监督检查税收法律法规、政策的贯彻执行。

（5）负责规划和组织实施纳税服务体系建设，制定纳税服务管理制度，规范纳税服务行为，制定和监督执行纳税人权益保障制度，保护纳税人合法权益。

（6）组织实施对纳税人进行分类管理和专业化服务，组织实施对大型企业的纳税服务和税源管理。

（7）负责编报税收收入中长期规划和年度计划，开展税源调查，加强税收收入的分析预测，组织办理税收减免等具体事项。

（8）负责制定税收管理信息化制度，拟订税收管理信息化建设中长期规划，组织实施金税工程建设。

（9）开展税收领域的国际交流与合作，参加国家（地区）间税收关系谈判，草签和执行有关协议、协定。

（10）办理进出口商品的税收及出口退税业务。

（11）以国家税务总局为主与省（区、市）人民政府对省及省以下税务系统实行双重领导和管理。

（12）承办国务院交办的其他事项。

（二）省和省以下税务机构设置与职责

1. 机构设置

省以下税务系统设省（自治区、直辖市和计划单列市）、市（地、州、盟）、县（市、区、旗）三级税务局，县税务局下设税务分局、税务所。

2. 省级税务局的主要职责

省级税务局的主要职责有：

（1）负责贯彻执行党的路线、方针、政策，加强党的全面领导，履行全面从严治党责任，负责党的建设和思想政治建设工作。

（2）负责贯彻执行税收、社会保险费和有关非税收入法律、法规、规章和规范性文件，研究制定具体实施办法。组织落实国家规定的税收优惠政策。

（3）负责研究拟订本系统税收、社会保险费和有关非税收入中长期规划，参与拟订税收、社会保险费和有关非税收入预算目标并依法组织实施。负责本系统税收、社会保险费和有关非税收入的会计与统计核算工作。组织开展收入分析预测。

（4）负责开展税收经济分析和税收政策效应分析，为国家税务总局和地方党委、政府提供决策参考。

（5）负责所辖区域内各项税收、社会保险费和有关非税收入征收管理。组织实施税（费）源监控和风险管理，加强企业和自然人税收管理。

（6）负责组织实施本系统税收、社会保险费和有关非税收入服务体系建设。组织开展纳税服务、税收宣传工作，保护纳税人、缴费人合法权益。承担涉及税收、社会保险费和有关非税收入的行政处罚听证、行政复议和行政诉讼事项。

（7）负责所辖区域内国际税收和进出口税收管理工作，组织反避税调查和出口退税事项办理。

（8）负责组织实施所辖区域内税务稽查和社会保险费、有关非税收入检查工作。

（9）负责增值税专用发票、普通发票和其他分类发票管理。负责税收、社会保险费和有关非税收入票证管理。

（10）负责组织实施本系统各项税收、社会保险费和有关非税收入征管信息化建设和数据治理工作。

（11）负责本系统内部控制机制建设工作，开展对本系统贯彻执行党中央、国务院重大决策及上级工作部署情况的督查督办，组织实施税收执法督察。

（12）负责本系统基层建设和干部队伍建设工作，加强领导班子和后备干部队伍建设，承担税务人才培养和干部教育培训工作。负责本系统绩效管理和干部考核工作。

（13）负责本系统机构、编制、经费和资产管理工作。

（14）完成国家税务总局和地方党委、政府交办的其他工作。

3. 省级以下税务局的主要职责

按照分级管理、权责一致的原则，省级以下税务局在加强党的建设、思想政治建设和干部队伍建设的同时，突出直接面向纳税人和缴费人的管理服务职能，具体承担所辖区域内各项税收、社会保险费和有关非税收入征管等职能。

第二节　税收征管模式的内涵及演变

税收征管模式是与税制和经济环境紧密相连的，税制既定目标的实现，离不开有效的税收征管，而有效的税收征管又依赖于一定的征管模式。确立税收征管模式，其目标是实现潜在税收与实际税收之间差距最小。

一、税收征管模式的内涵

税收征管模式是指税务机关在对税款的征收和管理中，对其组织机构、管理形式和方法等方面采取的有一定准则的规范形式，以及将征管过程中各项环节进行结合的一种方式，表现为征收、管理、检查的规定动作，也是指征管查的组合形式。

一定的税收征管模式是进行有效征管的基础保障，通过有效的征管，才能帮助税务部门实现本单位的职责，完成既定的税制目的。因此，征管模式是征管质效高低的关键性因素。

二、我国税收征管模式的演变

回顾我国税收征管模式的发展历史，可以分为以下五个阶段。

（一）计划经济时期的专管员专责管理模式（1949—1978 年）

改革开放以前，我国税源管理长期实行的是专管员专责管理模式，其特点是：一员进户，各税统管，征管查合一。具体操作上分为划片、分类、驻厂三种形式，对专管员实行管户交流和岗位轮换。

专管员制度是与计划经济相适应的税源管理模式。在计划经济体制下，所有制形式单一，经济结构简单，纳税人数量有限，可以做到一员进户；企业分配主要是利润上缴，经过多次改革，税制已经非常简单，可以做到各税统管；企业没有独立经营权，不需要考虑生存和发展，一般都能自觉缴税，可以做到征管查合一。

随着市场化改革的逐步深入，出现了多种经济成分和利益主体并存的局面，这种“一人进厂、各税统管”模式的弊端也日益突出，主要表现在：一是专管员上门收税，实行“保姆式”管理，扭曲了征纳双方的权利义务关系；二是专管员集征管查于一身，权力过分集中，难以实施有效监督，容易滋生“人情税、关系税”等腐败现象；三是专管员各管一方，信息分散，难以形成征管合力，不能适应信息时代的发展需要；四是税收征管依靠传统方法和手工操作，效率低下，无法完成日趋繁重的税收征管任务，征管效率和质量低下，征税成本偏高。

（二）经济转轨时期的“征管查分离”管理模式（1978—1993 年）

“征管查分离”模式，即将税收征管划分为征收、管理、检查三个系列或征管、检查两个系列，形成三分离或两分离，设置相应职能机构，实行分权制约，强化内部监督，同时改专管员“上门收税”为纳税人“送税上门”。在此基础上，1990 年初，又提出了“纳税申报、税务代理、税务稽查”三位一体的税收征管模式。

分离模式的实施，有其历史的必然，也曾发挥了巨大的作用，但受时代发展局限，也带来了一些新的问题，主要表现在：一是过于强调分权制约，割裂了税收征管的系统性和整体性，导致征管查各系列之间衔接不紧、配合不力，降低了税务机关的行政效率；二是对纳税人的“保姆式”管理没有彻底改变，征纳双方权利与义务划分不够清晰；三是岗位职责交叉重叠，责任不清，对内难免相互推诿，对外形成多头管理，助长了偷税逃税行为，增加了纳税人负担；四是征管手段仍然以手工操作为主，计算机应用效果不明显。

（三）社会主义市场经济时期的 34 字征管模式（1993—2007 年）

这一时期，税源管理实行“以申报纳税和优化服务为基础，以计算机网络为依托，集中征收，重点稽查，强化管理”模式。该模式把申报纳税和优化服务作为税收征管的基本架构，明确划分征纳双方的权利和义务，为促进税源管理法制化奠定了制度基础；以计算机网络为依托，凸显信息技术在税收征管中的重要作用，为促进税源管理信息化提供了制度依据；在该模式中，集中征收是核心，重点稽查是保障，强化管理是基础，明确了征管查三个系列各自的工作方式及其相互关系，为建立新的岗责体系、促进税源管理科学化提供了机制保障，税源管理成为税收征管的基础性工作。

1994 年，我国实施了新中国成立以来规模最大、范围最广泛、内容最深刻的一次税制改革。为了落实新税制，1997 年，全国税务系统全面实施税收征管改革，确立“以申报纳税和优化服务为基础，以计算机网络为依托，集中征收，重点稽查”的30字税收征管模式。由于对“30字”征管模式理解上的偏差，导致了执行上的偏差。在从“管户制”向“管事制”的转变过程中，过分强调集中征收、重点稽查，管理相对疏松，一些不易划分的事项难免会出现没人管或管不彻底的现象，“疏于管理、淡化责任”的问题凸显。

为解决这一改革中出现的新问题，针对税收征管工作和改革中问题症结所在，2004年，国家税务总局对原“30字”模式加上了“强化管理”四个字，形成了“34字”征管模式，制定并实行了税收管理员制度和纳税评估办法，明确了税源管理在税收征管中的核心作用。但在全面落实税收管理员制度、强化税源管理工作中遇到不少问题和矛盾。突出表现在：从征纳关系来看，多头管理、程序复杂并没有彻底改变，纳税申报的前置条件和审批事项多，纳税人仍然属于被防范和监管的对象，主体地位没有得到充分体现；从征管手段来看，虽然信息技术已经得到普遍应用，但软件众多，兼容性差，维护和升级频繁，计算机没有发挥应有的作用。同时，涉税信息的收集不完整，各部门之间没有形成信息共享，但凭纳税人自行申报，涉税信息的真实性和可靠性大打折扣；从运行机制来看，集中征收覆盖面有限，重点稽查在任务的压力下变成了为收入而查，既增加了纳税成本，又导致税源不清，漏征漏管严重。

（四）税源专业化管理探索阶段（2007—2013年）

随着国情、税情的不断变化，原有的“34字”征管模式已不能适应形势的发展需要，2007年以来税务系统不断探索和深化征管改革，税收征管工作在继续坚持科学化、精细化管理的前提下，开始探索专业化管理。

2008年，国家税务总局成立了大企业管理司，开始探索对大企业实施专业化管理。

2009年，随着我国税收征管形势的不断发展和征管改革探索的不断深入，全国税收征管和科技工作会议提出建立“信息化、专业化、立体化的税源管理体系”，拉开了税收管理模式变革的大幕。在基层初步探索的基础上，召开东部和中西部片会，研究提出了探索税源专业化管理，并在部分省开始了税源专业化管理试点。按照国家税务总局原局长肖捷在2009年全国税务工作会议上提出的“积极探索税源专业化管理新模式”的要求，2010年，在总结各地试点经验的基础上，国家税务总局印发了《关于开展税源专业化管理试点工作的指导意见》，明确了税源专业化管理的指导思想、基本原则、主要内容和试点工作的具体要求，决定在上海、江苏、安徽、河南、广东、青岛国税局和广东、山东地税局开展税源专业化管理试点工作，非国家税务总局指定试点单位可根据指导意见自行试点。2010年国家税务总局年中会研究“十二五”时期税收发展规划纲要，将建立税源专业化管理为主要内容的征管新格局写进规划纲要。国家税务总局原局长肖捷在2010年底全国税务工作会议上将“积极推进税源专业化管理”作为“十二五”时期和今年的主要工作，提出了明确要求。

2011年，国家税务总局成立了由时任副局长钱冠林担任组长的税源专业化管理领导小组，强化了对税源专业化管理工作的组织领导，同时各地对税源专业化管理试点工作高度重视，除8个国家税务总局指定的试点单位外，原江苏地税、河北国税等单位也按照国家税务总局的要求，积极开展试点工作，着力在税源分级分类管理、风险管理、信息管税、一体化运行机制、流程再造、岗责优化等方面有所突破，进一步提高税源管理水平。

2012年7月26—27日，全国税务系统深化税收征管改革工作会议在安徽合肥召开，会议对深化税收征管改革工作做出了全面部署，要求各地围绕服务科学发展、共建和谐税收的主题，把握目标要求，强化工作措施，精心组织实施，全面落实税收征管改革工作任务，确保税收征管改革取得实效。

进一步深化税收征管改革的总体要求是：以邓小平理论和“三个代表"重要思想为指导，深入贯彻落实科学发展观，牢记为国聚财、为民收税的神圣使命，围绕服务科学发展、共建和谐税收的工作主题，构建以明晰征纳双方权利义务为前提，以实施税收风险管理为主线，以专业化管理为基础，以信息化为支撑，以加强重点税源管理为着力点的现代化税收征管体系。

税收征管改革的目标是：提高税法遵从度和纳税人满意度，降低税收流失率和征纳成本。

税收征管改革须稳步实施：2012年，总结各地征管改革成功经验，借鉴国际有效做法，立足我国国情和税收工作实际，明确改革的方向目标、基本框架和重点工作。2013年，完善改革方案，鼓励有条件的地区先行先试，推进改革任务落实。

（五）现代税收征管方式确立阶段（2014年至今）

围绕全面深化改革、推进国家治理体系和治理能力现代化的目标，2014年国家税务总局确定了今后一个时期的发展战略，即扎实推进税法体系、税制体系、服务体系、征管体系、信息体系、组织体系“六大体系”建设，确保2020年基本实现税收现代化。“六大体系”内容包括：

第一，完备规范的税法体系。即税收法定原则得到落实，税收法律级次高、效力强，规范确定、公开透明，执法统一、利于遵从，执法监督有力有效，税收法律救济及时可靠。

第二，成熟定型的税制体系。即建立税种科学、结构优化、法律健全、规范公平、征管高效的现代税收制度，构建绿色税收，使税收职能作用得到全面发挥。

第三，优质便捷的服务体系。即树立以纳税人为中心的理念，推行税收规范化建设，推进办税便利化改革，建立服务合作常态化机制，完善诚信纳税体系，有效满足纳税人合理需求，显著减轻纳税人办税负担，充分保护纳税人合法权益，让纳税人享有更快捷、更经济、更规范的服务，有更多获得感，纳税人税法遵从度和满意度居于国际先进行列。

第四，科学严密的征管体系。即建成与税制改革相促进、与税源状况相适应、与科技创新相协同、与有关部门相配合，以税收风险管理为导向、以分类分级管理为基础的现代税收征管体制，建立自然人税收管理体系，加快税收征管的科学化、信息化、国际化进程，拥有强大的信息管税能力和税收司法保障能力，精准实施税收风险监控，严厉打击和有效震慑涉税违法行为，税收流失率不断降低，税收征收率达到成熟市场经济国家平均水平。

第五，稳固强大的信息体系。即全面完成“金税三期”工程建设，以“互联网+税务”为依托超前谋划和布局“后三期”信息化建设，建成覆盖所有税种及税收工作各环节、拥有自主可控核心技术、运行安全稳定、国际先进的税收信息系统，全面推行电子发票，建成电子税务局，有效发挥税收大数据优势，为纳税服务、税收征管、宏观管理决策和经济社会发展提供强大支持，为服务国家治理提供有力支撑。

第六，高效清廉的组织体系。即完善税务组织体系，合理配置资源，坚持严管善待，推进绩效管理、“数字人事”、内控机制和廉政建设，逐步实现机构设置扁平化、职能配置科学化、运行管理高效化，拥有千名领军人才、万名业务骨干、五万名岗位能手，税务干部队伍政治坚定、业务精通、执法文明、纪律严明、清正廉洁。

2015年10月，国家出台《深化国税、地税征管体制改革方案》，改革旨在发挥国税、地税各自优势，推动服务深度融合、执法适度整合、信息高度聚合，降低征纳成本，提高征管效率，增强税法遵从度和纳税人满意度，不断推进税收征管体制和征管能力现代化。主要任务包括：

第一，理顺征管职责划分。即合理划分国税、地税征管职责，中央税由国税部门征收，地方税由地税部门征收，共享税的征管职责根据税种属性和方便征管的原则确定。明确地税部门对收费基金等的征管职责。创新纳税服务机制：推行税收规范化建设，推进办税便利化改革，建立服务合作常态化机制，建立促进诚信纳税机制，健全纳税服务投诉机制。

第二，转变征收管理方式。切实加强事中事后管理，对纳税人实施分类分级管理，提升大企业税收管理层级，建立自然人税收管理体系，深化税务稽查改革，全面推行电子发票，加快税收信息系统建设，发挥税收大数据服务国家治理的作用。

第三，深度参与国际合作。积极参与国际税收规则制定，不断加强国际税收合作，严厉打击国际逃避税，主动服务对外开放战略。

第四，优化税务组织体系。切实加强税务系统党的领导，优化各层级税务机关征管职责，完善税务稽查机构设置，完善督察内审机构设置，研究探索推进对外派驻税务官员，合理配置资源，加强税务干部能力建设，深入落实党风廉政建设主体责任和监督责任。

第五，构建税收共治格局。推进涉税信息共享，拓展跨部门税收合作，健全税收司法保障机制，加强税法普及教育。

2017 年，为贯彻落实《深化国税、地税征管体制改革方案》，着力解决当前税收征管中存在的突出问题和深层次矛盾，进一步推动税收征管方式转变，增强改革的前瞻性、统一性、协调性，国家税务总局下发《关于转变税收征管方式提高税收征管效能的指导意见》（税总发〔2017〕45 号），加快转变税收征管方式，积极构建集约、高效的税收征管方式。

2018 年，为深入贯彻落实党中央、国务院深化“放管服”改革决策部署，更大激发市场活力和社会创造力，切实提高税收服务经济高质量发展水平，国家税务总局制定了《全国税务系统深化“放管服”改革五年工作方案（2018—2022 年）》，以持续深化全国税务系统征管体制改革，更好地理顺政府职能与纳税人税法遵从的关系，高质量推进新时代税收现代化建设。

2020 年，全国税务工作会议强调进一步丰富完善形成坚强有力的党的领导制度体系、成熟完备的税收法治体系、优质便捷的税费服务体系、严密规范的税费征管体系、合作共赢的国际税收体系、高效清廉的队伍组织体系，着力提升政治引领能力、谋划创新能力、科技驱动能力、制度执行能力、协同共治能力和风险防范能力，不断推进新时代税收现代化建设，更好服务国家治理体系和治理能力现代化。

2021 年，全国税务工作会议强调全国税务系统要根据新形势新要求，面向“十四五”，放眼更长远，进一步完善拓展新发展阶段税收现代化“六大体系”具体目标内容。

税务系统党的领导制度体系要在引领税收现代化高质量发展中发挥更为显著的优势，税收法治体系要在筑法治之基、行法治之力、积法治之势中推动进一步大幅提高税法遵从度，税费服务体系要在提升办税缴费体验中推动进一步大幅提高社会满意度，税费征管体系要在推进理念方式手段变革中更加优化高效统一，国际税收体系要在推动全球税收治理变革中充分展现中国税务治理之智，队伍组织体系要在优化完善、改进提升中推动进一步营造凝心聚力、干事创业的浓厚氛围。要进一步强化提升新发展阶段税收现代化建设的“六大能力”，更加突出提高政治判断力、政治领悟力、政治执行力，提升政治引领能力；更加突出创新在税收改革发展全局中的核心地位，坚持系统观念，提升谋划创新能力；更加突出运用科技和数据赋能的放大、叠加、倍增效应，提升科技驱动能力；更加突出维护制度权威，创造性抓好落实，提升制度执行能力；更加突出推进税务机关内外部、征纳间和国际国内税收共治，提升协同共治能力；更加突出统筹安全和发展，坚持以大概率思维应对小概率事件，提升风险防范能力。

三、进一步深化税收征管改革

2021 年 3 月 24 日，中共中央办公厅、国务院办公厅印发《关于进一步深化税收征管改革的意见》（以下简称《意见》），《意见》共三十条，明确了“十四五”时期税收改革发展的指导思想、基本原则、目标任务和工作要求，既是党中央、国务院关于“十四五”时期税收征管改革的重要制度安排，也是税务部门必须遵循的“十四五”税收工作总体规划。《意见》立足于解决当前税收征管和税收工作中存在的深层次问题，聚焦“数据赋能更有效”“税务执法更精确”“税费服务更精细”“税务监管更精准”“税收共治更精诚”“组织保障更有力”六个方面，集成推出一系列针对性强、含金量高的措施，必将大幅提高税法遵从度和社会满意度，明显降低征纳成本，助力更好发挥税收在国家治理中的基础性、支柱性、保障性作用，为推动高质量发展提供有力支撑。

（一）主要目标

到 2022 年，在税务执法规范性、税费服务便捷性、税务监管精准性上取得重要进展。到 2023 年，基本建成“无风险不打扰、有违法要追究、全过程强智控”的税务执法新体系，实现从经验式执法向科学精确执法转变；基本建成“线下服务无死角、线上服务不打烊、定制服务广覆盖”的税费服务新体系，实现从无差别服务向精细化、智能化、个性化服务转变；基本建成以“双随机、一公开”监管和“互联网 + 监管”为基本手段、以重点监管为补充、以“信用 + 风险”监管为基础的税务监管新体系，实现从“以票管税”向“以数治税”分类精准监管转变。到 2025 年，深化税收征管制度改革取得显著成效，基本建成功能强大的智慧税务，形成国内一流的智能化行政应用系统，全方位提高税务执法、服务、监管能力。

（二）工作任务

1. 全面推进税收征管数字化升级和智能化改造

（1）加快推进智慧税务建设。充分运用大数据、云计算、人工智能、移动互联网等现代信息技术，着力推进内外部涉税数据汇聚联通、线上线下有机贯通，驱动税务执法、服务、监管制度创新和业务变革，进一步优化组织体系和资源配置。2022 年基本实现法人税费信息“一户式”、自然人税费信息“一人式”智能归集，2023 年基本实现税务机关信息“一局式”、税务人员信息“一员式”智能归集，深入推进对纳税人缴费人行为的自动分析管理、对税务人员履责的全过程自控考核考评、对税务决策信息和任务的自主分类推送。2025 年实现税务执法、服务、监管与大数据智能化应用深度融合、高效联动、全面升级。

（2）稳步实施发票电子化改革。2021 年建成全国统一的电子发票服务平台，24 小时在线免费为纳税人提供电子发票申领、开具、交付、查验等服务。制定出台电子发票国家标准，有序推进铁路、民航等领域发票电子化，2025 年基本实现发票全领域、全环节、全要素电子化，着力降低制度性交易成本。

（3）深化税收大数据共享应用。探索区块链技术在社会保险费征收、房地产交易和不动产登记等方面的应用，并持续拓展在促进涉税涉费信息共享等领域的应用。不断完善税收大数据云平台，加强数据资源开发利用，持续推进与国家及有关部门信息系统互联互通。2025 年建成税务部门与相关部门常态化、制度化数据共享协调机制，依法保障涉税涉费必要信息获取；健全涉税涉费信息对外提供机制，打造规模大、类型多、价值高、颗粒度细的税收大数据，高效发挥数据要素驱动作用。完善税收大数据安全治理体系和管理制度，加强安全态势感知平台建设，常态化开展数据安全风险评估和检查，健全监测预警和应急处置机制，确保数据全生命周期安全。加强智能化税收大数据分析，不断强化税收大数据在经济运行研判和社会管理等领域的深层次应用。

2. 不断完善税务执法制度和机制

（1）健全税费法律法规制度。全面落实税收法定原则，加快推进将现行税收暂行条例上升为法律。完善现代税收制度，更好发挥税收作用，促进建立现代财税体制。推动修订税收征收管理法、反洗钱法、发票管理办法等法律法规和规章。加强非税收入管理法制化建设。

（2）严格规范税务执法行为。坚持依法依规征税收费，做到应收尽收。同时，坚决防止落实税费优惠政策不到位、征收“过头税费”及对税收工作进行不当行政干预等行为。全面落实行政执法公示、执法全过程记录、重大执法决定法制审核制度，推进执法信息网上录入、执法程序网上流转、执法活动网上监督、执法结果网上查询，2023 年基本建成税务执法质量智能控制体系。不断完善税务执法及税费服务相关工作规范，持续健全行政处罚裁量基准制度。

（3）不断提升税务执法精确度。创新行政执法方式，有效运用说服教育、约谈警示等非强制性执法方式，让执法既有力度又有温度，做到宽严相济、法理相融。坚决防止粗放式、选择性、“一刀切”执法。准确把握一般涉税违法与涉税犯罪的界限，做到依法处置、罚当其责。在税务执法领域研究推广“首违不罚”清单制度。坚持包容审慎原则，积极支持新产业、新业态、新模式健康发展，以问题为导向完善税务执法，促进依法纳税和公平竞争。

（4）加强税务执法区域协同。推进区域间税务执法标准统一，实现执法信息互通、执法结果互认，更好服务国家区域协调发展战略。简化企业涉税涉费事项跨省迁移办理程序，2022 年基本实现资质异地共认。持续扩大跨省经营企业全国通办涉税涉费事项范围，2025 年基本实现全国通办。

（5）强化税务执法内部控制和监督。2022 年基本构建起全面覆盖、全程防控、全员有责的税务执法风险信息化内控监督体系，将税务执法风险防范措施嵌入信息系统，实现事前预警、事中阻断、事后追责。强化内外部审计监督和重大税务违法案件“一案双查”，不断完善对税务执法行为的常态化、精准化、机制化监督。

3. 大力推行优质高效智能税费服务

（1）确保税费优惠政策直达快享。2021 年实现征管操作办法与税费优惠政策同步发布、同步解读，增强政策落实的及时性、确定性、一致性。进一步精简享受优惠政策办理流程和手续，持续扩大“自行判别、自行申报、事后监管”范围，确保便利操作、快速享受、有效监管。2022 年实现依法运用大数据精准推送优惠政策信息，促进市场主体充分享受政策红利。

（2）切实减轻办税缴费负担。积极通过信息系统采集数据，加强部门间数据共享，着力减少纳税人缴费人重复报送。全面推行税务证明事项告知承诺制，拓展容缺办理事项，持续扩大涉税资料由事前报送改为留存备查的范围。

（3）全面改进办税缴费方式。2021 年基本实现企业税费事项能网上办理，个人税费事项能掌上办理。2022 年建成全国统一规范的电子税务局，不断拓展“非接触式”、“不见面”办税缴费服务。逐步改变以表单为载体的传统申报模式，2023 年基本实现信息系统自动提取数据、自动计算税额、自动预填申报，纳税人缴费人确认或补正后即可线上提交。

（4）持续压减纳税缴费次数和时间。落实《优化营商环境条例》，对标国际先进水平，大力推进税（费）种综合申报，依法简并部分税种征期，减少申报次数和时间。扩大部门间数据共享范围，加快企业出口退税事项全环节办理速度，2022 年税务部门办理正常出口退税的平均时间压缩至 6 个工作日以内，对高信用级别企业进一步缩短办理时间。

（5）积极推行智能型个性化服务。全面改造提升 12366 税费服务平台，加快推动向以 24 小时智能咨询为主转变，2022 年基本实现全国咨询“一线通答”。运用税收大数据智能分析识别纳税人缴费人的实际体验、个性需求等，精准提供线上服务。持续优化线下服务，更好满足特殊人员、特殊事项的服务需求。

（6）维护纳税人缴费人合法权益。完善纳税人缴费人权利救济和税费争议解决机制，畅通诉求有效收集、快速响应和及时反馈渠道。探索实施大企业税收事先裁定并建立健全相关制度。健全纳税人缴费人个人信息保护等制度，依法加强税费数据查询权限和留痕等管理，严格保护纳税人缴费人及扣缴义务人的商业秘密、个人隐私等，严防个人信息泄露和滥用等。税务机关和税务人员违反有关法律法规规定、因疏于监管造成重大损失的，依法严肃追究责任。

4. 精准实施税务监管

（1）建立健全以“信用 + 风险”为基础的新型监管机制。健全守信激励和失信惩戒制度，充分发挥纳税信用在社会信用体系中的基础性作用。建立健全纳税缴费信用评价制度，对纳税缴费信用高的市场主体给予更多便利。在全面推行实名办税缴费制度基础上，实行纳税人缴费人动态信用等级分类和智能化风险监管，既以最严格的标准防范逃避税，又避免影响企业正常生产经营。健全以“数据集成 + 优质服务 + 提醒纠错 + 依法查处”为主要内容的自然人税费服务与监管体系。依法加强对高收入高净值人员的税费服务与监管。

（2）加强重点领域风险防控和监管。对逃避税问题多发的行业、地区和人群，根据税收风险适当提高“双随机、一公开”抽查比例。对隐瞒收入、虚列成本、转移利润以及利用“税收洼地”“阴阳合同”和关联交易等逃避税行为，加强预防性制度建设，加大依法防控和监督检查力度。

(3) 依法严厉打击涉税违法犯罪行为。充分发挥税收大数据作用，依托税务网络可信身份体系对发票开具、使用等进行全环节即时验证和监控，实现对虚开骗税等违法犯罪行为惩处从事后打击向事前事中精准防范转变。健全违法查处体系，充分依托国家“互联网+监管”系统多元数据汇聚功能，精准有效打击“假企业”虚开发票、“假出口”骗取退税、“假申报”骗取税费优惠等行为，保障国家税收安全。对重大涉税违法犯罪案件，依法从严查处曝光并按照有关规定纳入企业和个人信用记录，共享至全国信用信息平台。

5. 持续深化拓展税收共治格局

(1) 加强部门协作。大力推进会计核算和财务管理信息化，通过电子发票与财政支付、金融支付和各类单位财务核算系统、电子档案管理信息系统的衔接，加快推进电子发票无纸化报销、入账、归档、存储。持续深化“银税互动”，助力解决小微企业融资难融资贵问题。加强情报交换、信息通报和执法联动，积极推进跨部门协同监管。

(2) 加强社会协同。积极发挥行业协会和社会中介组织作用，支持第三方按市场化原则为纳税人提供个性化服务，加强对涉税中介组织的执业监管和行业监管。大力开展税费法律法规的普及宣传，持续深化青少年税收法治教育，发挥税法宣传教育的预防和引导作用，在全社会营造诚信纳税的浓厚氛围。

(3) 强化税收司法保障。公安部门要强化涉税犯罪案件查办工作力量，做实健全公安派驻税务联络机制。实行警税双方制度化、信息化、常态化联合办案，进一步畅通行政执法与刑事执法衔接工作机制。检察机关发现负有税务监管相关职责的行政机关不依法履责的，应依法提出检察建议。完善涉税司法解释，明晰司法裁判标准。

(4) 强化国际税收合作。深度参与数字经济等领域的国际税收规则和标准制定，持续推动全球税收治理体系建设。落实防止税基侵蚀和利润转移行动计划，严厉打击国际逃避税，保护外资企业合法权益，维护我国税收利益。不断完善“一带一路”税收征管合作机制，支持发展中国家提高税收征管能力。进一步扩大和完善税收协定网络，加大跨境涉税争议案件协商力度，实施好对所得避免双重征税的双边协定，为高质量引进来和高水平走出去提供支撑。

6. 强化税务组织保障

(1) 优化征管职责和力量。强化市县税务机构在日常性服务、涉税涉费事项办理和风险应对等方面的职责，适当上移全局性、复杂性税费服务和管理职责。不断优化业务流程，合理划分业务边界，科学界定岗位职责，建立健全闭环管理机制。加大人力资源向风险管理、税费分析、大数据应用等领域倾斜力度，增强税务稽查执法力量。

（2）加强征管能力建设。坚持更高标准、更高要求，着力建设德才兼备的高素质税务执法队伍，加大税务领军人才和各层次骨干人才培养力度。高质量建设和应用学习兴税平台，促进学习日常化、工作学习化。

（3）改进提升绩效考评。在实现税务执法、税费服务、税务监管行为全过程记录和数字化智能归集基础上，推动绩效管理渗入业务流程、融入岗责体系、嵌入信息系统，对税务执法等实施自动化考评，将法治素养和依法履职情况作为考核评价干部的重要内容，促进工作质效持续提升。

第三节 税收征管操作规范

税收征管规范建设是一项系统工程，涉及税收征管工作的方方面面，目标和任务是对全量业务、重复性工作、经常性事项制定和发布实施规范标准，实行标准化作业、流程化操作、目标式管理。

一、税收征管规范的发展历程

为推进税收现代化建设进程，建立科学严密的税收征管体系，国家税务总局制定了《全国税收征管规范（1.0 版）》，自 2015 年 5 月 1 日起试行。《全国税收征管规范（1.0）版》作为承接税收法律法规与税收征管操作实务的规程指南，涉及税收要素及税收程序，用于提高税务干部的法治理念和执法水平，是一项基础性、系统性、全局性工作，涉及范围广、影响深远。

2015 年 11 月，按照总体工作安排，国家税务总局根据税收政策变动情况及各方意见建议对《全国税收征管规范（1.0 版）》进行了更新修订，形成了《全国税收征管规范（1.1 版）》。

2016 年 6 月，为配合全面推开营业税改征增值税试点工作，同步规范税收征管行为，深入推行税收规范化建设，国家税务总局根据税收政策变动情况及各方意见建议对《全国税收征管规范（1.1 版）》进行了更新修订，形成了《全国税收征管规范（1.2 版）》。

为更好适应国税地税征管体制改革后的新形势、新要求，国家税务总局制定出台了《税收征管操作规范》，于 2019 年 11 月 1 日正式实施。《税收征管操作规范》的实施，充分聚焦深化“放管服”改革、优化营商环境，通过清晰界定征纳权责关系、充分利用信息共享数据、合理划分业务类型等，进一步规范了税费业务办理，大幅精简征管业务事项和表单资料，切实解决纳税人、缴费人和基层税务人反映最强烈的“痛点”“堵点”“难点”问题，进一步推动降低税费遵从成本，提高税费征管效率。

二、《税收征管操作规范》概述

（一）编制《税收征管操作规范》的目标

编制《税收征管操作规范》，就是要深入贯彻落实党的十九大和十九届二中、三中全会精神，以习近平新时代中国特色社会主义思想为指导，深入贯彻落实习近平总书记关于税收工作的重要论述，紧扣我国社会主要矛盾变化，坚持新发展理念，同时适应国税地税征管体制改革后的新形势新要求，着力完善税收征管体制机制，转变税收征管方式，优化税务执法方式，健全税务监管体系，改善税收营商环境，着力构建同新时代高质量发展要求相适应的税收征管体系，努力开创税收征管现代化建设新局面。具体目标包括：

1. 规范统一税收征管流程

建立健全由申报纳税、税额确认、税款追征、违法调查、争议处理等主要环节构成的现代税收征管核心程序，与信用管理、风险管理流程相融合，形成风险导向下的税收征管基本流程。在此基础上，规范统一纳税人自主办理事项、税务管理基础事项、纳税信用与风险监控事项、法律追责与救济事项等各类税收征管细分流程。

2. 引导推动纳税人自我遵从税法

依法还责还权于纳税人，积极引导和推动纳税人自我遵从税法。自主进行申报准备，自主计算应纳税额，自主选择办理渠道，自主选择享受税收优惠，依法维权、实施法律救济，自主选择税务代理、充分获取涉税信息等，税务机关依法为纳税人自主履行税法义务提供便利，优化服务。

3. 创新推行新型动态信用评价

充分发挥税收大数据云平台作用，结合个人所得税改革和社会保险费职能划转后的税收征管新形势，进一步深化分类分级管理。在总结试运行经验基础上，全面实施动态信用评价制度，更好地发挥信用在行政监管中的核心作用。健全纳税信用管理制度、修复机制及评价指标体系，强化对自然人的信用管理，以及企业法定代表人、财务负责人、办税人员等个人与企业间纳税信用联动。税务机关主要依据纳税人信用状况，实施差异化服务和管理。

4. 优化完善风险管理制度

将风险管理的理念和方法贯穿于税收征管的各领域、全过程。在风险管理框架中，统筹安排各类纳税人管理、各税费种管理、税务稽查以及跨境税源管理、虚开增值税发票防控、出口骗税防控等各种专业化防控措施。试行动态税收风险防控，将风险点从服务的视角嵌入到事前、事中的业务链条中，进一步降低征管成本，推进风险管理制度体系的优化完善。

（二）编制《税收征管操作规范》的现实意义

当前，国税地税征管体制改革虽已基本到位，但税收征管形势依然复杂，改革事项叠加、大事难事交织的状况仍在持续，纳税人和基层税务干部对提升服务水平和管理效能的期盼有增无减。《税收征管操作规范》顺应新形势、新变化、新要求，按照转方式、提效能要求，着力规范与创新征管流程，具有较强的现实意义。

1. 机构合并、业务划转、政策变化的必然产物

2018 年国税地税征管体制改革后，税务系统实现了国税、地税机构、人员、业务和信息系统的合二为一，分步接收了社会保险费和非税收入征管职能，同时启动了新个人所得税征管体系建设工作。2019 年起又全面实施减税降费政策。与新的形势任务相比，机构合并前的税收征管规范，分国税、地税业务编制，很多地税业务尚未全国统一，且缺少社会保险费和非税收入、个人所得税新税制以及支撑减税降费政策落地的征管业务操作规范，给纳税人带来诸多不便，也造成税务人征管不统一、不规范。《税收征管操作规范》的工作指向就是要按照国家税务总局党委新形势下加快征管规范升级步伐的要求，实现税费业务的统一化、规范化、标准化，响应纳税人需求和基层税务干部期盼。

2. 优化税务执法方式的基本指引

习近平总书记对优化税务执法方式作出重要指示，提出明确要求，为做好税收工作指明了方向，提供了根本遵循。总结多年征管实践，结合新时代新特征，优化税务执法方式，就是要运用信用动态监控管理和风险动态监控管理理念，在纳税人全面自主履行纳税义务基础上，实现从依靠事前审批、审核向建立信用评价、监控预警、风险应对新型征管方式的重大转变，有效实施重点监管、精准监管，提升税收治理能力水平。《税收征管操作规范》的关键创新，就是贯彻落实习近平总书记重要指示精神，将优化执法方式全面融入征管岗责体系、业务流程节点和操作规范之中，使之具体化、可操作、能落地。

3. 税务系统深化“放管服”改革的重要抓手

《税收征管操作规范》聚焦深化“放管服”改革、优化营商环境，立足顶层设计推

动税务机关职能转变和管理机制改革，以“三简”（简事项、简资料、简表单）促“放”，对纳税人做诚信推定，还权还责于纳税人，放宽不必要的限制，系统解决现行征管业务体系比较臃肿、措施零散的问题；以“三强”（强信用、强风控、强监督）促“管”，明晰征纳权责，创新管理理念和管理方法，打造事前、事中、事后管理一条链和征纳互动、内外共治税收生态圈，健全税务监管体系；以“三通”（通标准、通信息、通渠道）促“服”，从“互联网+”“大数据”等技术视角出发，统一业务标准，简化办税流程，推进业务办理逐渐向便捷化、智能化转变，更好地服务纳税人。

4. 深化“不忘初心、牢记使命”主题教育的成果体现

按照习近平总书记提出的“守初心、担使命，找差距、抓落实”的总要求，国家税务总局积极开展系列主题教育，推动各项工作落实。在具体工作中更加聚焦纳税人和基层税务人的切身利益，更加聚焦服务好党和国家经济社会发展大局。把注重实际效果、解决实质问题作为开展主题教育的基本要求，坚持把“改”字贯穿始终，真改实改、攻坚克难。主题教育开展以来，国家税务总局坚持按照党中央、国务院关于深化“放管服”改革、优化营商环境的总体部署，着力解决纳税人最关心、最直接、最现实的问题。从破解“堵点”“痛点”“难点”入手，切实转变税收管理方式，简政放权、放管结合、优化服务，先后下发了一系列简化优化征管流程的征管制度。在此基础上，国家税务总局组织人员编写了《税收征管操作规范》。《税收征管操作规范》作为国家税务总局“不忘初心、牢记使命”主题教育的重要成果之一，系统性回应了纳税人、缴费人和基层税务人反映最强烈的“痛点”“堵点”“难点”问题，有利于推动纳税人和基层“两个减负”，全面提升服务和管理效能。

（三）《税收征管操作规范》的基本定位

《税收征管操作规范》的基本定位就是要通过优化完善征管事项和流程，全面支撑上述目标的实现和税收征管改革一系列战略部署的有序有效落地。从某种意义上说，《税收征管操作规范》不仅具有规范性特点，而且具有一定的开创性特点，对全系统深化改革起到示范引领作用。要全面理解《税收征管操作规范》的基本定位，需要准确把握以下基本关系。

1. 与现行征管制度的关系

《税收征管操作规范》中明确的征纳双方权利义务关系均以现行税收法律、法规和国家税务总局规范性文件为基础。涉及改革创新的一些征管流程安排，均以国家税务总局正式下发的征管制度为依据，按照规范统一、流程更简、效能更高、风险可控的原则

予以确定。

2. 与其他业务规范的关系

《税收征管操作规范》与《全国税务机关纳税服务规范》《全国税务机关出口退（免）税管理工作规范》等是对接关系、包容关系。《税收征管操作规范》是《全国税收征管规范（1.2版）》的升级版，全面实施后，各地应以《税收征管操作规范》为基本依据开展税收征管工作。纳税服务规范、出口退（免）税规范等应对接《税收征管操作规范》，做好同步更新，确保不同规范的基本规定和要求相衔接。

3. 与税收执法监督、督察督导工作的关系

《税收征管操作规范》全面实施后，各级税务机关均应以《税收征管操作规范》为基本准绳开展税收执法监督，对不符合《税收征管操作规范》要求的，应及时开展跟踪督促、整改纠偏、责任追究。各省税务局在国家税务总局改革创新的总体框架内有更简更优流程安排的，可依据进一步优化后的操作规范开展执法监督。《税收征管操作规范》与征管制度要求不一致的，督察督导部门应及时向国家税务总局征管规范编写部门反馈。

4. 与相关税费业务、税制改革、风险防控的关系

《税收征管操作规范》紧密衔接国税地税征管体制改革、个人所得税改革、社会保险费划转、非税收入扩围征收等新形势新要求，全面对接已下发的税制改革相关制度文件，全面覆盖各税费种征管业务，统筹安排并实施规范统一的税费征管流程。《税收征管操作规范》通过建立事前风险预防（服务提醒）、事中风险控制（更正提示、业务阻断）、事后风险应对（纳税评估、出口退税评估、特别纳税调查、税务稽查等）的一体化风险防控体系，有效实施各领域、全流程风险管理，提升征管效能。

5. 与信息系统建设之间的关系

目前的“金税三期”系统主体部分（核心系统、决策管理系统及其他系统）以征管规范1.2及后续下发的征管制度为依据进行开发和维护。《税收征管操作规范》实施后，“金税三期”系统的功能设置及流程配置等要按照《税收征管操作规范》的业务规范进行调整优化，确保制度、流程和系统操作保持一致。

（四）《税收征管操作规范》基本原则

《税收征管操作规范》有关事项和流程的确认原则如下：

1. 税收法定

依法理顺征纳双方权利义务关系，坚持法定职责必须为、法无授权不可为，严格按

照法定权限和程序行使权力，切实防范税收征管中的执法风险和廉政风险。

2. 规范统一

顺应机构改革和税制改革，统一规范税收征管体制机制、征管事项、征管流程、征管方式等，注重征管体系运行的整体效率和效益。

3. 科学效能

以科学理论为指导，坚持以人民为中心理念，尊重纳税人的主体地位，为纳税人提供更加优质高效的纳税服务。坚持纳税人自主申报为前提，全面促进自愿遵从。探索审慎包容监管，进一步减少事前调查核查审批，进一步简化办税程序，不断降低纳税人制度性交易成本。坚持风险管理为导向、信用管理为基础、全面强化事中事后监管，不断提高税收监管能力，持续提升纳税人遵从水平。

4. 服务发展

积极融入经济社会发展大局，发挥政策导向作用，完善政策执行方式。保障各项税收优惠政策全面贯彻落实。合理引导预期，打造高质量税收营商环境，提高税收大数据服务国家治理能力、促进税收征管与经济社会协调发展。

三、《税收征管操作规范》的框架与内容

《税收征管操作规范》将税收征管事项的分类方式从原有按传统业务域划分转为按事项办理主体及性质划分，分为自主办理事项、税务管理基础事项、纳税信用与风险监控事项、法律追责与救济事项 4 大类。

（一）自主办理事项

自主办理事项，是指由纳税人（缴费人）依法自行办理的事项。根据“放管服”改革相关要求，税务机关最大限度简化办税，构建自我遵从、自享权利、自负责任的自主办理体系，纳税人（缴费人）非特殊情况均可即时办结。自主办理事项具体包括：综合信息报告、发票使用、税费申报、税费缴纳和证明开具，共 190 项业务事项。

1. 综合信息报告

从纳税人报告信息的本质意义看，可分为身份信息、资格信息、制度信息、税源信息、优惠信息、状态信息、特定信息等类别。以上信息在纳税人填报中由于变动频度低、稳定性强和可供共享程度高的特点，构成综合信息报告的主要内容。

2. 发票使用

发票使用，是指纳税人在购销商品、提供或接受服务以及从事其他经营活动中，对于发票的领用、发票代开、发票验旧等一系列与发票相关的业务。

3. 税费申报

纳税人按照税法规定的期限和内容向税务机关提交有关纳税事项书面报告，从税费申报包含的内容来看，主要包括各税（费）种申报、申报错误更正、财务报表报送与申报辅助信息报告。

4. 税费缴纳

税费缴纳，是指纳税人、扣缴义务人依照国家法律、行政法规的规定实现税费依法缴纳入库的过程，包括缴款开票、缴款错误更正、现金票证汇总。

税务机关向纳税人、扣缴义务人、代征代售人、缴费人征收税款并开具税收票证，当税务人员在录入各种征收、缴款票证时，发生税款的预算科目、级次或其他直接影响统计口径的属性输入错误，可通过发起缴款错误更正进行修改。税务机关以收现类票证自收现金税款、基金、费用及其滞纳金和罚款，或者委托代征代售单位（人）代征税款、基金、费用及其滞纳金后，将征收的税（费）汇总缴入国库。

5. 证明开具

证明开具，是指税务机关根据纳税人、缴费人、其他部门以及社会中介机构提出的出具一定时期内纳税状况和一定时期内的缴费状况证明的申请，或者根据纳税人一定时期申报纳税信息，主动为纳税人出具相应的纳税证明和缴费证明。

（二）税务管理基础事项

税务管理基础事项，是指纳税人申请的需税务机关审核的事项、税务机关主动发起的对纳税人产生直接或间接影响的事项以及税务机关内部业务事项。主要包括综合事项、税务行政许可、优惠管理、税收核定、退（抵）税（费）、逾期及欠税、税务代保管资金、预约定价安排、调查协查、通知及送达、外部信息采集交互、凭证及证件和征缴管理共13类、168项业务事项。

1. 综合事项

具体包括临时身份建立、社会保险参保缴费信息关联管理、委托代征管理、主管税务机关、科所分配及税（费）种认定、企业集团及其成员单位信息采集、重点税源纳税人认定、税收调查企业认定、退（免）税需实行特定管理企业确认、出口退（免）税企业分类管理、境外注册中资控股居民企业认定、自然人并档管理、增值税、消费税汇总纳税报告、税务认定资格取消、涉税信息查询管理、非正常户管理等事项。

2. 税务行政许可

税务行政许可，是指税务机关根据纳税人的申请，经依法审查，准予其从事特定税务活动的行为。

公民、法人或者其他组织需要依法取得或调整税务行政许可的，直接向具有行政许可权的税务机关提起申请，税务机关核实后做出批准、变更、撤回、撤销、延期、延续调整决定。

同时后期如果纳税人已享受行政许可资格，税务机关可依职权对纳税人进行评估，做出调整或注销行政许可决定。

目前行政许可事项只有企业印制发票审批、对纳税人延期缴纳税款核准、对纳税人延期申报核准、对纳税人变更纳税定额的核准、增值税专用发票（增值税税控系统）最高开票限额审批、对采取实际利润额预缴以外的其他企业所得税预缴方式的核定六项内容。

3. 优惠管理

优惠管理，是指税务机关核准纳税人减免税事项、及时更新减免税事项相关目录、税收优惠日常管理及企业所得税优惠事项后续核查。

纳税人享受减免税，应当提交核准材料，提出申请，经依法具有批准权限的税务机关按规定核准确认后执行。未按规定申请或虽申请但未经有批准权限的税务机关核准确认的，纳税人不得享受减免税。

纳税人享受减免税的，税务机关对符合政策规定条件的材料有留存备查的义务。对不能提供相关印证材料的纳税人，不得继续享受税收减免，并追缴已享受的减免税款。同时税务机关应对享受减免税企业进行事后监督检查。检查中，发现认定失误的，应及时与认定部门协调沟通，提请纠正并及时取消有关纳税人的优惠资格。

4. 税收核定

税收核定，是指税务机关对纳税人依法进行的纳税申报，有权就其真实性、合法性进行核实。具体说是以纳税人提供的账簿凭证、报表、文件等资料记载的信息为基础，结合所掌握的相关信息对纳税申报资料进行核实、确定的过程。

5. 退（抵）税（费）

纳税人、扣缴义务人、委托代征单位因种种原因可能造成实际缴纳的税费大于应缴纳的税费（以下简称多缴税费），税务机关应根据实际情况将多缴税费予以退还或抵缴其原有欠税。

6. 逾期及欠税

逾期管理，是指纳税人、扣缴义务人未按照规定的期限办理纳税申报和报送有关资料的，税务机关按规定进行催报处理，以及税务机关对纳税人、扣缴义务人应缴未缴税款进行催缴处理。欠税管理，是指税务机关对欠税纳税人欠缴税款、债务清偿等进行管理的活动。

7. 税务代保管资金

税务代保管资金，是指税务机关依法向纳税人、扣缴义务人、纳税担保人或者其他当事人收取代保管资金并进行相关管理的过程。

税务机关收取税务代保管资金应填制报告单，经税务机关负责人批准，存入税务代保管资金账户。纳税人以转账方式缴纳税务代保管资金的，税务机关应当在收到银行进账回执联或收账通知单后开具专用收据。

税务机关审批时不得将税款或者前款规定以外的款项作为税务代保管资金，并通过税务代保管资金账户进行收纳、缴库。根据税务代保管资金收入报告审批的情况，税务人员打印《税务事项通知书》并送达纳税人。

8. 预约定价安排

预约定价安排，是指企业就其未来年度关联交易的定价原则和计算方法，向税务机关提出申请，与税务机关按照独立交易原则协商、确认后达成的协议。

首先，预备会谈期间，企业应当就涉及的关联方、企业及其所属企业集团的组织结构和管理架构、生产经营情况、行业发展趋势和竞争环境等简要说明。其次，企业应当向主管税务机关提交预约定价安排谈签意向书，分析评估阶段从功能和风险状况、可比交易信息、关联交易数据、定价原则和计算方法等方面进行分析评估，税务机关认为符合原则的，提出正式申请。最后，协商一致的，拟定预约定价安排文本。

9. 调查协查

调查协查，是指税务机关及其人员依据税收征收管理法律、法规和规范性文件规定的职责权限，为实现税源管理的目标，按照上级机关、本级机关或者异地机关的业务需求，对纳税人实施的巡查、检查的税务管理活动。

税务人员根据税源管理要求或其他业务的需求，依职权对纳税人税务户籍管理、税收优惠、生产经营、财务核算、发票使用管理等需要核查情况进行实地调查核实。上级审核人员对审核意见确认并发放纳税人。

需要异地调查取证的，可以发函委托相关稽查局调查取证或派人参与受托地稽查局的调查取证。受托方收到函后，应根据协查请求，按要求及期限复函。

10. 通知及送达

通知及送达，是指税务机关向纳税人、扣缴义务人要求当事人提供有关资料，办理有关涉税事项或履行告知义务时所做的通知以及涉及文书送达的具体事项。税务人员将各环节制作好的需送达的各类税务文书，采用法定的送达方式送达文书受送达人。

税务人员依据工作需要，制作并发放《税务事项通知书》，随后送达纳税人或扣缴义务人，《税务事项通知书》事项在2个工作日内办结。文书送达采取直接送达、委托送达方式送达的，由两个以上人员送达，根据送达情况由文书受送达人、代收人、见证人、送达人在送达回证相关栏目签字、盖章。

11. 外部信息采集交互

外部信息采集交互，是指除纳税人自主报送、税务机关管理服务业务办理信息收集外，税务机关通过政务信息资源共享、国际情报交换、外部门业务衔接等途径，获取和提供涉税信息的管理活动。

税务机关为实现纳税人身份信息确认、简易注销等可以与市场监管部门实现部分相关数据等共享，对已采集数据不做二次采集，节约纳税人办税成本，提高办税效率。税务机关发现纳税人的纳税申报数据异常或纳税人未按照规定期限办理纳税申报的，可以提请环境保护主管部门进行复核，实现与环保部门相关数据对比，有效防止税款流失。

税收情报方面，我国与相关税收条约或协定缔约国家（地区）的主管当局为了正确执行税收条约或协定及其所涉及税种的国内法相互交换所需信息，接收或提供相关税收情报。

12. 凭证及证件

凭证及证件，是指对税务管理所需的票证及其他证件进行管理，包括发票印制调拨、票证管理和税务检查证管理三个事项。

发票印制调拨，是指各级税务机关统计增值税发票、普通发票用量计划，汇总后提交国家税务总局调整审定，印制完成后调拨分发给各级发票库房，各级税务机关严格做好后续发票出库、退库、盘存、结存、挂失、核销等管理工作。票证管理，是指各级用票税务机关上报票证计划，并进行票证领发，各单位根据票证使用情况，定期盘点、检查、销毁、核销损失、结报缴销，并进行账务更正和审核差错处理。税务检查证管理，是指税务检查证管理部门对税务检查证进行的申请办理、核发、年审、缴销、补换发等管理业务。

本级机关向上级机关申请领用发票后，发票库房管理人员申请调拨。上级出库机关确认发票出库，下级机关实物查验，比对查验结果并反馈给发放机关。票证管理员编制本级机关票证计划，省、市级税务机关税收票证管理员根据税务机关年度票证计划、月度票证计划、票证计划类别等汇总下级单位报表，参考库存和历史经验因素，调整报表。

13. 征缴管理

征缴管理，是指税务机关对征缴资金进行缴退库销号、对账等一系列管理行为，以及对海关代征税款进行录入。

（三）纳税信用与风险监控事项

纳税信用与风险监控事项，是指税务机关对纳税人（缴费人）进行信用和风险画像并据此开展的风险预测、监控、防范和应对事项。纳税信用与风险监控事项具体包括：信用动态监控、纳税信用等级管理以及风险管理、重大税务案件审理、监控及评价等，共46项业务事项。

1. 信用管理

（1）信用动态监控。

税务机关通过自动或人工方式采集纳税人、扣缴义务人的基础信息、涉税行为、风险应对结果、外部信息、遵从激励信息，对纳税人、扣缴义务人的信用进行动态监控评价，得出动态纳税信用积分，进行分类分级管理或列入严重税收失信名单，并据此对纳税人采用差异化管理和服务。

关于差异化服务，由业务需求提请部门分析需求和建议，经法制部门合规性审核通过后，落实差异化管理措施。以不减损纳税人、扣缴义务人法定权利和义务为前提，在各类涉税事项中实施管理措施、办理渠道、资料报送、办理期限等方面的差异化管理和服务，突出动态信用在具体业务办理中的运用。办理渠道差异化包括但不限于绿色通道、非窗口受理渠道等；资料报送差异化主要指允许信用较高的纳税人在受理资料欠缺的情况下先予容缺受理，事后补齐；办理期限差异化主要指允许信用较高的纳税人在法定时限内，提速办理或优先办理。

（2）纳税信用等级管理。

税务机关对纳税人开展纳税信用年度评价、纳税信用动态调整、当前年度纳税信用状况提醒、纳税信用补充评价等管理工作。

纳税信用评价周期为一个纳税年度，省级税务机关启动年度评价方案，根据纳税信用评价指标要求自动采集相关数据，系统自动生成纳税信用评价，经确认、审核后发布，主管税务机关向纳税人推送通知提醒信息，并按月开展纳税信用级别动态调整工作。当年度未评价或纳税人对纳税信用评价结果有异议的，可向主管税务机关申请补充纳税信用评价或复评。

2. 风险管理

（1）风险管理。

风险管理主要包括：目标规划、风险分析、任务统筹、风险预防、风险控制、风险应对6部分内容，构成规划—分析控制—应对的管理全流程。针对纳税人不同类型不同等级的税收风险，实施服务提醒、更正提示、业务阻断、纳税评估、特别纳税调整、税务稽查等策略。

各层级税务机关根据上级工作规划和计划部署做出综合安排，通过建立、运用风险分析工具和系统识别、人工识别、指标预期加工等方式，对涉税信息进行扫描、分析和识别，找出容易发生风险的领域、环节或纳税人群体，按纳税人归集风险点，综合评定风险分值，进行等级排序，确定每个纳税人的风险等级，并对风险任务进行归集、整理、汇总、比对、审批、推送、分配。

风险的后续管理包括：预防、控制和应对。风控预防是对纳税人、扣缴义务人可能发生的权益义务涉税风险，采用网络、短信、信函、电子邮件、传真等形式进行服务提醒推送，有效利用12366纳税服务热线、纳税人学校等各种渠道，提醒纳税人、扣缴义务人应享尽享、自查自纠。风险控制要求对纳税人、扣缴义务人涉税事项进行实时监控分析、比对，根据不同情形分别进行更正提示和业务阻断，指引纳税人、扣缴义务人及时修正、反馈。风险应对是在综合考虑风险性质类型、风险等级等因素的基础上，合理配置资源，采取各种应对策略消除税收风险，提高纳税遵从度的过程。主要包括纳税评估、出口退（免）税评估、特别纳税调整、税务稽查4类事项。

（2）重大税务案件审理。

重大税务案件审理，是指对稽查部门调查终结的、符合重大税务案件标准的案件或审理委员会成员单位认为案情重大、复杂，需要审理的案件进行审理。

办理人员接到符合重大税务案件审理标准的案件材料时，制作登记表，经审理委员会办公室审核后，将重大税务案件审理提请书及必要的案件材料分送审理委员会成员单位，由相关人员提出书面审理意见，经相关负责人审批并签发后，再将相关案件资料办理交接手续，对相关资料进行归档。

（3）监控及评价。

监控及评价主要包含过程监控和评价反馈两部分：一方面，对税收风险管理全过程实施有效监控，并建立健全考核评价机制；另一方面，对风险识别的科学性和针对性、风险等级排序的准确性、风险应对策略的有效性等进行效果评价。

过程监控由各级税务机关根据风险管理的业务特点、业务环节等设置监控指标及预警值，通过设置监控指标等形式对本级及下级税收风险管理全过程实施监督，对出现的异常情况及时进行监控提示，并根据提示内容及时进行分析纠正，在过程中验证监控指标有效性，反馈修正建议，及时修改。

评价反馈通过标准体系建设，规定各级税务机关职责，由税务机关对风险识别和风险等级进行效果评价，并由风险应对机关将应对结果、效果评价、完善和改进措施逐级反馈相关管理部门。

（四）法律追责与救济事项

法律追责与救济事项，是指税务机关对税务行政相对人违法的行为进行处理、处罚的过程以及税务行政相对人认为行政行为直接侵害其合法权益，请求依法纠正违法或不当的行政行为，并予以行政赔偿、补偿。法律追责与救济事项具体包括：违法处置、税款追征、行政救济、相互协商程序等，共63项业务事项。

1. 违法处置

税务行政相对人违法的行为，由税务机关责令纳税人限期改正或对税务行政相对人的违法行为依法进行税务处理、处罚。

纳税人、扣缴义务人及其他相关单位和个人有违法违章行为的、税务机关进行税收违法行为登记，责令限期改正处理，按照处罚金额不同额度分类，对公民处以50元以下、对法人或者其他组织处以1 000元以下罚款处理业务时，进行简易程序处罚业务处理；对尚未构成犯罪或者虽构成犯罪但司法机关依法免予刑事处罚，且不适用简易程序处罚的税收违法行为进行一般程序处罚业务处理。

税务机关发起一般程序处罚流程时，需要先制作税务行政处罚事项告知申请，报审核人员对所列事项进行审核，填写审核意见后，告知当事人拟作出处罚的事实、理由和依据，并制作当事人陈述申辩笔录，审批人员对处罚结果进行审批，填写审批意见后方可执行处罚决定。简易处罚流程与一般程序处罚流程不同，不需要经过审核、审批流程，可当场做出行政处罚决定。在进行一般程序处罚流程时，当事人可依法提出听证要求，税务机关可在当事人收到听证通知书后15日内举行听证，并做好完整记录。

处罚过程中若被处罚对象确有经济困难，需要延期或者分期缴纳罚款的，处罚对象可以向税务机关提出申请，税务机关对纳税人的申请审核通过后，方可暂缓或者分期缴纳；对于情节复杂、争议较大、处罚较重、影响较大或者拟减轻处罚等税务行政处罚案件，税务机关可发起集体审议流程，提请集体审议审批通过的，由税务局负责人主持召开，税务局相关部门负责人参加。

税务机关责令限期改正且逾期不改正的纳税人，县级税务机关可对其发起其他处置流程。对不办理税务登记，且经税务机关责令限期改正，逾期不改正的纳税人，税务机关可向市场监督管理部门提请吊销营业执照申请，后由市场监督管理部门反馈吊销信息；对发生税收违法行为，税务机关处理的纳税人、扣缴义务人，税务机关可以收缴其发票或者停止向其发售发票，待其接受税务机关处理后方可恢复。做出行政决定后，若税务机关发现原行政行为确有错误，做出行政决定的税务机关可以改变行政行为，进行查补税款、变更罚款、补充处理，并在审批人员完成对稽查审理报告的处理意见审批后，移交执行部门执行。

单位、个人可以向县、市、省、总局各级税务机关做税收违法行为检举，检举纳税人、扣缴义务人税收违法行为。税务机关接收到检举后，对检举情况做好登记，后由审批人员对登记表进行审批，最终由举报中心工作人员根据检举审批人员拟处理意见的审批结果进行处理，对于查实且有税款入库的检举案件，加强后续管理。

2. 税款追征

税款追征，是指纳税人未按照规定期限缴纳税款的，扣缴义务人未按照规定期限解缴税款的，税务机关应当责令其限期缴纳或者解缴等一系列行为。

按照税款追征业务发起源不同划分为两类：一类为由纳税人或第三方发起的业务事项；另一类为由税务机关发起的追征业务。纳税人或第三方为保证按时足额缴纳税款及滞纳金，可向税务机关提出申请，以其财产向税务机关提供担保，或由税务机关认可的纳税保证人为纳税人提供纳税保证，税务机关应首先判断纳税人、纳税人担保人是否具备担保资格、担保能力，符合条件的，税务机关方可受理，经由税务机关领导审批后，发放纳税担保书，纳税保证生效。税务机关在依法进行税务检查时，发现纳税人有逃避纳税义务行为，并有明显的转移、隐匿其财产的迹象的，可发起税收保全处理，经县以上税务局（分局）局长批准后，可扣押、查封纳税人的商品、货物或者采取书面通知纳税人开户银行、其他金融机构冻结纳税人的存款，若纳税人在规定的期限缴纳税款的可以依法解除保全。

税务机关在发现税务行政相对人在税款、滞纳金、罚款限缴期限到期后仍不缴纳时，可发起强制执行业务处理，但在税务机关做出强制执行决定或申请人民法院强制执行前，需事先催告当事人履行义务，经催告，税务机关通过内部审批文书报经有审批权限的税务局局长批准后，方可对税务行政管理相对人采取强制扣缴措施，向其下达强制扣缴的书面文书，通知银行或其他金融机构扣缴税务行政相对人的存款或扣押、查封、拍卖、变卖部分财产以抵缴税款、滞纳金或罚款。

在税款追征过程中，税务机关发现欠缴税款的纳税人怠于行使到期债权，放弃到期债权，无偿转让财产，或者以明显不合理的低价转让财产而受让人知道该情形时，税务机关可依法申请人民法院行使代位权、撤销权业务处理，需审批人员对行使代位（撤销）权的申请进行审批，在审批同意后，根据审批意见，制作文书，并收集相关证据后，向有管辖权的人民法院（被告所在地的人民法院）提起诉讼，并将法院反馈的判决书或裁定书，进行登记。

按照税收法律规定，欠缴税款的纳税人或者他的法定代表人需要出境的，应当在出境前向税务机关结清应纳税款、滞纳金或者提供担保。对未结清税款、滞纳金，又不提供纳税担保的纳税人，税务机关向其申明不准出境后执意出境的，税务机关可发起阻止出境业务处理，在出境时拦截，由欠税人所在地县以上（含县级）税务机关提出申请，填写文书报省级税务机关审批，审批同意的，由审批机关填写《边控对象通知书》送同级公安厅、局办理边控手续。被阻止出境的欠税人已结清欠缴的全部税款、已提供担保或已依法宣告破产的，可依法发起撤控申请，审批同意后，制作文书送达与审批机关同级的公安厅、局。

审计、检查单位发现被审计、检查单位有税收违法行为时，需下达决定、意见书，责成其向税务机关缴纳税款、滞纳金，税务机关接收到征收税款决定书意见及附件，可发起审计（财政）监督检查决定意见处理流程，依照税收法律、行政法规的规定，将应收的税款、滞纳金按照国家规定的税收征收管理范围和税款入库预算级次缴入国库，并将执行情况书面回复审计机关、财政机关。

3. 行政救济

行政救济，是指税务行政相对人认为行政行为直接侵害其合法权益，请求有权的国家机关依法对行政违法或行政不当行为实施纠正，并追究其行政责任，以保护税务行政相对人的合法权益。

税务行政相对人同税务机关发生纳税争议时，须先行缴纳或者解缴税款和滞纳金，或者提供相应的担保，才可以依法申请税务行政复议，行政复议机关接收申请后，应对主要事实和相关情况进行登记，并对内容合法性、适当性进行全面审查，制作答复通知书送达被申请人，被申请人提出书面答复后，由审查人员对被申请人作出的具体行政行为进行全面审查，提出意见、审批人员对审查意见进行审批，最终根据经审批后的审查意见制作决定书，在复议期间行政复议机关的上级机关可对复议机关处理的行政复议实施监督。

税务行政相对人认为税务机关的行政行为违法或者不当，侵犯了其合法权益，依法向人民法院提起行政诉讼，税务机关依法参加应诉，并对应诉案件的基本情况进行审查，对审查中发现的问题要提出处理建议，审查报告处理完毕发送审批，由审批人员填写审批意见，应诉处理答辩人员根据审查报告和审批意见，制作诉讼答辩状，连同其他诉讼材料一并递交人民法院，在人民法院作出判决或裁定后，应诉税务机关根据判决或裁定结果，进行后续业务处理。若在诉讼过程中发现本机关作出的具体行政行为确有错误，可以在人民法院宣告判决或者作出裁定前变更、撤销或部分撤销被诉具体行政行为，并书面告知人民法院和其他各方当事人。

公民、法人和其他组织认为税务机关违法行使职权，侵犯其合法权益并造成损害时，可申请税务行政赔偿，税务机关受理赔偿请求人申请，并进行赔偿信息登记，赔偿义务机关对具体行政行为的损害事实、是否存在违法行使职权的行为、违法行为与损害结果之间是否有因果关系等进行审理，审理完毕，制作审理报告，由法规部门负责人审批，报送主管局长审批后，根据审批后的赔偿审理报告，制作《行政赔偿决定书》，开展后续流程。

根据《税务行政赔偿决定书》内容，对需要撤回或变更行政决定的，需对税务行政管理相对人因此而受到的财产损失依法予以补偿，由纳税人发起行政补偿申请，税务机关接受进行登记采集，制作补偿申请表，审查人员对补偿申请登记及受理信息进行审查，制作审查意见，审批人员就审查意见内容进行审批，并填写审批意见，最终根据审查意见和审批意见，制作补偿决定书。

当事人认为税务人员在核定应纳税额、调整税收定额、进行税务检查、实施税务行政处罚、办理税务行政复议、实施听证时，与行政相对人有利害关系的，可发起申请税务人员回避业务流程，税务机关收到回避申请后，进行登记，并由审批人员进行审批，根据审批意见制作决定书，送达当事人。

4. 相互协商程序

根据我国对外签署的税收协定的有关规定，税务机关可启动相互协商程序，为纳税人避免或者消除国际重复征税。

如果有中国居民（国民）认为，与中国签订税收协定并生效执行的国家或地区所采取的措施，已经或将会导致不符合税收协定所规定的征税行为，可以按规定向省税务机关提出申请，请求国家税务总局与缔约对方主管当局通过相互协商程序解决有关问题，发起中国居民（国民）申请启动的相互协商程序业务流程；同时，在税收协定规定期限内，向国家税务总局书面提交《启动特别纳税调整相互协商程序申请表》和特别纳税调整事项的有关说明，启动特别纳税调整相互协商程序业务流程。

程序启动先由申请人向省级税务机关报送申请表，受理申请的省税务机关应将申请上报国家税务总局，并将情况告知申请人，同时通知省以下主管税务机关；国家税务总局启动相互协商程序，与缔约国方协商结束后，国家税务总局应当书面通知省税务机关，附送相互协商协议，最终由省局税务机关以书面形式，告知企业协商结果，附送相互协商协议，并根据协商协议开展下一步执行事宜。

第八章　税收风险管理

税收风险管理是现代税收管理的先进理念和国际通行做法，是完善我国税收管理体系、提高治理能力、实现税收现代化的有效举措，是构建科学严密税收征管体系的核心工作。

第一节　税收风险管理概述

一、相关概念

（一）风险

风险是对组织目标实现产生消极影响的不确定性。风险来源于不确定的未来；并且相对于组织目标的实现，风险被理解为具有负面、消极的意义。

（二）风险管理

通过执行风险管理流程，运用风险管理技术方法，培育风险管理文化等措施，优化资源配置，识别、衡量、化解风险，为实现组织目标提供合理保证的过程和方法。

（三）税收风险

税收风险就是一切对税务机关的组织目标产生消极影响的因素。税务机关的目标就是提高纳税遵从度，提高税收收入。OECD 将税收风险分为登记风险、申报风险、支付风险、报告风险四类。

（四）税收风险管理

税收风险管理贯穿于税收工作的全过程，是税务机关运用风险管理理论和方法，在全面分析纳税人税法遵从状况的基础上，针对纳税人不同类型不同等级的税收风险，合理配置税收管理资源，通过服务提醒、更正提示、业务阻断、纳税评估、特别纳税调整、税务稽查等策略，防控税收风险，提高纳税人的税法遵从度，提升税务机关管理水平的税收管理活动。

二、税收风险管理的基本原则和重要性

（一）税收风险管理的基本原则

各级税务机关要因地制宜，统筹安排管理资源，按照统分结合、分类分级应对的原则，合理划分各层级和各部门在税收风险管理中的职责，形成纵向联动、横向互动的工作机制，做到职责清晰、分工明确、运行顺畅。

（二）税收风险管理的重要性

1. 税收风险管理是推进税收治理现代化的必然要求

《深化国税、地税征管体制改革方案》描绘了构建科学严密税收征管体系的宏伟蓝图，为推进税收治理现代化指明了道路。以税收征管信息化平台为依托、以风险管理为导向、以分类分级管理为基础，推进征管资源合理有效配置，实现外部纳税遵从风险分级可控、内部主观努力程度量化可考的现代税收征管方式，是税收征管体制改革的方向。

2. 税收风险管理是促进纳税遵从的根本途径

通过加强税收风险管理，对纳税人实施差别化精准管理，对暂未发现风险的纳税人不打扰，对低风险纳税人予以提醒辅导，对中高风险纳税人重点监管。为愿意遵从的纳税人提供便利化办税条件，对不遵从的纳税人予以惩罚震慑，将从根本上解决纳税人不愿遵从或无遵从标准的问题，提高纳税遵从水平。

3. 税收风险管理是提高税务机关主观能动性的重要抓手

在做好基础管理的同时，通过对信息收集、风险识别、等级排序、任务推送、风险应对等环节实施过程监控和效果评价，可有效增强各级税务机关的主观努力程度，查找征管中的薄弱环节，防范税务系统内部风险，提高征管质效。

三、税收风险管理工作机制

完善税收风险管理运行机制，全面推行税收风险管理，就是要将有限征管资源配置于应对税收风险或税收集中度高的纳税人，构建立体化、全闭环、持续改进的风险防控网络，提升税收征管效能。

（一）完善分类分级管理机制

深化分类分级管理，强化自然人税收征管、大数据和风险管理职能配置，重构岗责体系和业务流程，建立大数据和风险管理“数据风险部门归口管理、其他部门协同配

合”的横向互动机制，健全“数据管理总局、省局两级集中，省市县局分级采集、全方位应用”和“风险分析总局、省局为主，市局为辅；风险应对省局、市局、县局为主，分局为辅”的纵向联动机制。

（二）完善常态化“信用＋风险”管理机制

建立纳税人信用评价、监控预警、风险应对联动融合的全流程新型监管机制，对高信用积分纳税人给予充分信任，减少不当打扰，将低信用积分纳税人列入税收风险管理重点对象；根据监控预警时发现的不同级别税收风险，分别采取更正提示、业务阻断和推送核查的管理手段；将监控预警和风险应对的结果与信用评价挂钩，对不遵从纳税人扣减信用积分，降低评价级次。

（三）完善税收风险管理制度

落实新修订的《中华人民共和国税收征收管理法》，在税额确认法条框架下，一体化修订纳税评估、税务审计、反避税调查等制度，制定税收风险管理办法，明确风险等级标准、执法程序和文书使用。制定税收风险管理工作规程，规范管理流程、岗位设置和工作职责。

（四）统筹优化税收风险应对方式

树立大风险理念，纳税评估、税务审计、反避税调查、税务稽查都是风险应对的重要手段。将大数据风险分析和“双随机”选案相结合，既要在大数据风险分析的基础上进行“双随机”选案，也要在“双随机”基础上进行大数据风险分析选案，对分析识别出的高风险纳税人实施立案检查，增强稽查针对性和有效性。完善跨国企业利润水平监控系统，构建关联交易风险模型和指标体系，防范跨国企业转移境内利润、侵蚀中国税基。加强大企业税收风险分析，健全税收风险指标模型体系，不断提升大企业税收风险应对质量，切实减少大企业涉税风险。

（五）加强重点税收风险防控

加强对大企业、高收入高净值自然人税收风险管理，定期开展重点行业、重点事项、重点税源税收风险专项分析。拓展跨区域税收风险防控范围和内容，健全税收风险信息推送机制，规范协作业务流程，织密跨区域税收风险防控网络。完善增值税发票风险快速反应机制，实现识别、推送、核查、反馈的全流程快速响应。加强自然人税收风险防控，对重点人群、重点项目、重点行业、重点政策，通过交叉比对自行申报信息、扣缴信息、第三方涉税信息等，分析个人所得税、车船税、车辆购置税等风险。完善电子商务、共享经济等新兴业态税收监管措施，实施包容审慎监管，促进规范发展和税收公平。

（六）推进跨部门协同监管

积极参与国家“互联网+监管”系统建设，梳理税务部门监管事项清单，推动数据归集共享和跨部门综合监管、协同监管。健全税收协同共治机制，深入推进守信联合激励和失信联合惩戒。健全股权、不动产转让等事项商事登记环节“先税后证”制度，完善银行等金融机构融资授信与纳税关联机制。加强税警协作，共同打击虚开骗税等涉税违法犯罪活动。推动涉税刑事司法解释修订。

（七）加强税收数据管理

建立税收业务设计与数据管控联动机制，推动税收业务的标准化、规范化。强化税收数据扎口管理，统筹基础平台、数据应用、数据资产等日常工作。结合各级税务机关的数据需求特点，融合数据生产、使用和管理等多方要求，建立税收数据协同治理机制，提高税收数据治理参与度，增强税收数据可用性。建立税收数据流动增值评价考核机制，推动各业务部门之间的数据流动和共享共用。建立业务数据化和数据业务化的分析评价机制，逐步提升税收大数据对业务的全景展现能力和驱动创新能力，加强对一线税务人员的数据赋能。

第二节 税收风险管理内容

税收风险管理的基本内容包括目标规划、信息收集、风险识别、等级排序及推送、风险应对、过程监控和评价反馈，以及通过评价成果应用于规划目标的修订校正，从而形成良性互动、持续改进的管理闭环。

一、目标规划

结合税收形势和外部环境，确定税收风险管理工作重点、工作措施和实施步骤，形成系统性、全局性的战略规划和年度计划，以及风险应对等阶段性具体计划，统领和指导税收风险管理工作。

根据上级工作规划和计划部署，按照横向互动、纵向联动的原则，结合本地区税收工作重点、人力资源和信息资源，整合各类风险管理事项，对税收风险管理工作的目标、事项、实施步骤等做出综合安排，制定总体规划、年度计划以及具体执行计划。具体执行计划包括风险应对指引编写、风险识别规则编制和指标模型建设等计划。存在影响计划执行可行性、有效性及其他紧急、重要情形的，可适时调整年度计划、具体执行计划。

国家税务总局负责系统性、全局性税收风险管理战略规划和年度计划制定与调整。省级税务机关负责本省税收风险管理中长期规划、年度计划制定与调整。市级、县（区）级税务机关负责本市、县（区）税收风险管理年度计划制定与调整。税收风险管理具体执行计划制定、调整的权限及期限，由各级风险管理部门结合本地实际情况确定。

（一）计划拟定

税收风险管理工作领导小组办公室（以下简称风险办）根据本地区本期税收工作重点及上级风险管理部门要求，结合税收形势发展趋势、上期风险计划执行评价反馈情况，统筹制定税收风险管理规划、年度计划。风险管理部门依据本地区年度计划，结合日常工作实际情况，编制税收风险管理具体执行计划。

（二）意见征集

风险管理规划、年度计划发布前，风险办应向风险办成员单位及下级风险办征集对规划、计划的建议、意见。

（三）计划审议

税收风险管理工作领导小组审议税收风险管理规划、年度计划。风险管理部门负责人审核税收风险管理具体执行计划。

（四）计划发布

经审议同意的，风险办按期发布税收风险管理规划、年度计划。风险管理部门发布税收风险管理具体执行计划。国家税务总局年度工作计划外的千户集团或成员企业税收风险管理具体执行计划报国家税务总局备案。

（五）建议提报

风险管理计划执行过程中，存在下列情况之一的，风险办成员单位、下级风险办、风险管理部门、风险应对机关可以提出中止、变更或撤销计划的建议：①相关税收政策发生重大调整；②完成计划所需的数据信息、人力资源、技术条件等尚未落实；③其他需要中止、变更或撤销计划的情况。具体执行计划修订对年度计划执行有重大影响的，风险管理部门应先行向风险办提报年度计划修订建议。本级年度计划调整对上级年度计划执行有重大影响的，风险办应先行向上级风险办提报对上级年度计划的修订建议。

（六）计划调整

风险办对提报建议进行分析、审核，提出修订建议。

（七）调整审议

税收风险管理工作领导小组对税收风险管理年度计划是否调整进行审议。风险管理部门负责人对税收风险管理具体执行计划是否调整进行审核。

（八）调整发布

经审议同意的，风险办发布调整后的税收风险管理年度计划。风险管理部门发布调整后的税收风险管理具体执行计划。

二、识别分析

风险分析包括风险识别、等级排序。通过建立、运用风险分析工具，对涉税信息进行扫描、分析和识别，找出容易发生风险的领域、环节或纳税人群体。按纳税人归集风险点，综合评定风险分值，并进行等级排序，确定每个纳税人的风险等级。

（一）风险识别

按照税收风险管理目标和工作计划要求，建立风险识别指标体系、风险特征库和分析模型等风险分析工具，确定风险分析、加工频度，通过对税收基础数据的内在关联分析和第三方信息的辅助验证，将纳税人、扣缴义务人的涉税信息进行扫描、分析和识别，并对扫描的结果进行确认，找出容易发生风险的领域、环节或纳税人群体，为税收风险管理提供精准指向和具体对象。风险识别包括风险特征分析、风险指标模型建设、风险点加工归集、风险应对指引编写。

1. 风险特征分析

运用完整性、逻辑性、波动性、配比性、类比性、基准性等方法识别税收风险点。

（1）国家税务总局：组织开展区域性、行业性以及特定类型纳税人或者特定事项的税收风险特征分析工作。风险办审议其成员单位及各地区在风险管理工作中提炼或发现的具有全局性、普遍性特征的风险事项。各业务部门结合自身工作特点，承担分管税种或本部门业务的风险特征分析识别工作，向风险办提供具有全局性、普遍性特征的风险事项。

（2）省级税务机关：按照国家税务总局计划、推送的宏观税收风险指向任务和微观税收风险应对任务，开展区域性、行业性以及特定类型纳税人或者特定事项的税收风险特征分析工作。根据本省税收风险管理规划及年度计划开展专业分析工作。

（3）市级税务机关：根据上级交办、督办风险应对任务、本级税收风险管理年度计划开展专业分析工作。

2. 风险指标模型建设

指标和模型建设包括方案制订、业务描述文档编写、技术转换（部署）、验证、评审、发布使用等步骤。

（1）国家税务总局负责建立健全全国或者区域范围的风险管理特征库、模型和指标体系。风险办统筹风险分析识别模型建设工作。按计划逐步建立具有代表性的覆盖重点行业、税种及特定类型纳税人的风险分析识别指标体系及模型库。各业务部门结合自身工作特点，承担分管税种或本部门业务的分析识别模型建设。

（2）省级税务机关负责改进、优化风险管理特征库、模型和指标体系，适时发布。

（3）各级税务机关应运用政策分析、案例分析和经验分析等风险分析方法，寻找税收风险领域，提取用以识别风险领域的风险特征，向上级提报优化风险特征库完善建议。

3. 风险点加工归集

（1）系统识别：税务机关按照年度风险管理计划，选定对应、适当的风险指标及模型，确定不同风险领域及风险特征，集中开展风险点系统加工、存储。

（2）人工识别：各级税务机关对非风险应对过程中发现的纳税人风险点，应形成风险特征提交风险管理部门。

（3）指标预期加工：对指标预期加工的结果应与人工识别的风险点进行适用性抽样验证。验证不符合的，应分析原因并反馈到指标建设部门。

（4）对加工产生的风险点，不得随意删除、修改、作废。因特殊情况需删除、修改、作废的，必须经风险办审议确定并形成记录备查。

（5）已验证且未应对风险点应按纳税人、扣缴义务人归集，相应形成风险纳税人库，作为风险等级排序依据、特别纳税调整、税务稽查来源。

（6）国家税务总局、省级税务机关对千户集团系统风险识别报告开展人工专业复评，形成税收风险分析报告。①人工专业复评可以采取案头分析、与企业沟通、选取代表性企业开展典型调查等方法。②省级税务机关负责总部在本省的千户集团的沟通协调工作，并配合国家税务总局开展跨区域千户集团税收风险分析。③对风险分析中发现的同质性高、涉及面广的风险点，国家税务总局可以协调集团总部所在省级税务机关，向集团总部进行提示告知。④省级税务机关对本省形成的风险分析报告进行审核，并按要求上报国家税务总局。风险纳税人库归集的风险点根据风险点加工情况，实行动态更新。

4. 风险应对指引编写

风险管理部门应对历史风险应对任务开展风险点深度分析，形成个性化的风险应对指引，与新增风险点一并推送风险应对机关、稽查部门。

（二）等级排序

对依据风险识别结果建立的风险纳税人库，按纳税人、扣缴义务人归集的风险点，按户综合评定风险分值，并进行等级排序，确定每个纳税人、扣缴义务人的风险等级。

国家税务总局、省级及市级税务机关确定本级风险积分标准和等级划分标准。

1. 确定积分

对风险纳税人库的纳税人、扣缴义务人按户进行风险点归集，综合评定风险分值。国家税务总局、省级及市级税务机关确定本级风险积分标准。

2. 积分排序

对确定积分后的纳税人、扣缴义务人按照综合评定风险分值高低进行排序。国家税务总局负责千户集团税收风险积分排序工作。省级、市级税务机关负责本级范围内纳税人、扣缴义务人的税收风险积分排序工作。风险模型、指标的积分标准以风险发生概率和风险发生造成税款流失的严重程度为主要评价因素。

3. 等级排序

对积分排序后的纳税人、扣缴义务人根据不同风险类型、特征等，综合进行等级判定，确定风险等级，并从高到低进行等级排序。根据税收风险管理年度计划和实际情况，定期或按专题实施等级排序。国家税务总局负责千户集团税收风险等级排序工作。省级、市级税务机关负责本级范围内纳税人、扣缴义务人的税收风险等级排序工作。

（1）税收风险等级排序分为高、中、低三等。高等风险：虚开或接受虚开发票；高风险指标、模型运算结果直接指向；税收风险点情形复杂，预估不缴或少缴税款数额较大，存在偷逃骗税可能情形。低等风险：风险指向明确、预估税款较小等情形。中等风险：指高、低等以外的涉税风险情形。

（2）纳税人、扣缴义务人等级排序采用定性与定量（风险积分）相结合的方式确定。按户归集税收风险点，并对税收风险点的风险类型、等级、关键指标风险数量和风险指标权重等进行综合分析，计算确定纳税人、扣缴义务人的风险积分，并根据其风险积分的高低排定风险次序。

（3）税收风险等级排序确定后，因特殊原因需要调整的，应报经本级风险办批准后调整。

三、任务统筹

任务统筹是指对通过风险分析识别、上级交办、部门转办以及其他途径产生的风险任务进行归集、整理、汇总、比对、审批、推送、分配等过程。任务统筹应遵循“科学合理”“过滤重复”“归并执行”的原则，即任务安排要充分考虑应对部门承受能力，力求做到科学合理；利用系统过滤或人工干预，避免任务重复派发；对同一纳税人涉及多项事项，应归并任务，统一下发，防止多头下达任务。

（一）任务管理

根据任务来源，结合征管资源和专业人员配置情况，税务机关实行风险任务整合、统筹，合理确定风险管理策略与措施、任务推送频率和数量、风险应对对象、任务接收机关、执行人员等具体适用。任务来源包括三种情况：风险识别后等级排序结果；举报、上级交办、督办、部门转办、情报交换等风险信息接收；下级税务机关风险应对任务提请情况。

1. 任务统筹分级

各级风险办负责任务统筹：

（1）国家税务总局：①整合风险应对任务并向省级税务机关推送，实施跨省风险管理任务调度。②风险办按需召开风险管理专题会议，审议成员单位及各地区在风险管理工作中提炼或发现的具有全局性、普遍性特征的风险事项，以及成员单位提交的特定类型纳税人或特定风险事项，适时推送各地应对。③千户集团风险应对任务由风险办统一推送至省级风险办，并抄送相关省级税务机关大企业 税收管理部门。④国家税务总局稽查局根据工作需要，具体负责组织或督促相关地区稽查部门实施稽查。⑤其他应由国家税务总局统筹的风险管理任务。

（2）省级、市级、县（区）级税务机关：①整合风险应对任务并向下级税务机关推送，负责本级范围内风险管理任务调度。②风险办统一接收上级风险办按计划下发的税收风险管理事项，组织相关部门开展细化分析，统筹任务安排，统一扎口推送给有关单位开展风险应对工作。③千户集团风险应对任务实施以省级、市级税务机关为主。对于重大或复杂涉税事项的千户集团风险应对任务，由省级税务机关组织开展应对。④对其他部门接收的，须将接收的风险事项报送风险办统筹管理。⑤各级稽查部门具体负责协调、实施辖区内税务稽查工作。⑥其他应统筹的风险管理任务。

2. 任务对象拟定

（1）风险办按风险管理计划，统筹服务提醒、更正提示、纳税评估、特别纳税调整、税务稽查任务，审定下级申请任务，整合举报、上级交办、督办、部门转办、情报交换等事项，拟定待推送任务清册。待推送任务清册应说明风险任务类型、任务对象确定方式、各类任务拟推送具体对象。

（2）任务类型：风险办根据风险点性质、紧急程度、应对实施便利性，结合系统实现渠道、部门职责合理确定任务类型。对涉嫌偷、逃、抗、骗税，以及经风险等级排序确定的高风险纳税人，经稽查局分析确认后纳入税务稽查对象范围。

（3）任务对象确定方式：风险办依据风险等级排序的结果，结合风险应对机关、稽查部门的应对能力，确定风险应对任务数量。举报、上级交办、督办、部门转办、情报交换任务直接进入任务审批环节。

（4）任务对象拟定原则：①无特殊情况，风险积分相同，信用评价积分较低的优先纳入推送范围。②风险应对任务类型按应对策略从高到低原则确定。③对同一纳税人纳税评估、税务稽查等税务检查任务，一个年度内原则上只推送一次。税务机关已掌握纳税人新的涉税违法线索，或因执行国际条约需要，以及纳税人再次出现税款流失风险的，经县（区）级以上（含）税务机关主要负责人批准后，可对已实施税务检查的纳税人再次实施税务检查。④对存在未完成风险应对任务的纳税人，应根据上述原则及风险排查实际情况，确认是否独立推送应对任务、并案或移交处理。⑤已确定的风险应对任务原则上年度内推送完毕。

3. 任务审批

本级税收风险管理工作领导小组负责风险应对任务审批。经审批：①不予推送的，审核情况反馈任务提请、移交部门；②准予推送的，进入任务推送环节。

4. 任务推送

（1）风险办按确定的风险应对任务类型、方式、对象，组织任务推送实施。

（2）推送服务提醒的，应结合纳税信用评价结果，按确定的推送范围、信息推送渠道方式，按户（人）归集各类提醒事项。

（3）准予推送且需并案处理的，风险点推送并入未完成风险应对任务，一并应对处理。

（4）需报上级交办、交下级督办、交下级办理、移送其他部门的，按目标机关推送。

（二）风险预防

（1）转变思想，主动作为。始终坚持“立足长远、防患未然”的思路，深刻认识税收风险管理面临的严峻形势，遵循“以票控税、信息管税、风险导向、流程控制、适时阻断、及时应对”原则，充分运用增值税发票快速预警处理系统、决策支持风险管理系统、跨区域风险管理系统和国家税务总局云平台等系统，切实加强各税种的风险监控。围绕实物流、资金流、发票流“三流”做好风险分析，对上、下游企业购进、销售货物信息的匹配性进行追溯、比对分析，规范应对风险。

（2）加强税法宣传。将风险管理前移到征收环节之前，促进纳税人在纳税义务发生之时，正确履行纳税义务，减少纳税人纳税风险成本，减少税收管理成本。以适当方式（如社交通信工具）将已认证的企业财务人员、办税员与税收管理员连接起来，建立完善快速响应诉求机制，及时解决纳税疑难点，并掌握纳税新情况。

（3）强化重点防范。对辖区内重点行业领域进行数据筛选分析，认真开展案头分析。要保持高度的风险识别敏锐性和警惕性，密切关注“11类高风险纳税人”，即：虚假总部经济纳税人、虚假楼宇经济纳税人、涉农行业纳税人、建筑行业纳税人、交通运输行业纳税人、“两头”或“多头”在外纳税人、商贸流通纳税人、“一址多照”纳税人、无固定经营场所纳税人、政府招商引资新落地纳税人、出口退（免）税高危纳税人，尤其是要对短期内销售额激增、用票量陡增的企业进行重点防控。

（4）设立风险管理台账。不定期开展风险排查，建立上下齐动、部门联动、整合推进、齐抓共管的税收风险管控工作机制，形成共同识别风险工作组合拳。

（三）风险控制

（1）紧扣沟通协调，狠抓税收共治共为。税务系统上下要始终保持高度的风险识别敏锐性，积极向当地党委政府汇报国家税收管理政策的最新要求，主动加强与相关部门的沟通协调、求得工作理解和大力支持，共同营造良好的协税护税共治氛围。

（二）紧扣扎口管理，狠抓打造管理团队。按照“两分七统”的原则，所有风险事项均应进行扎口管理，定期组织召开风险管理局专题会议，由税收风险管理局统筹各税种风险任务的落实、应对和反馈工作，并确定应对方式、应对层级及完成时限。

（三）紧扣精细管理，抓好风险监管。本着放开前端与管好后端相结合的理念，强化对纳税人的后续管理。对于变前置审批为后续管理的事项，在事前审批上做“减法”，改变过去主要依靠审批、备案等事前管制的监管方式。在后续管理上做“加法”，加强事中和事后的监管，及时发现和化解税收风险，将风险管理工作“朝深里做、往宽处拓、向高处集、于实处落”，转变思想、提升认识、强化落实，形成推动优化营商环境、服务地方经济高质量发展的强大动力。

（四）创新后续管理机制和改革路径。注重强化风险特征库的总体维护，定期收集汇总风险特征库的优化建议。以固定周期进行提升完善，对执法风险管理流程、运作模式、工作指引、系统功能等进行创新升级。

（五）强化信息化应用支撑。税务机关应强化风控软件开发应用，依托信息化管理平台，加强对重点税源企业、重点税种、重大建设项目、重点行业的预警监控，建立起一个“预防、预警、核查和内部管理”的规范体系。

四、风险应对

风险应对是指税务机关在风险分析识别基础上，综合考虑风险性质类型、风险等级等因素，通过合理配置资源，采取各种应对策略消除税收风险，提高纳税遵从度的过程。主要包括纳税评估、出口退（免）税评估、特别纳税调整、税务稽查四类事项。其中纳税评估为主要应对手段，本书仅介绍纳税评估事项。

纳税评估是指税务机关对税收风险疑点进行深入分析，对评估分析中发现的问题分别采取案头分析、税务约谈、实地核查等方式核实其纳税申报的真实性、准确性，应交由稽查部门、特别事项调整部门或出口退（免）税纳税评估部门处理的风险应对任务除外。

（一）案头分析

（1）评估人员对评估对象所涉及的税收风险疑点进行案头分析，对其纳税申报的准确性、真实性做进一步评析，形成案头分析结果。

（2）评估人员根据案头分析结果分别提出“建议约谈举证确认”“建议实地核查确认”“建议移交稽查部门处理”“建议转专业部门处理”“疑点确认，进行评估处理”“未发现异常，疑点排除”“建议任务异常处理”等评估建议。为便利纳税人，评估人员可根据分析结果及实际情况，在提请本部门负责人审核后，结合案头分析筛选疑点，有针对性地发送信函调查确认。

（二）税务约谈

（1）约谈审核：评估建议选择“评估建议约谈举证确认”的，提请本部门负责人进行审核。

（2）约谈：实施询问约谈的评估人员应当不少于两名，并具有税收执法资格。开展税务约谈前，应当向纳税人出具《税务约谈通知书》。通知书应明确载明税务约谈的时间、地点、内容等事项，以及需要纳税人提供相关举证的资料。约谈过程中，听取纳税人陈述，收集相关证据。约谈结束后制作《纳税评估约谈情况表》，由约谈人、记录人和被约谈人（或者纳税人委托的税务代理人）签字确认。如纳税人属于千户集团企业，则制作《千户集团税收风险应对工作底稿》。纳税人主动选择以自查补税代替约谈说明的，应在约定的约谈日到期前提出申请，同时应将此意见作为约谈说明的内容，在《纳税评估约谈情况表》上进行记录。评估人员根据税务约谈情况提出相应评估建议。需要实地核查确认的，应呈报审核实施现场调查；选择其他处理方式的，应做出相应评估建议和结论。

（三）实地核查

（1）核查审核：评估建议选择“建议实地核查确认”的，提请审核同意后实施。审核权限由省级税务机关自行确定。

（2）核查实施：经审核同意后，评估人员按实地核查有关规定办理，实地核实过程中发现纳税人有其他税收风险点的，应当一并进行处理。

（四）制作评估报告

（1）评估人员根据评估分析、约谈说明和实地核查过程中所掌握的情况制作纳税评估报告。

（2）纳税评估报告应详细记录纳税评估所确定的主要疑点和问题，详细描述评估过程，记录评估基本情况和认定的结论，提出纳税评估处理建议。

（3）评估处理建议应按以下原则进行：①疑点全部被排除，未发现新的疑点，在纳税评估报告中注明“未发现异常，疑点排除”。②对纳税评估中发现的计算和填写错误、政策和程序理解偏差等一般性问题，或存在的疑点问题经约谈、举证、调查核实等程序认定事实清楚，不具有偷税等违法嫌疑，无须立案查处的，且纳税人对该疑点或问题认识清楚，与评估人员对处理办法达成一致的，在纳税评估报告中注明“建议纳税人自行补正”。纳税评估报告中应详细描述补缴税款和调整账目的要求。需要对税收违法违章行为进行行政处罚的，在纳税评估报告中应注明详细的行政处罚内容。评估过程中，发现不属于本部门评估范围或者因特殊情况无法继续实施的，应于纳税评估报告中注明“建议任务异常处理”，并具体说明建议任务撤销、中止或终结原因。

（4）纳税评估报告由评估人员签字确认并提请本部门负责人进行审核。

（五）移交处理

评估人员在纳税评估过程中发现存在以下情形的，应将发现的问题、相关资料及移交建议报同级风险办审核，并经税收风险管理工作领导小组审批同意后，按涉税事项内部移送有关规定处理：

（1）纳税人有明显存在虚开或接受虚开发票现象，涉嫌偷税、逃避缴纳税款、骗取出口退税以及其他需要立案查处的税收违法行为嫌疑，应“建议移交稽查部门处理”，并于案头分析结果或纳税评估报告中注明。

（2）纳税人存在特别纳税调整、出口退（免）税等特殊税收风险疑点，以及其他问题需要由专业部门进一步调查和处理的，应将上述疑点或问题“建议转专业部门处理”，并于案头分析结果或纳税评估报告中注明。经审批，不予立案调查的，纳税评估任务继续实施；予以稽查立案的，或专业部门确认立案、问题接收，且不存在其他风险疑点需核实的，终结纳税评估任务。

（六）执行

评估执行人员接收评估资料，根据纳税评估报告中注明的处理意见采取相应执行方式。

处理意见为：

（1）“未发现异常，疑点排除”的，将资料归档。

（2）“建议纳税人自行补正”的，执行人员制作《税务事项通知书》，告知纳税人存在疑点或问题的所属期以及限改日期，送达纳税人，督促纳税人进行补正申报、补缴税款、调整账目。纳税人自行补正的，应填报《纳税情况自查报告表》。需进行行政处罚的，按行政处罚有关规定执行。纳税人因特殊困难对确认应补缴税款不能及时足额入库的，按照欠税管理有关规定执行。

（3）“建议任务异常处理”的，提请审核同意后执行。审核权限由省级税务机关自行确定。

五、过程监控与评价反馈

对税收风险管理全过程实施有效监控，建立健全考核评价机制，及时监控和通报各环节的运行情况，并对风险识别科学性和针对性、风险等级排序准确性、风险应对策略有效性等进行效果评价。主要包含过程监控和评价反馈。

（一）过程监控

过程监控是指各级税务机关通过设置监控指标等形式对本级及下级税收风险管理全

过程实施监督，及时处理异常情况，提高风险管理质效。

1. 系统监控

（1）各级税务机关根据风险管理的业务特点、业务环节等设置监控指标及预警值。

（2）通过指标运行，对出现的异常情况及时进行监控提示。

（3）收到监控提示的税务人员根据提示内容及时进行分析纠正，提报指标修正建议。

2. 检查核实

（1）核实监控提示内容是否及时纠正，督促改正。

（2）验证监控指标有效性，反馈修正建议。

（二）评价反馈

评价反馈是指税务机关对风险识别的科学性和针对性、风险等级排序的准确性、风险应对策略的有效性等进行效果评价。风险应对机关将应对结果、效果评价、完善和改进措施逐级反馈相关管理部门。

1. 标准体系建设

（1）国家税务总局负责制定税收风险管理效果评价标准。

（2）省级税务机关负责建立全省统一的税收风险管理效果评价体系。

（3）风险办成员单位根据各自业务管辖范围，参与税收风险管理效果评价体系的建立和维护。

2. 风险管理效果评价

（1）国家税务总局风险办负责组织对风险办成员单位及省级税务机关的风险管理效果评价，向风险事项发起单位通报应对情况。

（2）省级风险办负责组织对下级税务机关的风险管理效果评价，向国家税务总局风险办反馈整体应对情况。省级税务机关大企业税收管理部门应当及时汇总本省千户集团税收风险应对情况，向国家税务总局大企业税收管理司报送专项税收风险应对工作报告。

（3）各级风险办定期运用税收风险管理能力评价指标，对主观努力程度进行整体评价。

（4）各级风险管理部门应及时收集应对反馈意见，落实评价工作：①指标规则评价：风险应对机关应根据风险应对情况对风险指标规则的有效性、合理性、指向性和适用性进行评价，提出增加或修改风险指标规则的具体建议，风险管理部门及时实施指标规则的调整优化。风险管理部门及时将此次风险任务完成的信息收集情况、比对指标特征和纳税人实际情况的差异部分、特殊反向指标，对模型风险指标的建设或风险领域的管理建议提交上级风险管理部门。②政策措施评价：风险应对机关不定期撰写典型案例分析报告或行业分析报告，提出税收政策调整建议。③风险应对指引：风险管理部门结合本地实际和经济特点，全面归集分析风险的性质及成因，及时向上级风险管理部门提交风险应对建议，完善风险应对指引，复制推广系统性、行业性风险分析应对经验。④征管建议：风险应对机关对风险应对过程中发现的税收征管漏洞或薄弱环节进行分析、整理，制作征管建议书，按涉税事项内部移送有关规定，传递至主管税务机关。

第三节　税收风险应对方法（纳税评估）

一、纳税评估案头分析方法

在纳税评估的不同环节有不同的方法，但其中案头分析是基础。常用的案头分析方法有核对法、比较分析法和逻辑推理法三种。

（一）核对法

核对法是指评估人员将从各种渠道所获得或者所掌握的纳税人相关涉税数据信息资料进行简单的核对比较，并据以对纳税人的税收法律义务履行情况做出初步评判的一种评估方法。

核对法是纳税评估案头分析最基本的方法。运用核对法时，主要核对以下内容：

1. 表表核对

（1）财务报表间的核对。财务报表间的核对主要是不同财务报表间具有钩稽关系的项目的核对。比如本期报表期初余额与上期报表期末余额核对，如果发现不相等，即可能存在疑点需进一步核实原因。

（2）纳税申报表间的核对。各税种的纳税申报表虽然有所差别，但是其中的很多内容都是存在钩稽关系的。纳税申报表间的核对主要是对关联税种的纳税申报表之间具有钩稽关系的项目或者是同一申报表的主表附表中具有钩稽关系的项目的核对。

（3）申报表与财务报表间的核对。由于税款的计算与缴纳是以企业的会计核算为基础的，企业所有税种纳税申报表上的数据也几乎都可以从其会计核算中找到依据，纳税申报表特别是企业所得税纳税申报表上的很大一部分数据也都可以在财务会计报表上找到对应的数据。一旦某个企业的这种关系被打破了，需要做进一步分析。

2. 内外核对

内外核对是指纳税评估人员应当将其所能够收集和掌握到的全部信息进行核对，一方面，要将税务机关征收管理系统内的信息即机内信息与征收管理系统外的信息即机外信息数据进行核对；另一方面，需要将税务机关在日常征管中掌握的纳税人涉税信息与外部第三方信息进行核对。

（二）比较分析法

比较分析法是指将企业会计资料中的有关项目和数据，在相关的时期之间、指标之间、企业之间及地区或行业之间进行静态或动态对比分析，从中发现问题，获取疑点的一种分析方法。比较分析法是当前税务机关常用的一种分析方法。

1. 绝对数比较分析

绝对数比较分析是指纳税评估人员在评估过程中，直接将纳税人申报纳税的绝对数值指标，包括总量与总额，与选择作为参照指标对象的绝对数值进行比较，寻找其中存在的差异并进行判断的一种比较分析方法。在纳税评估中常用的绝对数指标包括：主营业务收入、主营业务成本、期间费用、应纳税所得额、应纳税额等。

2. 相对数比较分析

相对数比较分析是指纳税评估人员通过计算得到评估对象某些评估项目的百分比、比率或比重结构等相对数指标，然后再与所选定的对象进行比较，发现其中存在的差异，并进一步分析判断的一种比较分析方法。

（三）逻辑推理法

逻辑推理法是一种定量与定性相结合的分析方法，主要通过具有外在或者内在的逻辑联系和相关性的多个数据之间趋同或反差关系，分析纳税人可能存在税收风险的一种方法。对于评估对象而言，一项经济业务的发生，必然会引起一连串相关活动的变动，这既是由经济活动的相关性所决定的，同时也是由经济活动的规律所决定的。

在纳税评估中，税务人员可以运用于逻辑推理分析的逻辑关系和相关关系主要包括以下方面：

1. 企业的生产经营目标的逻辑分析

投资者设立企业以及企业从事生产经营的目的，在大的方面都是一致的，即追求经济利益最大化。因此如果一家企业长亏不倒，评估人员就应当给予高度关注。

2. 经济效益的逻辑分析

通常而言，企业经济效益较好，生产规模就可能扩大，生产能力相应增强，同时因为存在规模效益，企业所缴纳税款应当呈现相对增长的态势。但如果不一致，则可能存在问题，需重点关注。

3. 经济环境的逻辑分析

企业外部所处的经济环境直接影响企业的生产经营状况，而企业的生产经营状况又与税款的申报与缴纳直接相关。通常而言，当一个地区或者一个行业的经济景气度较高时，意味着该地区以及该行业的纳税人处于一个相对较好的生产经营环境，企业的生产与销售以及经济效益等都处于上升阶段，与销售和效益相关的流转税和所得税也应该呈现上升的趋势。如果在经济形势好的情况下，税款不升反降，则可能存在少缴税的风险。

4. 经济业务的逻辑分析

不同行业有不同的经济业务，对不同经济业务的特点进行分析，会发现其中存在很多的相关关系、逻辑关系。比如，一家生产企业在开业初期短时间内就销量大增，大量开具增值税专用发票，而电费为零或很低，这个现象就不正常。企业很可能存在虚开发票的风险。

5. 收入、成本（费用）配比分析

收入与成本（费用）相配比是生产经营的基本规律。通常而言，纳税人的成本大幅度增长的同时，其收入也应当大幅度增长，但如果不同步，则企业可能存在少计收入或多列成本的风险。

二、纳税评估约谈方法

纳税评估约谈，即约请纳税人到税务机关，就评估人员在案头审核分析中发现的疑点问题面对面进行说明。约谈是纳税评估工作的一个重要环节，也是评估人员验证审核分析结果，了解问题真相的重要渠道。约谈人员必须掌握和运用约谈的一些基本技巧。

（一）约谈的三段式

（1）约谈的开始阶段：类似于开场白的彼此交谈。这一阶段的谈话时间不长，但所要交谈的内容却是重要的，为进行实质性交谈做好铺垫。交谈的主要内容包括：约谈双方的介绍、约谈的目的、企业的基本情况等。约谈人员要善于通过这一阶段的印象交谈，考查被约谈人的专业知识水平等，以便下一阶段的谈话更有针对性。

（2）约谈的实质阶段：这个阶段时间较长，具体要根据评估分析发现的问题及被约谈人陈述的情况而定。实质性的对话是约谈人员充分表现业务水平，专业知识的时候，应当使谈话的方式和内容紧扣实质性问题，言必有物，对重点问题要言简意赅，避免言不及义。约谈需要了解的问题可能很多，问什么，如何问，需要讲究方法和技巧。问什么，约谈人员事先应当心中有数，在层次上应当由表及里，由浅到深；怎么问，约谈人员应当根据第一阶段谈话掌握的被约谈人专业知识水平、社会经验及个性情况，有针对性地采取一些策略。总体上应当保持谈话的平和气氛，纳税评估约谈毕竟不是案件讯问。在约谈过程中，被约谈人可以根据约谈人员的需要，或陈述的需要，提供必要的、证明其陈述真实性的相关资料。

（3）约谈的结尾阶段：分结论性和非结论性两类。通过约谈，被约谈人能够对评估分析中发现的问题进行充分说明，并提供相关的证明资料，或者承认评估分析中发现的问题存在，并愿意接受评估处理的，此时约谈人员结束谈话应当是结论性的，应当告知被约谈人如何进行自查、调账、补税。相反，如果被约谈人不能对评估分析中发现的问题进行充分说明，提供不了相关的证明资料，或者不承认评估分析中发现的问题，不愿意接受评估处理的，则约谈人员结束谈话应当是非结论性的，要告知被约谈人准备接受实地核查。

（二）约谈中应注意的问题

（1）事前做好充分准备。评估人员首先要查阅企业报送的财务报表、纳税申报表等申报资料，然后向税务机关其他岗位了解情况，以全面掌握企业生产经营情况、财务核算状况、日常纳税情况、发票管理及税款缴纳情况。在此基础上，做好约谈前的各项准备工作，并拟好约谈提纲。约谈不仅要掌握纳税人的基本情况和概貌，还要从纳税人同行业企业了解税负、物耗、能耗等指标水平，从长期为纳税人提供原材料、主体包装、主要能源、运输工具的单位了解业务往来情况及市场信息，用情报信息来反证疑点问题，把握约谈的主动权。

（2）把握纳税评估与税务稽查的区别。纳税评估主要是对纳税人申报纳税的准确性、真实性进行评估判断，不论是性质、形式，还是手段、程序，与税务稽查都有本质上的区别，税务稽查体现的是一种威慑性的检查，而评估则是一种辅导性的管理。因此，评估人员在与纳税人约谈时：一是要以交流的语气谈话，这样有助于纳税人接受谈话；二是对确实属于工作一时疏忽造成申报不实的，应当肯定纳税人的工作，对纳税人进行必要的纳税辅导，帮助其纠正失误。约谈中切忌与纳税人发生争执、争吵。

（3）辅导和帮助纳税人化解申报风险。纳税评估结束后，除要求纳税人自查补缴税款、滞纳金外，更重要的是辅导和帮助纳税人进行账务调整，加强财务会计核算，从而使纳税人化解申报风险。

第四节 税收风险指标及模型

一、税收风险指标的设定

（一）税收风险指标的设定

1. 相关性原则

相关性原则是指设定的各项指标，必须与分析的内容密切相关，必须能够反映和说明相关税收事项的内容和实质，能说明税收业务情况的关键指标和能反映税收业务情况特征和规律的指标。

2. 全面性原则

全面性原则是指要全面地选出那些能够反映纳税人履行义务情况的指标。

3. 可行性原则

可行性原则是指设定的各项指标数据采集的可行性。

（二）税收风险指标分类及构成要素

税收风险指标分为税收类、行为类和特定事项类三类。

税收风险指标要素有指标名称、风险描述、指标公式、数据来源、适用范围、加工周期、应对指引、参数设置（指标属性、指标类型、指标权重、预警值类型、风险分值）等。

二、税收风险常用分析指标

分析时常用的主要指标分为通用分析指标和特定分析指标两大类。

（一）通用分析指标及其运用

1. 收入类评估分析指标

营业收入变动率 =（评估期营业收入 − 基期营业收入）÷ 基期营业收入 ×100%

如营业收入变动率超出预警值范围，可能存在少计收入问题。

2. 成本类评估分析指标

单位产成品原材料耗用率 = 本期投入原材料 ÷ 本期产成品成本 ×100%

分析单位产品当期耗用原材料与当期产出的产成品成本比率，判断纳税人是否存在账外销售问题、是否错误使用存货计价方法、是否人为调整产成品成本等问题。

营业成本变动率=(评估期营业成本-基期营业成本)÷基期营业成本 ×100%

营业成本变动率超出预警值范围，可能存在多列成本、扩大税前扣除范围等问题。

3. 费用类评估分析指标

销售（管理、财务）费用变动率=［评估期销售（管理、财务）费用-基期销售（管理、财务）费用］÷基期销售（管理、财务）费用×100%

如果销售（管理、财务）费用变动率与前期相差较大，可能存在税前多列支销售（管理、财务）费用问题，或者人为调剂费用所属期间等问题。

成本费用率=（销售费用+管理费用+财务费用）÷营业成本×100%

分析纳税人期间费用与销售成本之间关系，与预警值相比较，如相差较大，企业可能存在多列或少列期间费用问题。

成本费用利润率=利润总额÷成本费用总额×100%

成本费用总额=营业成本总额+期间费用总额

分析投入的费用与实现成果之间的关系，如果低于预警值，可能存在少计收入、多列费用的问题。

4. 利润类评估分析指标及其计算公式和指标功能

营业利润变动率=（评估期营业利润-基期营业利润）÷基期营业利润 ×100%

营业毛利率变动率=（评估期营业毛利率-基期营业毛利率）÷基期营业毛利率×100%

营业毛利率=（营业收入-营业成本）÷营业收入×100%

如果营业毛利率比上年上升，而税负率却比上年下降则为异常，纳税人可能存在瞒报销售或多抵扣进项税、多列成本等问题。指标若与预警值相比相差较大，可能存在多结转成本或不计、少计收入问题。

5. 资产类评估分析指标及其计算公式和指标功能

净资产收益率=净利润÷平均净资产×100%

分析纳税人资产综合利用情况。如指标与预警值相差较大，可能存在隐瞒收入，或闲置未用资产计提折旧问题。

总资产周转率=营业收入净额÷平均资产总额×100%

存货周转率（次数）=销货成本÷平均存货余额

平均存货余额=（期初存货+期末存货）÷2

存货周转天数=计算期天数÷存货周转率（次数）=计算期天数×平均存货余额÷销货成本

存货周转率可以测定企业一定时期内存货资产的周转速度，是反映企业购、产、销平衡效率的一种尺度。存货周转率越高，表明企业存货资产变现能力越强，存货及占用在存货上的资金周转速度越快，但是存货周转率过快，则说明可能存在多列成本的问题。

应收账款周转率＝赊销收入净额÷应收账款平均余额

应收账款周转天数＝360÷应收账款周转率

赊销收入净额＝销售收入－现销收入－（销售退回＋销售折让＋销售折扣）

应收账款平均余额＝（应收账款余额年初数＋应收账款余额年末数）÷2

应收账款周转次数是指在一定时期内（通常为一年）应收账款转化为现金的平均次数。

应收账款周转次数是一个正指标，周转次数越多，说明应收账款的变现能力越强，企业应收账款的管理水平越高；周转次数越少，说明应收账款的变现能力越弱，企业应收账款的管理水平越低。

固定资产综合折旧率＝固定资产折旧总额÷固定资产原值总额×100%

固定资产综合折旧率高于标准值，可能存在税前多列固定资产折旧额问题。需要企业提供各类固定资产的折旧计算情况，分析固定资产综合折旧率变化的原因。

资产负债率＝负债总额÷资产总额×100%

如果资产负债率与预警值相差较大，则企业偿债能力有问题，要考虑由此对税收收入产生的影响。

（二）特定分析指标及其运用

1. 增值税分析指标及使用方法

增值税税负率＝（应纳增值税税额÷应税销售额）×100%

增值税税负率一般会低于税率，小规模纳税人的税负率就是其征收率，增值税税负率受所属行业、所处地区影响，不同行业性质和地区税负率不同，各地区和行业都有平均税负率，可以参考判断该指标是否正常。增值税税负率低于同行业平均水平，可能存在少计收入、多抵扣进项税额、多列成本等问题。

增值税发票评估指标：

（1）一般纳税人增票（申请增加开票量）异常评估指标。

按正常规律，一般纳税人经营情况大部分时间是正常经营的，出现销售波动时要求增加发票也是合理的，但企业在一个月内出现多次增票且增票总数较多，就认为企业经营波动太大，不符合经营常理，应对企业进行核查，防止虚开后突然注销以及走逃。

(2) 增值税专用发票用量变动异常评估指标。

指标值 = 一般纳税人专票使用量 - 一般纳税人专票上月使用量

增值税专用发票用量骤增，除正常业务变化外，可能有虚开现象。纳税人开具增值税专用发票超过上月，且份数较多的应重点核查纳税人的购销合同是否真实、纳税人的生产经营情况是否与签订的合同情况相符并实地检查存货等。主要核查“原材料”“产成品”以及“银行存款”“现金”以及应收账款、预收账款等科目。

2. 企业所得税分析指标及使用方法

企业所得税税负率 = 应纳所得税额 ÷ 利润总额 × 100%

与当地同行业同期和本企业基期所得税负率相比，低于预警值可能存在不计或少计销售（营业）收入、多列成本费用、扩大税前扣除范围等问题，运用其他相关指标深入评估分析。

主营业务利润税负率 = （应纳税额 ÷ 主营业务利润） × 100%

与当地同行业同期和本企业基期主营业务利润所得税负率相比，如果低于预警值，企业可能存在销售未计收入、多列成本费用、扩大税前扣除范围等问题，应做进一步分析。

应纳税所得额变动率 = （评估期应纳税所得额 - 基期应纳税所得额） ÷ 基期累计应纳税所得额 × 100%

该指标如果发生较大变化，可能存在少计收入、多列成本，人为调节利润问题，也可能存在资本化支出费用化处理等问题。

企业所得税贡献率 = 应纳所得税额 ÷ 营业收入 × 100%

将当地同行业同期与本企业基期所得税贡献率相比，低于预警值视为异常，可能存在不计或少计销售（营业）收入、多列成本费用、扩大税前扣除范围等问题，应运用所得税变动率等相关指标做进一步评估分析。

企业所得税贡献变动率 = （评估期企业所得税贡献率 - 基期企业所得税贡 献率） ÷ 基期企业所得税贡献率 × 100%

与企业基期指标和当地同行业同期指标相比，低于预警值可能存在不计或少计销售（营业）收入、多列成本费用、扩大税前扣除范围等问题。

企业所得税税负变动率 = （评估期企业所得税税负率 - 基期企业所得税税负率） ÷ 基期企业所得税税负率 × 100%

与企业基期和当地同行业同期指标相比，低于预警值可能存在不计或少计销售（营业）收入、多列成本费用、扩大税前扣除范围等问题。

分析时要综合运用各类指标，并参照指标预警值进行配比分析。

（1）营业收入变动率与营业利润变动率配比分析。

正常情况下，二者基本同步增长。如果出现不同步增长，则应分析可能存在异常情况，如果营业收入增长率大于营业利润增长率且相差较大，可能存在企业多列成本费用、扩大税前扣除范围问题。

（2）营业收入变动率与营业成本变动率配比分析。

正常情况下二者基本同步增长，如果出现不同步增长，则应分析可能存在异常情况。如果营业收入变动率小幅增长，营业成本变动率增幅较大或者营业收入变动率下降而营业成本变动率保持不变或者增长，则可能存在企业账外经营或少计收入、多列成本等问题。

（3）营业收入变动率与期间费用变动率配比分析。

当营业收入变动率增幅较小或者不增长，而期间费用变动率增加较多，可能存在企业少计收入、多列期间费用、扩大税前扣除范围等问题；当营业收入变动率增幅较大，而期间费用变动率保持不变甚至下降，可能存在企业少列期间费用，延迟费用确认问题，应结合应收账款、应付账款账户的变化深入分析。

（4）增值税税负率、销售额变动率配比分析。

计算分析纳税人税负率，与销售额变动率等指标配合使用，将销售额变动率和税负率与相应的正常峰值进行比较，销售额变动率高于正常峰值，税负率低于正常峰值的；销售额变动率低于正常峰值，税负率低于正常峰值的和销售额变动率及税负率均高于正常峰值的均可列入疑点范围。与预警值对比，销售额变动率高于正常峰值及税负率低于预警值或销售额变动率正常而税负率低于预警值的，以进项税额为评估重点，查证有无扩大进项抵扣范围、骗抵进项税额、不按规定申报抵扣等问题，对应核实销项税额计算的正确性。对销项税额的评估，应侧重查证有无账外经营、瞒报、迟报计税销售额、错用税率等问题。

（5）存货变动率、营业收入变动率、总资产收益率配比分析。

一般来讲，存货周转速度越快，存货占用水平越低，流动性越强，存货转化为现金或应收账款的速度就越快，这样会增强企业的短期偿债能力及获利能力。存货周转率反映了企业销售效率和存货使用效率。在正常情况下，如果企业经营顺利，存货周转率越高，说明企业存货周转得越快，企业的销售能力越强，营运资金占用在存货上的金额也会越少。总资产收益率指标集中体现了资产运用效率和资金利用效果之间的关系，在企业资产总额一定的情况下，利用总资产收益率指标可以分析企业盈利的稳定性和持久性。如果存货变动率提高，营业收入变动率应该增加，总资产收益率也应该增加，如果不存在这种关系，则可能存在账外经营、少计收入、多列费用等情况。纳税评估指标应该根据实际评估需求并结合数据获取成本分析设计，体现其灵活性。在使用指标进行分析时，也应该根据实际情况选择使用，既可以单独使用，也可以结合多项指标综合使用。

3. 房产税分析指标

（1）房产税纳税申报中房产原值同比异常。

【风险指标】本年末房产原值总量 - 上年末房产原值总量 <0

【疑点描述】本期数值小于上期数值，可能存在少缴房产税的风险。

（2）城镇土地使用税与房产税申报不匹配。

【风险指标】土地总面积合计 >0 或城镇土地使用税本期应纳税额合计 >0，无房产税申报记录或申报的房产原值合计 =0

【疑点描述】纳税人申报的“土地总面积”或“本期应纳税额” >0，但同属期房产税未申报或零申报，可能存在房产税瞒报风险。

（3）房产税申报房产原值与企业所得税汇缴信息不匹配。

【风险指标】房屋、建筑物的资产账载金额 - 期末房产原值合计 < 预警值

【疑点描述】纳税人企业所得税年度纳税申报表的《资产折旧、摊销情况和纳税调整明细表》中固定资产项下房屋、建筑物对应的“资产账载金额”与房产税申报的房产原值存在差异。

（4）土地价值未按规定计入房产原值。

【风险指标】（房屋、建筑物“资产账载金额” + 土地使用权“资产账载金额”） - 期末房产原值合计 > 预警值

【疑点描述】纳税人未将土地价值计入房产税的“房产原值”，减少房产税计税依据，少缴房产税。

（5）在建工程变动与房产原值变动不匹配。

【风险指标】在建工程科目期末余额 - 在建工程科目期初余额≤0，且期末房产原值合计 - 期初房产原值合计≤0

【疑点描述】纳税人在建工程科目长期不变，或在建工程发生变化，固定资产科目

不变化，可能存在因未及时结转“固定资产”而未缴或少缴房产税。

（6）缴纳契税但房产原值变动存在异常。

【风险指标】契税应纳税额>0 并且本期房产原值合计－上期房产原值合计≤0

【疑点描述】纳税人购买房屋申报缴纳了契税，但在申报房产税时未增加房产原值，或未足额增加房产税原值，可能存在少缴房产税的风险。

4. 土地使用税分析指标

（1）城镇土地使用税年度申报信息变动异常。

【风险指标】年末土地面积总量－上年末土地面积总量≤0

【疑点描述】城镇土地使用税申报表中填列的土地总面积本期数，减少的，可能存在的当地少征城镇土地使用税。

（2）从价计征房产税变动与城镇土地使用税变动不匹配。

【风险指标】申报房产原值合计>0，且申报土地总面积合计=0

【疑点描述】纳税人申报的房产原值>0，但申报的城镇土地使用税申报面积=0，可能存在少申报城镇土地使用税的行为。

（3）企业所得税年报中土地使用权金额与土地总面积合计数变动不符。

【风险指标】评估期无形资产的土地使用权－上期无形资产的土地使用权数>预警值，并且期末土地总面积合计－上期末土地总面积合计<预警值

【疑点描述】纳税人申报的企业所得税年度纳税申报表的《资产折旧、摊销情况及纳税调整明细表》中无形资产——土地使用权增加额变动，而纳税人填写的《城镇土地使用税申报表》土地总面积当期增加额不变动或者变动较少，可能少申报缴纳城镇土地使用税。

（4）无形资产增加与城镇土地使用税申报土地总面积变动不匹配。

【风险指标】无形资产年末数－无形资产年初数≥预警值，并且期末土地总面积合计－上期末土地总面积合计<预警值

【疑点描述】申报的资产负债表信息中无形资产增加额与纳税人申报的城镇土地使用税税额比对后，变化趋势不一致，纳税人可能存在少申报缴纳城镇土地使用税的风险。

（5）城镇土地使用税申报面积信息与国土部门宗地地籍面积信息变动不匹配。

【风险指标】权利人国土宗地地籍面积合计（本期数－上期数）>《城镇土地使用税申报表》（本期末合计数－上期末合计数）

【疑点描述】纳税人申报的城镇土地使用税面积信息与国土部门提供的宗地地籍面积信息变动不匹配，可能存在纳税人申报不实或者申报不及时的情况。

（6）有契税申报缴纳记录但城镇土地使用税申报面积没有增加。

【风险指标】契税应纳税额 >0 并且本期土地面积合计 - 上期土地面积合计≤0

【疑点描述】纳税人取得土地申报缴纳了契税，但在申报土地使用税时未增加土地面积，或未足额增加土地面积，可能存在少缴土地使用税的风险。

5. 契税风险指标

（1）房产税或土地使用税增加但契税为零。

【风险指标】房产原值本期数 - 上期数 >0，契税应纳税额 =0

【疑点描述】有新增房产或土地，但契税为零，可能存在少缴契税的风险。

（2）90 平方米以上房屋契税税率适用错误。

【风险指标】权属转移面积 >90 平方米（并且）契税税率≤1%

【疑点描述】未按规定税率计算并缴纳契税。

（3）补缴土地出让金少缴契税问题。

【风险指标】土地出让契税计税金额 < 土地出让金补缴金额

【疑点描述】纳税人因将原免税用途土地改为非免税用途，或者将原划拨土地改为出让使用，应补缴土地出让金，但未按规定补缴或少缴契税。

（4）拆迁补偿超标准抵免契税问题。

【风险指标】已享受抵免的拆迁补偿款 > 征用、拆迁补偿信息中的补偿款

【疑点描述】因纳税人的拆迁补偿金额可以抵免契税计税金额，可能存在纳税人多报拆迁补偿金额少缴契税风险。

6. 印花税风险指标

（1）印花税计税依据（资金账簿）与实收资本和资本公积增加值不符。

【风险指标】本期年末（实收资本 + 资本公积）资本金总值 - 历史年度年末（实收资本 + 资本公积）资本金峰值（最高值） - 本期已申报年末印花税计税依据 >0

【疑点描述】纳税人记载资金的账簿可能存在少缴印花税的风险。

（2）财产保险费收入少缴印花税（财保合同）。

【风险指标】本期财务报表中保费收入 ×0.001 - 本期已缴纳印花税（财产保险合同） >预警值

【疑点描述】通过对纳税人保费收入应申报缴纳的保险合同印花税额与已申报缴纳

的保险合同印花税额进行差异比较，发现纳税人可能存在少缴保险合同印花税的风险。

（3）城镇土地使用税增加与产权转移书据印花税申报不匹配。

【风险指标】 城镇土地使用税税额（本期合计数 - 上期合计数）>0 且产权转移书据印花税税额（本期合计数 + 上期合计数）<预警值

【疑点描述】 纳税人取得土地使用权后未及时申报缴纳产权转移书据印花税。

（4）期间费用明细与对应的印花税税目申报不匹配。

【疑点描述】 企业所得税期间费用明细表中“租赁费”“运输费”“保险费”“仓储保管费”等与对应税目的印花税不匹配。

（5）发生银行借款但未申报或未足额申报印花税。

【疑点描述】 资产负债表“短期借款”“长期借款”（期末数 - 期初数）>0，借款合同印花税为零或数值较小。

7. 土地增值税风险分析

（1）预征收入质量分析。

【风险指标】 土地增值税预征的应税收入年度变动率 A =（本年度土地增值税预征的应税收入 - 上一年度土地增值税预征的应税收入）÷上一年度土地增值税预征的应税收入

房产管理或统计部门公布的同期当地房地产市场新建商品房销售额的变动率 B

同步变动系数 C = A ÷ B × 100%

【疑点描述】 当 C<1 时，应注意纳税人未按规定期限申报预征税款的风险、未按规定预征率申报预征税款的风险、未足额申报预征税款的风险。

（2）预征应税收入与增值税应税收入比对异常。

【风险指标】 A = 本期土地增值税预征应税收入 ÷ 本期销售不动产增值税预征应税收入

【疑点描述】 当 A 与 1 偏离较大时，应注意纳税人未按规定期限申报预征税款的风险、未按规定预征率申报预征税款的风险、未足额申报预征税款的风险。

（3）非从事房地产开发的单位纳税人转让旧房及建筑物土地增值税清算申报异常。

【风险指标】 纳税人有销售不动产增值税申报信息，但无《土地增值税纳税申报表（三）》申报信息，纳税人存在未按规定申报土地增值税的风险。

【疑点描述】 纳税人转让旧房及建筑物，未按规定进行土地增值税清算。

（4）清算后再转让房地产清算申报异常、未按规定申报。

【疑点描述】在土地增值税清算时未转让的房地产，清算后销售或有偿转让的，纳税人应按规定进行土地增值税的纳税申报，扣除项目金额按清算时的单位建筑面积成本费用乘以销售或转让面积计算。纳税人可能存在未按规定就清算后再转让房地产申报土地增值税或未按清算后再转让房地产的规定办理土地增值税清算而仍按预征办法申报土地增值税。

（5）普通住宅增值率异常。

【风险指标】增值率 V = 增值额 ÷ 扣除项目金额

指标预警值：18% ≤V≤20%

【疑点描述】纳税人建造普通标准住宅出售，增值额未超过扣除项目金额 20% 的，免征土地增值税，而土地增值税增值率又与销售收入与扣除项目比直接关联。纳税人申报时通过人为的控制销售普通住宅的收入和扣除项目金额的比值，使“增值率”低于或略低于优惠临界点 20%，达到享受减免优惠少缴税款的目的。

（6）预征应税收入与报表所载金额比对异常。

【风险指标】A = 本期土地增值税预征应税收入 ÷（本期“资产负债表”预收账款期末数 - 本期预收账款期初数 + 本期“利润表”主营业务收入）指标预警值（各地根据实际情况设定预警值）：

当 A = 0 但“本期‘资产负债表’预收账款期末数 - 本期预收账款期初数 + 本期‘利润表’主营业务收入≠0”时，纳税人可能存在未申报预征税款的风险，也可能是存在纳税人开发保障性住房的风险（但保障性住房是否不预征土地增值税视当地政策而定）。

当 A 与 1 偏离较大时，应注意纳税人未按规定期限申报预征税款的风险、未按规定预征率申报预征税款的风险、未足额申报预征税款的风险。

【疑点描述】纳税人在预售环节以及开展土地增值税清算前，可能存在未申报预征税款或未按规定预征率或未按规定期限或未按不同房地产类型申报预征税款的风险。

三、税收风险模型

税收风险模型是税收风险指标及指标权重的有机集合。

税收风险模型建设时应当关注的风险要素包括：经济形势、法律法规、税收政策、会计核算制度和征管方式等宏观要素；纳税人的组织形态、工艺流程、行业特点、信用等级、财务状况和经营成果等微观要素。

（一）税收风险识别模型建设步骤

启动阶段：形成项目建设方案；行业调查。

需求阶段：需求编写；需求评审。

开发验证阶段：需求沟通；数据整备；项目开发；项目测试。

试运行阶段：试运行时间；试运行数量；试运行报告；案例分析报告；编写风险应对指引。

推广阶段：符合模型推广条件的全系统推广。

（二）建立行业模型的意义

（1）从传统的查账管理向估算企业生产能力转变，进一步核实了税基，使风险管理更加科学、严密、准确。

（2）能充分展现行业经营特点，及时发现和找出各行业税收管理中的薄弱环节，堵塞行业税收漏洞，规范市场竞争秩序，增强税务管理的效能。

（3）揭示企业生产工艺流程和主要数据指标的配比关系，加强了纳税评估工作的实效性。

（4）促进纳税人提高财务和税收核算水平，促进企业内部管理不断规范，提高税法遵从度。

（5）能够规范征收管理的体系，并对国家的税源进行摸底，为制定国家财政政策发挥基础性支撑作用。

（三）模型的建立原则

税收风险管理与税收遵从理论是建立纳税评估模型应遵循的基本原则。在构建行业纳税评估模型时应遵循的具体原则包括：数据来源的外部性原则；行业推测的可比性原则；模型判断的动态性原则。

（四）模型构建的方法

1. 经验总结法

（1）掌握政策依据和掌握政策规定的一般规律。

（2）收集归纳总结有实际应用价值的工作经验。

（3）确定行业、税种或特定事件的关键节点。

（4）对一般规律和实际应用经验进行抽象。

（5）验证。

（6）统筹规划。

2. 数据归纳法

（1）确定要建立模型的行业或事件。

（2）确定要调查或信息采集的样本量。

（3）针对行业或事件进行分析，确定采集数据方式和内容。

（4）信息采集和数据归纳。

（5）分析抽象。

（6）验证。

（7）统筹规划。

3. 专用工具法

（1）确定要建立模型的应用范围和具体指向。

（2）确定信息采集的样本量。

（3）根据数据模型建立的具体应用范围，确定与数据模型关联的数据采集项目。

（4）信息采集和数据归纳。

（5）运用专用工具进行抽象。

（6）验证。

（7）统筹规划。

（五）常用模型

1. 投入产出比模型

本模型主要适用于产品相对较为单一的工业企业。

应税销售收入 =（期初库存产品数量 + 评估期产品数量 - 期末库存产品数量）×评估期产品销售单价

评估期产品数量 = 当期投入原材料数量 × 投入产出比

问题值 =（测算应税销售收入 - 企业实际申报应税销售收入）×适用税率（征收率）

应用中该模型的分析重点是：根据已确定的行业或产品的投入产出比及企业评估期原材料的耗用数量，测算出产品生产数量，与企业账面记载产品产量相比对，同时结合产品库存数量及销售单价等信息进行关联测算，并与企业实际申报的应税销售收入对比，查找企业可能存在的问题。

2. 单位产品定耗模型

应税销售收入 =（期初库存产品数量 + 评估期产品数量 - 期末库存产品数量）×评

估期产品销售单价

评估期产品数量＝评估期原材料或包装物耗用量÷单位产品耗用原材料或包装物定额

问题值＝（测算应税销售收入－企业实际申报应税销售收入）×适用税率（征收率）

该方法是通过单位产品耗用原材料定额指标，评估产品实际产量和销售额，进而评估出纳税人是否存在有隐瞒销售收入的问题。单位产品耗用原材料定额可以根据产品配方中的定额直接确定。单位产品定耗既可以是单位产品耗用原材料定额，也可以是单位产品耗用辅助材料和包装物定额等。分析应用时要灵活运用，关联分析，及时查找企业可能存在的线索和问题。

3. 能耗测算模型

本模型主要是根据纳税人评估期内水、电、煤、气、油等能源、动力的生产耗用情况，利用单位产品能耗定额测算纳税人实际生产、销售数量，并与纳税人申报信息对比、分析的一种方法。其中耗电、耗水等数据可从电力部门、自来水公司等取得核实，相对较为客观。

评估期产品产量＝评估期生产能耗量÷评估期单位产品能耗定额

评估期产品销售数量＝评估期期初库存产品数量＋评估期产品产量－评估期期末库存数量

评估期销售收入测算数＝评估期产量×评估期产品销售单价×适用税率（征收率）

问题值＝（测算应税销售收入－企业实际申报应税销售收入）×适用税率（征收率）

需要注意的几个问题：①正常的企业非生产性（办公照明、空调使用等）用电比例很小，可以忽略不计。但对差异额较大的，应分析是否存在隐瞒产量，少计销售收入的可能，是否存在将电转售其他企业或用于非应税项目等情况，少计其他业务收入或多抵进项情况；对需要由电费推算用电量的，应考虑扣除企业缴纳的基本电费。②应加强同当地电业管理部门、自来水公司等单位的联系，核实企业用电、水量等数据的真实性。同时，要求纳税人申报时向主管税务机关提供电力、自来水发票复印件；或利用金税工程中供电系统的抄税信息核实。③在实际分析中，应选取企业生产经营中最具客观实在性、企业不易人为改变、不易隐瞒、便于收集、纳税评估可操作性强的指标。对能耗指标的分析应用，应充分考虑企业生产设备、生产工艺、工人熟练程度等因素的影响。指标的运用不可生搬硬套，应因地制宜，根据当地实际选用或增设辅助指标，确定科学、合理的参考系数，多个指标并用，便于发现问题和疑点。

4. 工时（工资）耗用模型

本模型是指在单位产品耗用生产时间基本确定的前提下，按照纳税人在一定时期耗用工时总量，分析、测算该时期内的产品产量及销售数量或销售额，并与申报信息对比分析的方法，工资耗用是生产耗用工时反映在货币上的金额表现。该方法主要适用于单位产品耗用工时或者工资基本稳定，工资或工时记录完整、核算规范的工业企业。

评估期产品产量=评估期生产人员工时总量（工资总额）或某一主要生产环节工时总量（工资总额）÷单位产品耗用工时（或者工资）

应税销售收入=（期初库存产品数量+评估期产品产量-期末库存产品数量）×评估期产品销售单价

问题值=（测算应税销售收入-企业实际申报应税销售收入）×适用税率（征收率）

该方法主要是通过生产耗用的工时或者工资测算产品产量，进而测算其销售额和应纳税额，并与申报信息进行对比分析，查找纳税疑点和线索。

需要注意的几个问题：①企业的生产工时（工资）标准或者关键生产环节工时（工资）标准应相对稳定，相关数据应易于收集和计算；②参考当地同行业或规模、效益相近企业的生产工时（工资）标准，便于税企双方工时（工资）标准的共同认可；③生产工时总量（工资总额）的所属期要与生产产品的所属期配比。

5. 设备生产能力模型

本模型是按照纳税人投入生产的单位设备生产能力，测算、分析纳税人的实际生产量，进而核实应税销售收入，并与纳税人申报信息对比、分析是否存在涉税问题的方法。主要适用于一些特定的行业，如造纸业、水泥制造业、微粉、发电等行业。

评估期产品产量=评估期若干设备的日产量或时产量×评估期正常工作日或工作时

应税销售收入=（期初库存产品数量+评估期产品产量-期末库存产品数量）×评估期产品销售单价

问题值=（测算应税销售收入-企业实际申报应税销售收入）×适用税率（征收率）

该方法通过设备生产能力、生产耗用的时间测算产品的生产量，进而测算其销售额和应纳税额，并与申报信息进行对比分析，查找涉税疑点和线索。

需要注意的几个问题：①设备生产能力可从随机文件中得到。随机文件包括产品说明书、合格证、装箱单等。产品说明书对了解和掌握纳税人的设备生产能力较为重要。②实地查看时要注意正确区分设备的规格、型号、数量和生产能力。③设备生产能力一般有幅度，要结合企业实际情况进行掌握。

第九章　大企业税收服务与管理

大企业是国民经济发展的重要支柱，税收贡献度高。大企业由于其集团化管理、跨区域经营、内部组织结构和治理结构复杂、信息决策高度集中的特点，一般来讲税法遵从意愿较高，但是其集团性、行业性、政策性税收风险一旦发生往往影响很大，所以大多数国家都将大企业作为特别的类别，实行不同于一般中小企业的税收管理方式。

第一节　大企业税收服务与管理概述

一、大企业的界定

由于经济发展程度、市场经济环境、宏观经济政策以及财政收支状况的不同，各国的税务部门在大企业认定标准上有所不同，综合来看主要包括单一和复合两个标准。单一标准往往采用一个指标（大多是资产、营业额、注册资本和缴纳税额等）来定义大企业，复合标准同时兼顾多种因素，采用多个指标来确定大企业的范畴。目前大多数国家都是采用复合标准。

根据《纳税人分类分级管理办法》，我国对企业纳税人按规模分为大企业、重点税源企业和一般税源企业。大企业专指国家税务总局确定并牵头管理的、资产或纳税规模达到一定标准的企业集团；重点税源企业是指省以下税务机关牵头管理的、资产或纳税规模达到一定标准的企业纳税人，具体标准由省税务机关确定；一般税源企业是指除大企业、重点税源企业以外的企业纳税人。

我国划定大企业税收管理对象根据时间跨度分为两个阶段：第一阶段是从 2009 年到 2015 年，此阶段为小范围的“定点联系企业”；第二阶段是从 2015 年至今，此阶段为逐步扩大范围的千户集团。

（一）定点联系企业

2008 年，国家税务总局将 45 户集团确认为我国第一批定点联系企业，由国家税务总局大企业税收管理司负责集中统一服务和管理。首批 45 户国家税务总局定点联系企业2007年缴纳的税款占全国税收总额的23%左右。“定点联系企业”的提法，在中国第一次将限定范围的大企业作为一个群体进行管理，为大企业税收的专业管理开辟了一条全新的途径。当然，定点联系企业并没有明确的认定标准。

（二）千户集团企业

2015年，随着征管改革的推进，国家税务总局决定扩大大企业税收风险管理对象，按集团年纳税额3亿元以上的标准，确定了1062户重点大企业集团。至此，国家税务总局大企业税收管理司的管理范围已从定点联系企业转变为千户集团，“千户集团”成为一个专用名词。2017年4月，国家税务总局对千户集团进行了官方权威定义。根据规定，千户集团指的是在一个会计年度内，企业集团缴纳的税款达到国家税务总局标准的企业集团。另外，中央企业、中央金融企业无论税款是否达到标准，均属于千户集团范畴；而如果是单一法人企业，虽然不属于企业集团，但它的年纳税额达到标准，也属于千户集团的范畴。2018年，根据国家税务总局统一部署，千户集团企业标准由集团年纳税3亿元以上调整为年纳税1亿元以上，扩围后，2018年当年全国共有2050家企业入围“千户集团”企业名单，其税收占我国税收总量的40%以上。

二、大企业税收服务和管理的总体要求

（一）指导思想

各级大企业税收服务和管理部门要全面贯彻税收征管体制改革总体部署和要求，以提升大企业服务和管理能力为目标，细化工作职责，理顺工作机制，提升工作效能，更好地发挥大企业税收服务和管理在深化税收领域“放管服”改革、优化税收营商环境、实现税收征管现代化中的积极作用。

（二）基本原则

1. 统筹兼顾

通盘考虑各项工作职责的人力配置，统筹分析应对力量，合理划分内部工作职能与工作重点，积极优化与局内各科室的工作衔接，建立上下衔接、左右通达、健全有效的工作机制，实现大企业纳税服务和风险管理双促进、双提高。

2. 科学高效

立足大企业税收管理现代化，强化规划，优化流程，细化标准，持续提升服务和管理的科技含量与技术水准；着力做精数据、做优平台、做深服务，构建运转高效、工作完备、指挥有力的大企业税收服务和管理新格局。

3. 提升层级

针对大企业纳税人经营范围广、涉税事项专、层级架构繁、服务要求高的特点，以集团为对象，以行业为维度，突出分类，提升层级，将复杂涉税事项提升至市（地）以上管理，全面提高大企业服务和管理专业化水平。

4. 优化效能

依据工作序列，明晰工作定位，提升管理质效。风险管理重在形成闭环，纳税服务重在遵从引导，经济分析重在集成拓展，形成相得益彰、相互促进的良性综合效应。

三、大企业税收服务和管理重点工作

（一）大企业纳税服务

1. 强化税企沟通

畅通税企沟通渠道，加强税企信息交流。通过税企座谈会、税企沙龙、企业走访等多种方式，认真听取意见和建议，了解生产经营及重大涉税事项情况，及时收集和回应大企业关心的涉税问题，构建良好税企关系。

2. 开展政策辅导

完善大企业重组涉税事项纳税服务工作机制，依申请为大企业协调解决重组中的疑难事项。建立重大涉税事项政策辅导制度，对股权转让、关联交易、跨境投资等重大交易事项，提出税务风险建议。针对跨区域经营的企业集团各地税收政策理解、执行不一致问题，加强组织协调，提高政策确定性和执行统一性。

3. 实施风险提示

定期归集整理税收风险，适时推送，助力企业防范风险。针对重点企业，研究企业生产流程、整体架构、行业特征和核算特点，量身定制专门服务手册。收集整理企业风险防控典型案例，汇编成册，不定期发布。

4. 注重遵从引导

对辖区内重点行业税收风险事项进行细化研究，编制行业税收风险管理指引。选择符合条件的大企业，签订税收遵从合作协议或税收风险管理合作备忘录。对签约企业加强后续跟踪，建立工作台账，出具遵从评价报告。

5. 推进内控建设

开展内控调查，深入了解企业情况。分析企业关键涉税控制节点和内控薄弱环节，研究完善内控测试指标体系。有重点地测试企业内控制度实际执行情况，提出完善建议，推动企业提高遵从水平。

6. 助力专项服务

积极推动促进高遵从度企业绿色通道建设、自我遵从免查等专项服务落地。推进以集团为对象评定纳税信用等级，增强企业信誉意识。服务国家发展战略，梳理相关税收政策，定期开展政策辅导和风险提醒，降低“走出去”企业税收成本和涉税风险。

（二）制度规划建设

1. 建立健全各类制度

参照国家税务总局千户集团各项服务和管理工作规范，做好本地基础性制度建设工作。结合工作实际，加大名册管理、数据采集、指标模型、风险分析、风险应对、纳税服务、经济分析等工作制度建设力度，形成本地大企业税收服务和管理制度体系。

2. 强化工作统筹规划

按照国家税务总局千户集团工作规划和年度安排，统筹考虑大企业风险等级排序、行业税收规模、区域分布等因素，制订本地大企业税收风险管理工作规划和年度计划。在相关部门的统一协调下，做好与稽查、税政等部门的任务统筹，避免重复检查。

3. 加强内控机制建设

提高对内控机制建设重要性的认识，将内控机制建设贯穿大企业税收管理工作全过程。按照国家税务总局大企业税收风险管理内部控制制度和操作指引要求，确定本地大企业税收风险管理工作主要风险点并制定切实可行的防控措施，强化信息系统的支撑和保障作用，切实防范工作风险。

（三）千户集团数据管理

1. 做好数据规划

以提高千户集团数据质量为核心，通过整体规划，进一步明确数据采集范围、采集内容和采集方式，细化明确具体管理措施，逐步构筑采集有考评、治理有反馈、使用有监控的管理闭环，建立规范统一的保障机制，实现数据管理规范高效、数据内容完整准确、数据应用安全可控。

2. 推进名册管理

核实、确认本地千户集团名册信息；审核、补充本地千户集团成员企业名册信息；进一步强化千户集团名册信息管理，避免出现企业信息漏报、误报等情况。

3. 强化税务端数据归集

根据千户集团及成员企业名单，从“金税三期”、增值税发票管理等信息系统中抽取、加工相关税收征管数据，做好相关数据的“一户式”加载存储和分析应用。配合国家税务总局完成千户集团税收快报数据的归集、加工和审核等工作。

4. 规范企业端数据采集

落实千户集团及成员企业在征管系统中的标记工作，采集、审核、抽取千户集团及成员企业附报数据。按月（季）做好千户集团企业直报数据的收集、审核、报送和汇总工作。落实千户集团涉税电子财务数据常态化采集机制，按时、保质保量地完成千户集团涉税电子财务数据采集、检测和加载工作，配合国家税务总局做好数据抽取工作。做好数据采集软件的业务保障，进一步加强数据采集过程中的审核校对，确保数据采集完整准确、及时有效。

5. 加强第三方数据获取

积极推进千户集团第三方数据的采集、交换和共享。做好分析过程中相关互联网涉税数据收集、整理等工作。指导下级大企业服务和管理部门开展千户集团的第三方数据交换、获取、应用等工作。

6. 抓好数据联络员管理

根据国家税务总局千户集团数据联络员管理办法的相关要求，抓好本地千户集团数据联络员日常管理、业务培训等工作任务的落实。

（四）千户集团税收风险程度测试指标体系建设

1. 落实千户集团税收风险程度测试指标体系（以下又称千户集团指标模型）建设工作机制

落实千户集团指标模型“研发、验证、应用”三位一体的建设思路，持续优化千户集团指标模型建设工作机制，统筹和指导下级大企业服务和管理部门开展千户集团指标模型研发、验证、应用工作。

2. 配合千户集团指标模型研发

按照国家税务总局下发的千户集团指标模型架构、标准及相关要求，及时归集税收风险分析案例；针对集团特点和行业特色，归集、研究、制作风险特征库，配合完成千户集团指标模型研发工作；结合本地实际，做好千户集团的指标模型建设。

3. 开展千户集团指标模型验证

根据国家税务总局制定的千户集团指标模型验证规范，在国家税务总局指导下，统筹开展千户集团指标模型验证相关工作。

4. 强化千户集团指标模型应用

根据国家税务总局和本地千户集团指标模型应用相关工作要求，依托大企业税收管理系统（税务审计软件），应用千户集团指标模型开展税收风险计算机扫描识别，支撑千户集团税收风险分析工作，根据分析结果及时反馈千户集团指标模型应用的问题和建议。

（五）大企业税收管理系统（税务审计软件）工作

1. 加强平台有机衔接

配合做好国家税务总局已上线大企业税收管理系统（税务审计软件）功能的优化完善。积极充分依托“金税三期”等相关应用系统，结合本地大企业税收服务和管理实际需要，在国家税务总局大企业税收管理系统（税务审计软件）功能基础上，拓展完善当地大企业信息化平台功能。按照总局与省局联动、省局与省局互动的业务要求，积极推进总局、省局两级大企业信息化平台的有效衔接，实现国家税务总局大企业税收管理司和各省级大企业税收服务和管理部门之间的数据互联、模型共享、风险互推和服务直达。

2. 强化平台综合应用

充分应用好平台功能和数据，逐步将千户集团数据管理、风险分析、评审推送、经济分析和纳税服务等统一纳入平台运行，实现“工作平台化”，提升大企业税收服务和管理质效。

3. 保障平台平稳运行

落实国家税务总局大企业税收管理系统（税务审计软件）的用户账号管理、数据权限申请、意见建议反馈等工作；做好平台功能的业务支持，组织开展平台业务功能培训、应用经验交流等工作。

（六）大企业税收风险分析

1. 制订年度分析计划

根据国家税务总局统筹确定的千户集团年度分析集团名单，确定本省分析成员企业名单，并上报国家税务总局。统筹考虑相关因素，制订本省千户集团年度风险分析计划，确定集团及成员企业名单，并上报国家税务总局备案。制订本省列名企业年度分析计划。

2. 开展税收风险识别

对纳入年度风险分析计划的本省千户集团及列名企业，以税收风险指标模型体系为基础，进行计算机扫描，形成相关集团及成员企业的税收风险识别报告。

3. 组织人工专业复评

结合计算机扫描结果，依托相关数据信息，通过常规风险分析、行业重点剖析和重大事项分析等方法，开展人工专业复评，形成分户税收风险分析报告。

4. 实施评审推送

建立分级评审制度，对风险分析报告进行审核，严格进行质量控制。对纳入国家税务总局统筹计划的企业风险分析报告报送总局；对纳入本省统筹计划的企业风险分析报告形成风险应对任务推送本省应对。

（七）大企业税收风险应对

1. 突出分类分级

对重大或复杂涉税事项由省级大企业服务和管理部门直接组织实施风险应对，发现纳税人有逃避缴纳税款、骗取出口退税或重大避税嫌疑的，及时移交相关部门研究处理。对一般性风险事项，由市（地）级以下大企业服务和管理部门或属地税务机关组织实施风险应对，省级大企业服务和管理部门加强监督管控，强化风险应对过程的专业指导、风险应对结果的分析评价，做好跨区域风险应对事项的统筹协调。

2. 组织实施应对

研究风险应对任务，制定应对方案。以风险分析报告为基础，了解企业生产经营情况、行业特点、相关税收政策等，按照《千户集团税收风险管理工作规程（试行）》要求，组织实施风险应对，做到事实清楚、证据充分，处理得当。

3. 推动争议解决

与本级法规、税政、征管等部门建立争议事项协调工作机制，及时研究解决风险应对中的税企争议问题，经本级税务机关研究后仍无法解决的，提请上级大企业服务和管理部门研究解决。

4. 强化增值应用

根据风险应对成果，及时优化风险分析工具，更新税收风险特征库。分析企业税务管理的薄弱环节，及时提出加强企业内部税务管理的意见建议，指导企业完善税务风险内控体系。针对税收风险管理中发现的税收法律和政策问题，提出完善税收立法、调整税收政策的意见建议。

（八）大企业税收经济分析

1. 提升选题站位

围绕党中央、国务院和国家税务总局重点聚焦的全局性和战略性问题，结合本地区经济社会发展和税收运行的具体特点，选取当地党委、政府关注的热点、焦点和难点领域，精准选题，深入开展千户集团及列名企业的税收经济分析工作。

2. 打造拳头产品

综合利用千户集团直报数据、附报数据、第三方数据，全面反映经济税收各方面的运行成效、亮点和问题，拓展经济分析的广度和深度，着力提升税收经济分析质效，打造大企业税收经济分析拳头产品。

3. 加强联动协作

加强联动分析，探索开展税务机关与外部门之间的合作分析，按照主要行业、重点区域、重大发展战略等维度组建分析小组，广泛开展联合分析。

（九）明晰业务流程

结合国家税务总局千户集团各项工作流程要求，全面梳理名册管理、数据管理、风险分析、风险应对、纳税服务等业务环节，细化符合当地实际的工作流程，实现岗责体系、业务流程和信息系统功能的集成联动、优化整合，确保管理到位、工作有序、流程明晰。

（十）科学配置业务部门

根据各级“三定”暂行规定内容，结合工作重点，大企业服务和管理部门应当根据编制数和人员到位情况对现有工作职能进行合理划分，科学配置内设部门。各级大企业服务和管理部门一般应当配置综合管理、纳税服务、数据和经济分析、风险监控识别、风险分析应对等业务部门。编制多、到位早的省市可按行业增加设立若干分析应对部门。

第二节 千户集团数据管理

一、千户集团名册管理

2017 年 5 月 1 日，为加强千户集团风险管理和纳税服务工作，国家税务总局制定了《千户集团名册管理办法》。

（一）千户集团名册管理范围

千户集团名册管理范围分内资企业集团、外资企业集团。内资企业集团为纳入企业合并会计报表范围，或虽未编制合并会计报表，但为集团控制且办理了工商或税务登记的中国境内各级分公司和子公司、控股的境外公司以及其他涉税组织机构。其中，集团控制是指投资方拥有对被投资方的权力，通过参与被投资方的相关活动而享有可变回报，并且有能力运用对被投资方的权力影响其回报金额。外资企业集团为全球总部控股并在中国境内办理了工商或税务登记的各级分公司和子公司以及其他涉税组织机构。

（二）千户集团名册信息

千户集团名册信息包括企业名称、纳税人识别号、统一社会信用代码、集团名称、上一级企业名称及其他涉税信息等项目。国家税务总局根据工作需要，适时修订千户集团名册信息项目内容。

（三）千户集团名单确定及维护

千户集团名单由国家税务总局确定，定期发布，实行动态管理。已入选千户集团名单的企业集团总部按年维护集团名册信息，每年应按照要求填报相关信息，于每年5月31日企业所得税汇算清缴结束前报送省税务机关；省税务机关审核集团总部填报信息，并于每年6月30日前汇总上报国家税务总局。当年如新增符合条件的千户集团，由省税务机关提出，并组织集团总部按照要求填报集团名册信息，经省税务机关审核后于每年6月30日前汇总上报国家税务总局。合并重组、破产、注销或年度缴纳税额连续五年未达到国家税务总局管理服务标准的企业集团，应从名册管理范围内调出。因上述原因需要调出名册管理范围的千户集团，由省税务机关核实，并于每年6月30日前汇总上报国家税务总局。

千户集团按年确定其成员企业。集团总部按照税务机关要求组织填报集团成员企业名册信息，并于每年10月纳税申报期结束前报送省税务机关。省税务机关交叉比对内外部信息，通过千户集团名册管理系统核实成员企业名册信息准确性、完整性，并于每年10月31日前上报国家税务总局。省税务机关对总部在本省的集团，核实集团总部及该集团在本省的成员企业名册信息；对总部不在本省的集团，核实该集团在本省的成员企业名册信息。对应报未报、提供虚假名册信息或拒绝报送名册信息的企业集团，省税务机关应及时上报国家税务总局。情节严重的，按照《中华人民共和国税收征收管理法》及其实施细则等有关规定对集团总部及相应成员企业进行处理。对存在上述情形的集团总部及成员企业，税务机关记录相关纳税信用信息，相关信息用于纳税信用评价。

（四）千户集团报表报送

全国千户集团总部及其成员企业应在企业所得税预缴纳税申报时附报本级财务会计报表，以及税务机关根据实际需要要求附报的其他纳税资料，境外成员企业可暂不附报。年度终了，应在企业所得税年度纳税申报时，附报本级年度财务会计报表，以及税务机关根据实际需要要求附报的其他纳税资料。按照会计准则、会计制度等要求编制合并财务报表的全国千户集团总部，应在每年 5 月 31 日前附报上一年度的合并财务报表。全国千户集团及其成员企业应附报的财务会计报表，是指按照企业所适用的会计准则、会计制度等编制的财务会计报表，包括资产负债表、利润表、现金流量表、所有者权益（股东权益）变动表、附注等。原则上，所有资料应以电子形式附报。企业编制的原始财务会计报表与税务机关核心征管系统中报表格式不一致的，应将原始财务会计报表以 Excel 表格形式，作为附件一并附报。企业应确保报送的财务会计报表数据的真实、完整、准确。

（五）千户集团名册管理职责

1. 国家税务总局在千户集团名册管理工作中的主要职责

制定、完善千户集团名册管理办法；确定、调整千户集团名单和千户集团名册信息项目；协调集团总部所在地的省税务机关和成员企业所在地的省税务机关的名册核实工作；建立、完善千户集团名册管理系统并提供技术支持；开展千户集团名册管理工作组织绩效考评：其他名册管理工作。

2. 省税务机关在千户集团名册管理工作中的主要职责

核实、推荐本省符合千户集团入选标准的企业集团，提出入册企业集团调整建议，协助国家税务总局确定千户集团名单；组织总部在本省的集团报送成员企业名册信息；审核并补充完善本省的成员企业名册信息；评价总部在本省的集团报送的名册质量，向企业集团反馈评价结果，总结名册管理工作开展情况，提出工作建议，其他名册管理工作。

3. 列入千户集团名单的企业集团在名册管理工作中的主要职责

按照税务机关要求，组织开展名册信息填写、审核和报送；根据税务机关反馈的核实结果，组织开展名册信息校正；开展集团内部名册管理工作培训，对成员企业提供指导；其他名册管理工作。

4. 省税务机关和企业集团应建立名册管理工作沟通联络机制企业集团指定专人负责名册管理工作

省税务机关为企业集团提供咨询辅导，并指导各地税务机关对本地成员企业进行辅导。省税务机关应加强千户集团名册管理工作沟通协作和信息共享，可组建联合工作团队开展名册管理工作。各级税务机关应积极与相关部门对千户集团名册信息开展合作，主动从各级财政、工商、商务、国资委等部门获取千户集团名册补充信息，通过互联网搜集公开信息，丰富完善千户集团名册信息。省税务机关应根据实际工作情况定期开展千户集团重点行业或重点企业的专项分析，改进千户集团名册质量，加强千户集团名册管理。

二、千户集团数据管理

（一）加强千户集团数据管理的重要意义

1. 加强千户集团数据管理是贯彻落实《深化国税、地税征管体制改革方案》的内在要求

《深化国税、地税征管体制改革方案》明确提出，要顺应大数据和“互联网+”时代潮流，推进业务与技术的深度融合，积极实现大数据对大企业税收服务与管理的支撑作用。加强数据管理就是要求抓住千户集团这一“关键少数”，加快数据管理重要领域和关键环节的改革步伐，积极探索、勇于创新，采取切实措施，确保《深化国税、地税征管体制改革方案》落实。

2. 加强千户集团数据管理是开展税收风险分析和经济分析的重要基础

税收数据是经济发展的“晴雨表”，是大企业税收风险分析、经济分析的生命线和主要依托，它能透视未来经济发展趋势和税收运行态势。加强数据管理就是要求找准数据使用过程中的关键问题，研究提出整体提升千户集团数据质量的解决方案，并在此基础上统筹推进、狠抓落实，为税收风险分析和经济分析工作提供可靠支撑和保障。

3. 加强千户集团数据管理是提升大企业纳税服务水平的有效途径

数据是开展大企业纳税服务工作不可或缺的要素，并已成为推动大企业纳税服务可持续发展的动力之源。加强数据管理就是要求依托海量数据，在深入分析的基础上，对纳税人进行精准“画像”，研究提出更具系统性和针对性的服务举措，在更广范围、更深程度、更高层次服务大企业纳税人，不断增强大企业纳税人的获得感。

（二）加强千户集团数据管理的指导思想、主要目标

1. 指导思想

认真贯彻党中央、国务院和税务总局关于运用大数据加强对市场主体服务和监管的总体部署，按照《深化国税、地税征管体制改革方案》确定的基本原则和目标任务，围绕“厘清方向、搭建框架、抓住重点、分步实施”的总体要求，以大企业税收服务和管理需求为导向，以数据有效供给为目标，以信息技术手段为依托，实现千户集团数据规范化、标准化、专业化管理。

2. 主要目标

通过加强千户集团数据管理，构筑“采集有考评、治理有反馈、使用有监控”的管

理闭环；形成“纵向联动、横向协动、税企互动”的工作格局；建立“规范统一、科学高效、立足长远”的保障机制，实现数据采集规范高效、数据内容完整准确、数据应用安全可控。

（三）加强千户集团数据管理的主要任务

1. 建立健全千户集团数据管理制度规范

（1）建立健全千户集团数据联络员制度。贯彻落实国家税务总局大企业税收管理司发布的《千户集团数据联络员管理办法（试行）》，进一步落实数据采集主体责任，畅通税企数据采集渠道。各省大企业税收管理部门定期召集千户集团联络员通报当期数据采集进展和数据质量情况，共同研究数据采集中的问题；组织开展数据联络员业务培训，提高其业务能力。

（2）建立千户集团名册管理制度。根据国家税务总局大企业税收管理司发布的《千户集团名册管理办法》，明确千户集团入围标准、成员单位报送口径、组织架构梳理方法等。各省大企业税收管理部门通过国有资产管理、财政、工商等部门以及互联网获取集团架构信息，与现有名册开展比对校验；逐步建立名册动态更新机制，及时将符合标准的集团和遗漏的成员单位纳入千户集团名册。

（3）建立数据管理岗责制度。各级大企业税收管理部门设置专门的数据管理岗，由专人负责数据采集、审核、汇总、上报等工作，并明确岗位职责和要求，每年根据工作完成情况对其进行考核。

（4）建立千户集团数据质量管控和考核评价制度。国家税务总局大企业税收管理司研究制定数据质量管控规范，明确千户集团数据采集、上报、加载等环节质量管控的责任主体和工作要求。各省大企业税收管理部门对数据审核责任主体制定科学的考核评价和奖惩机制，并与绩效考核挂钩。

2. 强化千户集团数据采集、管理和应用

（1）建立千户集团数据标准。国家税务总局大企业税收管理司统筹研究制定千户集团数据业务标准，进一步规范千户集团数据采集和应用的范围、内容、来源、方式、校验规则等；保持与国际接轨，推进国际通用的可扩展商业报告语言（XBRL）标准在千户集团数据采集工作中的应用。

（2）加强千户集团数据采集统筹规划。各级大企业税收管理部门会同相关部门，定期清理整合已有数据，全面掌握数据现状；在充分利用已有数据的前提下，统筹安排数据采集任务，避免数据多头采集、重复采集。国家税务总局大企业税收管理司根据年度工作任务要求，充分论证数据采集需求的必要性、可行性，按年制定全国千户集团数据采集总体规划。各省大企业税收管理部门结合实际工作需要，制定本省年度千户集团数据采集工作规划。

（3）落实附报财务会计报表等日常数据报送工作。省以下税务机关应按照《国家税务总局关于规范全国千户集团及其成员单位企业纳税申报时附报财务会计报表有关事项的公告》（国家税务总局公告 2016 年第 67 号）和《国家税务总局办公厅关于规范全国千户集团及其成员企业纳税申报时附报财务会计报表工作的通知》（税总办函〔2016〕979 号）有关要求，保质保量做好千户集团附报财务会计报表数据的采集、校验和报送工作；通过多维度数据交叉比对，对千户集团快报数据严格审核，持续提升税收快报数据质量；在国家税务总局原定点联系企业数据直报的基础上，进一步拓展范围，加快建立千户集团数据直报工作机制。

（4）拓展税务系统内、外部信息交换共享渠道。各省大企业税收管理部门要推进税务系统内部数据及时更新，保障增量数据有效获取；加快构建与国有资产管理、财政、工商等政府部门的信息共享渠道，建立相关机制；运用网络爬虫工具，从互联网定向获取千户集团企业股权交易、工商变更等信息，为千户集团税收风险分析和经济分析提供数据支持。

（5）开展千户集团数据深度挖掘和应用。国家税务总局大企业税收管理司根据整体数据现状，统筹制定大企业数据应用工作计划，协调全国大企业税收管理专业团队数据的统一应用。各省大企业税收管理部门要深入挖掘千户集团各行业、集团等核心数据，不断提升数据增值利用；有效整合各方相关数据，实现数据信息共享应用。

（6）保障千户集团数据安全可控。各省大企业税收管理部门会同相关部门，按照国家税务总局信息安全相关规定要求，结合千户集团数据管理实际，制订千户集团数据安全保障具体措施；根据千户集团数据应用的需要，明确数据管理权限，分级分类使用数据；在重大专项工作中，严格按规定与相关单位和人员签订数据安全保密协议。

3. 加强千户集团数据管理的信息化支撑

（1）优化千户集团数据采集工具和支持方式。国家税务总局大企业税收管理司会同相关部门，跟踪数据采集中存在的问题，及时升级和更新工具，不断优化和拓展数据采集功能，不断提升采集工具的易用性、适用性和可靠性；协调相关单位增加技术支持人员，整合技术力量，提升技术服务能力；在千户集团较为集中的省市探索设立技术服务网点，及时上门服务，解决数据采集中各类疑难问题，提升数据采集工作效率。

（2）建立千户集团数据集市，统一数据应用平台。国家税务总局大企业税收管理司依托“金税三期”数据仓库，逐步建立千户集团数据集市，实现千户集团所有成员单位数据总局一级集中，多级使用；整合千户集团风险分析平台、经济监控平台、税务审计软件等信息系统，建立统一的数据应用平台，科学分配使用权限，实现共享使用。

（3）探索“互联网＋千户集团”试点应用。国家税务总局大企业税收管理司组织研发千户集团数据管理App软件，为千户集团数据联络员及各省大企业数据管理岗配置用户权限，通过软件推送数据管理任务；各省大企业税收管理部门负责软件推广应用，在线与企业沟通交流，反映企业涉税诉求，建立税企快速沟通渠道。

4. 加强数据管理专业化团队建设

（1）配置充实数据管理人员。各省大企业税收管理部门会同相关部门，通过系统遴选、公务员招考和社会招聘等方式，充实千户集团数据管理队伍；按照数据管理岗位要求，配齐配强大企业数据管理岗位人员；积极探索从科研院校和互联网、大数据公司聘请专家作为大企业数据管理外部智囊团队，研究解决重大难点数据问题。

（2）持续提升数据管理人员专业能力。各省大企业税收管理部门要制订和实施分层分类培养计划，设置专项培训课程，定期组织开展业务培训，构建大企业税收数据管理人才梯队；选派大企业数据管理优秀人才到知名大数据管理机构学习深造和实践锻炼，培养一支大企业数据管理高级专家团队。

（3）加大数据管理人员激励力度。各省大企业税收管理部门要通过个人绩效考核加分、专题表彰奖励等方式，充分调动大企业数据管理人员工作积极性和主动性，为数据管理优秀人才脱颖而出、干事创业、成长进步营造良好发展环境。

三、千户集团基础涉税数据报送

合并财务报表的集团总部报送营业收入、固定资产等基础涉税数据信息（列入合并范围的集团总部及其全部子公司各项合计数）。不编制合并财务报表的集团总部报送营业收入、固定资产等基础涉税数据的汇总数（集团总部及其全部成员企业各项合计数）。

各省税务机关（大企业税收管理部门）按照任务分工将千户集团总部按月（季）度报送相关涉税数据信息明细表及填报说明发放到千户集团总部，千户集团总部按照发放的表单格式，填报相关涉税数据信息并报送省税务机关（大企业税收管理部门）。各省税务机关（大企业税收管理部门）汇总审核本地千户集团报送数据信息后统一报送至国家税务总局。

千户集团总部应在月度、季度结束后18日内，报送年初至本月末、本季度末累计相关基础涉税数据信息；第四季度（即全年累计数）的数据应于季度结束后28日内，即1月28日前报送。

四、千户集团报表报送要求

全国千户集团总部及其成员企业应在企业所得税预缴纳税申报时附报本级财务会计报表，以及税务机关根据实际需要要求附报的其他纳税资料，境外成员企业可暂不附报。年度终了，应在企业所得税年度纳税申报时，附报本级年度财务会计报表，以及税务机关根据实际需要要求附报的其他纳税资料。按照会计准则、会计制度等要求编制合并财务报表的全国千户集团总部，应在每年5月31日前附报上一年度的合并财务报表。

全国千户集团及其成员企业应附报的财务会计报表，是指按照企业所适用的会计准则、会计制度等编制的财务会计报表，包括资产负债表、利润表、现金流量表、所有者权益（股东权益）变动表、附注等。原则上，所有资料应以电子形式附报。企业编制的原始财务会计报表与税务机关核心征管系统中报表格式不一致的，应将原始财务会计报表以Excel表格式，作为附件一并附报。企业应确保报送的财务会计报表数据的真实、完整、准确。

第三节　大企业个性化服务

大企业是国民经济的重要组成部分，是税收管理的“关键少数”，中国大企业管理部门从成立之初，就不断借鉴国际经验，按照税收管理现代化的要求，探索独具特色的服务方式和服务产品。历经十多年的探索和发展，遵循税企合作共治的理念，逐步形成了现代化的大企业纳税服务体系，即以大企业个性化需求为导向，升级服务渠道、升级服务方式、升级服务评价，实现大企业纳税服务从被动服务向主动服务转变，从事后服务向全过程服务转变，从碎片化服务向系统化服务转变，从单一服务向多样化服务转变，建成服务内容更加全面、运行机制更加顺畅、导向作用更加显著的纳税服务体系。

一、大企业个性化纳税服务主要举措

鉴于大企业有较强的主动纳税遵从意愿，大企业税收管理部门更加注重通过提供个性化的优质服务，注重税企沟通，及时解决企业诉求，创新服务产品，积极推动企业税务风险内控机制建设，促进纳税人自我遵从能力和水平的提高。2013年，国家税务总局下发了《国家税务总局关于进一步加强大企业个性化纳税服务工作的意见》（税总发

〔2013〕145号），对个性化纳税服务体系进行了完整描述。

（一）加强税企沟通，建立健全多层次沟通联系机制

1. 建立大企业联络员制度

针对定点联系企业设立联络员，明确联络员的工作职责和工作内容，依托现行税收管理体制，建立联络员与各层级大企业税收管理部门的工作协调机制，畅通税企沟通渠道，提升服务质量和效率。

2. 建立大企业工作小组制度

根据大企业的具体情况和相关工作事项，按行业或集团成立工作小组，研究企业集团组织架构、行业特点、业务环节，交流税收服务和管理的做法和经验，分析税收工作中的重点和难点问题，探索科学有效的解决方案。

3. 建立常态化走访工作机制

根据工作需要统一规划走访的频率和层次，制订工作方案和调研提纲，提高走访工作的针对性和有效性。认真听取意见和建议，了解大企业生产经营及重大涉税事项变化情况，及时回应大企业提出的涉税诉求，密切跟踪涉税诉求的处理情况。

4. 建立税企高层对话机制

结合税收工作重点议题，举办税企高层对话，交流税企双方的观点和情况，增进税务机关对大企业的认知与了解，提升大企业高层对税务工作及税务风险内控体系建设的重视程度，促进税企互信和合作。

（二）高效处理诉求，建立健全涉税诉求快速响应机制

1. 规范涉税诉求处理流程

按照受理、处理、回复、总结四个环节，明确工作内容和工作要求。畅通涉税诉求受理渠道，做好涉税诉求的登记工作。强化涉税诉求处理机制，加强与同级相关业务部门的沟通协调，形成程序透明、职责清晰、运转高效的工作机制。规范涉税诉求回复文种和格式，做好涉税诉求的总结和归档工作。建立涉税诉求处理工作流程单，全面管控涉税诉求处理过程。

2. 建立健全大企业涉税事项协调会议制度和涉税诉求快速响应机制

建立由分管局领导牵头，相关业务部门负责人参加的大企业涉税事项协调会议制度，专门研究重大或复杂的问题，或具有行业共性、或同时涉及两个及两个以上部门的涉税诉求。建立由大企业税收管理部门负责人牵头，相关业务部门人员参加的涉税诉求快速响应机制，及时解决大企业一般性涉税诉求。

3. 建立完善大企业涉税事项纵向协调机制

明确各层级职责，属于本级税务机关权限范围的涉税诉求，由本级税务机关办理或向下级税务机关交办；不属于本级税务机关权限范围的，向上级税务机关报送。在交办和报送过程中，做好相关资料交接和协调工作。研究处理大企业涉税诉求时，要事先听取相关主管税务机关的意见和建议。

（三）创新服务产品，规范和完善税企合作机制

1. 推进税收遵从合作协议谈签工作

制定协议谈签工作方案，确定谈签对象，明确工作步骤，针对大企业所处行业现状、生产经营变动趋势、内控机制运行及税收政策执行等方面情况，做好风险调查和遵从评价工作。对大企业的个性化需求进行分析评估，组织开展与大企业的谈签工作并制作规范的协议文本。认真履行税收遵从合作协议，加强对协议落实情况的监督和检查。

2. 试行大企业涉税事项事先裁定制度

以现行税收法律法规为依据，就大企业申请的关于未来可预期的特定事项应如何适用税法予以裁定，提升大企业防控税收风险的能力，推动大企业健全税务风险内控机制。建立健全事先裁定工作流程，完善工作机制，积累工作案例，增强税法适用的透明度和确定性。

3. 建立大企业重大事项报告制度

结合税收遵从合作协议的签订，明确大企业向税务机关报告与纳税义务有关的重大事项。确定报告的格式和时限，规范报告程序。对大企业报告的重大事项，要及时分析研究，提出服务和管理的意见建议，必要时进行跟踪了解，掌握大企业重大事项对税收管理工作的影响。建立大企业重大事项工作档案和资料库。

4. 建立大企业税收风险管理指南

结合税收风险管理专项工作，分行业、分集团建立大企业风险管理指南，按照行业或企业的生产经营流程和财务核算方式，聚焦行业特点和行业规律，梳理行业税收政策，细化大企业涉税风险点。完善大企业基础信息库和行业风险特征库。依托税务风险内控机制，制定大企业生产经营各环节税务风险防范和控制方法。

（四）引导内控建设，推进大企业税务风险内控体系的完善

1. 研究制定大企业税务风险内控测试指标体系

对《大企业税务风险管理指引（试行）》规定的大企业税务风险内控机制相关要素进行认真研究，组建税务系统工作团队，借助中介机构及专家学者的力量，制定风险内

控测试指标体系，明确测试指标的主要内涵和逻辑关系，确定测试指标的使用方法。

2. 深入开展大企业税务风险内控测试工作

根据大企业的特点和所处行业类型，采取问卷调查、现场访谈等形式开展大企业税务风险内控调查工作。采取符合性测试、实质性测试等方法开展大企业内控测试工作。根据内控调查和内控测试的情况，出具大企业税务风险管理建议书，引导和推动大企业不断完善税务风险内控体系。

3. 加强大企业税务风险内控体系理论研究和实践探索

研究大企业税务风险内控制度与大企业整体内控制度结合的路径和方法，注重日常工作的总结和提炼，细化《大企业税务风险管理指引（试行）》，制定具体操作办法，提升税务风险管理能力。

二、大企业个性化服务的创新发展

建立成体系的纳税服务产品，主要目的是促进大企业遵从。这些纳税服务产品，应该既区别于对中小企业的纳税服务，又区别于以往传统的纳税服务，要体现出针对性、个性化和促进税法遵从的功能。

（一）畅通税企沟通渠道

扩展沟通渠道，完善沟通方式，为有需求的大企业集团设立首席联络员，提供“一对一”高质量的专业化服务。定期开展税企专项交流，结合税收热点难点问题，及时提出解决方案。推进“线上”“线下”服务，提高沟通效率。强化税企高层对话，增进税企双方理解融合。

（二）提升政策服务质量

加强重大涉税政策辅导，健全大企业重组涉税事项纳税服务工作机制，协助大企业集团落实好重组涉税政策。强化大企业跨区域涉税事项协调，提高各地税收政策执行和税收事项处理的统一性。依申请为大企业试行开展事先裁定。

（三）精准实施风险提示

为大企业编制行业税收风险指引，引导大企业防范税收风险。深化千户集团税收风险分析运用机制，对大企业集团推送预警信息。探索开展个性化风险防控服务，帮助符合条件的企业集团制定税收风险防控手册，自上而下防范集团性风险，提高企业自我遵从能力。

（四）持续强化遵从引导

制定大企业税务风险内控框架，探索建立企业内控测试指标体系。试点开展税企共建数据互联互通的税务风险防御系统，降低企业税务管理成本。规范税收遵从合作类协议签订工作，加强后续管理。探索实施大企业集团税务信用积分管理，以集团为维度评价纳税遵从状况，推动企业集团不断提高税务管理水平。

下一步，国家税务总局将进一步加大税收政策确定性研究和协调服务，积极引导大企业建立健全税务风险内部控制机制，推动税企数据互联互通的覆盖面不断扩大，持续升级服务方式和产品，不断提升服务质量，提高大企业纳税人的自我遵从度和满意度。实施以大企业集团为对象的税务遵从管理，以此为联结点，实现服务和管理的高度融合，全面建立“纳税服务+风险管理”的平行治理模式，实现大企业税收服务和管理的良性、闭环运行。

第四节　大企业税收风险管理

一、大企业税收风险管理概述

2008年以来，全国各级大企业税收管理部门立足实际，借鉴国际先进经验，完善风险管理制度，创新风险管理业务体系，通过不断的探索和尝试，逐步确立了以风险管理为导向，以信息化建设为依托，以分类分级为基础，以千户集团这一“关键少数”为突破口，逐步建立了中国特色的大企业税收风险管理模式。简要概括为“一个分析平台，两级统筹管理，三套工作机制，四级分类应对，全程监督考核”。

（一）集成一个分析平台

即依托“金税三期”决策支持系统，集成千户集团税收风险分析平台，为数据采集、风险分析、推送应对、反馈考核等工作提供“一体化”的信息技术支撑。

（二）建立两级统筹管理

建立总局和省局两级统筹下的风险分析集中开展、风险任务扎口推送、应对结果反馈提高和应对过程监督考核的制度安排。

健全三套工作机制，即健全总局和省局两级统筹开展风险分析的横向互动机制、全国税务系统分级开展风险分析应对的纵向联动机制、风险分析应对全程注重廉政执法风险防范的内控机制。

（三）实行分类应对

按照风险等级和税源量级设定分类应对规则，划分总局、省局、市局及县（区）局相应的应对任务，并实现应对反馈信息的归集、共享与利用。

（四）实施全程监督考核

实施千户集团税收风险分析应对工作的事前嵌入内控机制，事中接受过程监控，事后进行绩效考核，全程防控廉政执法风险。

二、大企业税收风险管理的主要原则

千户集团税收风险管理应当坚持以下主要原则：

（1）两级统筹。强化国家税务总局、省税务机关在千户集团税收风险管理工作中的分工协作，注重顶层设计，整合管理资源，明确工作职责，坚持上下联动，形成工作合力。

（2）合作推进。加强税务机关内部各部门工作协调，提高征管效率。积极与政府相关部门、行业协会等合作，实现信息共享。

（3）信息集成。以数据为核心，利用现代化采集、分析工具，建立科学的指标模型，构建智能化的税收管理信息系统，发挥大数据技术对千户集团税收风险管理的支撑作用。

（4）促进遵从。在千户集团税收风险管理各环节强化税收宣传，优化纳税服务，加强税企合作，提升企业获得感，促进千户集团对税法的自我遵从。

三、大企业税收风险管理任务

千户集团税收风险管理，以防范税收风险为导向，按照“数据采集—风险分析—推送应对—反馈考核”四个环节，实施全流程闭环管理。

（一）数据采集

千户集团数据采集的内容包括企业端数据、税务端数据和第三方数据。

（1）税务机关以“金税三期”为基础，按照千户集团税收管理需要，集成现有各类应用系统涉税数据。

（2）国家税务总局与国务院有关部门沟通协调，完善数据交换共享工作机制。各地税务机关与本级政府相关部门、行业协会等单位沟通联系，获取千户集团相关涉税信息。

（3）省税务机关应当充分利用现代科技手段，从互联网、报纸杂志等媒体发布的公开信息中，获取千户集团涉税信息，重点关注企业重组、股权转让、关联交易等重大事项信息。省税务机关大企业税收管理部门会同技术部门对涉及千户集团的第三方信息进行整理、清洗和加载，并按要求上报国家税务总局（大企业税收管理司）。

（4）国家税务总局整合企业端、税务端和第三方数据，逐步实现多层级、全方位的集成应用，为千户集团税收风险分析提供支撑。对超出查询权限的千户集团相关数据，省税务机关可以向国家税务总局申请查询、应用，并填报《千户集团数据需求查询申请单》。

（二）风险分析

1. 战略规划和年度计划的制定

国家税务总局依托大企业税收管理信息系统，统筹考虑千户集团风险等级排序、行业税收规模、区域分布等因素，制定千户集团税收风险管理战略规划和年度计划。

省税务机关在落实国家税务总局千户集团税收风险分析年度计划的基础上，结合本省工作实际，可以选择国家税务总局年度工作计划外的成员企业或集团自行开展税收风险分析，制定年度税收风险分析工作方案，并报国家税务总局备案。

2. 风险识别

国家税务总局开展千户集团税收风险分析指标体系建设，按照开发、验证、应用的步骤，分批次开展，逐环节推进。省税务机关配合税务总局开展指标体系建设工作。国家税务总局按照年度计划，以千户集团税收风险指标模型体系为基础，对采集的千户集团总部及其成员企业信息进行计算机扫描，形成风险识别报告。

3. 人工专业复评

国家税务总局、省税务机关结合计算机扫描结果，开展人工专业复评，形成《千户集团税收风险分析报告》。人工专业复评主要包括常规风险分析、行业重点剖析和重大事项分析。

人工专业复评应当重点关注以下内容：企业所处的行业特点；企业适用的产业政策、税收政策、会计准则或会计制度；企业内部控制制度；企业财务报表、审计报告及相关鉴证报告；企业重组、股权转让、关联交易等复杂涉税事项；以前年度风险应对结论，包括纳税评估报告、稽查处理决定书等。人工专业复评可以采取案头分析、与企业沟通、选取代表性企业开展典型调查等方法。

4. 管理工作

省税务机关负责总部在本省的千户集团的沟通协调工作，并配合国家税务总局开展跨区域千户集团税收风险分析。

对风险分析中发现的同质性高、涉及面广的风险点，国家税务总局可以协调集团总部所在省税务机关，向集团总部进行提示告知。

省税务机关对本省形成的风险分析报告进行审核，并按要求上报国家税务总局。国家税务总局对税收风险分析报告质量进行严格控制，按照税收风险分级评审的工作机制进行评审，并形成风险应对任务。

（三）推送应对

1. 推送及任务分配

国家税务总局大企业税收管理司将风险应对任务通过国家税务总局大数据和风险管理局统一推送至省大数据和风险管理局，并抄送相关省税务机关大企业税收管理部门。

省税务机关大企业税收管理部门应当主动对接省局风险管理局，认真研究国家税务总局推送的千户集团税收风险应对任务并形成应对方案，以省、市税务机关为主，实施专业化应对。

2. 风险应对工作开展

风险应对人员开展风险应对任务前，应当以风险分析报告为基础，了解企业的生产经营情况、所属行业特点、财务会计制度和会计核算软件，熟悉相关税收政策。风险应对人员可以通过查阅案头资料、税务约谈等方法，对风险分析报告中的涉税风险点进行核实。

开展税务约谈时，应当向纳税人出具《税务事项通知书》，由两名以上风险应对人员共同参加，并制作《千户集团税收风险应对工作底稿》。查阅案头资料和税务约谈中发现的必须到纳税人生产经营现场了解情况的，应当按照相关规定统筹进行实地核实。实地核实过程中发现纳税人其他税收风险点的，应当一并进行处理。

风险应对人员发现纳税人有逃避缴纳税款、骗取出口退税或其他需要立案查处的税收违法行为嫌疑的，应当将发现的问题及相关资料，制作《移交税务稽查情况表》，移交同级税务稽查部门处理。风险应对人员发现纳税人有需要反避税部门处理的特别纳税调整问题，应当将发现的问题及相关资料，制作《移交反避税情况表》，移交同级反避税管理部门处理。

对风险应对中确认的税收风险点，风险应对部门应当督促纳税人进行整改。对涉及补缴税款、滞纳金的，依法组织入库。实施风险应对的税务机关应当形成风险应对报告，并报上级税务机关。

（四）反馈考核

省税务机关大企业税收管理部门应当及时汇总本省千户集团税收风险应对情况，向国家税务总局（大企业税收管理司）报送《千户集团税收风险应对工作报告》以及《千户集团税收风险应对情况表》，并通过省局大数据及风险管理局向总局大数据及风险管理局反馈风险应对结果。

省税务机关应当积极指导和协调本省税收风险应对工作，加强监督检查，强化质量控制。

各地税务机关大企业税收管理部门应当与本级法规、税政、征管等部门充分沟通协作，及时研究解决风险应对中的税企争议问题，经省税务机关研究后仍无法解决的，向国家税务总局（大企业税收管理司）报告。

国家税务总局、省税务机关应当加强风险应对结果的增值利用，主要方式包括：优化指标模型，增强指标模型的准确性和有效性；建立和更新千户集团风险特征库、典型案例库和行业风险指引，复制推广系统性、行业性风险分析应对经验；提出完善税收政策、强化税收征管的建议；开展谈签税收遵从协议、出具税收管理建议书等个性化服务，提升企业税收风险防控能力。

国家税务总局通过督导调研、限时督办等形式对各省税务机关上报的风险应对结果进行跟踪指导和后续监督，并对重大税收风险点进行专项评估。

国家税务总局制定并持续优化千户集团风险管理绩效考核指标，对省税务机关千户集团风险管理工作进行绩效考核。省税务机关根据本省工作需要，针对风险管理工作质量开展绩效考核。

四、千户集团税收风险分析应对分类分级管理机制

千户集团税收风险分析应对分类分级是指在千户集团风险管理工作中，对纳税人按纳税规模和风险等级进行分类，针对不同纳税规模的纳税人明确各级大企业税收管理部门的风险分析职责，针对不同风险等级的纳税人分别开展风险应对。

（一）各级税务机关大企业税收管理部门的分工

千户集团税收风险分析工作中，各级税务机关大企业税收管理部门的分工是：国家税务总局层面组织开展年纳税额3亿元以上的千户集团税收风险分析；指导各省税务局开展年纳税额3亿元以下的千户集团的税收风险分析。省税务局层面组织年纳税额1亿～3亿元的千户集团的税收风险分析；指导各地市税务局开展年纳税额1亿元以下

的千户集团的税收风险分析。地市税务局层面负责年纳税额1亿元以下的千户集团的税收风险分析。县税务局层面原则上不进行千户集团企业税收风险分析。

（二）千户集团纳税人的涉税事项分级

千户集团纳税人的涉税事项分为高风险、中风险、低风险三个等级。高风险事项是指纳税人涉嫌偷税（逃避缴纳税款）、逃避追缴欠税、骗税、虚开发票等税收违法行为的税收事项，以及拒不提供税务部门要求的资料或提供虚假资料的行为；中风险事项是指预估税款较高、涉税事项较为复杂或具有行业重大典型性风险的税收事项；低风险事项是指预估税款较低、涉税事项较为简单的一般性税收事项。

（三）千户集团税收风险应对

各地大企业税收管理部门按照以下原则开展风险应对工作：对高风险事项交由稽查部门开展应对。对中风险事项以大企业税收管理部门为主开展风险应对。对低风险事项，原则上交由属地税务机关开展应对，或提醒纳税人自行纠正。发票核查事项交由属地主管税务机关开展风险应对。对交稽查部门，或属地税务机关应对的，大企业税收管理部门要做好结果跟踪工作。各级税务机关对纳税人的低风险事项，可以采取风险提示提醒等方式，引导企业自查自纠，促进纳税人对税法的自我遵从。

省大企业税收服务和管理局应加强同级及以下大企业税收管理部门与风险管理局、稽查局、税政部门在风险分析、风险应对工作的统筹，避免对同一纳税人的多头多次重复应对。

第五节 大企业税收经济分析

国家税务总局近年来始终把税收经济分析工作摆在服务国家宏观经济决策和社会管理的重要位置，努力使税收经济分析在国家治理中发挥更大的作用。2016年，国家税务总局局长王军提出了“要用好大企业税收数据，打造税务部门话语体系”的要求。

一、大企业税收经济分析的重要意义

加强大企业税收经济分析工作是税务部门提升站位、服务大局的重要体现，是国税地税征管体制改革的重要任务，是服务决策、促进经济社会发展、推动税收现代化建设的重要举措，是打造税务部门话语体系、传播税务声音的重要手段。国税地税征管体制改革后，征管资源深度整合，信息资源高度聚合，税务部门大数据的“金山银库”挖掘潜力巨大，

税收经济分析空间广阔、大有可为。通过挖掘税收大数据蕴含的价值，反映政策执行效果，反映税务部门工作成效，反映经济社会发展状况及趋势，更好地发挥税收在国家治理中的基础性、支柱性、保障性作用。

大企业在国民经济中举足轻重，属于各行业的领头羊，很有代表性，对大企业开展税收经济分析很有价值。大企业税收管理部门努力加强对外合作，创新分析工具和分析机制，在宏观层面为国家宏观经济决策提供有益参考，在中观层面为行业或区域发展提供有力支持，在微观层面为企业生产经营提供有效引导。

二、大企业税收经济分析的主要内容

（一）经济税源分析

深入研究税务部门的各类数据与经济运行的关系，深刻反映经济税源发展状况，进而总结规律、查找问题，提出有助于宏观经济决策和社会管理的意见建议。主要包括：

1. 重大发展战略分析

以国家或地区出台的产业结构调整、区域协同发展、功能重新定位等重大发展战略为研究对象，通过观察战略出台前和实施后的经济发展变化，客观反映重大发展战略实施情况，提出深入推进战略实施的意见建议。

2. 区域比较分析

对经济规模、结构或地理区位相近地区开展国内或国际比较，进行优势、劣势、机会和挑战分析，为各地区发挥比较优势、找准发展方向的战略选择提出意见建议，进而促进形成分工合理、特色鲜明、优势互补的区域发展格局。

3. 新旧动能转换分析

以新技术、新产业、新业态、新模式等经济社会发展新动力以及传统旧动能为研究对象，反映经济结构转型升级进程和供给侧结构性改革成果。

4. 重点行业分析

持续跟踪和深入分析在国民经济中占有重要战略地位、带来主要税收经济效益、事关国计民生的重点行业、龙头企业，为本地区充分发挥行业规模化发展的集聚效应和带动作用提出意见建议。

5. 经济运行风险分析

通过对税收经济指标的监控分析和预警识别，及早发现经济社会运行中的结构性、苗头性、倾向性问题，及时建言献策，提高防范化解重大风险的能力。

6. 涵养税源分析

深入分析地方经济税源状况和增长潜力，特别是对地方重大发展战略、重点项目税源状况进行跟踪分析，发现税源发展中存在的问题，进而提出培植税源、涵养税源、促进税源健康发展的意见建议。

（二）政策效应分析

量化分析重大税制改革和税收政策调整对经济和生态的作用效应，跟踪评估税务部门优化营商环境、促进经济社会发展的工作成效。主要包括：

1. 重大税制改革效应分析

采取定性和定量相结合的多种分析方法，对重大税制改革进行事前测算和事后评估，全面反映税制改革的实施情况，以及对经济社会和生态环境的影响，为提升财税政策改革方案的科学性提供支撑，同时为进一步完善政策提供决策参考。

2. 减免税政策效应分析

通过对享受税收优惠政策企业的类型、户数、税负变化、优惠规模等数据统计，分析减免税政策对企业生产经营及产业上下游的影响变化，对优惠政策落实是否到位、预期目标是否实现等进行评估，进而提出完善政策的意见建议。

3. 优化营商环境措施效应分析

对税务部门优化营商环境、加强税费征管等各项管理和服务措施的实施效果进行分析，反映税务部门在服务地方经济社会发展方面的工作成效。

4. 税收负担及收入分配分析

运用税收、财务、经济等数据对宏观税负、微观税负、企业成本等进行分析，得出客观准确的结论报送党中央、国务院和各级党委政府，回应社会关切。通过分析中央与省市县等各级政府间的收入分配及财力状况，反映地方财政收入运行状况，剖析存在的问题，提出促进收入稳定增长和收入质量不断提高的意见建议。

三、大企业税收经济分析的主要任务

（一）深挖数据资源

挖掘千户集团直报数据和上市公司财务数据等数据资源潜力，发挥已有数据优势。探索使用千户集团成员企业附报财务报表数据，提高数据样本精细度。继续深化利用纳税人基础信息、税务发票信息、纳税申报信息等数据资源，拓展经济分析领域。

（二）优化选题机制

以“贯彻新发展理念，建设现代化经济体系”为指导，聚焦重点、焦点、热点、难点，夯实定期选题制度。建立重大事项选题机制，增强在重要时间节点上的选题敏锐性。将经济分析工作同服务与管理工作深度融合，加强税制改革、减税降费等方面的政策效应分析。

（三）推出拳头产品

不断推出有分量的税收经济分析“拳头产品”，依托全球上市公司 XBRL 财务数据，广泛开展大型企业国际比较分析；依托千户集团直报、附报等数据，深入开展大型企业集团运营状况分析；依托增值税发票等数据，继续探索开展经济融通发展分析。

（四）形成联动局面

组织开展重大专题性和区域性分析，实施总局、省局联动分析，形成合作共赢局面。加强外部协动，强化与科研机构、高等院校的合作，大力提升税收经济分析成果的专业性、权威性和引领性。

第十章　国际税收

国际税收的概念目前分为两种：一种是广义的国际税收，一种是狭义的国际税收。广义的国际税收是在开放的经济条件下，因纳税人的经济活动扩大到境外以及国与国之间税收法律法规存在差异或相互冲突而带来的一些税收问题和税收现象。狭义的国际税收，是指从某一国家的角度看，国际税收是一国对纳税人的跨境所得和交易活动课税的法律、法规的总称。

国际税收与涉外税收有所不同：涉外税收主要是针对外国纳税人或外资企业，但它仍属于国家税收的范畴；而国际税收（从某一国家税法的角度来理解）是指一国税法的国际方面，这类法律、法规既可以存在于所谓的涉外税收中，也可以存在于各种非涉外税收中。

第一节　税收管辖权

一、税收管辖权概述

（一）税收管辖权的定义

税收管辖权是国家主权的重要组成部分，是指一国政府在征税方面的主权，表现在一国政府有权对哪些对象征税、征何种税、征多少税及如何征税等方面。但一国政府征税的权力不是任意决定的，而要受该国政治权力涉及范围的限制。这种限制表现在两个方面：一是人员限制，即一国政府只能对本国公民或居民征税；二是地域限制，即一国政府只能对处于其管辖范围内的所得或收益征税。

（二）税收管辖权的本质

税收管辖权是国际法公认的国家基本权利，属于国家主权在税收领域中的体现。一般来说，一个主权国家，出于维护本国税收权益的考虑，会在法律允许的范围内最大化自己征税权的行使范围。这是因为征税权力是国家主权的一部分，是一种完全独立不受外来干预的权力。

二、税收管辖权分类

根据行使征税权力的原则和税收管辖范围、内容的不同，目前世界上的税收管辖权分为三类：居民管辖权、公民管辖权和地域管辖权。

（一）居民管辖权

居民管辖权是按照属人原则确立的税收管辖权。它是指一国政府对本国税法中的居民来自全球的所得和财产行使征税权。居民管辖权行使的关键是确定纳税人（包括自然人和法人）的税收居民身份。居民管辖权被大多数国家所采用。

（二）公民管辖权

公民管辖权，又称国籍税收管辖权，它是一国政府对具有本国国籍者在世界范围内取得的所得和拥有的财产行使征税权。公民是指取得一国法律资格，具有一国国籍的人，不仅包括个人，也包括团体、企业和公司。

（三）地域管辖权

地域管辖权，又称来源地管辖权，它根据纳税人的所得和财产是否来源于本国境内行使征税权、而不论纳税人是否为本国的公民或居民。这种按地域确定的税收管辖权体现了有关国家维护本国经济利益的合理性，又符合国际经济交往的要求和国际惯例，为绝大多数国家所接受。

三、税收管辖权的行使

税收管辖权属于国家主权，因而每个主权国家都有权根据自己的国情选择适合自己的税收管辖权。从目前世界各国的税制来看，所得税管辖权的实施主要分为以下三种情况：

（一）仅行使地域管辖权

在这种情况下，一国只对来源于本国境内的所得行使征税权，其中包括本国居民的境内所得和外国居民的境内所得，但对本国居民的境外所得不行使征税权。

（二）同时行使地域管辖权和居民管辖权

在这种情况下，一国对本国居民的境内所得、境外所得，以及外国居民的境内所得这三类所得都行使征税权。其中，对本国居民境外所得征税所依据的是居民管辖权，对外国居民在本国境内所得征税所依据的是地域管辖权。目前我国采用的是这种方式。

（三）同时行使地域管辖权、居民管辖权和公民管辖权

这种情况主要发生在个别强调本国征税范围的国家，其个人所得税除了行使地域管辖权和居民管辖权之外，还坚持行使公民管辖权。美国是同时行使居民管辖权、公民管辖权和地域管辖权的国家。

四、税收管辖权的优先原则

不同国家的税收管辖权同时叠加在同一笔所得之上会引起国际重复征税。这种国与国之间税收管辖权的交叉重叠又分为两种情况，即相同的税收管辖权相互重叠和不同的税收管辖权相互重叠。因此，为了防止两个国家同种税收管辖权重叠造成的国际重复征税，国际社会有必要在相互冲突的情况下对各国的税收管辖权进行一定的约束，以避免两个国家依照各自的税法对同一个本国居民或同一笔本国来源的所得同时行使居民管辖权或地域管辖权。

（一）约束对自然人行使居民管辖权的国际规范

如果同一自然人被两个国家根据本国法律同时判定为本国的居民，从而都有权对其行使居民管辖权时，《经合组织范本》和《联合国范本》要求按照以下规则来确定其最终居民身份，从而将税收的居民管辖权赋予其中某一个国家来行使。

1. 永久性住所标准

应认为是其有永久性住所所在国的居民；如果在两个国家同时有永久性住所，应认为是与其个人和经济关系更密切（重要利益）所在国的居民。

2. 习惯性居住标准

如果其重要利益中心所在国无法确定，或者在其中任何一国都没有永久性住所，应认为是其有习惯性居处所在国的居民。

3. 国籍标准

如果其在两个国家都有，或者都没有习惯性居处，应认为是其国民所在国的国民。

4. 协商解决

如果其同时是两个国家的国民，或者不是其中任何一国的国民，应由缔约国双方主管当局通过协商解决。

（二）约束对法人行使居民管辖权的国际规范

除个人以外同时是缔约国双方居民的人，应认为是其实际管理机构所在国的居民。

第二节　非居民企业及非居民个人税收管理

非居民企业，是指依照外国（地区）法律成立且实际管理机构不在中国境内，但在中国境内设立机构、场所的，或者在中国境内未设立机构、场所，但有来源于中国境内所得的企业。

一、非居民企业税收管理

（一）非居民企业的纳税义务

非居民企业在中国境内设立机构、场所的，应当就其所设机构、场所取得的来源于中国境内的所得，以及发生在中国境外但与其所设机构、场所有实际联系的所得，缴纳企业所得税。

非居民企业在中国境内未设立机构、场所的，或者虽设立机构、场所，但取得的所得与其所设机构、场所没有实际联系的，应当就其来源于中国境内的所得缴纳企业所得税。

（二）对外支付税务备案

根据《国家税务总局 国家外汇管理局关于服务贸易等项目对外支付税务备案有关问题的公告》（国家税务总局 国家外汇管理局公告 2013 年第 40 号，以下简称 40 号公告）、《国家税务总局关于修改部分税收规范性文件的公告》（国家税务总局公告 2018 年第 31 号），对外支付税务备案分为以下两种情形：

1. 应备案情形

根据 40 号公告，境内机构和个人向境外单笔支付等值 5 万美元以上（不含等值 5 万美元，下同）下列外汇资金，均应向所在地主管税务机关进行税务备案：

（1）境外机构或个人从境内获得的包括运输、旅游、通信、建筑安装及劳务承包、保险服务、金融服务、计算机和信息服务、专有权利使用和特许、体育文化和娱乐服务、其他商业服务、政府服务等服务贸易收入。

（2）境外个人在境内的工作报酬，境外机构或个人从境内获得的股息、红利、利润、直接债务利息、担保费以及非资本转移的捐赠、赔偿、税收、偶然性所得等收益和经常转移收入。

（3）境外机构或个人从境内获得的融资租赁租金、不动产的转让收入、股权转让所得以及外国投资者其他合法所得。外国投资者以境内直接投资合法所得在境内再投资单笔 5 万美元以上的，应按照本规定进行税务备案。

（4）境外个人办理服务贸易、收益和经常转移项下对外支付，应按照个人外汇管理的相关规定办理。

2. 无须办理对外支付备案的情形

境内机构和个人对外支付下列外汇资金无须办理对外支付备案：

（1）境内机构在境外发生的差旅、会议、商品展销等各项费用。

（2）境内机构在境外代表机构的办公经费，以及境内机构在境外承包工程的工程款。

（3）境内机构发生在境外的进出口贸易佣金、保险费、赔偿款。

（4）进口贸易项下境外机构获得的国际运输费用。

（5）保险项下保费、保险金等相关费用。

（6）从事运输或远洋渔业的境内机构在境外发生的修理、油料、港杂等各项费用。

（7）境内旅行社从事出境旅游业务的团费以及代订、代办的住宿、交通等相关费用。

（8）亚洲开发银行和世界银行集团下属的国际金融公司从我国取得的所得或收入，包括投资合营企业分得的利润和转让股份所得、在华财产（含房产）出租或转让收入以及贷款给我国境内机构取得的利息。

（9）外国政府和国际金融组织向我国提供的外国政府（转）贷款［含外国政府混合（转）贷款］和国际金融组织贷款项下的利息。本项所称国际金融组织是指国际货币基金组织、世界银行集团、国际开发协会、国际农业发展基金组织、欧洲投资银行等。

（10）外汇指定银行或财务公司自身对外融资如境外借款、境外同业拆借、海外代付以及其他债务等项下的利息。

（11）我国省级以上国家机关对外无偿捐赠援助资金。

（12）境内证券公司或登记结算公司向境外机构或境外个人支付其依法获得的股息、红利、利息收入及有价证券卖出所得收益。

（13）境内个人境外留学、旅游、探亲等因私用汇。

（14）境内机构和个人办理服务贸易、收益和经常转移项下退汇。

（15）国家规定的其他情形。

二、非居民企业税收管理的主要内容

（一）有机构、场所的非居民企业管理

《中华人民共和国企业所得税法》主要从三个角度来确定机构、场所的范围：一是生产经营地点的特性，包括：固定性、长期性、临时性的地点；二是生产经营活动的类型，包括：经营管理的机构、生产制造场所、提供劳务的场所；三是营业代理人。非居民企业委托营业代理人在中国境内从事生产经营活动的，包括委托单位或者个人经常代其签订合同，或者储存、交付货物等，该营业代理人视为非居民企业在中国境内设立的机构、场所。

1. 直接构成机构、场所的情形

（1）企业所得税法规定的机构、场所。

《中华人民共和国企业所得税法》第二条第三款所称机构、场所，是指在中国境内从事生产经营活动的机构、场所，包括：管理机构、营业机构、办事机构；工厂、农场、开采自然资源的场所；提供劳务的场所；从事建筑、安装、装配、修理、勘探等工程作业的场所；其他从事生产经营活动的机构、场所。

（2）税收协定中关于常设机构的判定与税收处理。

常设机构的判定对于营业利润是否在某国征税非常重要，根据经济合作与发展组织税收协定范本（以下简称 OECD 范本）和联合国税收协定范本（以下简称 UN 范本）的第七条规定：缔约国一方企业如果通过该企业设在缔约国另一方的常设机构进行营业，其利润可以在另一国征税。也就是说，如果某一缔约国企业不在另一缔约国设立常设机构，另一国就不能对该缔约国企业取得的经营利润征税。

【例 10 -1】

德国某企业承包中国境内 M 公司设备安装工程，分别签订了三个合同。A 合同作业时间为 2019 年 2—3 月，B 合同作业时间为 2019 年 2—4 月，C 合同作业时间为 2019 年 3—5 月，分别计算各合同作业时间，均未达到 6 个月标准。请问：我国是否有权对德国企业因安装工程取得的所得征税？

解析：在判定非居民企业承包工程是否构成常设机构时，应综合考虑三个合同作业时间，即 2—3 月、2—4 月、3—5 月，实际工作时间共计 8 个月，已达到常设机构标准，我国有征税权。

2. 设立机构、场所的非居民企业分类

在税收实践中，设立机构、场所的非居民企业主要有五种类型：

（1）外国企业在中国境内设立的分公司。

主要包括外国银行、保险公司在中国境内设立的分支机构。

（2）承包工程作业和提供劳务的场所。

承包工程作业：是指在中国境内承包建筑、安装、装配、修缮、装饰、勘探及其他工程作业。

提供劳务：是指在中国境内从事加工、修理修配、交通运输、仓储租赁、咨询经纪、设计、文化体育、技术服务、教育培训、旅游、娱乐及其他劳务活动。

（3）外国企业常驻代表机构。

外国企业常驻代表机构，是指按照国务院有关规定，在工商行政管理部门登记或经有关部门批准，设立在中国境内的外国企业（包括港澳台企业）及其他组织的常驻代表机构。

（4）国际运输企业。

国际运输企业是指在境内外载运旅客或货物出入境，提供国际运输服务的企业。在税收协定中，国际运输一般指空运和海运，个别税收协定包括陆路运输。

从事国际运输业务是指非居民企业以自有或者租赁的船舶、飞机、舱位，运载旅客、货物或者邮件等进出中国境内口岸的经营活动，含相关装卸、仓储等附属业务，以程租、期租、湿租的方式出租船舶、飞机取得收入的经营活动也属于国际运输业务。

（5）其他类型。

主要包括外国企业在中国设立分厂、销售货物或进行中外合作油气田开发等。

关于中外合作开采石油天然气业务，《国家税务总局关于中外合作开采石油天然气有关非居民税收问题的批复》（税总函〔2015〕494号）进行了明确。

按照《中华人民共和国对外合作开采陆上石油资源条例》《中华人民共和国对外合作开采海洋石油资源条例》等相关规定，外国企业（不含实际管理机构设立在中国境内的外国企业）与中国境内企业签订协议或合同，在中国境内合作开采石油天然气，凡未按照中国法律设立独立企业的，由合作各方分别缴纳企业所得税，外国企业属于在中国境内设立机构、场所从事生产经营活动的非居民企业，其分取的合作生产经营所得应按照《中华人民共和国企业所得税法》第三条第二款的规定申报缴纳企业所得税。在按规定缴纳企业所得税后，该外国企业取得的税后利润不属于适用《中华人民共和国企业所得税法》第三条第三款规定的所得，不予扣缴企业所得税。

外国企业与中国境内企业按照《中华人民共和国中外合作经营企业法》在中国境内共同设立中外合作经营企业，由该中外合作经营企业开采石油天然气的，无论其是否具有法人资格，均为《中华人民共和国企业所得税法》第二条规定的居民企业。该中外合作经营企业应就其取得的石油天然气开采所得和其他所得统一缴纳企业所得税。作为投资方的外国企业从中外合作经营企业分取的税后利润属于适用《中华人民共和国企业所得税法》第三条第三款规定的所得，应按有关规定扣缴企业所得税。

3. 纳税义务的确定

非居民企业在中国境内设立机构、场所的，应当就其所设机构、场所取得的来源于中国境内的所得，以及发生在中国境外但与其所设机构、场所有实际联系的所得，缴纳企业所得税。实际联系，是指非居民企业在中国境内设立的机构、场所拥有据以取得所得的股权、债权，以及拥有、管理、控制据以取得所得的财产等。

如果我国和对方国家缔结了税收协定，非居民企业设立的机构、场所，需要在构成常设机构的情况下，我国才能征税，且只能对归属于该常设机构的经营利润征税。

4. 应纳税额的计算

（1）账务核算健全的非居民企业应纳税所得额的计算。应当按照《中华人民共和国税收征收管理法》及有关法律法规设置账簿，根据合法、有效凭证记账，进行核算，并应按照其实际履行的功能与承担的风险相匹配的原则，准确计算应纳税所得额，据实申报缴纳企业所得税。设立机构、场所的非居民企业在计算应纳税所得额时，收入、成本、费用、扣除的确定与居民企业的规定一致，即

应纳税所得额 = 收入总额 − 不征税收入 − 免税收入 − 各项扣除 − 允许弥补的以前年度亏损

（2）非居民企业所得税的核定征收。

非居民企业因会计账簿不健全，资料残缺难以查账，或者其他原因不能准确计算并据实申报其应纳税所得额的，税务机关有权采取以下方法核定其应纳税所得额：

一是按收入总额核定应纳税所得额：适用于能够正确核算收入或通过合理方法推定收入总额，但不能正确核算成本费用的非居民企业。计算公式为

应纳税所得额 = 收入总额 × 经税务机关核定的利润率

二是按成本费用核定应纳税所得额：适用于能够正确核算成本费用，但不能正确核算收入总额的非居民企业。计算为

应纳税所得额 = 成本费用总额 ÷（1 − 经税务机关核定的利润率）× 经税务机关核

定的利润率

三是按经费支出换算收入核定应纳税所得额：适用于能够正确核算经费支出总额，但不能正确核算收入总额和成本费用的非居民企业。计算公式为

应纳税所得额 = 本期经费支出额 ÷ （1 – 核定利润率） × 核定利润率

（3）税务机关可按照以下标准确定非居民企业的利润率：从事承包工程作业、设计和咨询劳务的，利润率为15% ~30%；从事管理服务的，利润率为30% ~50%；从事其他劳务或劳务以外经营活动的，利润率不低于15%。税务机关有根据认为非居民企业的实际利润率明显高于上述标准的，可以按照比上述标准更高的利润率核定其应纳税所得额。

应纳税额 = 应纳税所得额 × 适用税率 – 减免税额 – 抵免税额

非居民企业在中国境内设立机构、场所，取得发生在中国境外但与该机构、场所有实际联系的应税所得，已在境外缴纳的所得税额，可以从其当期应纳税额中抵免。抵免限额为该项所得依照企业所得税法及相关规定计算的应纳税额。超过抵免限额的部分，可以在以后五个纳税年度内，用每年抵免限额抵免当年应抵税额后的余额进行抵补。

（二）源泉扣缴非居民企业所得税管理

1. 源泉扣缴的相关规定

非居民在中国境内未设立机构、场所的，或者虽设立机构、场所但取得的所得与其所设机构、场所没有实际联系的，应当就来源于中国境内的所得缴纳企业所得税。根据《中华人民共和国企业所得税法》第三十七条和《中华人民共和国企业所得税法实施条例》第一百零四条，依照有关法律规定或者合同约定对非居民企业直接负有支付相关款项义务的单位或者个人为扣缴义务人，应依法履行税款扣缴义务。

2. 应纳税所得额的确定

（1）一般规定：根据《中华人民共和国企业所得税法》第十九条，非居民企业取得《中华人民共和国企业所得税法》第三条第三款规定的所得，按照下列方法计算其应纳税所得额：

股息、红利等权益性投资收益和利息、租金、特许权使用费所得，以收入全额为应纳税所得额；根据《中华人民共和国企业所得税法实施条例》第一百零三条，《中华人民共和国企业所得税法》第十九条所称收入全额，是指非居民企业向支付人收取的全部价款和价外费用。根据《财政部、国家税务总局关于非居民企业征收企业所得税有关问

题的通知》（财税〔2008〕130号），在对非居民企业取得《中华人民共和国企业所得税法》第三条第三款规定的所得计算征收企业所得税时，不得扣除上述条款规定以外的其他税费支出。

但是，根据《国家税务总局关于营业税改征增值税试点中非居民企业缴纳企业所得税有关问题的公告》（国家税务总局公告2013年第9号），营业税改征增值税试点中的非居民企业，取得《中华人民共和国企业所得税法》第三条第三款规定的所得，在计算缴纳企业所得税时，应以不含增值税的收入全额计算应纳税所得额。

转让财产所得，以收入全额减除财产净值后的余额为应纳税所得额；其他所得，参照前两项规定的方法计算应纳税所得额。

（2）包税情形的处理。

根据《国家税务总局关于非居民企业所得税源泉扣缴有关问题的公告》（国家税务总局2017年37号公告），扣缴义务人与非居民企业签订与《中华人民共和国企业所得税法》第三条第三款规定的所得有关的业务合同时，凡合同中约定由扣缴义务人实际承担应纳税款的，应将非居民企业取得的不含税所得换算为含税所得计算并解缴应扣税款。

含税所得 = 不含税所得 ÷（1 - 适用税率）

（3）外币折算。

根据《国家税务总局关于非居民企业所得税源泉扣缴有关问题的公告》（国家税务总局2017年37号公告）第四条，扣缴义务人支付或者到期应支付的款项以人民币以外的货币支付或计价的，分别按以下情形进行外币折算：

第一种情形：扣缴义务人扣缴企业所得税的，应当按照扣缴义务发生之日人民币汇率中间价折合成人民币，计算非居民企业应纳税所得额。扣缴义务发生之日为相关款项实际支付或者到期应支付之日。

第二种情形：取得收入的非居民企业在主管税务机关责令限期缴纳税款前自行申报缴纳应源泉扣缴税款的，应当按照填开税收缴款书之日前一日人民币汇率中间价折合成人民币，计算非居民企业应纳税所得额。

第三种情形：主管税务机关责令取得收入的非居民企业限期缴纳应源泉扣缴税款的，应当按照主管税务机关作出限期缴税决定之日前一日人民币汇率中间价折合成人民币，计算非居民企业应纳税所得额。

3. 应纳税额的计算

应纳税额 = 应纳税所得额 × 适用税率

4. 税率

（1）法定税率。

根据《中华人民共和国企业所得税法》第四条、第二十七条和《中华人民共和国企业所得税法实施条例》第九十一条，非居民企业取得企业《中华人民共和国所得税法》第三条第三款规定的所得适用税率为20%，减按10%的税率征收企业所得税。

（2）按税收协定规定的其他限制税率。

我国与部分国家（地区）签订的税收协定（安排）规定，对符合条件的非居民企业，取得《中华人民共和国企业所得税法》第三条第三款规定的部分所得，实行限制税率。

三、非居民个人和无住所个人纳税义务

（一）非居民个人的概念及相关规定

1. 非居民个人的定义

根据《中华人民共和国个人所得税法》第一条第二款，在中国境内无住所又不居住，或者无住所而一个纳税年度内在中国境内居住累计不满183天的个人，为非居民个人。非居民个人从中国境内取得的所得，依法缴纳个人所得税（表10－1）。

表10－1　居民纳税人与非居民纳税人的比较

纳税人类别	纳税义务	判定标准
居民纳税人	履行无限纳税义务，其境内所得和境外所得，均在中国境内缴纳个人所得税	在中国境内有住所，或者无住所而一个纳税年度内在中国境内居住累计满183天
非居民纳税人	履行有限纳税义务，仅就其来源于中国境内的所得，在中国境内缴纳个人所得税	在中国境内无住所又不居住，或者无住所而一个纳税年度内在中国境内居住累计不满183天

2. 住所

在对居民个人身份进行判断时，其是否在我国境内有住所是第一判断标准。

《中华人民共和国个人所得税法》所称在中国境内有住所，是指因户籍、家庭、经济利益关系而在中国境内习惯性居住。

习惯性居住是判定纳税人是居民个人还是非居民个人的一个法律意义上的标准，并不是指实际的居住地或者在某一个特定时期内的居住地。对于因学习、工作、探亲、旅游等原因而在境外居住，在这些原因消除后仍然回到中国境内居住的个人，则中国为该纳税人的习惯性居住地，即该个人属于在中国境内有住所。对于境外个人仅因学习、工作、探亲、旅游等原因而在中国境内居住，待上述原因消除后该境外个人仍然回到境外

居住的，其习惯性居住地不在境内，即使该境外个人在境内购买住房，也不会被认定为境内有住所的个人。

【例 10 -2】

美国人约翰先生，虽然在中国没有户籍，但在中国已经居住了近 8 年，娶了中国妻子并结婚生子，生育一对儿女，他们房产和基金投资也主要在中国境内。根据上述情况，可以判定该先生在中国境内有住所。

3. 非居民个人和无住所居民个人所得来源地的确定

（1）关于工资薪金所得来源地的规定。

个人取得归属于中国境内（以下简称境内）工作期间的工资薪金所得为来源于境内的工资薪金所得。

境内工作期间按照个人在境内工作天数计算，包括其在境内的实际工作日以及境内工作期间在境内、境外享受的公休假、个人休假、接受培训的天数。在境内、境外单位同时担任职务或者仅在境外单位任职的个人，在境内停留的当天不足 24 小时的，按照半天计算境内工作天数。

无住所个人在境内、境外单位同时担任职务或者仅在境外单位任职，且当期同时在境内、境外工作的，按照工资薪金所属境内、境外工作天数占当期公历天数的比例计算确定来源于境内、境外工资薪金所得的收入额。境外工作天数按照当期公历天数减去当期境内工作天数计算。

（2）关于数月奖金以及股权激励所得来源地的规定。

无住所个人取得的数月奖金或者股权激励所得按照上述（1）规定确定所得来源地的，无住所个人在境内履职或者执行职务时收到的数月奖金或者股权激励所得，归属于境外工作期间的部分，为来源于境外的工资薪金所得；无住所个人停止在境内履约或者执行职务离境后收到的数月奖金或者股权激励所得，对属于境内工作期间的部分，为来源于境内的工资薪金所得。

具体计算方法为：数月奖金或者股权激励乘以数月奖金或者股权激励所属工作期间境内工作天数与所属工作期间公历天数之比。

无住所个人一个月内取得的境内外数月奖金或者股权激励包含归属于不同期间的多笔所得的，应当先分别按照本公告规定计算不同归属期间来源于境内的所得，然后再加总计算当月来源于境内的数月奖金或者股权激励收入额。

这里所称数月奖金是指一次取得归属于数月的奖金、年终加薪、分红等工资薪金所得，不包括每月固定发放的奖金及一次性发放的数月工资。股权激励包括股票期权、股权期权、限制性股票、股票增值权、股权奖励以及其他因认购股票等有价证券而从雇主取得的折扣或者补贴。

（3）关于董事、监事及高层管理人员取得报酬所得来源地的规定。

对于担任境内居民企业的董事、监事及高层管理职务的个人（以下统称高管人员），无论是否在境内履行职务，取得由境内居民企业支付或者负担的董事费、监事费、工资薪金或者其他类似报酬（以下统称高管人员报酬，包含数月奖金和股权激励），属于来源于境内的所得。

高层管理职务包括企业正、副（总）经理、各职能总师、总监及其他类似公司管理层的职务。

（4）关于稿酬所得来源地的规定。

由境内企业、事业单位、其他组织支付或者负担的稿酬所得，为来源于境内的所得。

4. 关于无住所个人工资薪金所得收入额计算

（1）无住所个人（不含高管人员）取得工资薪金所得，境内所得和境外所得的划分。

《中华人民共和国个人所得税法实施条例》第三条第（一）项，因任职、受雇、履约等在境内提供劳务取得的所得属于来源于境内的所得。

《财政部 税务总局关于非居民个人和无住所居民个人有关个人所得税政策的公告》（财政部 税务总局公告2019年第35号，以下简称《公告》）规定，个人取得归属于境内工作期间的工资薪金所得为来源于境内的工资薪金所得。境内工作期间按照个人在境内工作天数计算，境外工作天数按照当期公历天数减去当期境内工作天数计算。无住所个人在境内、境外单位同时担任职务或者仅在境外单位任职，且当期同时在境内、境外工作的，按照工资薪金所属境内、境外工作天数占当期公历天数的比例，计算确定来源于境内、境外工资薪金所得的收入额。

《公告》规定，境内工作天数包括其在境内的实际工作日以及境内工作期间在境内、境外享受的公休假、个人休假、接受培训的天数。无住所个人未在境外单位任职的，无论其是否在境外停留，都不计算境外工作天数。

（2）高管人员取得报酬境内所得和境外所得的划分。

按照《中华人民共和国个人所得税法实施条例》，因任职、受雇、履约等在境内提供劳务取得的所得属于境内所得，但对担任董事、监事、高层管理职务的无住所个人（以下称高管人员），其境内所得判定的规则与一般无住所雇员不同。高管人员参与公司决策和监督管理，工作地点流动性较大，不宜简单按照工作地点划分境内和境外所得。《公告》规定，高管人员取得由境内居民企业支付或负担的报酬，不论其是否在境内履行职务，均属于来源于境内的所得，应在境内缴税。对高管人员取得不是由境内居民企业支付或者负担的报酬，仍需按照任职、受雇、履约地点划分境内、境外所得。

（3）无住所个人取得数月奖金、股权激励所得，境内所得和境外所得的划分。

数月奖金是指无住所个人一次取得归属于数月的奖金（包括全年奖金）、年终加薪、分红等工资薪金所得，不包括每月固定发放的奖金及一次性发放的数月工资。

股权激励包括股票期权、股权期权、限制性股票、股票增值权、股权奖励以及其他因认购股票等有价证券而从雇主取得的折扣或补贴。

数月奖金和股权激励属于工资薪金所得，无住所个人取得数月奖金、股权激励，均应按照工资薪金所得来源地判定规则划分境内和境外所得。《公告》针对数月奖金和股权激励的特殊情形，在工资薪金所得来源地判定规则基础上，进一步细化规定：

一是无住所个人在境内履职或者执行职务时，收到的数月奖金或者股权激励所得，如果是归属于境外工作期间的所得，仍为来源于境外的工资薪金所得。

二是无住所个人停止在境内履约或执行职务离境后，收到归属于其在境内工作期间的数月奖金或股权激励所得，仍为来源于境内的所得。

三是无住所个人一个月内从境内、境外单位取得多笔数月奖金或者股权激励所得，且数月奖金或者股权激励分别归属于不同期间的，应当按照每笔数月奖金或者股权激励的归属期间，分别计算每笔数月奖金或者股权激励的收入额后，然后再加总计算当月境内数月奖金或股权激励收入额。

但是，高管人员取得的数月奖金、股权激励，按照高管人员工资薪金所得的规则，划分境内、境外所得。

举例：A 先生为无住所个人，2020 年 1 月，A 先生同时取得 2019 年第四季度（公历天数 92 天）奖金和全年奖金。假设 A 先生取得季度奖金 20 万元，对应境内工作天数为 46 天；取得全年奖金 50 万元，对应境内工作天数为 73 天。两笔奖金分别由境内公司、境外公司各支付一半。（不考虑税收协定因素）

2020 年度，A 先生在中国境内居住天数不超过 90 天，为非居民个人，A 先生仅就境内支付的境内所得，计算在境内应计税的收入。A 先生当月取得数月奖金在境内应计税的收入额为：

$$20 \times \frac{1}{2} \times \frac{46}{92} + 50 \times \frac{1}{2} \times \frac{73}{365} = 10 \text{（万元）}$$

（4）无住所个人取得工资薪金所得，境内应计税的收入额计算。

根据所得来源地规则，无住所个人取得的工资薪金所得，可分为境内和境外工资薪金所得；在此基础上，根据支付地不同，境内工资薪金所得可进一步分为境内雇主支付或负担（以下简称境内支付）和境外雇主支付（以下简称境外支付）所得；境外工资薪金所得也可分为境内支付和境外支付的所得。综上，无住所个人工资薪金所得可以划分为境内支付的境内所得、境外支付的境内所得、境内支付的境外所得、境外支付的境外所得等四个部分。

无住所个人根据其在境内居住时间的长短，确定工资薪金所得纳税义务范围。例如，境内居住不超过90天的无住所个人取得的工资薪金所得，仅就境内支付的境内所得计算应纳税额；居住超过90天不满183天的无住所个人取得的工薪所得，应就全部境内所得（包括境内支付和境外支付）计算应纳税额。

无住所个人境内计税的工资薪金收入额的计算，具体分为以下四种情况；

情况一：无住所个人在境内居住不超过90天的，其取得由境内支付的境内工作期间工资薪金收入额为在境内应计税的工资薪金收入额。

情况二：无住所个人在境内居住时间累计超过90天不满183天的，其取得全部境内所得（包括境内支付和境外支付）为在境内应计税的工资薪金收入额。

情况三：无住所个人在境内居住累计满183天的年度连续不满六年的，符合《中华人民共和国个人所得税法实施条例》第四条规定优惠条件的，境外支付的境外所得不计入在境内应计税的工资薪金收入额，免予缴税；全部境内所得（包括境内支付和境外支付）和境内支付的境外所得为在境内应计税的工资薪金收入额。

情况四：无住所个人在境内居住累计满183天的年度连续满六年后，不符合《中华人民共和国个人所得税法实施条例》第四条规定优惠条件的，其从境内、境外取得的全部工资薪金所得均计入在境内应计税的工资薪金收入额。

对于无住所个人一个月内取得多笔对应不同归属工作期间的工资薪金所得的，应当按照每笔工资薪金所得的归属期间，分别计算每笔工资薪金在境内应计税的收入额，再加总计算为当月工资薪金收入额。

税收协定另有规定的，可以按照税收协定的规定办理。

（5）无住所个人为高管人员的，取得工资薪金所得在境内应计税的收入额计算。

《公告》规定，高管人员取得境内支付或负担的工资薪金所得，不论其是否在境内履行职务，均属于来源于境内的所得。高管人员为居民个人的，其工资薪金在境内应计税的收入额的计算方法与其他无住所居民个人一致；高管人员为非居民个人的，取得由境内居民企业支付或负担的工资薪金所得，其在境内应计税的工资薪金收入额的计算方法，与其他非居民个人不同，具体如下：

情况一：高管人员一个纳税年度在境内居住时间不超过90天的，将境内支付全部所得都计入境内计税的工资薪金收入额。

情况二：高管人员一个纳税年度在境内累计居住超过90天不满183天的，就其境内支付的全部所得以及境外支付的境内所得计入境内计税的工资薪金收入额。

税收协定另有规定的，可以按照税收协定的规定办理。

（6）无住所居民个人取得综合所得应纳税额的计算。

《公告》规定，无住所居民个人取得综合所得，年度终了后，应将年度工资薪金收入额、劳务报酬收入额、稿酬收入额、特许权使用费收入额汇总，计算缴纳个人所得税。需要办理汇算清缴的，依法办理汇算清缴。

无住所居民个人在计算综合所得收入额时，可以享受专项附加扣除。其中，无住所居民个人为外籍个人的，2022年1月1日前计算工资薪金收入额时，可以选择享受住房补贴、子女教育费、语言训练费等八项津补贴优惠政策，也可以选择享受专项附加扣除政策，但二者不可同时享受。

（7）非居民个人取得数月奖金或股权激励，个人所得税的计算。

《公告》规定，非居民个人取得数月奖金或股权激励，允许在6个月内分摊计算税额。非居民个人取得数月奖金的，应按照《公告》规定计算境内计税的工资薪金收入额，不与当月其他工资薪金收入合并，按6个月分摊，不减除费用，适用月度税率表计算应纳税额。分摊计税方法，每个非居民个人每一纳税年度只能使用一次。

非居民个人取得股权激励的，应按照《公告》规定计算境内计税的工资薪金收入额，不与当月其他工资薪金收入合并，按6个月分摊，不减除费用，适用月度税率表计算应纳税额。非居民个人在一个纳税年度内取得多笔股权激励所得的，应当合并计算纳税。

无住所居民个人取得全年一次性奖金或股权激励所得的，按照《财政部 税务总局关于个人所得税法修改后有关优惠政策衔接问题的通知》（财税〔2018〕164号）的有关规定执行。

【例10－3】 B先生为无住所个人，2020年在境内居住天数不满90天，2020年1月，B先生取得境内支付的股权激励所得40万元，其中归属于境内工作期间的所得为12万元，

2020年5月，取得境内支付的股权激励所得70万元，其中归属于境内工作期间的所得为18万元，计算B先生在境内股权激励所得的纳税情况。（不考虑税收协定因素）

2020年1月，B先生应纳税额 = [（120 000 ÷ 6） × 20% − 1410] × 6 = 15 540（元）。

2020年5月，B先生应纳税额 = {[（120 000 + 180 000） ÷ 6] × 30% − 4 410} × 6 − 15 540 = 48 000（元）。

（8）无住所个人税收协定待遇的享受。

《公告》规定，无住所个人按照税收协定（包括内地与香港、澳门签订的税收安排）居民条款为缔约对方税收居民（以下简称对方税收居民）的，即使其按照税法规定为中国税收居民，也可以按照税收协定的规定，选择享受税收协定条款的优惠待遇。主要优惠待遇包括：

一是境外受雇所得协定待遇。根据税收协定中受雇所得条款，对方税收居民个人在境外从事受雇活动取得的受雇所得，可不缴纳个人所得税，仅将境内所得计入境内计税的工资薪金收入额，计算缴纳个人所得税。

二是境内受雇所得协定待遇。根据税收协定中受雇所得条款，对方税收居民个人在税收协定规定的期间内境内停留天数不超过183天的，从事受雇活动取得受雇所得，只将境内支付的境内所得计入境内计税的工资薪金收入额，计算缴纳个人所得税。

三是独立个人劳务或者营业利润协定待遇。根据税收协定中独立个人劳务或者营业利润条款，对方税收居民取得独立个人劳务所得或者营业利润，符合税收协定规定条件的，可不缴纳个人所得税。

四是董事费条款规定。对方税收居民为高管人员，取得的董事费、监事费、工资薪金及其他类似报酬，应优先适用税收协定董事费条款相关规定。如果对方税收居民不适用董事费条款的，应按照税收协定中受雇所得（非独立个人劳务）、独立个人劳务或营业利润条款的规定处理。

五是特许权使用费或者技术服务费协定待遇。根据税收协定中特许权使用费条款或者技术服务费条款，对方税收居民取得特许权使用费或技术服务费，应按不超过税收协定规定的计税所得额和征税比例计算纳税。《公告》规定，无住所居民个人在根据税收协定的居民条款被判定为对方税收居民，并选择享受协定待遇时，可按照税收协定规定的计税所得额和征税比例单独计算应纳税额，不并入综合所得计算纳税。

按照国内税法判定为居民个人的，可以在预扣预缴和汇算清缴时按规定享受协定待遇，按照国内税法判定为非居民个人的，可以在取得所得时享受协定待遇。

（9）年度首次申报时，无住所个人居民个人还是非居民个人的判定。

年度首次申报时，无住所个人在境内的实际居住天数不满183天，暂时无法确定其为居民个人还是非居民个人。为降低纳税人的税收遵从成本，《公告》赋予无住所个人预先选择税收居民身份的权利。具体是，无住所个人在一个纳税年度内首次申报时，应当根据合同约定等情况自行判定是居民个人或非居民个人，并按照有关规定进行申报。当预计情况与实际情况不符的，无住所个人再按照《公告》规定进行调整。

（10）无住所个人在境内任职，取得由境外单位支付的工资薪金所得，境内雇主应履行的义务。

无住所个人在境内任职、受雇取得的工资薪金所得，有的是由其境内雇主的境外关联方支付的。在此情况下，尽管境内雇主不是工资薪金的直接支付方，为便于纳税遵从，根据《公告》的有关规定，无住所个人可以选择在一个纳税年度内自行申报缴纳税款，或者委托境内雇主代为缴纳税款。对于无住所个人未委托境内雇主代为缴纳税款的，境内雇主负有报告义务，应当在相关所得支付当月终了后15日内向主管税务机关报告相关信息。

无住所个人选择委托境内雇主代为缴纳税款的，境内雇主应当比照《个人所得税扣缴申报管理办法（试行）》（国家税务总局公告2018年第61号）第六条和第九条有关规定计算应纳税款，填写《个人所得税扣缴申报表》，并于相关所得支付当月终了后15日内向主管税务机关办理纳税申报。无住所个人选择自行申报缴纳税款的，应当比照《个人所得税扣缴申报管理办法（试行）》（国家税务总局公告2018年第61号）第九条有关规定计算应纳税款，填写《个人所得税自行纳税申报表（A表）》，并于取得相关所得当月终了后15日内向其境内雇主的主管税务机关办理自行纳税申报。

（二）纳税义务的确定

在中国境内无住所的个人，在一个纳税年度内在中国境内居住累计不超过90天的，其来源于中国境内的所得，由境外雇主支付并且不由该雇主在中国境内的机构、场所负担的部分，免予缴纳个人所得税。

在中国境内无住所的个人，在中国境内居住累计满183天的年度连续不满六年的，经向主管税务机关备案，其来源于中国境外且由境外单位或者个人支付的所得，免予缴纳个人所得税；在中国境内居住累计满183天的任一年度中有一次离境超过30天的，其在中国境内居住累计满183天的年度的连续年限重新起算（见表10－2）。

表 10－2　无住所非居民个人（非高管人员）相关纳税义务

境内居住时间	境内所得		境外所得	
	境内支付或负担	境外支付且不由境内负担	境内支付	境外支付
连续或累计不超过 90 天	征税	免税	不征税	不征税
累计超过 90 天但不满 183 天	征税	征税	不征税	不征税

【例 10－4】在我国无住所个人王先生 2020 年度取得的所得共 45 万元，具体构成如下：

（1）境内 A 公司支付工资薪金所得 8 万元；

（2）日本 B 公司支付且不由中国境内公司负担的所得 10 万元；

（3）来自加拿大由境内 C 公司支付的所得 12 万元；

（4）来自新加坡由新加坡 D 公司支付的所得 15 万元。

分析：

假设王先生在中国境内居住天数不满 90 天，那么他仅需对境内 A 公司支付境内所得 8 万元缴纳个人所得税；

假设王先生在中国境内居住天数超过 90 天，但不满 183 天，王先生作为非居民个人，需对境内所得 18 万元在我国缴纳个人所得税。

第三节　反避税及 BEPS 行动计划

一、国际避税及基本方法

（一）国际避税的概念及产生原因

1. 国际避税的概念

国际避税是指纳税人利用两个或两个以上国家的税法和国家间的税收协定的漏洞、特例和缺陷，规避或减轻其全球总纳税义务的行为。

2. 国际避税产生的原因

从内部因素来看，来看纳税人想尽各种方法尽可能减轻税收负担的主观动机。

从外部因素来看，国际避税主要是国家间的税收政策差异所造成的。具体包括：

（1）课税范围和征收方式上的差异。

（2）税率的差异。

（3）税基的差异。

（4）避免双重征税方法的差异。

（5）税收实际征管水平的差异。

（6）非税收方面的因素。

（二）国际避税的基本方法

在国际经济活动中，跨国纳税人利用各国税收差异进行避税的手法多种多样，常采用的避税方法有：

采取人员的流动避税，如转移住所；税收流亡；通过资金、货物或劳务流动避税；利用企业组织形式避税；利用税收优惠避税；资本弱化；利用转让定价避税；利用避税地避税等。

二、国际反避税及基本方法

（一）国际反避税的概念

国际反避税是指一些国家在国际税务关系中对某些避税地活动所采取的强硬措施。重点是运用法律手段，在立法和执法上下功夫，如制订一系列一般性的和特殊性的条款进行反避税活动；扩大和加强政府间的联系，共同对付各种避税及国际偷税漏税活动；寻求在更大国际范围内进行反避税的多边合作。

（二）国际反避税的基本方法

世界各国在长期的反避税斗争中逐渐形成一整套对付避税行为的法律和措施。随着国际税务关系的发展，世界各国都在不断深化国家间的税收合作，加强国际税收情报交换，从而使国际反避税工作收到良好效果。反避税的方法主要包括：

（1）转让定价税务管理。目前，各国对跨国关联企业间不合理转让定价进行审核和调整的方法主要有四种，即可比非受控价格法、再销售价格法、成本加成法及其他合理方法。前三种方法称传统交易法或价格法。其他合理方法也称利润法，主要包括两种类型：一类是以交易为基础的利润法，如利润分割法和交易净利润法；另一类是以企业年度所有交易形成的总利润为基础的利润法。

（2）对付“避税地”的法规：受控外国公司法规（CFC）。

（3）防止滥用税收协定。

（4）限制资本弱化的法规。

（5）限制避税性移居。

（6）限制利用改变公司组织形式避税。

三、国际反避税最新举措——税基侵蚀和利润转移行动计划

税基侵蚀和利润转移（BEPS）行动计划是由 G20 领导人背书并委托经济合作与发展组织（Organization for Economic Co-operation and Development，以下简称 OECD）推动的一项一揽子税收改革项目，旨在通过协调各国税制，修订税收协定和转让定价国际规则，提高税收透明度和确定性，以应对跨国企业税基侵蚀和利润转移给各国政府财政收入和国际税收公平秩序带来的挑战。

2013 年 2 月，OECD 发布了题为“应对税基侵蚀和利润转移”的报告，首次完整地阐述了税基侵蚀和利润转移的国际现状，明确指出某些跨国公司的避税行为已经造成全球商业竞争环境的严重不公平，会对世界经济的发展带来长期和致命的危害。BEPS 一揽子行动计划含有 15 个项目，除数字经济（第一项行动）涉及增值税问题外，其余主要针对所得税，基本涵盖了所得税国际方面的全部内容。通过转让定价和滥用税收协定等形式转移利润是税基侵蚀的主要形式，也是该行动计划的主要针对对象，其中的 11 项行动计划都与此有关。BEPS 行动计划根据其性质和特点分为 5 大类（表 10 - 3）。

表 10 - 3　BEPS 行动计划分类表

序号	类别	行动计划
1	应对数字经济带来的挑战	数字经济
2	协调各国企业所得税税制	混合错配、受控外国公司规则、利息扣除、有害税收实践
3	重塑现行税收协定和转让定价国际规则	税收协定滥用、常设机构、无形资产、风险和资本、其他高风险交易
4	提高税收透明度和确定性	数据分析统计、强制披露原则、转让定价、同期资料、争端解决
5	开发多边工具促进行动计划实施	多边工具

BEPS 报告根据约束性强弱分为“最低标准”“共同方法”和“最佳实践”三大类。其中，“最低标准”约束性最强，将纳入监督执行机制，共有 4 项：防止税收协定滥用、防止有害税收竞争、转让定价国别报告和争端解决。“共同方法”是未来可能发展为最低标准的规则，但目前统一监督执行时机尚不成熟，如混合错配、利息扣除等。“最佳实践”则是推荐使用的，约束性相对低一些的规则，如受控外国公司制度等。还有一些

报告没有明确属于哪一类，如数据统计等。不管属于哪一类，这些报告并非法律文件，不具备法律约束力。

第四节　国际税收协定

国际税收协定一般是指国与国之间签订的避免对所得和资本双重征税和防止偷逃税的协定，有的国家也称为税收条约。无论协定或条约，都是对签字国有约束力的法律文件，属于国际税法范畴。

我国国际税收协定谈签工作始于1981年，于1983年9月签署首个税收协定，即中日税收协定。截至2021年3月底，我国已签署107个避免双重征税协定，其中101个协定生效。同时与中国香港、中国澳门两个特别行政区签署了税收安排，与中国台湾地区签署了税收协议。此外，我国还与10个国家和地区签署了税收情报交换协定。我国与其他国家和地区签署的海运、航空协定中也包括了一些税收条款。

一、国际税收协定基础理论

（一）国际税收协定的必要性

国际税收协定可以弥补国内税法单边解决国际重复征税问题存在的缺陷。

在解决国际重复征税问题时，纳税人的居住国和所得来源国之间征税权的矛盾非常突出。解决这一矛盾，必须由居住国和来源国通过协商，这就要求两国达成一定的税收协定，并通过具有法律效力的书面文件对双方的征税权进行约束。

国际偷逃税问题并不局限于某个国家，它对各国的税收利益都可能带来损害，因此国与国之间有必要在反偷逃税问题上相互配合。而国与国之间只有达成一定的税收协定，并在协定中规定相互之间交换税收情报的义务，防止跨国偷逃税的国际合作才有法律保障。

（二）国际税收协定及其范本的产生

世界上有广泛影响力的国际税收协定范本，是在20世纪60年代以后相继产生的《经济合作与发展组织关于避免所得和财产双重征税的协定范本》（以下简称OECD范本）和《联合国关于发达国家与发展中国家避免双重征税的协定范本》（以下简称UN范本）。

2017年11月21日，经济合作与发展组织（OECD）理事会批准了《2014年OECD

税收协定范本》的2017年更新内容，从而批准了新的税收协定范本。截至当前，OECD协定范本已经历了10次修改。2017年的更新内容主要是将OECD/G20税基侵蚀和利润转移项目发展出来的变动加入OECD税收协定范本中。

（三）国际税收协定的法律地位

无论是OECD范本还是UN范本，它们对各国都不具有法律约束力。国际税收协定是建立在缔约国国内税税法基础之上的，先有国内税法，然后才有国际税收协定。

但国际税收协定与国内税法在具体内容上并不完全一致，两者有时会出现一些矛盾。从目前大多数国家的规定来看，当国际税收协定与国内税法不一致时，国际税收协定处于优先执行的地位。

（四）开发多边工具以修改双边税收协定

随着经济全球化的发展，择协避税对税基侵蚀和利润转移也起到了推波助澜的作用。到目前为止，全球已经有4 000多个双边税收协定，如果国际社会逐个修订双边税收协定的内容和条款，使它们趋于一致，相应的工作量和难度不可想象。鉴于此，经合组织财政事务委员会在应对BEPS的第15个行动计划专门提出了运用多边工具来修订双边税收协定，我国已经签订《BEPS多边公约》，但尚未生效。

二、国际税收协定条款

目前，各国缔结的避免双重征税协定，主要参照OECD范本和UN范本，两个协定范本按其内容进行划分，均有七章。第一章是协定的范围，包括人的范围和税种的范围；第二章是定义条款，列出了税收协定中一些重要定义；第三章是对所得的征税，主要是运用冲突规范对发生在缔约国双方的各类所得划分税收管辖权，以避免纳税人对同一所得的重复征税；第四章是对财产的征税；第五章是消除双重征税的方法；第六章是特别规定条款，主要是非歧视待遇、相互协商程序、信息交换、税收征收协助等条款；第七章是特殊规定，主要是关于协定生效与终止的条款。

（一）国际税收协定适用的范围

国际税收协定适用的范围包括人的范围、税种范围、空间范围和时间范围。

1. 人的范围

国际税收协定适用于缔约国一方或者同时为双方居民的人；早期的税收协定有的适用于缔约国双方的公民，有的适用于缔约国各方的纳税人。在这两个协定中关于居民的范围，在协定第四条中有明确规定。

2. 税种的范围

两个税收协定范本均规定协定仅适用于对所得和财产征收的各种直接税。但由于各国这些相关税种的名称和实质上有很大的差异，所以协定范本采用一般定义与特殊说明相结合的办法来列举税种的范围。

（二）国际税收协定的相关定义

国际税收协定中所使用的专用术语，在 OECD 范本中主要用三种方法进行定义。第一种是在 OECD 范本第三条一般定义中解释；第二种是用独立的条款来解释；第三种是在所属条款中解释，如利息、股息和特许权使用费。

1. 一般定义

OECD 范本第三条定义了该协定范本反复出现的一些术语。对于 OECD 范本中没有明确定义的术语，OECD 范本第三条第二款指出：缔约国一方在实施本协定的任何时候，对于未经本协定明确定义的用语，除上下文另有要求或双方主管当局根据第二十五条的规定同意不同含义的情况外，应当具有协定实施时该国适用于本 OECD 范本的税种的法律所规定的含义，此用语在该国有效适用税法上的含义优先于在该国其他法律上的含义。

2. 居民

居民是税收协定中的一个核心概念，一方面确定了协定的适用范围；另一方面要用来解决因双重居民身份而引起的双重征税问题。OECD 范本和 UN 范本第四条对居民概念的内涵和外延都进行了明确规定。

如：“缔约国一方居民”一语是指按照该缔约国法律，由于住所、居所、成立地、实际管理机构所在地或者其他类似的标准，在该缔约国负有纳税义务的人，并且包括该缔约国及其行政区或地方当局。但是，这一用语不包括仅因来源于该缔约国的所得或位于该缔约国的财产而在该缔约国负有纳税义务的人。

OECD 范本第四条第二款规定了自然人纳税人同时为双方居民的情况下，纳税人居民身份的确定问题。同时为缔约国双方居民的个人，其身份应按以下规则确定：①应认为仅是其永久性住所所在国的居民；如果在缔约国双方同时有永久性住所，应认为仅是与其个人和经济关系更密切（重要利益中心）的缔约国的居民；②如果其重要利益中心所在国无法确定，或者在缔约国任何一方都没有永久性住所，应认为仅是其习惯性居处所在国家的居民；③如果其在缔约国双方都有或者都没有习惯性居处，应认为仅是其国籍所属国家的居民；④如果发生双重国籍问题，或者其不是缔约国任何一方的国民，缔约国双方主管当局应通过协商解决。

OECD 范本第四条第三款规定了除个人以外的人同时为缔约国双方居民时，如何判定该纳税人的居民身份问题。缔约国双方主管当局应考虑其实际管理机构所在地、注册地或成立地以及任何其他相关因素，努力通过相互协商确定其在适用该协定时的居民身份。如未能达成一致，则该人不得享受本协定规定的任何税收减免优惠，但缔约国双方主管当局就其享受协定待遇的程度和方式达成一致意见的情况除外。

3. 常设机构

常设机构是国际税收领域的一个核心概念，此概念主要用于确定缔约国一方（来源国）对缔约国另一方（居民国）所得的征税权。OECD 范本第七条规定，缔约国一方企业如果通过该企业设在缔约国另一方的常设机构进行营业，其利润可以在另一国征税，当然，如果一缔约国企业不在另一缔约国设立常设机构，另一国就不能对该缔约国企业取得的经营利润征税。

OECD 范本规定了三种类型的常设机构，即实体型常设机构、建筑性常设机构、代理型常设机构。

常设机构一语是指企业进行全部或部分营业的固定场所。

（1）常设机构具体包括：①管理场所。②分支机构。③办事处。④工厂。⑤作业场所。⑥矿场、油井或气井、采石场或者其他开采自然资源的场所。

常设机构还包括：

①建筑工地、建筑或安装工程，但仅以该工地或工程持续超过 6 个月的为限。②企业通过雇员或雇佣的其他人员提供劳务，包括咨询劳务，但仅以该性质的活动（为同一项目或相关联的项目）在缔约国一方有关纳税年度开始或结束的任何 12 个月内连续或累计超过 183 天的为限。

（2）常设机构不包括：

①专为储存、陈列或者交付本企业货物或者商品的目的而使用的设施。②专为储存、陈列或者交付的目的而保存本企业货物或者商品的库存。③专为由另一企业加工的目的而保存本企业货物或者商品的库存。④专为本企业采购货物或者商品，或者搜集信息的目的所设的固定营业场所。⑤专为本企业进行任何其他活动的目的所设的固定营业场所。⑥专为本款第①项至第⑤项活动的任意结合所设的固定营业场所。

前提是上述活动，或在本款第⑥项的情况下，通过固定营业场所开展的整体活动，属于准备性质或辅助性质。

如果一人在缔约国一方代表一家企业从事活动，经常订立合同，或对于按惯例订立的合同，经常在合同订立过程中发挥主要作用，该企业不对合同进行实质性修改，且该合同：

（1）以该企业的名义订立。

（2）涉及该企业拥有或有权使用的财产的所有权的转让，或使用权的授予。

（3）规定由该企业提供服务，对于该人为该企业从事的任何活动，应认为该企业在该缔约国一方设有常设机构，除非该人通过固定营业场所进行的活动限于协定第四款所述情形，按照该款规定，不应认为该固定营业场所构成常设机构。

如果一人作为独立代理人，在缔约国一方代表缔约国另一方的企业从事活动，且代理行为是其常规经营的一部分，则不应适用第五款规定。然而，如果一人专门或者几乎专门代表一家或多家与其紧密关联的企业从事活动，则不应认为该人是上述任何一家企业在本款意义上的独立代理人。

缔约国一方居民公司控制或被控制于缔约国另一方居民公司或者在该缔约国另一方进行营业的公司（不论是否通过常设机构），仅凭此项事实不能使任何一方公司构成另一方公司的常设机构。

如果基于所有相关事实和情况，认定某人（或某企业）与另一家企业中的一方控制另一方，或双方被相同的人或企业控制，则应认为上述两方紧密关联。在任何情况下，如果一方直接或间接拥有另一方超过50%的受益权（或者在公司的情况下，超过50%的表决权和股份或受益权的价值），或者第三方（人或企业）直接或间接拥有上述两方超过50%的受益权（或者在公司的情况下，超过50%的表决权和股份或受益权的价值），则应认为上述两方紧密关联。

（三）国际税收协定的冲突规范

国际税收协定中涉及的所得主要有四种形态，即经营所得、投资所得、劳务所得和财产所得。这些所得都是课税客体，但是当某一客体涉及两个国家时，判断究竟应由哪国行使征税权力，就需要运用冲突规范，合理划分两个国家之间的税收管辖权。OECD范本对各类所得都划分了征税权，规定了不同的征税原则。

1. 不动产所得

OECD范本对不动产所得征税权的划分做如下规定：缔约国一方居民从位于缔约国另一方的不动产取得的所得（包括农业或林业所得），可以在该缔约国另一方征税。即所得来源国的征税权优先于财产所有人居住国的征税权。

“不动产”一语应当具有财产所在地的缔约国的法律所规定的含义。不动产包括附属于不动产的财产，农业和林业所使用的牲畜和设备，有关地产的一般法律规定所适用的权利，不动产的用益权以及由于开采或有权开采矿藏、水源和其他自然资源取得的不固定或固定收入的权利。船舶和飞机不应视为不动产。

不动产所得通常有两种形式：一是直接使用不动产的所得；二是以出租或者以任何其他形式使用不动产取得的所得。

2. 营业利润

OECD 范本规定，缔约国一方企业的利润应仅在该缔约国征税，但该企业通过设在缔约国另一方的常设机构在缔约国另一方进行营业的除外。如果该企业通过设在缔约国另一方的常设机构在缔约国另一方进行营业，则其利润可以在缔约国另一方征税，但应仅以归属于该常设机构的利润为限。这实际上是对通过常设机构取得的经营利润实行来源国优先征税的原则。

同时，OECD 范本还要求所得来源国对常设机构的利润征税要遵循公平交易原则。即：缔约国一方企业通过设在缔约国另一方的常设机构在缔约国另一方进行营业，应将该常设机构视同在相同或类似情况下从事相同或类似活动的独立分设企业，并同该常设机构所隶属的企业完全独立处理，该常设机构可能得到的利润在缔约国各方应归属于该常设机构。

OECD 范本对国际运输这个特殊行业的营业利润征税权做了单独规定。如：OECD 范本规定，缔约国一方企业以船舶或飞机经营国际运输取得的利润，应仅在该缔约国征税。即承认国际运输企业的居住国对国际运输利润独占征税权。

3. 投资所得

投资所得是指消极投资所得，包括股息、利息、特许权使用费。OECD 范本对这三类投资所得的征税权进行了如下划分：

一是 OECD 范本对投资所得征税的总原则是税收分享原则。即缔约国双方对其都有征税权，它既可以在投资者的居住国征税，也可以在所得来源国征税，但投资者的居住国要承认所得来源国有优先征税权，所得来源国也要根据协定适当降低对投资所得征收的预提所得税税率。

二是 OECD 范本还规定适用于来源国预提税的投资所得，是指居住国企业在来源国没有设立常设机构或固定基地而取得的所得，或虽然有常设机构或固定基地，但这些所得与之没有实际联系。

（1）股息。

“股息”一语是指从股份或者非债权关系分享利润的其他权利取得的所得，以及按照分配利润的公司是其居民的缔约国法律，视同股份所得同样征税的其他公司权利取得的所得。

缔约国一方居民公司支付给缔约国另一方居民的股息，可以在该缔约国另一方征税。

股息条款中，提出了“受益所有人”这一重要概念。如：OECD 范本规定，在受益所有人是公司，并在包括支付股息日在内的 365 天期间（在计算 365 天期间时，不应考虑由持股公司或支付股息公司企业重组，如合并重组或分立重组等直接导致的持股情况变化）均直接拥有支付股息的公司至少 25% 资本的情况下，不应超过股息总额的 10%；或在其他情况下，不应超过股息总额的 15%。

OECD 范本还规范了股息与常设机构的关系。如果股息受益所有人作为缔约国一方居民，在支付股息的公司是其居民的缔约国另一方，通过设在缔约国另一方的常设机构进行营业或者通过设在缔约国另一方的固定基地从事独立个人劳务，据以支付股息的股份与该常设机构或固定基地有实际联系的，在这种情况下，应视具体情况适用营业利润或独立个人劳务的规定。

（2）利息。

“利息”一语是指从各种债权取得的所得，不论其有无抵押担保或是否有权分享债务人的利润，特别是从公债、债券或者信用债券取得的所得，包括该公债、债券或信用债券所附溢价和奖金。由于延期支付而产生的罚款不应视为 OECD 范本条所规定的利息。

发生于缔约国一方而支付给缔约国另一方居民的利息，可以在该缔约国另一方征税。

在各国所签税收协定中，为了降低政府机构间借贷利息的成本，一般利息条款中都规定了政府拥有的银行之间的借款利息免税。

（3）特许权使用费。

“特许权使用费”一语是指为使用或有权使用新闻，任何文学、艺术或科学著作（包括电影影片、或无线电或电视广播使用的胶片、磁带）的版权，任何专利、商标、设计或模型、图纸、秘密配方或程序，为使用或有权使用工业、商业或科学设备，或为有关工业、商业、科学经验的信息所支付的作为报酬的各种款项，包括因提供技术支持而支付的款项。

发生于缔约国一方而支付给缔约国另一方居民的特许权使用费，可以在该缔约国另一方征税。

（4）财产收益。

OECD 范本第十三条划分财产收益的税收管辖权，主要解决纳税人的财产转让所得如何纳税的问题。财产收益条款相对较为复杂，既涉及不动产与动产，又涉及股权转让等所得，且不同类型的财产转让所得所适用的原则并不相同。

关于转让不动产取得的收益，OECD 范本规定，缔约国一方居民转让位于缔约国另一方的不动产取得的收益，可以在该缔约国另一方征税，征税权属于不动产所在国。

关于转让常设机构或固定基地的动产取得的收益，OECD 范本规定，转让缔约国一方企业在缔约国另一方的常设机构营业财产部分的动产或者缔约国一方居民在缔约国另一方从事独立个人劳务的固定基地的动产取得的收益，包括转让常设机构（单独或者随同整个企业）或者固定基地取得的收益，可以在该缔约国另一方征税。征税权在常设机构或固定基地所在国。

关于转让从事国际运输的船舶或飞机，或转让属于经营上述船舶、飞机的动产取得的收益，OECD 范本规定，以船舶或飞机从事国际运输的缔约国一方企业转让上述船舶或飞机，或者转让与上述船舶或飞机运营相关的动产取得的收益，应仅在该缔约国一方征税，征税权在企业的实际管理地。

关于转让主要资产是不动产的企业的股份的收益，OECD 范本规定，缔约国一方居民转让股份或类似权益（比如合伙企业或信托中的权益）取得的收益，如果转让前 365 天内的任一时间，该股份或类似权益超过 50% 的价值直接或间接来自位于缔约国另一方的不动产，则该收益可以在该缔约国另一方征税。征税权在不动产所在国，这一条款的规定主要是防止企业通过转让股权而间接转让不动产，规避在不动产所在国的纳税义务。

关于转让一般企业股份的收益，OECD 范本规定，缔约国一方居民转让代表缔约国另一方公司资本的股份取得的收益，可以在缔约国另一方征税，但是：

如果转让人在转让前 365 天内的任一时间直接或间接持有该公司至少 25% 资本，则所征税款不应超过收益的 10%；其他情况下，所征税款不应超过收益的 15%。此种情形下，征税权在被转让企业的居民国。

除上述财产以外的其他财产取得的收益，应仅在转让者为其居民的缔约国一方征税。

(5) 劳务所得和其他个人所得。

两个协定范本中有近三分之一的条款与划分缔约国双方各自对劳务所得和其他个人所得的征税权有关。协定所涉及的劳务所得和其他个人所得包括独立个人劳务所得、非独立个人劳务所得、董事费、艺术家和运动员所得、退休金、政府职员所得、教师和研究人员所得、大学生和实习生所得等。我国签订的税收协定中一般都有这些规定。

①独立个人劳务。OECD 范本规定，缔约国一方居民由于专业性劳务或者其他独立性活动取得的所得，应仅在该缔约国征税。“专业性劳务”一语特别包括独立的科学、文学、艺术、教育或教学活动，以及医师、律师、工程师、建筑师、牙医师和会计师的独立活动。但具有以下情况之一的，可以在缔约国另一方征税：

一是在缔约国另一方为从事上述活动设有经常使用的固定基地。在这种情况下，该缔约国另一方可以仅对属于该固定基地的所得征税；

二是在有关财政年度中在缔约国另一方停留连续或累计达到或超过 183 天。在这种情况下，该缔约国另一方可以仅对在该缔约国进行活动取得的所得征税。

②受雇所得（非独立个人劳务）。OECD 范本规定，缔约国一方居民因受雇取得的薪金、工资和其他类似报酬除在缔约国另一方从事受雇的活动以外，应仅在该缔约国一方征税。在该缔约国另一方从事受雇的活动取得的报酬，可以在该缔约国另一方征税。

缔约国一方居民因在缔约国另一方从事受雇的活动取得的报酬，同时具有以下三个条件的，应仅在该缔约国一方征税，即居住国征税：

一是收款人在有关财政年度中在该缔约国另一方停留连续或累计不超过 183 天；

二是该项报酬由并非该缔约国另一方居民的雇主支付或代表该雇主支付；

三是该项报酬不是由雇主设在该缔约国另一方的常设机构或固定基地所负担。

另外，虽有上述规定，在缔约国一方企业经营国际运输的船舶或飞机上从事受雇的活动取得的报酬，应仅在该缔约国征税。

③董事费。OECD 范本规定，缔约国一方居民作为缔约国另一方居民公司的董事会成员取得的董事费和其他类似款项，可以在该缔约国另一方征税。此条款体现了收入来源国的优先征税原则。我国签订的部分税收协定中还规定，董事费条款也适用于高层管理人员取得的薪金、工资和其他类似报酬，即：缔约国一方居民由于担任缔约国另一方居民公司高级管理职务取得的薪金、工资或其他类似报酬，可以在缔约国另一方征税。

我国《财政部 国家税务总局关于非居民个人和无住所居民个人有关个人所得税政策的公告》（财政部 税务总局公告2019年第35号）规定，对于担任境内居民企业的董事、监事及高层管理职务的个人（以下统称高管人员），无论是否在境内履行职务，取得由境内居民企业支付或者负担的董事费、监事费、工资薪金或者其他类似报酬，属于来源于境内的所得。其中：高层管理职务包括企业正、副（总）经理、各职能总师、总监及其他类似公司管理层的职务。

④艺术家和运动员。OECD范本规定，缔约国一方居民，作为表演家，如戏剧、电影、广播或电视艺术家、音乐家或作为运动员，在缔约国另一方从事其个人活动取得的所得，可以在该缔约国另一方征税，即原则上由来源国行使征税权。

表演家或运动员从事其个人活动取得的所得，并非归属表演家或运动员本人，而是归属于其他人，可以在该表演家或运动员从事其活动的缔约国征税。

作为缔约国一方居民的表演家或运动员在缔约国另一方按照缔约国双方政府的文化交流计划进行活动取得的所得，在该缔约国另一方应予免税。

《国家税务总局关于税收协定执行若干问题的公告》（国家税务总局公告2018年第11号）规定，演艺人员和运动员条款与《中·新加坡共和国税收协定和协定书》（以下简称"《中新税收协定》"）第十七条（艺术家和运动员）规定内容一致的，按照以下原则执行：

一是演艺人员活动包括演艺人员从事的舞台、影视、音乐等各种艺术形式的活动；以演艺人员身份开展的其他个人活动（例如演艺人员开展的电影宣传活动，演艺人员或运动员参加广告拍摄、企业年会、企业剪彩等活动）；具有娱乐性质的涉及政治、社会、宗教或慈善事业的活动。演艺人员活动不包括会议发言，以及以随行行政、后勤人员（例如摄影师、制片人、导演、舞蹈设计人员、技术人员以及流动演出团组的运送人员等）身份开展的活动。在商业活动中进行具有演出性质的演讲不属于会议发言。

二是运动员活动包括参加赛跑、跳高、游泳等传统体育项目的活动；参加高尔夫球、赛马、足球、板球、网球、赛车等运动项目的活动；参加台球、象棋、桥牌比赛、电子竞技等具有娱乐性质的赛事的活动。

三是以演艺人员或运动员身份开展个人活动取得的所得包括开展演出活动取得的所得（例如出场费），以及与开展演出活动有直接或间接联系的所得（例如广告费）。对于从演出活动音像制品出售产生的所得中分配给演艺人员或运动员的所得，以及与演艺人员或运动员有关的涉及版权的所得，按照《中新税收协定》第十二条（特许权使用费）

的规定处理。

四是在演艺人员或运动员直接或间接取得所得的情况下，依据《中新税收协定》第十七条第一款规定，演出活动发生的缔约国一方可以根据其国内法，对演艺人员或运动员取得的所得征税，不受《中新税收协定》第十四条（独立个人劳务）和第十五条（非独立个人劳务）规定的限制。

五是在演出活动产生的所得全部或部分由其他人（包括个人、公司和其他团体）收取的情况下，如果依据演出活动发生的缔约国一方国内法规定，由其他人收取的所得应被视为由演艺人员或运动员取得，则依据《中新税收协定》第十七条第一款规定，演出活动发生的缔约国一方可以根据其国内法，向演艺人员或运动员就演出活动产生的所得征税，不受《中新税收协定》第十四条（独立个人劳务）和第十五条（非独立个人劳务）规定的限制；如果演出活动发生的缔约国一方不能依据其国内法将由其他人收取的所得视为由演艺人员或运动员取得，则依据《中新税收协定》第十七条第二款规定，该国可以根据其国内法，向收取所得的其他人就演出活动产生的所得征税，不受《中新税收协定》第七条（营业利润）、第十四条（独立个人劳务）和第十五条（非独立个人劳务）规定的限制。

⑤退休金。原则上由居住国享有独占征税权。

OECD 范本规定，因以前的雇佣关系支付给缔约国一方居民的退休金和其他类似报酬，应仅在该缔约国一方征税。但是对政府职员的退休金有两条具体规定：

一是缔约国一方政府或地方当局支付或者从其建立的基金中支付给向其提供服务的个人的退休金，应仅在该缔约国一方征税；

二是如果提供服务的个人是缔约国另一方居民，并且是其国民的，该项退休金应仅在该缔约国另一方征税。

⑥政府服务。原则上由居住国征税。OECD 范本规定，缔约国一方政府或地方当局对履行政府职责向其提供服务的个人支付退休金以外的报酬，应仅在该缔约国一方征税。但是，如果该项服务是在缔约国另一方提供，而且提供服务的个人是该缔约国另一方居民，并且该居民是该缔约国另一方国民，或者不是仅由于提供该项服务，而成为该缔约国另一方的居民，该项报酬应仅在该缔约国另一方征税。

⑦教师和研究人员。两个协定范本没有明文规定。我国目前签订的税收协定中，除了《中加税收协定》《中芬税收协定》《中新税收协定》等没有明确对教师和研究人员的免税条文外，其他协定都列有对教师和研究人员取得的报酬从第一次到达之日算起免

税2～5年的规定。关于免税的时间限定，不同协定规定的免税期有所不同，包括1年、2年、3年或5年不等，对于教师和研究人员在免税期内取得的所得，来源国应免于征税。超过免税期的，从超过之日起征税。如：《中阿税收协定》规定，任何个人是或者在紧接前往缔约国一方之前曾是缔约国另一方居民，为了在该缔约国一方政府承认的大学、学院和科研机构从事教学、讲学或研究的目的，接受大学、学院或科研机构的邀请停留在该缔约国一方，对其由于教学、讲学或研究取得的报酬，该缔约国一方应自其第一次到达之日起，两年内免予征税。此规定不适用于不是为了公共利益而主要是为某个人或某些人的私利从事研究取得的所得。

⑧学生和实习人员。OECD范本规定，如果这类人员是缔约国一方的居民，或曾经是缔约国一方的居民，其在缔约国另一方学习，培训期间从该国以外取得的为维持生活、接受教育的所得，可在缔约国另一方全部免税。

取得的不包括在上述款项的捐赠款、奖学金和劳务报酬，在接受教育或培训期间，应与其所停留国居民享受同样的免税、优惠或减税。

根据该条规定，学生或企业学徒到另一国接受教育或培训，其为维持生活、教育或培训取得的所得在满足以下三个条件的情况下，在其接受教育或培训所在国可享受免税待遇：

一是该学生或企业学徒在到达缔约国另一方之前是缔约国一方的居民。

二是免予征税的所得，通常限制在学生或企业学徒为了维持生存、接受教育或培训的目的而收到的款项，通常不包括OECD范本第十四条（独立个人劳务）和第十五条（受雇所得）所涵盖的服务报酬。如果学生或企业学徒有工作收入，则应区分服务报酬和为维持生活、教育或培训所获得的款项。

三是其取得的所得是从教育或培训所在国境外收到的款项。

（四）消除国际重复征税的方法

消除国际重复征税是税收协定所要解决的主要问题之一。各国签订的双边税收协定除了广泛使用冲突规范以划分各类所得的征税权以外，还要对消除国际重复征税的方法做出具体规定。两个协定范本都提出用免税法或抵免法消除重复征税，实际选用何种方法，由缔约国在谈判和签订税收协定时决定。

关于税收饶让问题，两个协定范本都没有列入。但是，许多发达国家与发展中国家签订的税收协定中都列有税收饶让条款。我国目前签订的很大一部分国际税收协定也列有税收饶让条款。

（五）有关特别规定

1. 税收无差别待遇

税收无差别待遇，即避免纳税人受到歧视，主要包括四个方面的内容：

（1）国籍无差别待遇。

缔约国一方的国民在缔约国另一方负担的税收或者有关要求，在相同情况下，尤其是在居民身份相同的情况下，不应与该缔约国另一方的国民负担或可能负担的税收或者有关要求不同或比其更重。该规定也适用于不是缔约国一方或双方居民的人。

（2）常设机构无差别待遇。

缔约国一方企业在缔约国另一方的常设机构的税收负担，在相同情况下，不应高于缔约国另一方对从事同样活动的本国企业征收的税收。该规定不应被理解为缔约国一方由于民事地位、家庭责任而给予本国居民税收上的个人补贴、优惠和减税也必须给予缔约国另一方居民。

（3）费用扣除无差别待遇。

缔约国一方企业支付给缔约国另一方居民的利息、特许权使用费和其他款项，在确定该企业的应纳税利润时，应与支付给该缔约国一方居民的一样，在相同情况下予以扣除。同样，缔约国一方企业对缔约国另一方居民所欠的任何债务，在确定该企业的应纳税财产时，应像欠债于该缔约国一方居民的一样，在相同情况下予以扣除。

（4）对外资企业税收待遇无差别。

缔约国一方企业的资本全部或部分，直接或间接为缔约国另一方一个或多个居民拥有或控制，该企业在该缔约国一方负担的税收或者有关要求，不应与该缔约国一方其他同类企业负担或可能负担的税收或者有关条件不同或比其更重。

实行税收差别待遇的税种范围应适用于所有种类的税收。

2. 相互协商程序

该条款的主要目标是通过缔约国双方税务当局的行政协助以解决协定在执行中出现的纠纷，达到消除双重征税以及防止或减少国际偷逃税和避税行为目的。协定范本提出的争议解决机制包括：

一是缔约国一方或双方所采取的措施，导致或将导致对其的征税不符合该协定的规定时，可以不考虑各缔约国国内法律的救济办法，将案情提交该人为其居民的缔约国主管当局，或者如果其案情属于有歧视待遇的情形，可以提交该人为其国民的缔约国主管当局。该项案情必须在不符合该协定规定的征税措施第一次通知之日起三年内提出。

二是缔约国双方主管当局应通过相互协商设法解决在解释或实施该协定时所发生的困难或疑义，也可以对该协定未作规定的消除双重征税问题进行协商。

三是主管当局如果认为所提意见合理，又不能单方面圆满解决时，应设法同缔约国另一方主管当局相互协商解决，以避免不符合该协定的征税。达成的协议应予执行，而不受各缔约国国内法律时限的限制。

缔约国双方主管当局相互协商，既可以相互直接联系，也可由双方主管当局代表进行会谈交换意见。

从目前的相互协商程序开展情况看来，相互协商程序在实际执行过程中耗时耗力，也存在一些弊端。OECD 目前正在建立一个解决争议的辅助机制，包括仲裁和调解。有些国际税收协定已经签订了仲裁条款。但由于仲裁是准司法性质的解决途径，涉及国家主权，所以有的国家特别是亚洲国家比较倾向于调解来解决税收争议。

为正确适用税收协定，避免双重征税，解决国际税收争议，维护中国居民（国民）的合法利益和国家税收权益，规范与外国（地区）税务主管当局涉及税收协定的相互协商工作，国家税务总局制定了《税收协定相互协商程序实施办法》，并自 2013 年 11 月 1 日起施行。

（1）相互协商程序的启动。

中国居民有下列情形之一的，可以申请启动相互协商程序：

①对居民身份的认定存有异议，特别是相关国际税收协定规定双重居民身份情况下需要通过相互协商程序进行最终确认的。

②对常设机构的判定，或者常设机构的利润归属和费用扣除存有异议的。

③对各项所得或财产的征免税或适用税率存有异议的。

④违反国际税收协定非歧视待遇（无差别待遇）条款的规定，可能或已经形成税收歧视的。

⑤对国际税收协定其他条款的理解和适用出现争议而不能自行解决的。

⑥其他可能或已经形成不同税收管辖权之间重复征税的。

中国国民认为缔约对方违背了国际税收协定非歧视待遇（无差别待遇）条款的规定，对其可能或已经形成税收歧视时，可以申请启动相互协商程序。

申请人应在有关国际税收协定规定的期限内，以书面形式向省税务机关提出启动相互协商程序的申请。

负责申请人个人所得税或企业所得税征管的省税务机关为受理申请的税务机关。申请人就缔约对方征收的非所得税类税收提出相互协商申请的，负责与该税收相同或相似的国内税收征收的省税务机关为受理申请的税务机关。国内没有征收相同或相似税收的，省税务局为受理申请的税务机关。

（2）国家税务总局的处理方式。

国家税务总局收到省税务机关上报的申请后，应在20个工作日内按下列情况分别处理：

①申请具备启动相互协商程序条件的，决定启动相互协商程序，并将情况告知受理申请的省税务机关，省税务机关应告知申请人。

②申请已超过税收协定规定的期限，或申请人的申请明显缺乏事实法律依据，或出现其他不具备相互协商条件情形的，不予启动相互协商程序，并以书面形式告知受理申请的省税务机关，省税务机关应告知申请人。

③因申请人提交的信息不全等原因导致申请不具备启动相互协商程序条件的，通过受理申请的省税务机关要求申请人补充材料或说明情况。申请人补充材料或说明情况后，再按前两项规定处理。

（3）特别纳税调整的相互协商程序实施办法。

关于特别纳税调整的相互协商程序实施办法，在《国家税务总局关于发布〈特别纳税调查调整及相互协商程序管理办法〉的公告》（国家税务总局公告2017年第6号）中有明确规定。该文件指出，根据我国对外签署的税收协定的有关规定，国家税务总局可以依据企业申请或者税收协定缔约对方税务主管当局请求启动相互协商程序，与税收协定缔约对方税务主管当局开展协商谈判，避免或者消除由特别纳税调整事项引起的国际重复征税。相互协商内容包括：

①双边或者多边预约定价安排的谈签。

②税收协定缔约一方实施特别纳税调查调整引起另一方相应调整的协商谈判。

（4）拒绝启动相互协商程序的请求。

有下列情形之一的，国家税务总局可以拒绝企业申请或者税收协定缔约对方税务主管当局启动相互协商程序的请求：

①企业或者其关联方不属于税收协定任一缔约方的税收居民。

②申请或者请求不属于特别纳税调整事项。

③申请或者请求明显缺乏事实或者法律依据。

④申请不符合税收协定有关规定。

⑤特别纳税调整案件尚未结案或者虽然已经结案但是企业尚未缴纳应纳税款。

（5）相互协商程序的暂停。

有下列情形之一的，国家税务总局可以暂停相互协商程序：

①企业申请暂停相互协商程序。

②税收协定缔约对方税务主管当局请求暂停相互协商程序。

③申请必须以另一被调查企业的调查调整结果为依据，而另一被调查企业尚未结束调查调整程序。

④其他导致相互协商程序暂停的情形。

（6）相互协商程序的终止。

有下列情形之一的，国家税务总局可以终止相互协商程序：

①企业或者其关联方不提供与案件有关的必要资料，或者提供虚假、不完整资料，或者存在其他不配合的情形。

②企业申请撤回或者终止相互协商程序。

③税收协定缔约对方税务主管当局撤回或者终止相互协商程序。

④其他导致相互协商程序终止的情形。

3. 情报交换

情报交换是加强国家之间税务管理合作和防止国际偷逃税及避税行为的重要措施，在国际税收协定中占有重要地位。

三、国际税收协定解释和执行

我国所签订的国际税收协定绝大多数是参照OECD范本和UN范本，但在实际操作中，税务机关更倾向于参考国家税务总局的文件而不是国际协定范本注释。因此，如何理解和准确执行国际税收协定范本，用以下案例提供实践参考。

（一）参考案例

【例10-5：股息处理】

A公司在新加坡设立了一家公司B，根据《中·新（新加坡共和国）税收协定和议定书》中对于股息有5%、10%两档税率，请问：A公司取得从香港B公司分配的股息红利时是否可以享受5%的优惠税率？

处理：根据中国和新加坡签订的税收协定，只有在满足一定条件的情况下才可以享受5%的优惠税率。如果A公司直接拥有新加坡B居民公司资本比例在取得股息前连续12个月以内任何时候均达到至少25%的，且该公司为股息的受益所有人时，可以享受

5%的优惠税率。

【例10-6：股息免税】

W公司是我国一家国有控股公司，在沙特阿拉伯设立了全资子公司W1，投资总额达到300万欧元，现子公司W1拟分配利润，请问W公司取得来自沙特阿拉伯的股息需要在当地缴税吗?

处理：根据我国与沙特阿拉伯的税收协定，如果W公司完全为政府拥有，且属于该股息的受益所有人，在沙特阿拉伯当地不需要缴税。

依据：我国与沙特阿拉伯签订的税收协定规定："虽有第一款和第二款的规定，如果股息的受益所有人是缔约国另一方政府、其所属机构或其直接或间接完全拥有的其他实体，缔约国一方的居民公司支付给缔约国另一方居民的股息仅应在该缔约国另一方征税。"

【例10-7：利息优惠】

R公司是一家商业银行，向中国香港一家企业R1公司提供了贷款，现打算向该企业收取利息，金额500万元，请问是否要在中国香港缴税?

处理：R公司这笔利息所得需要在中国香港缴税。内地和香港的税收安排规定，"发生于一方而支付给另一方居民的利息，可以在该另一方征税，这些利息也可以在该利息发生的一方，按照该一方的法律征税。但是，如果利息受益所有人是另一方的居民，则所征税款不应超过利息总额的7%。"

【例10-8：特许权使用费】

YY公司在新加坡成立一家子公司，并将一套工业设备租给该子公司使用，每年向子公司收取设备租金100万美元，请问对上述租金需要在新加坡缴税所得税吗，缴纳多少?

处理：《中新税收协定》规定，需要在新加坡缴税所得税。同时，按租金的60%确定税基，并适用10%的协定税率，因此，需要在新加坡缴纳100×60%×10%=6（万美元)。

【例10-9：技术服务费】

C公司近期拟派员到巴基斯坦提供技术服务，这是C公司第一次跟巴基斯坦企业发生业务往来，请问：因提供技术服务收取的服务费需要在当地缴税吗?

处理：根据我国与巴基斯坦签订的税收协定，提供技术服务属于《中巴税收协定》第十三条规定的技术服务费，需要在当地缴税。

【例 10－10：转让主要由不动产组成的公司股权】

J公司在丹麦有一家子公司，该子公司持有若干土地房产，占丹麦子公司股份价值的70%，请问如全部转让丹麦子公司股份需要在当地缴税吗？

处理：目前我国签订的部分税收协定中规定，转让一个公司股份取得的收益，该公司的财产又主要直接或间接由位于一方的不动产所组成，可以在不动产所在国征税。根据我国与丹麦签订的税收协定，如果转让的公司股份价值的50%（不含）以上直接或间接来自位于丹麦的不动产，需要根据丹麦相关税收规定缴税。

【例 10－11：非歧视待遇】

ABC公司是一家中国居民企业，现在因实际管理机构所在地标准被认定为格鲁吉亚的税收居民，可以在格鲁吉亚与当地居民享受同等的税收待遇吗？

处理：如果一个在缔约国一方成立的企业（为该国国民），因实际管理机构所在等标准被认定为缔约国另一方的居民，最终被认定为仅属于另一方的居民，这种情况下，根据中国和格鲁吉亚税收协定，缔约国一方的国民在缔约国另一方负担的税收或者有关条件，不应与该缔约国另一方的国民在相同情况下，负担或可能负担的税收或者有关条件不同或比其更重。因此，你公司可以与当地居民企业享受同等的税收待遇。

【例 10－12：税收抵免】

RB公司在A国投资设立了全资子公司WW，该国企业所得税法定税率是20%，并有鼓励境外投资的税收减免优惠。如WW公司第一个获利年度的所得免征企业所得税，请问该利润（2 000万元）次年分配给RB公司时可以在境内进行税收抵免吗？可以抵免多少税额？

处理：居民企业从我国税收协定（或安排）的缔约国家（地区）取得的所得，按照该国（地区）税法享受了免税或减税待遇，且按照税收协定（或安排）规定该减免税应视同已缴税额在我国应纳税额中抵免的，该减免税数额可作为企业实际缴纳的境外所得税额进行税收抵免。

因此，如果我国与A国税收协定中含有上述饶让抵免条款，RB公司上述股息在A国负担并得以免征的税额，可以视同已在境外缴纳计算抵免税额。RB公司可抵免的境外所得税额为400万元（2 000×20%）。

（二）税收协定管理

1. 税收协定待遇管理

非居民纳税人享受税收协定待遇，在我国经历了以下几个阶段：

第一阶段：2015 年 11 月 1 日前，实行审批或备案管理，非居民纳税人享受税收协定待遇，区分不同事项，分别在主管税务机关审批或备案。

第二阶段：2015 年 8 月 27 日，国家税务总局发布了《非居民纳税人享受税收协定待遇管理办法》（国家税务总局公告 2015 年第 60 号）。根据该《办法》，非居民纳税人符合享受协定待遇条件的，可在纳税申报时，或通过扣缴义务人在扣缴申报时，自行享受协定待遇，并接受税务机关后续管理。

第三阶段：2019 年 10 月 14 日，为深化“放管服”改革，进一步优化税收营商环境，提高非居民纳税人享受协定待遇的便捷性，国家税务总局制定了《非居民纳税人享受协定待遇管理办法》（国家税务总局公告 2019 年第 35 号），并自 2020 年 1 月 1 日起施行。非居民纳税人享受协定待遇，采取“自行判断、申报享受、相关资料留存备查”的方式办理。非居民纳税人自行判断符合享受协定待遇条件的，可在纳税申报时，或通过扣缴义务人在扣缴申报时，自行享受协定待遇，同时按照本办法的规定归集和留存相关资料备查，并接受税务机关后续管理。

2. 居民身份证明管理

随着我国深化改革开放的深入推进，我国居民企业和个人对外投资、经营和提供劳务等活动明显增加，为服务企业和个人开展对外投资、经营和提供劳务活动，便利《中国税收居民身份证明》的开具，国家税务总局下发了《关于开具〈中国税收居民身份证明〉有关事项的公告》（国家税务总局公告 2016 年第 40 号公告），并自 2016 年 10 月 1 日起施行。此公告替代了《国家税务总局关于做好〈中国税收居民身份证明〉开具工作的通知》（国税函〔2008〕829 号）、《国家税务总局关于做好〈中国税收居民身份证明〉开具工作的补充通知》（国税函〔2010〕218 号），简化了办理流程、明确了办理时限、资料报送要求，提供了更优化的纳税服务。

企业或者个人（以下统称申请人）为享受中国政府对外签署的税收协定（含与香港、澳门和台湾签署的税收安排或者协议）、航空协定税收条款、海运协定税收条款、汽车运输协定税收条款、互免国际运输收入税收协议或者换函待遇，可以向主管其所得税的县税务局、地方税务局（以下统称主管税务机关）申请开具《中国税收居民身份证明》。

申请人向中国居民企业的境内、外分支机构应当通过其总机构向总机构主管税务机关提出申请。合伙企业应当以其中国居民合伙人作为申请人，向中国居民合伙人主管税务机关提出申请。

申请人申请开具《中国税收居民身份证明》，应当提交以下申请表和资料：

（1）《中国税收居民身份证明》申请表。

（2）与拟享受税收协定待遇的收入有关的合同、协议、董事会或者股东会决议、支付凭证等证明资料。

（3）申请人为个人且在中国境内有住所的，提供因户籍、家庭、经济利益关系而在中国境内习惯性居住的证明材料，证明材料包括申请人身份信息、说明材料或者其他材料。

（4）申请人为个人且无住所、在中国境内居住满一年的，提供在中国境内实际居住时间的相关证明材料，证明材料包括护照信息、说明材料或者其他材料。

（5）境内、外分支机构通过其总机构提出申请时，还需提供总分机构的登记注册情况。

（6）以合伙企业的中国居民合伙人提出申请时，还需提供合伙企业登记注册情况。

上述填报或报送的资料应当采用中文文本。相关资料原件为外文文本的，应当同时提供中文译本。申请人可以向主管税务机关提交上述资料的复印件，但是应当在复印件上加盖申请人印章或签章，并按照主管税务机关要求报验原件。

四、防止税收协定滥用

（一）受益所有人的定义

受益所有人是指对所得或所得据以产生的权利或财产具有所有权和支配权的人。

（二）受益所有人的判定

判定需要享受税收协定待遇的缔约对方居民（以下称申请人）“受益所有人”身份时，应根据以下所列因素，结合具体案例的实际情况进行综合分析。

根据《国家税务总局关于税收协定执行若干问题的公告》（国家税务总局公告 2018 年第 11 号），一般来说，下列因素不利于对申请人“受益所有人”身份的判定：

（1）申请人有义务在收到所得的 12 个月内将所得的 50% 以上支付给第三国（地区）居民，“有义务”包括约定义务和虽未约定义务但已形成支付事实的情形。

（2）申请人从事的经营活动不构成实质性经营活动。实质性经营活动包括具有实质性的制造、经销、管理等活动。申请人从事的经营活动是否具有实质性，应根据其实际履行的功能及承担的风险进行判定。

申请人从事的具有实质性的投资控股管理活动，可以构成实质性经营活动；申请人从事不构成实质性经营活动的投资控股管理活动，同时从事其他经营活动的，如果其他经营活动不够显著，不构成实质性经营活动。

（3）缔约对方国家（地区）对有关所得不征税或免税，或征税但实际税率极低。

（4）在利息据以产生和支付的贷款合同之外，存在债权人与第三人之间在数额、利率和签订时间等方面相近的其他贷款或存款合同。

（5）在特许权使用费据以产生和支付的版权、专利、技术等使用权转让合同之外，存在申请人与第三人之间在有关版权、专利、技术等的使用权或所有权方面的转让合同。

申请人从中国取得的所得为股息时，申请人虽不符合“受益所有人”条件，但直接或间接持有申请人100%股份的人符合“受益所有人”条件，并且属于以下两种情形之一的，应认为申请人具有“受益所有人”身份：

①上述符合“受益所有人”条件的人为申请人所属居民国（地区）居民。

②上述符合“受益所有人”条件的人虽不为申请人所属居民国（地区）居民，但该人和间接持有股份情形下的中间层均为符合条件的人。

“符合‘受益所有人’条件”是指根据《国家税务总局关于税收协定中“受益所有人”有关问题的公告》（国家税务总局公告2018年第9号）第二条的规定，综合分析后可以判定具有“受益所有人”身份。

“符合条件的人”是指该人从中国取得的所得为股息时根据中国与其所属居民国（地区）签署的税收协定可享受的税收协定待遇和申请人可享受的税收协定待遇相同或更为优惠。

（6）下列申请人从中国取得的所得为股息时，可不根据上述相关规定的因素进行综合分析，直接判定申请人具有“受益所有人”身份：

①缔约对方政府。

②缔约对方居民且在缔约对方上市的公司。

③缔约对方居民个人。

④申请人被第①至③项中的一人或多人直接或间接持有100%股份，且间接持有股份情形下的中间层为中国居民或缔约对方居民。

申请人虽具有“受益所有人”身份，但主管税务机关发现需要适用税收协定主要目的测试条款或国内税收法律规定的一般反避税规则的，适用一般反避税相关规定。

第五节 国际税收情报交换及 CRS

一、国际税收情报交换基本内容

国际税收情报交换是指中国与相关税收协定缔约国家的主管当局为了正确执行国际税收协定及其所涉及税种的国内法而相互交换所需信息的行为。其目的主要有两个。一是避免国家之间可能存在的重复征税；二是防止跨境逃避税。税收情报交换又分为：专项情报交换、自动情报交换、自发情报交换、同期税务检查、授权代表访问和行业范围情报交换等类型。

二、《多边税收征管互助公约》

由于人员、资本、货物和服务流动加速，纳税人跨国经营的无国界性与税收管理有国界性之间的矛盾，造成税收管理的信息不对称，给开放经济条件下的税收征管带来严峻挑战。因此，OECD 于 1988 年 1 月 25 日在法国斯特拉斯堡共同制定了《多边税收征管互助公约》，于 1995 年 4 月 1 日生效。

2010 年 5 月，OECD 与欧洲委员会按照税收情报交换的国际标准，通过议定书形式对《多边税收征管互助公约》进行修订，并向全球所有国家开放，自 2011 年 6 月 1 日开始生效。

2013 年 8 月 27 日，中国政府正式签署了《多边税收征管互助公约》。该公约已于 2016 年 2 月 1 日对我国生效，2017 年 1 月 1 日起执行。

三、金融账户涉税信息自动交换标准

金融账户涉税信息自动交换标准（CRS），由 OECD 会同二十国集团（以下称 G20）成员国共同制定，于 2014 年 11 月经 G20 布里斯班峰会核准。目的在于；通过加强各税收管辖区之间有关金融账户信息的自动信息交换，提高全球税收透明度，打击跨境逃避税。CRS 由主管当局间协议范本和统一报告标准两部分内容组成。

2015 年 12 月 16 日，国家税务总局签署了《金融账户涉税信息自动交换多边主管当局间协议》，成为该协议的第 77 个签署方。2017 年 5 月 9 日，国家税务总局、财政部、人民银行、银监会、证监会、保监会等六部委联合发布《非居民金融账户涉税信息尽职调查管理办法》，自 2017 年 7 月 1 日起执行。截至 2021 年 3 月底，已有 110 个国家和地区签署了《金融账户自动信息交换主管当局协议》，承诺实施 CRS。我国于 2018 年 9 月完成首次信息

交换，香港、澳门地区都在2018年9月同其他CRS参与国完成首次信息交换。

第六节 税收服务“一带一路”建设

一、“一带一路”倡议内涵

2013年9月，中国国家主席习近平出访哈萨克斯坦，在纳扎尔巴耶夫大学提出共同建设“丝绸之路经济带”；同年10月，习近平出访东盟，在印度尼西亚提出共同建设“21世纪海上丝绸之路”。自此，“一带一路”倡议逐步走进世界视野。

共建“一带一路”倡议以共商、共建、共享为原则，坚持开放、绿色、廉洁理念，实现高标准、惠民生、可持续目标。

共建“一带一路”倡议以和平合作、开放包容、互学互鉴、互利共赢的丝路精神为指引，以政策沟通、设施联通、贸易畅通、资金融通、民心相通为重点。共建“一带一路”正在成为我国参与全球开放合作、改善全球经济治理体系、促进全球共同发展繁荣、推动构建人类命运共同体的中国方案。

未来，我国将以“一带一路”建设为重点构建对外开放新格局。坚持互利共赢的开放战略，推动共建“一带一路”走深走实和高质量发展，促进商品、资金、技术、人员更大范围流通，依托各类开发区发展高水平经贸产业合作园区，加强市场、规则、标准方面的软联通，强化合作机制建设。加大西部和沿边地区开放力度，推进西部陆海新通道建设，促进东中西互动协同开放，加快形成陆海内外联动、东西双向互济的开放格局。

截至2020年1月底，中国已经同138个国家和30个国际组织签署200份共建“一带一路”合作文件。中国同共建“一带一路”国家贸易总额超过6万亿美元，投资超过900亿美元。

二、“一带一路”国际合作高峰论坛

2017年5月，首届“一带一路”国际合作高峰论坛在北京成功召开，29位外国元首、政府首脑，以及联合国秘书长出席论坛，140多个国家和80多个国际组织的1 600多名代表参会。

2019年4月，第二届“一带一路”国际合作高峰论坛继续在北京举办。37位外国元首、政府首脑等领导人，以及联合国秘书长、国际货币基金组织总裁出席论坛，法国、德国、英国、西班牙、日本、韩国、欧盟也派出领导人委托的高级代表与会。

三、税收服务“一带一路”建设的主要内容

（一）建立“一带一路”税收征管合作机制

2019 年 4 月，第一届“一带一路”税收征管合作论坛在中国乌镇召开，论坛以“共建‘一带一路’：加强税收合作，改善营商环境”为主题。34 个国家和地区税务部门共同签署了《“一带一路”税收征管合作机制谅解备忘录》，正式建立“一带一路”税收征管合作机制。

“一带一路”税收征管合作机制是非营利性的官方合作机制，由理事会、秘书处、“一带一路”税收征管合作论坛、“一带一路”税收征管能力促进联盟以及专家咨询委员会构成。该机制建立以来，各方沟通交流日益密切，合作规模稳步扩大，合作机制理事会先后增加巴基斯坦和埃塞俄比亚税务部门为理事会成员，增加德国、厄瓜多尔、缅甸、西班牙、列支敦士登税务部门及国际商会（ICC）为观察员。目前，“一带一路”税收征管合作机制理事会成员已增加至 36 个，观察员增加至 28 个。

合作论坛发布了《乌镇声明》及《乌镇行动计划（2019—2021）》，为共同推动“一带一路”税收征管合作，更好地发挥税收促进世界经济持续、稳定、健康发展起到重要作用。合作论坛有四个标志性成果：

（1）构建了“一带一路”税收征管合作机制。

（2）成立了“一带一路”税收征管能力促进联盟。

（3）深化了“一带一路”税收征管合作共识。

（4）制定了“一带一路”税收征管合作行动计划。

新闻链接

“一带一路”税收征管合作机制会议召开各方深化税收合作携手抗疫前行

2020 年 6 月 2 日晚，以“同心抗疫，共克时艰”为主题的“一带一路”税收征管合作机制会议通过视频形式召开。“一带一路”税收征管合作机制理事会主席、中国国家税务总局局长王军出席会议并致辞。

王军局长提出：**一是搭建平台，共享信息经验。**搭建“以税抗疫”专项交流研讨平台，及时、全面分享应对疫情的税收政策措施和征管服务举措。**二是加强合作，共研解决之道。**各方充分发挥专业优势，开展疫情对各经济体的影响以及应对政策的效应分析，寻求抗疫情、促发展的税收良策。**三是顺势而谋，共促机制落实。**

经各方积极磋商，及时调整工作方案，将第二届“一带一路”税收征管合作论坛延期至2021年举行，并将此次合作机制会议从线下搬到线上，积极推动《乌镇行动计划（2019—2021）》各项任务更好落实。**为进一步推进合作机制建设，王军提出三点倡议：**

——进一步深化经验分享。注重总结各经济体支持抗疫情促发展的税收政策和服务措施，参考国际组织、专家学者的意见建议，更好地推动信息共享、经验互鉴，促进税收在支持抗击疫情和恢复经济发展中更好发挥作用。

——进一步深化平台应用。以《“一带一路”税收》（英文版）创刊号出版和“一带一路”税收征管合作机制官方网站（www. britacom. org）正式上线为契机，深化线上交流合作，研究推出更多合作项目，打造共商共建共享的常态化工作交流机制和平台。

——进一步深化科技支撑。围绕第二届“一带一路”税收征管合作论坛税收信息化主题，巩固拓展“非接触式”办税缴费服务成果，更加重视和运用科学技术，不断提升各成员的税收征管和纳税服务能力。

本次会议共有36个国家（地区）、7个国际组织负责人等参加，哈萨克斯坦、阿联酋、塞拉利昂、意大利、韩国、新加坡等国家税务部门负责人和OECD税收政策与管理中心主任帕斯卡等财税专家，围绕抗疫情促发展和国际税收议题进行充分交流，并达成广泛共识。

“一带一路”税收征管合作机制成功举办

“疫情防控背景下的纳税服务连续性”专题研讨会

2020年7月30日和8月6日晚，以“疫情防控背景下的纳税服务连续性”为主题的“一带一路”税收征管合作机制专题研讨会通过视频形式召开。来自21个国家（地区）、7个国际组织的代表及5名专家咨询委员会成员等参会。

7月30日晚，来自乌拉圭、新加坡、世界银行的参会代表受秘书处邀请，聚焦本国疫情背景下确保纳税服务连续性相关经验及本组织相关研究成果就如何满足纳税人多元化需求，保障优质便捷的纳税服务不中断等问题进行主旨演讲。8月6日晚，来自OECD的参会代表基于税收征管论坛的最新研究成果对纳税服务连续性问题进行总结梳理，其他参会人针对两次会议的主旨演讲内容进行提问及交流，共同探讨利用信息化手段提升特殊时期纳税遵从度以及持续提供“非接触”式纳税服务等当前全球税务部门关注的热点话题。

“一带一路”税收征管合作机制顺利召开

“信息化条件下的增值税服务与管理”专题研讨会

以“信息化条件下的增值税服务与管理”为主题的“一带一路”税收征管合作机制信息化专题第二次业务研讨会及其后续会议于2020年10月15日及22日晚顺利召开，来自合作机制理事会成员、观察员、专家咨询委员会及业界代表参加了研讨会。

新冠肺炎疫情促使各国税务部门通过数字化提升税收征管与服务并降低纳税人遵从成本。“数字革命”颠覆了传统商业模式，且数字经济的快速增长为增值税管理带来巨大冲击。许多国家和地区通过数字平台、电子申报、以数治税等方式迅速采取有力措施破解数字经济背景下增值税管理难题。

10月15日晚，来自匈牙利税务部门、西班牙税务部门、普华永道的代表分别就线上收银机和电子发票、在线申报系统、英国税收数字化等议题进行了介绍，韩国税务部门代表分享了其在电子发票系统相关领域的经验。10月22日晚，来自安永及非洲税收管理论坛（ATAF）的代表分别就信息化背景下税收管理对间接税的影响及数字经济和跨境交易中的增值税服务与管理等问题进行了主旨演讲，中国国家税务总局的代表分享了中国在信息化条件下的增值税服务与管理经验，其他参会人针对两次会议的主旨演讲内容进行了提问与交流。

（二）做好国际税收协定执行

积极推进国际税收协定谈签工作，截至目前，我国国际税收协定网络已经延伸到111个国家和地区。

（三）落实相关国内税收政策

2015年，印发《国家税务总局关于落实“一带一路”发展战略要求 做好税收服务与管理的通知》（税总发〔2015〕60号）；2017年，印发《国家税务总局关于进一步做好税收服务“一带一路”建设工作的通知》（税总发〔2017〕42号）。

（四）优化“走出去”税收服务

为更好地服务国家对外开放战略，为我国“走出去”企业提供税收服务，帮助企业规避境外投资税收风险，国家税务总局对截至2017年8月“走出去”企业可能涉及的

47 个税收制度文件及 105 个税收协定进行了集成和分类处理，形成了涵盖 83 个具体事项的《“走出去”税收指引》。2019 年，国家税务总局发布《“走出去”税收指引》（2019 年修订版），具体包括税收政策、税收协定、管理规定及服务举措四个方面的内容。在税收政策方面，对 32 项货物出口、跨境服务、取得境外服务所得等可以享受的退（免）税、零税率、税收抵免、抵扣等优惠政策进行归纳梳理，打造便于企业查阅使用的“政策礼包”；在税收协定方面，对境外取得的四类所得细分为 28 项进行解读，帮助“走出去”企业用好税收协定、享受协定待遇、维护自身权益；在管理规定方面，梳理涵盖税务登记、身份认定、纳税申报以及特别纳税调查调整等各环节 20 项管理规定及流程，帮助“走出去”企业有效防范涉税风险；在服务举措方面，整理了包括出口退（免）税无纸化申报、《中国税收居民身份证明》开具、预约定价安排、涉税争议双边协商等 16 项措施，帮助企业全面了解“走出去”相关税收服务措施。

近年来，税务部门采取了多种措施助力企业“走出去”。2015 年 4 月，国家税务总局从“谈签协定维权益、改善服务促发展、加强合作谋共赢”三个方面制定出台了服务“一带一路”建设的十项税收措施，细化配套政策和实施方案。截至 2020 年底，我国的税收协定网络已经覆盖了全球 111 个国家和地区，谈签数量位居世界前列。

此外，还与包括绝大多数“一带一路”国家在内的 116 个国家和地区建立了双边税收合作机制，充分利用双边协商机制，为境内外纳税人消除国际重复征税，仅 2014—2016 年就开展双边协商 181 例，为跨境纳税人消除重复征税 131. 8 亿元。

（五）深化国别税收信息研究

研究“一带一路”国家及我国“走出去”纳税人主要投资目的国税制，发布国别（地区）投资税收指南。到目前为止，已经发布 104 个国家和地区税收指南。

（六）完善税收政策咨询

在 12366 上海（国际）纳税服务中心开通“走出去”服务专线和在线沟通平台。截至 2018 年底，12366 上海（国际）纳税服务中心共提供英文咨询 700 余次，中文咨询 7 000余次。

（七）开展税收宣传与辅导

近年来，全国税务系统共举办针对“走出去”和“引进来”有关税收政策的宣传辅导活动 2 800 多场，加强纳税辅导，引导税收遵从，优化营商环境。

（八）深化国际税收合作

1. 外派税务人员，深化双边互利合作

2018 年，国家税务总局向 28 个国家派驻税务人员，覆盖欧洲、美洲、亚洲、非洲、大洋洲，进一步推动“一带一路”税收合作，助力“一带一路”经贸畅通。

2. 实施援外培训，协助提升税收征管能力

2018 年，面向“一带一路”国家（地区）税务官员，独立举办 10 期，合作举办 6 期税收征管合作培训班，共邀请来自 56 个国家的 327 名发展中国家税务官员来华参加培训。

“一带一路”税收征管能力促进联盟成立至今共举办 13 期培训，来自 62 个国家（地区）的 340 名财税官员参加了培训。随着合作机制国际影响力的持续扩大，不仅为共建“一带一路”提供越来越多的税收智慧，而且为推动构建人类命运共同体贡献越来越强的税收力量。

第十一章　收入规划核算

第一节　收入规划

一、收入规划工作的意义和原则

组织税收收入是国家预算执行的重要组成部分，做好组织收入工作具有重要意义。

（1）组织税收收入工作是筹集财政收入的重要举措。

（2）组织税收收入工作是保证税收调节经济、调节分配作用得以发挥的客观需要。

（3）组织税收收入工作是维护我国市场经济秩序的重要方面。

二、新型收入规划管理体系

新型税收收入管理体系是建立在现代管理理念和信息技术方法基础上，通过科学有效的管理机制，将与组织收入有关的政策制定与执行、日常税源监控分析管理以及评估稽查等各个层级、各环节、各部门有机组织起来，调动各方积极性，形成组织收入合力，从而实现税收收入管理社会效能最大化的一种收入任务管理模式。

新型税收收入管理体系的创新性主要体现在“三性”，即主动性、控制性和管理性。

（一）新型税收收入管理体系的基本思路、指导原则和目标

1. 基本思路

新型税收收入管理体系的基本思路是：在坚持组织收入原则的前提下，适应税收新常态的工作需要，夯实税源分析监控的基础工作，建立“预测预期—目标确定—过程监控—结果评价”的闭环管理机制，实现税收收入“量质齐升”，为财政预算需求提供坚实保障。

2. 指导原则

坚持“依法征税，应收尽收，坚决不收过头税，坚决防止和制止越权减免税，坚决落实各项税收优惠政策”的组织收入原则。新型税收收入管理体系将以组织收入原则为依据和出发点，在税源测算、目标确定、税源监控、绩效评价等各个环节体现组织收入

原则的落实。

3. 目标

新型税收收入管理体系力争实现以下四个方面的目标：

一是强化税务机关完成预算的能力，短期内通过更深入的分析挖掘税收潜力，指引征管工作方向，堵漏增收；通过更为准确的中长期预测，为合理确定预算目标提供支撑，实现税收增长与预算目标的良性互动。

二是提高上级税务机关统筹收入的自主性，提高对潜在税源增长的预见能力，合理有效组织和安排收入进度。

三是增强组织收入工作的科学性，科学合理确定各层级税务机关的组织收入目标，客观评价收入完成情况和征管努力程度。

四是提升税收管理效率和收入增长质量，提高入库税收与法定税制下的理论税收的匹配程度，强化依法治税。

（二）新型收入管理体系的要点和要求

新型收入管理体系有四个要点，一是客观地“定”；二是科学地“分”；三是合理地“调”；四是准确地“考”。其本质就是确定目标，分解目标，调整目标和考核目标。

（三）新型收入管理体系的主要内容

1. 以多层级税源监控系统为基础

全方位、多层次的税源监控是构建税收收入管理体系的基础，各层级税务机关的税源监控工作应各有侧重、互相补充。

一是以收入预期目标为主线。

收入预期目标是上、下级税务机关进行沟通的重要抓手。因此，新型税收收入管理体系继续坚持以收入预期目标管理为主线，贯穿收入管理的始终。

二是以涉税信息管理系统为依托。

通过搭建涉税信息管理系统，实现各类数据资源的充分利用，为税源监控、税收分析、收入管理等各个后续环节的工作打下坚实的基础。各级税务部门要重视涉税信息管理系统的建设和开发利用，从已经掌握的税源信息入手因地制宜，并广泛搜集第三方信息，整合搭建信息管理系统。

（四）新型税收收入管理体系制度设计

各级要研究建立“预测预期—目标确定—过程监控—结果评价”的闭环收入管理机制，实现“客观地定、科学地分、合理地调、准确地考”，最终达到对税收收入科学有效地统筹调控。需要建立五个方面的制度，实现税收收入管理体系的良性循环。

一是建立税收收入目标管理制度，动态管理收入预期目标。

二是建立行业税源分析监控制度，为目标调整和组织收入提供支撑。

三是建立税收收入统筹协调制度，确保收入均衡稳定增长。

四是建立税收收入质量管理制度，实现税收收入量质齐升。

五是建立信息数据支撑制度，为掌控税源和深入分析奠定基础。

三、收入规划管理的工作要求

税收收入是国家预算管理的重要内容，能否足额完成收入任务直接影响到国家各项预算收支安排，对保持经济社会稳定较好发展意义重大。一旦拟定下达了科学合理的收入目标，就应尽心尽力完成。收入规划管理有三方面的要求：

（一）增强全局统筹性

计划拟定部门应不断提高计划预测水平，广泛开展经济税收调查研究，借助现代信息技术，应用科学的技术手段，遵循经济税收发展规律进行预测分析，提出有利于充分调动主观能动性的收入目标任务。由“算大账”向“算细账”转变，综合考虑各地税源、征管、政策等因素，有理有据地确定各地税收收入目标。

（二）增强征管精确性

要苦练内功，精准开展堵漏增收。创新税收风险分析机制，完善重点行业税种的税收风险特征库、模型和指标体系，逐个税种、行业、地区分析征管漏洞，制定堵漏增收措施。开展征管潜力评估，强化税收征管风险防范，加强户籍等基础管理。扩大与有关部门的合作范围和深度，积极推动地方制定税收保障条例，建立综合治税平台，实现信息共享、管理互助、信用互认。

（三）增强考核严肃性

强化对税收收入与税源匹配性、征管潜力评估、风险管理、第三方信息获取及应用、清理欠税等征管主观努力程度的考核、评价、排序和展示，由于征管努力程度不够而没有完成任务的，考核要严格问责。

第二节 税收分析

一、税收分析的定义

随着信息技术的发展以及各政府部门的大数据建设，各类数据已经成为提升政府部门社会治理能力的重要宝库。依托“金税三期”系统等税收信息化平台，税务部门近年来开展各类税收分析，为各部门决策提供了有力支撑。

税收分析是指税务机关综合利用内部税收信息及外部信息，借助信息技术，运用相关学科的原理、方法和模型，对信息进行深入加工，从中获得有价值的判断，揭示税收收入、税收征管、经济税源现状及其内在联系，为税收管理及其他部门决策提供税收视角观点的一种管理活动。

税收分析是社会治理的重要组成部分，主要体现在以下两个方面：一方面为各级各部门决策提供依据，利用大数据分析，从税收角度揭示宏观和微观经济运行情况，发现和研究其中存在的各类问题，判断未来发展趋势，提出促进经济高质量发展的意见建议，为地方经济发展提供真实、可靠的信息参考；另一方面提升税收治理能力，通过税收收入分析，反映收入变动情况，揭示征管工作中存在的不足，并对未来税收收入进行预测，以便进一步明确征管重点和调整税收计划任务，通过政策效应分析，反映政策执行成果，并向上级部门进行反馈，为政策调整、新政策出台以及改进纳税服务提供依据。

二、税收分析的分类

税收分析一般包括税收形势分析、税收风险分析、政策效应分析和税收经济分析。

（一）税收形势分析

税收形势分析是税务机关一项非常重要的日常性工作，在组织收入工作中发挥着三个方面的重要作用：通过综合反映经济税收数据分析信息，有效发挥决策参谋作用；通过分析收入进度，有效发挥组织收入的指导作用；通过分析主要增减收因素，有效发挥征管互动的指导作用。

税收形势分析的基本内容：

税收形势分析应遵循客观、系统、连续、时效的原则，按照定量分析和定性分析相结合的方法，从影响税收收入的经济、政策、征管等因素入手，广泛收集经济、税源和税收信息，综合反应收入完成情况、行业税种以及重点税源变化情况，尤其要对税收收入的异常变动，以及与经济、政策、征管等因素不相匹配的情况作重点分析，从而为组织收入、加强征管、政策调整提供决策参考。

（1）反映组织收入基本情况。通过税收收入常规分析，说明税收计划完成的进度和执行结果，分预算级次、税种、地区、行业说明本期入库各项税费总值以及计划完成进度。通过本期入库数与上期、上年同期的对比，找出变化原因以及变动的主客观因素，预测下期税收发展趋势。结合新欠发生率、陈欠清理情况、申报入库率、滞纳金加收率等征管指标，反映各级税务部门组织收入的效率和质量。

（2）反映本期税收收入的特点。通过税收收入常规分析，揭示当前税收收入结构特征，通过总结带有一般性规律的结论，如各税种之间的结构变化，税收入库均衡情况以及地区、行业税收之间的结构性差异等。通过静态和动态情况，分析当前重点税源税收完成情况，从宏观和微观角度反映重点税源行业及企业发展走势，预计实现税收能力的变化趋势。

（3）提出加强组织收入的建议。通过对各项数据的分析，发现税收工作中存在的问题，对地区、行业、重点税源征管等提出针对性的建议。在向党委、政府、人大汇报税收收入情况而撰写税收分析时，还要注意对下阶段税收形势进行分析，对税收收入进行预判，提出建议时，需要党委政府予以支持的应一并提出。

（二）税收风险分析

税收风险分析是运用税收与经济运行中的宏观微观数据，开展关键指标比对，发现税收征管和纳税遵从中存在的风险点，指导征管资源的合理配置，为组织收入服务。

税收征管中主要存在着两个方面的风险：一是税收流失的风险，也就是征管中出现的应征未征；二是虚收的风险，就是寅吃卯粮、收过头税或是税收优惠政策执行不到位。税收风险分析就是要在税收形势分析的宏观指导下，分时期、分阶段利用宏观经济和微观企业的数据开展各个层面的比对，寻找征收管理中的薄弱点、空白点和盲点，对症下药，为征管、评估和稽查的资源配置指明方向。首先，在宏观上开展税收风险分析，估算收入能力，考察税法遵从，评价征管质量，并根据组织收入工作的现实情况和一定时期内的客观需要，确定风险分析的目标，按照税种、行业和地区等不同的角度，衡量税负差异，测算税收流失，并将结果推送相关业务部门；其次，在微观上对大企业开展独立的风险分析，查找大企业税收征管的风险点和薄弱点，并将识别结果推送主管税务机关应对；最后，由各业务部门根据自身掌握的数据，对分管业务开展分析，如货物劳务税、所得税、财产行为税、征管科技、国际税务等部门利用税收征管数据，稽查局利用稽查数据，收入规划核算部门利用重点税源数据，在日常工作中按照行业、地区、规模等维度分别开展细致、专业的税收风险分析，并将分析结果按规定程序向下级推送。风险应对单位要及时将应对结果予以反馈。

（三）政策效应分析

近年来，税务部门落实减税降费、个税改革，系列政策密集出台，针对政策效应进行的分析成为税收分析的重要内容。

政策效应分析的基本内容：

（1）实施前的测算。在各项重大的税制改革和税收政策调整实施前，对政策实施后税收收入和经济效应影响应进行测算，以预判对本地区税收收入的影响，并以之为依据，向政府做好汇报，争取工作支持，及时调整工作重点。实施前的测算应对本地区涉及的税收政策、税种、税率进行明确，在此基础上，分税种、分地区进行测算。测算中要考虑到上年度基数、本年度正常增速以及政策影响的程度，以得出较为可靠的测算数据。

（2）实施中的评估。政策实施中应及时对本期数据进行分析，不定期对行业、企业进行分析，对政策造成的正、负面效应进行总结和汇报，对政策执行过程当中出现的疑问进行解释和指导，使基层更加正确地执行政策，并为上级及时调整和出台下一步政策提供依据。具体包括以下几类：一是对地区经济发展的影响，从主要经济指标的变化来看政策实施的效果；二是对行业经济发展的影响，选取一个或多个本地区重点行业、关联行业，从其经营数据看政策对其影响，客观评价对不同行业、产业链不同环节的不同影响；三是对企业经营的影响，选取典型企业，从其主要财务指标，尤其是税负看政策实施效果；四是不同政策的影响，选取某一项政策开展具体分析，看其对社会经济的影响等。

（3）实施后的总结。在一定时间后对实施效果进行总结，用税收数据结合统计部门的数据看政策效应。用到的主要统计指标一般包括地区生产总值、CPI、PPI、用电量、规模工业增加值、社会消费品零售总额、就业新增、固定资产投资、商品价格、企业成本及利润、金融等。总结应坚持用数据说话、实事求是，客观地反映政策对各方面的影响。

（四）税收经济分析

经济决定税收，税收反映经济。税收数据的真实可靠性能够有效保证客观反映经济的规模、结构、增长、质量等情况。综合运用各类数据，开展税收经济分析，并将相关情况提供给党委政府、上级部门、其他单位作为工作参考，已成为税务部门重要工作之一。

从范围上讲，税收经济分析分为宏观、中观和微观三个层面，反映经济整体运行、结构调整、区域发展、景气荣衰、方式转变等情况。跟踪不同时期、不同地区国民经济运行的热点、焦点和难点以及各行业企业生产经营情况以及趋势，及时反映国民经济发展的重要情况，提出值得关注的现象和建议意见。

（1）宏观分析。宏观分析是以税收数据为基础，结合宏观国民经济数据，分析税收与宏观经济数据关系，评估税收经济关系运行的情况与发展态势，为上级制定宏观经济政策提供依据。分析的主要指标有宏观税负、税收弹性等，通过这些指标的纵、横向对比，宏观与微观相结合的分析，展示税收与经济发展的协调性，发现经济发展变化趋势，揭示经济、政策、征管等因素对宏观税负的影响程度，并为上级管理决策提供参考。

（2）中观分析。中观分析通过税收数据，结合外部数据、相关研究成果及调查研究的情况，反映一个地区、行业或特定群体在一定周期内经济活动的情况。通过了解这些情况，分析对象的政策环境、市场环境、国际环境、经济周期等，抓住影响其发展的一个或多个主要因素，总结其发展存在的有利和不利条件，站在分析投送目标群体的位置上提出意见建议。需要注意的是，税收收入分析、政策效应分析和税收经济分析虽然都对地区、行业或特定对象进行分析，但税收收入分析侧重于组织收入，政策效应分析侧重于政策影响，税收经济分析侧重于对象的经济活动，工作中侧重各有不同。

（3）微观分析。微观分析一般对某地区一个或多个典型企业进行分析，并为其发展提供意见建议。分析时除使用税收数据、统计数据、行业数据外，还要注重分析其财务报表，深入挖掘数据表象后的内在逻辑，并从一个企业的情况反映出行业的某些重要信息。

三、税收分析的方法

（一）分析数据的采集

税务部门开展税收分析，数据来源于两个方面，即税务内部业务数据以及外部涉税信息。

1. 建立和完善内部业务数据采集质量保障机制

税务系统内部数据主要来自“金税三期”系统，包括税收会计与统计核算数据、税收征管数据以及各部门的系统数据。随着税收信息化的快速发展，数据日益呈现繁杂零散的特点，内部业务数据采集质量保障机制的主要目标就是将原始数据转变为明晰可利用的分析数据。

好的分析要建立在数据真实、可靠、完整的基础上，数据采集、录入要严格把好管理、审核、考核关。要建立数据差错率考核制度，确保数据的准确性。对数据管理暴露出的问题，要及时跟进，加强分析，找准原因，加以整改，完善制度，建立有效的纠错机制，建立和完善“把住入口、过程控制、持续改进”的数据质量管理制度。

2. 建立和完善外部涉税信息采集质量保障机制

税务系统外部涉税信息是指各级政府及其行政管理部门在管理市场经济活动中发生的各项涉及税收的信息，从宏观层面上看，包括总量信息、行业信息、区域信息，从微观层面上看，包括经营信息、财务信息、技术信息等。由于上述信息分属不同系统和管理机构，及时、准确、全面地获取所需要的信息存在一定的协调难度。因此，外部信息采集保障机制一方面要体现政府主导的作用，另一方面，税务机关要与经常合作的单位建立起常态化的数据交互机制。

外部涉税信息采集质量保障机制应有以下内容：一是要有明确的组织领导机构，在争取政府和相关部门的支持下，建立由政府牵头，各有关部门参与的数据交换工作领导机构，负责组织协调有关各方参与的涉税信息交换与共享工作。二是要明确定期采集和专项采集的办法。定期交流统计部门、市场监管部门等，定期交流的如GDP、工业增加值、社会消费品零售总额、工商登记等信息。专项采集应明确时限与内容，确保分析及时完成。三是要明确职责与考核。与其他单位交互信息的，应明确责任人、联系人，对提供的信息质量存在问题的，应及时予以纠正，确保信息交换不流于形式。

（二）分析数据的加工

1. 建立数据库

数据采集后，应注重数据的储存与初加工。数据的储存要注重数据的连续性、完整性，对重要指标和重点行业要持续储存，以备使用。储存时，应对数据进行初步加工，可采取数形结合等方式，在较长时间、区间内更容易发现地区、行业、企业等数据的周期性等规律，对其中的反常变化引起重视，方便选题、调查和分析。

2. 分析方法与模型

（1）分析方法。常见的分析方法有动态分析、变量分析、税负分析、弹性分析等。

①动态分析。是指对分析对象随时间变化进行分析，分析指标包括水平动态分析、

速度动态分析等。水平动态分析是指在一定时间范围内，对象的平均发展情况，如平均税收收入、平均增长量等。速度动态分析是指某种税收经济现象在不同阶段、不同地区之间的发展变化程度，其指标包括环比发展速度、平均发展速度等。变量分析是指变量之间存在一定的关联，通过寻找相关因素，判断其变化规律，以及今后变化趋势。一般而言，通过绘制相关图，可以对现象之间存在的相关关系的方向、形势和密切程度作初步和直观的判断。对一个或多个相关因素，需要计算相关密切程度的则需要通过函数进行计算。现在重点介绍税负分析和弹性分析。

②税负分析。税负是税收规模与经济规模的对比，开展税负分析可以反映税务机关征收管理力度，从中发现管理中存在的问题。广泛而深入地开展税负分析是深化税收分析、提高税收征管质量和效率的一个重要抓手和突破口。开展税负分析，首先要利用宏观经济和税收数据进行地区、税种、行业等进行宏观税负分析，如地区税收总量与国内生产总值对比，工商业增值税与工商业增加值对比，企业所得税与企业利润对比，行业税收与相关经济指标对比等，反映宏观层面的税负情况；其次要利用微观经济和税收数据开展针对企业层面的微观税负分析，反映微观层面的税负情况；最后还要将宏观税负与微观税负分析相结合，全面反映地区税负情况。税负分析中要注意进行四个比较，即实际税负与法定税负比较，地区税负的横向比较，地区税负的横向比较，企业税负与同行业税负比较。通过四个比较来揭示实际税负与法定税负的差异，揭示地区之间税负的横向差异和地区税负的动态变化，揭示企业税负与同行业税负的差异，据此评判检验各地区税收征管努力程度。

③弹性分析。税收弹性是税收增幅与经济增幅的对比。开展税收弹性分析，可以反映税收增长与经济发展是否协调，并据此对收入形势是否正常做出判断；可以通过对税收增长与经济增长不协调原因的剖析，进一步查找影响税源和税收变化的各种因素，从中发现并解决征管中存在的薄弱环节和漏洞。在开展税收与经济对比分析中，不仅要从税收总量和经济总量上做弹性分析，从总量上看经济增长了税收是不是增长，税收的增长是否跟上了经济的增长，还要从分量上进行细化的弹性分析，从税种、税目、行业以至企业等税收弹性看税收与经济增长的协调性。做好税收弹性分析要注意剔除税收收入中的特殊因素影响，以免因特殊增减收入因素影响了真实的弹性，掩盖了税收征管中的问题。

（2）分析模型。经济分析模型较多，税收经济分析中较为常用的数据分析模型有SWOT分析模型、PEST分析模型、SCP分析模型等。SWOT分析模型主要分析对象的优势、弱点、机会、威胁，综合考量外部环境以及内部情况的影响，以确定之后采取的策略。PEST分析模型主要对企业和行业的宏观环境如政治、经济、社会、技术等进行分析，建议应采取的政策措施。根据分析对象、分析重点的不同，应采取不同的模型。

（三）税收分析的写作和使用

1. 税收分析的写作

（1）对分析对象进行充分了解。应站在更高的角度、更广的范围上，充分收集各方面、各部门资料，对分析对象所处的地区、行业的相关政策、竞争对手、经济数据等进行了解和初步分析。使分析不脱离方向，分析所提出的建议不与政策相违背。应深入分析对象，必要时要开展走访调查，使分析不脱离实际情况，了解数据背后的真实情况和动机，使分析所提出的建议更接地气。对发现的问题，要从参与主体的管理、经营等各个方面理解其内在原因，使分析提出的建议更具可执行性。

（2）遵守报告的基本要求。报告一般采取“现状—问题—建议”或“提出问题—分析问题—解决问题”的模式。撰写报告时，要紧扣税务部门的数据，综合考量内外部信息，深入分析税务部门以及市场主体存在的问题、困难，在分析的基础上，重点做好意见建议的提出。在撰写报告时，注意使用规范语言，准确表达、简明扼要、逻辑严密、通俗易懂。

2. 税收分析的使用

分析报告有多种用途，工作上可相互借鉴相互促进。一方面用来改进内部管理。通过税收收入分析发现收入疑点，掌握全局信息，通过税收经济分析了解税源，更深层次地掌握地方、行业经济发展特点，加深对税收收入特点的理解，通过税收征管分析发现问题，提升管理质效，通过政策效应分析，预判下步收入情况。各类报告相互联系，提升了税务部门对经济税源的了解和掌控能力。另一方面为外部决策提供参考。当为党政、其他部门决策提供信息时，应注重分析的逻辑性，避免使用过多的模型、图表，语言简明扼要，标题观点鲜明，高站位提出意见建议，当向专业期刊投稿时，应注重分析的专业性，分析过程的严谨性和完整性，从政策、数据和逻辑提出意见建议。

[例11－1：政策效应分析]

××市特种水泥厂减税降费效应分析

为进一步深入分析减税降费对企业的效应特别是生产经营行为的影响，我们选取了一家水泥企业进行典型调查，并尽量扩展分析减税降费对该地区水泥行业的影响。调查显示，实施减税降费以来，水泥企业减负效果明显，发展动力明显激活。

一、水泥行业特点和企业基本情况

2015 年以来，水泥行业产量保持平稳，但成本、价格和利润增长快速。2015—2017 年，全国水泥产量保持在 23.5 亿吨左右，只有 2018 年下降到 21.77 亿吨；水泥主要原料成本从 88.53 元/吨上涨到 145.88 元/吨，累计上涨 64.78%；产品价格从 247.14 元/吨上涨到 482.78 元/吨，累计上涨 95.35%；行业利润从 451 亿元增长到 1 546 亿元，累计增长 2.43 倍，2019 年一季度达到 246.8 亿元，同比增长 38.8%。

××市现阶段有 5 家主要水泥企业，分别为……，5 户企业贡献了全市全行业 95% 以上的税收。××特种水泥有限公司是全国最大的特种水泥生产基地。目前拥有一条年产 60 万吨的白水泥生产线和一条可生产 8 个系列、28 个品种的特种水泥生产线。2018 年销售水泥及熟料 181 万吨，普通水泥主要销往周边省市，特种水泥销往江浙、云贵、川陕等地，近年有部分产品出口到东南亚，区域内竞争对手为××、××等水泥集团。

二、企业减税降费情况

（一）2019 年 1—4 月份

企业享受各项税收优惠共计 1 128 万元。一是 2019 年新增政策 230 万元，企业不属于小微企业，主要享受增值税降率减税。1—3 月份增值税税率从原 17% 降至 16% 新增减税 100 万元，4 月份税率从 16% 降至 13% 新增减税 130 万元，全年预计新增减税 600 万元左右；二是其他税收优惠政策，包括：实现增值税 902.6 万元，享受即征即退增值税 386.5 万元，实现利润总额 4 884.49 万元，按照 15% 预缴企业所得税享受优惠 488.45 万元。

（二）2019 年以前享受政策优惠情况

主要包括高新技术企业税率优惠、营改增后不动产抵扣、资源综合利用即征即退、增值税降率、研发费加计扣除等政策优惠，其中 2017 年税收优惠 1 594 万元，2018 年 3 640万元。

三、减税降费效应

（一）减轻企业负担

据测算，增值税率每降低 1 点，企业产品的利润将增加 2 元/吨。2019 年 4 月份，企业原材料成本保持稳定，市场需求有所增长，企业产品价格还上涨了 10 元/吨，达到 372 元/吨，企业利润相当于增加了 16 元/吨。企业出现价量齐升的态势，营业收入增长 40% 以上。另据了解，湖南××地区其他大型水泥企业在 4—5 月价格也出现小幅上涨。由于企业议价能力比较强，减税降费形成的降价空间没有向下游转移，基本上都转化为企业利润，甚至在一定程度上还享受了上下游企业减税降费的减负成果。

（二）助推转型升级

近年来，各项税收优惠对企业发展起到了明显的推动作用。一是扩大再生产，企业2016年开始投资新建一条水泥生产线，2017年底基本完成主体投资进入试生产阶段，共投资6.53亿元，其中2018年完成各种辅助设施投资1亿余元；二是加强技术改造，2018年共计完成原材料堆棚综合改造、噪声治理、高性能混凝土研究所改造等项目投资2 240万元，2019年拟开工生产区环保密封与安全设施发行工程等技术改造项目，投资额度共计2 440万元；三是加大产品研发，2017年企业研发投入982.57万元，2018年达到2 262.48万元，呈现大幅增长趋势。近两年技术改造投入具体情况如下：

近两年企业技术改造投资情况表

单位：万元

2018年项目	投资额	2019年项目	投资额
1#线原材料堆棚综合改造		生产区环保密封与安全设施改造工程	
生产线噪声治理		矿山综合治理和改造工程	
高性能混凝土研究所改造		厂区环境美化工程	
能源管理系统		自动化生料配料系统改造	
监控安防系统改造		收尘器排放标准提升改造	
……		……	
合计		合计	

2018年企业用于扩大再生产、技改研发等投入共计14 502万元，享受各项政策优惠3 639.88万元，占比达到25.09%；2019年计划投入2 440万元，前四个月的减税额1 128万元已经贡献了46%，起到了很好的推动作用，并且很有可能进一步激发企业转型升级的发展动力。

［例11－2：税收经济分析］

从税收视角看××市民营经济发展

民营经济是推动社会主义市场经济发展的重要力量。××市民营经济经历了从无到有，从小到大的发展过程。以××、××、××等为代表的行业民营龙头企业，已经成为全市经济发展的重要支撑和财政收入的重要来源。

一、××市民营经济税收发展状况

（一）税收规模和占比逐年提高

2016—2018年，全市民营经济税收分别为111.28亿元、130.53亿元、152.74亿元，年均增长17.16%，高于同期税收增长率3.09个百分点。同时段，全市民营经济税收占全市税收总量的比例分别为65.46%、67.16%、69.3%，两年提高近4个百分点。

这表明我市民营经济发展健康，总体趋势向好。

（二）民营经济结构逐步转型优化

2018 年，全市民营经济实现税收 152.74 亿元，其中第一产业 0.26 亿元，占比 0.17%；第二产业 49.7 亿元，占比 32.54%；第三产业 102.78 亿元，占比 67.29%。与 2017 年相比，全市民营经济产业结构进一步调整优化，继续保持“三二一”格局。同时税收数据也显示在所有竞争性行业和所有公共领域，民营经济参与度非常高。在农副食品加工业、食品制造业、化学原料和化学制品制造业、医药制造业、造纸和纸制品业、纺织业、住宿和餐饮业等行业中，民营经济税收所占行业税收比重达 99% 以上，其中有的行业高达 100%。此外，建筑业和房地产业民营经济税收所占行业税收比重也达到了 80%。

（三）税种分布比较集中

我市民营经济税收主要来源于增值税和企业所得税。2016 年民营经济增值税和企业所得税分别入库 52.71 亿元、14.4 亿元，到 2018 年税收规模分别达到 64.13 亿元、27.2 亿元，总量分别增长 1.22 倍、1.88 倍。近三年，这两个税种所占全市民营经济税收比重也在逐年提高，整体维持在 60% ~62%。反映增值空间和盈利能力的增值税和企业所得税均呈现快速增长和占比稳步提高之势，表明我市民营经济发展质效逐年提升。

（四）私营、个体和有限责任公司活力增强

近年来，全市私营、个体和有限责任公司纳税户数稳步增加，注册资金大幅增长，经济实力和活力进一步增强。2018 年，全市民营经济纳税人共 97 086 户，比 2017 年增加 17 275 户，增长 21.64%。私营、个体和有限责任公司纳税人 95 814 户，占全市民营经济的 98.69%，其中私营企业 23 927 户，同比增加 8 591 户，增长 56.02%；个体经营 64 613 户，同比增加 9 557 户，增长 15.91%；有限责任公司 7 274 户，同比增加 3 140 户，增长 75.96%。2018 年，全市民营经济新增注册资本 717.83 亿元，其中有限责任公司新增 378.22 亿元，私营企业新增 280.28 亿元，分别占全市民营经济新增注册资本的 52.69%、39.05%。

二、民营经济发展存在的问题

（一）民营经济规模不够大

一是税收总量占全省民营企业税收比重小，与部分市州相比还有较大差距。

二是大中型企业少。2018 年，我市小微民营企业户数占到全市民营企业纳税户数的 96.98%，大中型企业纳税户数占比分别为 1.09%、1.93%。

三是重点税源企业不强。2018 年，全市税收入库上亿元的民营企业有 9 户。

（二）民营经济增速不够快

2016—2018 年，我市民营经济税收年均增长 17.16%，虽然大幅度高出同期全市税收增幅和地区生产总值的增长幅度，但是与省内××、××、××相比差距明显。

（三）企业竞争力不够强

受市场准入、企业自身素质等条件限制，全市民营经济主要集中在一般性竞争行业及同类产业的中、低端。优势高科技产业企业少，资源利用率、附加值、技术含量均较低，易受市场波动影响，抵御风险能力较差。

（四）港、澳、台和外商投资企业后劲不够足

税收数据显示，我市民营经济在内资企业表现活跃，在外资企业则相对活力不足。

三、加强民营经济发展的对策建议

（一）健全长效机制，破解发展瓶颈

认真贯彻落实省委省政府促进民营经济高质量发展的文件精神，着力从降低税费负担、缓解民营企业融资难融资贵问题、营造公平竞争环境、增强民营经济核心竞争力、构建亲和清新型政商关系、维护民营企业合法权益、保障政策落地落实等七个方面全面解决民营企业在发展中遇到的各种难题。

（二）发挥职能作用，提供优质服务

助力新产业、新模式、新业态发展，大力培育新的经济增长点，支持民营企业做大做强。加强宣传辅导，努力使纳税人应知尽知。进一步落实好税收优惠政策不打折扣，努力使纳税人应享尽享。简化程序，提高享受优惠便利度，努力使纳税人应享快享。积极开展精准帮扶，依法为经营困难的民营企业办理延期缴纳税款，助力民营企业纾困解难。对生产经营确有困难、纳税信用良好的民营企业，积极纳入地方政府统筹安排中，帮助其实现更好发展。

（三）实施招商引资策略，发展园区经济

坚持优势产业、优势资本向园区集中。把目光盯向全国民营 500 强企业，多层面了解其发展动态和投资意向，主动接触，主动对接，以优良的环境、优惠的政策和优质的服务吸引全国民营 500 强企业进园区。加强与经济发达地区××商会建立招商引资合作关系，发挥商会优势，增强招商引资时效。

（四）抓住机遇，乘势而上

民营企业要抓住历史机遇，顺应时代要求，在符合国家政策范围内做大做强。高标

准、高起点对标行业龙头，通过兼并、重组、联合等方式，实施低成本、高效益扩张，打造企业核心创造力。

第三节 税收会计基础知识

一、税收会计内涵

（一）税收会计定义及其核算对象

税收会计是核算与监督税收资金运动的一门专业会计。

税收会计主体是指税收会计的核算单位，凡负责税款征收、入库业务的税务机关为税收会计主体。税收会计主体主要是担负税款征收并直接负责与金库对账业务的税务机关。

税收会计核算对象。我们常说的“税收资金及其运动”，其实就是税收会计核算的对象。具体指税务部门组织征收的各项收入的应征、征收、减免、欠缴、上解、入库和提退运动的全过程。

（二）税收会计的业务范围及其核算方式

税收会计的业务范围包括：税收会计与统计基础信息认定、税款缴库、税款退库、数据校验和更正、金库对账、税收会计核算、税收数据统计、税收会计与统计报表等。

税收会计核算方式是指以账簿体系为核心，以会计科目和记账方法为主线，按照实际发生的税收业务填制会计凭证，登记会计账簿，编制税收会计与统计报表。

（三）税收会计的岗位设置及职责要求

各级税务机关应按照遵循法治、因事设岗、提高效率的原则设置税收会计、统计岗位。实际岗位配置可一人多岗或一岗多人。

职责要求：税收会计与统计工作应客观、及时、准确、完整地反映税收资金运动基本情况、税收政策和计划的执行情况，监督税收资金状态，保证国家税款的安全。

（四）税收会计记账方法

税收会计记账采用“借贷记账法”，以税务机关为会计主体，以税收资金运动为记账主体，采用“借”“贷”为记账符号，运用复式记账原理，反映税收资金的运动变化情况。

（五）税收会计核算程序

税收会计采用记账凭证核算程序。核算程序如下：①根据原始凭证填制记账凭证；

②根据原始凭证和记账凭证，登记明细账和有关的辅助账；③根据记账凭证登记总账；④总账和有关的明细账核对，明细账与有关的辅助账核对；⑤根据总账、明细账和有关的辅助账编制会计报表。其程序见图 11－1。

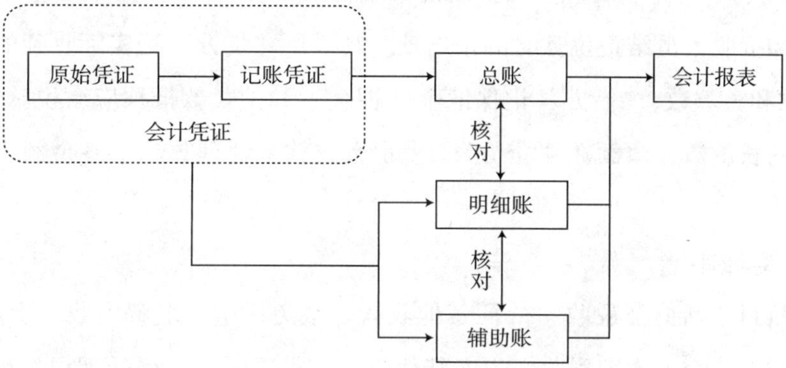

图 11－1 税收科目设置及内容

（六）税收会计科目设置及内容

1. 来源类科目

来源类科目包括应征税收、应征其他收入、多缴税金、暂收款。

（1）“应征税收”与“应征其他收入”。这两个科目用来总括核算纳税人发生纳税义务后，税务机关应当征收的税收及其他收入。主要包括：纳税人和扣缴义务人及代征单位（人）自行向税务机关申（结）报，或由税务机关直接核定的应缴税收及其他收入；纳税人不须缴纳，但应该向税务机关申报的已发生的减免税收及其他收入；查补税收及其滞纳金罚款；按定期定额方式核定的税收；临时征收税收等。科目贷方记实际发生的应征税收及申报无误缴款有误的应退多缴税金数，借方记应退还的多缴税金数和抵减税金数，平时余额在贷方，表示累计实现的应征税收总额，年终与“上解税收”“入库税收”和“减免税金”“提退税金”“损失税金核销”科目的借方余额进行对冲，冲账后的余额与“多缴税金”科目余额之和，表示年终欠缴税金、在途税金、待解税金、待处理损失税金和待清理呆账税金的来源合计数。年终余额应结转下年度继续处理。

（2）“多缴税金”。本科目是“应征”类科目的抵减科目。核算应退还纳税人、扣缴义务人及代征单位（人）的多缴税金。包括：纳税人、扣缴义务人及代征单位（人）自行申报或申请并经税务机关核定应退还的多缴税金；税务机关、审计机关和财政监督机关在日常审核检查中发现的多缴税金；税务机关在稽查中发现的多缴税金；税务机关在行政复议中确定的多缴税金；法院在审理税务案件中判定的多缴税金。本科目不核算减免退税、出口退税。其科目“贷方”记多缴税金发生数，“借方”记实际抵缴或退还的税金数，余额在贷方，表示未抵缴或末退还的多缴税金数。年终余额应结转下年度继续处理。

（3）“暂收款”。本科目核算按照规定向纳税人收取的预缴纳税保证金、抵税发票押金、拍卖款和征收人员结报税款时的长出款。其科目“贷方”记实际收到的保证金（押金）、拍卖款和长款数，“借方”记保证金（押金）和拍卖款抵顶应缴税款数和退还数，以及已处理的长款数，余额在“贷方”，表示暂收款未处理数。年终余额应结转下年度继续处理。

2. 占用类科目

占用类科目包括待征税收、待征其他收入、减免税金、上解税收、上解其他收入、待解税金、在途税金、入库税收、入库其他收入、提退税金、待处理损失税金、损失税金核销、保管款。

（1）“待征税收”和“待征其他收入”。这两个科目是“应征税收”和“应征其他收入”的对应科目，核算应征而未征的税收（即欠缴税收）与其他收入。本科目“借方”记所有应征税收发生数和申报无误缴款有误的应退还多缴税金数及呆账税金收回数，“贷方”记已征收和征前已减免的税收数、实际抵缴的多缴税收数以及结转到“待处理损失税金”科目的损失税收数和结转到“损失税金核销”科目的欠缴税收依法注销数，余额在“借方”，表示实际欠缴数。年终余额应结转下年度继续处理。

（2）“减免税金”。本科目核算应纳税金发生后减征和免征（包括通过退库方式实际减征和免征）的税金，即实际发生的减免税金。已批准但未发生的减免税金不核算，出口退税不作为减免税金核算；纳税人发生解散、破产、撤销，经过法定清算仍收不回来而依法注销的欠缴税金不在本科目核算。其科目“借方”记实际发生的减免税金数（包括各种退库减免数），“贷方”平时无发生额，平时余额在“借方”，表示累计减，免数。年终按税收和其他收入分类，与相应的“应征”类科目的“贷方”余额结转冲销后无余额。

（3）“上解税收”与“上解其他收入”。这两个科目核算纳税人、扣缴义务人、代征单位（人）直接缴入和税务机关自行征收后汇总缴入国库经收处的税金。本科目“借方”记已经缴入国库经收外的税金。“贷方”记接到入库单位提退清单的退库数，平时余额在“借方”，表示扣除退库数后的累计上解税收数。年终与“应征税收”“应征其他收入”科目的“贷方”余额进行冲销后无余额。

（4）“待解税金”。本科目核算扣缴义务人、征收员（专管员）、代征单位（人）向会计结报的现金税款和存款。该科目借方记税款现金和存款的增加数，贷方反映减少数，余额在借方，反映税款现金和存款的实有数，年终余额可结转下年度继续处理。

(5)“入库税收”和“入库其他收入”。这两个科目核算已入库的税金，本类科目“借方”记已入库的税金数，“贷方”记从国库办理的提退税金数，平时余额在“借方”，表示累计入库数。年终与相应的“应征”类科目的“贷方”余额冲销后应无余额。

(6)“提退税金”。本科目核算在自收税款中支付的小额退税和通过退库方式提退的各项税金，包括：汇算清缴和申报结算的多缴税款退税（含税收政策调整结算退税)；出口退税；因误收、误缴而多缴税款的小额退税和退库退税；减免退税、个税手续费退库。其科目“借方”记实际退库和小额退税数，“贷方”记退库减免结转到“减免税金”科目数和多缴税款退税冲转“多缴税金”科目数，平时余额在“借方”，表示累计出口退税数和手续费、奖金提退数。年终按税收、其他收入等分类，与相应的“应征”类科目“贷方”余额结转冲销后无余额。

(7)“待处理损失税金”。本科目核算由于各种原因造成损失，需要上报审批等待处理的损失税金。其科目“借方”记上报审批等待处理的损失税款数，“贷方”记经批准予以核销或有关责任人赔偿的税款数，余额在“借方”，表示尚未处理的损失税款数。年终余额应结转下年度继续处理。

(8)“损失税金核销”。本科目核算按照规定审批权限报经批准同意核销的损失税金和纳税人发生解散、破产、撤销，经法定清算仍未收回而依法注销的欠缴税金。其科目“借方”记损失税金批准核销数和欠缴税金依法注销数，“贷方”平时无发生额，平时余额在“借方”，表示累计批准核销数和依法注销数，年终按工商税收、企业所得税、能交基金、调节基金、其他收入等分类，与相应的“应征”类科目“贷方”余额结转冲销后无余额。

(9)“在途税金”。本科目核算已经缴入银行，但尚未到达国库的税款数。平时余额在“借方”，表示在途税金实有数，如果出现“贷方”余额，表示已入库但尚未收到缴款书报查联或上解凭证汇总单和待解凭证汇总单等征解凭证的税款数。年终一般应无余额，如有余额结转下年度继续处理。

(10)“保管款”。本科目核算存放在税务机关或金融单位的纳税保证金（押金）、拍卖款和长款数。其“借方”记保管款现金和存款增加数，“贷方”记减少数，余额在“借方”，表示保管款现金和存款实有数。年终余额应结转下年度继续处理。

（七）税收会计凭证分类

税收会计凭证按照填制程序和用途的不同，分类如下：

（1）原始凭证：应征凭证、减免凭证、征解凭证、入库凭证、提退凭证和其他凭证。

（2）会计原始凭证汇总单：应征凭证汇总单、征前减免凭证汇总单、上解凭证汇总单、待解凭证汇总单、入库凭证汇总单、退库凭证汇总单。

（3）记账凭证：是根据审核无误的原始凭证或税收会计原始凭证汇总单归类整理而编制，确定会计分录，据以登记税收会计总账及其明细账的依据。

（八）税收会计账簿及其分类

税收会计账簿是以会计凭证为依据，按照会计科目开设，全面、系统和连续地记录税收资金活动情况的簿籍。是编制税收会计报表的主要依据。

税收会计账簿按用途可分为总分类账、明细分类账、日记账、辅助账四种类型。

（九）税收会计报表种类及其编报流程

税收会计报表的种类包括《税收资金平衡表》《入库税金明细报表》《应征税金明细报表》《待征税金变动情况报表》《提退税金明细报表》《减免税金明细报表》《多缴、待解、在途、待处理损失税金及损失税金核销明细报表》《查补税金及税款滞纳金、罚款收入明细报表》《滞纳金明细报表》《代征代扣税款明细报表》《税务代保管资金明细报表》《待清理呆账税金明细报表》等12种（图11－2）。

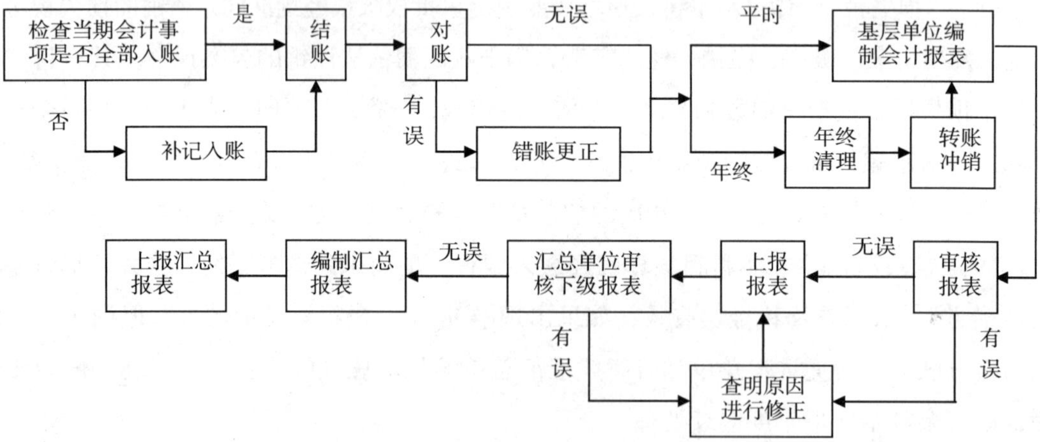

图11－2　税收会计报表编报流程

（十）主要会计分录举例

（1）收到征收组传来某公司所得税纳税申报表，税款未缴。根据报表中的应纳所得税额记录如下：

借：待征税收—××户—企业所得税

贷：应征税收—企业所得税

（2）收到征收组转来某运输公司车船使用税纳税申报表及其税收通用缴款书报查联记录如下：

借：待征税收—××户—车船使用税

贷：应征税收—××户—车船使用税

借：上解税收—车船使用税

贷：待征税收—××户—车船使用税

（3）收到征收组转来个体户教育费附加申报核定表或定税清册

借：待征其他收入—××户—教育费附加

贷：应征其他收入—教育费附加

（4）某服装厂向税务机关申报汇算上年企业所得税，应退还上年多预缴的所得税款，服装厂要求在今年一季度预缴所得税时抵扣。根据申报表应退税额记录如下：

借：应征税收—企业所得税

贷：多缴税金

（5）收到该服装厂一季度预缴所得税申报表及退税（抵税）申请审批确认书。根据申报表和确认书记录如下：

借：待征税收—××户—企业所得税（一季度所得税全额）

贷：应征税收—企业所得税（一季度所得税全额）

借：多缴税金（实际抵扣额）

贷：待征税收—××户—企业所得税（实际抵扣额）

（6）收到征收组转来兼营免纳增值税项目的某公司增值税纳税申报表

按应纳税款全额（即含免税额）记录如下：

借：待征税收—××户—增值税（应纳全额）

贷：应征税收—增值税（应纳全额）

按免征税额记

借：减免税金—增值税（实际免征额）

贷：待证税收—××户—增值税（实际免征额）

（7）收到集贸市场征收人员结报临时征收的增值税税款现金，存本单位。根据票款结报单和税收完税证存根联记录如下：

借：待征税收—临时户—增值税

贷：应征税收—增值税

借：待解税金

贷：待征税金—临时户—增值税

（8）收到征收人员结报某定额纳税户增值税完税凭证及其税款汇总缴款书收据联记录如下：

借：上解税收—增值税

贷：待征税收—××户—增值税

（9）会计将库存增值税及罚款现金汇总缴入银行。据汇总专用缴款书收据联记录如下：

借：上解税收—增值业税

贷：待解税金

（10）会计对某户的误收增值税进行退税记录如下：

借：提退税金—增值税

贷：入库税收

借：应征税收—增值税

贷：多缴税金

借：多缴税金

贷：提退税金—增值税

（11）某征收人员报告其征收的临商增值税现金及完税证丢失，经查实，填制税款损失报告单上报上级税务机关请示处理。据税款损失报告单记录如下：

借：待征税收—临时户—增值税

贷：应征税收—增值税

借：待处理损失税金—增值税

贷：待征税收—临时户—增值税

（12）税务机关库存增值税款现金被盗，经查证，向上级税务机关填报税款损失报告单请示处理。据税款损失报告单记录如下：

借：待处理损失税金—增值税

贷：待解税金

（13）收到上级税务机关转来征收人员丢失增值税款和完税证的批复文件，其中丢失税款部分责令赔偿，部分准予核销。该征收人员交来赔偿款。据批复文件核销数和税款损失赔偿收据的赔偿税款记录如下：

借：损失税金核销—增值税（核销数）

　　贷：待处理损失税金—增值税

（14）某企业破产，经过法定清算，尚有欠缴增值税未收回来，税务机关根据该企业清算报告办理注销税务登记。根据清算报告及注销税务登记通知书的注销欠税额记录如下：

借：待清理呆账税金—××户—增值税

　　贷：待征税金—××户—增值税

借：损失税金核销—增值税

　　贷：待清理呆账税金—××户—增值税

　　　　提退税金—营业税—误收退税

二、税收票证

（一）税收票证定义

税收票证，是指税务机关、扣缴义务人依照法律法规，代征代售人按照委托协议，征收税款、基金、费、滞纳金、罚没款等各项收入（以下统称税款）的过程中，开具的收款、退款和缴库凭证。税收票证是纳税人实际缴纳税款或者收取退还税款的法定证明。

税收票证包括纸质形式和数据电文形式。数据电文税收票证是指通过横向联网电子缴税系统办理税款的征收缴库、退库时，向银行、国库发送的电子缴款、退款信息。国家积极推广以横向联网电子缴税系统为依托的数据电文税收票证的使用工作。

（二）税收票证种类

税收票证包括税收缴款书、税收收入退还书、税收完税证明、出口货物劳务专用税收票证、印花税专用税收票证以及国家税务总局规定的其他税收票证。

（三）税收票证有关要求

1. 印制

税收票证实行分级印制管理。《税收缴款书（出口货物劳务专用）》《出口货物完税分割单》、印花税票以及其他需要全国统一印制的税收票证由国家税务总局确定的企业印制；其他税收票证，按照国家税务总局规定的式样和要求，由各省税务机关确定的企业集中统一印制。

2. 使用

上、下级税务机关之间，税务机关税收票证开具人员、扣缴义务人、代征代售人、自行填开税收票证的纳税人与税收票证管理人员之间，应当建立税收票证及税收票证专用章戳的领发登记制度，办理领发手续，共同清点、确认领发种类、数量和号码。税收票证管理人员向税务机关税收票证开具人员、扣缴义务人和代征代售人发放视同现金管理的税收票证时，应当拆包发放，并且一般不得超过一个月的用量。视同现金管理的税收票证未按照《税收票证管理办法》第三十九条规定办理结报的，不得继续发放同一种类的税收票证。其他种类的税收票证，应当根据领用人的具体使用情况，适度发放。

税收票证的运输应当确保安全、保密。数据电文税收票证由税收征管系统自动生成税收票证号码，分配给税收票证开具人员，视同发放。数据电文税收票证不得重复发放、重复开具。

3. 结报

税收票款应当按照规定的时限办理结报缴销。税务机关税收票证开具人员、代征代售人开具税收票证（含销售印花税票）收取现金税款时，办理结报缴销手续的时限：当地设有国库经收处的，应于收取税款的当日或次日办理税收票款的结报缴销；当地未设国库经收处和代征代售人收取现金税款的，由各省税务机关确定办理税收票款结报缴销的期限和额度，并以期限或额度条件先满足之日为准；扣缴义务人代扣代收税款的，应按税法规定的税款解缴期限一并办理结报缴销。其他各种税收票证的结报缴销时限、基层税务机关向上级或所属税务机关缴销税收票证的时限，由各省税务机关确定。

第四节　税务统计基础知识

一、税务统计概念

税务统计是社会经济统计的一个重要组成部分，它是根据税收工作的要求，按照统一的制度和方法，从税收经济现象的数量方面反映税收活动及所涉及的社会经济活动情况的一项专业统计。

二、税务统计特点

（一）数量性

税务统计是从税务现象的数量变化来研究税务工作的发展变化规律的。因此，税务统计离不开对税收数量特征的加工整理和分析研究。进行数量分析，是社会经济统计的首要特点，也是税务统计的首要特点。

（二）具体性

税务统计所研究的数量都有其具体的社会经济内容，即每一个数据都是在一定时间、地点和条件下的量，不是空洞、抽象的数字。

（三）综合性

税收来源于国民经济各部门、各行业和各种企业类型，涉及社会经济的各个领域，税收税源的增减变化以及税收收入结构比重的变化，都能综合反映国民经济和社会发展的变化情况，如国民经济产业结构调整、产品结构的变化等。

（四）以税法为依据

税务统计在指标设置、指标口径、计算方式上都以税收法规为依据。

（五）灵活及时

税务统计运用它特有的灵活调查和反映方法，可以随时有针对性地展开专题调查、及时反映税收工作某方面的情况变化。

（六）与税收会计关系密切

税收资金运动是税收活动的价值表现，它既是税收会计的核算对象，也是税务统计研究的主要对象。税收会计所使用的原始凭证，如纳税申报表、税收缴款书、税收完税证等，是税务统计数据的主要来源依据。

三、税务统计调查

税务统计调查是指根据税收工作要求，按照预定的调查内容和方法，有组织、有计划地搜集各种统计资料的过程。按搜集资料的组织方式不同，要分为税务统计报表调查和专门调查两种。

（一）税务统计报表调查

税务统计报表是为了定期取得系统、全面的基本统计资料，按照统一规定的时间、表式、指标和口径要求，自上而下统一布置、自下而上提供统计资料的一种调查方式方法。目前，它是税务机关搜集（或取得）统计资料的主要形式。

1. 税务统计报表的种类

按照统计时间不同，分为旬报、月报、季报和年报；按照统计范围不同，分为税源统计报表、税收统计报表和税政统计报表；按编制方式不同，分为原始统计报表和汇总统计报表；按报送方式不同，分为纸质报表和电子报表。

2. 主要税收统计报表种类

目前与税收会计报表同时报送的税收基础统计报表主要有26张统计报表，分别是：

（1）《SJ－14：税收收入分行业分税种统计月报总表》；

（2）《SJ－15：税收收入分企业类型统计月报总表》；

（3）《SJ－16：税收收入分行业分企业类型统计月报总表》；

（4）《SJ－17：增值税分行业分企业类型统计月报表》；

（5）《SJ－18：消费税分税目分企业类型统计月报表》；

（6）《SJ－19：企业所得税分行业分企业类型统计月报表》；

（7）《SJ－20：企业所得税分行业入库类型统计月报表》；

（8）《SJ－21：个人所得税分项目统计月报表》；

（9）《SJ－22：资源税分税目分企业类型统计月报表》；

（10）《SJ－23：环境保护税分税目分企业类型统计月报表》；

（11）《SJ－24：财产行为税分税目分企业类型统计月报表》；

（12）《SJ－25：涉外税收分行业分税种统计月报表》；

（13）《SJ－26：税收欠税分行业分企业类型统计月报表》；

（14）《SJ－27：欠税分税种分属期统计月报表》；

（15）《SJ－28：待清理其他呆账税金分项目统计月报表》；

（16）《SJ－29：减免税分行业统计月报表》；

（17）《SJ－30：减免税分企业类型统计月报表》；

（18）《SJ－31：减免税分减免类型统计月报表》；

（19）《SJ－36：改征增值税分税目分企业类型统计月报表》；

（20）《SJ－37：税收收入分企业规模分税种统计月报表》；

（21）《SJ－38：税收收入分企业规模分行业统计月报表》；

（22）《SJ－39：税收收入分企业规模分注册类型统计月报表》；

（23）《SJ－40：个人所得税综合所得汇算清缴年报表》；

（24）《SJ－41：纳税登记户数分行业统计年报表》；

（25）《SJ－42：纳税登记户数分企业类型统计年报表》；

（26）《SFJ－01：社会保险基金（费）分项目统计月报表》。

3. 税务统计报表的审核

一是制表前的审核，包括票证审核和汇总单审核。二是制表后的审核。主要审核方法包括目测、政策性审核、技术性审核、逻辑性审核。

（二）税务统计专门调查

税务统计专门调查是指根据特定的目的和要求而专门组织的一种收集统计资料的调查形式。它是对定期报表中没有反映，或反映不全，或反映不够详细的情况所作的调查，包括各种普查、重点调查、抽样调查和典型调查，多属一次性调查。

四、税务统计资料整理

统计资料的整理是指按照一定的要求，把搜集到的各种统计资料进行科学的分组归类，使之系统化，成为反映各特定内容的综合性资料的过程。统计资料的整理和加工，是进行统计分析的基础。

（一）统计资料的整理原则

整理统计资料的关键是对统计资料进行科学分组，即将统计资料按特定内容进行分类整理。分类整理原则如下：

1. 系统性

资料的分组内容要符合逻辑、界限明确、层次分明，既自成体系，又相互联系。

2. 可比性

资料整理时，要注意与历史资料保持连贯，分组口径要前后一致，以便不同时期统计资料的对比分析。

3. 实用性

进行分组整理时，必须要有利于统计资料的使用，必须以满足当前税收工作的需要为根本。

4. 以现有资料为依据

确定分组内容时，必须考虑到各分组指标的数据来源，要在现有统计资料的基础上进行分组加工，不能设立现有资料中没有的分类指标。

（二）统计资料分组整理方法

统计资料的分组整理方法主要有：

（1）按税种分组。观察各种税收的发展变化情况。

（2）按地区分组。观察各地区税收的发展变化情况及各个地区占全国税收的比重情况。

（3）按企业类型分组。观察来自不同企业类型的税收比重情况。

（4）按时期分组。观察各个不同时期税收的发展变化情况及占全年税收的比重情况。

（5）按城乡分组。观察来自城市、县镇 、乡村税收比重及其变化规律。

（6）按行业分组。观察来自制造业、批发和零售贸易业、交通运输业及其他国民经济行业的税收变化情况。

（7）按重点项目、税目或重点产品分组。观察比重较大的项目、税目和产品的税源、税收收入变化情况及其对该税种的影响程度。

第五节　重点税源监控

一、重点税源监控标准及范围

2019 年国家税务总局监控的重点税源纳税人标准具体如下：

（1）2018 年实际缴纳税款达到以下标准：缴纳增值税 500 万元以上的增值税纳税人；缴纳消费税 100 万元以上的消费税纳税人；缴纳企业所得税 500 万元以上的各类纳税人；除上述税种外，其他各项税收合计达到 500 万元以上的纳税人。

（2）在上海、深圳、中国香港特别行政区以及美国、英国、新加坡等地上市的纳税人。

（3）为确保行业样本量，通用设备制造，专用设备制造，汽车制造，电气机械和器材制造，仪器仪表制造，医药制造，铁路、船舶、航空航天和其他运输设备制造，计算机、通信和其他电子设备制造等制造业以及信息传输软件和信息技术服务，租赁和商务服务，科学研究和技术服务，交通运输、仓储和邮政业等服务业，监控标准为 2018 年实际缴纳税款 300 万元以上的纳税人。

（4）为确保房地产行业样本质量，在上述第一项监控标准的基础上，房地产行业重点税源纳税人还应同时满足以下条件：项目投资额超过 2 亿元、连续 3 年实现稳定纳税 500 万元以上且可持续经营。

（5）2018 年虽未达到上述标准，但预计 2019 年缴纳税款可达到上述标准的纳税人也可纳入监控。

凡符合上述条件之一的，须纳入全国重点税源监控范围。各级税务机关可以根据本地工作需要，逐级扩大重点税源监控范围。纳入监控的重点税源纳税人需完整填报重点税源监控报表各项指标，逐月上报国家税务总局。

为确保重点税源监控样本的连续性，除连续3年未达到监控标准和停止经营的纳税人，已纳入重点税源监控的纳税人均应持续纳入监控。对符合监控标准而不纳入监控的纳税人，各地须在2019年1月底前将企业统一社会信用代码、企业名称及具体原因上报国家税务总局。

二、重点税源监测内容

重点税源监测主要包括：重点税源企业基本信息、重点税源企业信息（月报表）、重点税源企业财务信息表、重点税源企业景气调查问卷表（表11－1至表11－4）。

表11－1　2021年重点税源企业基本信息表
（基本信息表）

统一社会信用代码：　　　　　　　　　　　　　　　　重点税源××B表

1	统一社会信用代码（纳税人识别号）	
2	企业名称	
3	国民经济行业类别	
4	企业登记注册类型	
5	企业营业执照的登记时间	
6	主要投资方所属国家或地区	
7	国有投资比例/%	
8	外资投资比例/%	
9	自然人投资比例/%	
10	混合所有制企业所属经济类型	
11	总机构名称	
12	总机构统一社会信用代码（纳税人识别号）	
13	集团公司情况	
14	所属企业集团	
15	增值税缴纳方式	
16	增值税优惠政策形式	
17	增值税出口退税方式	
18	增值税申报周期	
19	消费税缴纳方式	
20	消费税主要品目	

续表

21	企业所得税缴纳方式	
22	企业所得税优惠政策形式	
23	企业所得税申报周期	
24	企业规模（工业和信息化部标准）	
25	上市公司上市地区	
26	上市股票代码	
27	是否自贸区企业	
28	主要出口国家（地区）	
29	企业财务核算方式及报表期	
30	执行企业会计制度或准则	
31	法定代表人	
32	财务负责人	
33	填报人姓名	
34	填报人联系电话	
35	注册地址	
36	企业经营状态	
37	监控级次	
38	主管税务机关	

注：本表依据《中华人民共和国税收征收管理法》第二十五条规定要求企业填报，相关数据用于税务管理、纳税服务和宏观经济形势分析，报表报送质量及时效性为纳税信用等级评定内容，请如实、及时填报各项内容，如有问题，请及时向主管税务机关咨询解决。

表 11-2　2021 年月重点税源企业税收信息（月报）表

（税收月报表）

重点税源 B1 表

企业名称：　　　　　　　　　　　　　　　　企业主代码：

单位：万元

指标名称		1	2021 年		2020 年	
		2	本期	累计	本期	累计
国内增值税指标	按适用税率征税销售额（3>=4+5+6）	3				
	其中：应税货物销售额	4				
	应税劳务销售额	5				
	纳税检查调整的销售额	6				
	按简易征收办法征税销售额（7>=8）	7				
	其中：纳税检查调整的销售额	8				

续表

指标名称		1	2021 年		2020 年	
		2	本期	累计	本期	累计
国内增值税指标	免、抵、退税办法出口销售额	9				
	免税销售额	10				
	其中：免税货物销售额	11				
	免税劳务销售额	12				
	服务、不动产和无形资产扣除项目本期扣除额（13≥14+15+16+17+18+19）	13				
	其中：16%税率的项目	14				
	10%税率的项目	15				
	6%税率的项目（不含金融商品转让）	16				
	6%税率的金融商品转让项目	17				
	5%征收率的项目	18				
	3%征收率的项目	19				
	服务、不动产和无形资产扣除项目期末余额	20				
	销项税额（21≥22+23+24+25+26）	21				
	其中：16%税率的货物及加工修理修配劳务	22				
	16%税率的服务、不动产和无形资产	23				
	10%税率的货物及加工修理修配劳务	24				
	10%税率的服务、不动产和无形资产	25				
	6%税率	26				
	进项税额（27≥28+29-30+31+32）	27				
	其中：认证相符的增值税专用发票	28				
	其他扣税凭证	29				
	用于购建不动产的扣税凭证	30				
	不动产允许抵扣进项税额	31				
	外贸企业进项税额抵扣证明	32				
	上期留抵税额	33				
	进项税转出额	34				
	免、抵、退应退税额（35≤33）	35				
	按适用税率计算的纳税检查应补缴税额	36				
	应抵扣税额合计（37=27+33-34-35+36）	37				
	实际抵扣税额（若37≤21则38=37，否则38=21）	38				
	应纳税额（39=21-38）	39				
	期末留抵税额（40=37-38）	40				
	按简易征收办法计算的应纳税额（41≤7*6%，41≥42+43+44+45+46+47+48）	41				

续表

指标名称		1	2021 年		2020 年	
		2	本期	累计	本期	累计
国内增值税指标	其中：6%征收率	42				
	5%征收率的货物及加工修理修配劳务	43				
	5%征收率的服务、不动产和无形资产	44				
	4%征收率	45				
	3%征收率的货物及加工修理修配劳务	46				
	3%征收率的服务、不动产和无形资产	47				
	其他征收率	48				
	按简易征收办法计算的纳税检查应补税额	49				
	应纳税减征额	50				
	应纳税额合计（51 =39 +41 −50）	51				
	期初未缴税额（多缴为负数）	52				
	实收出口开具专用缴款书退税额	53				
	本期已缴税额（54 =55 +56 +57 +58）	54				
	①分次预缴税额	55				
	②出口开具专用缴款书预缴税额	56				
	③本期缴纳上期应纳税额	57				
	④本期缴纳欠缴税额	58				
	期末未缴税额（多缴为负数）（59 =51 +52 +53 −54）	59				
	其中：期末欠税余额（60≤59 且 60 > =0）	60				
	本期应补（退）税额（61 =51 −55 −56）	61				
	本期就地缴纳的税款（62≥63 +64）	62				
	其中：预缴税款	63				
	查补税款	64				
	实际退税额（不含出口退税）	65				
国内消费税指标	应征消费税的销售额	66				
	应纳税额	67				
	其中：从价计征的应纳税额	68				
	减（免）税额	69				
	准予扣除应税消费品已纳税额	70				
	应纳税额合计（71 =67 −69 −70）	71				
	期初未缴税额	72				
	本期已缴税额	73				
	期末未缴税额（74 =71 +72 −73）	74				
	期末欠税余额（75≤74 且 75≥0）	75				

续表

指标名称		1	2021 年		2020 年	
		2	本期	累计	本期	累计
国内消费税指标	**本期就地缴纳的税款**（76 > =77）	76				
	其中：查补税款	77				
	实际退税额	78				
企业所得税指标	营业收入	79				
	营业成本	80				
	利润总额	81				
	加：特定业务计算的应纳税所得额	82				
	减：不征税收入	83				
	减：免税收入、减计收入、所得减免等优惠金额	84				
	减：固定资产加速折旧（扣除）调减额	85				
	减：弥补以前年度亏损	86				
	实际利润额（87 =81 +82 -83 -84 -85 -86）\ 按照上一纳税年度应纳税所得额平均额确定的应纳税所得额	87				
	应纳所得税额（88 =87 ×25%）	88				
	减：减免所得税额	89				
	减：实际已缴纳所得税额	90				
	减：特定业务预缴（征）所得税额	91				
	本期应补（退）所得税额（92 =88 -89 -90 -91）\ 税务机关确定的本期应纳所得税额	92				
	总机构填写：本期分摊应补（退）所得税额（93 =94 +95 +96）	93				
	其中：总机构分摊应补（退）所得税额	94				
	财政集中分配应补（退）所得税额	95				
	总机构具有主体生产经营职能的部门分摊所得税额	96				
	分支机构填写：本期分摊比例	97				
	本期分摊应补（退）所得税额	98				
	本期就地缴纳的税款（99 =100 +101 +102）	99				
	其中：预缴税款	100				
	汇算清缴实际补（退）税额	101				
	查补税款	102				
	期末欠税余额	103				

续表

指标名称		1 2	2021 年 本期	2021 年 累计	2020 年 本期	2020 年 累计
进出口税收	已缴进口环节增值税	104				
	已缴进口环节消费税	105				
	已缴关税	106				
	实际收到的出口退税额（负数）	107				
	当期免抵税额	108				
印花税指标	印花税计税金额合计（109 > = 110 + 111 + 112 + 113 + 114 + 115 + 116 + 118 + 119 + 120）	109				
	其中：购销合同	110				
	加工承揽合同	111				
	建设工程勘察设计合同	112				
	建筑安装工程承包合同	113				
	财产租赁合同	114				
	货物运输合同	115				
	借款合同	116				
	财产保险合同	117				
	技术合同	118				
	仓储保管合同	119				
	产权转移书据	120				
	应纳印花税	121				
	已缴印花税（122 > = 123）	122				
	其中：证券交易印花税	123				
其他税收	应纳城市维护建设税	124				
	已缴城市维护建设税	125				
	应纳资源税	126				
	其中：应纳水资源税	127				
	已缴资源税	128				
	其中：已缴水资源税	129				
	土地增值税应税收入（预缴）	130				
	转让房地产收入总额（土地增值税）	131				
	应纳土地增值税	132				
	已缴土地增值税	133				
	应纳房产税	134				
	已缴房产税	135				
	应纳车船税（非代扣代缴）	136				

续表

指标名称		1	2021 年		2020 年	
		2	本期	累计	本期	累计
其他税收	已缴车船税（非代扣代缴）	137				
	占用土地面积（城镇土地使用税）（单位：平方米）	138				
	取得土地使用权支付金额（城镇土地使用税）	139				
	应纳城镇土地使用税	140				
	已缴城镇土地使用税	141				
	已缴个人所得税（142 > = 143）	142				
	其中：财产转让所得	143				
	已缴车辆购置税	144				
	成交价格（契税）	145				
	已缴契税	146				
	已缴耕地占用税	147				
	已缴烟叶税	148				
	已缴环境保护税	149				
	已缴其他税收（含滞纳金及罚款收入）	150				
	已缴纳的各类社会保障性基金（151 > = 152 + 153 + 154 + 155 + 156 + 157）	151				
	其中：1. 养老保险	152				
	2. 医疗保险	153				
	3. 失业保险	154				
	4. 工伤保险	155				
	5. 生育保险	156				
	6. 住房公积金	157				
	已缴各种行政事业性收费、政府性基金（158 > = 159 + 160 + 161 + 162 + 163）	158				
	其中：1. 已缴教育费附加（包括地方教育费附加）	159				
	2. 已缴文化事业建设费	160				
	3. 已缴水资源费	161				
	4. 已缴水利建设基金	162				
	5. 已缴残疾人就业保障金	163				
	已缴其他收费	164				
代扣代缴税收	代扣代缴增值税	165				
	代扣代缴消费税	166				
	代扣代缴（预提）所得税	167				
	代扣代缴车船税	168				

续表

指标名称		1	2021 年		2020 年	
		2	本期	累计	本期	累计
代扣代缴税收	代扣代缴个人所得税额（169 > =170 +171 +172 +173）	169				
	其中：代扣代缴工资薪金所得个人所得税	170				
	代扣代缴劳务报酬所得个人所得税	171				
	代扣代缴利息、股息、红利所得个人所得税	172				
	代扣代缴财产转让所得个人所得税	173				
其他指标	电力消费量（万千瓦时，1 度 =1 千瓦时）	174				
	煤炭消费量（吨）	175				
	油消费量（吨）	176				
	水资源消费量（吨）	177				
	天然气消费量（万立方米）	178				
	本期支付的特许权使用费	179				
	其中：对境外支付的特许权使用费	180				
	本期支付的股息、利息和红利	181				
	其中：对境外支付的股息、利息和红利	182				
	本期发生的研发费用支出	183				
	本期发生的对境外投资额	184				
	本年新增的固定资产	185				
	本年累计计提折旧	186				
	平均职工人数（单位：人）	187				
	本年累计为职工支付的薪酬（含社保基金）（188 > =189）	188				
	其中：实际支付给职工的工资	189				
	环保支出（污水处理、排污、污水治理设施运行、废气治理设施运行）	190				
	外购原材料、辅助材料、低值易耗品、燃料、动力等非固定资产的货物	191				
	利息总支出（不扣减利息收入）	192				
财务指标（只填写累计或期末余额）	营业收入	193				
	主营业务收入	194				
	主营业务成本	195				
	财务费用	196				
	投资收益	197				
	利润总额	198				
	资产合计	199				
	应收账款	200				

续表

指标名称		1	2021年		2020年	
		2	本期	累计	本期	累计
财务指标（只填写累计或期末余额）	存货合计（201 > =202 +203）	201				
	原材料	202				
	库存商品	203				
	负债合计	204				

表11－3 2021年 季度重点税源企业财务信息（季报）表

（财务季报表）

重点税源B3表

企业名称： 企业主代码： 单位：万元

项目	1	2021年（01－月累计）	2020年（01－月累计）	项目	1	2021年		2020年	
	2				2	年初	期末	年初	期末
一、营业收入	3			一、资产总计	3				
其中：主营业务收入	4			其中：流动资产合计	4				
其他业务收入	5			其中：货币资金	5				
减：营业成本	6			交易性金融资产	6				
其中：主营业务成本	7			应收票据	7				
其他业务成本	8			应收账款	8				
减：税金及附加	9			预付账款	9				
销售费用	10			应收利息	10				
管理费用	11			其他应收款	11				
财务费用	12			存　货	12				
资产减值损失	13			其中：原材料	13				
加：公允价值变动收益	14			库存商品	14				
投资收益	15			其中：非流动资产合计（15＝3－4）	15				
二、营业利润	16			其中：可供出售的金融资产	16				
加：营业外收入	17			投资性房地产	17				
其中：补贴收入	18			长期股权投资	18				
减：营业外支出	19			固定资产（净值）	19				
三、利润总额	20			在建工程	20				
减：所得税费用	21			无形资产	21				
四、净利润	22			二、负债合计	22				

续表

项目	1	2021年（01－月累计）	2020年（01－月累计）	项目	1	2021年		2020年	
	2				2	年初	期末	年初	期末
备注字段	23			其中：流动负债合计	23				
备注字段	24			其中：短期借款	24				
备注字段	25			交易性金融负债	25				
备注字段	26			应付票据	26				
备注字段	27			应付账款	27				
备注字段	28			应交税费	28				
备注字段	29			预收账款	29				
备注字段	30			其他应付款	30				
备注字段	31			其中：非流动负债合计（31＝22－23）	31				
备注字段	32			其中：长期借款	32				
备注字段	33			三、股东权益合计（33＝3－22）	33				
备注字段	34			其中：实收资本（或股本）	34				
备注字段	35			资本公积	35				
备注字段	36			未分配利润	36				
备注字段	37			盈余公积	37				

注：公允价值变动收益和投资收益损失均以“－”号填列。

表11－4　重点税源企业景气调查问卷（季报）表

重点税源B4表

企业名称：　　　　　　　　　　　　　　　　　　　　企业主代码：

一、本行业景气状况判断			
01 您对本行业本季生产经营状况的看法是	①良好 □	②一般 □	③不　佳 □
02 您对本行业下季生产经营状况的看法是	①乐观 □	②一般 □	③不乐观 □
03 您对本行业全年生产经营状况的看法是	①乐观 □	②一般 □	③不乐观 □
二、本企业生产经营状况判断			
总体情况			
04 您对本企业本季生产经营状况的看法是	①良好 □	②一般 □	③不　佳 □
05 您对本企业下季生产经营状况的看法是	①乐观 □	②一般 □	③不乐观 □
06 您对本企业全年生产经营状况的看法是	①乐观 □	②一般 □	③不乐观 □
主要经营指标			
07 下季营业收入预计比本季	①增加 □	②持平 □	③减　少 □

续表

08 下季营业成本预计比本季	①增加 □	②持平 □	③减少 □
09 下季人员工资成本预计比本季	①增加 □	②持平 □	③减少 □
10 下季融资成本预计比本季	①增加 □	②持平 □	③减少 □
11 下季利润总额预计比本季（盈利企业填）	①增加 □	②持平 □	③减少 □
12 下季亏损额预计比本季（亏损企业填）	①增加 □	②持平 □	③减少 □
流动资金			
13 本季流动资金是	①充足 □	②一般 □	③紧张 □
14 下季流动资金预计是	①充足 □	②一般 □	③紧张 □
固定资产投资			
15 本季固定资产投资比上季	①增加 □	②持平 □	③减少 □
16 下季固定资产投资预计比本季	①增加 □	②持平 □	③减少 □
进出口（有进出口业务企业填写）			
17 本季进口货物金额比上季	①增加 □	②持平 □	③减少 □
18 下季进口货物金额预计比本季	①增加 □	②持平 □	③减少 □
19 本季出口货物金额比上季	①增加 □	②持平 □	③减少 □
20 下季出口货物金额预计比本季	①增加 □	②持平 □	③减少 □
三、其他			
21 本季劳动用工比上季	①增加 □	②持平 □	③减少 □
22 下季劳动用工预计比本季	①增加 □	②持平 □	③减少 □
23 本季订单比上季	①增加 □	②持平 □	③减少 □
24 下季订单预计比本季	①增加 □	②持平 □	③减少 □
25 本季产能利用率比上季	①增加 □	②持平 □	③减少 □
26 下季产能利用率预计比本季	①增加 □	②持平 □	③减少 □

四、主要指标预测

经营指标	2021 年 × －× 月预测	2020 年 × －× 月实际完成	2021 年全年预测	2020 年全年实际
1. 营业收入/万元				
2. 利润总额/万元				
3. 国内税收合计/万元（39 = 40 + 41 + 42 + 43 + 44）				
其中：增值税/万元				
消费税/万元				
企业所得税/万元				
个人所得税/万元				
其他税收/万元				

说明：1. 请于各选项后的□中打“√”；

2. 2、5、8 月填报 2021 年全年预测指标；11 月填报 2022 年全年预测指标。

3. 本表主要基于企业财务负责人判断按季填报。

第三编

考点训练及分析

考点训练及分析（一）

一、单项选择题

1. 2021 年 1 月 8 日，国家税务总局局长王军在全国税务工作会议上提出，不断充实完善“六大体系”的具体目标内容。其中，（　　）要在推进理念方式手段变革中更加优化高效统一。

A. 税收法治体系　　B. 税费征管体系

C. 税费服务体系　　D. 国际税收体系

【参考答案】B

【答案解析】依据 2021 年全国税务会议上王军局长的讲话：税务系统党的领导制度体系要在引领税收现代化高质量发展中发挥更为显著的优势，税收法治体系要在筑法治之基、行法治之力、积法治之势中推动进一步大幅提高税法遵从度，税费服务体系要在提升办税缴费体验中推动进一步大幅提高社会满意度，税费征管体系要在推进理念方式手段变革中更加优化高效统一，国际税收体系要在推动全球税收治理变革中充分展现中国税务治理之智，队伍组织体系要在优化完善、改进提升中推动进一步营造凝心聚力、干事创业的浓厚氛围。

2. 根据《关于进一步深化税收征管改革的意见》，为严格规范税务执法行为实施的制度是(　　)。

A. 行政处罚裁量基准制度　　B. “首违不罚”清单制度

C. 纳税缴费信用评价制度　　D. 实名办税缴费制度

【参考答案】A

【答案解析】选项 B“首违不罚”清单制度与提升税务执法精确度关系更为密切；选项 C、D 与建立健全以“信用 + 风险”为基础的新型监管机制有关。只有选项 A 是与严格规范税务执法行为最相关。

3. 根据《关于进一步深化税收征管改革的意见》，（　　）实现依法运用大数据精准推送优惠政策信息，促进市场主体充分享受政策红利。

A. 2021 年　B. 2022 年　C. 2023 年　D. 2025 年

【参考答案】B

【答案解析】2022 年实现依法运用大数据精准推送优惠政策信息，促进市场主体充分享受政策红利。

4. 按照纳税人分类分级管理办法，税务机关对企业纳税人按规模进行分类，其类型不包括（　　）。

A. 大企业　B. 重点税源企业

C. 一般税源企业　D. 小企业

【参考答案】D

【答案解析】根据《国家税务总局关于印发〈纳税人分类分级管理办法〉的通知》第七条，企业纳税人按规模分为大企业、重点税源企业和一般税源企业。

5. 主管税务机关在日常管理中发现某公司存在发票违法行为，违法事实确凿并有法定处罚依据，拟进行罚款处罚，并适用简易处罚程序。税务机关作出的处罚金额最高是（　　）。

A. 200 元　B. 1 000 元

C. 2 000 元　D. 3 000 元

【参考答案】D

【答案解析】《中华人民共和国行政处罚法》规定，简易程序处罚，是指税务机关对违法事实确凿并有法定依据，对公民处以 200 元以下、对法人或者其他组织处以 3 000 元以下罚款或警告的行政处罚。

6. 红星酒厂申请办理下列行政许可事项，只能由省级税务机关核准的是（　　）。

A. 企业印制发票审批　B. 延期缴纳税款核准

C. 延期申报核准　D. 变更纳税定额核准

【参考答案】B

【答案解析】根据《税收征管操作规范》，增值税专用发票由国务院税务主管部门确定的企业印制；其他发票，按照国务院税务主管部门的规定，由省、自治区、直辖市税务机关确定的企业印制。选项 C、D 应当由区县级税务机关审批。

7. 税务机关拟对下列纳税人欠缴税款情况按期公告，公告期限不正确的是(　　)。

A. 走逃、失踪的恒实公司，每月公告一次

B. 欠税的个体工商户李某，每半年公告一次

C. 欠税的龙达科工贸公司，每季公告一次

D. 欠税的查无下落的非正常户，随时公告

【参考答案】 A

【答案解析】 根据《税收征管操作规范》，欠税公告期限为企业或单位欠税的，每季公告一次；个体工商户和其他个人欠税的，每半年公告一次；走逃、失踪的纳税户以及其他经税务机关查无下落的非正常户欠税的，随时公告。

8. 根据《重大税收违法失信案件信息公布办法》，下列不属于对向社会公布当事人采取的措施的是（　　）。

A. 通知出入境管理机关阻止其出境

B. 由相关部门依法对当事人采取联合惩戒和管理措施

C. 适用相应的 C 级纳税人管理措施

D. 依法采取的其他严格管理措施

【参考答案】 C

【答案解析】 根据《重大税收违法失信案件信息公布办法》第十三条，对按本办法向社会公布的当事人，依法采取以下措施：纳税信用级别直接判为 D 级，适用相应的 D 级纳税人管理措施；对欠缴查补税款的纳税人或者其法定代表人在出境前未按照规定结清应纳税款、滞纳金或者提供纳税担保的，税务机关可以依据《中华人民共和国税收征收管理法》相关规定，通知出入境管理机关阻止其出境；税务机关将当事人信息提供给参与实施联合惩戒的相关部门，由相关部门依法对当事人采取联合惩戒和管理措施；税务机关依法采取的其他严格管理措施。

9. 某市税务局稽查局于 10 月 8 日对税收专案涉及的 183 户非正常户采取公告送达《税务检查通知书》。该项通知书视为送达的时间是（　　）。

A. 10 月 13 日　　B. 10 月 18 日

C. 10 月 23 日　　D. 11 月 7 日

【参考答案】 D

【答案解析】 根据《税收征管操作规范》，如果同一送达事项的受送达人众多，或者采用上述规定的其他送达方式无法送达，税务机关可以公告送达税务文书，自公告之日起满 30 日，即视为送达。

10. 以下各项，不属于跨区域涉税事项报验管理内容的是（　　）。

A. 跨区域涉税事项报告　　B. 跨区域涉税事项报验

C. 跨区域涉税事项核销　　D. 跨区域涉税事项信息反馈

【参考答案】 C

【答案解析】《税收征管操作规范》中规定的跨区域涉税事项报验管理内容包括：跨区域涉税事项报告、跨区域涉税事项报验和跨区域涉税事项信息反馈。

11. 税务机关对各类违法行为依据有关税收法律、行政法规、规章作出处理决定，经过审批后，出具（　　）处理。

A. 《税务事项通知书》　　B. 《协助执行通知书》

C. 《税务检查通知书》　　D. 《税务处理决定书》

【参考答案】 D

【答案解析】 根据《税收征管操作规范》，税务处理决定处理，是指税务机关依据法律、行政法规、规章及其他规范性文件，在对纳税人税收违法行为进行检查过程中，制作税务处理决定情况审核报告及其他资料，经部门负责人审 核后，制作《税务处理决定书》，经审批后送达纳税人并执行的过程。

12. 《税收征管操作规范》与《全国税务机关纳税服务规范》《全国税务机关出口退（免）税管理工作规范》的关系是（　　）。

A. 指导关系、包容关系　　B. 对接关系、包容关系

C. 指导关系、从属关系　　D. 对接关系、从属关系

【参考答案】 B

【答案解析】《税收征管操作规范》与《全国税务机关纳税服务规范》《全国税务机关出口退（免）税管理工作规范》的关系是对接关系和包容关系。

13. 以下业务，不属于由省、自治区、直辖市税务机关核准办理的是（　　）。

A. 企业印制发票审批　　B. 欠税核销

C. 对纳税人延期缴纳税款核准　　D. 对纳税人延期申报核准

【参考答案】 D

【答案解析】 纳税人、扣缴义务人按照规定的期限办理纳税申报，或者报送代扣代缴、代收代缴税款报告表确有困难需要延期的，应当在申请延期的申报期限之内向税务机关提出书面延期申请，经税务机关核准，可以延期申报。此事项主管税务机关即可核准。

14. 两证整合个体工商户办结清税申报后，在其《清税证明》开具超过 30 天，主管税务机关仍未收到市场监督管理部门注销信息的，应采取的措施是（　　）。

A. 将该个体工商户提请市监管理部门注销

B. 将该个体工商户恢复正常状态

C. 将该个体工商户《清税证明》作废

D. 将该个体工商户纳入税收风险管理

【参考答案】D

【答案解析】根据《税收征管操作规范》，《清税证明》开具超过 30 天，主管税务机关仍未收到市场监督管理部门注销信息的，应将该个体工商户纳入税收风险管理。

15. 以下各项，属于税务管理基础事项的是（　　）。

A. 跨区域涉税事项报告　　B. 增值税汇总纳税报告

C. 发票代开　　D. 发票真伪鉴定

【参考答案】B

【答案解析】选项 A、C、D 均属于自主办理事项，选项 B 为税务管理基础事项。

16. 根据《关于进一步深化税收征管改革的意见》，2022 年税务部门办理正常出口退税的平均时间将压缩至（　　）。

A. 4 个工作日以内　　B. 6 个工作日以内

C. 10 个工作日以内　　D. 20 个工作日以内

【参考答案】B

【答案解析】2022 年税务部门办理正常出口退税的平均时间压缩至 6 个工作日以内。

17. 根据《关于进一步深化税收征管改革的意见》，以下不属于 2023 年税务监管新体系目标特点的是（　　）。

A. 以“双随机、一公开”监管和“互联网 + 监管”为基本手段

B. 以重点监管为补充

C. 以“信用 + 风险”监管为基础

D. “以票管税”为主要监管手段

【参考答案】D

【答案解析】基本建成以“双随机、一公开”监管和“互联网 + 监管”为基本手段、以重点监管为补充、以“信用 + 风险”监管为基础的税务监管新体系。

18. 按照深化税收征管改革目标，税务机关倡导的执法方式类别是（　　）。

A. 经验式执法　　B. 科学精确执法

C. 钓鱼式执法　　D. 粗放式执法

【参考答案】B

【答案解析】实现从经验式执法向科学精确执法转变。

19. 根据《关于进一步深化税收征管改革的意见》，以下关于智慧税务建设时间表说法正确的是（　　）。

A. 2023 年基本实现法人税费信息“一人式”

B. 2022 年基本实现自然人税费信息“一户式”

C. 2023 年基本实现税务机关信息“一局式”

D. 2022 年基本实现税务人员信息“一员式”

【参考答案】C

【答案解析】2022 年基本实现法人税费信息“一户式”、自然人税费信息“一人式”智能归集，2023 年基本实现税务机关信息“一局式”、税务人员信息“一员式”智能归集。

二、多项选择题

1. 深化税收征管改革的目标是建成具有高集成功能、高安全性能、高应用效能的智慧税务，以下属于其实现路径的有（　　）。

A. 以服务纳税人缴费人为中心　　B. 以发票电子化改革为突破口

C. 以税收大数据为驱动力　　D. 以信息化自助终端为基础

【参考答案】ABC

【答案解析】深化税收征管制度改革，着力建设以服务纳税人缴费人为中心、以发票电子化改革为突破口、以税收大数据为驱动力的具有高集成功能、高安全性能、高应用效能的智慧税务。

2. 各级税务机关是实施分类分级管理的主体，应当落实管理责任，加强协作沟通，防范管理漏洞，逐步实现管理方式的转变。这些转变包括（　　）。

A. 属地管理向综合管理的转变　　B. 经验管理向大数据管理的转变

C. 固定管户向分类分级管户的转变　　D. 无差别管理向差异化管理的转变

E. 事前审核向事中事后监管的转变

【参考答案】BCDE

【答案解析】依据《国家税务总局关于印发〈纳税人分类分级管理办法〉的通知》。

3.《税收征管操作规范》蕴含的主要目标有（　　）。

A. 规范统一税收征管流程　　B. 引导推动的税人自我遵从税法

C. 创新推行新型动态信用评价　　D. 优化完善风险管理制度

【参考答案】ABCD

【答案解析】编制《税收征管操作规范》的主要目标包括：规范统一税收征管流程、引导推动的税人自我遵从税法、创新推行新型动态信用评价、优化完善风险管理制度。

4.《税收征管操作规范》的现实意义有（　　）。

A. 机构合并、业务划转、政策变化的必然产物

B. 优化税务执法方式的基本指引

C. 税务系统深化“放管服”改革的重要抓手

D. 深化“不忘初心、牢记使命”主题教育的成果体现

【参考答案】ABCD

【答案解析】编制《税收征管操作规范》的现实意义包括：机构合并、业务划转、政策变化的必然产物；优化税务执法方式的基本指引；税务系统深化“放管服”改革的重要抓手；深化“不忘初心、牢记使命”主题教育的成果体现。

5. 以下各项，属于税务管理基础事项的有（　　）。

A. 发票代开　　B. 税（费）种认定

C. 增值税汇总纳税报告　　D. 发票真伪鉴定

【参考答案】BC

【答案解析】发票代开和发票真伪鉴定为自主办理事项，所以选项 A、D 不正确。

6. 以下说法，正确的有（　　）。

A. 适用“一照一码”“两证整合”的纳税人办理企业注销时，向主管税务机关申报清税领取清税证明

B. 不适用“一照一码”“两证整合”的纳税人办理企业注销时，向主管税务机关申报办理注销税务登记

C. 对办理过涉税事宜但未领用发票、无欠税（滞纳金）及罚款，主动到税务机关办理清税的纳税人资料齐全的，即时出具清税文书

D. 经人民法院裁定宣告破产的纳税人，持人民法院终结破产程序裁定书向税务机关申请税务注销的，税务机关按照有关规定核销“死欠”后出具清税文书

【参考答案】 ABC

【答案解析】 经人民法院裁定宣告破产的纳税人，持人民法院终结破产程序裁定书向税务机关申请税务注销的，税务机关即时出具清税文书，按照有关规定核销“死欠”。因此选项 D 不正确。

7. 税收风险的后续管理主要包括（　　）。

A. 预防　　B. 推送　　C. 控制　　D. 应对

【参考答案】 ACD

【答案解析】 推送为税收风险管理流程中的一个环节，不属于后续管理。因此选项 B 不正确。

8. 以下关于信用动态监控的描述，正确的有（　　）。

A. 对纳税人采用差异化管理和服务，由业务主管部门提出并组织落实差异化管理措施，无须经法制部门进行合规性审核

B. 办理渠道差异化包括但不限于绿色通道、预约办理、非窗口受理渠道等

C. 资料报送差异化主要指允许信用较高的纳税人在受理资料欠缺的情况下先予容缺受理，事后补齐

D. 办理期限差异化主要指允许信用较高的纳税人在法定时限内，提速办理或优先办理

【参考答案】 ACD

【答案解析】 预约办理、非窗口受理渠道等不区分信用等级，所以选项 B 不正确。

9. 以下说法，错误的有（　　）。

A. 税务行政处罚过程中若被处罚对象确有经济困难，纳税人可以向税务机关提出申请延期或者分期缴纳罚款

B. 税务人员在发现税务行政相对人在税款、滞纳金、罚款限缴期限到期后仍不缴纳时，可直接对税务行政管理相对人采取强制扣缴措施

C. 作出行政决定后，若税务机关发现原行政行为确有错误，做出行政决定的税务机关可以改变行政行为，进行查补税款、变更罚款、补充处理

D. 税务行政相对人同税务机关发生纳税争议时，可以依法申请税务行政复议，待复议结束后按照复议结果缴纳税款和滞纳金

【参考答案】BD

【答案解析】税务人员在发现税务行政相对人在税款、滞纳金、罚款限缴期限到期后仍不缴纳时，需事先催告当事人履行义务。因此选项 B 的说法不正确。税务行政相对人同税务机关发生纳税争议时，应先按照复议结果缴纳税款和滞纳金再申请税务行政复议。因此选项 D 的说法不正确。

10. 以下各项，属于可以由纳税人根据实际向税务机关提出的税收核定事项的有（　　）。

A. 定期定额户核定　　B. 个人所得税核定

C. 印花税核定　　D. 环境保护税核定

【参考答案】ACD

【答案解析】个人所得税核定由税务机关发起，所以选项 B 不正确。

11. 某市税务机关行政复议机构审理的下列复议事项中，可以适用调解的有（　　）。

A. 举报人对税务机关给予的行政奖励不服申请复议

B. 纳税人对税务机关作出的罚款决定不服申请复议

C. 纳税人对税务机关作出的不予减免税决定不服申请复议

D. 纳税人对税务机关核定的税额不服申请复议

E. 纳税人对税务机关确定的应税所得率不服申请复议

【参考答案】ABDE

【答案解析】根据《税收征管操作规范》，适用调解原则一般针对税务机关行使自由裁量的行为，税务机关减税、免税决定不允许自由裁量，因此选项 C 不正确。

12.《税收征管操作规范》将税收征管事项的分类方式，从按传统业务域划分，转为按事项办理主体及性质划分。划分的事项的大类包括（　　）。

A. 自主办理事项　　B. 跨区域协作事项

C. 税务管理基础事项　　D. 法律追责与救济事项

E. 纳税信用与风险监控事项

【参考答案】ACDE

【答案解析】《税收征管操作规范》将税收征管事项的分类方式从原有按传统业务域划分转为按事项办理主体及性质划分，分为自主办理事项、税务管理基础事项、纳税信用与风险监控事项、法律追责与救济事项 4 大类。

13. 鸿峰酒业公司未缴纳的下列税款，属于欠税的有（　　）。

A. 办理纳税申报后，未在缴纳期限内缴纳的税款

B. 经批准延期缴纳税款，期满后仍未缴纳的税款

C. 稽查查补税款，却未在缴纳期限内缴纳的税款

D. 公司已收到应税收入，未到纳税申报期的税款

E. 公司存在其他未在税款缴纳期限内缴纳的税款

【参考答案】 ABCE

【答案解析】 根据《税收征管操作规范》，欠税指纳税人、扣缴义务人、纳税担保人超过税收法律、行政法规规定的期限或者纳税人超过税务机关依照税收法律、行政法规规定确定的纳税期限未缴纳的税款，包括：①办理纳税申报后，纳税人未在税款缴纳期限内缴纳的税款；②经批准延期缴纳的税款期限已满，纳税人未在税款缴纳期限内缴纳的税款；③税务检查已查定纳税人的应补税额，纳税人未在税款缴纳期限内缴纳的税款；④税务机关根据《中华人民共和国税收征收管理法》第二十七条、第三十五条核定纳税人的应纳税额，纳税人未在税款缴纳期限内缴纳的税款；⑤纳税人的其他未在税款缴纳期限内缴纳的税款。公告的欠税不包括滞纳金和罚款。

14. 金信工贸公司经核准延期申报，应当在纳税期内按照规定预缴税款。预缴金额可以是（　　）。

A. 当期预计缴纳税额的 10%　　B. 上期实际缴纳的税额

C. 税务机关核定的税额　　D. 当期预计缴纳税额

【参考答案】 BC

【答案解析】 纳税人不能按期办理纳税申报的，向税务机关报送《延期申报申请核准表》及相关资料，经税务机关核准，可以延期申报，但要在纳税期内按照上期实际缴纳的税额或者税务机关核定的税额预缴税款，并在核准的延期内办理税款结算。

15. 强制执行过程中，有下列（　　）情形的，税务机关中止执行。

A. 当事人履行行政决定确有困难或者暂无履行能力的

B. 第三人对执行标的主张权利，确有理由的

C. 执行标的灭失的

D. 执行可能造成难以弥补的损失，且中止执行不损害公共利益的

【参考答案】 ABD

【答案解析】 有下列情形之一的，税务机关中止执行：①当事人履行行政决定确有

困难或者暂无履行能力的；②第三人对执行标的主张权利，确有理由的；③执行可能造成难以弥补的损失，且中止执行不损害公共利益的；④行政机关认为需要中止执行的其他情形。

16. 税务机关要建立以（　　）等主要环节的现代税收征管基本程序。

A. 自主申报　　B. 纳税服务

C. 税额确认　　D. 税款追征

【参考答案】BCD

【答案解析】根据《国家税务总局关于印发〈全国税务系统深化“放管服”改革五年工作方案（2018—2022 年）〉的通知》，配合修订税收征收管理法及其实施条例，确立以自主申报、税额确认、税款追征等为主的现代税收征管基本程序及其法律地位。

17. 税务机关向纳税人、扣缴义务人通知有关税务事项时使用《税务事项通知书》。除法定的专用通知书外，税务机关在通知纳税人（　　）时均可使用此文书。

A. 缴纳税款　　B. 缴纳滞纳金

C. 要求当事人提供有关资料　　D. 办理有关涉税事项

【参考答案】ABCD

【答案解析】根据《税收征管操作规范》，税务机关向纳税人、扣缴义务人通知有关税务事项时使用《税务事项通知书》。除法定的专用通知书外，税务机关在通知纳税人缴纳税款、滞纳金，要求当事人提供有关资料，办理有关涉税事项时均可使用此文书。

18. 在深化税收征管改革中，2023 年构建税费服务新体系的特点有（　　）。

A. 线下服务无死角　　B. 窗口服务一条龙

C. 线上服务不打烊　　D. 定制服务广覆盖

【参考答案】ACD

【答案解析】基本建成“线下服务无死角、线上服务不打烊、定制服务广覆盖”的税费服务新体系，实现从无差别服务向精细化、智能化、个性化服务转变。

19. 根据《关于进一步深化税收征管改革的意见》，推行智能型个性化服务措施有（　　）。

A. 提升 12366 税费服务平台，向以 24 小时智能咨询为主转变

B. 2022 年基本实现全国咨询“一线通答”

C. 运用税收大数据智能分析识别纳税人缴费人的实际体验、个性需求等，精准提供

线上服务

D. 持续优化线下服务，有偿满足特殊人员、特殊事项的服务需求

【参考答案】ABC

【答案解析】积极推行智能型个性化服务。全面改造提升12366税费服务平台，加快推动向以24小时智能咨询为主转变，2022年基本实现全国咨询“一线通答”。运用税收大数据智能分析识别纳税人缴费人的实际体验、个性需求等，精准提供线上服务。持续优化线下服务，更好满足特殊人员、特殊事项的服务需求。

20. 根据《关于进一步深化税收征管改革的意见》，2023年税费服务新体系的服务模式包括（　　）。

A. 智能化服务　B. 个性化服务　C. 无差别服务　D. 精细化服务

【参考答案】ABD

【答案解析】实现从无差别服务向精细化、智能化、个性化服务转变。

21. 深化拓展税收共治格局离不开加强社会协同，可采用的社会协同措施包括(　　)。

A. 积极发挥行业协会和社会中介组织作用

B. 支持第三方按市场化原则为纳税人提供个性化服务

C. 加强对涉税中介组织的职业监管和行业监管

D. 加强税务系统内部跨部门协同监管

【参考答案】ABC

【答案解析】依据《关于进一步深化税收征管改革的意见》。

22. 持续深化拓展税收共治格局所应采取的措施包括（　　）。

A. 加强部门协作　B. 加强社会协同

C. 强化税收司法保障　D. 强化国际税收合作

【参考答案】ABCD

【答案解析】依据《关于进一步深化税收征管改革的意见》。

23. 根据《关于进一步深化税收征管改革的意见》，强化税收司法保障措施包括（　　）。

A. 做实健全公安派驻税务联络机制

B. 畅通行政执法与刑事执法衔接工作机制

C. 持续深化“银税互动”

D. 检察机关发现负有税务监管相关职责的行政机关不依法履责的，应依法提出检察建议

【参考答案】 ABD

【答案解析】 根据《关于进一步深化税收征管改革的意见》第（二十三）项“强化税收司法保障”，公安部门要强化涉税犯罪案件查办工作力量，做实健全公安派驻税务联络机制。实行警税双方制度化、信息化、常态化联合办案，进一步畅通行政执法与刑事执法衔接工作机制。检察机关发现负有税务监管相关职责的行政机关不依法履责的，应依法提出检察建议。完善涉税司法解释，明晰司法裁判标准。

24. 根据《关于进一步深化税收征管改革的意见》，以下措施属于减轻纳税人缴费人办税缴费负担的有（　　）。

A. 减少纳税人缴费人重复报送

B. 全面推行税务证明事项告知承诺制

C. 拓展容缺办理事项

D. 将税务执法风险防范措施嵌入信息系统

【参考答案】 ABC

【答案解析】 根据《关于进一步深化征管改革的意见》第（十三）项“切实减轻办税缴费负担”，积极通过信息系统采集数据，加强部门间数据共享，着力减少纳税人缴费人重复报送。全面推行税务证明事项告知承诺制，拓展容缺办理事项，持续扩大涉税资料由事前报送改为留存备查的范围。将税务执法风险防范措施嵌入信息系统是强化税务执法内部控制和监督的内容，不是减轻纳税人缴费人办税缴费负担的内容。

25. 依法严厉打击涉税违法犯罪行为，加强预防性制度建设，加大依法防控和监督检查力度，其重点领域包括（　　）。

A. 隐瞒收入、虚列成本的行为　　B. 转移利润的行为

C. 利用“税收洼地”逃避税行为　　D. 利用“阴阳合同”逃避税行为

【参考答案】 ABCD

【答案解析】 对隐瞒收入、虚列成本、转移利润以及利用“税收洼地”“阴阳合同”和关联交易等逃避税行为，加强预防性制度建设，加大依法防控和监督检查力度。

26. 国家税务总局2021年3月2日通报了首起增值税电子专用发票虚开案件，犯罪嫌疑人通过线上注册空壳公司、申领并对外虚开电子专票刚刚400余万元即被抓获，这

体现出税收大数据的作用包括（　　）。

A. 依托税务网络可信身份体系对发票开具、使用等进行全环节即时验证和监控

B. 对虚开骗税等违法犯罪行为惩处从事后打击逐渐向事前事中精准防范转变

C. 充分依托国家“互联网＋监管”系统多元数据汇聚功能，精准有效打击“假企业”虚开发票

D. 根据税收风险适当提高“双随机、一公开”抽查比例

【参考答案】ABC

【答案解析】根据《关于进一步深化税收征管改革的意见》第（二十）项“依法严厉打击涉税违法犯罪行为”，充分发挥税收大数据作用，依托税务网络可信身份体系对发票开具、使用等进行全环节即时验证和监控，实现对虚开骗税等违法犯罪行为惩处从事后打击向事前事中精准防范转变。健全违法查处体系，充分依托国家“互联网＋监管”系统多元数据汇聚功能，精准有效打击“假企业”虚开发票、“假出口”骗取退税、“假申报”骗取税费优惠等行为，保障国家税收安全。与提高“双随机、一公开”抽查比例无关，与税务执法风险信息化内控监督体系无关。

27. 优化税务执法方式，要推动税务执法、服务、监管的理念方式手段变革，需要深入推进的重点主要包括（　　）。

A. 精确执法　　B. 精细服务　　C. 精准监管　　D. 精诚共治

【参考答案】ABCD

【答案解析】优化税务执法方式，要推动税务执法、服务、监管的理念方式手段变革，深入推进精确执法、精细服务、精准监管、精诚共治。

28. 深化税收征管改革的工作原则，除坚持党的全面领导以外，还包括（　　）。

A. 坚持依法治税　　B. 坚持为民便民

C. 坚持问题导向　　D. 坚持改革创新

【参考答案】ABCD

【答案解析】依据《关于进一步深化税收征管改革的意见》。

29. 到2023年，税务系统要基本建成税务执法新体系，其具体特点包括（　　）。

A. 重实效轻留痕　　B. 无风险不打扰

C. 有违法要追究　　D. 全过程强智控

【参考答案】BCD

【答案解析】到2023年，基本建成“无风险不打扰、有违法要追究、全过程强智

控”的税务执法新体系。

30. 关于发票电子化改革，以下说法正确的有（　　）。

A. 2021 年建成全国统一的电子发票服务平台

B. 实现 24 小时在线免费为纳税人提供电子发票申领、开具、交付、查验等服务

C. 有序推进铁路、民航等领域发票电子化

D. 2023 年基本实现发票全领域、全环节、全要素电子化

【参考答案】ABC

【答案解析】2021 年建成全国统一的电子发票服务平台，24 小时在线免费为纳税人提供电子发票申领、开具、交付、查验等服务。制定出台电子发票国家标准，有序推进铁路、民航等领域发票电子化，2025 年基本实现发票全领域、全环节、全要素电子化，着力降低制度性交易成本。

31. 以下各项，符合税务执法区域协同目标的有（　　）。

A. 区域间税务执法标准统一　　B. 区域间执法信息互通

C. 区域间执法结果互认　　D. 全国涉税涉费事项通办

【参考答案】ABCD

【答案解析】《关于进一步深化税收征管改革的意见》第（十）项“加强税务执法区域协同”，推进区域间税务执法标准统一，实现执法信息互通、执法结果互认，更好服务国家区域协调发展战略。简化企业涉税涉费事项跨省迁移办理程序，2022 年基本实现资质异地共认。持续扩大跨省经营企业全国通办涉税涉费事项范围，2025 年基本实现全国通办。

三、判断题

1. 强化市县税务机构在日常性服务、涉税涉费事项办理和风险应对等方面的职责，适当下移全局性、复杂性税费服务和管理职责。（　　）

【参考答案】×

【答案解析】根据《关于进一步深化税收征管改革的意见》，强化市县税务机构在日常性服务、涉税涉费事项办理和风险应对等方面的职责，适当上移全局性、复杂性税费服务和管理职责。

2. 为切实减轻办税缴费负担，将持续扩大涉税资料由留存备查改为事前报送的范围。（　　）

【参考答案】×

【答案解析】持续扩大涉税资料由事前报送改为留存备查的范围。

3. 检举人实名检举税法违法行为时税务机关应当受理，匿名检举时税务机关可以不受理。（　　）

【参考答案】×

【答案解析】根据《税收征管操作规范》，检举税收违法行为的单位、个人称检举人；被检举的纳税人、扣缴义务人称被检举人。检举人使用与其营业执照、身份证等符合法律、行政法规和国家有关规定的身份证件上一致的名称、姓名检举的，为实名检举；否则为匿名检举。实名检举和匿名检举均须受理。

4. 大发公司2020年10月23日设立税务登记，市场监督管理部门核发了加载法人和其他组织统一社会信用代码的营业执照。企业凭该营业执照可以代替税务登记证使用。（　　）

【参考答案】×

【答案解析】根据《税收征管操作规范》，纳税人需要在税务机关完成相关信息采集后，营业执照才可代替税务登记证使用。

5. 新设立的恒诚担保公司可以根据自身生产经营范围和发生的应税行为，依法选择相应税费种申报缴纳税费。（　　）

【参考答案】√

【答案解析】根据《税收征管操作规范》，按照还责还权于纳税人的管理理念，由纳税人根据自身生产经营范围和发生的应税行为，依法选择相应税费种申报缴纳税费。税务机关仅负责维护征收属性相关内容。

6. 大华公司应办未办理税务登记。税务机关依职权对其发起稽查，可以使用组织临时登记建立临时税收档案。（　　）

【参考答案】√

【答案解析】根据《税收征管操作规范》，对于应办未办理税务登记、扣缴税款登记等主体登记的组织，税务机关依职权对其发起稽查、法制等涉税业务时，可以使用组织临时登记建立临时税收档案。

7. 白云公司对县税务局作出的行政处罚决定不服，经复议后提起行政诉讼，县税务局被判决重新作出处罚决定。法律、法规未规定期限，县税务局重新作出处罚决定的期限为30天。（　　）

【参考答案】×

【答案解析】根据《税收征管操作规范》，税务机关在法律、法规、规章规定的期限内重新作出具体行政行为；法律、法规、规章未规定期限的，重新作出具体行政行为的期限为60日。

8. 鑫鑫物资有限公司办理税务登记后向税务机关申请办理发票领用手续，主管税务机关应当根据纳税人需求确认领用发票的种类、数量、开票限额以及领用方式。（　　）

【参考答案】×

【答案解析】根据《税收征管操作规范》，纳税人办理了税务登记后需要领用发票的，应当向主管税务机关申请办理发票领用手续。主管税务机关根据领用单位和个人的经营范围和规模，确认领用发票的种类、数量、开票限额以及领用方式。

9. 比照定期定额户进行税款征收管理的个人独资企业金光门市部需要停业。其不需要在停业前向税务机关申报办理停业登记。（　　）

【参考答案】×

【答案解析】根据《税收征管操作规范》，实行定期定额征收方式的个体工商户或比照定期定额户进行税款征收管理的个人独资企业需要停业的，应当在停业前向税务机关申报办理停业登记。

10. 黄河公司上一年度是核定征收企业所得税。今年在税务机关未重新鉴定前，仍可以暂按核定征收方式预缴企业所得税。（　　）

【参考答案】√

【答案解析】根据《税收征管操作规范》，重新鉴定工作完成前，纳税人可暂按上年度的核定征收方式预缴企业所得税；重新鉴定工作完成后，按重新鉴定的结果进行调整。

11. 对山华煤机公司阻挠税务机关检查的违法行为，税务机关责令其改正，可以处一万元以下的罚款；情节严重的，处一万元以上三万元以下的罚款。（　　）

【参考答案】×

【答案解析】根据《中华人民共和国税收征收管理法》第七十条，纳税人、扣缴义务人逃避、拒绝或者以其他方式阻挠税务机关检查的，由税务机关责令改正，可以处一万元以下的罚款；情节严重的，处一万元以上五万元以下的罚款。

12. 税务机关对纳税人、扣缴义务人及其他相关单位和个人违反税收法律法规的行为可以进行责令限期改正处理。对未自行申报、按时足额缴纳社会保险费的用人单位，

则不可以责令限期改正。（　　）

【参考答案】×

【答案解析】根据《税收征管操作规范》，责令限期改正，是指税务机关对纳税人、扣缴义务人及其他相关单位和个人违反税收法律法规的行为进行责令限期改正处理，对未自行申报、按时足额缴纳社会保险费的用人单位，也由税务机关责令限期改正。

13. 根据《税收征管操作规范》的规定，风险应对任务统筹应遵循“科学合理”“过滤重复”“归并执行”的原则。（　　）

【参考答案】√

【答案解析】根据《税收征管操作规范》，风险应对任务统筹应遵循“科学合理”“过滤重复”“归并执行”的原则。

14. 纳税人因新冠疫情原因，当期货币资金在扣除应付职工工资、社会保险费后不足以缴纳税费的，可以就其当期应纳的增值税、残疾人就业保障金等向税务机关提出延期缴纳申请，由税务机关核准延期缴纳税费。（　　）

【参考答案】×

【答案解析】《中华人民共和国税收征收管理法》中的延期缴纳税款有关规定不包括残疾人就业保障金等非税收入。

15. 对情节复杂、争议较大、处罚较重、影响较广或者拟减轻处罚等税务行政处罚案件，应当经过集体审议决定。（　　）

【参考答案】√

【答案解析】符合《税收征管操作规范》等相关规定。

16. 建立健全运行高效的征管机制需要健全“数据管理总局、省局为主，市县局为辅”的纵向联动机制。（　　）

【参考答案】×

【答案解析】《国家税务总局关于印发〈全国税务系统深化“放管服”改革五年工作方案（2018—2022年）〉的通知》指出：建立大数据和风险管理“数据风险部门归口管理、其他部门协同配合”的横向互动机制，健全“数据管理总局、省局两级集中，省市县局分级采集、全方位应用”和“风险分析总局、省局为主，市局为辅；风险应对省局、市局、县局为主，分局为辅”的纵向联动机制。

17. 已实行实名办税的纳税人申报办理注销登记时，对其发票领用簿可取消报送。（　　）

【参考答案】√

【答案解析】符合《税收征管操作规范》等相关规定。

18. 2021 年基本实现企业税费事项能掌上办理，个人税费事项能网上办理。（　　）

【参考答案】×

【答案解析】2021 年基本实现企业税费事项能网上办理，个人税费事项能掌上办理。

19. 建设税务监管新体系，要实现从“以数治税”向“以票管税”分类精准监管的转变。（　　）

【参考答案】×

【答案解析】实现从“以票管税”向“以数治税”分类精准监管转变。

20. 健全涉税涉费信息对外提供机制，打造规模大、类型多、价值高、颗粒度细的税收大数据。（　　）

【参考答案】√

【答案解析】依据《关于进一步深化税收征管改革的意见》。

21. 深化税收征管改革，创新行政执法方式，有效运用说服教育、约谈警示、选择性等非强制性执法方式，让执法既有力度又有温度，做到宽严相济、法理相融。（　　）

【参考答案】×

【答案解析】不断提升税务执法精确度。创新行政执法方式，有效运用说服教育、约谈警示等非强制性执法方式，让执法既有力度又有温度，做到宽严相济、法理相融。坚决防止粗放式、选择性、“一刀切”执法。

四、实务题

试题一

2020 年 5 月，银龙大酒店以有特殊困难不能按期缴纳税款为由，向主管税务机关提出延期缴纳税款申请。经审核，相关税务机关未核准其延期缴纳税款申请，银龙大酒店也未按照规定期限缴纳税款。县税务局依法责令其于 5 月 31 日前缴纳税款，银龙大酒店逾期仍未缴纳。县税务局依法于 6 月 20 日对其采取了强制执行措施。银龙大酒店对强制执行措施不服，向市税务局提起了行政复议，市局依法受理了复议申请。

根据上述材料，回答下列问题：

1. （单项选择题）银龙大酒店延期缴纳税款申请，有权核准的税务机关是（　　）。

A. 国家税务总局　　　　B. 省级税务机关

C. 县区级税务机关　　　D. 主管税务机关

2. （多项选择题）县税务局可以采取的强制执行措施有（　　）。

A. 书面通知纳税人开户银行冻结纳税人金额相当于应纳税款的存款

B. 扣押、查封纳税人的价值相当于应纳税款的商品、货物

C. 书面通知其开户银行从其存款中扣缴税款

D. 扣押、查封、依法拍卖或者变卖其价值相当于应纳税款的商品、货物，以拍卖变卖所得抵缴税款

3. （单项选择题）银龙大酒店对县税务局的强制执行措施不服，应当采取的法律救济方式是（　　）。

A. 只能申请行政复议

B. 只能提起行政诉讼

C. 先申请行政复议，对复议结果不服才能提起行政诉讼

D. 可以申请行政复议，也可以提起行政诉讼

4. （单项选择题）银龙大酒店申请行政复议的最后期限是（　　）。

A. 7 月 19 日　　B. 8 月 19 日

C. 9 月 19 日　　D. 12 月 19 日

5. （单项选择题）行政复议申请受理后，对县税务局作出的行政强制措施决定负有举证责任的是(　　)。

A. 银龙大酒店　　B. 县税务机关

C. 市税务机关　　D. 市局行政复议机构

【参考答案】 1. B；2. CD；3. D；4. B；5. B

【答案解析】

1. 根据《中华人民共和国税收征收管理法》第三十一条第二款，纳税人因有特殊困难，不能按期缴纳税款的，经省、自治区、直辖市国家税务局、地方税务局批准，可以延期缴纳税款，但是最长不得超过三个月。

2. 根据《中华人民共和国税收征收管理法》第四十条，从事生产、经营的纳税人、扣缴义务人未按照规定的期限缴纳或者解缴税款，纳税担保人未按照规定的期限缴纳所担保的税款，由税务机关责令限期缴纳，逾期仍未缴纳的，经县以上税务局（分局）局长批准，税务机关可以采取下列强制执行措施：书面通知其开户银行或者其他金融机构从其存款中扣缴税款；扣押、查封、依法拍卖或者变卖其价值相当于应纳税款的商品、

货物或者其他财产，以拍卖或者变卖所得抵缴税款。

3. 根据《中华人民共和国税收征收管理法》第八十八条第二款，当事人对税务机关的处罚决定、强制执行措施或者税收保全措施不服的，可以依法申请行政复议，也可以依法向人民法院起诉。

4. 根据《税务行政复议规则》第三十二条，申请人可以在知道税务机关作出具体行政行为之日起60日内提出行政复议申请。

5. 根据《税务行政复议规则》第五十三条，在行政复议中，被申请人对其作出的具体行政行为负有举证责任。

试题二

长江公司2020年1月领取“一照一码”营业执照，并在银行开立基本存款账户和一般存款账户各一个。因门店装修，直到4月份才正式开展生产经营活动。

5月10日，该公司在纳税申报前到主管税务机关完成相关信息采集和增值税一般纳税人登记业务，并书面报告了基本存款账户，根据自身生产经营范围和发生的应税行为，选择了相应税（费）种。

根据上述材料，回答下列问题：

1. （单项选择题）对长江公司领取营业执照后，超过30日才办理信息采集业务的情况，税务机关采取的措施有（　　）。

A. 应当进行“逾期办理税务登记”的处罚

B. 可以进行“逾期办理税务登记”的处罚

C. 不认定“逾期办理税务登记”且不处罚

D. 认定为“逾期办理税务登记”且不处罚

2. （单项选择题）长江公司取得增值税一般纳税人资格的方式是（　　）。

A. 登记制　　B. 备案制　　C. 审批制　　D. 核准制

3. （多项选择题）长江公司取得增值税一般纳税人资格后，可以自行选择的一般纳税人生效日期是(　　)。

A. 2020年4月1日　　B. 2020年5月1日

C. 2020年6月1日　　D. 2021年1月1日

4. （多项选择题）对长江公司未将全部银行账号报告的违法行为，税务机关可以采取的处罚措施有(　　)。

A. 责令限期改正

B. 处二千元以下罚款

C. 情节严重的，处二千元以上一万元以下罚款

D. 提请市场监督管理机关吊销其营业执照

5.（单项选择题）新办纳税人首次申领发票的限额是（　　）。

A. 增值税普通发票最高开票限额不超过10万元，每月最高领用数量不超过25份

B. 增值税专用发票最高开票限额不超过10万元，每月最高领用数量不超过50份

C. 增值税专用发票最高开票限额不超过10万元，每月最高领用数量不超过25份

D. 增值税普通发票最高开票限额不超过100万元，每月最高领用数量不超过25份

【参考答案】1. C；2. A；3. BC；4. ABC；5. C

【答案解析】

1. 根据《税收征管操作规范》，纳税人首次上门办理有关涉税事项（如发生纳税义务办理纳税申报或者领用、代开发票）时，对登记信息中缺失、不全、不准或需要更新的信息予以校正。对于领取“一照一码”营业执照后30日内未到税务局办理涉税事宜的纳税人，不予进行“逾期办理税务登记”的处罚。

2. 增值税一般纳税人资格实行登记制，登记事项由增值税纳税人向其主管税务机关办理。

3. 根据《增值税一般纳税人登记管理办法》，纳税人自一般纳税人生效之日起，按照增值税一般计税方法计算应纳税额，并可以按照规定领用增值税专用发票，财政部、国家税务总局另有规定的除外。本办法所称的生效之日，是指纳税人办理登记的当月1日或者次月1日，由纳税人在办理登记手续时自行选择。

4. 根据《中华人民共和国税收征收管理法》，企业未将全部银行账号报告的违法行为，税务机关可以责令限期改正，处二千元以下罚款。情节严重的，处二千元以上一万元以下罚款。

5. 根据《国家税务总局关于新办纳税人首次申领增值税发票有关事项的公告》（国家税务总局公告2018年第29号）第三条，税务机关为符合本公告第一条规定的首次申领增值税发票的新办纳税人办理发票票种核定，增值税专用发票最高开票限额不超过10万元，每月最高领用数量不超过25份；增值税普通发票最高开票限额不超过10万元，每月最高领用数量不超过50份。各省税务机关可以在此范围内结合纳税人税收风险程度，自行确定新办纳税人首次申领增值税发票票种核定标准。

试题三

“十三五”期间，税务部门按照党中央、国务院决策部署，坚持以人民为中心的发展理念，切实增强深化“放管服”改革的行动自觉，从更高站位加强顶层设计，以壮士断腕的决心和勇气，深入推进简政放权、放管结合、优化服务，持续推进办税缴费便利化举措，推动改革不断向纵深发展、向一线扎根，努力打造负担更轻、办税更快、服务更好的税收营商环境。

“放管服”改革中，税务总局刀刃向内加大“放”的力度，先后两批取消了26种涉税文书报表，三批共取消60项税务证明事项，对符合规定的增值税纳税人年申报增值税次数由12次简并为4次，对仅保留的6项税务行政许可事项，进一步简化办理程序，减轻办税负担，提高服务效率。

“十三五”期间，国家税务总局通过全面清理非行政许可，下放审批权限，持续推行纳税人“承诺制”“容缺办理”和纳税申报“提醒纠错制”，优化税务注销免办即办服务等措施，办税时间不断缩短，办税效率持续提升。

税务部门坚持以人民为中心的初心，以税收优惠办理程序的“简化”换取企业发展速度的“快增”。通过持续推进“备案改备查”，已实现95%以上优惠事项“免备案”。

根据上述材料，回答下列问题：

1. （单项选择题）资料中体现的税收征管方式的转变是（　　）。

A. 事前审核向事中事后监管的转变　　B. 固定管户向分类分级管户的转变

C. 无差别管理向风险管理的转变　　D. 经验管理向大数据管理的转变

2. （单项选择题）下列各项，属于被取消的税务行政许可事项的有（　　）。

A. 企业印制发票审批

B. 对纳税人变更纳税定额的核准

C. 对采取实际利润额预缴以外的其他企业所得税预缴方式的核定

D. 非居民企业选择由其主要机构场所汇总缴纳企业所得税的审批

3. （单项选择题）在“承诺制”容缺办理税务注销后，纳税人未履行承诺，将被税务机关纳入纳税信用D级管理的人员是（　　）。

A. 企业股东　　B. 办税人员

C. 法定代表人　　D. 税务代理人

4. （多项选择题）对未处于税务检查状态、无欠税（滞纳金）及罚款、已缴销增值税专用发票及税控专用设备，且符合下列情形之一的纳税人在办理税务注销时可以采取“承诺制”容缺办理（　　）。

A. 纳税信用级别为 A 级和 B 级的纳税人

B. 控股母公司纳税信用级别为 A 级的 M 级纳税人

C. 省级人民政府引进人才或经省级以上行业协会等机构认定的行业领军人才等创办的企业

D. 未纳入纳税信用级别评价的定期定额个体工商户

5.（单项选择题）以下增值税优惠，属于税收减免备案类事项的是（　　）。

A. 残疾人专用物品免征增值税优惠　B. 安置残疾人就业即征即退

C. 企业招用退役士兵扣减增值税优惠　D. 技术转让、技术开发免征增值税优惠

【参考答案】 1. A；2. D；3. C；4. ABCD；5. B

【答案解析】

1. 取消资料报送和税务行政许可事项体现的是由事前审核向事中事后监管转变。

2.《国家税务总局关于公布已取消税务行政许可事项的公告》（国家税务总局公告 2019 年第 11 号）规定，修改后的《中华人民共和国企业所得税法》第五十一条第一款《国务院关于取消一批行政许可事项的决定》（国发〔2017〕46 号），现将已取消的“非居民企业选择由其主要机构场所汇总缴纳企业所得税的审批”事项予以公布，并将《国家税务总局关于简化税务行政许可事项办理程序的公告》（国家税务总局公告 2017 年第 21 号发布，国家税务总局公告 2018 年第 31 号、第 67 号修改）所附税务行政许可文书样式和税务行政许可项目分项表予以更新。

3. 根据《国家税务总局关于进一步优化办理企业税务注销程序的通知》（税总发〔2018〕149 号）第二条，纳税人应按承诺的时限补齐资料并办结相关事项。若未履行承诺的，税务机关将对其法定代表人、财务负责人纳入纳税信用 D 级管理。

4. 根据《国家税务总局关于进一步优化办理企业税务注销程序的通知》（税总发〔2018〕149 号）第二条，对向市场监管部门申请一般注销的纳税人，税务机关在为其办理税务注销时，进一步落实限时办结规定。对未处于税务检查状态、无欠税（滞纳金）及罚款、已缴销增值税专用发票及税控专用设备，且符合下列情形之一的纳税人，优化即时办结服务，采取“承诺制”容缺办理，即：纳税人在办理税务注销时，若资料不齐，可在其作出承诺后，税务机关即时出具清税文书。①纳税信用级别为 A 级和 B 级的纳税人；②控股母公司纳税信用级别为 A 级的 M 级纳税人；③省级人民政府引进人才

或经省级以上行业协会等机构认定的行业领军人才等创办的企业；④未纳入纳税信用级别评价的定期定额个体工商户；⑤未达到增值税纳税起征点的纳税人。

5. 自 2019 年 11 月 1 日起，减免税享受形式分为申报享受税收减免、税收减免备案、税收减免核准 3 种。选项 A、C、D 均为申报享受，不需备案。

考点训练及分析（二）

一、单项选择题

1. 某省税务局2021年4月收集媒体披露的某公司股东变化情况，通过核查追缴相关税款1 000万元。此处收集的该信息属于（　　）。

A. 宏观经济信息　　B. 企业财务信息

C. 生产经营信息　　D. 第三方涉税信息

【参考答案】D

【答案解析】根据《国家税务总局关于加强税收风险管理工作的意见》，各级税务机关要落实信息管税的工作思路，将挖掘和利用好内外部涉税信息作为税收风险管理工作的基础。注重收集宏观经济信息、第三方涉税信息、企业财务信息、生产经营信息、纳税申报信息，整合不同应用系统信息。建立企业基础信息库，并定期予以更新。

2. 甲省税务局在风险扫描中发现A公司存在多个异常指标，风险等级为高，遂对该公司采取了相应的税收风险应对手段，该应对手段是（　　）。

A. 重点监管　　B. 不予打扰

C. 提醒辅导　　D. 移交稽查

【参考答案】D

【答案解析】根据《国家税务总局关于加强税收风险管理工作的通知》，高风险纳税人税收风险应对手段为税务稽查。

3. 税收风险管理是促进纳税遵从的根本途径，要通过加强税收风险管理，对纳税人实施差别化精准管理。下列关于低风险纳税人的管理措施，正确的是（　　）。

A. 重点监管　　B. 不予打扰

C. 提醒辅导　　D. 移交稽查

【参考答案】C

【答案解析】根据《国家税务总局关于进一步加强税收风险管理工作的通知》，税收风险管理是促进纳税遵从的根本途径。通过加强税收风险管理，对纳税人实施差别化精准管理，对暂未发现风险的纳税人不打扰，对低风险纳税人予以提醒辅导，对中高风险纳税人重点监管。

4. 2021 年 4 月，甲县税务局风险应对小组按照工作安排，对该县 A 企业进行评估约谈。根据国家税务总局纳税评估管理相关文件规定，在评估约谈前应当下达的文书是(　　)。

A.《税务检查通知书》　　B.《纳税评估通知书》

C.《税务约谈通知书》　　D.《调取账簿资料通知书》

【参考答案】C

【答案解析】根据《纳税评估管理办法（试行)》，对纳税评估中发现的需要提请纳税人进行陈述说明、补充提供举证资料等问题，应由主管税务机关约谈纳税人。税务约谈要经所在税源管理部门批准并事先发出《税务约谈通知书》，提前通知纳税人。

5. 某税务机关 2021 年 3 月 21 日向纳税人邮寄《税务约谈通知书》，通知该纳税人 3 月 31 日进行税务约谈，3 月 27 日收到挂号函件回执，显示该纳税人 3 月 25 日签收。则该《税务约谈通知书》的送达时间是（　　）。

A. 3 月 21 日　　B. 3 月 25 日　　C. 3 月 27 日　　D. 3 月 31 日

【参考答案】B

【答案解析】根据《中华人民共和国税收征收管理法实施细则》第一百零五条，直接或者委托送达税务文书的，以签收人或者见证人在送达回证上的签收或者注明的收件日期为送达日期；邮寄送达的，以挂号函件回执上注明的收件日期为送达日期，并视为已送达。

6. 2021 年 4 月，甲县税务局在纳税评估中发现 A 公司采取虚列成本的手段，涉嫌少缴企业所得税税款 50 万元。评估人员正确的处理方法是（　　）。

A. 责令自行改正　　B. 责令限期缴纳

C. 调查取证核实　　D. 移交税务稽查部门处理

【参考答案】D

【答案解析】根据《纳税评估管理办法（试行)》，发现纳税人有偷税、逃避追缴欠税、骗取出口退税、抗税或其他需要立案查处的税收违法行为嫌疑的，要移交税务稽查部门处理。

7. 某评估小组评估甲公司时，发现该公司涉嫌骗取出口退税，按照流程将其移交有关部门。该部门是（　　）。

A. 公安部门　　B. 稽查局

C. 税源管理科　　D. 人民法院

【参考答案】 B

【答案解析】 根据《纳税评估管理办法（试行）》，发现纳税人有偷税、逃避追缴欠税、骗取出口退税、抗税或其他需要立案查处的税收违法行为嫌疑的，要移交税务稽查部门处理。

8. 下列各项，不属于纳税评估必经程序的是（　　）。

A. 审核分析　　B. 实地核查

C. 评定处理　　D. 确定评估对象

【参考答案】 B

【答案解析】 根据《纳税评估管理办法（试行）》，对评估分析和税务约谈中发现的必须到生产经营现场了解情况、审核账目凭证的，应经所在税源管理部门批准，由税收管理员进行实地调查核实。对调查核实的情况，要做认真记录。需要处理处罚的，要严格按照规定的权限和程序执行。

9. 某税务人员经案头分析发现甲企业存在涉税风险，经批准拟开展税务约谈。税务约谈的主要对象是（　　）。

A. 法人代表赵某　　B. 财务总监钱某

C. 主要股东孙某　　D. 销售总监李某

【参考答案】 B

【答案解析】 根据《纳税评估管理办法（试行）》，税务约谈的对象主要是企业财务会计人员。

10. 税务机关在对评估对象实施约谈过程中发生下列（　　）情形，不需转入实地核查环节。

A. 纳税人拒绝主管国税机关约谈建议或不能在约定的期限内履行约谈承诺的

B. 纳税人在约谈说明中拒不解释评估人员提出的问题，或对评估人员提出的问题未能说明清楚的

C. 约谈后同意自查补税，或者选择以自查补税代替约谈说明，但未在约定的期限内自查补税且无正当理由的

D. 疑点全部被排除，未发现新的疑点

【参考答案】D

【答案解析】根据《纳税评估管理办法（试行）》第二十条，对评估分析和税务约谈中发现的必须到生产经营现场了解情况、审核账目凭证的，应经所在税源管理部门批准，由税收管理员进行实地调查核实。因此如果评估分析和税务约谈疑点已经消除或确认的就不需要进入实地核查环节。

11. 评估人员将纳税人报告期指标与历史年度的同期指标进行对比，求出变化率，通过计算找出偏离度并进行相关分析。该评估分析方法属于（　　）。

A. 横向分析法　　B. 纵向分析法

C. 差异分析法　　D. 比率分析法

【参考答案】B

【答案解析】根据《纳税评估管理办法（试行）》，纳税评估可根据所辖税源和纳税人的不同情况采取灵活多样的评估分析方法。可将纳税人申报数据与历史同期相关数据进行纵向比较，因此选项B正确。

12. 某税务机关评估小组于2021年4月对甲公司进行纳税评估，发现该公司销售额变动率高于正常峰值、税负率低于预警值。对此，评估小组应重点评估的事项是(　　)。

A. 进项税额　　B. 销项税额

C. 留抵税额　　D. 发票用量

【参考答案】A

【答案解析】根据《纳税评估管理办法（试行）》，销售额变动率高于正常峰值，说明收入存在问题的可能性较小，重点应该评估进项税额。

13. 评估人员于2021年5月对正泰水泥有限公司进行纳税评估时，对电费耗用情况进行了测算：电耗 = 700 000 ÷ 10 000 = 70（千瓦时/吨），小于按行业标准电耗上限90千瓦时/吨。评估人员使用的测算方法是（　　）。

A. 能耗测算法　　B. 投入产出法

C. 存货变动法　　D. 设备生产能力法

【参考答案】A

【答案解析】将电费耗用与生产情况进行分析的方法属于能耗法。

14. 某工业企业在正常情况下单位产品耗电18度，2021年4月份的用电量为54 000度，9月初库存产品为200件，月末库存产品为300件，其确认的销量为2 000件。则运用单位能耗评估分析法测算，该企业的实际销量与申报销量之间的差额为（　　）。

A. 700　　B. 800　　C. 900　　D. 1 000

【参考答案】 C

【答案解析】 54 000 ÷ 18 + 200 − 300 − 2 000 = 900（件）。

15. 中运物流有限公司为增值税一般纳税人，主营普通货运服务。税务人员在对该公司进行纳税评估时发现，其2021年1—6月增值税税负率同比下降明显。在下列影响税负率的理由中，可能会造成涉税风险的是（　　）。

A. 3月，因市场原因调低运输单价

B. 4月，因增值税改革适用税率下降

C. 5月，购进自卸汽车已抵扣进项税额

D. 6月，部分业务因未开具发票未确认收入

【参考答案】 D

【答案解析】 该企业纳税义务已经发生，但未确认收入，影响了税负率。

16. 企业所得税评估指标中常用到企业所得税贡献率指标来分析企业的企业所得税税收负担情况。企业所得税贡献率 = 应纳所得税额 ÷（　　）。

A. 主营业务收入　　B. 利润总额

C. 应税所得额　　D. 主营利润额

【参考答案】 A

【答案解析】 根据《纳税评估管理办法（试行）》附件2，所得税贡献率 = 应纳所得税额 ÷ 主营业务收入 × 100%。

17. 主营业务收入变动率与主营业务成本变动率弹性分析中，主营业务收入变动率与主营业务成本变动率弹性系数 = 主营业务收入变动率 ÷ 主营业务成本变动率，以下分析正确的是（　　）。

A. 正常情况下二者基本同步增长，比值接近1

B. 当弹性系数 <1，且相差较大，二者都为负时，可能存在企业多列成本费用、扩大税前扣除范围等问题

C. 当弹性系数 >1 且相差较大，二者都为正时，可能存在企业多列成本费用、扩大税前扣除范围等问题

D. 当弹性系数为负数，且前者为正后者为负时，可能存在企业多列成本费用、扩大税前扣除范围等问题

【参考答案】A

【答案解析】主营业务收入变动率与主营业务成本变动率配比分析，正常情况下二者基本同步增长，比值接近1。当比值<1，且相差较大，二者都为负时或者当比值>1且相差较大，二者都为正时或者当比值为负数，且前者为正后者为负时，基本判断为正常。

18. 某企业2020年度企业所得税纳税申报数据中营业费用为87万元，管理费用为58万元，财务费用为46万元，该企业2019年度三项费用分别为55万元、42万元、40万元。对三项费用列支情况设置的预警值分别为20%～30%、10%～20%、10%～20%。则费用列支正常的是（　　）。

A. 都不正常　　B. 营业费用　　C. 管理费用　　D. 财务费用

【参考答案】D

【答案解析】财务费用2020年增长15%，在预警区间内；营业费用增长58.18%，超出预警范围；管理费用增长38.09%，超出预警区间。因此选项D正确。

19. 纳税评估是指税务机关运用（　　）的方法，对纳税人和扣缴义务人纳税申报情况的真实性和准确性作出定性和定量的判断，并采取进一步征管措施的管理行为。

A. 查账　　B. 数据信息对比分析

C. 案头分析　　D. 税务约谈

【参考答案】B

【答案解析】依据《纳税评估管理办法（试行）》第二条。

20. 纳税评估指标预警值由（　　）根据实际情况自行确定。

A. 国家税务总局　　B. 省税务机关

C. 主管税务机关　　D. 各地税务机关

【参考答案】D

【答案解析】依据《纳税评估管理办法（试行）》第八条。

21. A县税务局评估人员在评估时发现问题，应由主管税务机关约谈纳税人的情形是（　　）。

A. 甲企业因计算和填写错误，少申报税款5 000元

B. 乙企业因政策理解和程序理解偏差，少申报税款3 000元

C. 案头分析发现丙企业可能少交税款5 000元，需要提请丙企业进行陈述说明、补

充提供举证资料

D. 丁企业存在的疑点问题经核实不具有偷税等违法嫌疑

【参考答案】C

【答案解析】依据《税收征管操作规范》，评估人员根据案头分析结果分别提出“建议约谈举证确认”“建议实地核查确认”“建议移交稽查部门处理”“建议转专业部门处理”“疑点确认，进行评估处理”“未发现异常，疑点排除”“建议任务异常处理”等评估建议。选项A、B和D为“疑点确认，进行评估处理”，选项C为“建议约谈举证确认”。

22. 风险应对人员到企业生产经营场所实施实地调查核实时，应出具（　　）。

A.《税务审计通知书》　　B.《实地核查通知书》

C.《税务检查通知书》　　D.《税务事项通知书》

【参考答案】C

【答案解析】根据《国家税务总局关于规范并减少税务检查的通知》(税总发〔2017〕149号)，税务机关实施税务检查前，应当按规定制作税务检查文书。税务人员进行税务检查时，应当严格遵守法定权限和法定程序，并出具税务检查通知书。该通知所指规范并减少的税务检查是税务机关因税务稽查、税务审计、反避税调查和其他风险核查等工作的需要，到纳税人或者扣缴义务人生产经营场所实施实地检查的税务行政执法行为。其中，其他风险核查是指针对风险分析发现的税收流失风险、发票虚开风险等疑点情况而实施的实地调查核实。

23. 评估人员分析时发现某药品批发企业增值税税收负担率低于行业预警值，但销售额变动率高于正常峰值，在这种情况下应重点关注该企业的（　　）。

A. 多抵扣进项税额风险　　B. 少计销售收入风险

C. 混用简易计税和一般计税方法风险　　D. 开具销项负数票冲减销项税额的风险

【参考答案】A

【答案解析】增值税税收负担率低于行业预警值，但销售额变动率高于正常峰值，存在多抵扣进项税额的风险。

二、多项选择题

1. 按照纳税人分类分级管理办法的规定，风险管理事项是指围绕分析确认纳税人税法遵从状况而开展的税收管理事项。主要内容包括（　　）。

A. 数据集中管理　　B. 风险管理规划

C. 风险分析识别

D. 税务行政处理

E. 户籍基础管理

【参考答案】ABC

【答案解析】根据《国家税务总局关于印发〈纳税人分级分类管理办法〉的通知》，风险管理事项是指围绕分析确认纳税人税法遵从状况而开展的税收管理事项，主要包括数据集中管理、风险管理规划、风险分析识别、风险任务管理、风险应对、风险应对过程监控、效果评价、风险分析工具设计维护等事项。其中数据集中管理主要包括数据存储、数据加工、数据交换、数据调度等事项；风险应对主要包括风险提示提醒、纳税评估、税务稽查事项。

2. 风险应对是防控税收风险，提高纳税人税法遵从度的重要举措。下列各项，属于风险应对主要手段的有（　　）。

A. 风险提醒

B. 纳税评估

C. 税务稽查

D. 过错追究

E. 反避税调查

【参考答案】ABCE

【答案解析】根据《国家税务总局关于加强税收风险管理工作的意见》，税收风险管理贯穿于税收工作的全过程，是税务机关运用风险管理理论和方法，在全面分析纳税人税法遵从状况的基础上，针对纳税人不同类型不同等级的税收风险，合理配置税收管理资源，通过风险提醒、纳税评估、税务审计、反避税调查、税务稽查等风险应对手段，防控税收风险，提高纳税人的税法遵从度，提升税务机关管理水平的税收管理活动。

3. 按照规定，税务机关案头分析的主要内容一般包括（　　）。

A. 征管系统中税务登记资料的分析

B. 各税种各类资格认定资料的分析

C. 各类发票发售及使用情况的分析

D. 各个税种的纳税申报资料的分析

E. 对各类设备器具实耗情况的分析

【参考答案】ABCD

【答案解析】根据《纳税评估管理办法（试行）》，选项 E 通常是实地核查才能发现的情况。

4. 某市风险应对人员于 2021 年 5 月在风险核查中发现，该市如意酒厂将自产的一批酒作为礼品赠送客户。下列账务处理，可能导致企业少缴的税费有（　　）。

借：销售费用

贷：库存商品

A. 增值税

B. 消费税

C. 印花税

D. 企业所得税

E. 城市维护建设税和教育费附加

【参考答案】 ABDE

【答案解析】 根据《中华人民共和国增值税暂行条例实施细则》，单位或者个体工商户将自产、委托加工或者购进的货物无偿赠送其他单位或者个人属于视同销售行为。

5. 某市税务局风险应对人员对“长期待摊费用”异常的企业进行风险核查。下列支出，应作为长期待摊费用的有（　　）。

A. 固定资产的大修理支出

B. 租入固定资产的改建支出

C. 固定资产的日常修理支出

D. 外购生产性生物资产支出

E. 已提足折旧的固定资产改建支出

【参考答案】 ABE

【答案解析】 根据《中华人民共和国企业所得税法》第十三条，在计算应纳税所得额时，企业发生的下列支出作为长期待摊费用，按照规定摊销的，准予扣除：①已足额提取折旧的固定资产的改建支出；②租入固定资产的改建支出；③固定资产的大修理支出；④其他应当作为长期待摊费用的支出。

6. 评估人员2020年9月发现某水泥厂产量测算异常，产量测算通常应选取的指标包括（　　）。

A. 毛利率法

B. 投入产出法

C. 能耗测算法

D. 税负对比分析法

E. 进项税金控制额法

【参考答案】 BC

【答案解析】 根据《纳税评估管理办法》，投入产出评估分析指标 = 当期原材料（燃料、动力等）投入量 ÷ 单位产品原材料（燃料、动力等）使用量。

单位产品原材料（燃料、动力等）使用量是指同地区、同行业单位产品原材料（燃料、动力等）使用量的平均值。对投入产出指标进行分析，测算出企业实际产量。根据测算的实际产量与实际库存进行对比，确定实际销量，从而进一步推算出企业销售收入

7. 某县纳税评估小组于2021年5月对甲公司开展评估核查，发现该公司部分经济业务存在异常，可能影响增值税销项税额的正确计算。其中应重点关注的业务有（　　）。

A. 2 月，以货抵债，会计核算仅减少存货及应付账款

B. 3 月，销售产品，会计核算仅减少库存及其他应付款

C. 4 月，实现无票收入 10 万元，增值税纳税申报表未体现

D. 5 月，发票开具金额 100 万元，申报销售收入金额 110 万

【参考答案】 ABC

【答案解析】 选项 A、B：业务应确认收入但未确认，存在少计销项税额的风险。选项 C：无票收入未进行申报，少缴增值税。

8. 甲市税务局于 2021 年 6 月对长发公司进行风险核查，该企业的下列事项，可能存在涉税风险的有（　　）。

A. 销售材料未作账务处理

B. 销售包装物收入计入其他应付款

C. 实现营业收入 1 000 万元，按 900 万元申报

D. 销售下脚料收到 2 万元，计入主营业务收入

E. 按照利润表直接填报企业所得税年度纳税申报表

【参考答案】 ABCE

【答案解析】 选项 A、B 可能存在实现销售收入未确认少缴税款的风险；选项 C 存在少申报收入少缴税款的风险；选项 E 可能存在未足额做纳税调整少缴税款的风险。

9. 2021 年 7 月，某市税务机关经过对比分析，决定将存在问题的部分纳税人确定为重点评估分析对象。下列属于重点评估分析对象的有（　　）。

A. 重点税源户甲企业

B. 长期零申报的乙企业

C. 纳税信用等级为 D 级的丙企业

D. 未及时变更税务登记信息的丁企业

E. 受季节变化影响导致收入减少的戊企业

【参考答案】 ABC

【答案解析】 根据《纳税评估管理办法（试行）》，综合审核对比分析中发现有问题或疑点的纳税人要作为重点评估分析对象；重点税源户、特殊行业的重点企业、税负异常变化、长时间零税负和负税负申报、纳税信用等级低下、日常管理和税务检查中发现较多问题的纳税人要列为纳税评估的重点分析对象。

10. 某县评估人员于 2021 年 6 月在对某企业进行纳税评估时发现，该纳税人的下列涉税业务中，可作为企业内部处置资产，不视同销售确认收入计算企业所得税的有（　　）。

A. 自建商品房转为自用　　B. 自建商品房转为经营

C. 将资产用于集体福利　　D. 将资产用于生产另一产品

【参考答案】ABD

【答案解析】根据《国家税务总局关于企业处置资产所得税处理问题的通知》，企业发生下列情形的处置资产，除将资产转移至境外以外，由于资产所有权属在形式和实质上均不发生改变，可作为内部处置资产，不视同销售确认收入，相关资产的计税基础延续计算。包括：①将资产用于生产、制造、加工另一产品；②改变资产形状、结构或性能；③改变资产用途（如，自建商品房转为自用或经营）；④将资产在总机构及其分支机构之间转移；⑤上述两种或两种以上情形的混合；⑥其他不改变资产所有权属的用途。

11. 某纳税评估小组在对A纳税人进行评估时，发现该企业主营业务成本变动率超出预警值范围，可能存在的涉税风险包括（　　）。

A. 多列支成本　　B. 多列支费用

C. 少确认销售收入　　D. 扩大税前扣除范围

E. 多弥补以前年度亏损

【参考答案】ABCD

【答案解析】根据《纳税评估管理办法（试行）》，主营业务成本变动率超出预警值范围，可能存在销售未计收入、多列成本费用、扩大税前扣除范围等问题。

12. 评估人员对评估对象所涉及的税收风险疑点进行案头分析，提出的下列评估建议符合《税收征管操作规范》的有（　　）。

A. 建议约谈举证确认　　B. 建议移交稽查部门处理

C. 疑点确认，进行评估处理　　D. 未发现异常，进行评估处理

【参考答案】ABC

【答案解析】评估人员根据案头分析结果分别提出“建议约谈举证确认”“建议实地核查确认”“建议移交稽查部门处理”“建议转专业部门处理”“疑点确认，进行评估处理”“未发现异常，疑点排除”“建议任务异常处理”等评估建议。选项D不正确。

13. 风险识别是指税务机关对纳税人的涉税信息进行扫描、分析和识别，找出风险领域、环节或纳税人的过程。风险识别的主要内容包括（　　）。

A. 建立风险识别指标体系　　B. 建立风险识别分析模型

C. 加工产生风险识别结果　　D. 统计纳税人风险等级

【参考答案】ABC

【答案解析】选项D为等级排序的内容，所以不正确。

三、判断题

1. 税收风险管理的基本内容包括目标规划、信息收集、风险识别、等级排序、风险应对、过程监控和评价反馈，以及通过评价成果应用于规划目标的修订校正，从而形成良性互动、持续改进的管理闭环。（　　）

【参考答案】√

【答案解析】根据《国家税务总局关于加强税收风险管理工作的意见》，税收风险管理的基本内容包括目标规划、信息收集、风险识别、等级排序、风险应对、过程监控和评价反馈，以及通过评价成果应用于规划目标的修订校正，从而形成良性互动、持续改进的管理闭环。

2. 某县税务局风险管理部门负责人认为，我们只需要做好税收风险应对工作，没有权力组织开展风险分析识别工作。（　　）

【参考答案】×

【答案解析】根据《国家税务总局关于加强税收风险管理工作的意见》，市、县税务机关重点做好税收风险应对工作，必要时，也可以组织开展风险分析识别工作。

3. 按照规定，某省税务局将省内的业务骨干、岗位能手集中起来，从事高风险领域和大企业税收领域的税收风险管理工作。（　　）

【参考答案】√

【答案解析】根据《国家税务总局关于加强税收风险管理工作的意见》，税收风险管理是税收征管改革的突破口，实施税收风险管理，就是要把有限的征管资源优先配置到高风险领域和大企业税收领域，实现税源管理专业化，推动服务管理方式创新和税收管理体制变革。

4. 按照国家税务总局有关税收风险管理的相关规定，按纳税人区域、规模和特定事项等要素，合理确定风险应对层级和承办部门。（　　）

【参考答案】√

【答案解析】根据《国家税务总局关于加强税收风险管理工作的意见》，要按纳税人区域、规模和特定事项等要素，合理确定风险应对层级和承办部门。

5. 根据规定，风险管理事项是指围绕分析确认纳税人税法遵从状况而开展的税收管理事项，不包括税务稽查事项。（　　）

【参考答案】×

【答案解析】 根据《纳税人分级分类管理办法》（税总发〔2016〕99号），风险管理事项是指围绕分析确认纳税人税法遵从状况而开展的税收管理事项，主要包括数据集中管理、风险管理规划、风险分析识别、风险任务管理、风险应对、风险应对过程监控、效果评价、风险分析工具设计维护等事项。其中数据集中管理主要包括数据存储、数据加工、数据交换、数据调度等事项；风险应对主要包括风险提示提醒、纳税评估、税务稽查事项。

6. 按照规定，纳税评估的对象为主管税务机关负责管理的所有纳税人及其应纳部分税种。（　　）

【参考答案】 ×

【答案解析】 根据《纳税评估管理办法（试行）》，纳税评估的对象为主管税务机关负责管理的所有纳税人及其应纳所有税种。

7. 按照规定，开展纳税评估工作原则上在纳税申报到期之前进行，评估的期限以纳税申报的税款所属往期为主，特殊情况可以延伸到当年。（　　）

【参考答案】 ×

【答案解析】《纳税评估管理办法（试行）》，开展纳税评估工作原则上在纳税申报到期之后进行，评估的期限以纳税申报的税款所属当期为主，特殊情况可以延伸到往期或以往年度。

8. 纳税评估的结果带有强制性，纳税人如有异议，必须先缴税再申请复议和诉讼。（　　）

【参考答案】 ×

【答案解析】 纳税评估不同于税务检查，不具有强制性，当纳税人对评估结果有异议时，不执行即可。

9. 纳税评估过程中如果纳税人不配合，拒绝约谈或不提供有关资料的，税务机关可以按《税收征收管理法》有关规定停供发票或罚款。（　　）

【参考答案】 ×

【答案解析】 纳税评估不同于税务检查，不具有强制性。《中华人民共和国税收征收管理法》中关于停供发票和收缴发票的要件是“从事生产经营的纳税人有税收违法行为拒不接受处理”，而纳税评估中纳税人不配合时此法律要件还不具备，因此不能采取此强制手段。

10. 对同一纳税人申报缴纳的各个税种的纳税评估要相互结合、统一进行，避免多

头重复评估。 （ ）

【参考答案】√

【答案解析】根据《纳税评估管理办法》第十三条，目的是尽量减轻纳税人的负担。

11. 评估指标分析的普遍性与评估对象经营的特殊性，容易导致评估分析结果的失真。 （ ）

【参考答案】√

【答案解析】评估指标分析往往采用峰值作为判断标准。行业正常峰值所采用的是企业所处行业的一个平均值，企业被测算的指标如果偏离峰值的变动区间，就将被视为存在少缴税风险。而评估对象经营有一定特殊性，所以指标偏离正常峰值不代表就一定少缴了税，也就是说评估分析结果可能失真。

12. 评估指标预警值是税务机关根据宏观税收分析、行业税负监控、纳税人生产经营和财务会计核算情况以及内外部相关信息，运用数学方法测算出的算术、加权平均值及其合理变动范围。 （ ）

【参考答案】√

【答案解析】依据《纳税评估管理办法》第八条。

13. 对纳税评估中发现的计算和填写错误、政策和程序理解偏差等一般性问题，无须立案查处的，可提请纳税人自行改正。 （ ）

【参考答案】√

【答案解析】依据《纳税评估管理办法》第十八条。

14. 纳税评估分析报告和纳税评估工作底稿是税务机关内部资料，不发纳税人，不作为行政复议和诉讼依据。 （ ）

【参考答案】√

【答案解析】依据《纳税评估管理办法》第二十二条。

15. 投入产出法主要适用对产品品种比较多的工业企业评估。 （ ）

【参考答案】×

【答案解析】投入产出法比较适合的是产品比较单一的工业企业评估。

16. 印花税税负变动系数正常情况下二者的比值应接近1。当比值小于1，可能存在未足额申报印花税问题。 （ ）

【参考答案】√

【答案解析】根据《纳税评估管理办法》附件2第四条，印花税税负变动系数＝本期印花税负担率÷上年同期印花税负担率。其中：印花税负担率＝（应纳税额÷计税收入）×100%。本指标用于分析可比口径下印花税额占计税收入的比例及其变化情况。

17. 净资产收益率＝净利润÷平均总资产×100%。本指标用于分析纳税人资产综合利用情况。如指标与预警值相差较大，可能存在隐瞒收入，或闲置未用资产计提折旧问题。（　　）

【参考答案】×

【答案解析】根据《纳税评估管理办法》附件1第四条，净资产收益率＝净利润÷平均净资产×100%。

18. 单位产成品原材料耗用率＝本期投入原材料÷本期产成品成本×100%。本指标用于分析单位产品当期耗用原材料与当期产出的产成品成本比率，判断纳税人是否存在账外销售问题、是否错误使用存货计价方法、是否人为调整产成品成本或应纳所得额等问题。（　　）

【参考答案】√

【答案解析】符合《纳税评估管理办法》附件1的规定。

19. 评估人员分析发现，某企业2020年实收资本和资本公积合计数期末数比期初数有增加，则应重点关注的税种是股东个人所得税。（　　）

【参考答案】×

【答案解析】实收资本和资本公积合计数期末数比期初数有增加，应重点关注的税种是资金账簿印花税。

20. 风险模型、指标的积分标准以风险发生概率和风险发生造成税款流失的严重程度为主要评价因素。（　　）

【参考答案】√

【答案解析】符合国家税务总局《税收征管操作规范》的规定。

四、实务题

试题一

评估人员对旺达公司2020年企业所得税情况进行评估，相关数据如下：

项目	年度收入	
	2019年/万元	2020年/万元
主营业务收入	58 000	57 000
主营业务成本	49 000	50 000

续表

项目	年度收入	
	2019 年/万元	2020 年/万元
期间费用	4 500	5 500
利润总额	4 500	1 500
应税所得额	5 000	2 000
应交所得税	1 250	500

根据上述材料，回答下列问题：

1. （单项选择题）2020 年该公司销售毛利率为（　　）。

A. 13%　　B. 14%　　C. 12%　　D. 15%

2. （单项选择题）2020 年该公司企业所得税贡献率为（　　）。

A. 0. 88%　　B. 33. 33%　　C. 25%　　D. 1%

3. （单项选择题）2020 年该公司企业所得税负担变动率为（　　）。

A. 28%　　B. 5. 33%　　C. 33. 33%　　D. －5. 33%

4. （单项选择题）2020 年期间费用率变动率为（　　）。

A. 23%　　B. 9. 6%　　C. 1. 8%　　D. 30%

5. （单项选择题）对上述数据进行分析，下列结论正确的是（　　）。

A. 2020 年期间费用增长较大，可能存在多列费用的风险

B. 2020 年销售毛利率有所增长，不存在少缴税款风险

C. 2020 年所得税负担率比 2019 年大幅下降，存在少缴税款风险

D. 2020 年所得税贡献率比 2019 年略有下降，不存在少缴税款风险

【参考答案】1. C；2. A；3. B；4. A；5. A

【答案解析】

1. 销售毛利率 =（主营业务收入 − 主营业务成本）÷ 主营业务收入 × 100% =（57 000 − 50 000）÷ 57 000 = 12%。

2. 企业所得税贡献率 = 应纳企业所得税额 ÷ 主营业务收入 × 100% = 500 ÷ 57 000 = 0. 88%。

3. 企业所得税负担率 = 应纳企业所得税额 ÷ 利润总额 × 100%，2019 年企业所得税负担率 = 1 250 ÷ 4 500 × 100% = 28%；2020 年企业所得税负担率 = 500 ÷ 1 500 × 100% = 33. 33%；变动率 = 33. 33% − 28% = 5. 33%。

4. 2019 年期间费用率 =5 500 ÷57 000 ×100% =9.6%；2020 年期间费用率 =4 500 ÷58 000 ×100% =7.8%；变动率 = （9.6% −7.8%） ÷7.8% =23%。

5. 选项 B、C 不符合案例数据；选项 D 不正确。

试题二

某造纸有限公司成立于2018 年 1 月，一般纳税人。2020 年 6 月评估人员对该公司 2019 年财务会计报表进行分析，并形成了会计科目对比表如下：

单位：亿元

项目内容	数据来源	金额（Ⅰ）	项目内容	数据来源	金额（Ⅱ）
流动资产年初合计数	资产负债表	15.1	流动资产年末合计数	资产负债表	14.2
长期投资年初数	资产负债表	0.3	长期投资年末数	资产负债表	5.5
固定资产年初数	资产负债表	3.1	固定资产年末数	资产负债表	5.8
资产年初合计数	资产负债表	19.5	资产年末合计数	资产负债表	27.4
流动负债年初合计数	资产负债表	7.4	流动负债年末合计数	资产负债表	10.4
所有者权益年初合计数	资产负债表	12.0	所有者权益年末合计数	资产负债表	14.9
主营业务收入上年数	利润表	16.8	主营业务收入本年数	利润表	17.6
主营业务成本上年数	利润表	11.5	主营业务成本本年数	利润表	12.5
利润总额上年数	利润表	3.3	利润总额本年数	利润表	2.1
主营业务收入本年数	利润表	17.6	销售商品、提供劳务收到的现金本年数	现金流量表	19.6
主营业务成本、其他业务支出本年数	利润表、成本明细表	12.5	存货年初数 + 购进支付的现金 − 存货年末数	资产负债表、现金流量表	24.9
营业外支出上年数	利润表	0	营业外支出本年数	利润表	8.7
投资所支付的现金本年数	现金流量表	0	购建固定资产、无形资产和其他长期资产所支付的现金本年数	现金流量表	0.6

根据上述材料，回答下列问题：

1. （多项选择题）分析上述资料，下列说法正确的有（　　）。

A. 2019 年存货增加 24.9 亿元

B. 2019 年资产总额增加 7.9 亿元

C. 2019 年营业外支出增加 8.7 亿元

D. 2019 年所有者权益增加 2.9 亿元

2. （多项选择题）分析上述资料，下列结论正确的有（　　）。

A. 资产规模大幅增长而利润总额大幅下降

B. 存货余额大幅减少而销售收入增长幅度很小

C. 固定资产大幅增加而销售收入增长幅度很小

D. 存货减少幅度小于主营业务成本

3.（多项选择题）现金流量表中“销售商品、提供劳务收到的现金”大于主营业务收入，则企业可能存在下列（　　）。

A. 2019 年收到以前年度货款

B. 收到大量预收账款

C. 销售货款未计收入

D. 虚构现金、虚增利润

4.（多项选择题）结合“存货”“主营业务收入”“长期投资”和“投资支付现金”等项目分析，企业可能存在的状况是（　　）。

A. 2019 年销售形势良好

B. 以存货对外投资

C. 以存货抵债

D. 以存货用于集体福利

5.（多项选择题）现金流量表中“购建固定资产、无形资产和其他长期资产所支付的现金”远远低于资产负债表中固定资产的增加数，可能存在的原因是（　　）。

A. 资产评估增值

B. 购入固定资产款未付

C. 固定资产盘盈

D. 接受捐赠固定资产

【参考答案】 1. BCD；2. ABC；3. ABC；4. B；5. ABCD

【答案解析】

1. 选项 B、C、D 均符合案例数据；选项 A 不正确。

2. 选项 A、B、C 均符合案例数据；选项 D 不正确。

3. 现金流量表中“销售商品、提供劳务收到的现金”大于主营业务收入，可能存在选项 A、B、C 情形，选项 D 不正确。

4. 通过对案例中“存货”“主营业务收入”“长期投资”和“投资支付现金”等项目分析，可以得出选项 B。

5. 现金流量表中“购建固定资产、无形资产和其他长期资产所支付的现金”远远低于资产负债表中固定资产的增加数，选项 A、B、C、D 四种原因都可能存在。

考点训练及分析（三）

一、单项选择题

1. 千户集团年度缴纳税额为集团总部及其境内外全部成员企业境内年度纳税额合计，下列税种不属于年度应纳税额范围的是（　　）。

A. 企业所得税　　B. 关税

C. 增值税　　D. 印花税

【参考答案】B

【答案解析】根据《国家税务总局关于发布〈千户集团名册管理办法〉的公告》第二条，千户集团是指年度缴纳税额达到国家税务总局管理服务标准的企业集团，包括全部中央企业、中央金融企业以及达到上述标准的单一法人企业等。其中，年度缴纳税额为集团总部及其境内外全部成员企业境内年度纳税额合计，不包括关税、船舶吨税以及企业代扣代缴的个人所得税，不扣减出口退税和财政部门办理的减免税。

2. 不同区域税务机关对同一企业集团适用的税收政策理解、执行不一致时，应采取的正确做法是（　　）。

A. 与同级大企业部门协调　　B. 提请上级单位协调

C. 与同级税政部门沟通　　D. 提请上级单位批示

【参考答案】B

【答案解析】根据《国家税务总局办公厅关于印发〈深化大企业纳税服务若干工作措施〉的通知》，针对跨区域经营的企业集团各地税收政策理解、执行不一致问题，加强组织协调，提出解决方案，及时提请上级单位协调，提高各地政策执行一致性。

3. 按照现行规定，千户集团应设置数据联络员与税务机关大企业管理部门直接对接，该人数要求是（　　）。

A. 集团总部 1 人　　B. 集团总部 2 人

C. 集团每个成员单位 1 人　　D. 集团每个成员单位 2 人

【参考答案】A

【答案解析】根据《国家税务总局大企业税收管理司关于印发〈千户集团数据联络员管理办法〉的通知》，千户集团总部设置独立或兼职联络员1名，与税务机关大企业管理部门直接对接，是千户集团数据采集工作的主要责任人。

4. 大企业税收风险管理以防范税收风险为导向，科学配置征管资源，形成覆盖全流程的闭环管理。下列关于大企业税收风险管理流程的说法正确的是（　　）。

A. 数据采集—风险分析—推送应对—反馈考核

B. 数据采集—风险分析—税务审计—反馈总结

C. 信息收集—案头审计—现场审计—结果反馈

D. 信息收集—分析识别—风险应对—反馈考核

【参考答案】A

【答案解析】根据《千户集团税收风险管理工作规程》，千户集团税收风险管理，以防范税收风险为导向，按照“数据采集—风险分析—推送应对 反馈考核”四个环节，实施全流程闭环管理。

5. 各级税务机关大企业税收管理部门应分类处理企业税务风险内控体系评析结果，根据不同情况采取相应的税收服务和管理措施。下列措施不正确的是（　　）。

A. 对内控体系相对完善的企业，制订相应的激励措施

B. 对已建立内控体系的企业，重点监控其内控体系运行情况

C. 对内控体系需要完善的企业，提出企业内控体系完善建议

D. 对未建立内控体系的企业，责令企业在规定时间内建立税务风险内控体系

【参考答案】D

【答案解析】对未建立内控体系的企业，积极引导企业建立税务风险内控体系，所以选项D不正确。

6. 千户集团是指年度缴纳税额达到国家税务总局管理服务标准的企业集团。千户集团年度纳税额的计算范围，下列各项正确的是（　　）。

A. 包括集团总部及其境内全部成员企业年度纳税额

B. 不包括关税、船舶吨税以及企业代扣代缴的个人所得税

C. 扣减出口退税

D. 不扣减财政部门办理的减免税

【参考答案】D

【答案解析】根据《千户集团名册管理办法》，年度缴纳税额为集团总部及其境内外

全部成员企业境内年度纳税额合计，不包括关税、船舶吨税以及企业代扣代缴的个人所得税，不扣减出口退税和财政部门办理的减免税。

7. 大企业税收风险任务实施扎口管理、统一推送和差别化应对，负责推送千户集团税收风险应对任务的机构是（　　）。

A. 国家税务总局大企业税收管理司

B. 国家税务总局税收大数据和风险管理部门

C. 各省税务局

D. 各省税务局大企业税收服务和管理部门

【参考答案】B

【答案解析】依据《国家税务总局办公厅关于明确税收风险管理工作若干问题的通知》（税总办发〔2021〕7号）。

8. 加强大企业纳税服务需要畅通税企沟通渠道，加强税企信息交流。下列各项，不属于大企业纳税服务工作中强化税企沟通方式的是（　　）。

A. 税企座谈会　　B. 风险提示

C. 企业走访　　D. 税企沙龙

【参考答案】B

【答案解析】根据《国家税务总局大企业税收管理司关于印发〈关于加强大企业税收服务和管理工作的指导意见〉的通知》，畅通税企沟通渠道，加强税企信息交流。通过税企座谈会、税企沙龙、企业走访等多种方式，认真听取意见和建议。

9. 开展大企业税收经济分析要提升选题站位、打造拳头产品、加强联动协作。精准选题应坚持的原则是（　　）。

A. 坚持常规，突出新颖，紧跟时势　　B. 坚持重点，突出新颖，结合实际

C. 坚持常规，突出焦点，紧跟时势　　D. 坚持热点，突出新颖，结合实际

【参考答案】A

【答案解析】根据《关于加强大企业税收服务和管理工作的指导意见》，精准选题要做到坚持常规，突出新颖，紧跟时势。

10. 各国大企业税收管理理论互相借鉴、互为补充、互相促进，逐渐演变成一套大企业税收管理理论体系，其核心理论是（　　）。

A. 合作遵从理论　　B. 分类管理理论

C. 风险管理理论　　D. 平衡治理理论

【参考答案】A

【答案解析】根据《国外大企业税收管理概览》第三章“大企业税收管理主流理论”，各国大企业税收管理理论互相借鉴、互为补充、互相促进，从分类管理、风险管理、客户关系和平衡治理等理论，逐渐演变成一套以合作遵从理论为核心的大企业税收管理理论体系。

11. 为引导和约束税企双方共同信守承诺、防范风险，税务机关应选择税务风险内控制度较为完善、税法遵从度较高的大企业并与其签订文件，与符合条件的大企业签订的文件是（　　）。

A. 《大企业预约定价安排》　　B. 《税收遵从合作协议》

C. 《个性化纳税服务协议》　　D. 《税收重大事项协议》

【参考答案】B

【答案解析】根据《深化大企业税收服务与管理改革实施方案》，选择税务风险内控制度较为完善、税法遵从度较高的大企业，签订《税收遵从合作协议》，引导和约束税企双方共同信守承诺、防范风险。

12. 根据千户集团数据采集相关文件规定，下列内容不属于千户集团数据采集范围的是（　　）。

A. 千户集团成员企业的纳税申报数据

B. 千户集团成员企业附报的财务会计报表

C. 千户集团成员企业的原始凭证

D. 千户集团官方网站公布的信息

E. 千户集团成员企业的发票开具信息

【参考答案】C

【答案解析】依据《国家税务总局办公厅关于千户集团电子财务数据采集工作的通知》。

13. 世界各国大企业税收管理对象划分标准有单一标准和复合标准两类。下列国家，大企业税收管理对象划分标准采用复合标准的是（　　）。

A. 澳大利亚　　B. 意大利　　C. 日本　　D. 法国

【参考答案】D

【答案解析】澳大利亚、意大利和日本均采用单一标准确定大企业税收管理对象。

14. 根据各级“三定”暂行规定内容，结合工作重点，大企业服务和管理部门应当根据编制数和人员到位情况对现有工作职能进行合理划分，科学配置内设部门，各级大企业服务和管理部门一般应当配置的部门不包括（　　）。

A. 综合管理

B. 数据和经济分析

C. 风险监控识别

D. 纪检监察

【参考答案】 D

【答案解析】 根据《国家税务总局关于印发〈关于加强大企业税收服务和管理工作的指导意见〉的通知》，各级大企业服务和管理部门一般应当配置综合管理、纳税服务、数据和经济分析、风险监控识别、风险分析应对等业务部门。

15. 提升大企业部门站位的三驾马车是经济分析、个性化服务和风险管理。其中大企业个性化纳税服务的导向是（　　）。

A. 纳税人的满意

B. 纳税人的需求

C. 纳税人的利益

D. 纳税人的意见

【参考答案】 B

【答案解析】 根据《国家税务总局关于印发〈国家税务总局大企业税收服务和管理规程（试行）〉的通知》第二条，大企业税收服务和管理工作，应以纳税人的需求为导向，提供针对性的纳税服务，以风险为导向，实施科学高效、统一规范的专业化管理。

二、多项选择题

1. 大企业纳税服务工作是大企业税收服务和管理的重点，下列项目，属于大企业纳税服务工作内容的有（　　）。

A. 强化税企沟通

B. 实施风险提示

C. 做好数据规划

D. 指标模型研发

E. 政策效应分析

【参考答案】 AB

【答案解析】 依据《国家税务总局关于印发〈关于加强大企业税收服务和管理工作的指导意见〉的通知》。

2. 千户集团风险分析实行国家税务总局和省税务局两级统筹，下列各项，属于国家税务总局工作职责的有（　　）。

A. 制订千户集团税收风险分析战略规划

B. 针对行业代表性集团开展典型调查

C. 推动千户集团税收风险模型建设

D. 与相关企业进行沟通协调风险分析中出现的问题

E. 对数据信息进行计算机扫描，形成风险识别报告

【参考答案】 ABCE

【答案解析】 选项D为省税务局工作职责。

3. 根据国家税务总局局长王军的讲话要求，要发挥好千户集团经济分析在税务部门话语体系中的作用，税务机关应该做好的工作有（　　）。

A. 立字当头　　B. 创新为要

C. 实干在先　　D. 人才强基

E. 制度保障

【参考答案】 ABCD

【答案解析】 2016年7月25日，王军局长在研究千户集团税收分析工作专题会议上的讲话中指出，如何发挥千户集团分析在税务部门话语体系中的作用，一是要立字当头，二是要创新为要，三是要实干在先，四是要人才强基。

4. 大企业纳税服务工作中应建立重大涉税事项政策辅导制度，提出税务风险建议。下列各项，属于重大涉税事项的有（　　）。

A. 股权转让　　B. 纳税申报

C. 跨境投资　　D. 发票管理

E. 关联交易

【参考答案】 ACE

【答案解析】 依据《国家税务总局关于印发〈关于加强大企业税收服务和管理工作的指导意见〉的通知》。

5. 在千户集团名册管理工作中，省税务机关承担的主要职责有（　　）。

A. 组织总部报送成员企业名册信息

B. 制订完善千户集团名册管理办法

C. 开展集团内部名册管理工作培训

D. 审核并补充完善本省的成员企业名册信息

E. 开展千户集团名册管理工作组织绩效考评

【参考答案】 AD

【答案解析】依据《国家税务总局关于发布〈千户集团名册管理办法〉的公告》。

6. 在对千户集团进行税收风险应对的过程中，可采取的风险应对手段包括（　　）。

A. 以电话方式对甲商贸公司“利润表”中存在的明显笔误进行风险提示

B. 对存在多项涉税疑点的乙医药公司进行纳税评估

C. 丙县税务局因人手不足，全权委托税务师事务所对企业进行纳税评估

D. 丁市税务局对某跨国公司的关联交易采取反避税调查

E. 戊建筑公司因涉嫌虚开增值税专用发票由该市稽查局进行税务稽查

【参考答案】ABDE

【答案解析】根据《深化国税、地税征管体制改革方案》，运用第三方涉税信息对纳税申报情况进行比对，区分不同风险等级分别采取风险提示、约谈评估、税务稽查等方式进行差别化应对，有效防范和查处逃避税行为。

7. 千户集团税收风险分析应对工作实行分类分级管理。下列关于应对工作原则的说法，正确的有（　　）。

A. 对高风险事项由稽查部门开展应对

B. 对中风险事项以风险管理部门为主开展应对

C. 发票核查事项由属地主管税务机关开展应对

D. 对交稽查部门应对的，大企业部门要做好结果跟踪工作

E. 对低风险事项由属地税务机关开展应对或提醒纳税人自行纠正

【参考答案】ACDE

【答案解析】根据《千户集团税收风险分析应对分类分级管理暂行办法》，对中风险事项以大企业税收管理部门为主开展风险应对。

8. 浩通公司为千户集团企业，符合享受绿色通道、提供专属服务措施条件，税务机关应为其提供的措施包括（　　）。

A. 发票直送

B. 诉求升级

C. 联络员服务

D. 银税互动

E. 自我遵从免查

【参考答案】ABE

【答案解析】根据《国家税务总局办公厅关于印发〈深化大企业纳税服务若干工作措施〉的通知》，建立绿色通道，提供专属服务。合理确定准入标准，为符合条件的大企业提供绿色通道，提供发票直送、诉求升级、自我遵从免查等专属服务。针对大企业

的个性化需求，尝试对接相关政府部门和行业协会，着力解决大企业遇到的各类问题。

9. 旺通公司为千户集团企业，税务机关可以不采集其2020年电子财务数据范围的成员单位有（　　）。

A. 在本省的子公司甲
B. 子公司甲在澳门设立的办事处
C. 在外省的子公司乙
D. 在新加坡的子公司丙
E. 非独立核算的分支机构丁

【参考答案】BDE

【答案解析】根据《国家税务总局大企业税收管理司关于进一步明确千户集团电子财务数据采集范围的通知》，采集对象方面，以下情况的企业，不再纳入数据采集对象：①非独立核算的企业；②集团境外成员的企业；③挂靠经营的企业；④采取手工记账方式的企业；⑤注销、破产、关停并转的企业；⑥非正常户、未正式运营等企业。

10. 国家税务总局、省税务机关应当加强大企业风险应对结果的增值利用，下列内容属于增值利用的有（　　）。

A. 优化千户集团风险指标模型
B. 建立和更新千户集团行业风险指引
C. 优化千户集团风险管理绩效考核指标
D. 出具税收管理建议书
E. 提出完善税收政策建议

【参考答案】ABDE

【答案解析】依据《千户集团税收风险管理规程》。

11. 加强大企业税收经济分析对打造税务部门的话语体系具有重要作用。省税务局在大企业税收经济分析工作中的任务包括（　　）。

A. 配合国家税务总局做好税收经济分析和税收经济指数相关工作
B. 深入挖掘本省千户集团数据信息，开展税收经济分析工作
C. 跟踪分析本省范围内千户集团总部、成员单位税源发展变化趋势
D. 开展税源分析、税收收入进度分析工作，并将结果反馈至国家税务总局
E. 定期开展税收形势分析，提出加强千户集团企业税收管理的意见建议

【参考答案】ABCD

【答案解析】根据《国家税务总局办公厅关于千户集团税收风险分析及相关工作任务细化分工的通知》，省税务局的任务是：①配合国家税务总局做好税收经济分析和税收经济指数相关工作。②深入挖掘本省千户集团数据信息，开展税收经济分析工作。③跟踪本省范围内千户集团总部、成员单位的税源税收情况，跟踪分析税源发展变化趋

势。及时上报异常情况及其原因分析。④开展税源分析、税收收入进度分析等工作，并将结果反馈至国家税务总局。

12. 国家税务总局在进一步加强大企业个性化纳税服务工作的要求中指出，要高效处理大企业涉税诉求。以下各项不属于高效处理涉税诉求措施的是（　　）。

A. 规范涉税诉求处理流程

B. 建立健全大企业涉税事项协调会议制度

C. 建立完善大企业涉税事项纵向协调机制

D. 试行大企业涉税事项事先裁定制度

【参考答案】D

【答案解析】根据《国家税务总局关于进一步加强大企业个性化纳税服务工作的意见》，选项 D 不正确。

13. 下列关于大企业重组涉税事项纳税服务的工作机制的说法，正确的有（　　）。

A. 由大企业重组涉税事项办公室负责登记大企业重组涉税事项

B. 大企业重组涉税事项办公室负责协调相关业务司局及相关省税务机关，形成初步意见建议

C. 初步意见建议一致的，由大企业重组涉税事项办公室报告领导小组后告知相关省税务机关和大企业参考

D. 初步意见建议不一致的，由大企业重组涉税事项办公室报领导小组集体研究，形成最终处理建议，由办公室告知相关省税务机关和大企业参考

E. 对于现行税收法规未规定或不明确的事项，由大企业重组涉税事项领导小组集体研究形成税收政策决议，并告知相关省税务机关和大企业

【参考答案】BCD

【答案解析】根据《国家税务总局办公厅关于建立大企业重组涉税事项纳税服务工作机制的通知》，国家税务总局办公厅负责登记大企业重组涉税事项。办公室负责协调相关业务司局及相关省税务机关，形成初步意见建议。初步意见建议一致的，由办公室报告领导小组后告知相关省税务机关和大企业参考；初步意见建议不一致的，由办公室报领导小组集体研究，形成最终处理建议，并由办公室告知相关省税务机关和大企业参考。对于现行税收法规未规定或不明确的事项，可继续研究论证，形成税收政策建议，并告知相关省税务机关和大企业。

14. 国家税务总局要求，在总局和省局两个层面开展集团企业税收经济分析工作。

下列关于集团企业税收经济分析工作内容的说法，正确的有（　　）。

A. 开展税收形势分析，提出加强企业税收管理的意见建议

B. 开展运行状况分析，揭示经济社会发展中值得关注的重大问题

C. 开展政策效应分析，跟踪税制改革和减免税政策的实施情况

D. 开展税收风险分析，引导企业建立和完善内控制度

E. 加强与科研机构合作，研究构建大企业税收经济指数

【参考答案】 ABCE

【答案解析】 根据《国家税务总局关于印发〈深化大企业税收服务与管理改革实施方案〉的通知》，“开展集团企业税收经济分析。……开展集团税收形势分析，提出加强集团企业税收管理的意见建议；开展集团运行状况分析，从税收角度反映经济发展动态，揭示经济社会发展中值得关注的重大问题；开展集团政策效应分析，跟踪税制改革和减免税政策的实施情况，测算税收政策变动对经济、税收等方面的影响。加强与高等院校、科研机构合作，深入挖掘集团企业数据，研究构建具有鲜明特色的大企业税收经济指数。”

15. 现代税收征管方式应以风险管理为导向，千户集团税收风险管理应当坚持的主要原则有（　　）。

A. 两级统筹　　B. 属地高效　　C. 合作推进　　D. 信息集成

E. 促进遵从

【参考答案】 ACDE

【答案解析】 根据《千户集团税收风险管理工作规程（试行）》第四条，千户集团税收风险管理应当坚持以下主要原则：两级统筹、合作推进、信息集成和促进遵从。

三、判断题

1. 省税务局可以对本省辖区内的千户集团所属独立法人企业或分公司实施税收风险分析，分析结果无须报送国家税务总局大企业税收管理司。（　　）

【参考答案】 ×

【答案解析】 根据《国家税务总局办公厅关于千户集团税收风险分析及相关工作任务细化分工的通知》，省税务局充分发挥对于当地企业情况熟悉、便于沟通的优势，对千户集团在本省的独立法人企业或分公司开展税收风险分析，并将分析结果报送国家税务总局进行系统排查。

2. 千户集团企业必须按照《大企业税务风险管理指引（试行）》，建立相应的税务

风险管理制度。 ( )

【参考答案】×

【答案解析】根据《国家税务总局印发〈大企业税务风险管理指引（试行）〉的通知》规定，企业可以参照本指引，结合自身经营情况、税务风险特征和已有的内部风险控制体系，建立相应的税务风险管理制度。

3. 千户集团名单应由省税务局确定并报国家税务总局备案，定期发布，实行动态管理。 ( )

【参考答案】×

【答案解析】根据《国家税务总局关于发布〈千户集团名册管理办法〉的公告》，千户集团名单由国家税务总局确定，定期发布，实行动态管理。

4. 增值税小规模纳税人不属于千户集团的成员企业。 ( )

【参考答案】×

【答案解析】依据《国家税务总局关于发布〈千户集团名册管理办法〉的公告》。

5. 大企业因内部组织架构、经营模式或外部环境发生重大变化，必须及时向税务机关报告，以寻求税务机关辅导和帮助。 ( )

【参考答案】×

【答案解析】根据《国家税务总局印发〈大企业税务风险管理指引（试行）〉的通知》，企业因内部组织架构、经营模式或外部环境发生重大变化，以及受行业惯例和监管的约束而产生的重大税务风险，可以及时向税务机关报告，以寻求税务机关的辅导和帮助。

6. 对风险分析中发现的同质性高、涉及面广的风险点，国家税务总局可以协调集团总部主管税务机关，向集团总部进行提示告知。 ( )

【参考答案】×

【答案解析】根据《千户集团税收风险管理规程》，对风险分析中发现的同质性高、涉及面广的风险点，国家税务总局可以协调集团总部所在省税务机关，向集团总部进行提示告知。

7. 为全面提高大企业服务和管理专业化水平，针对大企业纳税人特点，应突出分类，提升层级，将复杂涉税事项提升至省以上税务机关管理。 ( )

【参考答案】×

【答案解析】根据《关于加强大企业税收服务和管理工作的指导意见》，针对大企业纳税人经营范围广、涉税事项专、层级架构繁、服务要求高的特点，以集团为对象，以行业为维度，突出分类，提升层级，将复杂涉税事项提升至市（地）以上税务机关管理，全面提高大企业服务和管理专业化水平。

8. 合并重组、破产、注销或年度缴纳税额连续3年未达到国家税务总局管理服务标准的企业集团，应从千户集团名册管理范围内调出。（　）

【参考答案】×

【答案解析】根据《国家税务总局关于发布〈千户集团名册管理办法〉的公告》，合并重组、破产、注销或年度缴纳税额连续5年未达到国家税务总局管理服务标准的企业集团，应从名册管理范围内调出。

9. 国家税务总局与企业集团签订税收遵从协议应建立在自愿、平等、公开、互信基础上。（　）

【参考答案】√

【答案解析】根据《国家税务总局关于印发〈国家税务总局大企业税收服务和管理规程（试行）〉的通知》，国家税务总局与企业集团在自愿、平等、公开、互信的基础上，签订税收遵从协议，共同承诺税企双方合作防控税务风险。

10. 遵从管控是指税务机关通过个性化的纳税服务和专业化的税收管理措施，提高企业自身依法处理涉税事务的能力。（　）

【参考答案】×

【答案解析】根据《国家税务总局关于印发〈国家税务总局大企业税收服务和管理规程（试行）〉的通知》，遵从引导是指通过个性化的纳税服务和专业化的税收管理，提高企业自身依法处理涉税事务的能力。

11. 大企业税收经济分析选题应围绕党中央、国务院和国家税务总局重点聚焦的全局性和战略性问题。（　）

【参考答案】√

【答案解析】根据《国家税务总局关于印发〈关于加强大企业税收服务和管理工作的指导意见〉的通知》，提升选题站位，围绕党中央、国务院和国家税务总局重点聚焦的全局性和战略性问题。

12. 在千户集团数据采集工作中，涉及千户集团第三方信息的，应由国家税务总局大企业税收管理司进行整理、清洗和加载。（　）

【参考答案】×

【答案解析】根据《国家税务总局关于印发〈千户集团税收风险管理工作规程（试行）〉的通知》第十四条，省税务机关大企业税收管理部门会同技术部门对涉及千户集团的第三方信息进行整理、清洗和加载，并按要求上报国家税务总局（大企业税收管理司）。

13. 国家税务总局局长王军指出，我们坐拥数据的“金山银库”，要切实发挥它们的作用，不能让数据躺在仓库里睡大觉。如何唤醒这些数据，关键不在于我们将这些数据和盘托出，做数据原料的提供者，而在于整合利用，做数据资源的集成者。（　　）

【参考答案】√

【答案解析】依据王军局长在研究千户集团税收分析工作专题会议上的讲话。

14. 针对税收风险应对中出现的税企争议问题，必要时应由国家税务总局大企业司组织召开由企业集团总部、总部所在地税务机关参加的协调会议。（　　）

【参考答案】×

【答案解析】依据《国家税务总局办公厅关于千户集团税收风险分析及相关工作任务细化分工的通知》，针对税收风险应对中出现的税企争议问题，必要时由国家税务总局风险办组织召开由企业集团总部、总部所在地税务机关及相关税务机关、相关企业参加的协调会议，通报相关情况，要求各方积极协调配合，推进工作开展。

15. 千户集团税收风险分析工作分工中，年纳税额 1 亿元以上的千户集团税收风险分析应由国家税务总局层面组织开展。（　　）

【参考答案】×

【答案解析】根据《千户集团税收风险分析应对分类分级管理暂行办法》，国家税务总局层面组织开展年纳税额 3 亿元以上的千户集团税收风险分析。

四、实务题

某市税务局风险管理局在对 2020 年数据进行分析时，通过指标扫描发现华翔机械厂部分财务数据异常。该企业主要生产大型机械设备，生产工期约 3 个月，是增值税一般纳税人，会计核算采用企业会计准则。2020 年 12 月末，其“资产负债表”部分数据如下：

单位：万元

资产	期末数	年初数	负债和股东权益	期末数	年初数
			短期借款	1 000	0
应收账款	5 500	3 000	预收款项	80 000	50 000
存货	40 000	25 000			

续表

资产	期末数	年初数	负债和股东权益	期末数	年初数
其他应收款	5 000	5 000			
在建工程	7 000	4 500	其他应付款	6 000	4 000
长期股权投资	2 000	3 000	长期借款	30 000	0
……	……	……	……	……	……
			实收资本	20 000	20 000
			资本公积	38 200	2 200

说明：企业本期有在建办公楼工程。企业当年税前扣除财务费用2 100万元，未做纳税调整。

根据上述材料，回答下列问题：

1.（多项选择题）该企业“存货”项目和“预收账款”项目都比年初增长了60%，但“预收账款”项目的金额比“存货”项目多了1倍。对于“存货”项目和“预收账款”项目进行分析，该企业可能存在的情况有（　　）。

A. 预收账款金额大，存货金额小，说明企业的产品对客户有吸引力

B. 预收账款金额大，存货金额小，说明企业的生产能力不足

C. 预收账款金额大，存货金额小，企业可能存在一方面不及时确认销售收入、另一方面多结转销售成本的现象

D. 预收账款金额大，存货金额小，企业可能存在赊销行为

2.（多项选择题）该企业“长期借款”增加了30 000万元，下列选项表述正确的有（　　）。

A. 如果该借款用于在建工程，则建设期间的利息支出应计入工程成本

B. 如果该借款用于在建工程，则用于厂房建设的购进材料所支付的进项税额全部在购进当期进行抵扣

C. 如果该借款用于购进生产设备，则购进生产设备所支付的进项税额允许全部在当期抵扣

D. 如果该借款用于购进材料，则用于购进材料所发生的利息支出不得税前扣除

3.（多项选择题）该企业“资产负债表”数据显示：“其他应付款”本年比年初增加了50%。该项目可能存在涉税风险的有（　　）。

A. 将预收的货款在“其他应付款”项目里反映，以隐瞒销售收入

B. 将收到的政府部门拨付的奖励、补贴等在“其他应付款”项目里反映，长期挂账而不确认收入

C. 将确实无法支付的款项在“其他应付款”项目里反映，长期挂账而不确认收入

D. 将预计的成本、费用在“其他应付款”项目里反映，以增加税前扣除金额

4.（多项选择题）该企业“资本公积”增加了36 000万元，在形成的原因中，可能存在涉税风险的有（　　）。

A. 接受捐赠货币资产或非货币资产计入资本公积

B. 符合条件的特殊性税务处理形成的债务重组收益计入资本公积

C. 纳税人将无法支付的应付款项计入“资本公积—其他资本公积”

D. 符合条件的股权划转按照接收资产的账面价值计入“资本公积—其他资本公积”

5.（单项选择题）下列表述，不正确的有（　　）。

A. 预收账款持续增长，可能存在货物发出未确认收入的情况

B. 其他应收款金额较大，可能存在银行贷款用于关联企业，而利息支出税前扣除的情况

C. 企业有长期借款和在建工程，可能存在资本化利息费用化问题

D. 长期股权投资期末比期初减少，一定存在少计销售收入问题

【参考答案】 1. ABC；2. AC；3. ABCD；4. AC；5. D

【答案解析】

1. 预收账款金额大反映企业存在赊销行为的可能性不大，所以选项D不正确。

2. 在建工程的进项税额在2018年不能一次性抵扣，购进材料所发生的利息支出允许税前扣除，因此选项B、D均不正确。

3. 四个选项都是“其他应付款”可能存在的涉税风险。

4. 接受捐赠和无法支付的应付款项计入资本公积，可能存在少缴企业所得税风险，所以选项A、C均正确。

5. 长期股权投资期末比期初减少与少计销售收入不一定直接关联，所以选项D正确。

考点训练及分析（四）

一、单项选择题

1. 自然人双重居民身份下，确定最终居民身份的判定标准是（　　）。

A. 以永久性住所、重要利益中心、习惯性居处、国籍为标准依次确定

B. 以重要利益中心、永久性住所、习惯性居处、国籍为标准依次确定

C. 以永久性住所、习惯性居处、重要利益中心、国籍为标准依次确定

D. 以习惯性居处、永久性住所、重要利益中心、国籍为标准依次确定

【参考答案】 A

【答案解析】 如果自然人具有双重居民身份，税收协定为缔约国提供了加比规则，以协调双重居民身份的矛盾。这一顺序就是永久性住所—重要利益中心—习惯性居所—国籍。

2. 根据中国内地和中国香港地区税收安排，如果受益所有人是直接拥有支付股息公司至少 25% 资本的公司，预提税为股息总额的（　　）。

A. 10%　　B. 7%　　C. 20%　　D. 5%

【参考答案】 D

【答案解析】 根据《内地和香港特别行政区关于对所得避免双重征税和防止偷漏税的安排》第十条，如果受益所有人是直接拥有支付股息公司至少 25% 资本的公司，预提税为股息总额的 5%。

3. 根据我国签署的《多边税收征管互助公约》（以下简称《公约》），我国税务机关现阶段与《公约》其他缔约方之间开展征管协助的形式是（　　）。

A. 情报交换　　B. 协助提供保全措施

C. 文书送达方面的协助　　D. 协助其他缔约方追缴税款

【参考答案】 A

【答案解析】 根据《国家税务总局关于〈多边税收征管互助公约〉生效执行的公告》（国家税务总局公告 2016 年第 4 号），我国税务机关现阶段与该公约其他缔约方之

间开展征管协助的形式为情报交换。

4. 关于《中国税收居民身份证明》的开具，中国居民企业的境内、境外分支机构应由其（　　）申请。

A. 中国境内分支机构主管税务机关　　B. 中国境内分支机构所在省级税务机关

C. 中国总机构向总机构主管税务机关　　D. 中国总机构向国家税务总局

【参考答案】C

【答案解析】《根据国家税务总局关于调整〈中国税收居民身份证明〉有关事项的公告》（国家税务总局公告2019年第17号），中国居民企业的境内、境外分支机构应由其中国总机构向总机构主管税务机关申请。

5.（　　）实现了税收协定历史上规模最大、范围最广的一次多边合作与协调，标志着二十国集团（G20）推动的国际税改取得重大成果，将成为打开国际税收协调之门的"金钥匙"。

A.《BEPS多边公约》

B.《税收征管互助公约》

C.《金融账户涉税信息自动交换多边主管当局间协议》

D. BEPS十五项行动计划

【参考答案】A

【答案解析】《BEPS多边公约》实现了税收协定历史上规模最大、范围最广的一次多边合作与协调，标志着二十国集团（G20）推动的国际税改取得重大成果，将成为打开国际税收协调之门的"金钥匙"。

6. 居民（公民）管辖权据以确定的原则是（　　）。

A. 属地　　B. 属人　　C. 普遍性　　D. 保护性

【参考答案】B

【答案解析】居民管辖权是按照属人原则确立的税收管辖权。

7. 国际税收形成的前提条件是跨国纳税人的跨国所得和（　　）。

A. 税收管辖权　　B. 所得税在世界范围的普及

C. 双重征税的产生　　D. 国际税收协定的形成

【参考答案】B

【答案解析】国际税收形成的前提条件是跨国纳税人的跨国所得和所得税在世界范

围内的普及。

8. 世界上最有影响力的税收协定范本是（　　）。

A. OECD 协定范本　　B. UN 协定范本

C. 联合国范本　　D. 经济合作与发展组织范本

【参考答案】 A

【答案解析】 世界上最有影响力的税收协定范本是 OECD 协定范本。

9. 根据经济合作与发展组织（OECD）拟定的国际税收协定范本的标准，财产税大体可分为三类。下列选项不属于这三类的是（　　）。

A. 不动产税　　B. 财产转移税

C. 财产净值税　　D. 社会保险税

【参考答案】 D

【答案解析】 社会保险税不属于财产税。

10. 合理分配跨国收入和费用，有利于（　　）。

A. 兼顾来源地国家与居住地国家之间的财权利益

B. 兼顾跨国公司与其居住国之间的利益

C. 兼顾有关国家之间的财权利益

D. 兼顾各跨国联属企业之间的利益

【参考答案】 C

【答案解析】 合理分配跨国收入和费用，有利于兼顾有关国家之间的财权利益。

二、多项选择题

1. 国际税收需要解决的问题主要有（　　）。

A. 防止或者避免国际重复征税　　B. 防范国际避税

C. 打击偷税　　D. 国际税收合作与协调

E. 打击骗税

【参考答案】 ABD

【答案解析】 国际税收需要解决的主要问题是防止或者避免国际重复征税和防范国际避税，并加强国际间的合作与协调。

2. 税收管辖权的类型包括（　　）。

A. 居民管辖权　　B. 公民管辖权

C. 地域管辖权　　D. 区域管辖权

E. 特别管辖权

【参考答案】ABC

【答案解析】目前世界上的税收管辖权分为三类：居民管辖权、公民管辖权和地域管辖权。

3. 按照居民税收管辖权的国际惯例，自然人居民身份判定的标准主要包括（　　）。

A. 住所标准　　B. 居所标准

C. 停留时间标准　　D. 籍贯标准

E. 居留标准

【参考答案】ABC

【答案解析】自然人居民身份的一般判定标准包括：住所标准、居所标准、停留时间标准。

4. 下列关于国际税收协定的说法，正确的有（　　）。

A. 在国际税收实践活动中，缔结的国际税收协定绝大多数是双边税收协定

B. 税收管辖权的问题，是国际税收协定的基本内容之一

C. 税收协定的效力低于国内税法的效力

D. 税收协定不能干预有关国家自主制定或调整、修改税法

E. 税收协定可以限制有关国家对跨国投资者提供更为优惠的税收待遇

【参考答案】ABD

【答案解析】从目前大多数国家的规定来看，当国际税收协定与国内税法不一致时，国际税收协定处于优先的地位。为了保证税收上的无差别待遇，就要避免因纳税人的国籍和居住地的不同而在税收上受到歧视。因此选项 C、E 不正确。

5. 国际税收协定的基本内容主要包括（　　）。

A. 税收管辖权的问题

B. 避免或消除国际重复征税的问题

C. 避免税收歧视，实行税收无差别待遇

D. 加强国际税收合作，防止国际避税和逃税

E. 国际税收情报交换

【参考答案】ABCD

【答案解析】国际税收协定的基本内容主要包括税收管辖权的问题、避免或消除国

际重复征税的问题、避免税收歧视，实行税收无差别待遇，加强国际税收合作，防止国际避税和逃税。

6. OECD 协定范本规定了三种类型的常设机构，它们是（　　）。

A. 实体型常设机构　　B. 建筑性常设机构

C. 代理型常设机构　　D. 服务器

E. 固定场所

【参考答案】 ABC

【答案解析】 OECD 协定范本规定了三种类型的常设机构，分别是实体型常设机构、建筑性常设机构、代理型常设机构。因此，选项 D、E 不正确。

7. OECD 协定范本中的积极所得，主要包括（　　）。

A. 营业利润　　B. 不动产所得

C. 独立个人劳务所得　　D. 受雇所得

【参考答案】 ACD

【答案解析】 OECD 税收协定范本的积极所得主要包括：营业利润，海运、内河运输和空运，独立个人劳务，受雇所得，董事费。因此，选项 A、C、D 均正确。

8. 为了提升参与国际规则"话语权"，需要国际税收征管合作提供话语平台。我国一方面充分利用好 OECD 合作平台；另一方面，还要结合"一带一路"倡议，积极加强与（　　）等税收平台的合作，形成与 OECD 主要合作平台相互呼应的格局。

A. 联合国国际税收专家委员会

B. 金砖国家税收合作机制

C. 亚洲税收管理与研究组织（SGATAR）

D. 国际联合反避税信息交换与协作工作组（JITSIC）

E. 荷兰财政文献局（IBFD）

【参考答案】 ABCD

【答案解析】 国际规则"话语权"的提升，需要国际税收征管合作提供话语平台。中国既是 OECD 的观察员国，享有对税收规则的发言权；又是 G20 的重要成员，享有对税收规则的决策权。因此，一方面要继续充分利用好 OECD 合作平台；另一方面，还要结合"一带一路"倡议，积极加强与联合国国际税收专家委员会、金砖国家税收合作机制、亚洲税收管理与研究组织（SGATAR）、国际联合反避税信息交换与协作工作组（JITSIC）等税收平台的合作，形成与 OECD 主要合作平台相互呼应的格局。

9. 国际运输协定包括中华人民共和国政府签署的若干协定，它们是（　　）。

A. 航空协定

B. 海运协定和道路运输协定

C. 汽车运输协定

D. 互免国际运输收入税收协议或换函

E. 其他关于国际运输的协定

【参考答案】ABCDE

【答案解析】根据《国家税务总局关于发布非居民纳税人享受协定待遇管理办法的公告》（国家税务总局公告2019年第35号）第四条，协定包括税收协定和国际运输协定。国际运输协定包括中华人民共和国政府签署的航空协定、海运协定、道路运输协定、汽车运输协定、互免国际运输收入税收协议或换函以及其他关于国际运输的协定。所以，选项A、B、C、D、E均正确。

10. 下列申请人从中国取得的所得为股息时，可直接判定申请人具有“受益所有人”身份，他们是（　　）。

A. 缔约对方政府

B. 缔约对方居民且在缔约对方上市的公司

C. 缔约对方居民个人

D. 申请人被第A、B、C项中的一人或多人直接或间接持有50%股份

E. 间接持有股份情形下的中间层为中国居民或缔约对方居民

【参考答案】ABC

【答案解析】根据《国家税务总局关于税收协定中“受益所有人”有关问题的公告》（国家税务总局公告2018年第9号），下列申请人从中国取得的所得为股息时，可直接判定申请人具有“受益所有人”身份：①缔约对方政府；②缔约对方居民且在缔约对方上市的公司；③缔约对方居民个人；④申请人被第①至③项中的一人或多人直接或间接持有100%股份，且间接持有股份情形下的中间层为中国居民或缔约对方居民。所以选项A、B、C正确。

三、判断题

1. 大多数国家在兼用居民（公民）管辖权和地域管辖权的同时，认同并遵循居民（公民）税收管辖权优先原则。（　　）

【参考答案】×

【答案解析】大多数国家在兼用居民（公民）管辖权和地域管辖权的同时，认同并遵循地域税收管辖权优先原则。

2. OECD 范本和 UN 范本的产生，标志着国际税收关系协调活动进行规范化阶段。（　）

【参考答案】√

【答案解析】OECD 范本和 UN 范本的产生，标志着国际税收关系协调活动进行规范化阶段。

3. 截至 2019 年 12 月 30 日，我国已对外正式签署 110 个避免双重征税协定，其中 104 个协定已生效；和中国香港、澳门两个特别行政区签署了税收安排，与中国台湾签署了税收协议。（　）

【参考答案】√

【答案解析】截至 2019 年 12 月 30 日，我国已对外正式签署 110 个避免双重征税协定，其中 104 个协定已生效；和中国香港、澳门两个特别行政区签署了税收安排，与中国台湾签署了税收协议。

4. 1983 年 9 月 6 日签署的中日税收协定，是我国对外签订的第一个全面避免双重征税协定。

【参考答案】√

【答案解析】1983 年 9 月 6 日签署的中日税收协定，是我国对外签订的第一个全面避免双重征税协定。

5. 从目前大多数国家的规定来看，当国际税收协定与国内税法不一致时，国内法优于国际税收协定。（　）

【参考答案】×

【答案解析】从目前大多数国家的规定来看，当国际税收协定与国内税法不一致时，国际税收协定优于国内法。

6. 国际税收协定待遇不仅由缔约国对方居民享受，而且还可以让第三国居民在缔约国对方设立的常设机构享受。（　）

【参考答案】×

【答案解析】协定适用于缔约国一方或者同时为双方居民的人。第三国居民在缔约国对方设立的常设机构不属于对方居民，因此不能享受税收协定待遇。

7. 自 2020 年 1 月 1 日起，非居民纳税人享受协定待遇，采取“自行判断、申报享受、相关资料留存备查”的方式办理。非居民纳税人自行判断符合享受协定待遇条件的，可在纳税申报时，或通过扣缴义务人在扣缴申报时，自行享受协定待遇。（　）

【参考答案】√

【答案解析】根据《国家税务总局关于发布〈非居民纳税人享受协定待遇管理办法〉的公告》（国家税务总局公告2019年第35号），非居民纳税人享受协定待遇，采取“自行判断、申报享受、相关资料留存备查”的方式办理。非居民纳税人自行判断符合享受协定待遇条件的，可在纳税申报时，或通过扣缴义务人在扣缴申报时，自行享受协定待遇，同时按照本办法的规定归集和留存相关资料备查，并接受税务机关后续管理。

8. 非居民纳税人不符合享受协定待遇条件而享受了协定待遇且未缴或少缴税款的，视为扣缴义务人未按照规定申报缴纳税款，主管税务机关依法追缴税款并追究扣缴义务人延迟纳税责任。（ ）

【参考答案】×

【答案解析】根据《国家税务总局关于发布〈非居民纳税人享受协定待遇管理办法〉的公告》（国家税务总局公告2019年第35号），非居民纳税人发现不应享受而享受了协定待遇，并少缴或未缴税款的，应当主动向主管税务机关申报补税。

9. 受二十国集团（G20）委托，2014年7月，经济合作与发展组织（OECD）发布了金融账户涉税信息自动交换标准，获得当年G20布里斯班峰会的核准，为各国加强国际税收合作、打击跨境逃避税提供了强有力的工具。（ ）

【参考答案】√

【答案解析】受二十国集团（G20）委托，经济合作与发展组织（OECD）于2014年7月发布金融账户涉税信息自动交换标准，获得当年G20布里斯班峰会的核准，为各国加强国际税收合作、打击跨境逃避税提供了强有力的信息工具。

10. 企业从事以光租形式出租船舶或以干租形式出租飞机，以及使用、保存或出租用于运输货物或商品的集装箱（包括拖车和运输集装箱的有关设备）等租赁业务取得的收入属于国际运输收入。（ ）

【参考答案】×

【答案解析】根据《国家税务总局关于税收协定执行若干问题的公告》（国家税务总局公告2018年第11号），企业从事以光租形式出租船舶或以干租形式出租飞机，以及使用、保存或出租用于运输货物或商品的集装箱（包括拖车和运输集装箱的有关设备）等租赁业务取得的收入不属于国际运输收入，但根据《中新税收协定》第八条第四款，附属于国际运输业务的上述租赁业务收入应视同国际运输收入处理。

四、实务题

我国青山公司于2016年在×国投资设立全资子公司。2020年，青山公司从该子公司取得利息收入500万元，分得股息1 000万元，并向该子公司支付货款1 000万元。

1. 根据我国与×国签订的税收协定，×国对我国税收居民从该国取得的利息收入，减按5%的税率征收企业所得税；两国税收协定中有税收饶让条款。

2. 根据×国税法的规定，对非居民企业取得的股息收入按照10%的税率征收企业所得税；为鼓励外国投资，对非居民企业股息收入从投资之日起，5年内免征企业所得税。

根据上述材料，回答下列问题：

1.（多项选择题）青山公司向我国申请享受协定待遇时，需要准备的资料包括（　　）。

A. 税收居民身份证明　　B. 公司成立章程

C. 董事会或股东会决议　　D. 受益所有人身份相关资料

2.（单项选择题）青山公司利息收入要在×国享受税收协定待遇，须向我国税务机关申请开具的证明是（　　）。

A. 税务登记证明　　B. 税收居民身份证明

C. 企业所得税完税证明　　D. 增值税一般纳税人证明

3.（单项选择题）青山公司从×国分得的股息收入，汇总计算年度应纳企业所得税时，下列处理正确的是（　　）。

A. 无须缴纳企业所得税

B. 须全额缴纳企业所得税

C. 分5年计入应纳税所得额

D. ×国已减免税额可视同已纳税款进行抵免

4.（多项选择题）我国税务机关对子公司并非由于合理经营需要减少分配的利润，视同股息分配计入青山公司当期所得。该项税务调整不属于（　　）。

A. 转让定价管理　　B. 资本弱化管理

C. 受控外国企业管理　　D. 一般反避税安排管理

5.（多项选择题）青山公司进行集团全球转让定价风险内控评析时，我国税务机关可以提供的税收服务包括（　　）。

A. 辅导其了解×国税制

B. 辅导其了解我国与×国税收协定

C. 利用沟通所获信息对其实施反避税调查

D. 辅导其熟悉我国特别纳税调整相关法规

【参考答案】1. ACD；2. B；3. D；4. ABD；5. ABD

【答案解析】

1. 申请享受协定待遇时，不需要提供公司成立章程。

2. 利息收入要在×国享受税收协定待遇，须开具的证明是税收居民身份证明。

3. 从×国分得的股息收入，汇总计算年度应纳企业所得税时，×国已减免税额可视同已纳税款进行抵免。

4. 我国税务机关对子公司并非由于合理经营需要减少分配的利润，视同股息分配计入青山公司当期所得。该项税务调整属于受控外国企业管理。

5. 选项C不属于纳税服务措施。

考点训练及分析（五）

一、单项选择题

1. 税收会计采用（　　）记账法。

A. 收付记账法　　B. 借贷记账法

C. 现金记账法　　D. 存款记账法

【参考答案】B

【答案解析】税收会计采用借贷记账法。

2. 税务机关税收票证开具人员、代征代售人开具税收票证（含销售印花税票）收取现金税款时，办理结报缴销手续的时限是：当地设有国库经收处的，应于收取税款的（　　）内办理税收票款的结报缴销。

A. 当日或次日　　B. 5 日内

C. 7 日内　　D. 10 日内

【参考答案】A

【答案解析】当地设有国库经收处的，应于收取税款的当日或次日内办理税收票款的结报缴销。

3. 税务统计专门调查是指根据特定的目的和要求而专门组织的一种收集统计资料的调查形式。它包括各种普查、重点调查、抽样调查和典型调查，多属（　　）调查。

A. 定期　　B. 不定期　　C. 重复　　D. 一次性

【参考答案】D

【答案解析】税务统计专门调查包括各种普查、重点调查、抽样调查和典型调查，多属一次性调查。

4. 税负是税收规模与经济规模的对比，开展税负分析可以反映税务机关（　　）。

A. 征收广度　　B. 征管能力

C. 征收管理力度　　D. 征管效率

【参考答案】C

【答案解析】税负是税收规模与经济规模的对比，开展税负分析可以反映税务机关征收管理力度。

5. 税收经济分析从范围上讲，分为（　　）层面，反映经济整体运行、结构调整、区域发展、景气荣衰、方式转变等情况。

A. 宏观、微观
B. 微观、中观
C. 中观、宏观
D. 宏观、中观和微观

【参考答案】D

【答案解析】税收经济分析从范围上讲，分为宏观、中观和微观层面，反映经济整体运行、结构调整、区域发展、景气荣衰、方式转变等情况。

6. 国家参与国民收入分配的主要形式是（　　）。

A. 税收
B. 财政
C. 金融
D. 货币

【参考答案】A

【答案解析】国家参与国民收入分配的主要形式是税收。

7. 根据新修订的《中华人民共和国预算法》，国家税务总局提出了在全国各个层级税务机关构建（　　）的要求。

A. 新型税收收入管理体系
B. 新型税源管理体系
C. 新型税收征管体系
D. 新型税收征管机构

【参考答案】A

【答案解析】根据新修订的《中华人民共和国预算法》，国家税务总局提出了在全国各个层级税务机关构建新型税收收入管理体系的要求。

8. （　　）是税收活动的价值表现，既是税收会计核算的对象，也是税收统计研究的主要对象。

A. 税收资金运动
B. 税收会计
C. 税收统计
D. 税收票证

【参考答案】A

【答案解析】税收资金运动是税收活动的价值表现，既是税收会计核算的对象，也是税收统计研究的主要对象。

9. （　　）是构建税收收入管理体系的基础，各层级税务机关的税源监控工作应各有侧重、互相补充。

A. 科学高效的税收征管体系

B. 全方位、高效率的税源监控体系

C. 全方位、多层次的税源监控

D. 全方位、立体式税收分析体系

【参考答案】 C

【答案解析】 全方位、多层次的税源监控是构建税收收入管理体系的基础，各层级税务机关的税源监控工作应各有侧重、互相补充。

10. 各级要研究建立（　　）的闭环收入管理机制，实现客观地定、科学地分、合理地调、准确地考，最终达到对税收收入科学有效的统筹调控。

A. “预测预期—过程监控—目标确定—结果评价”

B. “目标确定—预测预期—过程监控—结果评价”

C. “预测预期—目标确定—结果评价—过程监控”

D. “预测预期—目标确定—过程监控—结果评价”

【参考答案】 D

【答案解析】 各级要研究建立“预测预期—目标确定—过程监控—结果评价”的闭环收入管理机制，实现客观地定、科学地分、合理地调、准确地考，最终达到对税收收入科学有效的统筹调控。

二、多项选择题

1. 税收会计原始凭证包括应征凭证、(　　)。

A. 减免凭证

B. 征解凭证

C. 入库凭证

D. 提退凭证

E. 银行存款凭证

【参考答案】 ABCD

【答案解析】 税收会计原始凭证包括应征凭证、减免凭证、征解凭证、入库凭证、提退凭证和其他凭证。

2. 税收票证包括税收缴款书、(　　) 以及国家税务总局规定的其他税收票证。

A. 税收完税证明

B. 出口货物劳务专用税收票证

C. 印花税专用税收票证

D. 税收收入退还书

E. 税收收入证明

【参考答案】 ABCD

【答案解析】税收票证包括税收缴款书、税收完税证明、出口货物劳务专用税收票证、印花税专用税收票证、税收收入退还书，以及国家税务总局规定的其他税收票证。

3. 税务统计报表制表后的主要审核方法包括目测和（　　）。

A. 政策性审核　　B. 技术性审核

C. 逻辑性审核　　D. 法律审核

E. 专家审核

【参考答案】ABC

【答案解析】税务统计报表制表后的审核。主要审核方法包括目测和政策性审核、技术性审核、逻辑性审核。

4. 税务部门开展税收分析，数据主要来源于如下几个方面，具体包括（　　）。

A. 税务内部业务数据　　B. 互联网数据

C. 外部涉税信息　　D. 云平台数据

E. 政府数据

【参考答案】AB

【答案解析】税务部门开展税收分析，数据来源于税务内部业务数据、互联网数据。

5. 数据采集后，应注重数据的储存与初加工。数据的储存要注重数据的（　　），对重要指标和重点行业要持续储存，以备使用。

A. 连续性　　B. 真实性

C. 时间性　　D. 完整性

E. 客观性

【参考答案】AD

【答案解析】数据的储存要注重数据的连续性和完整性，对重要指标和重点行业要持续储存，以备使用。

6. 常见的收入分析方法具体包括（　　）。

A. 动态分析　　B. 变量分析

C. 税负分析　　D. 弹性分析

E. 比较分析

【参考答案】ABCD

【答案解析】常见的收入分析方法具体包括动态分析、变量分析、税负分析、弹性分析。

7. 经济分析模型较多，税收经济分析中较为常用的数据分析模型有（　　）。

A. SWOT 分析模型　　B. PEST 分析模型

C. SCP 分析模型　　D. BEPS 分析模型

E. BESP 模型

【参考答案】 ABC

【答案解析】 税收经济分析中较为常用的数据分析模型有 SWOT 分析模型、PEST 分析模型、SCP 分析模型。

8. 税收会计核算对象就是指税务部门组织征收的各项（　　）收入的运动的全过程。

A. 应征、征收　　B. 减免

C. 欠缴　　D. 上解、入库

E. 提退

【参考答案】 ABCDE

【答案解析】 税收会计核算对象就是指税务部门组织征收的各项应征、征收；减免；欠缴；上解、入库和提退收入的运动全过程。

9. 税务机关内部堵漏增收落实收入管理机制的具体措施主要包括（　　）。

A. 推进征管创新促增收　　B. 严堵征管漏洞促增收

C. 加大稽查力度促增收　　D. 推进信息共享促增收

E. 深化国际税收合作促增收

【参考答案】 ABCDE

【答案解析】 税务机关内部堵漏增收落实收入管理机制的具体措施主要包括推进征管创新促增收、严堵征管漏洞促增收、加大稽查力度促增收、推进信息共享促增收、深化国际税收合作促增收。

10. 为全面完整说明税收总量完成情况，在做经济税收类税收分析时，可以将税收总量分解为（　　）三个方面。

A. 经济情况　　B. 税收政策

C. 税收征管　　D. 税务稽查

E. 纳税评估

【参考答案】ABC

【答案解析】为全面完整说明税收总量完成情况，在做经济税收类税收分析时，可以将税收总量分解为经济情况、税收政策、税收征管三个方面。

三、判断题

1. 税收票证包括纸质形式和数据电文形式。 （ ）

【参考答案】√

【答案解析】税收票证包括纸质形式和数据电文形式。

2. 税收票证管理人员向税务机关税收票证开具人员、扣缴义务人和代征代售人发放视同现金管理的税收票证时，应当拆包发放，并且一般不得超过一个季度的用量。 （ ）

【参考答案】×

【答案解析】根据《税收票证管理办法》第三十九条，税收票证管理人员向税务机关税收票证开具人员、扣缴义务人和代征代售人发放视同现金管理的税收票证时，应当拆包发放，并且一般不得超过一个月的用量。

3. 外部信息采集保障机制一方面要体现政府主导的作用，另一方面，税务机关要与经常合作的单位建立起常态化的数据交互机制。 （ ）

【参考答案】√

【答案解析】外部信息采集保障机制一方面要体现政府主导的作用，另一方面，税务机关要与经常合作的单位建立起常态化的数据交互机制。

4. 经济运行分析，可以反映税收增长与经济发展是否协调，并据此对收入形势是否正常做出判断。 （ ）

【参考答案】×

【答案解析】经济运行分析是利用税收大数据优势，从税收角度观察和反映国家经济运行状况，把握经济发展方式转变进程，揭示税源发展中值得关注的问题，为各级党委政府提供意见和建议。

5. PEST 分析模型主要分析对象的优势、弱点、机会、威胁，综合考量外部环境以及内部情况的影响，以确定之后采取的策略。 （ ）

【参考答案】×

【答案解析】PEST 分析模型是指对宏观经济环境的分析，内容主要包括对政治、经济、社会和技术这四大类影响企业的主要外部环境因素进行分析。

6. 目前，国家税务总局将年纳增值税或企业所得税 500 万元以上的企业，年纳消费税、营业税100万元以上的企业，对项目投资额超过1 000万元的房地产企业，预计下一年度达到上述标准的企业纳入重点税源监控范围。（　　）

【参考答案】×

【答案解析】目前，国家税务总局将年纳增值税或企业所得税500万元以上的企业，年纳消费税、营业税100万元以上的企业，对项目投资额超过5 000万元的房地产企业，预计下一年度达到上述标准的企业纳入重点税源监控范围。

7. 税务机关应当及时对已经开具、作废的税收票证、账簿及其他税收票证资料进行归档保存。纸质税收票证、账簿及其他税收票证资料，应当整理装订成册，保存期限为10年。（　　）

【参考答案】×

【答案解析】税务机关应当及时对已经开具、作废的税收票证、账簿及其他税收票证资料进行归档保存。纸质税收票证、账簿及其他税收票证资料，应当整理装订成册，保存期限为5年。

8. 税收会计监督是税收会计部门对影响税收资金运动的业务过程和结果实施审核和控制，保证税收会计核算真实、准确、完整，及时发现和防止占压、挪用、截留税款等违法违规问题，减少和防范税收资金风险的一项重要的税收管理活动。（　　）

【参考答案】√

【答案解析】税收会计监督是税收会计部门对影响税收资金运动的业务过程和结果实施审核和控制，保证税收会计核算真实、准确、完整，及时发现和防止占压、挪用、截留税款等违法违规问题，减少和防范税收资金风险的一项重要的税收管理活动。

9. 税收会计“减免税金”科目核算应纳税金发生后减征和免征的税金，即应当发生的减免税金，包括税率式减免、税基式减免、税额式减免三类。（　　）

【参考答案】×

【答案解析】税收会计“减免税金”科目核算应纳税金发生后减征和免征的税金，即实际发生的减免税金，包括税率式减免、税基式减免、税额式减免三类。

10. 税收电子缴库业务的电子凭证包括电子缴款书、电子缴税付款凭证、电子缴库入库清单、电子退还书、电子更正通知书和电子免抵调通知书。（　　）

【参考答案】√

【答案解析】税收电子缴库业务的电子凭证包括电子缴款书、电子缴税付款凭证、电子缴库入库清单、电子退还书、电子更正通知书和电子免抵调通知书。

四、实务题

试题一

某地级市税务局2020年9月发生以下工作事项：

业务①：9月5日，撰写的《2020年税收数据看企业复工复产情况》获得常务副市长肯定性批示。

业务②：9月11日，该局上旬报预测本月税收收入预计为10.3亿元，当月税收收入实绩为10亿元。

业务③：9月20日，该局票证管理员李某接到甲区税务局电话，报告说该区税务局部分税收票证被盗，咨询如何办理损失核销手续。

业务④：9月25日，上级税务机关检查《国务院关于印发实施更大规模减税降费后调整中央与地方收入划分改革推进方案的通知》落实情况。

业务⑤：9月30日，根据省局通知要求并结合本市具体实际，对规模以上服务业企业“减税降费”情况进行调查并写出分析报告。

根据上述材料，回答下列问题：

1.（单项选择题）业务①中的税收分析所属类型是（　　）。

A. 税收形势分析　　B. 税收风险分析

C. 政策效应分析　　D. 经济运行分析

2.（单项选择题）针对业务②，按照绩效考核口径，该市9月上旬税收收入预测准确率为（　　）。

A. 96.9%　　B. 97.0%　　C. 97.1%　　D. 97.2%

3.（多项选择题）针对业务③，该市税务局拥有损失核销审批权的税收票证种类包括（　　）。

A.《税收缴款书（税务收现专用）》　　B.《税收缴款书（代扣代收专用）》

C.《税收缴款书（出口货物劳务专用）》　　D.《税收完税证明》（表格式）

4.（多项选择题）针对业务④，下列选项属于方案主要改革措施的有（　　）。

A. 调整完善增值税留抵退税分担机制　　B. 保持增值税“五五分享”比例稳定

C. 建立更加均衡合理的央地分担机制　　D. 后移消费税征收环节并稳步下划地方

5.（单项选择题）业务⑤中的税收分析所属类型是（　　）。

A. 税收形势分析　　B. 税收风险分析

C. 政策效应分析　　　　　　　　　　　　D. 经济运行分析

【参考答案】1. D；2. B；3. ABD；4. ABD；5. C

【答案解析】

1.《2020 年税收数据看企业复工复产情况》为经济运行分析报告。

2. 税收收入预测准确率 = 1 - （10.3 - 10）÷ 10 × 100% = 97%。

3.《中华人民共和国税收缴款书（出口货物劳务专用）》《中华人民共和国出口货物完税分割单》、印花税票发生损失的，由省级税务机关审批核销；《中华人民共和国税收缴款书（税务收现专用）》《中华人民共和国税收缴款书（代扣代收专用）》、税收完税证明发生损失的，由地市级税务机关审批核销；其他各种税收票证发生损失的，由区县级税务机关审批核销。

4.《国务院关于印发实施更大规模减税降费后调整中央与地方收入划分改革推进方案的通知》（国发〔2019〕21 号）主要改革措施有：①保持增值税“五五分享”比例稳定；②调整完善增值税留抵退税分担机制；③后移消费税征收环节并稳步下划地方。

5. 对规模以上服务业企业“减税降费”情况进行调查并写出分析报告属于政策效应分析。

试题二

2020 年 12 月 2 日，某市税务局接到省税务局通知，要求测算 2021 年税收收入目标。

（1）截至 2020 年 11 月 30 日，全市组织入库各项税收收入 2 400 亿元，同比增长 5%，其中，房地产业税收收入为 800 亿元。

（2）前 11 个月，该市建筑业税收收入为 300 亿元，其中非即期收入为 20 亿元。预计 2020 年 12 月建筑业客观税源为 30 亿元。

（3）12 月 5 日，该市税务局召开 2021 年收入目标测算会议，会议分析影响 2021 年收入目标的主要因素，对收入目标测算任务进行了分工。

（4）因 12 月税收收入目标与财政收入目标还存在 20 亿元的缺口，省财政厅牵头召开财税联席工作会议，会议要求税务部门要进一步加大组织收入力度，确保 2020 年各项收入目标超额完成。

根据上述材料，回答下列问题：

1.（单项选择题）前 11 个月该市房地产行业税收收入占全部税收收入的比重为（　　）。

A. 31.5%　　B. 33.3%　　C. 30.0%　　D. 34%

2.（单项选择题）该市2020年建筑业客观税源为（　　）。

A. 280亿元　　B. 310亿元　　C. 320亿元　　D. 330亿元

3.（多项选择题）影响2021年税收收入目标的主要因素包括（　　）。

A. 客观经济税源　　B. 税收政策变动

C. 工作人员变动　　D. 征管环境变化

4.（多项选择题）该市税务局采取的下列措施，正确的有（　　）。

A. 选取欠税较多行业，集中清理欠税

B. 摸清税源情况，客观反映组织收入状况

C. 坚持依法依规征税，坚决打击虚开骗税

D. 向省委省政府汇报工作，争取理解支持

5.（多项选择题）下列关于优化税务执法方式严禁征收"过头税费"的说法，正确的有（　　）。

A. 建立健全税费收入质量监控和分析机制，利用大数据完善分区县、分税种、分时段的收入实时监控体系

B. 开展行业整治，组织对某一行业开展多年期、撒网式的风险推送和自查补缴税费

C. 坚持包容审慎的原则，不得专门针对某一新兴业态、新型商业模式，组织开展全面风险应对和税务检查

D. 落实落细党中央、国务院出台的系列税费优惠政策

【参考答案】 1. B；2. B；3. ABD；4. BCD；5. ACD

【答案解析】

1. 800 ÷ 2 400 × 100% = 33.3%，选项B正确。

2. 300 − 20 + 30 = 310（亿元），选项B正确。

3. 影响税收收入目标的主要因素包括客观经济税源、税收政策变动、征管环境变化等。

4. 对行业进行集中清理欠税不妥当。

5. 依据《国家税务总局关于优化税务执法方式严禁征收"过头税费"的通知》（税总发〔2020〕29号）。